JIEXI NIANJIAN

揭西年鉴

2021

《揭西年鉴》编纂委员会 编

方志出版社
Publishing House of Local Records

图书在版编目（CIP）数据

揭西年鉴. 2021 /《揭西年鉴》编纂委员会编. --
北京：方志出版社，2021.12
ISBN 978-7-5144-5030-9

Ⅰ. ①揭… Ⅱ. ①揭… Ⅲ. ①揭西县—2021—年鉴
Ⅳ. ①Z526.54

中国版本图书馆CIP数据核字（2021）第275626号

揭西年鉴（2021）

编　　者：《揭西年鉴》编纂委员会
责任编辑：顾　洁

出 版 者：方志出版社
地址　北京市朝阳区潘家园东里 9 号（国家方志馆4层）
邮编　100021
网址　http://www.fzph.org
发　　行：方志出版社图书经销中心
电话（010）67110500
经　　销：各地新华书店
印　　刷：揭阳市榕城区榕文印刷厂

开　　本：889×1194　　1/16
印　　张：28
字　　数：752千字
版　　次：2021年12月第1版　　2021年12月第1次印刷
印　　数：001～600册

ISBN 978-7-5144-5030-9　　**定价**：200.00元

编辑说明

一、《揭西年鉴》以马克思列宁主义、毛泽东思想、邓小平理论、“三个代表”重要思想、科学发展观、习近平新时代中国特色社会主义思想为指导，坚持辩证唯物主义和历史唯物主义的立场、观点和方法，系统、翔实地反映全县社会经济文化的基本面貌及发展概况，为读者了解和研究揭西提供资料。

二、《揭西年鉴》采用分类编辑法。主要内容设类目、分目、条目3个结构层次，个别分目视内容设子目，以条目为表现内容的基本形式。不同层次的标题，在字体、字号和版式设计上都有明显的区别，书中的“条目”一级标题最多，统一用黑体字加【】表示，个别“条目”内容较多，则分段表述。

三、《揭西年鉴（2021）》所刊内容为2020年1月1日至12月31日全县社会经济文化发展情况。全书设置特辑、大事记、揭西概况、党政机关、民主党派、群众团体、法治、军事、经济监督管理、财政　税务、金融业、农业和农村经济、工业、商贸、交通运输　邮政业、信息业、城乡建设　生态环境、旅游业、教育　科技、文化　传媒、卫生　体育、社会生活、乡镇（街道）建设、人物　荣誉、统计资料、文献　文件、附录27篇。

四、《揭西年鉴（2021）》稿件由县直各有关单位、各乡镇（街道）提供，经年鉴编辑部进行编辑和初审，后由年鉴编委会领导终审定稿。文内所用数据为各单位提供，因统计口径不一，有的数据可能不一致，使用时以县统计局公布的数据为准。数字用法执行国家标准《出版物上数字用法》（GB/T 15835—2011），标点符号用法执行国家标准《标点符号用法》（GB/T 15834—2011）。计量单位使用法定计量单位，文中提到的计量单位“亩”，为非法定计量单位，1公顷等于15亩。

五、《揭西年鉴（2021）》配备双重检索系统：书前刊有目录，书后配有索引。索引采用主题分析法，款目按汉语拼音字母顺序排列。

图

揭西县国土资源局 广东省地图院 编制

审图号：粤S(2014)103号 2014年10月

揭西名片

◎国家绿化先进县

◎国家级生态保护与建设示范区

◎国家农产品质量安全县

◎中国天然氧吧

◎广东省卫生县城

◎广东省县级文明城市

◎广东省全域旅游示范区

◎广东省旅游综合改革示范县

◎广东绿色名县

◎广东省教育强县

◎广东省双拥模范县

◎广东大众电商创业十佳县

◆大北山

（李维照 摄）

数字揭西

SHUZI JIEXI

2020

- 县域面积 1347 平方千米
- 年末户籍总人口 98.13 万人
- 年末常住总人口 67.3 万人
- 人口自然增长率 7.1‰
- 地区生产总值 240.01 亿元
- 第一产业增加值 46.42 亿元
- 第二产业增加值 68.98 亿元
- 第三产业增加值 124.61 亿元
- 第一、第二、第三产业构成 19.4∶28.7∶51.9
- 人均地区生产总值 3.5 万元
- 农村居民人均可支配收入 1.33 万元
- 规模以上工业总产值 186.33 亿元
- 固定资产投资总额 89.90 亿元
- 社会消费品零售总额 80.87 亿元
- 外贸出口总额 3052 万美元
- 地方公共财政预算收入 4.71 亿元
- 地方公共财政预算支出 57.51 亿元

◇揭西县县城一角

- 税收收入 2.85 亿元
- 林地面积 8.47 万公顷
- 森林覆盖率 58.9%
- 耕地面积 1.94 万公顷
- 粮食播种面积 2.95 万公顷
- 粮食总产量 17.67 万吨
- 金融机构各项存款余额 314.41 亿元
- 各项贷款余额 144.30 亿元
- 全年接待游客 805.68 万人次
- 旅游收入 29.07 亿元
- 全县用电量 14.75 亿千瓦时
- 工业用电量 8.63 亿千瓦时
- 客运量 13.3 万人次
- 客运周转量 3853.6 万人千米
- 省级非物质文化遗产代表性项目 7 个
- 卫生机构床位数 2183 张

说明：地区生产总值为统计快报数

（李维照 摄）

年度荣誉

NIANDU RONGYU

2020 年，揭西县被广东省委、省人民政府、省军区命名为“广东省双拥模范县”。京溪园镇樱山花谷景区和金和镇山湖村乡村旅游景区分别被文化和旅游部评定为国家AAA级旅游景区，棉湖镇贡东村被中央精神文明建设指导委员会授予第六届“全国文明村镇”称号，金和镇山湖村被文化和旅游部、国家发展和改革委员会列入全国乡村旅游重点村名录，棉湖镇鲤鱼沟村被广东省委、省政府授予“广东省文明村镇”称号，金和镇山湖村、南山镇火炬村被广东省委农村工作办公室、省人力资源和社会保障厅、省文化和旅游厅、南方报业传媒集团分别评为第二届“广东十大美丽乡村”和“广东文化旅游名村”，南山镇火炬村被省委组织部评为“广东省红色村党建工程示范点”，京溪园镇被省农业农村厅和省文化和旅游厅认定为2019年度广东省休闲农业与乡村旅游示范镇。

◆ 2020 年，南山镇火炬村被广东省委组织部评为“广东省红色村党建工程示范点”

（南山镇 供稿）

◆ 2020 年 3 月 23 日，京溪园镇被广东省农业农村厅和省文化和旅游厅认定为 2019 年度广东省休闲农业与乡村旅游示范镇 （京溪园镇 供稿）

◆ 2020 年 4 月 20 日和 9 月 28 日，京溪园镇樱山花谷景区和金和镇山湖村乡村旅游景区分别被文化和旅游部评定为国家 AAA 级旅游景区

（京溪园镇、金和镇 供稿）

◆ 2020 年 8 月 26 日，金和镇山湖村被文化和旅游部、国家发展和改革委员会列入全国乡村旅游重点村名录

（金和镇 供稿）

◆ 2020 年 10 月 22 日，揭西县被广东省委、省政府、省军区命名为“广东省双拥模范县”

（县退役军人事务局 供稿）

◆ 2020 年 11 月 17 日，棉湖镇贡东村被中央精神文明建设指导委员会授予第六届“全国文明村镇”称号

（棉湖镇 供稿）

◆ 2020 年 12 月 9 日，棉湖镇鲤鱼沟村被广东省委、省政府授予“广东省文明村镇”称号

（棉湖镇 供稿）

◆ 2020 年 12 月 19 日，金和镇山湖村被广东省委农村工作办公室、省人力资源和社会保障厅、省文化和旅游厅、南方报业传媒集团评为第二届“广东十大美丽乡村”

（金和镇 供稿）

◆ 2020 年 12 月 19 日，南山镇火炬村被广东省委农村工作办公室、省人力资源和社会保障厅、省文化和旅游厅、南方报业传媒集团评为第二届“广东文化旅游名村”

（南山镇 供稿）

◆ 2020 年 1 月 9 日，广东揭西第四届梅花节开幕仪式在坪上镇举行 （许少波 摄）

◆ 2020 年 4 月 11 日，揭西县在黄满寨瀑布旅游区开展“揭西人游揭西”活动 （李维照 摄）

◆ 2020 年 7 月 31 日，揭西县“村村通”客车提升服务运营仪式在棉湖汽车客运站举行 （温紫钰 摄）

◆ 2020 年 8 月 20 日，广东省中医院与揭西县第二人民医院协作医院签约仪式在县第二人民医院举行 （县卫健局 供稿）

◆ 2020 年 10 月 20 日，揭西县南山镇火炬村举行“广东省红色村党建工程示范点”揭牌仪式 （南山镇 供稿）

◆ 2020 年 11 月 28 日，兴汕高速揭西段全线通车 （上砂镇 供稿）

◆ 2020 年 11 月 20 日，第二届广东省森林文化周揭阳·黄满寨分会场主题活动启动仪式在黄满寨省级地质公园举行 （县林业局 供稿）

疫情防控狙击战

YIQING FANGKONG JUJIZHAN

2020年，面对突发新型冠状病毒感染的肺炎疫情挑战，揭西县第一时间成立县主要领导任组长及总指挥的疫情防控领导小组和工作指挥部，统筹全县疫情防控工作。指定县人民医院为新冠肺炎定点救治医院及县第二人民医院（棉湖华侨医院）为后备救治医院，落实应急救治场所、药品物资、器械设备等准备，抽调126名医护人员组建防控专家组和救治应急队伍。组建“三人小组”（各级政法综治、公安、卫健人员）407个，建立网格单元2771个。指定特美思酒店为县级集中隔离医学观察场所，并加强运行管理。构建客运站管控、村健康检测、网格化管理、大数据排查、免疫防线，排查管控境外地区到揭西人员132人，全部严格落实隔离医学观察，解除医学观察124人，医学观察8人；国内疫情重点地区到揭西人员2368人，全部严格落实隔离医学观察，解除医学观察2358人，医学观察10人；追踪到密切接触者40人，次密切接触者1人，全部解除医学观察。对2名确诊病例和1例无症状感染者，及时送往揭阳市人民医院治疗，全部治愈出院。建成3个新冠肺炎病毒核酸检测实验室，完成核酸检测5.62万人份。

◆ 2020年2月1日，汕湛高速河婆出入口临时检疫站成立临时党支部　（李运生 摄）

◆潮惠高速揭西出入口临时检疫站 （李颖 摄）

◆ 2020 年 2 月 6 日，医护人员在高速出入口检测体温并宣传防疫知识 （李维照 摄）

◆河婆街道北坑村进村临时检疫点 （李颖 摄）

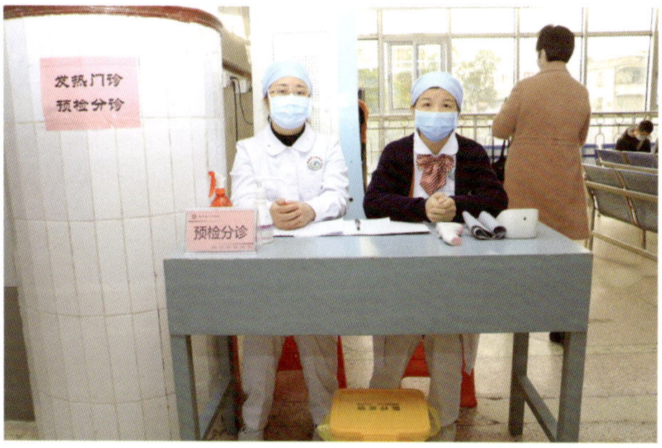

◆ 2020 年 1 月 29 日，揭西县人民医院专家门诊设置发热预检分诊 （县卫健局 供稿）

◆ 2020 年 2 月 1 日，医护人员和公安干警在潮惠高速灰寨出入口临时检疫站商讨防疫检测工作 （李颖 摄）

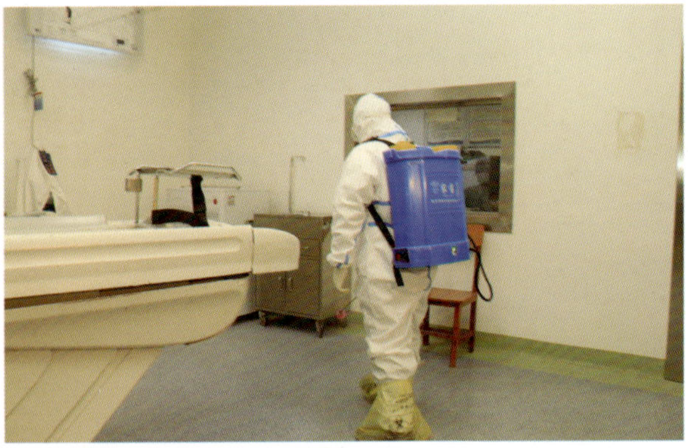

◆ 2020 年 2 月 19 日，揭西县人民医院 CT 室开展消毒工作　　（县卫健局　供稿）

◆ 2020 年 2 月 6 日，河婆街道在霖都大道开展防疫消毒　　（李运生　摄）

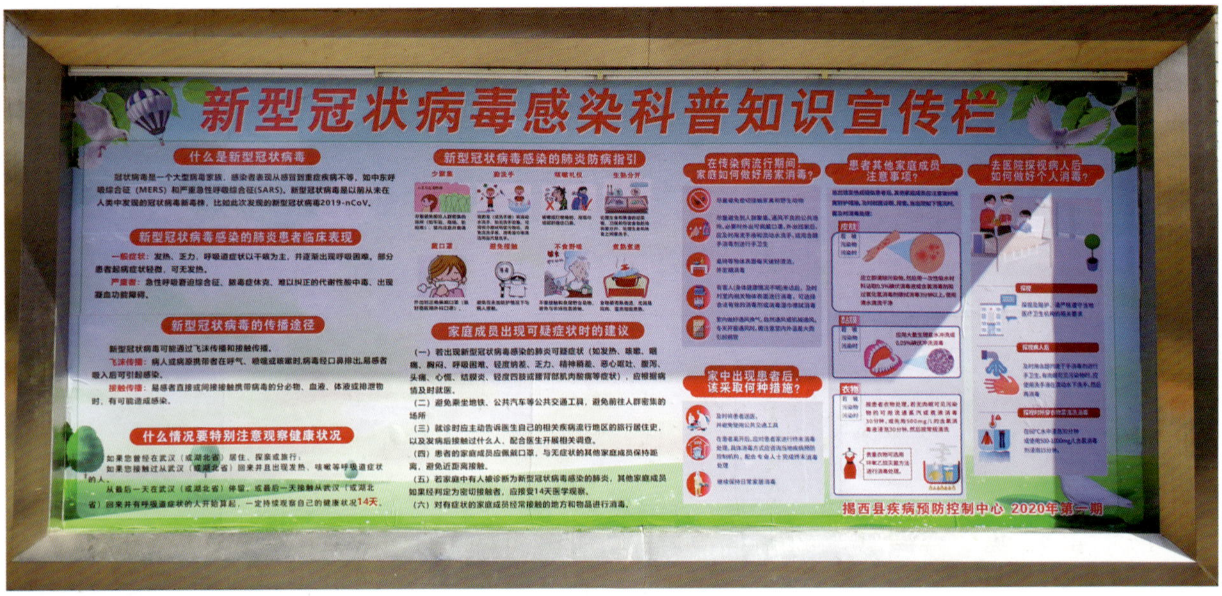

◆新型冠状病毒感染科普知识宣传栏　　（县卫健局　供稿）

◆ 良田乡卫生院加强疫情防控宣传　　（县卫健局　供稿）

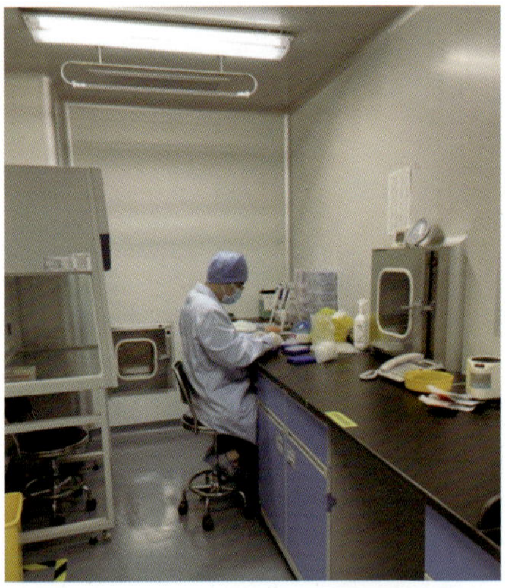

◆ 2020 年 7 月 14 日，揭西县第二人民医院（棉湖华侨医院）核酸检测实验室完成建设验收，开展核酸检测工作　　（棉湖华侨医院　供稿）

◆ 2020 年 1 月 27 日，县公安局联合县人民医院医护人员入户开展疫情排查工作　　（县公安局 供稿）

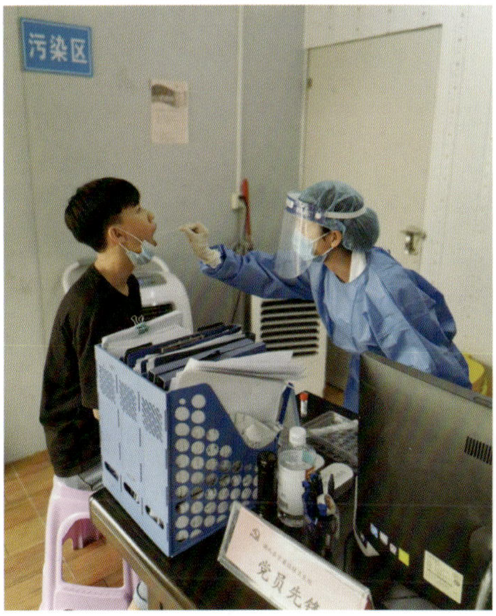

◆ 核酸检测　　（县卫健局 供稿）

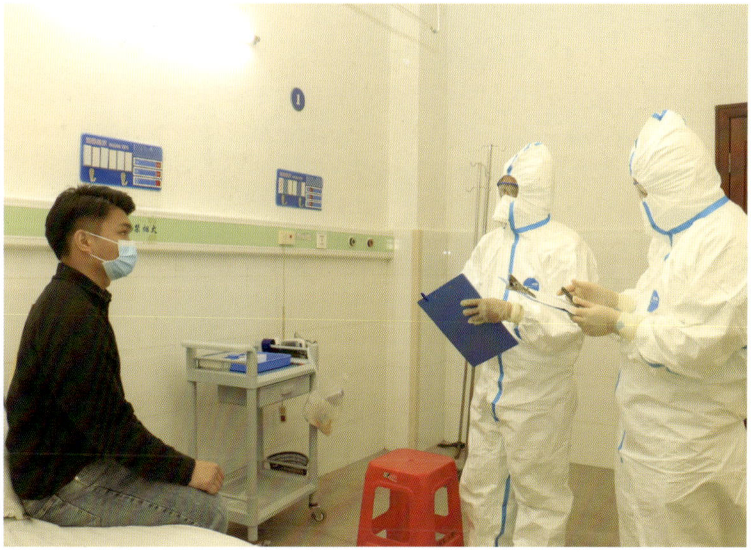

◆ 2020 年 10 月 20 日，揭西县人民医院开展疫情防控演练。图为隔离病区医务人员查房　　（县卫健局 供稿）

脱贫攻坚战

TUOPIN GONGJIANZHAN

2016年以来，揭西县委、县政府坚持以习近平新时代中国特色社会主义思想为指导，学习贯彻习近平总书记关于扶贫工作重要论述，落实党中央和省委、省政府，市委、市政府决策部署，推进政策、责任、工作“三落实”和特色产业扶贫、培训就业、社会保障兜底等“八大扶贫工程”，累计投入财政扶贫资金5.71亿元，各级帮扶单位及社会力量投入3.14亿元，推动脱贫攻坚取得成效。2020年，全县9657户共28463人相对贫困人口、67个省定贫困村全部达到脱贫退出标准。全县实施产业帮扶项目263个，项目分红5075万元，受益贫困人口超4万人次，人均增加收入1169元。贫困人口人均可支配收入达到16773元（有劳动能力贫困户人均可支配收入达到18127元），贫困村居民人均可支配收入达到25139元。

驻村工作

◆ 2020年7月9日，坪上镇四新村驻村第一书记收集贫困家庭儿童微心愿

◆ 2020年9月18日，驻上砂镇龙门村扶贫工作队员入户宣传就业信息

◆ 2020年11月20日，驻南山头村扶贫工作队队员在贫困户家中了解生活情况

① ②
③

① 2020 年 9 月 16 日，2020 年东莞市洪梅镇对口帮扶揭西县农村劳动力转移就业专场招聘会在金和镇金溪村举办

② 2020 年，金和镇山湖村驻村工作队员在村委会议室开展苗圃场贫困户分散种植技术培训

③ 2020 年，凤江镇精准扶贫技能培训班在凤南村委会议室举办

（本版照片由县农业农村局供稿）

坪上镇四新村水稻种植基地　　（风林 摄）

◆大溪镇淮山种植基地　　（县农业农村局 供稿）

◆上砂镇葡萄种植园　　（李维照 摄）

◆大溪镇甲鱼养殖基地

◆五经富镇食用菌种植场　　（县农业农村局　供稿）

◆龙潭镇龙盛种植专业合作社种植的皇帝柑

（李维照　摄）

◆金和镇苗圃场　　（李维照　摄）

（县农业农村局　供稿）

◎ **“粤食粤美味”广东扶贫农产品高铁营销中心启动暨进高铁系列首场推介活动（揭西专场）**

2020 年 11 月 10 日，“粤食粤美味”广东扶贫农产品高铁营销中心启动暨进高铁系列首场推介活动（揭西专场）在广州市广州南站举办，一批揭西特色农产品进驻广州南站。

◆“粤食粤美味”广东扶贫农产品高铁营销中心启动暨进高铁系列首场推介活动（揭西专场）在广州南站举办

◆“粤食粤美味”广东扶贫农产品高铁营销中心揭西专柜

◆广东揭西消费扶贫产品进驻广州南站广告牌

◆参展企业接受媒体采访

◆揭西专柜工作人员为顾客介绍销售产品

（本版照片由南方农村报供稿）

◎广东揭西消费扶贫产品产销推介暨走进粤港澳大湾区系列活动

2020年11月14日，揭西县举办2020广东揭阳揭西消费扶贫产品产销推介暨走进粤港澳大湾区系列活动，开展扶贫农产品采购签约、现场展示展销、产业扶贫项目分红仪式、网红直播等推介项目，推动揭西优质绿色消费扶贫产品“融湾建带”，促进脱贫攻坚与乡村振兴衔接。主会场设在县城文化活动广场，分会场设在灰寨镇马路村天鹅湖橄榄园。揭西消费扶贫产业园为全省首个消费扶贫产业园。

◆“庆丰收 · 迎小康”揭西消费扶贫产业园挂牌暨橄榄开园采摘仪式在灰寨镇马路村天鹅湖橄榄园举办

（南方农村报 供稿）

◆2020广东揭阳揭西消费扶贫产品产销推介暨走进粤港澳大湾区系列活动在县城文化广场举办 （李维照 摄）

◆揭西产业扶贫项目分红仪式　　（李维照　摄）

◆脱贫工作和成效宣传海报　（南方农村报　供稿）

◆群众咨询推介产品　（南方农村报　供稿）

◆部分参加活动企业展位　（南方农村报　供稿）

◎部分单位开展消费扶贫活动

① 2020 年 1 月 19 日，桥头镇驻揭西县消费扶贫采购活动在龙潭镇举行

② 2020 年 7 月 9 日，揭西县河婆街道和东莞市万江街道扶贫农副产品销售合作协议签订仪式在河婆街道办公楼四楼会议室举行

③ 2020 年 7 月 23 日，坪上镇通过网络直播推介农产品销售

④ 2020 年 9 月 28 日，“消费扶贫 爱满榕光”——广州海事法院对口帮扶揭西县南山镇榕光村农副产品采购活动在榕光村举行

（本页照片由县农业农村局供稿）

◎山湖村

◆金和镇山湖村北门活动中心建设前　（山湖村　供稿）

◆金和镇山湖村北门活动中心建设后　（山湖村　供稿）

◎火炬村

◆南山镇火炬村罗坝路建设前　（火炬村　供稿）

◆南山镇火炬村罗坝路建设后　（火炬村　供稿）

◎鲤鱼沟村

◆棉湖镇鲤鱼沟村入村主要道路建设前

（驻鲤鱼沟村扶贫工作队　供稿）

◆棉湖镇鲤鱼沟村入村主要道路建设后

（驻鲤鱼沟村扶贫工作队　供稿）

宜游揭西

YIYOU JIEXI

揭西县践行习近平生态文明思想，坚持生态优先绿色发展，打造宜游揭西。坚持落实“河（湖）长制”责任，规划建设水清岸绿河畅“万里碧道”“美丽水网”。深化“中国天然氧吧”品牌打造，推进绿化揭西大行动。依托优质生态资源，打好“红色”“绿色”两张牌，加强骨干景区打造，发展乡村旅游，全力创建国家全域旅游示范区，提高旅游知名度和美誉度。是年，京溪园镇被认定为2019年度广东省休闲农业与乡村旅游示范镇；樱山花谷景区被评定为国家AAA级旅游景区；金和镇山湖村入选第二批全国乡村旅游重点村名单、山湖村乡村旅游景区被评定为国家AAA级旅游景区；南山镇火炬村获评“广东文化旅游名村”。

◇黄满寨瀑布

◆ 2020 年 11 月 11 日，塔头镇村民向塔头镇派出所赠送锦旗

◆ 2020 年 12 月 20 日，县公安局在县第一中学开展普法宣传活动

◆ 2020 年 1 月 10 日，县公安局特警队员整装待发，开展巡逻工作

（本版照片由县公安局供稿）

体育事业

TIYU SHIYE

2020 年，揭西县健全完善公共体育服务体系，推进体育设施建设，普及群众体育、竞技体育。至年底，全县有体育协会 16 个、全民健身广场 16 个、健身园 1 个、社区体育公园 2 个、标准田径场 1 个、游泳池 1 个、社会足球场地 9 个。

◎ 2020 年 8 月 8 日，2020 年“全民健身日”揭阳市（揭西县）启动仪式活动在棉湖镇云湖公园举办，开展双扇舞、健身舞蹈、健身旗袍走秀等健身运动。

◆“全民健身日”活动揭阳市（揭西县）启动仪式在棉湖镇云湖公园举办　　（许少波　摄）

◆健身旗袍走秀　　（许少波　摄）

◆双扇舞　　（许少波　摄）

◎ 2020 年 10 月 1—7 日，“庆国庆迎中秋”全民健身系列活动在棉湖镇举办，开展象棋比赛、篮球比赛、乒乓球比赛等各类体育活动。

◆象棋比赛 （许少波 摄）

◆篮球比赛 （许少波 摄）

◆乒乓球比赛 （县文广旅体局 供稿）

◆ 2020 年 12 月 26 日，县文广旅体局组织揭西代表队参加 2020 年广东省第五届“谁是棋王”全民争霸赛象棋总决赛。揭西县参赛选手沈泽杭、林家烨分别获得 U7 组季军和殿军

（县文广旅体局 供稿）

◆ 2020 年 11 月 15 日，2020 年中国足球体育名宿莅揭进社区活动在五经富镇联南村举行 （县文广旅体局 供稿）

◆京溪园镇美德村五人制社会足球场 （京溪园镇 供稿）

目 录
CONTENTS

特 辑

大 事 记

揭 西 概 况

党政机关

法　治

军　事

经济监督管理

财政 税务

金融业

农业和农村经济

工　业

商　贸

交通运输　邮政业

信息业

城乡建设　生态环境

旅游业

教育　科技

文化　传媒

卫生　体育

社会生活

乡镇（街道）建设

人物　荣誉

统计资料

文献　文件

附　录

Contents

党的领导和党的建设持续加强

2020年，揭西县委坚持以习近平新时代中国特色社会主义思想为指导，贯彻落实中共十九届五中全会精神、习近平总书记出席深圳经济特区建立40周年庆祝大会和视察广东重要讲话、重要指示精神，贯彻新时代党的建设总要求。

坚持落实第一议题制度，常态化、制度化推进学习习近平新时代中国特色社会主义思想和习近平总书记重要讲话重要指示批示精神，增强“四个意识”、坚定“四个自信”、做到“两个维护”。在全县创新开展“一主线两突出三提升”党建主题活动，围绕“加强党的全面领导”主线，突出理论武装和基层实践，做好基层党组织组织力、农村干部队伍素质、基层党组织示范引领三大提升工程，全年组织开展学习2802场次，形成常态化学习机制。组织全县党员干部开展培训，举办专题研讨班3期，培训县直和镇街领导干部共530多人次，对全县318名村（社区）党组织书记进行轮训，依托17个镇街党校平台，对1500多名村（社区）“两委”干部开展全覆盖培训。

全县1475个基层党组织、9266名党员投身疫情防控第一线，16个基层党组织、14名共产党员受到揭阳市委表彰，3名先进个人、1个先进集体受到广东省委、省政府表彰，28名先进个人、9个先进集体受到揭阳市委、市政府表彰。组织动员党员干部投身企业复工复产，派出694名机关干部联系服务354家企业，选派134名党建指导员联系243家企业；坚持把党的建设作为脱贫攻坚重要引擎，健全完善党建扶贫台账、落实党员联系贫困户等制度，强化党建扶贫成效。2020年，全县9657户2.83万名相对贫困人口、67个省定贫困村全部达到脱贫出列标准；结合美丽宜居示范村建设，择优选取4个乡镇（街道）、36个村（社区）作为党建示范点，打造一批可看、可学、可复制党建示范镇村。组织实施省定贫困村、“红色村”党建示范工程，南山镇火炬村获“广东省红色村党建工程示范点”称号；推行“村到组、组到户、户到人”三级党建网格，建成三级党建网络3550个，选派工作能力强、群众基础好3550名党员干部担任网格长，发挥各级组织在扫黑除恶专项斗争中的政治功能。开展县直单位到社区“双报到”活动，协助做好创文创卫、拆违控违等日常工作。

全面铺开“一线工作法”，实施“整镇推进、整县提升”创建行动，全覆盖开展县直机关开展“灯下黑”“两张皮”专项整治活动，推进“两新”组织“双同步”（党建摸排和组织建设）工作，完成加强党的基层组织建设三年行动计划，增强基层党组织政治功能和组织力；抓早启动村（社区）“两委”换届工作，全面完成21个换届重难点村（社区）整顿，对1800多名“两委”干部人选进行县级联审，编印换届工作手册1000多份，对2300多名业务人员全覆盖开展培训，印发一封信、党员明白卡30万多张，换届纪律宣传海报5万多份，把依法依规贯穿换届工作全过程，在全市率先完成318个村（社区）党组织选举工作；加强干部队伍建设，打好“选育管用”组合拳，增强干部干事创业能力。全年县委常委会讨论任免科级干部4批、82人次，其中提拔20人次、交流调整62人次；推进乡镇街道体制改革各项工作，按时完成“三定”规定制定、人员转隶、机构挂牌、办公场所调整等各项任务，制订出台乡镇街道体制改革“1+4”配套文件，创新提出“三个一律、三个不变、三个一批”（“三个一律”：一律不得擅自违规吸收人员到乡镇机关事业单位工作，进入镇街机关事业单位工作人员一律实行逢进必考，对在编在岗人员一律实行实名制管理；“三个不变”：人员身份类别不变，人员工资待遇供给渠道不变，人员工作范畴不变；“三个一批”：对编外人员按照清退一批，完善社保办理退休一批，合理留用一批原则进行分流安置）人员管理原则，并对乡镇（街道）内设机构股级及以下477名公务员进行任职备案；出台《关于完善选育管用工作机制建设高素质专业化公务员队伍的实施意见》等8个文件，规范全县公务员管理。

揭西县委带头履行党建主体责任，配合接受省委巡视“政治体检”，严守巡视纪律，严格执行省委巡视组提出各项要求，做好各项服务保障工作。巩固深化肃清李嘉、万庆良恶劣影响成果，强化思想警醒，教育党员干部清醒明辨行为是非，提高政治敏锐性和政治鉴别力。落实抓镇促村党建工作责任制，制订《揭西县加强村（社区）“两委”干部管理若干规定（试行）》等规章制度，强化村干部履职监管。坚持党管意识形态，把意识形态工作纳入重要议事日程和党建工作责任制，纳入领导班子、领导干部目标管理，建立检查考核制度，落实意识形态工作主体责任。推动落实中央八项规定精神及其实施细则，坚定不移正风肃纪反腐，全年立案385件、385人，给予党纪政务处分382人、留置1人、移送司法机关8人，查处违反中央八项规定精神案件47件、63人。突出政治体检，完成十一届县委巡察“全覆盖”，推进形成风清气正政治生态。

（李旭林　陈克平）

揭西县开展“一主线两突出三提升”党建主题活动

2020年，揭西县创新开展“一主线两突出三提升”党建主题活动（围绕加强党的全面领导主线，突出加强理论武装和基层实践，做好基层党组织组织力、农村干部队伍素质、基层党组织示范引领三大提升工程），加强全县党的基层组织建设。

从7月4日开始，固定每周一晚上集中一个半小时，全县各乡镇（街道）、县直机关企事业单位召集单位全体干部职工［乡镇（街道）含各村（社区）书记、主任］开展学习。各乡镇（街道）、县直单位针对现阶段重点工作，结合自身业务范围，重点学习各项业务知识，提高基层干部业务能力和工作水平。每周灵活集中一定时间，由驻村（社区）工作组长、县直单位挂钩领导干部召集村（社区）“两委”干部，及时传达上级会议文件精神、工作要求和组织学习业务知识，强化村（社区）“两委”干部学习意识。至年底，全县开展学习1380场次。在“揭西组工”公众号开设专栏，发布党建主题活动信息12

篇，营造学习氛围。县直机关企事业单位主动与挂钩乡镇（街道）对接，乡镇（街道）统筹安排县直机关企事业单位副科级以上领导干部挂钩村（社区），集中对存在问题较多、群众反映强烈、村情较为复杂、软弱涣散村（社区）进行帮扶。实行县、镇、村联动制度，县直机关企事业单位副科级以上干部、乡镇（街道）党员干部职工固定于每周一上午9点前到各驻点村（社区）开展基层实践活动，集中力量推进基层党建、乡村振兴、基层治理、为民服务等工作，带动群众共建共治共享美丽家园。

活动开展来，全县17个乡镇（街道）建立“村到组、组到户、户到人”三级党建网格，建成一级党建网络318个、二级党建网络994个、三级党建网络2238个。河婆街道、南山镇、塔头镇、钱坑镇将“一主线两突出三提升”党建主题活动和农村基层党建“整镇推进、整县提升”创建行动结合，打造党建示范镇，推动落实基层党建年度重点举措，突出抓党建促乡村振兴。

县委主题活动领导小组办公室建立督查机制，派出6个督查小组，采取查阅学习资料、会议记录、考勤登记，到部分村（居）座谈了解情况等形式进行实地检查，对学习不深不透、工作推进不力、考勤监管不严、资料整理不规范、干部作风不务实等情况进行通报批评，并要求立即整改。

（李焕然　蔡飞鸿）

揭西县新冠肺炎疫情防控工作

2020年，面对新冠肺炎疫情挑战，揭西县第一时间成立疫情防控领导小组和工作指挥部，指挥部下设办公室和8个工作组，统筹组织全县力量，做好防控工作。指挥部办公室建立定期会商制度，研究解决疫情防控过程中遇到问题和困难；制订《揭西县新型冠状病毒感染的肺炎疫情防控工作方案》等一系列文件和工作指引，第一时间传达上级工作要求和防控指引，明确职责分工，落实防控措施，动员全县上下共同做好疫情防控工作。指定县人民医院为新冠肺炎定点救治医院，县第二人民医院（棉湖华侨医院）为后备救治医院，落实应急救治场所、药品物资、器械设备等准备工作，抽调126名医护人员组建防控专家组和救治应急队伍，遏制疫情输入和蔓延。至年底，全县报告确诊病例2例、无症状感染者1例，均为输入性病例，全部治愈出院，并连续337天没有新增确诊病例，疫情防控形势持续稳定。

揭西县全年召开县委常委会暨疫情防控领导小组（指挥部）全体成员会议20次、指挥部办公室会议19次、防控工作推进会议5次、返校专班工作会议6次，发出疫情防控相关通知、工作指引等文件100多份，编制《防控疫情信息》222期、《防控工作简报》30期、《防控督查通报》32期；县主要领导到一线督促指导疫情防控工作，县四套领导班子成员到挂钩乡镇（街道）督促指导防控工作，各级各部门党政主要负责人发挥“关键少数”引领作用，带动广大党员、干部主动作为，投身基层一线防疫工作，形成防控疫情合力。督查督办组对各乡镇（街道）、各单位贯彻落实上级和县委、县政府关于疫情防控工作决策部署情况开展常态化督查，对疫情防控工作中责任落实不到位、防控不力、推诿扯皮、敷衍塞责单位和个人，落实追责问责。

构筑客运站管控、村健康检测、网格化管理、大数据排查、免疫五道防线，推进建立联防联控网络。1月25日，在全市率先设立联合检疫站点11个。通过增、减设立卫生检疫站，加强全县客运站管控，成立县、镇两级客运站场联合检疫工作专班和河婆、棉湖客运站现场指挥部，推进检疫站点常态化防控工作，做好来自疫情高发地人员进行体温检测以及其他健康管理和国内疫情高中风险地区新冠肺炎疫情输入防范工作。全县派驻工作人员8399人次，排查过往车辆数20.78万车次、过往人员数50.79万人次；撤销县、乡道检查检疫站后，重新调整布设436个村（社区）健康检测服务点，采取“镇干部+村干部+志愿者”模式，严密筛查过往人员和车辆，进行体温测量和信息登记，对发热人员及时报告处置；制定出台《揭西县建立镇街、村（社区）基层网格化治理体系提高网格化治理能力的实施方案》，建立“揭西县基层治理网格化管理平台”，在全县设置一级管理单元318个、二级管理单元1112个、小网格1341个，各网格共配置乡镇（街道）、村(社区)、医务、警务、城管执法和市场监管等工作人员7100多人，发挥网格员“人熟、地熟、情况熟”优势和前沿尖兵作用，走街串巷、进楼入户实行“地毯式”排查，对网格内所有境内外疫情严重地区来揭西人员进行全面摸排、登记、申报，配合县卫健、公安等部门对排查发现的或上级通报来自疫情发生地区人员进行追踪，督促其落实居家隔离或集中隔离医学观察14天；在全县设立“三人小组”407个，其中“三人领导小组”18个、村（社区）“三人工作小组”389个，成员由各级政法综治、公安、卫健人员组成，做好省公安厅通过大数据推送重点群体的追踪、核查、健康检测管理等工作。排查管控境外地区到揭西人员132人，全部严格落实隔离医学观察，解除医学观察124人，医学观察8人。国内疫情重点地区到揭西人员2368人，全部严格落实隔离医学观察，解除医学观察2358人，医学观察10人；按照省、市工作部署做好重点人群新冠疫苗接种工作。设置县人民医院健康体检中心、棉湖华侨医院等新冠疫苗接种点10个，完成重点人群紧急接种2480剂次，并由县疾病预防控制中心落实疫苗运输和存储冷链管理，加强技术指导和接种后健康跟踪管理。

落实“四集中”措施（集中病例、集中专家、集中资源、集中救治），科学有序开展病例救治防控工作。设置县级定点收治医院1家（县人民医院）、后备收治医院1家（县第二人民医院），组建1支由42名医疗骨干人员组成的医疗救治专家组、7支由84名医护人员组成的救治应急队伍，共设置隔离床位24张；按时按质建成核酸检测实验室3个（县疾病预防控制中心、县人民医院、县第二人民医院），单日最高检测量达1458人份，累计完成核酸检测5.62万人份；对2名确诊病例和1例无症状感染者，及时送往市人民医院治疗，全部治愈出院。追踪到密切接触者40人，次密切接触者1人，全部解除医学观察；组建以县疾控中心公共卫生专业人员为骨干，全县各医疗卫生机构抽调公共卫生技术骨干共同参与的县级现场流行病学调查队，专业人员保持在50人以上，并储备50人后备力量；全县共设置18个集中隔离观察点，其中在用1个（揭西特美思酒店），备用17个。完成集中隔离医学观察137人；组织各医疗机构收听收看视频培训60多场次，各医疗机构现场学习新冠肺炎诊疗方案和有关诊疗、防控培训5场次，对村卫生站和个体诊所开展培训15场次，开展各级各类医疗卫生单位院感防控技术培训10场次，各医疗机构在县人民医院开展应急演练4场次，病例转运培训1场次，开展揭西县冬春季农村新冠肺炎防控综合应急演练活动1场次。

做好清明期间疫情防控和森林防火工作，加强上山卡口防范检查和健康检测服务点值守，禁止所有人上山现场祭扫，全县殡葬服务机构全面实施封闭式管理，清明期间疫情防控和森林防火总体形势平稳；加强物业小区疫情防控工作，对全县19个小区物业管理区域实施封闭管理，关停小区会所6个，发出整改通知书30份；出动检查人员2315人次，检查重点景区景点、旅行社、歌舞厅、网吧、宾馆酒店等2243家次，并对全县基层公共文化站（室）进行全面检查；投入警力4.01万人次，严厉惩治涉疫情违法犯罪活动，查处涉疫情刑事治安案件13件，抓获违法犯罪嫌疑人24人，其中逮捕4人、刑事拘留4人、行政拘留7人、行政处罚9人；出动执法人员5.47万人次，检查农贸市场6832个次，活禽经营户、餐饮服务单位、药械经营使用单位、商场超市等经营户4.93万家次。推进活禽经营户实行存栏、宰杀、售卖区域

“三分离”制度和“1110”制度（一日一清洗、一周一大扫除、一月一休市、市场活禽零存栏），严厉打击哄抬物价、抢购物资等不法行为，立案查处13件。辖区内相关药品以及食品等价格总体保持稳定；加强对农产品批发市场（海鲜市场）、医疗机构、客运站以及其他人流聚集地、密闭场所环境监测，完成从业人员127份、环境173份、产品217份标本采集和检测工作，结果全部为阴性；加强对全县家畜家禽疫病监测、消毒工作，出动9088人次，检查屠宰场3327场次、畜禽类养殖场和活禽经营市场7989场次，消毒场地面积538.34万平方米，未发现动物疫情疾病等异常情况；严厉惩治取缔非法经营野生动物及其制品市场，查处非法经营野生动物案3件；组织各乡镇（街道）、村（社区）开展爱国卫生运动，出动病媒防制专业人员6.37万人次，清理垃圾9.53万吨，清理卫生死角2.35万处，开展灭蚊消杀4.27亿平方米；全县所有机关企事业单位对进入单位人员开展体温监测，定期对办公场所进行消毒。

开展多形式、全方位、立体化宣传，发布《揭西县进一步做好新型冠状病毒感染的肺炎疫情防控工作公告》《致全县人民的一封信》等公告和防疫知识，形成群防群控、群防群治浓厚氛围。县疫情防控办通过移动通信“10086”平台发送疫情防控提醒短信336万条次，县融媒体中心播出疫情防控新闻914条、宣传片1626条次，“村村通广播”系统播出相关新闻、公告、防控知识、宣传标语口号5702条次，“揭西发布”“文明揭西”微信公众号推送宣传信息1432条；通过县融媒体中心《勇担当 抗疫情》专栏，播放疫情防控个人先进典型报道76条；通过“学习强国”“南方+”“今日头条”等媒体平台，推送揭西疫情防控新闻信息182条；严厉惩治造谣行为，及时处置网络舆情，正确引导舆论导向，及时处理网络舆情5宗，回应社会关切2宗。

（县卫健局、县疫情防控办）

揭西县开展复工复产工作

2020年，揭西县启动系列主题活动，推进重点项目、企业复工以及景区和公共场所开放，加快新农村建设，帮助企业纾困解忧，建立复工复产高效服务网络。

结合创建国家全域旅游示范区工作以及生态旅游、生态农业和电线电缆三大主导产业，开展“暖企行动”，做好“六稳”（稳就业、稳金融、稳外贸、稳外资、稳投资、稳预期）工作、落实“六保”（保居民就业、保基本民生、保市场主体、保粮食能源安全、保产业链供应链稳定、保基层运转）任务，启动“揭西人游揭西”“加快重点项目建设”“加快新农村建设步伐”“加快生态农业产业化建设”“加快创建国家全域旅游示范区”“加大宣传推介力度，促进旅游产业‘融湾建带’”“促进企业复工达产”“加快推进招商引资”“加大财政支出，提升财政支持发展能力”“加大金融支持帮扶中小微企业”10项拉动消费系列主题活动。其中“揭西人游揭西”活动，县委、县政府拨出工会经费160万元向职工免费赠票2万套。

指导督促各类企业做好“四个到位”（即防控机制到位、员工排查到位、设施物资到位、内部管理到位），全县规上工业企业78家，农业龙头企业13家，农贸市场和集市20个，餐饮服务单位1355家，主要商场超市16家，全部正常营业，营业率100%。

全县重点项目117个，其中续建项目38个，100%复工，4个完工；新建项目79个。推进农业生产，做好春耕备耕和农产品生产，保障种子、化肥、农膜等农用物资储备供应，全年全县完成农作物播种面积4.13万公顷，其中粮食作物2.99万公顷。推进省级现代农业产业园建设，至年底，揭西茶叶产业园总投资2.02亿元，完成投资1.94亿元，17个建设项目完工8个，完工率47%。打造生态宜居美丽示范县，完成67个省定贫困村巷道硬化、集中供水等项目建设，完成省级新农村连片示范建设5个主体村三项基础工程建设，31个新创办示范村8项核心任务铺开建设。

引导全县景区景点、公共文化体育场所有序复工及对外开放，县图书馆、县文化馆、县博物馆和17个乡镇（街道）文化站、318个行政村（社区）综合性服务中心以及15个体育协会全部恢复对外开放，22家歌舞厅、11家网吧、2家电影院全部恢复正常营业。全县6家旅行社恢复省内旅游经营活动，各景区全面复工开放，推出年内全国医务工作者免门票等优惠服务。

落实税收优惠政策，为企业减免税收5840.76万元；实施阶段性降低失业保险费率、工伤保险费率政策，减免企业社保费4276.93万元；落实失业保险稳岗返还政策，全县37家企业申报稳岗失业保险费；协调帮助企业申请技改资金，新增贷款4.23亿元帮扶推动“梁柱”企业及中小微企业加快发展。全年新增市场主体4918户。

（县疫情防控办）

揭西县实施乡村振兴战略

2020年，揭西县建立健全“五级书记”抓乡村振兴工作机制，强化党建引领，成立县镇（街）实施乡村振兴战略领导小组，出台乡村振兴三年重点工作安排、推进乡村振兴战略实施意见等系列文件，立足“生态发展示范区”定位，走出一条独具揭西特色的乡村振兴之路。

创建省级现代茶叶产业园和3个市级现代农业产业园，引进新希望六和生猪养殖基地等一批优质产业项目，市级以上农业龙头企业13家、省名牌产品34个、绿色食品15个、有机认证产品16个。打造39个“一村一品、一镇一业”精品项目；创建八大特色农业产业带；金和镇山湖村乡村旅游景区、樱山花谷景区被评定为国家AAA级旅游景区，建成一批乡村旅游景点，“潮风客韵，民俗文化”“观瀑赏玉”“悠然田园，古镇记忆”等旅游线路入选“广东省旅游精品线路”。举办“2020广东揭阳揭西消费扶贫产品产销推介暨走进粤港澳大湾区系列活动”，率先组织消费扶贫产品进驻广州高铁南站，创建全省首个消费扶贫产业园；签订购销协议66个，购销农副产品5000多万元，带动4500多名贫困人口创业增收；与北京中健锦绣大地传媒集团有限公司搭建“5亿+消费者”直供平台。揭西脱贫攻坚经验在人民日报、新华网、省扶贫办工作动态第67期、网易、南方农村报等媒体刊发推广。

揭西县投入资金14.39亿元，完成67个省定贫困村、省级新农村连片示范村建设，打造金和美丽特色镇、100个特色美丽宜居示范村和6条美丽乡村精品线路，建设灰寨镇、金和镇农房管控和风貌提升示范带项目，实施南山镇火炬村党建示范“五个一”（一本好书、一部电影、一出大戏、一套纪录片和红色基因数据化）工程。投入资金11.24亿元，建设镇区污水处理厂14座，完成1066个自然村雨污分流工程，全面完成人居环境综合整治。每年投入近1亿元用于城乡生活垃圾收运处理；建成农村标准化公厕258个，无害化卫生户厕普及率100%。打造“四小园”（小菜园、小果园、小花园、小公园）2706个；村道硬底化、集中供水、村级卫生站、综合文化中心实现全覆盖。金和镇山湖村被评为“全国乡村旅游重点村”“广东十大美丽乡村”；南山镇火炬村被评为“广东文化旅游名村”。

揭西县全面完成村规民约修

订工作，整顿16个软弱涣散村，打造4个党建示范镇、36个党建示范村（社区）。文明镇村达标创建率100%，棉湖镇贡东村被评为第六届“全国文明村镇”；东园镇月湄村、良田乡下村、棉湖镇鲤鱼沟村入选省级文明村，镇村文体场所实现全覆盖。举办梅花节等特色节庆活动。

揭西县加强农村基层人才队伍建设，提拔41名基层业务骨干充实到乡镇（街道）党政班子，增派27名县直干部到9个重点乡镇，优先配备“三农”（懂农业、爱农村、爱农民）干部，健全基层人才梯队。组织技能培训200多场次，培训“广东技工”7153人、“南粤家政”2105人、“粤菜师傅”249人、高素质农民200多人。

2020年11月23日，揭西县2020年高素质农民培育培训班开班仪式在鸿运大酒店会议室举办（县农业农村局 供稿）

揭西县出台涉农资金统筹整合实施方案和管理办法、农村集体产权制度改革试点工作方案、农村承包土地经营权流转实施意见等系列文件。完成852个村集体经济组织产权制度改革，流转土地6666公顷，流转率40.2%；优先安排乡村振兴项目建设用地4.8公顷，年度用地指标率14.4%，“拆旧复垦”土地面积62.5公顷。

（刘桂山　侯晓云）

精准扶贫攻坚战

2016年以来，揭西县推动扶贫政策、责任、工作“三落实”，推进特色产业扶贫工程、培训就业扶贫工程、易地扶贫搬迁工程、生态补偿脱贫工程、社会保障兜底工程、基础设施改善工程、公共服务提升工程、社会力量帮扶工程“八大扶贫工程”，累计投入财政扶贫资金5.71亿元，各级帮扶单位及社会力量投入3.14亿元。2020年，全县实施产业帮扶项目263个，项目分红5075万元，受益贫困人口超4万人次，人均增加收入1169元。贫困人口人均可支配收入1.68万元（有劳动能力贫困户人均可支配收入1.81万元），贫困村居民人均可支配收入2.51万元。至年底，全县9657户共2.84万名相对贫困人口、67个省定贫困村全部达到脱贫退出标准。

发挥各级扶贫党员干部“头雁效应”，调整优化67个省定贫困村第一书记和党建指导员，选优选强村第一书记105人、党建指导员318人。建立“县领导联系乡镇驻村包户、乡镇领导包村、县直单位定点帮扶村、干部结对帮扶贫困户”帮扶机制，280个行政村分别由省直、市直、东莞市、县直单位以及乡镇（街道）全覆盖帮扶，3697名帮扶责任人与贫困户进行一对一帮扶，实现村村有帮扶单位、户户有帮扶干部。全方位开展扶贫专项培训，提升扶贫干部能力素质，2020年组织培训驻村第一书记、镇村扶贫干部、村两委班子等基层干部1575人次。

揭西县综合施策，强化政策兜底，落实“三保障”（义务教育、基本医疗、安全住房有保障）帮扶措施，推进危房改造和农村饮水安全保障。农村低保标准从每月541元提高到595元，补差水平从每月272元提高到302元，农村特困供养人员提高到每人每月952元。及时将符合条件建档立卡贫困户6484户共1.42万人全部纳入兜底保障，做到应纳尽纳、不漏一户、不漏一人；政府统一购买城乡居民基本医疗保险贫困人口累计13.04万人次，参保资金2333万元，购买养老保险贫困人口累计5.19万人次，参保资金778万元，参保率100%，实现应保尽保。累计为3.61万名（次）贫困学生发放生活费补助，发放补助金6509万元，帮助70名义务教育失学辍学贫困学生返学，贫困户子女义务教育阶段入学率99.7%；累计完成1602户建档立卡贫困户危房改造任务，投入资金2067万元对农村居民居住危房进行全面彻底改造，为148户农村分散供养特困人员统一配置家具和生活用品（每户补助3000元）。2020年投入“广东扶贫济困日”资金592万元，改善提升贫困户住房条件，解决贫困户住房安全问题；全县67个省定贫困村实现集中供水全覆盖。

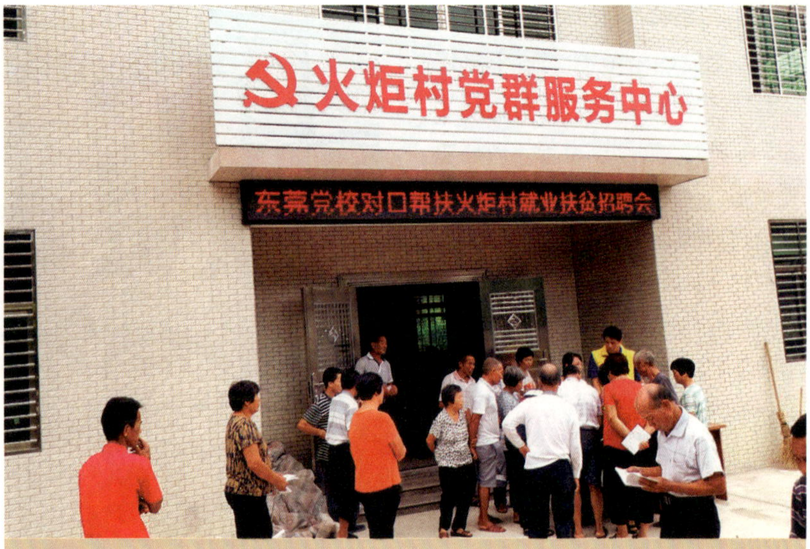

2020年9月18日，东莞市委党校对口帮扶揭西县南山镇火炬村工作队在火炬村党群服务中心举行就业招聘会　（县农业农村局　供稿）

揭西县开展消费扶贫工作，组织县域扶贫农产品企业参加广东脱贫攻坚成果展、广东东西部扶贫协作产品交易博览会、东莞对口帮扶地区农产品产销对接会和揭阳市美丽乡村大擂台等展销活动，打通产业发展与消费扶贫“最后一公里”。2020年11月，在全省率先组织38款消费扶贫产品进驻高铁广州南站，开设揭西专柜，对接高铁中高端消费群体；举办“2020广东揭阳揭西消费扶贫产品产销推介暨走进粤港澳大湾区系列活动”，通过消费扶贫产品采购签约、现场展示展销、网红直播带货、成立消费扶贫产业园等活动，打造“1+N”消费扶贫新模式。

揭西县建立健全返贫动态预警监测机制，全面开展贫困人口动态管理“回头看”，逐村逐户核查贫困人口“两不愁三保障”政策落实及收入情况，加强对脱贫不稳定户、边缘户动态监测，对排查出83户共360名脱贫不稳定户、边缘户提前介入，全面掌握贫困户脱贫返贫风险，落实一对一责任帮扶人，通过公益性岗位安置、转移就业、低保兜底、就业奖补等措施，及时消除返贫风险，防止脱贫不稳定户、边缘户返贫致贫。

（刘桂山　侯晓云）

揭西县持续推进全域旅游工作

2020年，在新冠肺炎疫情影响下，揭西县旅游业一度停摆。根据文化和旅游部对创建国家全域旅游示范区工作反馈整改意见，揭西县落实整改工作。全域旅游在休整、复苏中推进。是年，全县旅游接待805.68万人次，比2019年（下同）下降39.9%；过夜153.21万人次，下降60.2%；旅游总收入29.07亿元，下降63.2%。

县文广旅体局对照国家全域旅游示范区验收标准和文旅部资源开发司反馈意见，结合各责任单位工作任务，广泛征求意见，研究制订整改实施方案，落实整改责任，逐一落实整改。县创建办发挥牵头抓总作用，加强业务指导，加大整改力度；制订印发专项督查方案，加强督促检查，推进各项整改工作。

2020年，"和天下"特色康养建设项目、山湖村乡村旅游景区创建国家AAA级旅游景区项目、樱山花谷景区创建国家AAA级旅游景区项目等5个项目被列为市县重点项目。县文广旅体局成功申报京溪园镇樱山花谷景区、金和镇山湖村乡村旅游景区为国家AAA级旅游景区，全县AAA级旅游景区增至3家；完成龙潭镇关山村委、河婆街道天竺岩、棉湖镇鲤鱼沟村、南山镇火炬村军政法庭旁及后方医院旁等5个旅游厕所建设。推进揭西县旅游数据中心二期工程建设。

县文广旅体局以点带面、联点成线，推进全域旅游创建。成功申报金和镇山湖村为全国乡村旅游重点村。推荐南山镇火炬村、京溪园镇粗坑村、河婆街道庙角村申报广东省第二批文化和旅游特色村。策划"悠然田园，古镇记忆"揭西两天一夜乡村旅游线路，并推送参加广东省乡村旅游精品线路评选。成功申报京溪园镇为广东省休闲农业与乡村旅游示范镇，京溪园镇樱山花谷景区被评为广东省科普教育基地。部分景区景点在防疫闭园情况下尝试农业发展，拓展"文旅+"链条，探索现代农旅发展新路子。

揭西县加强旅游宣传，扩大旅游品牌影响。1月10日，在坪上镇举办第四届梅花节，吸引社会各界参加。参与由"学习强国"平台发起的广东乡村微视频大赛，统筹现有非遗项目宣传片，加强包装选送参加比赛，其中6个视频入围参加展示评选，《揭西擂茶》《鸿江侯氏朱家拳》获评广东乡村微视频大赛三等奖。在"学习强国"、《中国报道》、《揭阳日报》等媒体多角度宣传推介揭西旅游，提升知名度。投入266.10万元开展全媒体宣传，拍摄15秒、30秒旅游宣传推广片并在广东卫视和揭阳、潮州等地电视台投放，营造全域旅游发展浓厚氛围。

揭西县依托优质旅游资源，4月11日启动"揭西人游揭西"活动，刺激旅游市场消费，至6月底活动结束，黄满寨瀑布旅游区、大洋国际生态旅游度假区等景区景点接待游客共7.6万人次。紧扣"推进'六稳'拉动消费"主题，高质量开展"加快创建国家全域旅游示范区"及"加大宣传推介力度，促进旅游产业'融湾建带'"等系列主题活动，深化国家全域旅游示范区创建，加大旅游宣传推介，推动旅游产业"融湾建带"。组织对辖区受疫情影响严重文旅企业摸底调研，争取省级专项扶持资金126万元、市级专项扶持资金94万元，帮助文旅企业复苏。

（巫丽琼　何丽珊）

2020年广东揭阳揭西消费扶贫产品产销推介暨走进粤港澳大湾区系列活动

2020年11月14日，2020广东揭阳揭西消费扶贫产品产销推介暨走进粤港澳大湾区系列活动在县城文化广场开幕，开展扶贫农产品采购签约、现场展示展销、产业扶贫项目分红仪式、网红直播等推介项目。省、市、县有关领导以及省直、市直和东莞市各帮扶单位相关领导，揭阳市各县市区农产品企业代表、采购代表和南方农村报社等新闻媒体共约500人参加活动。

活动现场广东省交通集团有限公司、中国南方电网有限责任公司、华南师范大学等多个省、市级企事业单位与河婆街道、塔头镇等乡镇（街道）进行扶贫农产品采购签约，全年通过以购代捐、以买代帮，推动各帮扶单位、机关、学校、医院购买贫困村、贫困户农副产品1200多万元，辐射带动4500多名贫困人口创业增收；举办产业帮扶项目分红仪式，10名参股贫困户代表收到最高7000元扶贫项目年分红收益；华语流行乐男歌手、演员黄品冠通过视频远程为家乡农特产品代言。广东省爱心扶贫助农大使、快手扶贫标兵陈伟杰（散打哥），广东广播电视台节目主持人蔡婷子等受聘为揭西消费扶贫农产品推广大使。

（刘桂山　侯晓云）

“揭西擂茶”申报为国家地理标志商标

揭西县深化特色品牌建设，2017年开始，引导“揭西擂茶”申报国家地理标志商标，成立“揭西擂茶”申报国家地理标志证明商标领导小组，专人负责地理标志证明商标申报工作，委托专业知识产权机构向国家知识产权局提出申请；县市场监管局、县农业农村局、县地方史志办、县民政局等部门开展信息沟通和工作协作，推进地理标志证明商标申报工作；县市场监管局挖掘辖区特色优势资源，通过前期摸底走访和查阅农业志、地方志，对地方特色产品和传统优势农业开展专题调研，结合揭西县自然因素和人文因素，将“揭西擂茶”作为地理标志证明商标重点培育对象进行针对性指导帮扶，指导揭西县特色美食协会撰写“揭西擂茶”地理标志地域保护范围请示及向县人民政府请示关于确认“揭西擂茶”地理标志保护申请人资格，制定“揭西擂茶”地理标志证明商标管理规则，并向国家知识产权局进行申报。

2020年4月6日，“揭西擂茶”地理标志商标获得国家知识产权局初审通过；7月6日，获得国家知识产权局注册通过。“揭西擂茶”成为全县第一件国家地理标志商标。

（县市场监督管理局）

擂茶　（李维照　摄）

棉湖镇贡东村获第六届“全国文明村镇”称号

贡东村位于揭西县棉湖镇北部，距离镇区约5千米。2020年，有442户村民（其中居民组28户），总人口2305人（其中居民组65人），党员40人；全村耕地面积34公顷，林地53公顷，鱼塘面积4.6公顷；村集体收入20万元，人均纯收入9837元。

贡东村党支部加强党员教育，严格组织生活制度，组织党员参加“不忘初心、牢记使命”“三学三推”“一主线两突出三提升”等主题教育活动，提高党员党性意识、科学素质和工作能力；发挥党员先锋模范带头作用，建立健全村务公开、政务公开和党务公开制度，推行民主管理，推进各项工作制度化、规范化；健全治安、计生、殡改、调解等村民自治组织和骨干队伍，加强对有关工作领导和监督，及时调处和解决各类矛盾纠纷；加大民主法制宣传教育力度，增强村民法律意识和法治意识，加强治安队伍建设；提高村民自我管理、自我教育、自我防范意识，组织力量打击各项赌博活动。

贡东村村委新办公大楼三楼设有阅览室、婚育分校，将老村委办公址改成老人活动室，在老村委办公址前增设篮球场，丰富村民日常文化生活和文化娱乐形式。设立奖教奖学基金会，表彰奖励村里优秀学子和教学成绩突出的学校以及老师；对村里80岁以上老人和单亲小孩、孤儿定期开展关心帮助工作。贡东村整合现有资源，设立新时代文明实践站，借助实践站平台开展新时代文明实践活动，设立志愿者服务站点，由村党员干部带头，组建志愿者服务队伍。

组织开展各类文娱活动，开展爱国主义教育、“决胜全面小康、决战脱贫攻坚”等主题宣传活动；利用辖区内宣传栏、公园、广场等宣传阵地，通过悬挂横幅、广告牌，张贴海报等形式，宣传社会主义核心价值观、法律制度、文明健康生活方式等内容；通过开展“星级文明户”活动，评选出“星级文明标兵”27户；依托新时代文明实践站，由村两委党员干部带头做志愿服务，开展各项志愿服务活动。

贡东村党支部带领村“两委”一班人，多次召开支部大会和村民代表会议，征求意见，并走访农户开展调研，确定“田里抓高产、山中抓优质、塘中抓规模”思路，带动群众发展农村经济。加强发展规划，组织一百多名新农村建设顾问专家为贡东村提出新农村规划意见建议，贡东村新农村规划由广东南雅建筑设计公司修编完成；通过科技人员进村入户为村民讲授有关科普知识，推广良种水稻种植、优质果种植、山塘淡水鱼养殖等项目，促进农民提高收入；完善基础设施建设，多方筹措资金100多万元，投入基本农田排灌渠系建设和农村饮水安全工程建设。先后投入80多万元完成3.3千米村道硬底化建设；投入资金90多万元

贡东村村貌　（林钊立　摄）

整改村公共设施，整修排污渠320米，建设农村“雨污分流”工程及公共设施，卫生厕所达标率100%；主要路口安装路灯，成立专门环卫队伍，负责全村垃圾清理、搬运和村容村貌整治，改善全村生产、生活条件。

贡东村先后获得“广东省卫生村”“揭阳市卫生村”“揭阳市先进基层党组织”等称号。2020年11月17日，贡东村被中央精神文明建设指导委员会授予第六届“全国文明村镇”称号。

（棉湖镇）

南山镇火炬村获“广东省红色村党建工程示范点”称号

2017年12月，南山镇火炬村被广东省委组织部列入“红色村”党建示范工程。揭西县依托革命老区底蕴深厚红色文化优势，高标准要求、高起点规划、高质量实施南山镇火炬村革命旧址修缮、保护、换新工程，挖掘红色资源，体现红色元素，打造党员红色教育基地，做好红色故事新时代阐释，打造“红色村”党建示范工程，推动火炬村产业经济发展。

火炬村围绕“山水龙跃，红色摇篮”定位目标，将红色基因转化成发展内生动力，拓展延伸“红色村”党建示范工程，讲好红色故事，建设传承红色基因、发扬革命精神阵地，以“红色村”党建示范工程带动基层组织力提升，推动乡村振兴。强化村级党群服务中心建设，规范“一厅五室”（办事大厅；“两委”干部办公室、班子会议室、党群会议室、综合服务室、便民服务活动室）设置，发挥党组织战斗堡垒作用；以红色故事为主题，绘制革命老区代表性墙画，打造“一墙一景”，优化美化人居环境。在坑背河周边铺设鹅卵石小道，逐步完善旅游产业链配套设施，打造特色村居景点；完成司令部、后勤部、兵工厂、军政法庭、弹药库、后方医院、北山楼等革命旧址修复工作，打造集红色教育和红色旅游为一体的党员教育基地；挖掘和运用好红色资源，发展红色教育，结合开展党史学习教育等活动，把革命传统教育纳入党员干部学习重要内容。2020年，各地各单位组织党员干部到火炬村开展主题党日活动400多次，接待党员干部共1万多人次；发挥红色党建在党员干部开展扶贫工作中的引领作用，开展产业、就业、教育等帮扶措施，创新“造血式”扶贫方式，帮助扶贫对象增加稳定收入。至年底，火炬村达到脱贫出列标准，贫困户45户共132人全部脱贫。

2020年10月19日，火炬村举行“广东省红色村党建工程示范点”揭牌仪式。

（李焕然　蔡飞鸿）

揭西县3个市级现代农业产业园完成建设

2020年，揭西县完成蔬菜市级产业园、青榄市级产业园、中药材市级产业园3个市级现代农业产业园建设。揭西县蔬菜市级产业园在坪上镇湖光洋、圆埔洋蔬菜基地，面积173公顷，年产量1.13万吨，年产值9072万元。种植蔬菜专供中国香港地区，经营主体为揭西鸿锦优质蔬菜有限公司，该公司是中国香港农渔署认证内地7家“信誉农场”之一；揭西县青榄市级产业园位于灰寨镇马路村，三棱橄榄种植面积106公顷，0.5千克销售价格200元以上，年产量320吨，年产值2800万元，主要销往潮汕地区，部分销往珠三角地区；揭西县中药材市级产业园位于五经富镇波罗坑，种植巴戟、灵芝、铁皮石斛、金线莲等中药材共26.6公顷，加工中药材相关产品10吨，年产值400多万元。至年底，三个市级产业园投入438万元，其中市级财政资金300万元、企业自筹资金138万元；全面完成项目建设任务，通过市级验收。

（刘桂山　侯晓云）

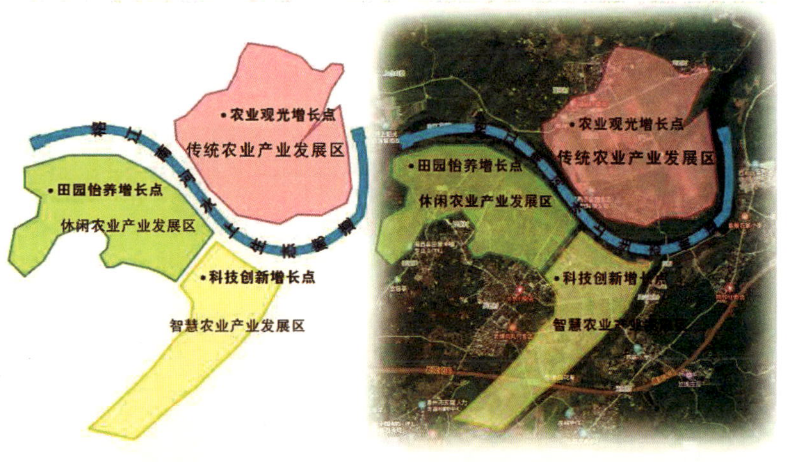

揭西县蔬菜产业园总体规划布局图　（县农业农村局　供稿）

汕湛高速公路东段揭西段、兴汕高速（华陆高速）揭西段建成通车

2020年，揭西县境内建成通车高速公路2条，分别为汕湛高速公路东段揭西段和兴汕高速（华陆高速）揭西段。

汕湛高速公路东段揭西段是广东省实施“县县通高速”重点建设项目工程，揭西县境内起于金和镇金坑村（起点桩号K73+693），途经金和镇、钱坑镇和大溪镇三镇，在钱坑镇象山村北侧设钱坑互通与县道X100相连，设叶下桃隧道穿过架仔山，与汕湛高速公路揭西大溪至博罗石坝段对接，设杨林枢纽互通与潮惠高速公路连接（终点K86+983）。项目由广东龙浩集团有限公司负责建设、经营和养护管理，全线征用土地109.2公顷，迁移坟墓2187穴，拆迁房屋1.19万平方米。汕湛高速公路东段揭西段工程总造价8亿元，设计速度120千米/小时，双向六车道，揭西段长13.29千米，县境内建成桥梁14座。2020年12月28日，主线建成通车。

兴汕高速（华陆高速）是广东省高速公路规划网“二纵”[广东汕尾至江西瑞金（省界）]重要组成部分，兴汕高速揭西县境内路线起止桩号：K102+807—K121+815，途经上砂镇和五云镇。项目由广东省交通集团有限公司下属广东华陆高速公路有限公司负责建设、经营和养护管理，于2017年11月9日开工，建设桥梁15座（其中特大桥1座、大桥13座、中桥1座）、隧道2座（观音坳隧道、大坪隧道），互通立交两处，收费管理所2处，连接线1条，服务区1处。兴汕高速揭西境内全线投资19.59亿元，项目主线采用双向四车道高速公路技术标准，设计速度100千米/小时，路基宽度26米，揭西段主线19.0千米。2020年11月28日，全线建成通车。

（县公路事务中心）

揭西县县城新建自来水厂建成并投入使用

揭西县县城新建自来水厂是县委、县政府重点打造民生工程之一。县城新建自来水厂位于河婆街道乡肚村横江河畔，2020年6月底基本完成首期工程建设，8月21日，开始向县城居民供水。县城新建自来水厂规划供水总规模12.0万吨/日，水源引自横江水库，厂区总占地面积5.9万平方米，分三期实施。首期工程计划总投资1.22亿元，供水规模4.0万吨/日，主要建设内容包括办公楼、取水泵房、絮泥沉淀池、V型滤池、反冲洗车间、清水池、加氯加药间、送水泵房、排水池、排泥池、污泥脱水间、设备安装等，铺设原水管道2.8千米、清水管道4.5千米。

县城新建自来水厂首期工程 （县水利局 供稿）

2016年10月28日，县人民政府《关于建设揭西县县城新建水厂的批复》同意建设县城新建自来水厂；2017年10月13日，县发展和改革局《关于揭西县县城新建自来水厂首期工程项目可行性研究报告的批复》同意县城新建自来水厂建设立项；2018年10月6日，县城新建自来水厂开工建设。

县城新建自来水厂工程三期全部建成后，供水范围覆盖河婆街道、坪上镇、龙潭镇、五云镇4个镇（街道），受益人口39.6万人。

（县水利局）

揭西县引进新希望六和养殖项目

2020年，揭西县引进揭西新希望六和生猪养殖基地项目，项目采用“公司+规模化农场”模式，建设经营一体化生猪养殖场及配套养殖服务公司，建成完全达产后年出栏生猪50万头，首期投资约10亿元。项目分两期实施：第一期计划投资5.7亿元，主要建设2.1万头种猪场及配套设施；第二期计划投资4.3亿元，主要建设13.2万头育肥场及配套设施。至年底，完成投资金额1.1亿元，完成233公顷山地租赁、母猪场地块及进场道路31公顷林地调规手续、环境影响评价报告、设施农用地备案、供电工程施工等前期准备手续，母猪场三栋养殖楼总体工程建设完成25%。

（刘桂山 侯晓云）

揭西县成功处置甬莞高速危化品泄漏突发事件

2020年9月9日7时，甬莞高速普宁赤岗段发生2辆分别运载液化石油气和苯酚车辆发生追尾碰撞交通事故，造成29.5吨苯酚和部分液化石油气泄漏，对下游水体水质产生次生环境污染。

事故发生后，揭西县委、县政府、揭阳市生态环境局揭西分局第一时间要求棉湖镇人民政府组织人手和机械设备，关闭贡山电排，在贡山电排支流位于棉湖镇与普宁市赤岗镇交界处筑起一道拦河坝，再分段截流，设置截流点5处，防止污染流入榕江干流。经市生态环境局揭西分局联合相关单位分析研判事件情况并请示县领导，揭西县成立揭西县突发环境事件应急指挥部，并于2020年9月10日启动突发环境事件Ⅳ级应急响应。

2020年9月14日，揭西县环境监测站工作人员在京棉路对河流水体取样
（市生态环境局揭西分局　供稿）

县委、县政府主要领导到现场协调指挥应急处置工作，市生态环境局揭西分局、县应急管理局、县公安局等有关部门以及上级部门领导和专家协同开展工作，处置水污染问题。县政府通知贡山小学和县第二华侨中学9月9日下午暂时停课，通过多媒体、传单、广播等方式提醒通知棉湖镇贡山村、鲤鱼沟村、贡东村、新陂村、玉石村、上浦村6个村村民暂停使用地下水，所有村民一律使用自来水，周边村民不要到受污染水体捕捞或取水用于动物饮水或用于农作物灌溉；在5处点位设置点，使用大量生石灰、活性炭降解吸附。各部门组织人员定点监督，日夜轮值各个闸口，筑牢筑固土围堰，控制因污水外流造成苯酚污染影响范围。出动车辆180车次，运载受污染水体3200立方米，基本消除县境内污染水体；出动交通维护人员，疏导污染点附近交通秩序。9月9日至10月9日，市生态环境局揭西分局按照揭阳市环境监测站指导，先后制订监测方案18个，联合棉湖镇人民政府派出人员374人次，分152批次提取水样892个。交警部门专人专车送水、护水，加快样本检测速度，争取科学防治时间；县宣传部门和公安部门密切关注社会舆情，打击非法虚假信息传播行为，在“揭西发布”等公众号滚动发布公告和最新处置成效，提高群众防范意识。

2020年9月30日，揭西县终止突发环境事件Ⅳ级应急响应，全县境内各监测点挥发酚监测结果全部正常，群众生产生活用水秩序恢复正常。

（刘讯涛　黄跃漫）

大事记

A CHRONICLE OF MAJOR EVENTS

1月

4日，揭西县第十届人大常委会召开第二十七次会议。会议学习贯彻习近平总书记“不忘初心、牢记使命”主题教育总结大会重要讲话精神，听取有关工作情况报告，通过揭西县第十届人大代表职务有关人事变动事项。

7日，揭西县农业农村局与广东揭西农村商业银行股份有限公司举行战略合作签约仪式。

9日，广东揭西第四届梅花节开幕仪式在坪上镇举行。

17日，揭阳军分区司令员王俊到揭西县开展春节慰问活动。

18日，揭西县为2019年度立功受奖现役军人家属送喜报。

20日，揭西县第十届人大常委会召开第二十八次会议。会议通过揭阳市第六届人民代表大会代表职务有关人事变动事项。

同日，揭西县组织收听收看广东省统计工作暨第七次全国人口普查动员电视电话会议。

22日，揭西县召开脱贫攻坚工作推进会议。会议传达《中共中央 国务院关于抓好“三农”领域重点工作确保如期实现全面小康的意见》精神和习近平总书记关于脱贫攻坚工作系列重要讲话精神，通报市、县扶贫考核组对各乡镇街道考核情况，并部署下一步工作。

25日，揭西县召开新型冠状病毒感染的肺炎疫情防控工作会议。会议传达贯彻学习习近平总书记对新型冠状病毒感染的肺炎疫情做出的重要指示和省委、省政府相关文件通知精神，对全县新型冠状病毒感染的肺炎疫情防控工作进行再动员、再部署、再落实。

26日，揭西县召开新型冠状病毒感染的肺炎疫情防控工作领导小组（指挥部）会议。会议要求全县各级各部门要认真学习贯彻中央、省委、市委、县委关于做好新型冠状病毒感染的肺炎疫情防控工作部署和要求，根据“严防死守、社会稳定”总目标，全面动员，压实责任，强化监督防控，坚决打赢疫情防控硬战。

是月，揭西县组织成立县人民医院传染病隔离病区、龙潭站检疫点、河婆客运站检疫点等防疫临时党支部15个，党员共223人。

2月

1日，揭西县召开进一步做好新型冠状病毒感染的肺炎疫情防控工作会议，传达省疫情防控指挥部办公室有关通知精神。

2日，揭阳市委副书记、市长、市防控工作领导小组（指挥部）常务副总指挥张科率队到揭西县检查新型冠状病毒感染的肺炎疫情防控工作，看望慰问一线疫情防控工作人员。

4日，“揭西站”疫情公益线上心理援助热线开通。

10日，揭西县组织收听收看广东省农业农村抗疫情促生产保供给工作电视电话会议。

19日，揭阳市委副书记、市长、市防控工作领导小组（指挥部）常务副总指挥张科率队到揭西县检查疫情防控期间农业企业稳产保供和农业农村工作。

21日，揭西县召开专题会议。听取重点项目设计单位华南理工大学建筑学院代表关于《揭西县城榕江南河右岸堤路综合整治工程》《揭西县城横江河下段堤路综合整治工程》《揭西县双江交汇滨水区建筑立面整治及环境配套工程》《揭西县城广德生态区建设工程（一期）》《揭西县棉湖镇沿江路综合整治工程建设项目景观规划》等重点项目规划建设情况介绍。

25日，广东樱山花谷农庄有限公司（樱山花谷景区）被广东省科学技术厅和省科学技术协会命名为“广东省科普教育基地”。

26日，揭西县召开全县旅游系统全面复工开放工作会议。会议传达贯彻中央、省、市、县统筹推进新冠肺炎疫情防控和经济社会发展工作会议精神，部署全县旅游系统全面复工开放工作。

3月

2日，揭西县“粤课堂”有线电视线上教育开通。

5日，揭西县组织收听收看广东省森林防灭火工作视频会议。

9日，揭阳市人民政府组织调研组到揭西县调研农业农村工作。

13日，揭西县组织收听收看广东省决战决胜脱贫攻坚推进会电视电话会议。

23日，京溪园镇被广东省农业农村厅和省文化和旅游厅认定为2019年度广东省休闲农业与乡村旅游示范镇。

24日，揭阳市三防指挥部第四检查组到揭西县开展汛前防汛防风准备情况专项检查。

29日，揭西县组织收听收看广东省清明节期间疫情防控和安全防护工作视频会议。

31日，揭西县组织收听收看省、市推进重大项目建设积极做好稳投资工作电视电话会议。

4月

2日，广东省人民政府派出检查组到揭西县检查指导清明节前安全防范工作。

同日，揭西县组织收听收看全国、省、市防汛抗旱防风电视电话会议。

4日，揭西县举行哀悼活动，缅怀抗击新冠肺炎疫情斗争牺牲烈士和逝世同胞。

5日，深圳潮商会常务副会长周南、广州南洋冠盛集团董事长蓝楚汉一行到揭西县参访交流。

7日，揭西县第十届人大常委会召开第二十九次会议。会议传达学习3月27日中共中央政治局会议精神，审议通过有关议案，依法任命翁育惠为揭西县人民政府副县长，通过其他有关人事任免事项。

8日，揭西县组织收听收看广东省实施乡村振兴战略工作推进会视频会议。

10日，揭西县组织收听收看全国安全生产电视电话会议、全省第二季度防范重特大生产安全事故暨消防工作和市统筹做好复工复产安全防范工作电视电话会议。

同日，揭西县召开污染防治攻坚战指挥部2020年第一次会议。

11日，揭西县开展“揭西人游揭西”活动。

12日，揭西县组织收听收看广东省决胜攻坚“四好农村路”建设部署动员电视电话会议。

13日，揭西县组织收听收看广东省打赢污染防治攻坚战工作推进会。

13—14日，广东省市场监督管理局负责人率调研组到揭西县大溪镇大东村调研脱贫攻坚工作。

20日，揭西樱山花谷景区被文化和旅游部评定为国家AAA级旅游景区。

21日，揭西县组织收听收看广东省统筹推进新冠肺炎疫情防控和经济社会发展工作会议。

23日，广东省民政厅厅长卓志强一行到揭西县调研民政工作。

同日，揭阳市人民政府派出检查组到揭西县检查学生返校前疫情防控工作。

26日，广东省农业农村厅组织调研组到揭西县调研省级现代农业产业园建设工作。

27日，揭阳市人民政府派出检查组到揭西县开展“五一”节前安全防范检查工作。

29日，“揭西县大革命时期历史文化游径”入选广东省历史文化游径（第一批）。“揭西县大革命时期历史文化游径”：棉湖战役东征军指挥部旧址—棉湖古镇—金和镇山湖村—京溪园镇樱山花谷景区—大洋国际生态旅游度假区—黄满寨瀑布旅游区—南山镇火炬村—京溪园镇粗坑村—大北山国家森林公园京明度假村—大北山国家森林公园—大北山革命历史纪念馆—知青楼—三山国王祖庙。

5月

1日，广东省文化和旅游厅派出检查组到揭西县开展“五一”假日旅游市场巡查。

5日，揭阳市委书记叶牛平到揭西县调研环保基础设施项目、生态旅游和新农村建设等工作。

6日，揭西县在大溪镇召开创建乡镇（街道）体制改革市级示范点工作会议。

8日，揭阳市卫生健康局组织部分援鄂医疗队队员组成检查组到揭西县人民医院开展医疗机构感染防控专项督导检查工作。

同日，揭阳市政协组织调研组到揭西县开展“加大政策支持力度，促进北部生态发展区建设发展”专题调研。

9日，揭阳军分区组织调研组到揭西县调研人武和脱贫攻坚工作。

12日，揭阳市人民政府与新希望六和股份有限公司《战略合作框架协议》签约仪式在揭西县举行。市委副书记、市长张科，新希望集团首席品牌官、集团党委副书记安峰山出席签约仪式。

同日，揭阳市人民政府组织调研组到揭西县调研食品企业。

同日，揭西县召开“中国天然氧吧”生态科普体验馆建设研讨会，邀请广东省气象局专家到会指导。

13日，揭西县第十届人大常委会召开第三十次会议。会议传达学习4月27日中央全面深化改革委员会第十三次会议精神，听取和审议有关工作报告，通过有关人事任免事项。

18日，揭西县在县人民医院、县第二人民医院（棉湖华侨医院）举行紧密型县域医共体总医院揭牌仪式。

19日，中共揭西县委第十一届委员会第七次全体会议在县委党校召开。县委书记代表常委会作报告。会议进行“一报告两评议”测评活动，审议通过《县委常委会2019年度工作报告》《县委常委会2019年度抓党建工作情况报告》，表决通过《中国共产党揭西县第十一届委员会第七次全体会议决议》。不是县委委员、候补委员的县人大常委会、县政府、县政协负责人；县纪委常委、县监委委员，县委巡察办主任，各巡察组组长；县直（含上垂直管理）副科级以上单位主要负责人；各乡镇（街道）党（工）委书记、乡镇长（办事处主任）列席会议。

同日，揭西县文化广电旅游体育局、揭阳移动揭西分公司在黄满寨瀑布景区举办“5·19”中国旅游日暨乡村旅游精品线路推介活动。

21—22日，政协揭西县第十届委员会第五次会议在县城召开。会议听取和审议通过政协揭西县第十届委员会常务委员会所作工作报告，审议通过政协揭西县第十届委员会常务委员会关于十届四次会议以来提案工作情况报告，会议选举刘小电为政协揭西县第十届委员会副主席、陈峰为政协揭西县第十届委员会常务委员会委员，通过政协揭西县第十届委员会第五次会议决议。

21—23日，揭西县第十届人民代表大会第五次会议在县委党校人民会堂召开。会议听取和审议2019年县政府工作报告、县人大常委会工作报告、县人民法院工作报告、县人民检察院工作报告，审查并批准《揭西县2019年国民经济和社会发展计划执行情况与2020年计划草案的报告及揭西县2020年国民经济和社会发展计划》《揭西县2019年预算执行情况与2020年预算草案的报告》。依法选举刘耀雄为揭西县第十届人大常委会副主任，李庆裕、李凌思（女）、陈成腾为揭西县第十届人大常委会委员，周旭茂为揭西县人民法院院长。

27日，揭阳市人大常委会派出检查组到揭西县开展《广东省农村集体资产管理条例》执法检查。

27—29日，揭阳市老区建设促进工作会在揭西县召开。

28日，揭阳市委副书记、市长张科率队到揭西县调研省级现代农业产业园建设工作。

同日，揭阳市青年联合会五届三次常委（扩大）会议在广东揭西农村商业银行召开。

6月

5日，揭西县第十一届纪律检查委员会第五次全体会议在县委党校召开。

16日，揭西县首个非物质文化遗产主题展厅在县图书馆开馆。

18日，揭西县召开创建国家卫生县城工作推进会议，部署创建国家卫生县城迎检工作，并与相关部门负责人签订《揭西县创建国家卫生县城工作责任书》。

22日，揭西县召开十届人大、政协五次会议建议和提案交办会，对“两会”建议和提案办理工作进行具体部署。

24日，揭西县举办2020年村党组织书记脱贫攻坚专题培训班，此次培训分三期，每期3天，共300名村（社区）党组织书记参加培训。

29日，揭阳市调研组到揭西县开展紧密型县域医疗卫生共同体建设情况专题调研，实地检查工作进展情况。

30日，揭阳市委书记、市人大常委会党组书记蔡朝林到揭西县金和镇山湖村、塔头拦河闸重建工程现场、京溪园农产品加工厂等地开展调研。

7月

3日，南方人民银行纪念馆暨市级爱国主义教育基地揭牌仪式在揭西县良田乡下村举行。

21日，广东省生态环境厅调研组到揭西县调研环保工作，先后实地调研榕江上游汕尾市陆河县与揭西县交界断面水质、五云镇京埔村雨污分流工程建设、五云镇污水处理厂建设等方面工作。

24日，揭西县第十届人大常委会召开第三十一次会议。会议听取和审议有关情况报告，并通过有关议案和人事任免事项。

30日，揭西县召开县委外事工作委员会第二次会议。会议传达学习习近平新时代中国特色社会主义外交思想和中共揭阳市委外事工作委员会第二次会议精神；审议并通过《揭西县2020年外事工作要点》。

31日，揭西县村村通客车提升服务运营仪式在棉湖客运站举行，实现全县280个建制村全面通客车。

同日，揭西县组织收听收看国务院联防联控机制严防聚集性疫情，做好秋冬季防控工作电视电话会议。

8月

4日，广东省老促会调研组到揭西县调研贯彻落实全省推动老区苏区振兴发展工作现场会精神及《关于进一步推动我省革命老区和原中央苏区振兴发展的意见》落实情况。

14日，揭西县第七次全国人口普查综合试点工作在河婆街道下滩村启动。

18日，揭西县疾控中心举办新型冠状病毒肺炎流行病学调查实操培训班，组织全县各医疗卫生单位完成流行病学调查线上培训人员开展实操培训。

20日，揭西县第二人民医院与广东省中医院举行协作医院签约揭牌仪式，标志着县第二人民医院正式成为广东省中医院协作医院。

21日，揭西县新自来水厂工程正式建成通水。

26日，金和镇山湖村被文化和旅游部、国家发展和改革委员会列入第二批全国乡村旅游重点村名录。

9月

1日，揭阳市人大常委会调研组到揭西县调研《中华人民共和国传染病防治法》贯彻实施情况，并提出工作要求。

3日，在中国人民抗日战争暨世界反法西斯战争胜利75周年纪念日，揭西县领导率队到京溪园镇、金和镇、灰寨镇等地看望慰问部分抗战老战士。

9日，甬莞高速普宁赤岗路段发生2辆货车追尾事故，造成运载的苯酚溶剂泄漏，通过农田水沟排向普宁市赤岗镇、揭西县棉湖镇部分村庄，揭西县应急管理、公安、消防救援等相关部门会同专家第一时间到现场开展应急处置工作。

11日，揭阳市委副书记、市长张科率队到揭西县棉湖镇检查甬莞高速普宁赤岗段危化品车辆追尾事故环境应急处置情况，听取相关情况汇报，提出工作要求。

同日，揭西县组织收听收看全国深化“放管服”改革优化营商环境电视电话会议。

14日，揭西县发展改革局举行调整县城生活垃圾处理费征收标准听证会。听证会邀请部分县人大代表、专家学者、消费者代表、经营者等参加。

16日，揭西县第十届人大常委会召开第三十三次会议。会议听取并批准有关情况报告，决定任命陈继华为揭西县人民政府副县长、县公安局局长，通过其他有关人事任免事项。

同日，全国爱国卫生运动委员会检查组到揭西县实地评估创国卫城乡环境卫生整洁行动和医疗卫生机构厕所整洁专项行动实施效果。

同日，揭阳市人大常委会调研组到揭西县调研乡村产业振兴和产业扶贫工作情况。

18日，揭西县组织收听收看

全国秋冬季森林草原防灭火工作电视电话会议。

27日，揭阳市政协调研组到揭西县调研农村承包土地流转情况。

28日，金和镇山湖村乡村旅游景区被文化和旅游部评定为国家AAA级旅游景区。

同日，揭西县召开创建国家卫生城市反馈问题整改会议。

29日，揭阳市政协调研组到揭西县督办市政协六届四次会议第60号重点提案办理情况，提出工作要求。

30日，揭西县在象山烈士纪念亭举行烈士纪念日公祭烈士活动。其后，县领导分别率队到河婆街道、坪上镇、五云镇等地开展慰问烈属活动。

10月

10日，揭西县组织收听收看全省现代农业产业园建设推进工作电视电话会议。

11日，广东省委第十二巡视组在揭西县召开巡视工作动员会。巡视组巡视时间为2020年10月11日至12月中旬。

14日，揭西县组织县党政领导班子和各乡镇（街道）党（工）委书记在县委机关大楼会议室集中收听收看深圳经济特区建立40周年庆祝大会。

18日，揭西县组织收听收看全省及全市传达学习贯彻习近平总书记出席深圳经济特区建立40周年庆祝大会和视察广东重要讲话重要指示精神干部大会。

19日，揭西县南山镇火炬村举行“广东省红色村党建工程示范点”揭牌仪式。

22日，揭西县被广东省委、省政府、省军区命名为“广东省双拥模范县”。

同日，揭阳市委组织部组织部分市离退休干部到揭西县开展“我看脱贫攻坚新成就”参观考察活动，听取揭西县近年来经济社会发展情况介绍。

23日，揭西县第十届人大常委会召开第三十四次会议。会议传达学习习近平总书记出席深圳经济特区建立40周年庆祝大会和视察广东重要讲话、重要指示精神，会议任命林剑华为县监察委员会副主任，并决定其为县监察委员会代理主任，通过其他有关人事任免事项。

同日，揭西县组织收听收看省、市秋冬季森林防灭火工作电视电话会议，并部署相关工作。

26日，在中国人民志愿军抗美援朝出国作战70周年之际，揭西县领导率队走访慰问揭西县抗美援朝老战士。

是月，揭西县17个规范化预防接种门诊升级改造任务全部建设完成。

是月，揭西县龙潭镇污水处理厂建成通水，投入试运行。

11月

3日，棉湖战役东征军指挥部旧址—棉湖战役山湖之战旧迹入选广东省历史文化游径（第二批）“东征革命历史文化游径”。

同日，揭西县组织收听收看全国疫情防控工作电视电话会议。

5日，揭阳市委书记、市人大常委会党组书记蔡朝林到揭西县调研脱贫攻坚、基层党建、村级换届、新农村建设等工作情况。

同日，揭西县扫黑除恶专项斗争领导小组办公室召开新闻发布会，通报揭西县扫黑除恶专项斗争工作情况。

同日，广东省委网信办联合省农业农村厅、省扶贫办组织“脱贫奔康·粤来粤好”网络主题活动在南山镇火炬村举办，来自全国近30家媒体组成采访团队开展采访活动。

8日，揭西县组织收听收看中央宣讲团中共十九届五中全会精神宣讲报告会。

10日，“粤食粤美味”广东扶贫农产品高铁营销中心启动暨进高铁系列首场推介活动（揭西专场）在广州市广州南站举办，一批揭西特色农产品进驻广州南站。活动由中国铁路广州局集团有限公司、南方报业传媒集团主办，南方农村报社、广州易路畅行网络科技有限公司、揭西县农业农村局承办。

11日，榕江南河金和段（金里片区）水质保护工程建成通水。

12日，揭西县组织收听收看全国冬春农田水利基本建设电视电话会议。

13日，揭西县县城文化广场升级改造工程竣工，工程总面积8666平方米。

14日，2020广东揭阳揭西消费扶贫产品产销推介暨走进粤港澳大湾区系列活动启动仪式在县城东风文化广场举办。

同日，“庆丰收 · 迎小康”

揭西消费扶贫产业园挂牌暨橄榄开园采摘仪式在灰寨镇马路村天鹅湖橄榄园举办，为全省首个消费扶贫产业园。

17日，揭西县棉湖镇贡东村被中央精神文明建设指导委员会授予第六届“全国文明村镇”称号。

同日，揭西县第四季度重点项目开工活动与揭阳至惠来铁路暨揭阳市第四季度重点项目开工活动在南山镇火炬村同步举行。

20日，揭西县第二届广东省森林文化周主题活动启动仪式在黄满寨省级地质公园举行。文化周活动时间：11月20—28日。

24—25日，广东省爱国卫生运动委员会组织专家组到揭西县开展创建国家卫生县城技术评估工作，提出工作要求。

25日，揭西县组织收听收看全省村（社区）“两委”换届工作电视电话会议。

26日，揭阳市委书记、市人大常委会党组书记蔡朝林到揭西县调研乡村振兴、脱贫攻坚、基层党建和村级换届等工作情况。

同日，揭西县组织收听收看广东省安全生产专项整治三年行动和自然灾害防治能力建设九项重点工程推进视频会议。

27日，揭西县第十届人大常委会召开第三十五次会议。会议传达学习贯彻中共十九届五中全会精神，听取、审议并批准有关情况报告，通过揭阳市第六届人大代表职务和揭西县第十届人大代表职务有关人事变动事项。

28日，兴汕高速（华陆高速）揭西段全线通车。

12月

2日，全国人大常委会委员、全国人大农业与农村委员会委员王超英率调研组到揭西县龙潭镇天明鹧鸪饲养场等开展专题调研活动。

5—6日，中国民主同盟揭阳市委员会到揭西县开展参观学习活动，在南山镇火炬村举办专题培训班。

6日，河婆中学举行90周年校庆暨奖教奖学活动。

同日，广东省台盟办公室组织带领第七届台湾青年岭南行之潮汕文化寻根之旅团组到揭西县参观考察。

9日，棉湖镇鲤鱼沟村被广东省委、省政府授予“广东省文明村镇”称号。

11日，揭西县召开退役士兵“阳光安置”现场选岗会。

12日，揭西县召开征求各界人士对揭西县“十四五”规划编制意见建议座谈会。

18日，广东省人民政府秘书长叶牛平率队到揭西县开展定点联系和调研活动。

19日，金和镇山湖村、南山镇火炬村被广东省委农村工作办公室、省人力资源和社会保障厅、省文化和旅游厅、南方报业传媒集团分别评为第二届“广东十大美丽乡村”和“广东文化旅游名村”。

24—25日，揭西县举行科级主要领导干部专题研讨班，学习贯彻习近平总书记出席深圳经济特区建立40周年庆祝大会和视察广东重要讲话重要指示精神暨学习贯彻中共十九届五中全会精神。

26日，揭阳市推进乡村振兴工作现场交流会在棉湖镇鲤鱼沟村举行。

28日，揭西县第十届人大常委会召开第三十六次会议。会议听取和审议有关情况报告，批准有关方案。

同日，汕湛高速公路东段揭西段主线通车。

29日，南山镇和五云镇郑塘村、良田乡双水村、坪上镇石峡村、龙潭镇泉水塘村、灰寨镇马路村、京溪园镇员墩村、大溪镇井美村、五经富镇新和村、钱坑镇钱北村、金和镇山湖村、塔头镇旧住村、东园镇玉湖村、凤江镇阳西村、棉湖镇湖西村被广东省委农村工作办公室、省委组织部、省委宣传部、省农业农村厅、省民政厅、省司法厅分别认定为2020年广东省乡村治理示范乡（镇）和2020年广东省乡村治理示范村。

30日，揭西县委十一届八次全会在县委党校召开，审议通过《中共揭西县委关于制定揭西县国民经济和社会发展第十四个五年规划和二〇三五年远景目标的建议》。

31日，揭西县召开宣布人武部党委第一书记任职决定大会。

是月，揭西县全面完成疫苗冷链配送和预防接种标准化建设。

（县地方史志办）

揭西概况

GENERAL INTRODUCTION OF JIEXI COUNTY

基本概况

【建置沿革】 揭西县主要地域原属揭阳。秦汉三国属南海郡。东晋咸和元年（326年）分南海郡为东官郡。东晋隆安元年（397年）分东官揭阳县地立义安郡。南朝宋、齐、梁、陈建制不变。隋开皇十年（590年）属潮州。唐代因袭之。北宋宣和三年（1121年），揭西地域隶属潮州辖之揭阳县。南宋绍兴二年（1132年）废揭阳入海阳，绍兴八年（1138年）复建揭阳县，均仍隶属潮州。元至元十六年（1279年），改潮州为潮州路。明洪武二年（1369年），改潮州路为潮州府。清沿明制，仍属潮州府。民国3年（1914年），揭西主要地域隶属广东潮循道辖之揭阳县。民国14年（1925年），隶属于东江行政委员会。民国17年（1928年），隶属于东江善后委员公署。民国21年（1932年），隶属东区绥晋委员公署。民国25年（1936年），隶属于广东省第五区行政督察专员公署。民国36年（1947年），隶属于广东省第六区行政督察专员公署。民国38年（1949年）初，隶属于广东省第八区行政督察专员公署。

1949年10月，中华人民共和国成立，揭西主要地域随揭阳县隶属潮汕专员公署。1952年隶属粤东行政公署。1956年隶属汕头专员公署。1965年7月19日，国务院第157次会议决定，划出揭阳的良田、河婆、坪上、龙潭、灰寨、五经富、京溪园、钱坑、金和、塔头、东园、凤江12个人民公社和棉湖镇，陆丰县上砂、五云2个人民公社，共14个人民公社和1个镇、153个行政村，建置揭西县，成立揭西县人民政府，隶属汕头专员公署。

1965年10月，河婆人民公社划出河婆镇。1966年2月，灰寨人民公社划出前锋、北溪、上寮、火炬、大新、南山、西友、分水、称钩潭、杨梅坪10个生产大队，增设南山人民公社。全县辖15个人民公社和2个镇。

1975年2月，经上级决定，划普宁县贡山、湖西、四乡3个生产大队归揭西县棉湖镇管辖。1976年9月，钱坑人民公社划出大园、大东、大岭埔、渔梁、井新、溪新、井美7个生产大队，增设大溪人民公社；是年10月，五经富人民公社划出大洋大队，增设大洋人民公社；良田人民公社划出岸洋、桐树坪、中心、河新、双水、河水6个生产大队，增设西田人民公社。至此，全县辖18个人民公社和2个镇。

1983年10月，撤销人民公社，将原公社改为区公所。隶属不变。全县辖18个区公所和2个镇、283个行政村。是年10月，实行市领导体制，揭西县人民政府从此隶属汕头市人民政府。1986年12月，改区体制为乡、镇制。由原五云区分设五云镇和下砂乡，原河婆区与河婆镇合并，称河婆镇。全县有16个镇、4个乡。

1991年12月，揭西县隶属揭阳市管辖。

2003年6月，良田乡、西田乡合并为良田乡。是年12月，五云镇、下砂乡合并为五云镇；五经富镇、大洋乡合并为五经富镇；全县辖16个镇和1个乡。

2006年5月31日，撤销河婆镇设河婆街道。

2020年，全县辖1个乡、15个镇、1个街道。

（县地方史志办）

【自然地理】 位置　揭西县位于广东省东部，揭阳市西部，潮汕平原西北部，榕江南河中上游。东连揭阳产业转移工业园，南邻普宁市，西南接汕尾市陆河县，西北与梅州市五华县为邻，北与梅州市丰顺县接壤。

范围和面积　揭西县位于北纬23° 1′ 53″至23° 41′ 13″，东经115° 36′ 22″ 至 116° 11′ 15″ 之间，北回归线横贯县境。县域面积1347平方千米，东西长51千米，南北宽36.6千米。

地貌　揭西县地处莲花山支脉大北山南麓，地势自西北向东南逐渐倾斜。地貌主要有山地、丘陵、平原三大类型，其中山地占62%，丘陵占24%，平原占14%。西北部群山绵延60多千米，海拔1000米以上的山峰6座，最高峰李望嶂海拔1222米。中部丘陵起伏，多为矮山。东南部平原坦展，海拔在20米以下，最低海拔3米。从土地利用现状分布看，农用地分布垂直地带性特征明显，耕地连片分布于东南部潮汕平原区、沿交通干线布局在狭长的山间河谷地区；园地主要分布于丘陵山区；林地主要集中于大北山区及南阳山区。根据《全国第二次土壤普查技术规程》制定的分类系统，揭西县包括水稻土、黄壤、赤红壤、潮砂泥土4个土类，8个亚类，29个土属，51个土种。

（杨耀弟　彭志怀）

【气候特点】 揭西县属南亚热带季风气候，气候湿润，温暖多雨，光热充足。夏季日照时间长、高温多雨，冬季少雨；春季常有低温阴雨，夏季雷电多发，冬季霜期短。2020年全年平均气温22.6℃，较历年平均偏高0.8℃；极端最高气温39.2℃，极端最低气温2.9℃。全年降水总量1179.8毫米，比历年偏少884.5毫米。全年日照总时数1919.6小时，比历年偏多112.4小时。

（黄培枫　全立远　李晓桃）

【资源物产】 矿产资源　揭西县矿产资源种类繁多，主要分布在县境的北部、西部及中部，多呈断续零星分布。2020年，全县金属矿产有钨、锡、铜、铋、钼、铅、锌、钴，贵重金属矿产有金、银；稀有金属矿产有铍、铌、钽及稀土矿，其他金属矿产有水晶、黄铁矿、钾长石、瓷土。

土地资源　县域土地特征与广东省大部分土地特征相近，揭西县县域面积1347平方千米，土地利用空间结构基本合理。根据2018年土地变更调查数据，全县农用地占土地总面积的83.3%（其中耕地17.3%，园地7.3%，林地68.8%，其他农用地和少量牧草地6.6%），建设用地占土地总面积的8.8%，未利用地占7.9%。根据《全国第二次土壤普查技术规程》制定的分类系统，全县土壤划分为水稻土、黄壤、赤红壤、潮砂泥土4个土类，8个亚类，29个土属，51个土种。全县耕地利用结构大致分灌溉田、望天田、水浇地、旱地和菜地5类，有机质含量平均为1.6%，属四级。

（杨耀弟　彭志怀）

水资源　揭西县境内河流纵横，水系发达，流域控制面积在100平方千米以上的河流有：干流榕江南河，一级支流龙潭水、上砂水、石肚水、横江水、五经富水，二级支流灰寨水。干流、支流总长260千米，总控制集雨面积2984平方千米。揭西县受南亚季风气候影响，雨量充沛，多年平均地表水资源量18.9亿立方米，多年平均地下水资源量4亿立方米，全县水资源总量19亿立方米。2020年，全县人均水资源量2215立方米。

（杨　华　李巧波）

【环境质量】 2020年，揭西县生态环境质量稳定向好，主要流域榕江南河监测断面保持在Ⅱ类水质标准以内，饮用水水源地水质达标率100%；城市环境空气质量总体保持良好，可吸入颗粒物、二氧化硫、二氧化氮年平均值均达到国家空气环境质量二级标准；区域环境噪声和交通环境噪声等效声值平均值均达到声环境功能指标要求。

（刘讯涛　黄跃漫）

【人口】　2020年，揭西县总户数23.69万户，户籍总人口98.13万人，比2019年减少1477人。其中男性51.03万人、女性47.1万人；非农业人口30.33万人，占总人口30.9%。全县10万人以上乡镇（街道）有河婆街道、棉湖镇。是年，全县迁入0.66万人，迁出1.6万人；全县出生人数1.54万人，死亡人数7417人，相抵增加7933人。全县人口自然增长率8.1‰。

（张定坤　李勋涛）

【方言】　揭西县有潮汕方言和客家方言两种不同的语言。潮汕方言也称“潮州话”“潮汕话”“学佬话”，潮汕话18个声母，61个韵母，8个声调，保留着许多现代汉语所没有的古语音、古字音、古词汇和古声调；客家方言与古汉语同出一源，有许多共同之处，21个声母，75个韵母，6个声调，保留着许多古汉语词汇、丰富多彩的熟语和特殊的语法特点、特殊词汇和单音节词。境内方言有客家话、潮汕话。其中操客家话的有上砂镇、五云镇、良田乡、坪上镇、河婆街道、龙潭镇、南山镇、灰寨镇、京溪园镇、五经富镇10个乡镇（街道）居民，占全县人口的57%。操潮汕话的有棉湖镇、钱坑镇、金和镇、凤江镇、大溪镇、塔头镇、东园镇7个乡镇居民，占全县人口的43%。揭西县操客家话与操潮汕话相连接壤的村庄，人们长期以来毗邻而居，在长期的交往中，居民两种方言皆会讲，比如京溪园镇曾大寮村、大鹿村，灰寨镇东联乔上村、金星乌犁村，东园镇黎宅埔村，塔头镇鹅毛溪村、大园村等。

（县地方史志办）

【民族】　揭西县人口主要以汉族为主，有极少数的少数民族人口。2020年，全县有壮族、苗族、土家族、瑶族、黎族、侗族、布依族、彝族、满族、仡佬族、哈尼族、傈僳族、藏族、维吾尔族、毛南族、畲族、俄罗斯族、白族、回族、独龙族、水族21个少数民族，户籍人口1990人，主要来源于婚嫁。

（县委统战部）

【宗教】　揭西县宗教有佛教、天主教、基督教。其中，天主教于1820年传入揭西县；基督教于1868年传入揭西县。2020年，揭西县有宗教团体4个，分别是揭西县天主教爱国会、揭西县佛教协会、揭西县基督教三自爱国会、揭西县基督教协会；登记在册的宗教活动场所57处，筹备设立宗教活动场所1处；全县宗教教职人员47人，信教群众2.65万人。

（县委统战部）

【历史文化】　揭西县是广东省革命老区之一。大革命时期，周恩来带领东征军在棉湖打响“棉湖战役”；土地革命时期，党领导的工农红军在大北山开辟革命根据地，红军第十一军在这一带建立苏维埃政权；抗日战争时期，中共潮汕地下组织在大北山周围建立广泛的秘密活动据点，是广东人民抗日游击队韩江纵队活动基地；解放战争时期，潮汕地委把大北山作为潮汕军事斗争的中心战略据点。

揭西县历史文明悠久，河婆街道象山、北坑岗、玉峰顶，五云镇鸡麻斗，坪上镇赤岭埔，五经富镇虎尾崁，金和镇石牛埔和棉湖镇贡山等地，曾出土夏、商、周石器。赤岭埔出土过秦代五岭戍卒的墓葬及兵器。从隋代起，揭西县便是巾山、明山、独山三山文化发源地。

揭西县是一个文物大县，在全国第三次文物普查中，揭西县登记447处不可移动文物点。2020年，揭西县有文物保护单位55处（其中省级7处、市级9处、县级39处）。诸如棉湖镇郭氏大楼、大溪镇井新古寨、灰寨镇乐善处民居、良田乡允庄楼等，都是潮汕民居精品；县级以上非物质文化遗产44个，其中省级项目有三山国王祭典、大溪宗祠祭典、锣鼓标旗巡游等7个，市级项目有揭西擂茶、揭西炒茶制作技艺、木雕等17个，县级项目有揭西擂茶传说、三山神传说、大溪豆腐豆干制作技艺等20个。

（县地方史志办）

【行政区划】　2020年，揭西县完成与普宁市、揭东区，汕尾市陆河县，梅州市五华县、丰顺县行政区域界线联合检查工作。至年底，辖上砂镇、五云镇、良田乡、坪上镇、河婆街道、龙潭镇、南山镇、灰寨镇、京溪园镇、五经富镇、大溪镇、钱坑镇、金和镇、凤江镇、棉湖镇、东园镇、塔头镇。全县有1个乡，1个街道，15个镇；280个村民委员会，38个社区居委会。

（曾子光　林志超）

经济建设

【概况】　2020年，揭西县立足生态发展示范区功能定位，统筹抓好疫情防控和经济社会发展。全年实现地区生产总值240.01亿元，比2019年（下同）增长1.6%；固定资产投资89.9亿元，增长3.3%；社会消费品零售总额80.87亿元，下降11.4%；地方一般公共预算收入4.71亿元，增长0.2%；税收收入2.85亿元，下降7.7%；城乡居民人均可支配收入1.64万元，增长5%。

【基础设施建设】　2020年，揭西县完成固定资产投资89.9亿元，比2019年增长3.3%。汕湛高速揭西东段、兴汕高速揭西段建成通车，全县高速公路里程100千米，出入口9个。建成“四好农村路”112.8千米。县城新自来水厂、温泉路升级改造、棉湖镇区道路升级改造、农村公路安全生命防护工程等一批市政重点项目建成投入使用。

【生态产业发展】　2020年，揭西县重新明确县产业园发展定位，完成进园西路、服务中心大楼等配套设施建设，累计进驻企业8家。融资7.3亿元帮扶“梁柱”企业及中小微企业加快发展，认定高新技术企业3家，组建市工程技术研究中心5家，新增规上工业企业8家、外贸企业5家。全年完成规模以上工业增加值43.92亿元，比2019年增长（下同）1.8%。加快创建国家全域旅游示范区，京溪园镇樱山花谷景区、金和镇山湖村乡村旅游景区被评为国家AAA级旅游景区，樱山花谷景区获评“广东省科普教育基地”。完成5个旅游厕所建设，推进县旅游数据中心二期工程建设。举办第四届梅花节，擦亮揭西生态旅游品牌。全年旅游接待总人数805.68万人次，旅游总收入29.07亿元。加快发展现代农业，推进茶叶省级现代农业产业园建设，建成供港蔬菜、青榄、中药材3个市级现代农业产业园，新增“一村一品、一镇一业”专业村12个。引进新希望六和养殖项目落户揭西，首期投资10亿元，年出栏生猪50万头。至年底，全县市级以上农业龙头企业13家、农民专业合作社355家、省名牌产品32个；完成农业总产值77.9亿元，增长5.3%。

【营商环境优化】　2020年，揭西县树立“乙方思维”，制定出台《揭西县全面优化营商环境三年行动计划实施意见（2020—2022年）》，深化“放管服”改革，优化营商环境。加快商事制度改革，推进“多证合一”“证照分离”，压缩企业开办时间。依法规范市场行为，实施“双随机、一公开”（随机抽查对象、随机选派检查人员，向社会公布抽查情况及查处结果）信用监管，构建诚信经营市场环境。在全市率先制订招商项目和重点企业服务官制度，明确帮扶措施，高效服务项目落地，营造重商安商亲商社会环境。

【乡村振兴】　2020年，揭西县完成脱贫攻坚收官任务，累计投入产业扶贫资金3.74亿元，开发产业帮扶项目284个，受益贫困人口4.34万人次；举办“2020广东揭阳揭西消费扶贫产品产销推介暨走进粤港澳大湾区系列活动”，推介揭西优质绿色消费扶贫产品。全县9657户共2.84万名相对贫困人口、67个省定贫困村全部实现脱贫。投入财政资金16亿元，建成金和镇山湖村、灰寨镇马路村、龙潭镇关山村等100个美丽宜居示范村。所有面上村全部达到干净整洁村要求。金和镇山湖村获评全国乡村旅游重点村、省十大美丽乡村，南山镇火炬村获评省文化旅游名村、省红色村党建工程示范点、省文化和旅游特色村。是年，乡村振兴考核综合排名全市第一。

（林宵俊　李春汛）

政治文明建设

【概况】　2020年，揭西县委坚持以习近平新时代中国特色社会主义思想为指导，贯彻新时代党的建设总要求，严格落实管党治党政治责任和第一议题制度，巩固深化“不忘初心、牢记使命”主题教育成果，创新开展“一主线两突出三提升”党建主题活动，强化党员干部思想政治意识。统筹推进依法治县建设，开展法治建设“法治城市、法治县（市、区）、法治乡镇（街道）、法治村（社区）”四级同创实践创新项目，完成2019年度法治广东建设考评工作，提高全县法治建设质量和水平。

【党的领导加强】　2020年，揭西县完善党委研究经济社会发展战略、分析经济形势、研究重大政策工作机制，统筹推进疫情防控和经济社会发展，健全推动高质量发展指标体系、政策体系、考评体系等，强化各级党组织在同级组织领导地位，加强党对意识形态工作领导，从体制机制上促进党在领导经济社会发展中发挥领导核心作用。完成加强党的基层组织建设三年行动计划，16个软弱涣散村（社区）党组织全部“摘帽”，南山镇火炬村获“广东省红色村党建工程示范点”称号，在全市率先完成318个村（社区）党组织选举工作。完成十一届县委巡察“全覆盖”工作。

（李旭林　陈克平）

【依法治县】　2020年，揭西县加强法治建设基础工作，健全领导干部学法制度，推进依法治县。开展全国民主法治示范村（社区）、广东省民主法治示范村（社区）创建工作，南山镇火炬村被评为全国民主法治示范村；南山镇火炬村、金和镇山湖村、塔头镇旧住村被评为广东省民主法治示范村。实施《揭西县落实中央依法治国办党政主要负责人履行推进法治建设第一责任人职责情况列入年终述职内容工作实施方案》，县直58个单位和17个乡镇（街道）领导班子成员围绕法治学习情况、重大事项依法决策情况、依法履职情况等，在年度述职工作报告加入述法内容。2020年度法治揭阳建设考评工作，揭西县在全市排名第一。

【依法行政】　2020年，揭西县依法履行政府职能，做好规范性文件“三统一”（统一登记、统一编号、统一公布）和备案审查工作以及行政复议和行政应诉工作，推进乡镇（街道）综合行政执法改革，健全政府法律顾问制度，加强行政执法督察。全年审查政府行政规范性文件5份、部门行政规范性文件12份；受理行政复议案件28件，审结24件；办理各类征求意见286件；举办乡镇街道综合行政执法人员法律知识考试培训1次；组织综合行政执法人员法律知识考试2次。

（曾瑞平　陈丹晓）

【政务公开】　2020年，揭西县加强指导、协调、监督全县政务公开工作，完善政府网站建设和相关工作制度，拓宽信息公开领域，提高政务公开工作水平和便民利民服务水平。全年主动公开各类政府信息5781条，其中通过县人民政府门户网站主动公开信息888条、通过县政府信息公开目录系统主动公开政府信息2832条、通过县重点领域信息公开专栏主动公开信息453条、通过“两微一端”等政务新媒体主动公开各类信息1608条；制定并对外公开规范性文件3条，制定印发《揭西县2020年政务公开工作要点》《关于进一步加强政府信息公开工作的通知》等文件，26个试点单位完成

《基层政务公开标准化规范化目录》编制工作；受理政府信息公开申请25宗，25宗全部按期办结；公开群众关心21项热点信息，回应公众关注热点或重大舆情11次，发布或转发政策解读5条，受理并按期回复政民互动交流平台咨询、投诉、信访诉求47宗。

（陈少旭　邹一涛）

文化建设

【概况】 2020年，揭西县健全公共文化服务体系，完善基层文化设施建设，加强广播电视播出管理；深化新时代文明实践中心（所、站）建设，建成实践所20个、实践站313个，县、镇、村开展文明实践活动1152场次，参与志愿者7.86万人次，服务群众30多万人次；弘扬社会主义核心价值观，推进社会主义精神文明建设，开展文明城市、文明村镇、文明单位、文明家庭、文明校园创建。是年，棉湖镇贡东村、鲤鱼沟村分别获“全国文明村镇”“广东省文明村镇”称号；塔头镇吴文狮获“广东好人”称号。

【文化发展】 2020年，揭西县完成县图书馆总分馆制建设工作，建成社会足球场地9个，完善提升57个行政村（社区）综合性文化服务中心建设，《揭西年鉴（2019）》被评为第七届全国地方志优秀成果（年鉴类）县区级综合年鉴二等年鉴、广东省县区级综合年鉴一等年鉴，新增市级非遗项目2个；至年底，全县有业余客家山歌剧团及潮乐社26个。

【社会主义核心价值观宣传】 2020年，揭西县加大社会主义核心价值观推广普及力度。县融媒体中心将社会主义核心价值观宣传贯穿到新闻宣传、成就宣传和舆论监督中，做到全媒体宣传、全栏目融合、全方位覆盖，全年播出公益标语和广告共1.25万条次。县政府门户网首页设置社会主义核心价值观宣传口号，揭西发布、文明揭西等微信公众号推送社会主义核心价值观2000多次。全县更换或重建社会主义核心价值观公益广告近1万平方米，实现社会主义核心价值观、“文明健康”“公筷公勺”公益广告、动画视频等内容在公共场所、重点单位、窗口部门全覆盖。

【群众性精神文明创建】 2020年，揭西县17个乡镇（街道）318个行政村全部实现文明镇村达标创建。开展“移风易俗”“讲文明·树新风”文化下乡、创文暖心行动，千场志愿服务进社区等系列活动1500余场次。深化文明家庭创建，开展“星级文明户”评选活动，共评选表彰“星级文明户标兵”9309户。推进文明校园创建，评选出县级文明校园77所，县级“最美南粤少年”60人。巩固提升广东省县级文明城市创建成果，开展每月一督查，每季一排名，排名结果在“红黑榜”公示并印发通报。建立责任分区管理、志愿服务、卫生保洁、执法巡查、创文宣传、创文督查、镇村创建“七个常态化”，推动文明创建工作。

【公民思想道德教育】 2020年，揭西县组织开展“广东好人”“最美退役军人”“最美家庭”“最美教师”等系列评选活动，塔头镇里厝寮村吴文狮获广东省2020年第四季度“广东好人”称号；扶祥发等10名老师为揭西县“最美教师”，陈玉珍家庭等为县“十大最美家庭”，蔡文峰家庭为县“最美家庭”。实施文化惠民政策，开展学习贯彻中共十九届四中全会精神暨“揭西美·潮客情”群众文艺晚会、美丽乡村迎新春暨“揭西美·潮客情”群众文艺晚会等活动20多场。成立倡导文明健康绿色环保生活方式行动协调小组，结合文明城市创建、文明单位创建、“爱国卫生运动”等工作，开展形式多样文明健康实践活动。印发“文明健康　有你有我”“公筷公勺”海报共4000份、倡议书2万张，制作《返岗复工防护手册》《新型状冠状病毒防护指南》等H5宣传视频4条。创作客家话三句半《众志成城抗疫情》，潮剧小品《同舟共济战疫情》，歌曲《温暖的光》《抗疫专题作品・诗词篇》等抗疫宣传作品。

【未成年人思想道德建设】 2020年，揭西县以“扣好人生第一粒扣子”“争做出彩时代新人”为主题，开展“新时代好少年”暨“最美南粤少年”宣传评选活动和“争做出彩时代新人”主题教育实践，推出一批青少年先进典型，评选出县级“最美南粤少年”60人，其中林煜镪、陈荣楷2人获揭阳市“新时代好少年”称号，刘嘉盈等9人获市第五届“最美南粤少年”称号，廖树仪等9人获市第五届“最美南粤少年”提名奖。实施完善8所中央福利彩票资金支持建设的乡村学校少年宫建设项目，建设10所县级乡村学校少年宫，实现全县17个乡镇（街道）实现一所乡村学校少年宫建设全覆盖目标。推进校内校外未成年人心理辅导站、家长学习等阵地建设，提升服务，完善配套服务。深化文明校园创建活动，评选出县级文明校园77所，其中推荐13所学校到参与市级文明校园评选。

【志愿服务】 2020年，揭西县常态化开展“百局齐行动・助创文明城”“一局一路口”志愿服务活动，定时定点组织志愿者到网格化区域开展环境卫生整治，做好门前“三包”劝导，活动参与人数超过3.5万人次；每个工作日通过轮值方式到4个重点红绿灯路口开展交通志愿服务活动。清明前后，各地文明实践所、站志愿者和县直机关党员干部6000多人配合开展森林防火和文明祭扫工作，主动劝离上山拜祭村民。开展“学雷锋・邻里互助”“千场志愿服务进社区”“助力高考”“七彩假期　情暖童心”“水岸同治”“创文创卫志愿行　青春建功新时代”等志愿服务活动327场次。

【精神文明创建】 2020年，揭西县完善基层文化设施建设，推进城乡客运运营和高速公路综合服务提升，推动精神文明创建工作提质增效。8月7日，召开全县精神文明建设暨创文创卫工作推进会，对全县创建全国县级文明城市提名城市工作进行再安排、再部署。推动文明创建工作常态化，做好网上资料申报工作，完成21份规范文件，119个说明报告、354张图片、12个数据表格上报。11月5日，省级、市级媒体记者组成采访团到南山镇火炬村开展大型主题采访活动。投入20辆7座小型农村客运车辆投入运营，清理占用高速路用地5处大型广告牌，优化出行和高速公路沿线环境。推动餐饮行业文明诚信服务提升，开展“光盘行动”和使用公勺公筷行动倡议宣传，发放《倡议书》1000多份、《公筷公勺，远离疾病》等宣传资料5000多份。推动文明村镇创建工作，完成全县318个村（社区）村规民约制订。组建志愿队伍413支，不同服务类型队伍8支。推动县文化馆升级二级馆，指导完善提升57个行政村（社区）综合性文化服务中心建设水平。开展网络文明创建宣传活动，其中“习近平新时代中国特色社会主义思想进网站”活动2场次、“揭阳市2020年千场志愿进社区”活动2场次。参与全国科普日活动，开展网络安全宣传活动1次。开展家庭教育讲座、心理咨询与维权服务、亲子互动游戏、线上家风故事微课堂等活动，提高家庭教育水平，全年开展家庭教育讲座28场，受益1740人次。

（林松武　刘育权）

2020年11月5日，省级、市级媒体记者组成采访团到揭西县南山镇火炬村开展大型主题采访活动　（张送稔　摄）

社会建设

【概况】　2020年，揭西县健全基层治理长效机制，做好保障和改善民生工作，深化平安揭西创建，提高基层社会治理成效。全年投入民生资金49.7亿元；全县9657户2.84万名相对贫困人口、67个省定贫困村全部实现脱贫。是年，通过国家卫生县城技术评估。

【民生保障】　2020年，揭西县投入民生资金49.7亿元，占一般公共预算支出86.4%，十件民生实事全面完成。加快推进县人民医院感染科综合大楼、棉湖华侨医院综合改建等项目建设，通过国家卫生县城技术评估。巩固提升省教育现代化先进县创建成果，撤并“麻雀学校”9所，升级改造义务教育薄弱学校13所。完成县城大同市场、河山市场、好日子广场、东风文化广场升级改造项目建设，完善县城服务功能。做好双拥工作，省级双拥模范县实现“九连冠”，获评省五星级退役军人服务中心（站）2个、四星级服务站6个。推进自供区农网改造工程，理顺3个自供区供电体制机制问题，满足人民群众用电需求。《揭西年鉴（2019）》获评第七届全国地方志优秀成果（年鉴类）县级综合年鉴二等年鉴。

【社会治理成效】　2020年，揭西县开展金融风险化解和质押资产处置，全县金融行业稳健发展，存贷款余额稳步增长，存贷比45.9%。严厉打击违法用地和违法建设行为，规范土地管理秩序，共拆除各类违法建设面积33.3万平方米。抓好安全生产、应急管理、森林防火等工作，成功处置甬莞高速危化品泄漏环境突发事件。开展扫黑除恶专项斗争，河湖乱象问题顺利摘牌。全年没有发生较大以上安全生产事故，社会大局保持和谐稳定。

（林宵俊　李春汛）

【基层治理机制】　2020年，揭西县健全领导协调和日常工作机制，强化村（居）务公开民主管理，推进村（居）务公开“五化”（标准化、规范化、经常化、多样化、公众化）建设；发挥基层党组织政治引领作用，提升基层服务能力水平，修订和完善全县村规民约和居民公约；加强信息管理，做好基层政权建设和社区治理数据更新和维护工作。全年全县17个乡镇（街道）全面完成村务公开“五化”建设方案；全县318个村（居）全部完成村规民约和居民公约修订工作；完成城乡社区工作者信息录入4454人。

（曾子光　林志超）

【平安揭西】　2020年，揭西县加强对平安揭西建设工作组织领导和统筹协调，成立由县委主要领导任组长的平安揭西建设领导小组，充实重点成员单位38家，构建平安建设组织体系。领导小组办公室设在县委政法委（县委平安办），下设3个专项协调组。9月22日，县委平安揭西建设领导小组召开第一次领导小组会议，研究部署平安揭西建设工作，审议通过《中共揭西县委平安揭西建设领导小组工作规则》《中共揭西县委平安揭西建设领导小组办公室工作规则》《中共揭西县委平安揭西建设领导小组专项协调组工作规则》等文件。

（林和新　张燕婷）

生态文明建设

【概况】 2020年，揭西县推进城乡生态环境建设，加强林业生态保护，完善森林资源管理，深化大气污染治理，开展节能减耗工作，推动生态文明建设。全年建设绿化美化乡村35个，义务植树种植169.2万株。是年，河长制考核获市“优秀”等次，生态效益指数位居全国第一。

【城乡生态环境】 2020年，揭西县坚决打赢污染防治攻坚战，全县所有乡镇（街道）均建成污水处理厂，在粤东地区率先实现镇级污水处理设施全覆盖，污水处理能力13.1万吨/天；榕江南河龟山塔“省考”断面、东园“市控”断面稳定达标，劣Ⅴ类水质全面消除。抓好大气污染整治，空气质量六项指标全部达标、优良率98.7%。

（林宵俊　李春汛）

【林业生态】 2020年，揭西县推进森林碳汇重点生态工程造林项目建设，全年完成森林碳汇重点生态工程造林项目863.3公顷，其中造林733.3公顷、封山育林130公顷。社会造林941.3公顷，森林抚育1418.6公顷。建设绿化美化乡村35个，其中精准扶贫省级示范村6个、绿美古树乡村2个、森林红色乡村4个。完成高速公路生态景观林带完善提升项目建设，完成建设里程13.1千米，建设面积54公顷，抚育面积核实率100%。

【义务植树】 2020年，揭西县开展“全民共建　打造生态发展示范区”主题造林绿化活动。全年参加义务植树56.4万人，种植169.2万株，其中种植香樟、相思、阴香、秋枫、黄花风铃木等树种50.7万株，抚育管护、自然保护、认种认养、设施修建、捐资捐物和志愿服务折算118.44万株。

（彭绍兴　李婉玫）

【节能降耗】 2020年，揭西县社会能源消耗总量（等价值）为62.62万吨标准煤。分产业能源消费情况：第一产业能源消费3.55万吨标准煤，第二产业能源消费22.66万吨标准煤，第三产业能源消费17.72万吨标准煤，居民生活用能为18.69万吨标准煤，分别占全社会能源消费总量5.7%、36.2%、28.3%、29.9%。全年全县万元GDP能耗为0.28吨标准煤，比2019年下降3.6%。“十三五”期间年均下降3.4%，完成103.8%。

（李海涛　池逸东）

【污染减排】 2020年，揭西县开展减排攻坚战，攻克重点难点，探索减排新路径，改进工作措施，提高污染减排成效。全年落实减排项目3个，其中COD（化学需氧量）减排1020.78吨，氨氮减排97.1吨。

【大气污染治理】 2020年，揭西县推进大气环境污染治理工作。落实锅炉整治要求，升级改造燃煤锅炉9台，完成年度任务；强化对全县84台燃生物质成型燃料锅炉污染物排放监管，严厉打击违法行为。深化工业污染治理，完成挥发性有机物（VOCs）重点监管企业销号整治任务和VOCs企业整治任务；整治“散乱污”企业，深化排查，对不符合国家或省产业政策、依法应办未办相关审批或登记手续、违法排污严重的工业企业（场所），达到法律规定应停产、停业、关闭情节的，依法进行查处，对列入关停取缔类的，落实“两断三清”（断水、断电，清原料、清设备、清场地），发出散乱污函42份。

（刘讯涛　黄跃漫）

中国共产党揭西县委员会

综　述

【重要会议】　揭西县委政协工作会议　2020年1月10日，揭西县委政协工作会议在县机关大院附楼4楼会议室召开，会议学习贯彻中共十九届四中全会、省委十二届八次、九次全会精神和市委六届七次全会精神以及习近平总书记关于加强和改进人民政协工作重要思想，中央及省委、市委政协工作会议精神，总结全县政协工作经验做法，研究加强党委对政协工作领导，部署加强和改进人民政协工作措施。会议由县长主持，参会人员有县四套领导班子成员，县人民法院代院长、县人民检察院检察长，县纪委副书记，各乡镇（街道）党（工）委书记、组织委员，县直（含上级垂直管理）正科级局以上单位主要负责人及分管负责人，县政协机关股室负责人，各专门委员会主任、专职副主任。

揭西县委十一届第108次常委会会议　2020年1月22日，揭西县委十一届第108次常委会会议在县机关办公楼8楼会议室召开，会议学习贯彻《中共广东省委办公厅、广东省人民政府办公厅关于深入贯彻落实习近平总书记重要指示批示精神切实抓好新型冠状病毒感染的肺炎疫情防控工作的通知》精神，传达贯彻揭阳市政府关于新型冠状病毒感染的肺炎疫情防控紧急工作会议精神，研究部署全县疫情防控工作。会议由县委书记主持，参会人员有县有关领导，县有关单位、县人民医院、县第二人民医院（棉湖华侨医院）主要负责人。

揭西县污染防治攻坚战指挥部2020年第一次会议暨贯彻落实省、市污染防治攻坚战指挥部2020年第1号令和决战决胜污染防治攻坚动员大会　2020年4月10日，揭西县污染防治攻坚战指挥部2020年第一次会议暨贯彻落实省、市污染防治攻坚战指挥部2020年第1号令和决战决胜污染防治攻坚动员大会在县机关大院附楼4楼会议室召开，会议贯彻落实习近平生态文明思想和省污染防治攻坚战指挥部2020年第1号令要求，坚持目标导向、问题导向、结果导向，动员全县决战决胜污染防治攻坚战，推进全县生态环境各项工作落实，提升全县总体环境质量。会议由县长主持，参会人员有县党政领导班子成员，县人大常委会主任、县政协主席，县有关单位主要负责人，县生态环境局、县农业农村局、县住建局领导班子成员，各乡镇（街道）党（工）委书记、乡镇长（办事处主任）。

揭西县第十一届委员会第七次全体会议 2020年5月19日，中国共产党揭西县第十一届委员会第七次全体会议在县委党校人民会堂召开，会议贯彻落实中共十九大和十九届二中、三中、四中全会，中央经济工作会议精神以及省委十二届七次、八次、九次全会和市委六届七次、八次全会精神，回顾总结2019年工作，研究部署2020年工作，动员全县不忘初心、牢记使命，砥砺前行，加快构建“一园两区”发展新格局，打造生态发展示范区。会议由县委常委会主持，县委书记代表县委常委会作工作报告。十一届县委委员、候补委员出席会议；不是县委委员、候补委员的县人大常委会、县政府、县政协领导，县人民法院代院长、县人民检察院检察长，县纪委副书记、县委各巡察组组长，县人大专门委员会和常委会机关主要负责人，县直（含上级垂直管理）正科级局以上单位主要负责人，各乡镇（街道）党（工）委书记、乡镇长（办事处主任）列席会议。

揭西县扫黑除恶整治河湖乱象专题会议 2020年6月29日，揭西县扫黑除恶整治河湖乱象专题会议在县委党校人民会堂召开，会议学习贯彻全市扫黑除恶专项斗争推进会精神，动员全县增强开展扫黑除恶专项斗争责任感和紧迫感，铁腕整治河湖乱象，推进扫黑除恶各项措施落实，坚决打赢疫情常态化防控形势下专项斗争收官战。会议由县长主持，参会人员有揭阳市委政法委书记、市水利局主要负责人，县党政领导班子成员，县人大常委会主任、县政协主席，县人民法院院长、县人民检察院检察长，县扫黑除恶专项斗争领导小组成员，各乡镇（街道）党（工）委书记、乡镇长（办事处主任），分管政法副书记，分管水利工作负责人，派出所、水利所主要负责人，河湖整治重点村村书记，县扫黑除恶办主任、各工作组组长，县河长办相关负责人。

揭西县新农村建设现场推进会 2020年7月16日，揭西县新农村建设现场推进会在县机关大院附楼4楼会议室召开，会议学习贯彻习近平总书记关于实施乡村振兴战略重要论述，贯彻落实省委、省政府和市委、市政府实施乡村振兴工作部署要求，总结交流全县美丽乡村建设情况，研究部署下一阶段工作，推动全县美丽乡村建设再上新水平、新台阶。会议由县长主持，参会人员有县党政领导班子成员，县人大常委会主任、县政协主席，县有关单位主要负责人，各乡镇（街道）党（工）委书记、乡镇长（办事处主任），31个美丽宜居示范村党支部书记。

揭西县半年工作会议 2020年8月3日，揭西县半年工作会议在县机关大院附楼3楼会议室召开，会议要求全县各地各部门要提高政治站位、增强思想认识，推进年初既定各项目标任务完成，推动全县经济社会各项事业高质量发展。会议由县委书记主持，参会人员有县党政领导班子成员，县人大常委会主任、县政协主席，县人民法院院长、县人民检察院检察长，县有关单位主要负责人，各乡镇（街道）党（工）委书记、乡镇长（办事处主任）。

揭西县重点项目建设现场推进会 2020年8月21日，揭西县重点项目建设现场推进会在县机关大院附楼4楼会议室召开，会议综合分析全县重点项目建设情况，对推进重点项目建设作出部署。会议由县委书记主持，参会人员有县四套领导班子成员，县人民法院院长、县人民检察院检察长，各乡镇（街道）党（工）委书记、乡镇长（办事处主任），县直（含上级垂直管理）正科级局以上单位主要负责人，县委办、县政府办班子成员，县委办督查组、县政府办信息督查组负责人。

县领导集中学习研讨《习近平谈治国理政》（套开县委理论学习中心组学习会）开班动员会 2020年9月22日，县领导集中学习研讨《习近平谈治国理政》（套开县委理论学习中心组学习会）开班动员会在县机关大院附楼4楼会议室召开，会议要求“关键少数”要发挥带头作用，带动全县干部群众学习领会到位、思想认识到位、融会贯通到位、实践落实到位，推动习近平新时代中国特色社会主义思想在揭西落地生根、结出丰硕成果。会议由县委书记主持，参会人员有县四套领导班子成员，县人民法院院长、县人民检察院检察长，各乡镇（街道）党（工）委书记，县有关单位主要负责人。

广东省委第十二巡视组巡视揭西县工作动员会议 2020年10月11日，广东省委第十二巡视组巡视揭西县工作动员会议在县机关大院附楼4楼会议室召开，会议要求全县各地各部门加强学习领会，坚决抓好贯彻落实，把思想和行动统一到省委巡视组部署要求上来，全力支持配合省委巡视组工作。会议由县委书记主持，省委第十二巡视组全体成员，揭阳市委副书记陈小锋，县委、县人大常委会、县政府、县政协党组领导班子成员，县人民法院、县人民检察院党组主要负责人出席会议；县其他在职副处级以上领导干部，县纪委监委和县委组织部领导班子成员，县委、县人大常委会、县政府、县政协办公室负责人，县委巡察办主任和巡察组组长，县直部门主要负责人，乡镇（街道）党（工）委主要负责人列席会议。

揭西县纪律教育学习月活动动员大会暨领导干部党章党规党纪教育培训班 2020年10月14日，揭西县纪律教育学习月活动动员大会暨领导干部党章党规党纪教育培训班在县机关大院附楼4楼会议室召开，会议学习贯彻习近平新时代中国特色社会主义思想，履行全面从严治党政治责任，教育引导党员领导干部增强“四个意识”、坚定“四个自信”、做到“两个维护”。会议由县长主持，参会人员有县四套班子领导成员，县人民法院院长、县人民检察院检察长，各乡镇（街道）党（工）委书记，县纪委监委、县委办、县政府办、县委组织部、县委政法委领导班子成员，县直各有关单位主要负责人，县委各巡察组组长，县纪委监委各派驻组组长，县有关单位其他班子成员，各乡镇（街道）其他领导班子成员、部门负责人，各村（社区）书记、主任。

揭西县决战决胜脱贫攻坚冲刺大会 2020年10月29日，揭西县决战决胜脱贫攻坚冲刺大会在县机关大院附楼4楼会议室召开，会议学习贯彻习近平总书记关于脱贫攻坚重要讲话精神和重要指示批示精神，动员全县统一思想，明确目标，决战决胜脱贫攻坚，加快推进新农村建设。会议由县委副书记主持，参会人员有县四套领导班子成员，县人民法院院长、县人民检察院检察长，县有关单位主要负责人，乡镇（街道）党（工）委书记，县委各巡察组正副组长，各乡镇（街道）其他班子成员，部门负责人，各村（社区）书记、主任，驻村扶贫工作队长。

揭西县创建国家卫生县城迎检冲刺大会 2020年11月16日，揭西县创建国家卫生县城迎检冲刺大会在县机关大院附楼4楼会议室召开，会议对全县开展“创国卫”工作再施压，再部署，再推进，动员全县统一思想、提高认识，明确任务、落实责任，以崭新面貌迎接“创国卫”检查验收。会议由县委副书记主持，参会人员有县四套领导班子成员，县人民法院院长、县人民检察院检察长，县直（含上级垂直管理）正科级局以上单位主要负责人，各乡镇（街道）党（工）委书记，河婆街道班子成员，8个社区、4个城中村书记、主任，县创卫办全体成员，县人民医院、县妇幼保健院、县疾控中心等单位主要负责人。

揭西县村（社区）“两委”换届工作会议 2020年12月4日，揭西县村（社区）“两委”换届工作会议在县机关大院附楼4楼会议室召开，会议要求全县各级各有关部门把思想、认识和行动统一到中央、省委、市委要求上来，推进完成村（社区）“两委”换届选举。会议由县委副书记主持，参会人员有县有关领导，县人民法院院长、县人民检察院检察长，县委办、县人大办、县政府办、县政协办主要负责人，县村（社区）“两委”换届工作领导小组成员单位有关负责人，各乡镇（街道）党（工）委书记、乡镇长（办事处主任）、分管党群专职副书记、组织委员，分管民政班子成员，县村（社区）“两委”换届工作领导小组办公室全体成员。

揭西县科级主要领导干部学习贯彻习近平总书记出席深圳经济特区建立40周年庆祝大会和视察广东重要讲话重要指示精神暨学习贯彻中共十九届五中全会精神专题研讨班 2020年12月24—25日，揭西县科级主要领导干部学习贯彻习近平总书记出席深圳经济特区建立40周年庆祝大会和视察广东重要讲话重要指示精神暨学习贯彻中共十九届五中全会精神专题研讨班在县委党校人民会堂召开。会议学习贯彻习近平总书记出席深圳经济特区建立40周年庆祝大会和视察广东重要讲话重要指示精神暨学习贯彻中共十九届五中全会精神，引导全县各地各部门把思想和行动统一到习近平总书记和党中央决策部署上来，全力建设宜居宜业宜游生态发展示范区，推动揭西经济社会实现高质量发展。会议由县长主持，参会人员有县委、县人大常委会、县政府、县政协领导，县人民法院院长、县人民检察院检察长，各乡镇（街道）党政主要负责人，县纪委副书记、县监委副主任，县委办公室副主任，县直各单位、县各人民团体、县各民主党派主要负责人，县委巡察组各组长，县人大常委会、县政协各专委主任。

揭西县第十一届委员会第八次全体会议 2020年12月30日，中国共产党揭西县第十一届委员会第八次全体会议在县委党校人民会堂召开，会议以习近平新时代中国特色社会主义思想为指导，贯彻落实习近平总书记出席深圳经济特区建立40周年庆祝大会和视察广东重要讲话、重要指示精神，学习贯彻中共十九届五中全会精神，贯彻落实省委十二届九次、十次、十一次、十二次全会和市委六届八次、九次、十次全会工作部署，审议通过《中共揭西县委关于制定揭西县国民经济和社会发展第十四个五年规划和二〇三五年远景目标的建议》。会议由县委常委会主持，县委书记代表县委常委会作工作报告，十一届县委委员、候补委员出席会议；不是县委委员、候补委员的县人大常委会、县政府、县政协领导，县人民法院院长、县人民检察院检察长，县纪委副书记、县委各巡察组组长，县人大专门委员会和常委会机关主要负责人，县直（含上级垂直管理）正科级局以上单位主要负责人，各乡镇（街道）党（工）委书记、乡镇长（办事处主任），县委办、县政府办其他班子成员列席会议。

【重大决策】 **揭西县委关于制定揭西县国民经济和社会发展第十四个五年规划和二〇三五年远景目标的建议** 2020年12月30日，中国共产党揭西县第十一届委员会第八次全体会议审议通过《中共揭西县委关于制定揭西县国民经济和社会发展第十四个五年规划和二〇三五年远景目标的建议》（简称《建议》），《建议》坚持以习近平新时代中国特色社会主义思想为指导，贯彻中共十九届五中全会和中央建议精神以及习近平总书记对广东系列重要讲话和重要指示批示精神、党中央决策部署和省委、市委工作部署，立足生态发展示范区功能定位，结合县情实际，目标思路清晰、任务部署明确、政策措施精准，为编制揭西“十四五”规划纲要提供重要指导。

推进“六稳”拉动消费 2020年4月6日，揭西县委办公室、揭西县人民政府办公室印发《“推进‘六稳’拉动消费”主题活动总体方案》，贯彻落实中央、省、市关于统筹做好疫情防控和经济社会发展工作部署，统筹推进疫情防控和经济社会发展。

河湖乱象专项整治 2020年6月12日，揭西县委办公室、揭西县人民政府办公室印发《揭西县河湖乱象问题专项整治行动方案》，整治河湖管理范围内乱占、乱采、乱堆、乱建、乱排等乱象问题，发现一处、清理一处、销号一处。

“一主线两突出三提升”党建主题活动 2020年7月3日，揭西县委印发《揭西县开展“一主线两突出三提升”党建主题活动实施方案》，围绕“加强党的全面领导”主线，突出加强理论武装和基层实践，做好基层党组织组织力、农村干部队伍素质、基层党组织示范引领三大提升工程，发挥基层党组织战斗堡垒作用和党员先锋模范作用，为坚决打赢三大攻坚战、如期实现决胜全面建成小康社会和“十三五”规划收官提供坚强组织保证。

制止餐饮浪费 2020年11月25日，揭西县委办公室、揭西县人民政府办公室印发《揭西县全面制止餐饮浪费行为工作方案》，贯彻落实习近平总书记关于制止餐饮浪费行为重要指示精神，厉行勤俭节约，反对餐饮浪费，营造浪费可耻、节约为荣社会氛围。

实施“粤菜师傅”“广东技工”“南粤家政”工程 2020年12月18日，揭西县委办公室、揭西县人民政府办公室印发《关于成立揭西县“粤菜师傅”“广东技工”“南粤家政”三项工程领导小组的通知》，学习习近平总书记对广东重要讲话和重要指示精神，贯彻落实上级决策部署和有关工作安排，研究制定相关政策举措和年度重点工作，协调解决重大问题，指导督促各地各有关单位落实相关工作任务，推进“粤菜师傅”“广东技工”“南粤家政”工程落实。

【重要活动】 揭阳市委主要领导到揭西开展调研 2020年，揭阳市委书记、市人大常委会党组书记蔡朝林3次到揭西县开展乡村振兴、脱贫攻坚、基层党建、村级换届、新农村建设等调研工作，先后实地考察金和镇山湖村、塔头拦河闸重建工程现场、京溪园农产品加工厂、南山镇火炬村等地，强调要加强学习贯彻习近平总书记重要讲话和全国两会精神、省委十二届十一次全会精神，落实省委、省政府“1+1+9”工作部署，践行“绿水青山就是金山银山”理念，深化基层党建工作，坚决打赢脱贫攻坚战，推进实施乡村振兴战略，推进乡村产业发展，坚定不移打造生态发展示范区。

广东省老促会调研组到揭西开展调研活动 2020年8月4—5日，广东省老促会会长陈开枝率调研组到揭西县调研贯彻落实全省推动老区苏区振兴发展工作现场会精神、《关于进一步推动我省革命老区和原中央苏区振兴发展的意见》情况，先后到南山镇火炬村、大北山革命历史纪念馆、省级茶叶产业园进行实地调研，提出学深学好学透相关文件政策，增强推动老区苏区振兴发展使命感和责任感，利用海陆丰革命老区载体，加强文物保护，发挥红色基因作用，加强宣传引导，做好项目规划，推进革命老区经济社会各项事业发展。

揭西县2020年广东扶贫济困日活动捐赠仪式 2020年6月29日，揭西县在县机关办公楼一楼大堂举行揭西县2020年广东扶贫济困日活动捐赠仪式，动员社会参与扶贫济困日活动，弘扬“扶贫济困，乐善好施”传统美德。县委书记、县长带头捐款。县四套领导班子成员以及县有关单位主要负责人参加活动。

烈士纪念日公祭烈士活动 2020年9月30日，揭西县在河婆象山革命烈士纪念亭开展公祭烈士活动，缅怀革命烈士丰功伟绩，弘扬烈士精神。参加活动的有县四套领导班子成员，县人民法院院长、县人民检察院检察长，县直（含上级垂直管理）正科级局以上单位主要负责人，县公安局、县人民法院、县人民检察院、县人武部、县城管执法局、县消防救援大队等相关工作人员，烈属代表和老战士代表，河婆街道办机关干部，河婆中学师生代表、少先队员。

揭西消费扶贫产品产销推介暨走进粤港澳大湾区系列活动 2020年11月14日，揭西县举办2020广东揭西消费扶贫产品产销推介暨走进粤港澳大湾区系列活动，推动揭西优质绿色消费扶贫产品“融湾建带”，促进脱贫攻坚与乡村振兴有效衔接，决胜全面建成小康社会。主会场设在县城文化活动广场，分会场设在灰寨镇马路村天鹅湖橄榄园，参加活动的有省扶贫办领导，市委、市政府领导，省直挂钩帮扶单位相关工作人员，市农业农村局、市直挂钩帮扶单位主要负责人，县有关领导以及省直、东莞、市直帮扶揭西有关单位驻村工作队长，县农业龙头企业代表及各参展企业人员，贫困户代表，媒体、摄影协会嘉宾等人员。

【督查工作】 2020年，揭西县委督查部门督促推动学习贯彻落实习近平总书记重要指示批示精神和视察广东重要讲话精神，高标准建立健全政治要件贯彻落实台账，推进县委十一届七次全会部署重点工作任务、县委主要领导调研指示精神、书记专题会部署重点项目、县教育体制机制改革、河湖乱象问题专项整治等各项工作贯彻落实，开展重点项目建设、污水处理厂及其配套管网建设、农村饮水安全（集中供水）工程建设、村村通自来水工程、畜禽养殖综合整治等各项中心工作专项督查，推动县委各项工作部署和领导批示（交办）事项落实到位。全年督查部门督查督办事项92件（其中市委主要领导批示件15件），办结率100%；印发《揭西督查》1期，专项督查通报（包括通报表扬或批评）45期次，形成汇报材料及表格212份。

【全面深化改革】 2020年，揭西县推进全面深化改革工作。7月30日，召开县委全面深化改革委员会第二次会议，传达学习习近平总书记在中央全面深化改革委员会第十三次、第十四次会议上重要讲话精神以及省委全面深化改革委员会第七次、第八次会议精神，审议通过《县委全面深化改革委员会2020年重点改革工作安排》《关于建立县政府向县人大报告地方政府债务管理情况制度的意见》《揭西县全面深化司法行政改革实施方案（2020—2022年）》等文件；9月22日，召开县委全面深化改革委员会第三次会议，传达学习习近平总书记在中央全面深化改革委员会第十五次会议上重要讲话精神，审议通过《揭西县全面优化营商环境三年行动计划实施意见》等文件。县委改革办根据上级部署和有关文件精神，结合实际，牵头有关部门及时制定相关文件并经县委全面深化改革委员会审议同意后，印发全县组织实施，推动上级和县委全面深化改革决策部署落地落实。

【信息保密】 2020年，揭西县履行党管保密制度机制，推进保密工作“三项重点任务”，加强核心重要涉密岗位、疫情防控人员保密教育提醒和互联网电子邮箱保密管理，推进国产化替代工作，组织开展保密检查活动，规范“三密”文件管理，组织征订2021年度《保密工作》杂志，做好2020年度高（中）考、学业水平测试和县各公开招聘工作人员试卷保密工作。

（李旭林　陈克平）

【县委理论学习中心组】 2020年，县委理论学习中心组组织开展《习近平谈治国理政》（第三卷）、传达学习贯彻中共十九届五中全会精神等专题学习活动，全年集中学习17次，各地各单位理论学习中心组集中学习1840场次；邀请省委党校法治广东研究中心主任宋儒亮，揭阳市委宣讲团成员、市委党校经济副教授林谷等为全县科级及以上领导干部授课。推进县委宣讲团、百姓宣讲团到基层宣讲，全年宣讲《习近平谈治国理政》（第三卷）164场次。加强“学习强国”学习平台学习使用，规范平台管理，提高学习积极性。发挥示范引领作用，结合“一主线两突出三提升”“不忘初心、牢记使命”等系列主题教育活动，县领导干部到各乡镇（街道）、县直单位开展《习近平谈治国理政》（第三卷）、习近平新时代中国特色社会主义思想等内容辅导学习。

（张俊亮　陈勋照）

组织工作

【概况】 2020年，中共揭西县委组织部（简称县委组织部）履行组织工作职能，健全党的基层组织建设，创新开展“一主线两突出三提升”党建主题活动，推进党建示范工作、村级换届前期准备工作、建强村级组织活动场所、直接联系群众制度、帮扶整顿软弱涣散村等工作，坚持以质量为先发展党员，改善党员队伍结构。至年底，全县党员3.34万人；全县党组织1432个，其中基层党委33个、总支部118个、支部1281个。全县新吸收预备党员307人，其中发展35岁以下党员242人，占78.8%；女党员88人，占28.7%；大学专科学历以上党员133人，占43.3%；大学本科学历以上党员64人，占20.9%；在岗职工党员113人，占36.8%；农牧渔民党员191人，占62.2%。全年完成科级干部任免4批、82人次，其中提拔20人次、交流调整62人次。是年，南山镇火炬村被授予“广东省红色村党建工程示范点”称号。

【基层党组织建设】 2020年，揭西县实施“整镇推进、整县提升”创建行动，围绕完成2021年村级换届选举准备工作、提升党组织建设规范化水平等6个方面、20项要求，推动4个党建示范镇、36个党建示范村（社区）落实基层党建年度重点举措，形成南山镇火炬村、金和镇山湖村、棉湖镇鲤鱼沟村等一批新农村建设示范村。全面完成在册16个软弱涣散村（社区）党组织整顿工作。建强村级组织活动场所，下达市县专项资金752.5万元，推进32个村级组织活动场所建设。制定《党群服务中心专职人员管理办法（试行）》，招聘党群服务中心第二专职人员212人，加强基层干部队伍建设。制订《揭西县加强村（社区）“两委”干部管理若干规定（试行）》，强化农村干部队伍管理。推进“两新”组织“双同步”（党建摸排和组织建设）工作，建立挂钩联系制度，县“两新”组织党工委成员16人挂钩联系全县76家“两新”组织党组织，实现

“两新”组织党建工作指导全覆盖。

【党员干部直接联系群众制度】 2020年，揭西县完善党员干部直接联系群众制度。县直机关企事业单位主动与挂钩乡镇（街道）对接，乡镇（街道）统筹安排县直机关企事业单位副科级以上领导干部挂钩村（社区），集中对存在问题较多、群众反映强烈、村情较为复杂、软弱涣散村（社区）进行帮扶。实行县、镇、村联动制度，固定于每周一上午9点前，各地各单位到驻点村（社区）开展基层实践活动，集中力量推进基层党建、乡村振兴、基层治理、为民服务等工作，推进村（社区）党组织建设。

【干部培训管理】 2020年，县委组织部健全干部培训管理长效机制，强化干训主阵地建设，科学设置培训内容，加强培训管理，推进干部教育培训工作科学化、制度化、规范化。开展正科级主要领导干部学习贯彻习近平总书记出席深圳经济特区建立40周年庆祝大会和视察广东重要讲话重要指示精神暨学习贯彻中共十九届五中全会精神专题研讨班4期，共718人，其中，举办正科级主要领导及其他领导干部专题研讨班，共175人；举办县管干部专题培训班3期，共543人。举办村（社区）党组织书记学习中共十九届五中全会精神专题研讨班2期，共318人。举办村（社区）党组织书记脱贫攻坚专题培训班3期，共301人。结合镇街党校建设，利用镇街党校对辖区村（社区）“两委”干部进行轮训，课程涵盖乡村振兴、化解风险、脱贫攻坚及农村财务管理等内容，共轮训村（社区）“两委”干部1503人。与中山大学联合举办“坚持党的领导和加强党的建设”专题培训班1期，共50名科级干部参加培训。联合公务员组举办2019年新录用公务员（含参公管理）初任培训班，共168人参加培训。

【公务员管理】 2020年，县委组织部加强公务员登记管理，做好新招录公务员工作，推进公务员年度考核与任免奖惩工作。全年新招录公务员136人，其中乡镇（街道）招录66人、公安机关招录20人、县直单位招录50人。完成公务员登记70人，其中新招录公务员登记65人、转任登记5人。完成公务员统计和信息采集2141人、工资统计2141人。完成公务员职级晋升199人。全年县直机关科级以下公务员（含参公人员）参加考核2144人，其中确定为优秀等次344人、称职等次1748人；受党纪政务处分确定不定等次27人；试用期不定等次17人；未参加考核8人。

【干部监督】 2020年，揭西县严格执行党政领导干部选拔任用、监督检查和责任追究相关工作条例和规章制度，改进完善干部选拔任用工作。开展执行《党委（党组）讨论决定干部任免事项守则》有关问题专项治理，通过自我检视整改、自我完善提高，推动党委（党组）规范议事规则和决策程序，严把干部选拔任用讨论决定关，防止干部“带病提拔”，提升全县选人用人制度化、规范化、科学化水平。配合省委第十二巡视组对全县开展巡视工作，结合选人用人专项检查，对上一轮巡视以来县委选人用人工作进行全面自查，强化整改措施。

【老干部工作】 2020年，揭西县印发《关于明确离休干部住院医疗费报销程序的补充通知》，明

2020年7月16—17日，2019年度新录用公务员初任培训班在县委党校举办
（县委组织部　供稿）

确离休干部在县内医保定点医院住院医疗费用直接结算，缩短医疗费用报销周期；《关于建立完善离休干部就医“绿色通道”工作机制的通知》，细化离休干部医疗保健服务工作，对离休干部提供全程导医服务。确定原环卫局办公场所为老干部大学办学新址，老干部大学第六届办学由线下改为线上办学，开设歌咏、舞蹈、书法、绘画4个专业7个班，参加学员258人。10月，协助县关工委在龙潭镇举办第25期农村创业青年培训班，开展中蜂高效养殖技术、经验交流以及现场参观学习等，为期两天，参加学员60人。

【人才工作】 2020年，县委组织部加强党管人才工作，突出产业发展需求和非对称性引才导向，全年全县引进硕士4人、急需紧缺人才3人，新增高级职称专业技术人才40人。引导各类人才投身疫情防控工作，组织县优秀专家和拔尖人才开展健康体检和参加研修班，鼓励一线医疗卫生人才进行休假疗养、心理调适。推动乡村人才振兴，引进乡村紧缺专业人才，鼓励引导揭西籍优秀人才回乡就业，选派153名初中教师到农村小学支教，鼓励优秀人才向基层一线流动。

（李焕然　蔡飞鸿）

宣传工作

【概况】 2020年，揭西县宣传思想文化战线以习近平新时代中国特色社会主义思想为统领，加强队伍和阵地建设，健全网络宣传管理制度，完善基层文化基础设施建设，强化舆论引导，开展宣传宣讲，繁荣文艺创作，构建新时代爱国主义教育体系。全年开展《习近平谈治国理政》（第三卷）学习宣讲164场次；查处网络谣言案4宗。是年，良田乡南方人民银行纪念馆被评为揭阳市爱国主义教育基地。

【宣传宣讲】 2020年，揭西县围绕打通理论宣传宣讲途径重点环节，加强思想保障和舆论支持。组织开展领导讲学、专家理论辅导、基层宣讲等多种学习活动，组建县委宣讲团、百姓宣讲团到各地各单位开展理论宣讲，全年开展中共十九届四中全会精神宣讲30场次、《习近平谈治国理政》（第三卷）学习宣讲164场次。

【舆论引导】 2020年，揭西县结合重点工作，落实专人负责，加强策划，做好新闻宣传，提高主流舆论传播力、影响力、公信力。全年围绕疫情防控以及经济社会各项中心工作共开设8个专题、67个专栏，播出广播电视新闻7700多条，播出公益标语和广告6.9万多条次，向中央、省、市台上送新闻510多条，推送“南方+”和“学习强国”平台稿件800多条。

【网络宣传管理】 2020年，揭西县加强网络舆论阵地建设，开展净化网上舆论环境等系列专项行动和集中整治活动。组织各相关单位学习《网络信息内容生态治理规定》。全年形成互联网热点78期，专报9期，上报网络舆情信息182条，查处网络谣言案4宗，行政处罚4人。

【基层文化】 2020年，揭西县完善公共文化服务体系，做好县文化馆升级二级馆工作，严格对照建设标准，完善软硬件设施。指导各镇（街道）完善提升57个行政村（社区）综合性文化服务中心建设水平，完成县图书馆总分馆制建设工作。依托县图书馆总分馆制建设经验，选定9个镇（街道）建设文化馆分馆、27个村（社区）建设服务点。提高基层体育设施建设水平，推进社会化足球场地建设进度，至年底，全县9个乡镇（街道）建成社会足球场地。

【文艺创作】 2020年，揭西县推进文艺创作生产工作。创作客家话三句半《众志成城抗疫情》、潮剧实景小品《同舟共济战疫情》、潮曲《琵琶一曲抗疫情》等抗疫文艺作品。开展优秀群众文艺作品评选活动，征集2019年以来优秀群众文艺作品参加评选，收到美术书法摄影类、文学类、音乐舞蹈类、编辑类、著作类等作品共78件。

【群众文化】 2020年，揭西县有序组织群众文体活动。组织开展象棋比赛、乒乓球比赛、篮球比赛、健身走秀表演等各类体育

河婆街道综合文化站　（县委宣传部　供稿）

活动，参与人数200多人；指导县级三馆开展“流动博物馆”“流动文化馆”“流动图书馆”进村（社区）、学校共27场次；指导县潮剧演艺中心开展“戏曲进校园”15场次。

【爱国主义教育】　2020年，揭西县完善爱国主义教育基础建设，开展爱国主义教育活动。加快推进大北山革命历史纪念馆红色革命遗址保护利用工程，加强各级爱国主义教育基地管理。发挥南山镇火炬村“广东省红色村党建工程示范点”作用，发掘利用红色资源，打造红色品牌。县博物馆、南侨中学、南方人民银行纪念馆实行全面免费开放，接待各界爱国人士开展教育活动。9月30日，在河婆街道象山烈士纪念亭开展公祭烈士活动，缅怀革命先烈。是年，良田乡南方人民银行纪念馆被揭阳市委宣传部评为揭阳市爱国主义教育基地。

表1

2020年揭西县爱国主义教育基地一览表

名称	级别	列入时间	地点
大北山革命历史纪念馆	省级	2014年	南山镇大北山森林公园内
棉湖战役东征军指挥部旧址（兴道书院）	市级	1996年	棉湖镇方围居委
南侨中学旧址	市级	1996年	金和镇南侨街道南侨中学内
河婆象山革命烈士纪念亭	市级	2013年	河婆街道南和村
南方人民银行纪念馆	市级	2020年	良田乡下村
揭西县博物馆	县级	2015年	河婆街道东风广场

（林松武　杨旭辉）

统一战线

【概况】　2020年，中国共产党揭西县委员会统一战线工作部（简称县委统战部）巩固完善大统战工作格局，加强多党合作和政治协商，改进民族宗教工作，增强港澳台工作时代性和针对性，稳妥做好海外统一战线和侨务工作，落实新时代民营经济统战工作新要求。协同县工商联动员和组织全县非公有制经济人士及企业开展光彩事业，全年募集资金约1300万元。至年底，全县民主党派3个，分别是中国民主促进会揭西县支部委员会、中国民主同盟揭西县支部委员会和中国农工民主党揭西县支部委员会。县域内少数民族（散居）21个，户籍人口1900人。有佛教、天主教、基督教三大宗教，宗教团体4个，分别是揭西县天主教爱国会、揭西县基督教三自爱国会、揭西县基督教协会和揭西县佛教协会；经合法设立登记宗教活动场所57处；全县宗教教职人员47人，信教群众2.65万人。台资企业2家。归侨991人。旅居海外乡亲及台港澳同胞100多万人。商协会14个，异地商会有深港揭西商会、珠海揭西商会、清远揭西商会、广东省揭西商会、旅深揭西乡亲经济促进会、东莞市揭西商会等。

（林运标　陈漫纯）

【多党合作和政治协商】 2020年，县委统战部健全政治协商制度建设，提升多党合作效能，支持民主党派加强自身建设，提高参政履职、建言献策质量。协助做好民主党派换届工作，民进揭西支部、民盟揭西支部、农工党揭西支部分别于9月11日、12月12日、12月19日完成换届；推进党外干部提高参政议政意识，全年推荐15名党外人选增补为政协揭西县第十届委员会委员。至年底，揭西县党外领导干部（副科级以上）任职情况：县人大常委会副主任1人，副县长1人，县政协副主席3人，县人大常委会委员1人，副镇长3人，其他岗位4人。

（林运标　吴妍苹）

【港澳台工作】 2020年，县委统战部（县委台港澳办）加强与港澳台同胞联络联谊。利用和发挥三山国王祖庙资源优势，做好涉台工作，推动惠台31条、惠台26条措施在全县落地，深化揭台两地经济融合发展；健全交流平台工作机制，搭建网络交流平台，通过QQ、微信等形式与港澳台同胞联络乡情；推进爱国爱港爱澳同乡社团建设，加强与港澳台爱国社团交流交往，协助推动筹建香港揭阳青年商会。9月8日，中央统战部三局港澳二处副处长李耿巍率中央统战部调研组到三山国王祖庙开展工作调研；10月20—21日，中国澳门中华文化交流协会参访团一行12人到三山国王祖庙调研交流；12月6日，第七届台湾岭南行活动之潮汕文化寻根之旅团组一行100人到三山国王祖庙参观，考察揭西乡村振兴工作等。

（王填德　何志云）

【侨务工作】 2020年，县委统战部（县侨务局）依法维护归侨、侨眷和海外侨胞合法权益，做好归侨侨眷和海外侨胞来信、来电、来访工作，加强华侨华人捐赠款物管理，全年完成全县285个侨捐项目大检查工作，备案审批3个侨捐项目变更；接受华人华侨捐赠防控新冠肺炎疫情口罩折款4.5万元。

（张文生　杨派雄）

机构编制

【概况】 2020年，揭西县委机构编制部门强化机构编制管理工作，深化乡镇（街道）体制改革，完善基层治理体系工作，推进事业单位登记管理，开展机构改革“回头看”工作。是年，编制形成《揭阳市揭西县深化乡镇街道体制改革完善基层治理体系实施方案》《揭西县深化乡镇街道事业单位改革实施方案》等乡镇（街道）体制改革配套文件、17个乡镇（街道）“三定”［规范部门（单位）职能配置、内设机构和人员编制］规定和17个乡镇（街道）所属事业单位机构编制方案。

【机构和行政体制改革】 2020年，揭西县委机构编制部门根据省委《关于深化乡镇街道体制改革完善基层治理体系的意见》有关要求和省、市关于乡镇（街道）综合行政执法改革有关文件精神，组织人员对17个乡镇（街道）开展调研，梳理全县乡镇（街道）机构编制底数、人员情况、职能配备等现状，做好基础工作，通过召开全县乡镇（街道）体制改革和综合行政执法改革工作会议，布置各乡镇（街道）学习改革有关文件精神和派驻机构人员划转等工作，推进乡镇（街道）党政机构改革和事业单位改革工作，推动执法重心和执法力量下移，提升执法效能和水平。全年印发《揭西县深化乡镇街道事业单位改革实施方案》等乡镇街道体制改革配套文件、《揭阳市揭西县深化乡镇街道体制改革完善基层治理体系实施方案》《关于推进乡镇街道综合行政执法改革工作的实施方案》；印发17个乡镇（街道）“三定”规定和所属事业单位机构编制方案。10月底，完成乡镇（街道）事业单位人员转隶等工作；11月底，完成乡镇（街道）党政机构挂牌、人员转隶和负责人任命等工作。改革后，乡镇（街道）设置党政机构164个，增加37个；设置事业单位119个，减少72个。

【机构编制资源配置】 2020年，揭西县委机构编制部门统筹使用县域内机构编制资源，妥善解决严控机构编制与事业需要之间的矛盾。根据中小学教职员编制标准和县委、县政府《关于深化我县教育体制机制改革的实施意见》有关要求，在全县中小学教职员总编制不变基础上，实行动态调整、总量管理，重新核定全县中小学人员编制；加快学前教育资源优化配置，设立钱坑镇钱西幼儿园、湖侨幼儿园和五经富镇岐凤幼儿园3所乡镇幼儿园；推进县级教师发展中心建设，整合县教师进修学校、县教育局教研中心、县教育局教育装备中心，组建揭西县教师发展中心；加快推进脱贫攻坚工作，发挥产业扶贫资金带贫益贫作用，设立揭西县扶贫资产管理中心；加强乡镇街道卫生院和社区卫生服务中心疾病预防控制职能，在各乡镇街道卫生院和社区卫生服务中心加挂“XX乡镇（街道）疾病预防控制中心”牌子，设置专门公共卫生科室；加快推进媒体融合，将揭西县广播电视台更名为揭西县融媒体中心，重新印发机构编制方案。

【行政机构编制管理】 2020年，揭西县委机构编制部门严格执行机构编制审批权限和程序，加强机构编制实名制管理，及时更新机关事业单位机构及人员有关信息。加快推进机构编制问题整改，梳理全县存量机构编制问题，对有关机构编制管理规定存在的问题等进行自查并拟定整改方案。

【事业机构编制管理】 2020年，揭西县委机构编制部门加强事业单位法人服务和监管，推进事业机构编制管理。7月31日，印发《关于推进县直公益三类事业单位改革方案》；8月27日，印发县委宣传部等6个涉改部门下属公益三类事业单位调整方案，收回公益三类事业编制74名。

【事业单位登记管理】 2020年，揭西县委机构编制部门加强事业单位登记管理，做好机关事业单位初始登记、变更、注销以及证书补领工作。开展事业单位法人监管“双随机、一公开”（随机抽取检查对象，随机选派执法检查人员，抽查情况及查处结果及时向社会公开）工作，主要核实事业单位法人登记事项、年度报告等公示信息是否规范、准确、真实，对钱坑镇卫生院、龙潭镇龙园小学、上砂镇一洲学校、揭西县瓠杓岭引榕工程管理所、揭西县供销合作联社等单位进行事业单位法人公示信息实地核查。全年机关单位登记初领3个，变更13个；事业单位法人初始登记设立8个，变更登记114个，注销39个，证书补领2个。

【机构改革“回头看”】 2020年，揭西县委机构编制部门开展党政机构改革“回头看”工作，巩固和提升机构改革成果。调研全县党政机构改革后涉改部门机构“三定”职责和实际运行情况，及时对县工业信息化和科技局、县林业局、县应急管理局职责等事项进行相应调整。

（杨谦谋　张师院）

县直机关党建

【概况】 2020年，中国共产党揭西县直属机关工作委员会（简称县直属机关）强化党风廉政建设，加强党员队伍建设，严格党员教育管理，提升全县机关党建工作规范化制度化水平。至年底，县直属机关系统有基层党组织310个，其中基层党委15个，党总支部23个、党支部272个；党员6001人。

【党组织管理】 2020年，县直属机关深化机关党员干部理论学习；强化示范引领，印发《关于印发〈2020年揭西县县直机关模范机关创建活动工作要点及责任分工〉的通知》，推进县直机关模范机关创建工作；加强党务检查指导，做好县直机关党组织成立和换届选举工作。是年，县直（机关）新成立党支部5个，党总支部2个，党组织更名6个，党组织撤销合并7个，党组织换届选举含委员补选39个。

【党员培训与发展】 2020年，县直属机关健全党员培训机制，推动党员教育培训高质量发展；规范发展党员工作，充实党员储备，严格发展程序，提高发展党员质量。全年举办党务工作者培训班1期，参加培训200多人次；发展对象培训班1期，参加培训发展对象87人，全部合格；吸收预备党员42人，预备党员转正65人。

【党风廉政建设】 2020年，县直属机关加强机关党风廉政建设，加大执纪问责力度，发挥机关支部作用，强化廉政教育，抓实机关廉政建设。县直机关全年上报县纪委处分党员28人，其中党内警告11人，党内严重警告12人，撤销党内职务1人，留党察看2人，开除党籍2人。

（李焕然　蔡飞鸿）

县委巡察工作

【概况】 揭西县委巡察机构围绕“三个聚焦”（聚焦基层贯彻落实党的路线方针政策和党中央决策部署情况、聚焦群众身边腐败问题和不正之风、聚焦基层党组织软弱涣散、组织力欠缺问题）深化政治巡察，完成十一届县委第七、八、九轮常规巡察；配合揭阳市委巡察组开展扶贫领域整改“回头看”专项督导；开展常规巡察“回头看”整改督查，压实被巡察单位党组织主体责任；修订印发《揭西县委巡察工作基本流程》，规范巡察准备、巡察了解、巡察报告、巡察反馈、巡察移交、巡察整改6大方面48个环节，附上38项具体详细相关文书表格。4—6月，县委巡察机构派员协助市人民检察院开展对县人民检察院常规巡察工作。9月，印发《关于补充县委巡察工作人才库人选的通知》，在原有县委巡察工作人才库基础上，全面补充优化人才库人员，新吸纳25名在纪检、组织、财会、审计、国土、司法等领域党员干部加入巡察队伍。全年县委巡察机构开展3轮常规巡察。

【扶贫领域整改“回头看”】 2020年，揭西县委巡察机构配合市委巡察组开展扶贫领域整改“回头看”专项督导工作。3月，抽调5人配合市委巡察组对2019年市委驻镇巡村一体化巡察中涉及脱贫攻坚问题及2018年市委扶贫领域专项巡察整改落实情况进行检查，发现问题158个。

【常规巡察】 2020年，揭西县委巡察机构组织开展3轮常规巡察，对25个县直单位党组织和镇（街）党（工）委开展巡察，发现问题514个，移交问题线索143条，形成巡察专报4篇。其中巡察镇级党组织8个，发现问题259个，线索90条［移交县纪委监委68条、县委组织部12条、县公安局1条、相关乡镇（街道）9条］。

【专项督查】 2020年，揭西县委巡察机构成立三个督查组，对2019年市委驻镇巡村专项巡察反馈问题整改情况开展为期一周专项督查。驻镇巡村专项巡察反馈县镇村三级问题共5647个，落实整改5638个，完成整改率99.8%；移交纪委监委处置线索共573条，办结573条，立案审查调查276人，党纪政务处分266人，组织处理324人，挽回经济损失107.3万元。

【巡察“回头看”】 2020年，揭西县委巡察机构抽调精干力量成立两个督查组，对塔头镇、县水利局等10个被巡察单位党组织反馈问题整改情况开展“回头看”，强化全县常规巡察整改工作，推动巡察成果落实落地。巡察“回头看”发现一些党组织存在站位不高、整改不力、表面整改等问题22个，县委巡察工作领导小组印发《关于对塔头镇等10个单位巡察反馈问题整改“回头看”的情况通报》。

（刘锦铭　刘飞华）

政策研究

【概况】 2020年，揭西县委政研部门聚焦县委、县政府中心工作，加强调查研究，制定印发调研工作方案，牵头有关部门开展综合和专题调研，撰写调查报

2020年10月12日，县委第一巡察组到大溪镇新园村实地查看新农村建设情况
（县委巡察办　供稿）

告，推进政研工作和改革发展工作有机融合。全年完成综合调研课题19项、调研报告及材料38篇；专题调研报告及材料6篇。

【综合调研】 2020年，揭西县委政研部门制定印发《揭西县关于围绕学习贯彻习近平总书记出席深圳经济特区建立40周年庆祝大会和视察广东重要讲话重要指示精神开展“深调研”工作方案》等文件，牵头组织县直有关部门开展供给侧结构性改革、创新发展、现代服务业等19项综合调研，撰写具有时效性、全局性、预测性综合信息，为县委、县政府决策提供参考。

【专题调研】 2020年，揭西县委政策研究室组织有关部门开展污染防治、精准脱贫、防范化解重大风险、危房改造、农村供水、全面深化改革6项专题调研，形成《揭西县推进污染防治攻坚战调研情况汇报》《揭西县推进精准脱贫攻坚战调研情况汇报》《揭西县推进防范化解重大风险攻坚战调研情况汇报》《揭西县农村供水调研情况汇报》等调研报告及材料6篇。

（李旭林　陈克平）

党校工作

【概况】 2020年，中国共产党揭西县委员会党校（简称县委党校）加强党员干部教育培训和思想理论建设，举办专题宣讲和辅导活动。全年举办主体班6期，培训党员领导干部和管理人员663人次；开展学习贯彻《习近平谈治国理政》（第三卷）专题宣讲辅导活动15场次，参加人数2000多人次。

【干部培训】 2020年，县委党校推进党员领导干部教育培训工作。全年举办主体班次6期，培训党员领导干部663人次。6月，举办2020年村（社区）党组织书记脱贫攻坚专题培训班3期共301人次。7月，举办揭西县2020年县直属机关发展对象（入党积极分子）培训班1期、87人次；揭西县2019年度新录用公务员初任培训班1期、169人次。12月，举办揭西县科级主要领导干部学习贯彻习近平总书记出席深圳经济特区建立40周年庆祝大会和视察广东重要讲话重要指示精神暨学习贯彻中共十九届五中全会精神专题研讨班1期、106人次。

【专题宣讲和辅导】 2020年，县委党校开展专题宣讲和辅导活动。9月至10月，按照县委宣传部工作部署，县委党校派出2名骨干教师，到河婆街道、凤江镇等9个乡镇（街道）以及县委统战部、县政务服务数据局党群服务中心、白云山制药厂、飞鹅食品工业有限公司等6个单位开展学习《习近平谈治国理政》（第三卷）专题宣讲辅导活动15场次，参加人数2000多人次。

（张燕豪　张五星）

2020年9月9日，“习近平新时代中国特色社会主义思想进企业　飞鹅公司专题宣讲报告会”在广东飞鹅食品工业有限公司举办　（县委宣传部　供稿）

党史研究

【概况】 2020年，揭西县地方史志办公室（简称县地方史志办）加强党史研究，初步完成全县革命遗址普查工作，立足普查成果开发利用，推进地方党史编纂，提高党史资料日常管理规范性，加强党史学习和业务培训。完善补充广东省红色革命遗址名录收录揭西县61个革命遗址信息；配合县委做好火炬村党建示范“五个一工程”项目工作；联合县委宣传部完成《中国国家人文地理·揭西卷》编纂工作。

【革命遗址普查】 2020年，县地方史志办完成革命遗址普查任务，确定全县革命遗址项目146个，填写普查报表，撰写普查报告等工作，形成《广东省革命遗址通览·揭西县》，提交上级部门审核。对上级部门“广东省红色革命遗址名录”中所收录揭西县61个革命遗址信息加以补充完善，配合做好《广东省红色革命遗址大博览》编写工作。

【地方党史编纂】 2020年，县地方史志办落实揭西县火炬村党建示范“五个一工程”项目工作分工，搜集和提供《中国共产党揭西地方史（第一卷）》《潮汕人民抗征队诞生地——火炬村》等参考资料，做好资料前期准备工作。联合县委宣传部完成《中国国家人文地理·揭西卷》资料收集、编纂工作。

【党史研究工作】 2020年，县地方史志办加强党史研究日常工作，梳理现有地方党史书籍和档案资料，规范重要资料保存管理，巩固党史研究基础。以红色革命遗址普查为契机，以革命遗址为单位，多层次开展历史资料搜集整理工作，充实红色资料库。围绕日常工作和革命遗址普查，主动联系上级部门，加强内部学习培训，开展党史研究业务交流学习，增强党史研究业务能力。

（李瑞军　张卓勇）

揭西县人民代表大会

【概况】 2020年，揭西县第十届人民代表大会常务委员会组成人员29人，其中主任1人，副主任6人，委员22人。全年县人大常委会召开常委会会议10次，听取和审议“一府一委两院”（县人民政府、县监察委员会、县人民法院、县人民检察院）工作报告11项；审查政府议案3个，作出决定13项、决议2项；开展执法检查2次；任命、决定任命国家机关工作人员17人次，免去、决定免去国家机关工作人员29人次；开展各类视察调研活动22项。至年底，全县各级人民代表大会17个，其中县人民代表大会1个、乡镇人民代表大会16个；街道人大工作委员会1个。各级人大代表1410人，其中全国人大代表1人、省人大代表3人、市人大代表44人、县人大代表256人、乡镇人大代表1106人。

【重要会议】 **县十届人大第五次会议** 2020年5月21—23日，揭西县第十届人民代表大会第五次会议在县委党校人民会堂召开。出席会议代表245人。大会听取和审议2019年县政府工作报告、县人大常委会工作报告、县人民法院工作报告、县人民检察院工作报告，审查并批准《揭西县2019年国民经济和社会发展计划执行情况与2020年计划草案的报告及揭西县2020年国民经济和社会发展计划》《揭西县2019年预算执行情况与2020年预算草案的报告》。大会依法选举刘耀雄为揭西县第十届人大常委会副主任；依法选举李庆裕、李凌思（女）、陈成腾为揭西县第十届人大常委会委员；依法选举周旭茂为揭西县人民法院院长。

县十届人大常委会第二十七次会议 2020年1月4日，揭西县第十届人大常委会第二十七次会议在县人大常委会会议室召开，出席会议19人。会议学习贯彻习近平总书记“不忘初心、牢记使命”主题教育总结大会重要讲话精神；听取县人大常委会法制工作室关于2019年度规范性文件备案审查工作情况报告；接受彭双蛟等6人辞去揭西县第十届人大代表职务；讨论补选县十届人大代表工作。

县十届人大常委会第二十八次会议 2020年1月20日，揭西县第十届人大常委会第二十八次会议在县人大常委会会议室召开，出席会议23人。会议接受方列生、陈蓉霞辞去揭阳市第六届人大代表职务；依法补选刘端雄、林华为揭阳市第六届人大代表。

县十届人大常委会第二十九次会议 2020年4月7日，揭西县第十届人大常委会第二十九次会议在县人大常委会会议室召开，出席会议25人。会议传达学习3月27日中共中央政治局会议精神；审议并决定同意县政府提请的《揭西县2019年地方政府债务限额情况报告》，批准揭西县2019年地方政府债务限额为20.24亿元。会议决定任命翁育慧为揭西县人民政府副县长，决定接受刘小电辞去揭西县人民政府副县长职务，决定免去吴国栋县政府办公室主任职务和彭双蛟县人力资源和社会保障局局长职务。

县十届人大常委会第三十次会议 2020年5月13日，揭西县第十届人大常委会第三十次会议在县人大常委会会议室召开，出席会议24人。会议传达学习4月27日中央全面深化改革委员会第十三次会议精神；听取和审议代表变动情况和补选代表的代表资格审查报告；决定县十届人大五次会议于5月21—23日在县委党校人民会堂召开；会议决定任命温贵明为县人力资源和社会保障局局长、汪伟富为县审计局局长；决定接受林绪杰辞去县十届人大常委会委员职务。

县十届人大常委会第三十一次会议 2020年7月24日，揭西县第十届人大常委会第三十一次会议在县人大常委会会议室召开，出席会议28人。会议传达学习习近平总书记在中共中央政治局第二十次集体学习重要讲话精神；听取和审议县政府关于2020年上半年计划执行情况和2020年上半年预算执行情况报告；审议县政府提请的《揭西县2020年调整地方政府债券用途的报告》议案；听取和审议揭西县2019年环境状况和环境保护目标完成情况报告。决定任命蔡远良为县信访局局长，任命沈胜辉、肖乐生为县人民法院副院长，刘新求为县人民检察院副检察长。

县十届人大常委会第三十三次会议 2020年9月16日，揭西县第十届人大常委会第三十三次会议在县人大常委会会议室召开，出席会议24人。会议听取县政府关于2019年度本级预算执行和其他财政收支审计工作报告、县政府贯彻实施《中华人民共和国传染病防治法》情况报告；审议和批准县政府《关于揭西县2018年财政决算的报告》；审议县人大常委会代表资格审查委员会《关于拟终止高志林的揭西县第十届人大代表资格报告》，决定终止高志林揭西县第十届人民代表大会代表资格；会议决定接受杨建宇辞去揭西县人民政府副县长职务，免去其县公安局局长职务；决定任命陈继华为揭西县人民政府副县长、县公安局局长。

县十届人大常委会第三十四次会议 2020年10月23日，揭西县第十届人大常委会第三十四次会议在县人大常委会会议室召开，出席会议28人。会议传达学习习近平总书记出席深圳经济特区建立40周年庆祝大会和视察广东重要讲话重要指示精神；会议决定接受方松青辞去县监察委员会主任职务；任命林剑华为县监察委员会副主任，决定林剑华为县监察委员会代理主任。

县十届人大常委会第三十五次会议 2020年11月27日，揭西县第十届人大常委会第三十五次会议在县人大常委会会议室召开，出席会议22人。会议传达学习贯彻中共十九届五中全会精神；听取和审议县政府关于实施乡村振兴战略工作情况报告、2019年行政事业单位国有资产管理情况报告、抗疫特别国债和特殊转移支付列入2020年度财政预算调整报告；审议并同意批准县政府提请的《揭西县2017—2020年度调整地方政府债券用途的报告》；听取县政府关于2020年十件民生实事完成情况报告；决定接受高宇飞辞去揭阳市第六届人大代表职务；决定接受陈群峰辞去县十届人大代表职务。

县十届人大常委会第三十六次会议 2020年12月28日，揭西县第十届人大常委会第三十六次会议在县人大常委会会议室召开，出席会议25人。会议听取和审议县政府关于县十届人大五次会议代表建议办理情况报告、2019—2020年度审计查出突出问题整改情况报告、2020年预算调整情况报告，决定批准揭西县2020年度预算调整方案。

【重大事项讨论决定】 2020年，县人大常委会依法行使重大事项讨论决定权。听取和审议县政府关于2019年度县本级预算执行情况和其他财政收支审计工作报告；对2019年地方政府债务限额情况报告和2019年财政决算报告进行审议并作出相应决议决定；审查批准2019年度县级财政预算调整方案。

【人事任免】 2020年，县人大常委会依法履行任免职权，坚持党管干部与人大依法任免相统一，推进人事任免工作。对拟任命人员落实任前法律知识考试、任前见面表态等制度，组织新任命国家机关工作人员进行宪法宣誓。全年任命、决定任命国家机关工作人员17人次，免去、决定免去职务29人次，组织宪法宣誓仪式6场。

【人大监督】 2020年，县人大常委会跟进重大部署、关注重大关切，支持"一府一委两院"依法履职，加强脱贫攻坚、城乡人居环境整治等工作监督，做好计划、预算、决算、审计工作等法定项目审查监督。听取和审议揭西县2019年度环境状况和环保目标完成情况报告、县政府推进乡村振兴工作情况报告，配合上级人大检查土壤污染防治法及其实施办法实施情况；开展规范性文件备案审查工作，对县政府及其职能部门报备规范性文件进行合法性审查，全年备案审查规范性文件5件。

【调研视察】 2020年，县人大常委会领导班子成员到挂钩联系企业、人大代表所办企业和重点项目开展调研，助力纾困减负和

2020年12月17日，县人大常委会组织市县人大代表视察揭西县公共卫生应急管理体系建设工作专项活动。图为在县疾控中心听取建设情况介绍 （县人大 供稿）

复工达产；县人大常委会听取和审议县政府关于传染病防治法贯彻实施情况报告，组织市县人大代表对全县公共卫生应急管理体系建设工作进行专题视察，助推全县公共卫生应急管理体系建设和新冠肺炎疫情防控工作。

【代表工作】 2020年，县人大常委会突出代表主体地位，搭建履职平台，加强基础保障，引导和激发代表更好履职尽责、服务发展。实施代表联络站建设提档升级工程，推进代表联络站规范化建设，建成17个乡镇（街道）人大点中心联络站和78个村级代表联络站；推进民生实事项目人大代表票决制工作，开展"更好发挥人大代表作用"主题活动，推进"五级"代表层级联系常态化，全县各级人大代表756人参加主题活动，开展视察检查47次，开展工作调研25次，接待群众137人，收集意见建议104条。

【执法检查】 2020年，县人大常委会组织开展《中华人民共和国未成年人保护法》执法检查，增强保护未成年人法律意识和道德观念，营造关爱、保护未成年人社会环境；组织开展《广东省乡镇人民代表大会工作条例》执法检查，加快推进全县县乡人大工作和建设，实地察看、检查乡镇人大组织建设、召开人民代表大会及行使职权、主席团在闭会期间履职、更好发挥人大代表主体作用等工作情况。

【议案建议与督办】 2020年，县人大常委会强化代表建议意见办理力度，落实专人进行实地督查，加强跟踪联系，促进代表建议意见落实到位。听取和审议县政府关于县十届人大五次会议代表建议办理情况报告。至年底，县十届人大五次会议期间收到的23件代表建议全部办结，将结果逐一答复代表。

2020年揭西县十届人大五次会议代表建议一览表

表2

领衔代表	建议标题	承办单位
黄少明	关于解决四新至湖光村道改造维修问题的建议	县交通运输局 坪上镇
李建筑	关于对南山镇南罗公路进行改建的建议	县交通运输局 南山镇
邹伟业	关于要求支持县道X097线京溪园至曾大寮村路段列入修缮改造的建议	县交通运输局 京溪园镇
邹伟业	关于要求支持京溪园镇重建蛇头大桥的建议	县交通运输局 京溪园镇
陈任良	关于在良田乡县道X098线增加交通警示标识的建议	县交通运输局 良田乡
曾俊杰	关于加强灰寨向阳大圆交通安全管理的建议	县交通运输局 灰寨镇
温宇江	关于改进甬莞高速灰寨出口至南洋学校路段交通管理的建议	县交通运输局 灰寨镇
李汉坤	关于修复改造省道S239线（大溪段）的建议	县交通运输局 大溪镇
林领青	关于要求将东园镇中心街升级改造工程列入县投资项目进行建设的建议	县交通运输局 东园镇
林俊华	关于升级改造钱坑镇中心桥至金和镇金里工业区旅游公路的议案	县交通运输局 钱坑镇
林允汉	关于省道S237线（高速公路灰寨出口至棉湖大桥）道路配套工程的议案	县交通运输局 金和镇
曾德军	关于要求解决国道G235线罗屋桥至五经富桥头路段积水问题的建议	县交通运输局 五经富镇
刘靖	关于龙潭镇至坪上镇龙坪路加宽加固的建议	县交通运输局 龙潭镇
蔡素凤	关于要求对县城区道路升级改造的建议	县城市管理和综合执法局 河婆街道
贝瑶台	关于要求对县城露天排污沟铺设水泥板面的建议	县城市管理和综合执法局 河婆街道
吴端城	关于塔头拦河闸灌区清淤整治项目的议案	县水利局 塔头镇
吴端城	关于要求塔头部分堤围纳入广东省“万里碧道”（中小河流整治）项目的议案	县水利局 塔头镇
吴谦慎	关于要求重建棉湖闸门的建议	县水利局 棉湖镇
刘速辉	关于要求尽早上马整治龙车溪的建议	县水利局 棉湖镇
张林贵	关于加强对农村河流整治及水利基础设施建设的建议	县水利局 河婆街道
庄进财	关于优化上砂镇教育资源配置的建议	县教育局 上砂镇
彭志响	关于国道G235线县城至五云路段路灯建设的建议	县城市管理和综合执法局 五云镇
王永南	关于要求将省道S237线凤江段及凤江过境公路路灯交由县路灯管理所管理维护的建议	县城市管理和综合执法局 凤江镇

（张锻炼　蔡志龙）

揭西县人民政府

综　述

【县政府全体会议】　2020年，揭西县分别于4月29日和5月11日在县政府612会议室召开县政府全体（扩大）会议，会议由县长主持。会议主要传达学习贯彻习近平总书记重要讲话和重要指示精神，听取全县2020年重点建设项目台账责任落实情况汇报，讨论研究关于全县治超非现场执法监测点项目建设、延长县汽车运输总公司被托管期限、解决全县2020年森林碳汇林抚育项目建设资金、解决全县2020年森林碳汇重点生态工程造林建设资金、启动县人民医院征地工作、启动县城道路升级改造二期工程征地工作等问题，审议《揭西县2019年预算执行情况和2020年预算草案的报告》《揭西县2020年主要经济社会预期目标及分工监测运行方案》《揭西县党政机关公务用车管理办法》《揭西县2020年决胜攻坚“四好农村路”建设任务实施方案》《政府工作报告》《揭西县2019年国民经济和社会发展计划执行情况与2020年计划草案的报告》。

【县政府常务会议】　2020年，揭西县召开县政府常务会议18次。

十届县政府第六十六次常务会议　2020年1月9日，县长在县政府612会议室主持召开十届县政府第六十六次常务会议，传达全市解决部分退役士兵社保接续工作推进会精神，讨论研究关于县机关事业单位工作人员和离退休人员实施住房改革补贴、提高全县行政村（社区）干部生活补贴和村（社区）党组织书记绩效奖励经费标准、推进安排偿还农商行贷款、将县住房城乡建设局河婆房管所经费列入财政预算、解决县交通运输局运管人员工资、大北山革命历史纪念馆红色革命遗址保护利用工程建设、凤江镇阳夏片区环境污染整治项目污水处理厂招选运营服务管理公司等问题。会议审议《揭西县实施乡村振兴战略规划（2018—2022年）》《揭西县机关事业单位工作人员带薪年休假制度实施办法》《揭西县进一步促进科技创新的若干政策措施》《揭西县建立非均衡科学技术创新发展体系三年行动计划（2018—2020年）》《2018年退役士兵重点对象安置工作方案》《揭阳市揭西县茶叶省级现代农业产业园项目建设及资金管理办法（试行）》（修订）等方案。

十届县政府第六十七次常务会议　2020年1月21日，县长在县政府612会议室主持召开十届县政府第六十七次常务会议。传达国家、省、市防控新型冠状病毒肺炎有关工作会议精神，讨论研究关于拨付坪上镇湖光村、金和镇山湖村、东园镇月湄村农村生活污水处理工程竣工结算工程款、安排县城过境公路工程欠款及利息资金、将棉湖污水处理项目二期工程PPP项目服务费纳入县财政年度预算计划、解决棉湖镇市政工程结欠资金、凤江镇污水处理厂运营费列入财政预算、拟购置54米登高平台消防车、棉湖消防办公宿舍楼修缮工程建设、全县2020年森林碳汇重点生态工程造林项目建设、县人民医院实施侧门车道及边坡支护工程建设、县人民医院住院综合楼土方工程（正负零以下）和边坡支护工程变更增量、申请用地建设110千伏经富（五经富）变电站、《揭西县农村饮水安全工程运行管理实施细则》、优化棉湖华侨医院规划设计条件等问题，批准《揭西县生活污水处理设施整县打包PPP项目镇级污水处理厂用地规划条件》。会议审议《揭西县2020年重点工作五本台账》《揭西县打赢蓝天保卫战实施方案

（2019—2020年）》《揭西县公务员（含参公）职务与职级规范津贴补贴标准实施办法》《2019义务教育薄弱环节改善与能力提升补助中央资金分配方案》《揭西县2019年基层农技推广体系改革与建设补助项目工作方案》。

十届县政府第六十八次常务会议 2020年2月18日，县长在县政府612会议室主持召开十届县政府第六十八次常务会议。传达学习习近平总书记在北京调研指导新冠肺炎疫情防控工作重要讲话精神和上级有关疫情防控工作会议文件精神，讨论研究关于预拨新型冠状病毒感染的肺炎疫情防控保障经费、开展省道S237线揭西灰寨至棉湖段沥青混凝土路面改造工程前期工作、开展省道S234线连接国道G235线揭西五经富至灰寨段沥青混凝土路面改造工程前期工作、县城两广场改造工程建设、县融媒体中心建设、建设县高考考点考场视频巡查系统升级改造项目、县国土空间总体规划（2020—2035年）地形图测绘经费、象山拦河坝到潮惠高速连接桥左岸河道清淤物定价拍卖、县城广客路等3条道路命名等问题。会议审议《揭西县新型冠状病毒感染的肺炎疫情防控社会捐赠款物管理暂行规定》《揭西县优化农村小型项目建设流程指导意见》《揭西县金和镇总体规划（2015—2035年），2020年修改》《揭西县棉湖镇棉湖新区（上浦片区）控制性详细规划》《揭西县棉湖镇棉湖新区（下浦片区）控制性详细规划》。

十届县政府第六十九次常务会议 2020年3月16日，县长在县政府612会议室主持召开十届县政府第六十九次常务会议。传达学习习近平总书记关于统筹推进疫情防控和经济社会发展工作、决战决胜脱贫攻坚等一系列重要讲话和重要指示精神，讨论研究开展金和镇创建生态宜居美丽乡村示范镇工程项目前期工作、2019年度农村公益事业奖补资金、县中央财政扶贫资金项目和县精准扶贫开发资金项目计划（第十四批）、建设县旅游数据中心建设项目（二期）、启动县城污水处理厂及配套管网四期工程前期工作、开展凤江污水处理厂配套支管网建设项目前期工作、开展棉湖镇贡山片区污水处理站及配套管网建设工程前期工作、开展县人民医院院感综合大楼项目前期工作、开展县老虎坷垃圾填埋场扩容工程（三期）前期工作、实施党校路周边环境整治及景观升级改造工程、县供销社助农服务综合平台项目建设、2020年新增债券需求（第五批）、调整象山拦河坝到潮惠高速连接桥左岸河道清淤物定价拍卖、拨付农村环境整治示范县（龙潭示范区）一期工程结算款、拨付农村环境整治示范县（龙潭示范区）二期工程结算款、黄竹溪龙潭段水质提升工程资金、河婆中学固定资产处置等问题。会议审议《揭西县落实省2019年精准扶贫精准脱贫和乡村振兴跟踪审计发现问题的整改方案》《揭西县落实省2019年精准扶贫精准脱贫和乡村振兴跟踪审计发现其他问题的整改方案》《关于落实文化和旅游部资源开发司反馈揭西县申请国家全域旅游示范区验收认定情况的整改实施方案》《揭西县防汛防旱防风防冻应急预案》《揭西县河婆街道土地利用总体规划（2010—2020年）有条件建设区使用方案（后埔村、溪西村）》《揭阳市揭西县棉湖镇土地利用总体规划（2010—2020年）有条件建设区使用方案（上浦村、贡山总部）》《揭西县祥源辉房地产开发有限公司工业用地“三旧”改造方案》《揭西县五云镇下砂原粮所国有建设用地使用权出让方案》《揭西县龙潭镇井下村国有建设用地使用权出让方案》《揭西县城乡规划委员会章程》《揭西县金和镇基地场片区控制性详细规划》《揭西县2019年地方政府债务限额情况报告》。

十届县政府第七十次常务会议 2020年4月20日，县长在县政府612会议室主持召开十届县政府第七十次常务会议。传达学习习近平总书记关于统筹推进疫情防控和经济社会发展工作重要讲话和重要指示精神、习近平总书记关于安全生产工作重要讲话和重要指示精神以及上级有关会议精神、全省实施乡村振兴战略工作推进会精神、全省打赢污染防治攻坚战工作推进会精神、全省推进重大项目建设积极做好稳投资工作电视电话会议精神，听取揭西县2019年度法治政府建设情况报告。讨论研究关于补充招聘大一门综合服务窗口工作人员、补充招聘县突发事件预警信息发布中心工作人员、县城园林绿化管理养护外包服务、榕江南河潮惠高速连接线桥下游河道清淤工程、下拨2020年危房改造任务补助资金、揭西县石肚河（坪上段）河道治理工程清淤物定价拍卖、做好2020年应急物资储备工作、2019年度优秀村（社区）“两委”班子奖励资金、划拨县公安局上云派出所建设用地等问题。会议审议《揭西县补短板强弱项全力推动乡村振兴实施方案》《揭西县2020年春季学期学生返校疫情防控工作实施方案》《揭西县电线电缆产业园企业入园管理暂行办法》《揭西县2020年省级涉农资金分配方案》《揭西县2020年省级财政生态公益林效益补偿资金分配方案》《揭西县2019年度第六批次收回国有农用地安置、补偿工作方案》《揭西县2020年度第一批次土地征收补偿工作方案》《揭西县2020年度第二批次土地征收补偿工作方案》《揭西县2020年度第三批次土地征收补偿工作方案》《揭西县祥源辉房地产开发有限公司国有建设用地使用权协议出让方案》。

十届县政府第七十一常务会议 2020年4月29日，县长在县政府612会议室主持召开十届县政府第七十一次常务会议暨县政府全体（扩大）会议。传达学习贯彻习近平总书记在陕西考察时的重要讲话和重要指示精神，听取《揭西县2019年预算执行情况和2020年预算草案的报告》、揭西县2020年重点建设项目台账责任落实情况汇报、《揭西县2020年主要经济社会预期目标及分工监测运行方案》、《揭西县党政机关公务用车管理办法》、《揭西县2020年决胜攻坚“四好农村路”建设任务实施方案》、关于揭西县治超非现场执法监测点项目建设的问题、关于延长揭西县汽车运输总公司被托管期限的问题、关于解决揭西县2020年森林碳汇林抚育项目建设资金的问题、关于解决揭西县2020年森林碳汇重点生态工程造林建设资金的问题、关于启动揭西县人民医院征地工作的问题、关于启动县城道路升级改造二期工程征地工作的问题。

十届县政府第七十二次常务会议 2020年5月11日，县长在县政府612会议室主持召开十届县政府第七十二次常务会议暨县政府全体（扩大）会议。传达学习贯彻习近平总书记在中共中央政治局常委会会议上的重要讲话精神、审议《政府工作报告》《揭西县2019年国民经济和社会发展计划执行情况与2020年计划草案的报告》。

十届县政府第七十三次常务会议 2020年6月4日，县长在县政府612会议室主持召开十届县政府第七十三次常务会议。传达学习贯彻习近平总书记重要讲话和全国两会精神、习近平总书记对审计工作重要指示精神，以及中央、省、市有关会议精神、全省污染防治攻坚工作调度视频会精神，听取2019年以来全县审计工作情况汇报、全县未成年人思想道德建设工作情况汇报、2020年全县危房改造工作情况汇报、全县安全生产工作情况汇报。讨论研究关于省道S508线揭西上砂至砼下段路面改造工程项目建设、2020年县公开招聘卫生健康事业单位工作人员、2020年增配教师、2020年度火烧迹地造林项目建设、开展全县削坡建房风险点整治工作、县城大同市场与河山市场改造工程项目建设、拨回上砂镇村村通自来水工程存量资金等问题。会议审议《中共揭西县人民政府党组2020年意识形态工作计划》《揭西县农业生产托管服务项目试点实施方案》《揭西县关于开展扶持村级集体经济试点工作壮大村级集体经济的实施方案》《广东揭西黄满寨省级地质公园建设工作方案》《揭西县县镇视频会商系统建设方案》《揭西县棉湖镇北部城区控制性详细规划》《揭西县茶叶产业园大洋片区单元控制性详细规划》《揭西县棉湖镇华侨医院控规单元》《揭西县上砂服务区控规单元》《揭西县上砂镇35千伏变电站控规单元》《揭西县上砂镇龙山学校控规单元》《揭西县（县城）东部商贸城地区控制性详细规划（修改）》《揭西县城新建自来水厂项目供地方案》《揭西县龙潭镇土地利用总体规划（2010—2020年）有条件建设区使用方案（高田村、龙东村）》《关于加强乡镇（街道）所属国有（集体）企业资产管理的实施意见》《揭西县“630”扶贫捐赠资金使用分配方案》《揭西县精准扶贫开发资金项目计划（第十五批）》《2020年中小学校舍安全保障长效机制省补助（提前下达）资金分配方案》。

十届县政府第七十四次常务会议 2020年7月15日，县长在县政府612会议室主持召开十届县政府第七十四次常务会议。传达学习习近平总书记在主持召开中非团结抗疫特别峰会时主旨讲话精神、习近平总书记在宁夏考察时重要讲话精神、6月29日习近平总书记在中共中央政治局第二十一次集体学习时重要讲话精神、习近平总书记对防汛救灾工作作出重要指示精神和国家、省、市三防工作视频会议精神、习近平总书记对禁毒工作作出重要指示精神、揭阳市委书记蔡朝林到揭西调研指示精神、揭阳市打好防范化解重大金融风险攻坚战工作推进会精神、全市扫黑除恶专项斗争推进会精神、揭阳市污染防治攻坚战工作调度推进会精神、市纪委办关于两起违规收受礼品礼金问题通报精神。讨论研究关于全县农业有害生物预警与控制区域站增加建安工程量、委托第三方机构开展全县扶贫项目风险评估及2016年以来脱贫攻坚资料台账核查、县妇幼保健院新建住院综合大楼室外配套及部分室内装饰工程变更增量、建设新冠病毒核酸检测实验室、将收回的2017年基本公共卫生服务项目县级存量资金安排用于卫生创强建设项目、启动棉湖华侨医院周边边角用地征地工作、县“房地一体”农村不动产登记发证工作经费、县国土空间总体规划编制经费、重建上砂镇龙山学校教学楼、报送2020年抗疫特别国债建设项目和特殊转移支付新增一般债券项目、调整政府债券资金用途、启动金和镇金碧路改造工程项目建设前期工作、理顺揭西县金叶发展公司管理体制。会议审议《揭阳市揭西县茶叶产业园省级现代农业产业园财政资金使用方案（修订版）》《揭西县2020年度垦造水田工作方案》《揭西县金和镇金光村西侧A01地块国有建设用地使用权出让方案》《揭西县棉湖镇下浦村XP0101—01地块国有建设用地使用权出让方案》《揭西县2020年“三旧”改造年度实施计划》《揭西县生活污水处理设施整县打包PPP项目镇级污水处理厂用地规划条件》《揭西县河婆街道大同小学控规单元》《揭西县东园镇东园中学控规单元》《揭西县上砂镇新东小学控规单元》《揭西县凤江镇第三华侨中学控规单元》《揭西县凤江镇第四华侨中学控规单元》《揭西县龙潭镇龙文学校控规单元》《揭西县棉湖镇境潭小学控规单元》《揭西县钱坑镇钱坑中学控规单元》《揭西县南侨中学控规单元》《揭西县金和服务区控规单元》《2020年省级教育发展专项（推进教育现代化及农村义务教育寄宿制学校建设用途）学前教育发展资金（第一批）分配方案》《2020年中央支持学前教育发展资金预算（扩大学前教育资源奖补资金）分配方案》《揭西县涉农资金统筹整合管理办法（试行）》。

十届县政府第七十五次常务会议 2020年8月13日，县长在612会议室主持召开十届县政府第七十五次常务会议。传达学习7月30日中共中央政治局会议精神，国务院、省政府第三次廉政工作会议、市政府第四次廉政工作会议精神，全国安全生产、全省、全市第三季度防范重特大生产安全事故暨消防工作电视电话会议精神，《揭阳市人民政府行政复议委员会办公室关于普宁市自然资源局及市场监督管理局不依法处理信访事项错误引导信访人申诉救济途径的通报》，县委十一届第126次常委会（扩大）会议精神。讨论研究关于2020年县“一村一品、一镇一业”申报项目、划拨县人民医院所涉部分用地、县第二人民医院（棉湖华侨医院）综合改建项目拆除、核销部分固定资产、县人民医院医疗卫生用地征地补偿款、实施揭西县生活垃圾无害化处理工程（老虎坷垃圾填埋场扩容工程三期）、县城温泉路升级改造工程征地拆迁补偿资金、县城道路升级改造二期工程征地拆迁资金、县自来水公司被法院执行偿还债务资金、启动国道G238线县城新村社区段景观工程前期工作、榕江南河（莪萃入河口）内河口水污染整治项目建设、棉湖镇贡山电排内河口水污染整治项目建设、棉湖镇云湖水系水污染整治项目建设、变更黄竹溪龙潭段水质提升工程设计、对全县政务服务系统和中心机房相关设备第三方运维服务项目进行政府采购、实施五云公安检查站修缮工程、莪萃大桥东园镇连接线（一期）改造工程增加设计变更项目、大溪镇井美村党群服务中心及相关配套工程建设项目、县道X096线金和桥改建工程建设、县公证处公开招聘事业编制工作人员、县教师发展中心综合大楼工程建设等问题。会议审议《揭西县加强村级组织活动场所建设攻坚行动工作方案》《揭西县垦造水田项目后期管护工作方案》《2020年中央财政专项扶贫资金使用分配计划》《揭西县中央财政扶贫资金项目和揭西县精准扶贫开发资金项目计划（第十六批）》《揭西县生猪定点屠宰设置规划实施方案（修订）》《原揭西县农村能源办公室国有土地房产处置方案》《揭西县2019年中央大中型水库移民后期扶持基金项目计划（第一批）》《揭西县2020年省财政补齐人均公共文化财政支出短板奖补资金分配方案》《揭西县城市生活垃圾分类工作方案》《揭西县查控新增违法建设责任追究办法》《揭西县违法用地违法建设分类处置暂行办法》《揭西县征收农用地区片综合地价成果》《揭西县地质灾害防治三年行动实施方案（2020—2022年）》《2020年度揭西县龙潭镇富光村（西段）地质灾害隐患点治理工作实施方案》《2020年城乡义务教育补助经费中央直达资金分配方案》《2020年特殊转移支付和正常直达财力资金分配计划》《2019年、2020年部分省级涉农资金调整方案》。

十届县政府第七十六次常务会议 2020年8月31日，县长在612会议室主持召开十届县政府第七十六次常务会议。会议传达学习习近平总书记在经济社会领域专家座谈会上重要讲话精神、全市优化营商环境和加强招商引资工作大会精神、上级信访工作会议精神。讨论研究建设县第二人民医院（棉湖华侨医院）综合改建建设项目、轮换县级储备粮、开展建设县生猪（牛羊、家禽）定点屠宰厂前期工作、县城横江河下段堤路综合整治工程建设、县城榕江南河右岸堤路综合整治工程建设、将县城道路升级改造二期工程供水主管与用户支管对接及新光路升级改造工程列入二期工程组织实施、上报2021年度省级财政专项资金项目库入库项目、实施县电线电缆产业园污水处理厂建设、解决县城新建自来水厂项目建设用地划拨地价款、将棉湖镇公产房“洪氏爱祖祠”使用权划给棉湖镇人民政府、京棉路电力线路迁改工程项目建设、调整县高京经济网络公路改建及龙江河大桥建设工程项目、县公安局部分建筑物拆除处置、采购交通信号灯、电子警察系统安装项目、县看守所武警“智慧磐石”建设项目等问题。会议审议《揭西县加强紧密型县域医疗卫生共同体建设实施方案》《关于揭西县2019年财政决算情况报告》《2020年城乡义务教育补助经费清算资金分配方案》《关于2020年中央财政水污染防治资金使用方案》《〈揭西县生活污水处理设施整县打包PPP项目合同〉补充协议》《揭西县2020年小型水库安全运行管理标准化建设计划》《揭西县城中部旧城区和南部城区（南和村、河婆中学片区）控制性详细规划》《揭西县（县城）东部商贸城CD0101地块控制性详细规划（修改）》《揭西县棉湖镇华侨医院设计指标调整论证报告》《揭西县河婆街道乡肚小学控规单元》以及优化县人民医院医疗用地规划条件的有关情况汇报，原则同意经过县城乡规划委员会审查的《揭西县城中部旧城区和南部城区（南和村、河婆中学片区）控制性详细规划》《揭西县（县城）东部商贸城CD0101地块控制性详细规划（修改）》《揭西县棉湖镇华侨医院设计指标调整论证报告》《揭西县河婆街道乡肚小学控规单元》以及启动优化县人民医院医疗用地规划条件工作。

十届县政府第七十七次常务会议 2020年9月18日，县长在612会议室主持召开十届县政府第七十七次常务会议。会议传达学习习近平总书记在全国抗击新冠肺炎疫情表彰大会上重要讲话精神。讨论研究县道X094五黄线路段改造工程增加设计变更项目、省道S228线揭西新洪村至张厝段路面改造及配套工程增加交通信号灯及电子警察监控设施工程建设、解决高京经济网络公路征地补偿费用、开展全县校园食堂互联网+“明厨亮灶”建设工作、棉湖镇实验学校老校区室内外改造工程、建设县人民医院供应中心工程、县人民医院感染科综合大楼建设项目、拆除县人民医院传染病隔离病区、专家楼（后山楼房）及原县卫生学校房屋、调整全县机关事业单位工作人员、离退休人员和企业离休人员死亡丧葬费标准、县福利中心工程建设项目（一期）建设、协议收回揭阳市北山水电厂国有建设用地使用权、开展全县不动产登记数据整合工作等问题。会议审议《揭西县全面优化营商环境三年行动计划实施意见（2020—

2022年）》《揭西县小水电清理整改综合评估实施方案》《揭西县深化事业单位改革、规范人事管理、健全完善人才队伍选育管用的实施意见》以及《揭西县事业单位工作人员入口管理实施意见》《揭西县事业单位工作人员竞聘上岗指导意见（试行）》《揭西县事业单位工作人员考核办法（试行）》《揭西县补充耕地整改工作方案》《揭西县金和镇原鱼苗场地块国有建设用地使用权出让方案》《35千伏上砂变电站项目供地方案》《揭西县道路绿地基础设施用地供地方案》。

十届县政府第七十八次常务会议 2020年9月21日，县长在612会议室主持召开十届县政府第七十八次常务会议。传达学习贯彻习近平总书记在基层代表座谈会上重要讲话精神。研究讨论收回2019年省级涉农资金、建设棉湖镇垃圾转运站标准化改造工程项目、建设五经富镇垃圾转运站标准化工程项目、五经富污水处理厂管网二期工程（五经富河饮用水源保护工程一期）建设等问题。审议《揭西县森林防灭火工作职责事项划分意见》。

十届县政府第七十九次常务会议 2020年10月18日，县长在612会议室主持召开十届县政府第七十九次常务会议。传达学习习近平总书记在教育文化卫生体育领域专家代表座谈会上重要讲话精神、9月28日中央政治局会议精神、习近平总书记出席深圳经济特区建立40周年庆祝大会和视察广东重要讲话和重要指示精神、市委六届九次全会精神、县委十一届第132次常委会（扩大）会议精神、《广东省人民政府办公厅转发国务院办公厅关于国务院督查组赴部分地区开展实地督查的通知》、《自然资源部办公厅关于印发部分地方自然资源主管部门查处农民非法占地建房败诉典型案例的通知》。讨论研究关于配套2020年扶持壮大村级集体经济县级补助资金、设立经济联合社、实施棉湖镇农村供水主管道（京棉公路段）迁移改线工程、县城污水处理厂及配套管网四期工程（管网部分）建设、凤江污水处理厂三期配套管网工程（凤江镇内河涌水质改善提升项目二期）项目建设、建设国道G235线、G238线揭西段路面改造工程、建设全县普通国省道干线公路路况综合整治工程、钱坑镇中心大道改建工程建设、调整2020年特殊转移支付和正常直达财力资金分配计划、调整抗疫特别国债建设项目资金、报送2021年新增政府债券项目资金需求、调整不动产登记数据整合奖补资金、2020年决胜攻坚“四好农村路”建设资金、揭西农村公路安全隐患治理专项整治工程建设资金、全县国省道安全隐患治理专项整治工程建设资金、省综治信息系统应用和通信服务经费、棉湖镇湖西村鲤鱼门工业集中区8号违法建设拆除工作经费、棉湖镇甬莞高速危化品车辆交通事故突发环境事件处置经费、老虎坷垃圾填埋场扩容用地资金及费用、将位于灰寨镇圩公产房1858号房地产权划拨给灰寨镇用于建设灰圩居委党群服务中心、公开招考县扶贫资产管理中心工作人员、县电线电缆产业园更名、县电线电缆产业园自来水供水和道路绿化配套设施建设、划拨县妇幼保健计划生育服务中心建设用地、收回全县良种场闲置土地使用权等问题。审议《揭西县工程建设项目审批制度改革实施方案》《揭西县精准扶贫开发资金项目计划（第十七批）》《揭西县“6·30”扶贫捐赠资金使用分配计划》《2020年揭阳市揭西县坪上镇四新村垦造水田项目后期年度地力培肥计划实施方案》《揭西县农村财务管理实施细则》《揭西县大中型水库移民后期扶持项目实施细则》《揭西县森林消防综合救援大队组建方案》《揭西县组建专职护林员队伍实施方案》《关于抗疫特别国债和特殊转移支付列入2020年度财政预算调整的报告》。

十届县政府第八十次常务会议 2020年10月23日，县长在612会议室主持召开十届县政府第八十次常务会议。传达学习贯彻习近平总书记对脱贫攻坚工作作出重要指示精神。讨论研究容缺办理兴汕高速公路上砂服务区加油站建设工程、汕湛高速公路金和服务区加油站建设项目规划许可问题。审议《揭西县行政许可实施清单明细表（区县级）》《揭西县离岗基层老兽医补助发放工作方案》《揭西县农村承包土地经营权流转实施意见（试行）》《揭西县大溪拦河闸工程安全运行专项检查发现问题整改方案》《揭西县妇幼保健计划生育服务中心建设项目供地方案》《揭西县2020年度第六批次收回国有农用地安置、补偿工作方案》《揭西县人民政府森林防火禁火令》《推进教育现代化先进县（区）奖励资金分配方案》《揭西县发改局下属粮食系统“僵尸企业”重组方案》《揭西县医药总公司所属医药系统“僵尸企业”吸收合并重组方案》《揭西县商业企业（集团）公司下属国有“僵尸企业”吸收合并方案》《揭西县物资总公司所属物资系统“僵尸企业”吸收合并重组方案》。

十届县政府第八十一次常务会议 2020年11月1日，县长在612会议室主持召开十届县政府第八十一次常务会议。传达学习贯彻习近平总书记在十九届中央纪委四次全会上重要讲话精神、10月22日中央政治局常务委员会会议精神。讨论研究关于启动实施广东揭西火炬村“五个一工程计划”、实施全县农房管控和风貌提升示范带建设、解决县农业有害生物预警与控制区域站改造工程及更新办公设施资金、举办2020年广东揭西消费扶贫产品产销推介活动暨走进粤港澳大湾区系列活动、拍摄制作县脱贫攻坚项目专题片、上报全县省级以上生态公益林调出问题地块小班、县妇幼保健计划生育服务中心（县妇幼保健院）新建门诊医技楼工程建设项目、实施上云、京溪园派出所建设、棉湖镇城区路口升级改造工程建设、棉湖镇湖墘西路改造工程建设、棉湖镇兴中桥和大龙秋桥桥梁工程建设等问题。审议《揭西县农村“厕所革命”中央财政奖补资金分配方案》《揭西县2019年中央大中型水库移民后期扶持基金项目计划（第二批）》。

十届县政府第八十二次常务会议 2020年11月22日，县长在612会议室主持召开十届县政府第八十二次常务会议。传达学习贯彻中共十九届五中全会精神、习近平总书记在中央全面依法治国工作会议上重要讲话精神以及全国、全省、全市疫情防控工作电视电话会议精神。讨论研究县城生活垃圾处理费征收、县城霖都大道建设人行道征地拆迁补偿资金、启动县城东入口改造提升工程前期工作、启动县城新建自来水厂二期工程及输水管道工程前期工作、开通县城自来水厂至龙潭镇辖区供水相关事宜、县农产品质量安全监督检测站中央投资建设项目配套资金、开展县城万里碧道工程榕江南河象山拦河闸至两南桥段项目前期工作、龙潭镇平塘灌区陂尾段水利清淤加固工程资金、原省道S237线、S238线、S335线揭西段公路安全生命防护工程（提升工程）项目建设、五黄线大洋路段安装路灯和部分路段铺设人行道及绿化建设项目、棉湖镇城东路改造工程建设、县高京经济网络公路改建工程（一标段）建设、棉湖客货联运公司商铺拆迁、组建县融投投资有限公司、全县农村占用耕地建房摸排工作经费、调整2017—2020年度新增地方政府债券额度、金和镇中心卫生院住院综合楼四至六层配套及室外围墙地坪升级改造工程等问题。审议《揭西县精准扶贫开发资金项目计划（第十八批）》《揭西县扶贫资产收益分配使用办法（试行）》《揭西县2020—2021年水库大坝安全鉴定和降等报废总体工作方案》《2020年度揭西县中小型地质灾害隐患点治理工作实施方案》《揭西县政务中心片区国有建设用地使用权出让方案》《揭西县良田乡龙岭村原粮所国有建设用地使用权出让方案》《揭西县农村乱占耕地建房摸排汇总情况》《揭西县农村乱占耕地建房问题整治工作分类处置意见建议》《广东揭西黄满寨省级地质公园总体规划（2020—2035）》《揭西县环保能源产业园控制性详细规划》《揭西县生猪定点屠宰厂控制性详细规划》《〈揭西县（县城）东部商贸城控制性详细规划（修改）〉CD0329、CD0315、CD0331地块规划指标调整论证报告》《2019年冬季退役士兵重点对象安置工作方案》《揭西县残疾人联合会改革方案》《关于全面实施预算绩效管理的工作方案》《揭西县2019年行政事业单位国有资产管理情况报告》《揭西县2021年涉农统筹整合项目报备表》《2020年基层医疗卫生机构事业补助经费分配方案》。

十届县政府第八十三次常务会议 2020年12月22日，县长在612会议室主持召开十届县政府第八十三次常务会议。传达学习贯彻中共中央政治局常务委员会会议精神、12月11日中共中央政治局会议精神、全国、省、市安全生产电视电话会议精神，学习市安委会《关于明确揭阳市部分行业领域安全监管问题的通知》精神、全省、全市2019年度审计查出问题整改工作会议精神、《中华人民共和国宪法》。讨论研究关于棉湖云湖水系水质保护工程（二期）建设、棉湖镇云湖公园整治和景观提升工程项目建设、将五经富镇过境公路新建工程项目增加设计变更及工程签证、五云镇希望路改造工程建设、县机关大院物业实行社会化外包管理、凤江中学运动场改造工程、申报2021年度再融资债券资金、配套2020年正常离任村干部生活补助经费、县城自来水厂取水原水费、县茶叶产业园财政资金调整、给予完成城乡居民医保征收任务乡镇（街道）奖励、给予城乡居民基本养老保险征收奖励金、延长授权委托书问题。审议《揭西县人民政府关于禁止猎捕和食用陆生野生动物的通告》《揭西县人民政府关于加强松材线虫病防控工作的通告》《关于2020年度财政预算调整情况的报告》《揭西县乡镇体制改革后乡镇人民政府、河婆街道办事处财政经费保障方案》《揭西县残疾儿童康复救助实施办法》。

十届县政府第八十四次常务会议 2020年12月28日，县长在612会议室主持召开十届县政府第八十四次常务会议。传达学习贯彻中央经济工作会议精神、习近平总书记在中央政治局2020年度民主生活会上重要讲话精神。讨论研究建设棉湖大桥、河江大桥、湖西中桥维修加固工程、汕湛高速公路揭西龙潭出入口平交设置交通信号灯、县看守所改造项目问题。审议《揭西县2020年中央财政农村厕所革命奖补资金分配方案》。

【县长办公会议】 2020年，揭西县召开县长办公会议21次。会议主要研究现代农业产业园建设、全县水污染防治、全县农村危房改造、县省级现代农业产业园建设、“三清三拆三整治”工作、县级2019年度财政预算执行和其他财政收支情况审计发现问题审计交办工作、有关财政资金拨付、村村通自来水工程建设、抗疫特别国债项目工程建设、高京经济网络公路和龙江河大桥建设、有关2020年度农村公益事业奖补资金、省道S228线揭西新洪村至张厝段路面改造及配套工程、加快财政支出进度资金安排计划（第一批和第二批）、揭西县南山镇火炬村文旅项目建设、有关水利专项资金分配计划。

【县政府工作会议】 2020年，揭西县召开县政府工作会议33次。会议主要研究黄满寨省级地质公园建设、棉湖污水处理厂及配套管网二期工程建设、村村通自来水工程建设、塔头拦河闸重建工程、省道S228线揭西新洪村至张厝段路面改造及配套工程管线迁移、党校路周边环境整治及景观升级改造工程拆迁、坪上镇员西采石场复绿、推进国有企业退休人员社会化管理、生猪屠宰管理、村村通自来水、农村抗疫情促生产保供给、部分镇村农村生活污水处理站存在问题整改、贫困户住房安全保障暨春季农业生产、建筑领域安全生产、落实市政务热线受理违法建设类业务处理、违建别墅问题项目核销、水库移民后期扶持项目实施和资金使用进度、收回揭西糖厂棉湖镇行前街危房产权、“11·21”华陆高速揭西上砂路段两车相撞事件处置、自然资源专题，境内高速公路出入口综合整治工程交（竣）工、验收、结算，落实省纪委暗访发现农村雨污分流项目建设不规范问题处理、省2019年精准扶贫精准脱贫和乡村振兴跟踪审计发现问题整改、2019年水利部、省水利厅对揭西县水利工程检查发现问题整改等问题。

（王学群　林庆丰）

【政务督查】 2020年，揭西县信息督查组围绕全县重点项目、公共卫生、城乡环境、生态旅游、“两违”整治、民生实事等重大决策部署和中心工作，及时开展督查，适时反馈结果。全年督办省市交办件35件，全部完成办结；开展县委县政府重点工作督查21次，全部完成办结。

（陈少旭　邹一涛）

【支前工作】 2020年，揭西县完善军地协调机制，创新工作方式，丰富支前内容，增强支前综合保障能力，开展“双拥”活动，为部队官兵办实事解难题。八一建军节，组织走访慰问驻地及周边部队，春节前夕召开军政座谈会，深化军民鱼水情。

（曾八喜　刘任贤）

政务服务

【概况】 2020年，揭西县政务服务数据管理局（简称县政数局）深化“互联网+监管”和“放管服”改革，推进审批服务便民化、“数字政府”建设工作和电子印章应用，推动县级信息化项目审核审批和乡镇街道体制改革政务服务工作，宣传推广各类移动服务平台，强化网络安全工作，做好“12345”市民热线工单分发处理工作。全年县政务服务中心受理各类行政审批事项8.06万项，其中承诺期内办结8.06万项；网上办事大厅受理1.60万件；5个分中心（县人社分中心、交警大队分中心、司法分中心、残联分中心、广播电视台分中心）受理15.19万件，承诺期内办结15.19万件。

【政务服务管理】 2020年，县政数局完善政务服务管理制度，优化窗口服务内容，开展争创“党员先锋岗”“党员示范窗口”活动。全年全县进驻中心办事大厅县直（含上级垂直管理）窗口单位30个，办理事项涉及全县民生民计639项；评出“文明窗口”和“优秀分中心”9个、“服务明星”18人、“党员示范窗口”8个、“党员先锋岗”13人。

【网上审批服务】 2020年，县政数局推进审批服务“马上办、网上办、就近办、一次办”工作，面向自然人“马上办”事项占总事项比例59.0%，“就近办”事项占比100%，面向全体“一次办”事项占比99.9%，“网上办”事项占比98.6%。推进“互联网+监管”改革，完成全县“互联网+监管”事项认领、检查实施清单编制等工作，全县32个县直单位实现数据对接，认领检查实施清单事项649项，检查实施清单完成率99.4%，监管事项覆盖率43.8%。推广“粤省事”“粤商通”“粤政易”等政务服务小程序应用，加快推进“场景应用”，推动政务服务“指尖办”，全县“粤省事”实名注册人数约43万人，全县有1.2万公职人员开通“粤政易”账号，居全市第一。是年，网上办理率87.2%，网上申办事项中，实现零次跑动办结事项78.2%，到现场一次办结事项21.2%。

【县政府门户网站】 2020年，县政数局推进县政府门户网站日常管理维护和优化提升工作，完善栏目设置，开设相关专题专栏；加强日常监测，做好消除系统漏洞和安全隐患工作，及时更新信息和数据。全年发布信息4170条次，其中信息公开目录信息更新2755条次，政务动态信息更新1413条次，概况类信息更新2条次。

【政务服务系统建设】 2020年，县政数局推行“一窗通办”模式，配合县市场监管局、县自然资源局和县住建局等相关单位在政务大厅设立企业开办专窗、不动产登记一窗受理专窗和工程建设联合审批专窗。推动智慧大厅建设，推行自助办事。优化完善24小时自助政务服务厅，在县政务大厅增设智能一体服务设备为群众提供便捷服务，其中县税务局在办税服务区增加2台智慧全功能终端服务机、县公安出入境服务窗口增加3台出入境智慧受理终端机和1台自助受理照相机。通过升级大厅排队叫号系统，更换窗口显示屏幕、排号机、监控摄像头等措施方便群众

发票申领自助终端机 （县政数局 供稿）

快速辨识办事窗口。

【"数字政府"改革】 2020年，揭西县完成全县"互联网+监管"事项认领、检查实施清单编制工作和电子印章申请工作。推进政务服务事项"马上办、就近办、一次办、网上办"。做好全县政务内网（财政使用）、政务外网及互联网等政务服务传输线路租赁采购工作，满足全县各单位信息化办公需求。按照《揭西县县级政务信息化项目建设管理办法（试行）》规定，对县政务信息化项目建设实施集约化管理，全年审核审批22个信息化项目，项目送审总预算为2741.3万元，经审核后为2141.4万元，核减比例21.9%，为县财政节省资金599.9万元。

【"12345"市民服务热线】 2020年，揭西县完善"12345"市民服务热线平台建设，优化服务热线工作流程，强化督办落实工作。做好"12345"市民服务热线新软件系统上线工作，加强对各承办单位业务受理人业务培训，无缝对接新、老系统工单分发处置。督办落实重复投诉事项、超期未答复业务、超期未办结等"12345"热线工单，做好热线工单分发、协调、回复工作。全年处理揭阳市"12345"市民服务热线派发工单5651件，办结5158件，办结率91.3%。

【乡镇（街道）体制改革政务服务】 2020年，县政数局加强对乡镇（街道）政务服务中心建设工作业务指导和督促力度，做好全县关于深化乡镇（街道）体制改革政务服务相关工作。联合县委编办出台《揭西县深化乡镇街道体制改革政务服务工作方案》，规范乡镇（街道）政务服务机构组织架构、平台建设、运行方式和管理机制。做好政务服务事项进驻和权限下放，拟延伸乡镇（街道）县级事项113项，县级拟下放乡镇（街道）行政许可事项118项、公共服务事项223项。

（张子发　陈文彬）

信　访

【概况】 2020年，揭西县信访局（简称县信访局）深化信访工作和制度改革，完善矛盾纠纷排查化解机制，攻坚化解积案难案。5月17日，联合县公安局在县信访局人民来访接待厅举行综合应急处置联合演练，提高县信访局全体干部职工对紧急情况的处置应变能力以及和县公安干警应对突发事件的协调配合能力。全年受理群众来访108批次，群众来信289件；妥善化解重难点信访事项11宗；全县网信占比36.4%。

【来访接待】 2020年，县信访局落实首接责任，规范来访接待受理办理，提升来访接待规范化、专业化、精准化水平，推进及时就地解决信访问题。完善接待平台设施建设，接待人员实施窗口服务礼仪工程，接待场所提供常用物品和相关服务设施。全年受理群众来访108批次，群众来信289件。

【网络信访】 2020年，县信访局健全首接首办、跟踪督办机制，及时转交每宗信访事项，跟踪办理进度，推进按期办结。强化信访业务办理培训，加强基础业务规范化，在日常工作中开展

2020年5月17日，县信访局联合县公安局在县信访局人民来访接待厅举行综合应急处置联合演练
（张巧斌　摄）

业务办理流程解读和指导，全年组织开展全省一体化信访信息系统培训班2次，提升信访干部专业素养和履职能力，指导各乡镇（街道）、县直有关单位业务人员熟悉有关业务办理流程，及时规范办理群众信访事项，提高信访事项办理水平。

2020年6月24日，县信访局在会议室举办全省一体化信访信息系统培训班
（张巧斌　摄）

【重复信访问题和积案专项治理】　2020年，县信访局开展信访案件集中化解攻坚专项行动，强化组织领导和协调联动，注重发挥信访工作联席会议机制作用，按照“属地管理、分级负责”“谁管理、谁负责”原则明晰责任归属并集中交办，全年妥善化解重难点信访事项11宗。推进为期三年的集中治理重复信访、化解信访积案专项工作，至年底，上级交办信访事项化解40%。

【信访督查】　2020年，县信访局建立健全信访督查工作机制，加大督查力度，坚持问题导向、明确督查重点，做到研判排查到位；组织精干力量带案督查，精准核查调研；协调部门合作系统联动，提升化解质效，推动信访事项规范化办理和重难点信访案件化解等工作，解决一批群众反映强烈的操心事、揪心事、烦心事。7月31日，县信访局组织信访督查组到上砂镇开展信访积案督查工作。

【网上信访宣传】　2020年，县信访局打造网上信访主渠道，让群众少跑路、让数据多跑腿，降低群众信访成本。通过开设网上信访窗口，加强宣传活动，印发网上信访宣传单发放到群众手中，为群众详细介绍网上信访登记流程和办理程序，提升广大群众对网上信访知晓率和使用率，引导群众从“走访”向“网访”转变。全年全县网信占比36.4%。

（蔡远良　林　潭）

中国人民政治协商会议揭西县委员会

【概况】　2020年，中国人民政治协商会议揭西县委员会（简称县政协）坚持团结和民主两大主题，发挥专门协商机构作用，履行政治协商、民主监督、参政议政职能。全年召开政协委员全体会议1次，主席会议8次，常委会会议4次，专委会议5次；开展专题调研1次，专题视察9次，撰写并提交调研报告1篇，出版《乡情》2期和《揭岭诗词》2期，寄送旅外乡亲《乡情》4000多份。至年底，县政协收到提案9件，全部按期办理落实。是年，市政协委员16人，县政协委员248人。委员捐款、捐物合计600多万元，支援全县疫情防控和经济社会发展。

【县政协重要会议】　2020年5月21—22日，政协揭西县第十届委员会第五次会议在县城河婆街道希桥酒店深圳酒楼三楼召开。会议应到委员248人，实到委员233人。会议听取和审议通过政协揭西县第十届委员会常务委员会工作报告和提案工作报告（书面）；列席县十届人大五次会议，听取和讨论县人民政府工作报告及其他报告；增选政协揭西县第十届委员会常务委员会部分组成人员；审议通过政协揭西县第十届委员会第五次会议决议。

【政治协商】　2020年，县政协围绕高质量发展协商建言。坚持全体会议整体协商、常委会议专题协商、主席会议重点协商、专委会议对口协商、党政联席会议沟通协商，把事关全县发展重大问题作为履职重点。5月，在县政协十届五次会议中，通过小组讨论、联组讨论、界别讨论等多种形式，组织委员围绕全县改革稳定和发展重要问题进行整体协商；8月，组织主席会议围绕《关于深化我县卫生健康机制体制改革的实施意见（征求意见稿）》进行重点协商；12月，联合县人大进行对口协商全县公共卫生应急管理体系建设；县政协领导班子成员列席县委常委会议和县政府常务会议进行沟通协商，为推进全县各项工作提出建议意见。

【民主监督】　2020年，县政协采取委员提案、反映社情信息、选派特约监督员和行风评议员参与监督等多种形式，加强民主监督。发动和组织委员围绕县委中心工作、人民群众关心的重点热点难点问题反映社情信息33条，选派委员参与揭西县国家机关“谁执法谁普法”履职报告、县人民法院“发挥执行职能，做好六稳工作，落实六保任务”专项执法评议工作和县人民检察院“刑事较轻免予起诉”听证会。

【调研视察】　2020年，县政协组织委员开展专题调研视察10次。7月，开展全县农业农村工作专题视察，先后视察龙潭镇“三清三拆三整治”、南山镇禽畜养殖业污染综合整治及南山镇火炬村党建示范村工程创建情况；10月，开展全县卫生健康综合改革专题调研，向县委报送《关于深化我县卫生健康综合改革专题调研报告》。是年，协同省、市政协分别就社会主义新农村建设情况、推进全县“一村一品、一镇一业”发展、旅游文化产业发展、完善县城城市规划管理、创建国家全域旅游示范区、黑臭水体治理、脱贫攻坚及乡村振兴等问题进行专题调研视察。

【提案办理】　2020年，县政协围绕县委中心工作和反映人民群众关心热点问题，研究部署提案工作。组织政协委员、各专门委员会、各民主党派和各人民团体参与相关提案办理，加强与各承办单位联络沟通，以协商促办理；采取专项检查、带案视察、重点跟踪、提办人协商、办后评议等形式加强督办。至年底，县政协收到提案9件，全部按期办理，提案答复满意率100%。

【联谊工作】　2020年，县政协发挥社会联系面广、海内外关系多优势，利用开展政协例会、调研视察、走访联谊工作和界别活动，提升人民政协团结联谊作用。邀请各民主党派、工商联和无党派人士参加政协组织的专题调研、专题协商、提案督办、民主监督活动。加强县政协与非公经济代表人士、新社会阶层人士，党员委员同党外委员联系，开展谈心谈话、团结联谊活动。

2020年12月17日，县政协组织部分市、县政协委员视察揭西县公共卫生应急管理体系建设工作专项活动
（县政协　供稿）

2020年揭西县政协十届五次会议委员提案一览表

表3

提案题目	提案人	承办单位
关于加快解决社会养老问题的建议	李港恩等	县民政局
加快推进县城自来水管网提质升级，解决群众用水不便问题的提案	巫丽琼等	县城市管理和综合执法局
关于加快规划推进建设建筑废料消纳场的提案	杨一帆等	县住房和城乡建设局
关于加强提高联通信号覆盖率的建议	张伟兴等	县工业信息化和科技局
关于加强县城公共临时停车位管理的建议	吴汉林等	县城市管理和综合执法局
关于进一步加强餐饮服务业卫生管理的建议	刘达理等	县市场监督管理局
关于创建揭西县域经济发展智库的建议	张创业等	县工业信息化和科技局
关于加强对古树名木保护管理的提案	李恒青等	县林业局
关于盘活闲置校舍的建议	林少青等	县教育局

（陈　峰　张俊嬴）

纪检监察

【概况】 2020年，揭西县纪检监察机关加强政治监督，压实管党治党政治责任，深化基层正风反腐工作，推进“三不”（不敢腐、不能腐、不想腐）体制机制建设。是年，县纪检监察机关纪检监察干部68人，派驻机构6个；全县各乡镇（街道）全部设立纪（工）委，配备纪（工）委书记17人、副书记7人。全年全县纪检监察机关受理信访举报654件次（其中检控类初次举报232件次），比2019年增长（下同）4.8%；处置问题线索698件，增长75.4%；立案385件、385人（其中科级干部24人），增长27.1%；结案384件，增长16.0%；给予党纪政务处分382人，增长16.5%；留置1人，涉嫌犯罪移送检察机关8人，挽回经济损失531万元。

【纪委重要会议】 2020年6月5日，中国共产党揭西县第十一届纪律检查委员会第五次全体会议在县委党校召开，会议学习贯彻落实中共十九大和十九届二中、三中、四中全会精神，学习贯彻习近平总书记在十九届中央纪委四次全会上的重要讲话和对广东重要指示批示精神、省纪委十二届五次全会、市纪委六届五次全会和县委十一届七次全会精神，回顾2019年全县纪检监察工作，总结中共十九大以来全县纪检监察工作体会，部署2020年工作任务。县四套领导班子成员，县人民法院院长、县人民检察院检察长，其他副处级以上干部，县纪委委员，各乡镇（街道）党（工）委书记、乡镇长（办事处主任）、纪（工）委书记，县直55个单位主要负责人等共240多人参加会议。

【廉政建设】 2020年，揭西县纪检监察机关完善党风廉政建设责任制，加强监督执纪，严肃查处侵害群众利益不正之风和腐败问题，坚持严肃问责、精准问责，发挥惩治震慑、惩戒挽救、教育警醒功效，推进廉政建设。全年全县纪检监察机关运用“四种形态”（党内关系要正常化，批评和自我批评要经常开展，让咬耳扯袖、红脸出汗成为常态；党纪轻处分和组织处理要成为大多数；对严重违纪的重处分、作出重大职务调整应当是少数；而严重违纪涉嫌违法立案审查的只能是极少数）处理1286人次，第一至第四种形态占比分别为68.8%、22.9%、4.4%、4.0%；问责问题40个、80人。

【作风建设】 2020年，揭西县纪检监察机关加大暗访、曝光、查处、追责力度，坚决纠治“四风”（形式主义、官僚主义、享乐主义和奢靡之风），开展专项治理，推进作风建设。全年查处违反中央八项规定精神问题47件共63人，其中享乐主义和奢靡之风问题32件共41人、形式主义和官僚主义问题15件共22人；开展重大节假日“四风”问题、会风会纪、机关效能、公车使用、餐饮浪费等明察暗访108批次、575场次，发现并责令立行立改问题20个。

【违法违纪案件查处】 2020年，揭西县纪检监察机关严厉惩治涉黑涉恶腐败和“保护伞”，把扫黑除恶同反腐“拍蝇”结合起来，坚决冲破“关系网”、打掉“保护伞”。全年排查涉黑涉恶线索124条，查结106条、在查18条，其中涉黑恶腐败和“保护伞”立案29件、30人，给予党纪政务处分29人，移送检察机关6件、7人；建立扶贫领域监督执纪问责工作协同机制，实地调研督导，严惩贪污侵占、虚报冒领、优亲厚友等啃食群众获得感的“微腐败”和“蝇贪”行为。4月，对有剩余脱贫攻坚任务23名责任人进行约谈，压实责任、狠抓落实。全年查处扶贫领域腐败和作风问题27个，处理44人，其中给予党纪政务处分42人、组织处理2人、移送检察机关1人；开展基层治理，从严把好村级换届廉政关，制订《关于加强村（社区）“两委”换届风气监督的工作方案》，严明换届纪律，开展村级换届资格联审47批次、2150人次，提出有关处理意见347人次。坚决查处发生在民生资金、“三资”管理、土地管理、生态环保等领域违纪违法行为，立案查处村级党员干部198件、198人，处分201人，移送检察机关3人。

【警示教育】 2020年，揭西县纪检监察机关加强警示教育，引导干部以反面典型为镜鉴，用身边案例教育身边人，加强自我约束。11月11—20日，县纪委监委在县委党校举办为期10天正风反腐警示教育图片展，分期分批组织全县正股级及以上干部，各村（居）书记、主任，各经联社社长，共计1952人到场参观、接受警示教育；举办全县领导干部党章党规党纪教育培训班，组织观看警示教育专题片《贪欲之害（1—3）》，开展廉政辅导，并将会议以电视电话形式延伸至镇（街）、村（社区），共850人参加。

（邱启峰　陈智成）

2020年10月14日，揭西县纪律教育学习月活动动员大会暨领导干部党章党规党纪教育培训班在县机关大院附楼4楼会议室举办 （县纪委　供稿）

民主党派
DEMOCRATIC PARTIES

中国民主同盟揭西县支部委员会

【概况】 2020年，中国民主同盟揭西县支部委员会（简称民盟揭西支部）履行参政党职能，做好组织建设工作，提升参政议政能力，开展社会服务活动。完成民盟揭西支部换届选举工作。12月5—6日，民盟揭西支部全体盟员参加民盟揭阳市委会在揭阳市社会主义学院举办的专题学习培训班和相关学习实践活动。至年底，民盟揭西支部盟员11人，其中公务员2人、事业干部1人、教师5人、医生1人、文艺界2人；硕士研究生学历1人、本科学历2人、大专学历6人；平均年龄45岁。

【组织建设】 2020年，民盟揭西支部开展“不忘合作初心，继续携手前进”主题教育活动，定期开展组织生活，持续增强组织凝聚力。10月13—14日，联合民盟清远市清新区基层委员会到南山镇火炬村、金和镇山湖村开展主题教育活动和乡村人才振兴、生活垃圾分类管理情况调研工作。12月12日，召开民盟揭西支部换届选举会议，选举蔡常伟为支部主委，汪晓霞为支部副主委，王贵清、陈海涛为支部委员。

【参政议政】 2020年，民盟揭西支部推进盟员参政议政，加强参政议政能力建设。5月，盟员吴少杰当选揭西县第十届政协委员；5月21—22日，盟员刘光辉、吴少杰参加政协揭西县第十届委员会第五次会议，就揭西县发展以及老百姓关心话题建言献策；12月22日，支部主委蔡常伟参加全县人大代表、政协委员、民主党派和无党派人士代表征求“十四五”规划意见座谈会，提出重视优化营商环境、制定“十四五”规划纲要与《海陆丰革命老区振兴发展规划》紧密衔接、加快推进县城北部新区规划建设等

2020年12月12日，民盟揭西支部在县委统战部会议室召开换届选举会议
（曾 立 摄）

意见建议。

【社会服务】 2020年，民盟揭西支部发挥优势，丰富服务形式，深化服务内容，做好社会服务工作。4月，盟员刘光辉创作美术作品《驱疫魔》在揭阳市防控新冠肺炎疫情主题文艺创作活动中被市文联评为“优秀作品奖”。7月，盟员吴少杰美术作品《急流》入选由榕城区委宣传部、市美协主办的庆祝中国共产党成立99周年美术作品邀请展。11月，组织盟员到河婆街道军田社区开展“创卫”工作，支持该社区5000元“创卫”工作经费。

（蔡常伟　汪晓霞）

中国民主促进会揭西县支部委员会

【概况】 2020年，中国民主促进会揭西县支部委员会（简称民进揭西县支部）加强会员政治素养，增强组织活力，自觉履行参政党职能，做好社会服务工作。全年开展大型思想教育、理论学习12场次。至年底，支部成员9人，其中公务员3人、教育系统3人、医疗系统1人、社会人士2人。是年，民进揭西县支部被中国民主促进会揭阳市委员会评为“新冠肺炎疫情防控工作先进集体”。

2020年9月11日，民进揭西县支部在县委统战部四楼会议室召开换届选举会议
（民进揭西县支部　供稿）

【组织建设】 2020年，民进揭西县支部深化机关建设，增强政治意识，加强理论学习，发挥会员作用，促进基层组织建设。9月11日，民进揭西县支部根据《民进揭阳市委2020年支部换届工作方案》在县委统战部四楼会议室召开换届选举会议，经全体会员投票选举产生民进揭西县支部新一届领导班子成员，其中蔡育群为支部主委，黄远清、温伟东、张优创为支部副主委。

【参政议政】 2020年，民进揭西县支部履行参政议政、民主监督、政治协商基本职能，提高参政议政成效。参加县委统战部组织各种协商会、征求意见会、座谈会，提出相关意见和建议。组织部分会员到基层走访群众，对全县教育、医疗卫生、社会保障政策执行等方面加强学习，向政协揭西委员会提交《落实心理健康教育，促进学生身心健康》议案；组织会员对全县高中教育开展调研，形成《县域重点高级中学情况调研报告》，经民进市委会报民进省委会推荐给民进中央，修改后在全国政协第十四届四次会议中提交教育类议案。

【社会服务】 2020年，民进揭西县支部整合组织资源，发挥自身优势，扩大社会服务影响力，增强社会服务工作实效。参加全县创建全国县级文明城市提名城市工作，组织会员参与文明交通指挥和清扫县城卫生死角活动，向河婆街道军田社区捐赠创文经费。

（蔡育群　罗成伟）

中国农工民主党揭西县支部委员会

【概况】 2020年，中国农工民主党揭西县支部（简称县农工党）加强思想政治教育学习，强化组织建设，履行参政议政职能，优化社会服务工作。全年开展多场专项学习支部会议，学习习近平新时代中国特色社会主义思想以及农工党中央、广东省委、揭阳市委有关会议精神等。至年底，支部成员40人，其中公务员5人、文教医疗界25人，其他各界10人；成员任职县领导2人（县政协副主席1人；县人大常委会副主任1人）、人大代表2人、政协委员5人；支部成员文化水平大专以上98%，高级职称人员10%；县农工党主委刘小电。

2020年11月26—29日，县农工党参加农工党揭阳市委组织到韶关市开展“不忘合作初心，继续携手前进”主题教育活动。图为县农工党党员在红军长征粤北纪念馆开展教育活动纪念合影
（县农工党 供稿）

【组织建设】 2020年，县农工党加强基层组织建设，做好学习交流工作，开展专项教育活动，强化人才培训，严把新党员准入关。11月26—29日，参加农工党揭阳市委组织到韶关市开展“不忘合作初心，继续携手前进”主题教育活动，其间，参加学习韶关市委党校教授开讲专题课程、参观部分红色革命纪念馆。是年，发展党员1人。

【参政议政】 2020年，县农工党组织开展热点民生问题专项社会调研，到基层开展现场活动了解和征集社情民意，通过人大议案、政协提案，向县人大、政协、农工党市委提交议案和意见建议，推进参政议政工作。全年向县政协提交大会发言材料2篇。

【社会服务】 2020年，县农工党整合资源利用卫生医疗系统党员和其他各界党员优势，投入多批次人力、物力，开展精准扶贫、关爱留守老人和儿童生活等工作，优化社会服务能力。全年开展社会服务活动5次；为扶弱济困、支持社会公益投入资金4.17万元，投入人力30多人次。

（刘小电　刘光泉）

群众团体
MASS GROUPS

揭西县总工会

【概况】 2020年，揭西县总工会（简称县总工会）规范工会组织建设，完善劳模服务管理，推动落实帮扶和助学政策。募集资金慰问县内参与疫情防控一线工作人员和一线医护人员家属；落实小微企业工会经费支持政策，核实返还小微企业工会经费。11月，县卫生健康局张慧琪被省总工会评为“2015—2019年广东省工会女职工工作先进工作者”，县人民医院工会女职工委会员被省总工会评为“2015—2019年广东省工会女职工工作先进集体”；12月，龙潭镇龙跃村刘进裕被评为“广东省劳动模范”。

2020年7月9日，县总工会组织工作人员到县城重点工程建设现场开展“高温送清凉，关爱劳动者”活动 （县总工会 供稿）

【工会组织】 2020年，县总工会编印《基层工会规范化建设和经费管理有关文件资料汇编》向基层工会发放。公开招聘录用17名社会化工会工作者，经过业务培训后分派到全县17个乡镇（街道）开展工会工作。扩大工会组织覆盖面，完成市总工会下达非公企业民主建会、民主换届和发展农民工会员任务，全年新组建揭西县一道药业有限公司、广东京溪园罐头食品有限公司、揭西县首创水务有限责任公司3家企业工会，新发展会员800人，其中新发展农民工会员600人。推广“粤工惠”APP平台实名注册，由基层工会对会员会籍进行网上管理，促进会员获取工会组织提供各项服务。12月，完成全县全额拨款单位组建、换届、开设工会账户和2020年工会经费拨付等工作。至年底，全县在“粤工惠”APP平台登记基层工会

180家，实名注册会员1.58万人。

【女工服务和困难帮扶】 2020年，县总工会推进职工服务和困难帮扶工作。在县汽车运输总公司建设“2020年广东省户外劳动者工会爱心驿站”；开展“冬季送温暖”“高温送清凉”“金秋助学”等活动；落实二次医保政策；发放慰金8.06万元，其中中央财政资金0.46万元帮扶困难职工1户，省财政帮扶资金7.6万元帮扶困难职工13户。县总工会拨付乡镇（街道）等基层工会慰问帮扶金37万元，文体活动及“职工之家”建设经费21万元。12月，全县在档国家级、省级困难职工全部通过验收，实现解困脱困目标。

【职工合法权益维护】 2020年，县总工会依法处理职工来电来信来访，关注广东省总工会职工舆情网站动态，引导职工合法合理表达诉求，协调法律、劳动部门解决职工合理诉求。发挥职工代表大会作用，增强职工民主管理工作实效性，推进构建和谐劳动关系。

【劳模管理】 2020年，县总工会弘扬劳动光荣社会风尚，开展“尊重劳模、关爱劳模”活动，加大对劳动模范和先进工作者宣传力度，做好全县各级劳模服务管理。到基层开展劳模调研，落实劳模待遇；做好国家级、省部级劳模生活困难专项资金和省级劳模特困帮扶金发放工作，组织省级以上劳模到县人民医院进行健康体检；开展“中国梦·劳动美”和“劳动创造幸福”主题宣传教育活动。至年底，全县全国劳动模范2人，广东省劳动模范30人。

【职工文化建设】 2020年，县总工会健全和完善职工文化建设领导机构和组织网络，以新时代文明实践所和职工服务中心为职工文化建设主阵地，加强宣传教育，推进职工之家、职工书屋建设，关注职工思想状况和心理健康，开展形式多样职工文化活动。1月10—13日，在县城文化广场组织开展“不忘初心、牢记使命”主题基层工会职工篮球邀请赛；2月4日，县总工会“职工心灵驿站”开通线上新冠肺炎疫期心理健康咨询公益服务，为广大职工朋友免费提供心理咨询；9月20日，组织宣传队到白云山威灵药业有限公司开展网络安全宣传，邀请专家为职工普及网络安全和个人信息保护具体做法，现场分发宣传小册子；10月1日，组织灯谜爱好者在棉湖镇米街社区举办“迎国庆·庆中秋”灯谜展猜晚会。

（张燕豪　韩少师）

中国共产主义青年团揭西县委员会

【概况】 2020年，中国共产主义青年团揭西县委员会（简称团县委）加强团的基层组织建设，推动志愿者注册工作，开展青少年工作。至年底，全县共青团员1.89万人；团组织1097个，其中基层团委31个、团（总）支部1066个；少先队中队1608个，大队200个，少先队员5.57万人；配备专职团干部9人，兼职团干部1090人；全县注册志愿者人数3.8万人。

【团基层组织建设】 2020年，团县委加大党建相关工作制度落实力度，推进团的基层组织建设。推动“青年大学习”，丰富团干和团员青年理论知识。深化共青团改革，依托“智慧团建”系统集中整治基层团组织设置不科学、团籍管理和组织关系转接不规范等八大问题。推进中学共青团改革和少先队改革，全县各中学均建立中学团校，全面建立学校少工委。扩大团组织覆盖面，全年新建“两新”团组织7个。

【青少年工作】 服务青年创业就业 2020年，团县委建立中长期青年发展规划实施工作联席会议制度，推进青年创业就业工作。开展“展翅计划——广东大学生就业创业能力提升行动”，为青年大学生提供11个机关事业单位实习岗位；通过2020年广东大学生志愿服务山区计划（希望乡村教师计划）平台，为良田乡、金和镇、棉湖镇等6个乡镇11所小学对接26名支教志愿者，志愿服务为期1年；招募25名揭西籍大学生到农村开展暑期“三下乡”社会实践活动，为青年大学生提供了解家乡、服务家乡、贡献家乡实践平台。全年新增“青年之家”1个。

思想政治引领 2020年，团县委组织全县各级团组织开展“践行青春使命 重温入团誓词”揭西共青团纪念五四运动101周年主题团日活动，共开展活动11场次，参加人数200多人次。5月4日，推出《揭西·青春力量》公益宣传片，以短视频形式传递社会正能量。

培育和践行社会主义核心价值观 2020年，团县委开展多项活动培育和践行社会主义核心价值观。3月，开展“学雷锋、讲文明、树新风”网络文明传播活动，征集文艺作品，弘扬雷锋精神，收到投稿作品484份；8月，在县爱国教育主义基地开展揭西县青少年社会主义核心价值观教育实践活动；12月，在霖田高级中学举办揭西县第十五届“成人节”活动，帮助青少年树立底线思维。

法治教育 2020年，团县委加强青少年法治宣传教育。组织全县各中小学团队通过主题班会、观看禁毒视频、发放禁毒宣传手册、禁毒手抄报等方式，开展“健康人生 绿色无毒”青少年禁毒主题宣传教育活动1675场次，覆盖青少年人数6.08万人次；开展青少年禁毒作品征集，征集作品187份，选取部分优秀作品在“揭西共青团”微信公众号展播。

【少先队工作】 2020年，团县委强化政治引领，推进少先队评优工作。曾宪英获评“全国优秀少先队辅导员”称号；王梓铎等6名学生获评“广东省优秀少先队员”称号；龙潭龙文学校少先队大队五（1）中队获评“广东省少先队红旗中队”称号；河婆街道东风小学获评“广东省少先队先进学校”称号；汪秋丽获评“广东省优秀少先队辅导员”；河婆街道大同小学少先队大队部等4个大队获评“揭阳市少先队红旗大队”称号；陈锦燕获评“第十四届揭阳市十佳少先队辅导员”称号，林斯陶获评第二十届“揭阳市十佳少先队员”称号；黄彦灵等31名学生获评“揭阳市优秀少先队员”称号；杨艳等4位老师获评“揭阳市优秀少先队辅导员”称号；陈荣楷等2名学生获评揭阳市2020年度“新时代好少年”称号；刘嘉盈等9名学生获评揭阳市第五届“最美南粤少年”称号；廖树仪等9名学生获评揭阳市第五届“最美南粤少年”提名奖称号。

【青年志愿者服务】 助力乡村振兴 2020年，团县委组织带领全县各级“河小青”服务队，以垃圾清理、入户宣传、知识宣讲等形式集中开展“水岸同治”志愿服务活动共18场次，参与志愿服务人数共500多人次。1月13日，在灰寨镇后洋村开展“美丽乡村·迎新春”揭西共青团关爱

2020年12月22日，“青春心向党 建功新时代”揭西县第十五届“成人节”活动在霖田高级中学举办 （团县委 供稿）

贫困家庭“送温暖”志愿服务活动，为贫困家庭送去大米、油、棉被等慰问品及慰问金；3月26日，到河婆街道乡肚村开展“学雷锋·邻里互助”新时代文明实践志愿服务活动；4月8日，带领揭西县直属团委团员代表开展“助力生态文明　共建绿色家园”2020年揭西县团员青年义务植树活动；11月21日，在揭西县第一职业技术学校图书馆一楼学术报告厅举办揭西共青团2020年“领头雁”农村青年人才培训班，参加培训青年学员100多人。

助力创文创卫　2020年，团县委在县城内开展“千场志愿服务进社区”系列活动25场次，发动志愿者共270人次。11月30日，联合多个职能部门在县城东风广场开展“创文创卫志愿行　青春建功新时代”2020年“创文创卫”系列志愿服务活动暨志愿服务公益集市活动。

助力重要节庆活动　2020年，团县委组织志愿者服务全县“梅花节”“揭西人游揭西”、揭西县消费扶贫产品产销推介会等重要节庆活动共120人次。

2020年3月24日，“弘扬雷锋精神　共建绿色家园”揭西共青团新时代文明实践“水岸同治”志愿服务活动在五经富镇滨江公园沿江河岸路段举办　（团县委　供稿）

【助困助学】　**关爱留守儿童**　2020年，团县委加强阵地建设，深化关爱农村留守儿童工作。12月，在河婆街道新四村、上砂镇新东村各建立1个“童心港湾”，作为常态化开展关爱农村留守儿童活动阵地；整合深圳壹基金等社会资源，为困难青少年送去“温暖包”350份；争取毕业后公益基金，支持钱坑镇钱坑小学、上砂镇新东小学和联东小学等乡村学校6553册课外读物；组织开展各类关爱农村留守儿童志愿服务活动7场次。

公益助学　2020年，团县委依托第三方平台开展各类公益助学活动。通过“希望工程”平台共计为166人次贫困学生发放助学金共3.98万元，通过省希望工程办直接划拨助学金2000元至2名建档立卡贫困户学生账户，通过第十一届希望工程南粤会亲活动为25名贫困学生发放助学金2.5万元，通过仁爱助学平台共计为51名贫困学生发放助学金8.4万元，通过大学生发展基金会助学平台为全县44名2020年被全日制本科公办院校录取贫困学子争取到励志奖学金补助。

（李凌思　沈蔚珍）

揭西县妇女联合会

【概况】　2020年，揭西县妇女联合会（简称县妇联）加强妇女基层组织建设和家庭文化建设，维护妇女儿童合法权益，实施乡村振兴巾帼行动，开展家庭教育进村（社区）活动。是年，白云山威灵药业有限公司青霉素车间被市委、市政府授予“三八”红旗集体称号，县公安局张幼妮、县交通运输局蔡冰、县棉湖华侨医院冯穗玲、县龙马环卫环境工程有限公司张燕香、棉湖中学林齐珊5人被市委、市政府授予三八红旗手称号；国家税务总局揭西县税务局第一税务分局、县公安局指挥中心110报警服务台被市妇联授予“巾帼文明岗”称号；张小河等10个家庭获“揭阳市最美家庭”，其中张小河家庭获“揭阳市十大抗疫最美家庭”称号。

【妇女组织建设】 2020年，县妇联以金和镇山湖村一镇一村妇联、河婆街道军田社区一街道一社区妇联为先行点，开展“我是妇联人，就在您身边”妇联组织力提升工作；创建河婆街道新四村、灰寨镇马路村，棉湖镇3个省级第四期“妇女之家”示范点；11月，召开县妇联九届八次执委会，选出35名代表参加揭阳市妇女第五次代表大会，黄俊琳、陈勇英、张优愓、林丽琴当选市妇联第五届执委委员；深化妇联组织建设改革，实施“破难行动”，筹备县妇女第十次代表大会，申请配备1名专职主席、2名副主席，1名挂职副主席，2名兼职副主席。

【家庭文化建设】 2020年，县妇联开展寻找“最美家庭”活动，推荐优秀家庭参与省、市“最美家庭”评选，县电视台、文明揭西公众号对“最美家庭”进行系列报道。12月8日，县妇联、县委宣传部、县精神文明办在县机关大院附楼四楼会议室召开2020年揭西最美家庭工作会议暨家庭故事分享会，会议通报表扬全县23户最美家庭，为十大最美家庭颁发荣誉证书和奖牌。

【妇女儿童民生实事】 2020年，县妇联发动各方力量参与关爱困境妇女儿童。春节期间，揭阳市妇联、县妇联在钱坑镇开展“把爱带回家”走基层送温暖慰问活动，全县共慰问26名贫困妇女。六一儿童节期间，联合揭西农商银行到京溪园镇长滩村、塔头镇保西村开展“共护成长 童梦飞扬”关爱儿童“六一”慰问活动，为困难儿童送上慰问金和学习用品。配合上级妇联做好“童·奔康”公益行动，慰问金和镇2名困境儿童。联合县卫健局制定《关于印发揭西县城乡妇女“两癌”免费检查项目工作方案（2020—2022年）的通知》，宣传城乡妇女“两癌”免费检查项目；推进“家家幸福安康工程”和巾帼健康行动，9月11日，县妇联、中国人寿揭西县支公司联合开展“她健康 揭幸福”女性安康保险公益活动。做好妇女创业小额担保贴息贷款工作，全年帮助2名创业妇女获得项目贷款28万元。

【妇女儿童权益维护】 2020年，县妇联联合相关部门制定《关于开展揭西县“关爱女童 护苗成长”保护女童人身权益三年行动的通知》，对全县孤儿、留守儿童、残疾儿童、贫困儿童进行调查摸底、造册登记。3月8日，开展“倾听妇女心声 关护妇女权益”妇联主席热线接听活动，县委政法委、县司法局、县人民法院等法律专业人员参加，对来电来访人员进行现场解答。发挥“妇女之家”“儿童之家”阵地作用，开展法律法规宣传服务，8月11日，在河婆街道举行“女童幸福成长”知识系列讲座。全年开展“关爱女童”知识讲座20场，参加人数1800多人次；接待妇女来信来访6宗，协调解决6宗。

【妇联主要活动】 2020年，县妇联开展垃圾分类、制止餐饮浪费等宣传教育活动，7月30日，县妇联、棉湖镇妇联在米街社区新时代文明实践所举办“绿色环保 垃圾分类 从我做起”宣传知识讲座；8月21日，在河婆街道新四村举办“爱粮节粮——杜绝舌尖上的浪费”主题活动。开

2020年12月18日，揭西县“最美家庭”工作会议暨家庭故事分享会在县机关大院附楼四楼会议室召开 （县妇联 供稿）

展“你有需，我就在！”疫情公益线上心理援助行动，开通24小时援助热线，采用微信填报、发放心理调查问卷方式，提供心理健康疏导和人文关怀，接受帮助家庭346户；“三八”期间在县电视台开设“最美巾帼奋斗者”栏目，宣传报道抗疫一线医务人员和各行各业先进典型6人；在户外宣传屏亮灯宣传展示在防控疫情中做出突出贡献的广东女医护工作者代表、各行各业妇女典型和最美巾帼奋斗者代表，在县电视台播出“致敬，广东最美她力量”主题公益视频宣传，致敬“广东最美她力量”；联合市妇联在钱坑镇举办“揭阳市美丽乡村迎新春”等文化下乡活动；推进“家越美、越幸福”活动，开展“美丽庭院”创建活动，金和镇为揭阳市“美丽庭院”先行镇；配合市妇联开展“巾帼创业我能行”巾帼家政技能公益培训活动8场次。

【家庭教育进村（社区）】 2020年，县妇联采用家庭教育讲座、心理咨询与维权服务、亲子互动游戏、线上家风故事微课堂等形式，开展“为爱启航 陪伴成长”家庭教育进村（社区）活动。5月20日，广东省妇女维权与信息服务站（揭阳站）、市妇联、县妇联在五云镇开展“关爱女童 护苗成长”专项活动。全年全县开展线上、线下家庭教育讲座128场，受益2740人次。

（黄俊琳　林燕玲）

揭西县科学技术协会

【概况】 2020年，揭西县科学技术协会（简称县科协）发挥各科普示范基地、科普示范社区作用，团结和发动广大科技工作者，普及科学知识，提升科普公共服务能力，增强公民科学文化素质。全年开展主题科普活动8场次；发放科普书籍及其他宣传资料2.1万份；开展科普志愿服务活动20场次。至年底，全县科普志愿者100人。

【科普活动】 2020年，县科协利用“科技进步活动月”“全国科普日”“学术活动月”等开展主题科普活动。8月19日，联合团县委在河婆街道新村社区横江移民小学举办科技科普知识走进青少年活动；8月25日至9月4日，市、县科协联合市科技馆、县图书馆在揭西县开展“科技馆走基层”活动；9月23日，市、县科协联合在棉湖镇岭南社区（曙光新城）开展“科技改变生活 科普惠及民生”全国科普日活动；10月20日，市、县科协联合在河婆街道下滩村文化活动中心开展“学习最美科技工作者，践行社会主义核心价值观”主题宣传活动。

【科普示范基地】 2020年，县科协加强科普e站、科普示范基

2020年9月23日，“科技改变生活 科普惠及民生”2020年“全国科普日”揭西县分会场活动在棉湖镇岭南社区举办
（陈美云　摄）

地、科普示范社区创建工作，对科普e站、科普示范基地、科普示范社区和科普教育基地加强指导，完善科普基础设施，引导弘扬科学精神、普及科学知识、传播科学思想和科学方法；依托科普示范基地、科普教育基地和“科普中国”e站开展流动科技馆、科普进校园等各种科普活动，组织科技志愿者开展宣讲、讲座、培训等；将科技志愿人员编入科普e站信息员。

【科技志愿服务】 2020年，县科协联合县农业农村局，结合第十八届学术活动月开展科技下乡活动；联合县委宣传部、县文广旅体局、县卫生健康局、县工信科技局、团县委等部门，依托新时代文明实践站（所）组织科技志愿者开展科普宣传工作；联合有关部门宣传普及绿色环保、低碳生活、干净卫生理念，针对农村存在生态环境难点问题，印制发放“垃圾分类、全民行动”“科普小知识”小单张等宣传资料1.6万张。加强农村科普示范引领，组织科普志愿服务进乡村，推动农村科普移风易俗；联合县精神文明委员会编印《全民防灾减灾科普知识读本》5000册，分发到全县318个新时代文明实践中心（所、站），加强农村防灾减灾救灾能力建设。5月11—12日，联合县工信科技局、气象局科普志愿者分别到金和镇、灰寨镇开展防灾减灾、疫情防控科普宣传活动。

【科技培训与服务】 2020年，县科协完善培训制度，强化科技人才队伍建设，依托科普e站等阵地，邀请专业技术人员开展知识培训工作。11月20日，县科协与县农业农村局在龙潭镇举办农作物病虫害有害生物防控防治技术培训班，采取室内教学和室外教学交流两种方式开展培训，邀请专业技术人员讲解草地贪夜蛾防控技术和红火蚁防控技术以及无人机飞防技术，培训期间发放科普宣传资料200份，宣传科技知识。

【苯酚泄漏突发事故应急科普】 2020年，县科协做好苯酚泄漏突发事故应急科普工作。9月6日，甬莞高速赤岗段发生苯酚泄漏事故，棉湖镇8个村庄受影响，县科协对该事故开展针对性科普活动，及时印发《苯酚科普知识》小单张3000份发送到有关村庄，传播科学权威信息，引导公众理性、沉着应对。

（庄淑英　陈美云）

揭西县归国华侨联合会

【概况】 2020年，揭西县归国华侨联合会（简称县侨联）加强阵地建设，做好关心侨界群众、专项资金发放等工作，推进为侨服务体系建设，服务地方经济发展。至年底，全县归侨991人；海外侨胞110万人，主要集中在马来西亚、印度尼西亚、泰国、越南等国家。

【基层侨联建设】 2020年，县侨联强化党建引领侨建作用，加强对基层侨联阵地建设指导，推进侨联组织建设。指导灰寨镇侨联通过企业资助与上级申请经费方式，筹集53万元对灰寨镇侨联大厦七楼“侨胞之家”进行重新装修，推动开展联谊交流、便民服务、侨情收集、文娱活动等方面工作。

【侨界参政议政】 2020年，县侨联围绕涉侨重点、热点问题以及全县民生重点、热点问题，推进侨界参政议政工作。全年向政协揭西县委员会提出《关于加快解决社会养老问题的建议》《加快推进县城自来水管网升级，解决群众用水不便问题的提案》《关于加强对古树名木保护管理的提案》3条政协提案建议。

【为侨服务】 2020年，县侨联提高为侨服务能力，做好归侨侨眷和海外侨胞来信来访工作，依法维护归侨、侨眷和海外侨胞合法权益。全年收到涉及华侨资产纠纷来信来访1宗，解决处理1宗，办结率100%；为侨办实事、做好事6宗。做好贫困归侨扶贫救助补助资金发放工作，向42户特困归侨、8户纳入精准扶贫困难归侨和11户申请困难归侨临时救助对象发放救助补助资金共17.49万元，帮助困难归侨解决基本生活、看病就医、因祸因灾造成生活困难等问题。

【侨法宣传】 2020年，县侨联加强宣传贯彻《中华人民共和国归侨侨眷权益保护法》及其实施办法等涉侨法规政策，提高归侨侨眷学法、懂法、守法、用法意识，维护归侨侨眷合法权益。12月17日，在河婆街道凤凰酒店会议室举办侨法宣传培训会，组织全县各乡镇（街道）侨联干部参加，通过专题培训广泛宣传《中华人民共和国归侨侨眷权益保护法》等涉侨法规，提高基层侨联干部侨法运用能力。12月18日，在华侨纪念馆内举办揭西侨联红色侨批暨侨法宣传图片展活动，打好新时期“侨”牌。

（邹亿水　刘文娜）

2020年12月18日，县侨联在华侨纪念馆内举办揭西侨联红色侨批暨侨法宣传图片展活动
（县侨联　供稿）

揭西县工商业联合会

【概况】 2020年，揭西县工商业联合会（简称县工商联）发挥工商联职能作用，提高参政议政水平，促进企业诚信体系建设，开展光彩公益事业，推动民营经济高质量发展。至年底，县工商联会员503人（符合全国工商联数据库录入条件），其中新发展会员52人；执委会成员单位92个。全县非公有制企业190家，组建党组织169家，党员总数348人。

【参政议政】 2020年，县工商联协助县委统战部推荐5名工商联界人士为县政协委员；组织、勉励非公有制人士开展调查研究，提出《关于加强联通信号覆盖的建议》《关于创建揭西县城经济发展智库的建议》《关于盘活闲置校舍的建议》《关于加强县城临时停车位管理的建议》议案4条。是年，县工商联会员担任各级人大代表15人，其中市人大代表7人，县人大代表8人；担任各级政协委员23人，其中市政协委员4人，县政协委员19人。

【诚信建设】 2020年，县工商联加强非公有制企业诚信建设，引导企业树立守法诚信意识，开展“不忘创业初心　接力改革伟业”主题理想信念教育践行活动，推进广东志诚食品有限公司、广东农夫山庄食品工业有限公司、广东蓝天果蔬农业科技有限公司、揭西县美声电子电器厂等企业守法诚信经营。

【光彩公益事业】 2020年，县工商联开展乡村振兴“万企帮万村”工作。6月18日，县工商联协同揭阳市工商联实地考察广东汉生投资有限公司实施“万企帮万村”项目——坪上镇员东村供港蔬菜种植项目。全年60家民营企业参与“万企帮万村”活动；推荐揭西鸿霖蔬菜种植专业合作社、揭西县金园生态农业发展有限公司、揭西天鹅湖水果种植有限公司3家民营企业参与全省乡村振兴“万企帮万村”行动现场推进会成果展；推进民营企业参与光彩公益慈善事业，全年全县社会乡贤、民营企业人士支持家乡公益事业捐款约1300万元。发出《致全县企业、商会、商户的倡议书》，动员全县各商会、民营企业家人士，以各种形式支持疫情防控工作，捐赠疫情防控急需物资。全县有关商会、民营企业经济人士及社会爱心人士为疫情防控捐赠资金389万元、口罩61万个以及其他防控物资一批。

【联络交流】 2020年，县工商联加强与商会交流联系。4月22日，清远市揭西商会常务副会长杨原青一行8人到县工商联开展考察活动；6月24日，惠州市揭西商会会长姚海英一行到县工商联开展考察活动；9月，深港揭西商会常务副会长林鹏德、副会长林海源一行到县工商联开展工作交流活动；11月，县工商联开展访问广东省揭阳商会、广东省揭西商会等交流活动；12月24日，县工商联组团到深圳市深港揭西商会开展民营经济人士统一战线工作。

【非公有制经济企业党建】 2020年，县工商联加强非公有制经济组织党建工作，加大工商联执委企业、商会会长企业、青年企业家协会会长企业党组织组建力度。良田乡商会联合党支部发挥领导核心和政治引领作用，推动商会各项工作落实。广东广信食品机械有限公司党支部获“揭阳市非公党建工作先进党组织”称号。8月，成立揭西县安华电力工程有限公司党支部。

【助推民营企业经济行动】 2020年，县工商联深化实施企业家素质提升工程，加大对全县青年民营企业家教育培训力度。11月，组织3名企业家到广东工业大学参加揭阳市工商联、市委统战部联合举办的揭阳市青年民营企业家经济高质量发展能力提升培训班。10月28日，县工商联与县人民检察院联合举办“服务‘六稳’‘六保’护航民企发展”主题检察开放日座谈活动，与会民营企业家代表相互交流发展新经济、营商环境、民营企业竞争力等内容；开展法律服务进商协会、进民企活动，发放有关法律资料，帮助民营企业解决法律问题，维护合法权益；落实县工商联、县税务局《关于大力支持服务民营企业发展壮大合作框架协议》，推进民营企业普惠性减税政策工作。

（黄劲松　刘巧明）

揭西县文学艺术界联合会

【概况】 2020年，揭西县文学艺术界联合会（简称县文联）组织开展文艺活动，协助做好大北山革命历史纪念馆红色革命遗址保护利用工程。加强与县委宣传部资料衔接工作，协助推进新时代文明实践中心建设。至年底，县文联设文学、美术、民间文艺、戏剧、书法、摄影、音乐、硬笔书法8个协会，总会员526人。

【文艺活动】 2020年，县文联与各协会联合组织开展系列文艺活动。由县委宣传部、县文联主办，县书法家协会承办，各乡镇（街道）协办“同心同书——祖国新春好”送万福送春联下乡活动，于2019年12月28日至2020年1月15日，在河婆街道庙角村、棉湖镇甲埔村等15个村举行，共送福送春联2万余副；县文联、揭阳市摄影家协会、县摄影家协会在2020年元旦、春节期间，取材脱贫攻坚第一线、小康建设前沿、社会生活基层，开展“我们的中国梦”广东红色文艺轻骑兵送幸福大片活动，活动在五经富镇联和村、南山镇南山村、棉湖镇甲埔村进行，共拍摄肖像照、全家福700余张；组织全县广大文艺家参加市文联举办“疫情就是命令，防控就是责任”主题文艺创作活动；搜集和挖掘在疫情防控工作中涌现的优秀人物和先进事迹，先后收到关于疫情防控书画篆刻作品60件、文学诗歌作品80多首。

2020年1月8日，县文联、揭阳市摄影家协会、县摄影家协会在棉湖镇甲埔村开展“我们的中国梦”广东红色文艺轻骑兵送幸福大片活动 （县文联 供稿）

【文艺创作】 2020年，县文联引导文艺爱好者结合现实题材、红色题材，融合时代生活与社会现实开展文艺创作。全年县文联从2000多篇投稿中筛选36篇，公开出版《北山文艺》；重新编印《光荣大北山》宣传册，增加县文联、县文学艺术馆、《团结报》展览馆概况内容。

【文艺交流】 2020年，县文联促进艺术交流活动。5月21日，参加在潮州市召开的中国文联“加强县级文联工作专题调研”座谈会，县文联作为县级文联代表，提出如何加强县级文联工作具体对策措施和意见建议；6月20日，揭阳市摄影家协会联合县摄影家协会组织“揭西之美”全民旅游摄影大型采风创作活动，共60多人参加活动。

（杨锦玲 邱倩娴）

揭西县残疾人联合会

【概况】 2020年，揭西县残疾人联合会（简称县残联）做好残疾人基本服务状况和需求信息数据动态更新工作，实施残疾人精准康复服务，加强残疾人就业培训，开展扶残助困活动，推进残疾人就业保障金年审和居家无障碍改造工作。全年办理残疾人证2055人，其中视力残疾者69人、听力残疾者89人、言语残疾者49人、肢体残疾者786人、智力残疾者352人、精神残疾者616人、多重残疾者94人。

【残疾人信息动态管理】 2020年，县残联组织并实施核查全县所有持有第二代中华人民共和国残疾人证残疾人1.51万人，核查和更新全县318个村（社区）动态更新登记表，采集率100%；更新持证残疾人信息登记1.51万人，入户率98.3%，10月30日提前上报相关资料，全县残疾人采集率100%，社区采集率100%，APP采集1.48万人，APP采集率100%，完成省要求全面推广动态更新工作实时更新机制和手持终端采集信息任务。

【残疾人康复服务】 2020年，县残联结合残疾人基本服务状况与需求专项调查行动实施残疾人精准康复需求调查，开展精准康

2020年11月25日，揭西县残疾人联合会在凤江镇美音培训中心举办2020年揭西县贫困残疾人农村实用技术（面点制作）培训班 （叶秀琴　摄）

复服务。全年联合相关单位完成白内障免费复明手术112例，为64名低视力残疾人适配助视器；为19名精神残疾人提供免费服药救助9500元；为211名精神障碍患者提供住院治疗救助72.66万元；投入30万元为50名肢体残疾人提供居家康复；为15名0—6岁残疾儿童提供康复救助，完成假肢装配10例、矫形器装配12例、助听器适配49例；为377人免费发放各种辅具；为5名听力障碍幼儿提供7.5万人工耳蜗补贴。至年底，残疾人基本康复服务率96.2%，辅助器具适配率100%。

【残疾人就业培训】　2020年，县残联强化残疾人就业培训。联合县人力资源和社会保障局组织开展2020年春风行动暨就业援助月专项活动。通过网络宣传残疾人员登记失业工作，登记失业残疾人员20人。举办残疾人青壮年文盲扫盲培训班1期，培训残疾人青壮年文盲80人，采取集中与分散相结合培训方式。举办2020年揭西县贫困残疾人农村实用技术（面点制作）培训班，邀请专业面点师傅授课，培训残疾人40人。

【残疾人就业保障金年审】　2020年，县残联联合县税务部门向用人单位（企业）加大宣传力度，加深用人单位对征收残疾人就业保障金认识程度，推进残疾人就业保障金年审征收工作开展。全年审核有安排残疾人就业的机关、事业、企业单位共101家，安置171个残疾人就业，年审入库金额250.26万元。

【残疾人扶残助困】　2020年，县残联依据残疾人基本服务状况和需求信息数据动态管理调查结果，对接县扶贫办，对建档立卡贫困残疾人精准识别。对符合残疾评定标准又有办证愿望尚未办理残疾人证的建档立卡残疾人，县残联联合县卫健局组织县人民医院残疾评定专家进村入户，为建档立卡贫困残疾人下乡评残，全年为859名残疾人解决办证难问题。做好春节、“助残日”期间扶残送温暖工作，全年组织慰问贫困残疾人477人次、发放慰问金10.32万元。

【居家无障碍改造服务】　2020年，县残联优先考虑为建档立卡残疾人家庭以及贫困重度残疾人有需求未进行家庭无障碍改造对象提供居家无障碍改造服务。2月至8月，县残联联合揭阳市辅具服务中心工作人员分批分片下乡评估，根据各户不同特点确定改造项目（改造无障碍卫生间，加装扶手、坡道，送康复床、轮椅等），完成400户项目评估和个性化方案制订工作，通过采购招标逐一落实改造，9月20日完成验收工作。

（蔡小燕　杨春杏）

政法委及综治

【概况】 2020年，揭西县委政法委（简称县委政法委）健全工作机制，加强惩治违法犯罪行为，加大执法监督力度，开展社会矛盾纠纷排查化解专项行动，推进扫黑除恶专项斗争，深化社会治安综合治理，维护社会政治稳定。完成深圳经济特区建立40周年庆祝活动和中共十九届五中全会安保维稳工作，全年化解列入省市县三级台账重大社会矛盾5件。扫黑除恶专项斗争收官，2018年以来累计破获涉黑组织2个、恶势力犯罪集团5个、涉恶团伙38个，破涉恶案件155件、刑拘458人、逮捕403人；查封、扣押冻结（涉黑恶案件）资产共14.88亿元；查处涉黑恶腐败和“保护伞”立案28件、29人，给予党纪政务处分28人，移送司法机关6件、7人。涉黑涉恶目标逃犯到案率100%。

【社会治安综合治理】 2020年，县委政法委加强和创新社会治理，推进基层综治中心标准化建设，各乡镇（街道）信访、司法、公安等部门入驻综治中心实行集中办公；新冠肺炎疫情发生后，全县开启基层网格化治理体系“三级网格”管理模式，318个村（社区）共划分网格2771个，其中一级管理单位318个、二级管理单元1112个、小网格1341个，7000余名兼职网格员入格履责；开展基层综治中心社会心理服务室建设工作，全县318个村（社区）社会心理服务室完成挂牌，至年底，50%的村（社区）实现实体运作；完成17个乡镇（街道）严重精神障碍患者救治监护补助资金申报及监护责任补偿保险投保工作，全年发放监护补助资金433万元。至年底，全县未发生严重精神障碍患者肇事肇祸案（事）件。

【维稳工作】 2020年，县委政法委健全维稳工作机制，加强风险预警，开展维护政治安全专项行动，落实重点人员教育稳控工作，推进社会矛盾问题专项治理，指导协调全县新冠肺炎疫情防控期间维护社会稳定各项工作。完成深圳经济特区建立40周年庆祝活动维稳安保工作。至年底，全县排查出列入省、市、县三级台账重大社会矛盾5件，全部化解。

【严打整治】 2020年，揭西县开展严打整治专项行动，加大各类违法犯罪行为惩治力度。全年全县公安机关破获刑事案件517件，刑拘542人，分别比2019年（下同）增长23.4%和0.3%。县人民检察院受理审查逮捕案件361件、537人，件数下降19.1%，人数下降15.6%；依法批准逮捕案件338件、507人；受理移送审查起诉案件404件、574人，件数下降6.9%，人数下降18.5%；依法向县人民法院提起公诉456件、625人。县人民法院受理各类案件3057件，增长19.9%；办结2889件，增长20.2%；结案率94.5%；解决涉案标的3.72亿元。

2020年11月5日，揭西县扫黑除恶专项斗争领导小组办公室召开扫黑除恶新闻发布会（县委政法委 供稿）

【扫黑除恶专项斗争】 2020年，揭西县贯彻落实中央、省、市扫黑除恶专项斗争工作部署，围绕“六清”（线索清仓、逃犯清零、案件清结、黑财清底、伞网清除、行业清源）目标任务，坚持打、治、建同时发力，铲除黑恶势力滋生土壤，推进扫黑除恶专项斗争收官工作。2018年以来，全县累计破获涉黑组织2个（其中一个异地用警，普宁市涉黑组织）、恶势力犯罪集团5个、涉恶团伙38个，破涉恶案件155件、刑拘458人、逮捕403人；查封、扣押冻结（涉黑恶案件）资产共14.88亿元；查处涉黑恶腐败和“保护伞”立案28件、29人，给予党纪政务处分28人，移送司法机关6件、7人。提前完成涉黑涉恶目标逃犯100%到案任务。县人民法院一审判决涉恶案件4件、20人，重刑人数2人，其中5—10年1人、10年以上1人，2019年年底前立案涉黑恶案件100%起诉并全部审结，涉恶案件一审结案率100%。全县重要涉黑恶线索实现“零暂存”，央督线索、省督线索和“12337”全国平台线索全部办结。

【执法监督】 2020年，县委政法委完善行政执法和刑事司法相衔接工作机制，加强部门协调联动，推进执法监督规范化建设。落实防止干预司法“三个规定”（《领导干部干预司法活动、插手具体案件处理的记录、通报和责任追究规定》《司法机关内部人员过问案件的记录和责任追究规定》《关于进一步规范司法人员与当事人、律师、特殊关系人、中介组织接触交往行为的若干规定》），督促县直政法各单位定期对领导干部干预司法活动、插手具体案件处理以及司法机关内部人员过问案件情况进行汇总分析，预防司法机关和司法人员受各种因素非法干扰和办权力案、关系案、人情案发生，保护司法人员依法履行职责，维护司法公正。

【反邪教宣传】 2020年，县委政法委强化反邪教基层基础，开展反邪教宣传工作，提高群众防邪、拒邪意识。推进反邪教警示教育到校园、进课堂、上讲台、入社区，发挥网络平台宣传优势，利用“揭西发布”等公众号发送反邪教知识。全年发放反邪教宣传资料2000多份，观看宣传片800多人。

（林和新 张燕婷）

法治政府建设

【概况】 2020年，揭西县贯彻全面依法治国新理念新思想新战略，落实法治政府建设部署，深化行政执法体制改革，加强行政应诉和行政复议工作，强化规范性文件管理，推进乡镇（街道）

综合行政执法改革。全年审查政府行政规范性文件5份、部门行政规范性文件12份；受理行政复议案件28件，审结24件；法律顾问审查研究政府文件及专项法律问题共102件；第一批283项行政处罚权和53项行政强制措施权向基层延伸和下沉。

【依法履行政府职能】 2020年，揭西县司法部门推进法律顾问制度落实，依法接受县人大及其常委会监督，听取县政协和政协委员意见建议，及时办理政协提案。加大对妨害疫情防控行为执法力度，推动治安管理、市场监管、野生动物资源保护等执法工作。全年办理各类征求意见286件；县人大建议23件，县政协提案9件。

【规范性文件审查备案】 2020年，揭西县落实行政规范性文件“三统一”（统一登记、统一编号、统一公布）制度，加强备案审查制度和能力建设，组织清理相关规范性文件，严格落实规范性文件有效期制度，推进备案审查工作规范化制度化。全年审查政府行政规范性文件5份、部门行政规范性文件12份。

【行政复议与应诉工作】 2020年，揭西县坚持复议机关监督纠错职能，改进行政复议与应诉工作。畅通复议渠道，针对当事人提出问题，依法、依程序做好行政复议工作，维护行政机关依法行政权威和当事人合法权益。对重大案件首次实现开庭审理，增强案件审理透明度，提高案件审理质量。全年受理行政复议案件28件，审结24件。

【乡镇（街道）行政执法改革】 2020年，揭西县全面推进乡镇（街道）综合行政执法改革。组织各执法单位梳理执法权力向乡镇（街道）下放清单目录，统筹推进第一批283项行政处罚权和53项行政强制措施权向基层延伸和下沉，在全县17个乡镇（街道）统一设置综合行政执法队；举办乡镇（街道）综合行政执法人员法律知识培训班和考试，为推进乡镇（街道）执法改革提供组织保障和人才保障。全年举办乡镇（街道）综合行政执法人员法律知识考试培训班1次，组织综合行政执法人员法律知识考试2次。

【法律顾问制度】 2020年，揭西县完善法律顾问制度，健全法律顾问体系，加强法律顾问队伍建设，做好县政府重大行政决策、重要投资项目以及重要合同协议合法性审查工作。完成年度县政府法律顾问聘请工作。全年法律顾问审查研究政府文件及专项法律问题共102件。

【行政执法监督】 2020年，揭西县规范行政执法行为落实，加强行政执法权力监督，做好行政执法督察工作。坚持对执法人员实行持证上岗，组织综合行政执法人员开展法律知识培训和考试。全县38个执法单位完成广东省行政执法信息公示平台数据采集录入工作。全年组织全县38个执法单位共约600人参加行政执法培训，组织全县550多人参加行政执法人员综合法律知识网上考试。

（曾瑞平　陈丹晓）

2020年10月30日，揭西县乡镇街道综合行政执法人员法律知识培训班在县机关大院附楼会议室举办　（县司法局　供稿）

公　安

【概况】 2020年，揭西县公安机关（简称县公安机关）推进智慧新警务建设与运用，加强公共安全和治安管理，开展各项专项行动，加大违法犯罪打击力度，做好户政、流动人口、出入境管理等工作。全年破刑事案件517件，刑事拘留542人，提请逮捕461人，移送起诉539人，捣毁各类犯罪团伙34个（涉黑组织2个、恶势力犯罪集团1个、涉恶团伙10个），抓获团伙成员214人；接报有效警情1.12万件，其中刑事警情483件、治安警情428件、交通事故警情4456件、灾害事故警情235件、求助警情1824件、举报警情642件、投诉7件、其他警情3086件。没有发生群体性事件和影响大的刑事治安案事件。

【社会治安管理】 2020年，县公安机关完善治安防控体系建设，加大社会治安治理力度，强化社会治安问题集中整治，依法规范各项治安管理业务，加强宣传法律知识。全年开展治安演练活动1次；开展普法宣传活动15场次。全县查处治安案件827件，处罚各类违法犯罪嫌疑人502人（其中执行行政拘留102人），查处吸毒违法行为人81人；发挥全民参与红袖章巡查工作机制，加强辖区清查工作，严厉惩治涉黄赌违法犯罪行为。11月，成立“11·6”专案组，破获传播淫秽物品团伙，抓获团伙成员40人，受到公安部、省公安厅通令嘉奖。全年侦破涉黄赌案件59件，刑拘犯罪嫌疑人97人；加强辖区内重点单位、物品排查管控，定期开展巡查，排除安全隐患。牵头相关单位在全县开展惩治“黑油站”专项行动，全年查处“黑油站”19个，立刑事案件5件，刑事拘留5人，立行政案件16件，行政拘留16人，扣押成品油10.89吨。

【户政管理】 2020年，县公安机关加强户政管理工作，简化手续，推进户政业务规范化建设，提升户政管理服务水平，利用相关技术为多年未入户群众办理入户和身份证明。全年通过省内一站式办理户口迁移5.39万人次；受理居民身份证省内异地申请178人；办理二代居民身份证5.08万份，临时身份证3242份，为72名无户口人员办理登记入户。

【道路交通安全管理】 2020年，县公安交警部门加强路面交通秩序管理，加大交通违法行为查处力度，强化文明交通宣传，推进道路交通科技化、规范化、有序化建设。完成河婆街道霖都大道大同路口和老车站路口两处交通信号灯验收工作并投入使用。全年共查处各类交通违法3.69万件（酒驾193件、醉驾57件、货车超载302件、超限66件、非法改装181件、飘洒113

2020年3月26日，县公安交警部门在揭西高速公路出入口检查车辆
（县公安局　供稿）

件、无戴安全头盔1506件、逆行8726件、违停1.34万件、闯红灯4709件、无系安全带915件、假套牌77件，其他6719件）。

【监所安全管理】 2020年，揭西县完善监所基础设施建设，加强在押人员管理，提升监所应急处突能力。全县看守所、拘役所和强制隔离戒毒所各1所，县看守所月均关押各类人员544人次，拘留所月均关押各类人员39人次，强制隔离戒毒所月均关押各类人员57人次。

【出入境管理】 2020年，县公安局深化出入境管理改革，推进智慧办证厅建设，实施推广便民便利服务措施，启动二十四小时自助办证服务；常态化推进“三非”（非法就业、非法入境、非法居留）外国人清理整治，一体化防范、打击国（边）境管理违法犯罪活动。全年查获“三非”外国人员67人，遣送“三非”外国人员53人，限制活动范围2人。

【网络监管】 2020年，县公安机关网警部门严格网络和信息安全管理，强化安全监察工作，加大网络违法犯罪活动惩治力度，维护网上公共秩序和网络空间安全。全年落地查证550人，协助侦办案件35件，查获犯罪嫌疑人56人。

【刑事侦查】 2020年，揭西县刑侦部门完善智慧新侦查工作体系，深化大数据智能化应用，严打突出刑事犯罪和新型违法犯罪。全年立刑事案件1093件，破案517件，刑拘542人，提请逮捕461人。其中，现行命案发案2件，破案2件；立五类性侵害案件32件，破案32件，现案破案率100%；侦破涉盗抢骗案件199件；起诉持枪作案类和非法持有枪支类犯罪嫌疑人3人；抓获网上在逃人员136人（本地上网在逃人员90人，外地上网在逃人员46人）；查破各类犯罪团伙34个，抓获团伙成员214人。

【经济犯罪侦查】 2020年，县公安机关经侦大队开展“利剑行动”“蓝剑”“涉烟百日专项行动工作”等专项行动，运用“智慧新经侦”技术手段，严厉打击各类经济犯罪。4月，县经侦大队利用智慧新警务在棉湖镇新寨粮仓仓库一楼捣毁一处生产假烟窝点，破获一件涉嫌非法经营（假烟）案件，现场查获制假烟机、散装烟支、卷烟纸等物品，涉案金额329万元，抓获犯罪嫌疑人17名。全年侦破各类经济案件21件，抓获违法犯罪嫌疑人41人，涉案价值4亿多元。

【禁毒工作】 2020年，县公安机关健全禁毒工作机制，强化吸毒人员查处收戒工作，严厉惩治毒品违法犯罪行为，加强禁毒宣传，推进全民禁毒工程。做好“6·27”青少年禁毒教育宣传和“8·31”社区戒毒和社区吸毒康复建设，开展禁毒宣传教育活动44场，提升青少年禁毒意识。全年侦破涉毒案件9件，刑拘犯罪嫌疑人14人，提请逮捕犯罪嫌疑人14人，查处吸毒人员81人，毛发检测1924份。

【扫黑除恶】 2020年，县公安机关深入开展线索核查摸排，重点放在排查黑社会性质组织案、线索清仓、案件清结和追逃清零工作，集中优势警力开展侦查破案。7月，破获以陈某某为首的涉黑组织，破获案件42件，抓获犯罪嫌疑人87人，缴获枪支9把、子弹214发，扣押、查封、冻结涉案资产合计14.69亿元。全年核查涉黑涉恶线索54条，破获黑社会性质组织2个（“2·26”陈某某、“10·16”宋某某涉嫌组织、领导黑社会性质组织案件）；破获恶势力犯罪集团1个，涉恶团伙10个，破涉恶案件54件，刑拘119人，提请逮捕107人，扣押、查封、冻结涉案资产合计14.75亿元，移送违法犯罪党员、公职人员15人，移交纪委监委查处“保护伞”线索9条。

【流动人口管理】 2020年，县公安机关完善流动人口管理制度，加强流动人口管理服务组织和信息化建设，落实管理与服务并举原则，提高对流动人口服务和权益保障力度，维护流动人口合法利益。全年全县流动人口登记总数为2200人，其中男性1582人、女性618人。

（张定坤　李勋涛）

【消防管理】 2020年，揭西县消防救援大队（简称县消防大队）接处警269次（含增援），出动消防车521辆次，消防人员

2669人次，抢救及疏散人员35人，保护财产价值6656万元；全县检查场所4376家，整改火灾隐患9338处。是年，县消防大队被广东省消防救援总队评为“全省执勤训练先进大队”。

执勤训练 2020年，县消防大队开展全员岗位大练兵，加大体能、技能战术训练广度与深度，严格落实每月议训制度，开展“月会操”“月演练”，制定业务会操奖惩措施。在揭阳市消防救援支队组织的月会操中，县消防大队3次获第一名；利用现有资源组织取得相关专业资质认证人员及外聘专业教练，开展专业技能培训；成功处置揭西甬莞高速危化品运输车事故抢险救援及甬莞高速突发环境事故，解救2名被困人员。全年开展疫情专项处置演练18次，相关专项训练30次。

消防监督 2020年，县消防大队落实深化消防执法改革有关意见，施行“双随机、一公开”（监管过程中随机抽取检查对象，随机选派执法检查人员，抽取情况及查处结果及时向社会公开）监管模式，加大整治火灾隐患力度，提升各类场所抗御火灾能力，开展专项督导检查行动，推动消防安全监管工作。提请县政府下发《揭西县三小场所出租屋和电动自行车消防安全专项整理行动方案》《揭西县火灾高风险区域整治工作方案》《关于进一步加快推进“四加一”措施的通知》等文件，厘清工作思路，部署消防工作，营造整治火灾隐患氛围。县消防大队建立警情分析和预警机制，分3个工作组定期对乡镇（街道）落实消防工作情况开展督导。开创齐抓共管格局，推动各乡镇（街道）、各部门力量共同参与，推进学校消防安全大检查、养老机构消防安全大检查、博物馆和文物建筑消防安全大检查、医疗系统消防安全大检查、高层建筑消防安全综合治理、电动车和电气火灾综合治理等工作。开展消防控制室专项整治行动，促进单位和家庭熟悉掌握防火灭火基本内容。推进棉湖镇湖西工业园区火灾高风险区域整治，消除火灾隐患。发动凉果、电线电缆企业开展自查自改自律活动，指导社会单位落实“三自主两公开一承诺”（自主评估风险、自主检查安全、自主整改隐患，向社会公开消防安全责任人、管理人，并承诺该场所不存在突出风险或者已落实防范措施）措施。全年全县检查场所4376家，整改火灾隐患9338处，提请县政府挂牌督办重大火灾隐患单位3家。

2020年9月9日，甬莞高速路上两辆槽罐车追尾，县消防大队组织救援两名被困人员，并联合其他增援力量将天然气罐堵漏成功（县消防大队 供稿）

消防宣传 2020年，县消防大队创新开展“小手拉大手”宣传培训活动。推动学校落实消防课、消防师资、消防作业、评比考核和结果应用，建立校园消防培训长效机制。定期通过“家校云平台”系统，向全县12万名学生及其家长发送“消防温馨提示”信息；创新开展志愿者行动。与蓝海豚志愿服务队揭西支队建立战略合作伙伴关系，蓝海豚志愿者全部加入消防志愿者服务队，壮大志愿者队伍。全年开展宣传培训65场次，宣传培训人数3.2万人次，电视新闻报道宣传35篇，户外LED和屏幕播放宣传视频和字幕230余条次，发放宣传册子和海报1.6万份，发放消防员公仔等宣传纪念品5000余份；推进“119”消防宣传月工作开展。联合各乡镇（街道）、县消防安全委员会成员单位、消防安全重点单位、蓝海豚消防志愿者、快递外卖员等社会单位及人员开展消防宣传活动。

拥政爱民 2020年，县消防

大队与蓝海豚志愿服务队揭西支队共建，向儿童福利院捐赠奶粉和礼品，参与扶贫济困捐款。定期组织指战员到河婆街道广德庵周边打扫卫生，推进生态环境保护。服务驻地，结合创文创卫工作，组建青年志愿服务队，组织清洗道路路面20多千米，开展交通指挥志愿服务12次。

（黄晓能　卓逸群）

检　察

【概况】　2020年，揭西县人民检察院（简称县人民检察院）全面履行检察职能，做好刑事检察、民事检察、行政检察和公益诉讼检察工作，全力维护社会稳定。全年依法批准逮捕507人，依法提起公诉625人；不捕25人，不诉17人；监督立案7件，监督撤案3件，追诉遗漏罪行6人；办理刑事执行监督案件105件；公益诉讼案件立案15件。

【刑事检察】　2020年，县人民检察院打击严重刑事犯罪，共批准逮捕507人，提起公诉625人。主动服务疫情防控大局，通过信息化手段开展办公办案，从严从快打击涉疫犯罪，提前介入涉疫案件3件、3人，批捕9件、9人，起诉9件、9人；纵深开展扫黑除恶专项斗争，开展“六清”（线索清仓、逃犯清零、案件清结、伞网清除、黑财清底、行业清源）行动，批准逮捕涉黑案件3件、24人，提起公诉涉恶案件2件、3人；加大金融犯罪、涉众型经济犯罪惩治力度，起诉各类破坏社会主义市场经济秩序犯罪47人；加强监检衔接，提升职务犯罪案件办理质量和效率，起诉职务犯罪3件、5人。推进认罪认罚从宽制度实施，加强对犯罪嫌疑人和被害人释法说理工作，适用认罪认罚从宽制度起诉529人，适用率82.4%；提出量刑建议474人，提出确定型量刑建议282人，法院确定刑量刑建议采纳率99.3%。

【诉讼监督】　2020年，县人民检察院贯彻落实罪刑法定、疑罪从无原则和宽严相济刑事政策，全年决定不批捕25人，不起诉17人；强化刑事诉讼监督，监督立案7件，监督撤案3件；发出《侦查活动监督通知书》8份、《纠正违法通知书》14份，追诉遗漏罪行6人。

【刑事执行和司法人员职务犯罪检察】　2020年，县人民检察院强化刑事执行监督，全年办理刑事执行监督案件105件，位居揭阳市第一；共发出《纠正违法通知书》6份、检察建议1份、检察意见书2份。推进司法人员职务犯罪案件侦查工作，调查核实司法工作人员相关职务犯罪线索5件。

【民事行政检察】　2020年，县人民检察院对县人民法院民事执行活动、民事生效裁判进行监督，办理民事监督案件5件；对行政执行活动进行监督，办理行政非诉执行监督案件6件，发出检察建议2份，督促行政机关依法履职，完成涉案违规建筑拆除工作。

【公益诉讼检察】　2020年，县人民检察院充分发挥公益诉讼检察职能，全年立案15件，位居揭阳市第一。刑事附带民事公益诉讼立案2件，提起诉讼2件，在追究犯罪嫌疑人刑事责任的同时追偿生态环境修复费用，使被污染、损毁的耕地、林地得到修复。行政公益诉讼立案13件、发出检察建议7份，聚焦国土资源、矿产资源保护，督促行政机关加强监管，及时纠正违法行为；聚焦食品安全，开展“公益诉讼守护美好生活”专项监督活动；聚焦基本养老保险违规发放问题，监督行政机关追回涉刑退休人员违规发放、违规调整基本养老金，全力保护国有财产安全。

【未成年人检察】　2020年，县人民检察院落实最高检“一号检察建议”和检察长担任法治副校长制度。对侵犯未成年人权益犯罪批捕16人，起诉13人。对涉嫌轻微犯罪并有悔罪表现未成年人不批捕2人。为50名涉案未成年人提供法律援助，对25名涉罪未成年人犯罪记录予以封存，开展社会调查25次，开展亲情会见25人次。是年，揭西县人民检察院未成年人检察工作办公室被广东省妇女联合会授予“巾帼文明岗”称号。

【控告申诉检察】 2020年，县人民检察院依托智慧检务，形成“信、访、网、电和视频”五个群众全诉求表达渠道，落实“群众信访件件有回复”制度。全年受理群众控告申诉来信来访来电共71件，所有来信来访7日内程序性回复率和3个月内办理过程或结果答复率均为100%；常态化

2020年8月20日，司法救助当事人亲属向县人民检察院捐赠锦旗　（陈玉琼　摄）

开展检察长接访工作，检察长接访8批次共9人；办结司法救助5件，予以救助3件，其中涉未成年人司法救助案件2件，救助未成年人4人。

（林剑如　李　萍）

法　院

【概况】 2020年，揭西县人民法院（简称县人民法院）依法履行审判职责，优化司法服务，深化司法体制改革，推进法院各项工作开展。完善党组织架构，产生机关党委新一届领导班子。全年受理各类案件3057件，比2019年（下同）增长19.9%；结案2889件，增长20.2%；结案率94.5%；解决涉案标的3.72亿元。县人民法院在2019年度揭西县国家机关“谁执法谁普法”履职评议中得分并列第一；庄熙被广东省高级人民法院评为“全省法院联络工作先进个人”。

【诉前调解】 2020年，县人民法院加快推进一站式多元解纷机制建设，加强调解平台和队伍建设，开展诉前联调，推动矛盾纠纷诉前分流。整合原有调解工作室资源，成立揭西县人民法院调解中心，配置专职调解员19人，特邀调解员10人。全年调解案件438件，其中申请撤诉案件155件，调解标的总额5927万元。

【刑事审判】 2020年，县人民法院依法惩处暴力、职务、环境资源等犯罪，严厉惩治和震慑涉疫情犯罪，适用认罪认罚从宽制度，深化刑事案件繁简分流，推进刑事案件律师辩护全覆盖。推进扫黑除恶专项斗争，实现“案件清结”“黑财清底”；审结庄某某受贿和玩忽职守案、陈某某等16人违法发放贷款案，推进“行业清源”“线索清仓”；完善扫黑除恶长效机制，发出扫黑除恶司法建议30条，反馈率100%。全年受理刑事案件479件，审结458件，结案率95.1%。审结环境污染、非法采矿等涉环境资源犯罪案件41件；从严从快审理涉疫情案件9件；审结认罪认罚案件357件，占审结案件总数78.0%；简易程序、速裁程序适用率81.8%，适用速裁程序案件当庭宣判率100%。

【民商事审判】 2020年，县人民法院发挥民事审判职能，坚持调解优先、调判结合，依法调处各类民商事纠纷，妥善应对化解金融风险，助力环境资源保护、生态文明建设。规范财产保全案件办理，办结建院以来首例行为保全案件，依法保护当事人、利害关系人合法权益。全年受理民事案件1862件，结案1780件，结案率95.6%，解决诉讼争议标的2.29亿元。民事案件调解、撤诉率44.3%。稳妥处置涉农合机构案件3件，审结环境资源纠纷案件24件。

2020年11月27日，县人民法院联合县普法办公室举办2020年全县领导干部和国家工作人员旁听庭审活动 （县人民法院 供稿）

【司法执行】 2020年，县人民法院贯彻善意文明执行理念，提升执行管理信息化、智能化水平，依法惩治规避、抗拒执行行为，兑现合法胜诉权益。开展“雷霆行动”推进涉黑恶案件财产刑执行工作，6件案件执行款全部执行到位并上缴国库。开展“烈焰行动”依法打击逃废债，防范化解金融风险。加大涉民生案件执行力度，对追索劳动报酬、医疗损害赔偿、交通事故人身损害赔偿等民生案件，做到立案、执行、案款发放“三优先”。全年受理案件716件，结案651件，执结率90.9%，执结标的1.43亿元；执结涉农合机构案件13件，执行到位金额1109.29万元；实施司法救助2人次，发放救助金4.12万元；移送拒执立案1件。

【审判监督】 2020年，县人民法院深化内部监督管理，加强审判执行运行态势分析，完善法官及审判团队绩效考核机制；完善院庭长审判管理与监督职责清单，加大外部人员干预司法统计、通报和督促检查力度，健全完善错案发现纠正机制，将拟判处缓刑案件纳入审委会讨论范围；全面加强重大风险隐患分析研判和重大风险案件预判指导，完善敏感案件报告工作制度，妥善办理重大敏感案件64件。强化外部监督制约，协助市人大开展调研检查，向县人大报告工作，主动邀请代表委员监督法院工作，落实人民陪审员制度，人民陪审员参审案件1010件。

【司法公开】 2020年，县人民法院落实阳光司法制度，全面开展庭审公开、流程公开、裁判文书公开和执行信息公开“四大公开”，举办旁听庭审学法用法活动，规范司法委托管理和档案管理工作，满足群众随时可看可听、可查可学需求。全年庭审直播103次，裁判文书上网1493份，依法对外委托司法鉴定、评估案件59件，办理调档查阅500余次。

【司法改革】 2020年，县人民法院全面落实司法责任制，建立主审（专业）法官成员库，健全主审（专业）法官会议与审判委员会衔接机制，增设审判委员会专职委员2名；加强类案同判体系建设，强化院庭长办案示范作用，院庭长办案率100%。加强专业化审判团队建设，完善法官员额选拔、交流、退出机制，2名员额法官退出员额，2名法官新进入员额。完善一站式多元解纷和诉讼服务体系建设，加强诉讼服务示范窗口建设，将诉讼引导、材料收发扫描、财产保全、鉴定评估等辅助性事务性工作集中到诉讼服务中心集约管理，推进诉讼服务“一次办”“集中办”“跨域办”，跨域立案9件；开展“分调裁审”改革，推动矛盾纠纷诉前分流、案件繁简分流，建立健全诉非分流机制和诉调对接机制。推进智慧法院建设，全面开展在线诉讼活动，推进诉讼服务“网

2020年7月7日，县人民法院在2019年度揭西县国家机关"谁执法谁普法"履职报告评议会上获评第一名，并获颁"优秀单位"奖牌 （蔡佳贤 摄）

上办"，全年接收网上立案申请499件，比2019年增长389.2%，审核通过244件，审核通过率56.7%；网上开庭414件。

【参与社会治理】 2020年，县人民法院加强与县公安、住建等部门联系沟通，健全重点领域纠纷依法处置机制，推动依法治县。完善失信惩戒机制，依法对失信被执行人在特定行业准入、融资信贷、高消费等方面采取限制措施，以联合惩戒推进社会诚信体系建设，审结首例拒执罪案件。落实"谁执法谁普法"普法责任制，发挥司法裁判指引评价功能，宣传执法办案成效，全面加强民法典宣传教育工作。加强涉诉信访工作，全面推广应用省法院涉诉信访系统，推进涉诉信访"联动办"。全年向相关单位、行业协会发出司法建议34份，协助县住建局妥善化解17起商品房预售合同纠纷；发布失信被执行人信息293人次，通过今日头条精准曝光25人次，限制高消费483人次；接访60人次，书面答复信件4件。

（沈胜辉　蔡佳贤）

司法行政

【概况】 2020年，揭西县司法局（简称县司法局）围绕法治政府建设，加强行政执法监督，规范公证业务程序，完善社区矫正规范化管理，开展法律援助工作，深化普法宣传教育，推进基层行政司法建设。全年接受法律咨询4128人次，办理法律援助案件924件；办结各类公证业务1157件；排查矛盾纠纷433次，发现并化解矛盾纠纷282件，预防纠纷236件；受理调解案件1322件，调解成功1319件；接收社区矫正人员76人，解除社区矫正人员110人。至年底，全县乡镇（街道）司法所17个，专职人民调解员17人；法律援助机构1家，执业律师4人；公证处1家，公证员2人。

【律师工作】 2020年，县司法局加强法律顾问服务阵地建设，开展法律顾问、民事代理、刑事辩护等法律服务工作，加快推进公共法律服务体系建设，推动法律服务提档升级。全年全县村（社区）顾问律师开展法律服务5281场次，接受群众咨询3928人次，开展法律宣讲活动1332场，出具各类法律专业意见4份，公共法律服务工单受理数15件，办结数15件，办结率100%。至年底，实现村（社区）法律顾问100%全覆盖；完成棉湖镇、塔头镇、上砂镇、五云镇、大溪镇、灰寨镇、坪上镇7个示范性乡镇公共法律服务工作站建设；全县设有公共法律服务中心1个，公共法律服务工作站17个和公共法律服务工作室318个。

【公证工作】 2020年，揭西县公证部门严格规范公证程序，优化公证服务措施，提升公证服务质量，依法办理继承公证、委托工作、亲属关系证明、出生证明、无犯罪记录证明等公证业务。全年办结各类公证业务1157

件，其中国内案件1061件（港澳台案件26件）、国外案件96件。

【法律援助】 2020年，县司法局法律援助处强化服务意识，优化法律援助工作流程，采取多种措施扩大法律援助覆盖面，以妇女、残疾人、农民、农民工、老年人、未成年人和军人军属等特殊群体为法律援助工作重点对象，推进法律援助各项工作开展；强化组织网络，实现县法律援助处与县总工会、团县委、妇联、残联、看守所、人民法院和人社局以及17个乡镇（街道）法律援助工作站点无缝对接；做好认罪认罚和刑事辩护覆盖工作，实现援助全覆盖。全年开展法律援助宣传活动4场次，发放宣传资料800多份，提供免费法律咨询200多人次。受理刑事法律援助案件909件，民事法律援助案件15件，接待群众来电来访法律咨询183人。

【基层司法行政】 2020年，县司法局完善基层人民调解制度和矛盾纠纷化解机制，加强基层司法行政队伍建设，发挥基层司法所职能作用，推进基层司法所社会治理法治化工作。至年底，完成17个乡镇（街道）调委会“十有”（有名称、有场所、有印章、有标识、有徽章、有标牌、有程序、有文书、有档案、有制度）规范化建设。全年全县17个基层司法所受理人民调解案件共1322件，调解成功1319件，调解成功率99.7%，排查矛盾纠纷共433次，发现并化解矛盾纠纷282件，预防纠纷236件。

【社区矫正】 2020年，县司法局利用移动管理系统电子平台，对所有矫正对象进行入网管理，多元化开展社区矫正宣传教育学习，推动社区矫正工作规范化进程。做好《中华人民共和国社区矫正法》宣传工作，严格规范全县17个司法所社区矫正工作。全年召开风险研讨会10次，举办全县社区矫正对象远程集中教育活动2场，进行线上教育31场，开展社区矫正主题研讨20场次，制作发放《社区矫正法释义》宣传海报4000张、宣传册3000份、读本7000本；接收社区矫正人员76人，解除社区矫正人员110人。至年底，在矫人员126人，其中缓刑115人，假释8人，暂予监外执行3人。

【普法和法治宣传】 2020年，县司法局推动落实普法与依法治理工作机制，召开2019年度国家机关“谁执法谁普法”履职报告评议会，选取县人民法院、揭阳市生态环境局揭西分局、揭西供电局、县税务局4个具有执法司法权与普法责任部门作为履职报告评议对象，成立评议团，采用多种形式，对4个单位普法责任制情况展开全面考察评议。健全领导干部学法制度，推动各级党委（党组）中心组开展专题学习，提升领导干部法治思维和依法办事能力。围绕重点任务和重要节点开展法治宣传主题活动。11月26日，联合县人民法院组织县直（含上级垂直管理）正科以上单位主要负责人参加庭审旁听案件活动，增强领导干部遵法学法守法用法和依法行政意识。12月4日，在大溪镇大东村举办“12·4”国家宪法日暨民法典进村（社区）宣传活动。全年对全县20个法治宣传栏更新内容4次，发出各类宣传挂图4000张、卡片2000张，下发民法典单行本5000本，民法典宣传资料4200份。2020年全省普法与依法治理工作考核，揭西县总成绩在全市排名第二。

（曾瑞平　陈丹晓）

2020年12月4日，县司法局组织法律援助处工作人员在大溪镇大东村开展“民营企业法律援助宣传暨农民工工资支付法律宣传咨询”专题活动　（县司法局　供稿）

揭西县人民武装部

【概况】 2020年，揭西县人民武装部（简称县人武部）履行军事机关职责，加强思想政治建设，提高战备训练水平，完善人武部战备和器材库室建设，做好国防动员和后备力量建设，推进征兵工作。开展“传承红色基因、担当强军重任”主题教育、纠治“和平积弊”等活动。投入专项经费，新建作战值班室高清视频指挥系统，完善指挥通信手段。3月和5月，结合巡视巡察问题整改，开展2次专题作风纪律整顿。12月31日，宣布揭西县人武部党委第一书记任职决定大会在县机关大院附楼会议室召开。

【战备训练】 2020年，县人武部强化战备意识，加强值班值勤，不定期组织抽查民兵战备值班分队在岗情况，强化机关训练，采取自训与参加上级训练相结合开展训练，提升遂行任务能力，提高军事综合素质。响应当地政府需求，先后派出干部职工和基干民兵在县集中隔离点（特美思酒店）和高速路口等地，协助疫情防控工作；6月10日，军分区对任务分队进行点验，均按要求按时到位；选派民兵保交护路分队骨干参加省军区在汕头市组织的专业训练；组织人员参加省军区在揭阳市惠来县开展的海上行动；派遣基层武装部部长参加省军区集训；组织基层武装部部长参加揭阳军分区基层武装部部长集训；组织专武干部和民兵应急分队骨干专项训练；组织民兵应急连集训。

2020年12月31日，宣布揭西县人武部党委第一书记任职决定大会在县机关大院附楼会议室召开 （县人武部 供稿）

【国防动员和后备力量建设】 2020年，县人武部加强国防动员和后备力量建设。参加省军区组织的国防动员指挥机构演练，强化该级通信联络，理顺指挥关系；做好国防动员潜力数据统计，开展国防动员潜力数据调查、采集工作，对重点潜力数据进行核查。

【征兵工作】 2020年，县人武部推进征兵工作开展。6月，召开全县征兵工作部署会并开展征兵宣传工作，发放征兵宣传册1万册；7月，召开政治考核培训会、体检医生培训会，组织廉洁征兵监督员培训。7月20日，揭阳军分区检查组对县征兵体检站设置情况进行检查。完成年度兵员征集任务，无责任退兵、廉洁征兵问题。大学生征集比例50%（其中大学毕业生比例7.5%），年满18周岁男青年兵役登记率100%。

【拥政爱民】 2020年，县人武部开展拥政爱民工作，参与送立功喜报、慰问抗美援朝参战老兵、广东扶贫济困日捐款、烈士公祭日等地方政府组织活动以及新冠肺炎疫情防控等任务；推进钱坑镇白石村结对帮扶工作，改善该村相对贫困人员生活条件。

（毛建中　蔡晋元）

武警揭西中队

【概况】 2020年，武警揭西中队（简称中队）加强政治理论学习，强化执勤与战备训练，做好安全保卫工作，推进支援地方建设，提高按纲建队水平。是年，中队被武警揭阳支队评为“四铁”（铁一般信仰、铁一般信念、铁一般纪律、铁一般担当）先进单位；8名官兵被武警揭阳支队评为“四有”（有灵魂、有本事、有血性、有品德）优秀个人，2名干部立个人“三等功”，4名义务兵转改为警士。

2020年12月4日，武警揭阳支队揭西中队被中国人民武装警察部揭阳支队评为“四铁”先进单位 （中队　供稿）

【执勤与战备训练】 2020年，中队健全执勤制度，落实执勤与战备训练规定，加强执勤战备教育，开展各项执勤战备训练，推动执勤与战备训练规范化，提高应急力量联动处置能力。协调揭阳市政府投入资金推动部队现代化建设。

【安全保卫】 2020年，中队完善安全保卫管理制度，强化安全隐患治理，加强组织防间保密教育，推进季节性事故预防工作，做好日常安全保卫工作。联合县气象局常态化加强防雷检测和设施维修，做好驻地天气变化应急抢险救援预案。

（李世千　初　唯）

人民防空

【概况】 2020年，揭西县加强人民防空基础建设，强化人防工程审批和质量监督，完善人防专业综合救援队伍建设，全方位开展人民防空宣传教育，提高国防和人防意识，增强综合防护能力和保障民生福祉能力。全年举行防空警报试鸣1次。

【人防工程】 2020年，揭西县人防办落实人防政策，履行结建式人防工程审批报建、质量监管、竣工验收等职责，推进“结建”工作，提高城市防护抗毁能力；加强防空警报系统建设，做好防空警报设施维护管理工作。8月28日，举行防空警报试鸣，鸣响率100%。

（曾八喜　刘任贤）

优抚安置

【概况】 2020年，揭西县退役军人事务局（简称县退役军人事务局）强化退役军人服务保障体系建设，加大各项退役军人政策落实力度，开展“最美退役军人”选树活动，推进退役士兵社保接续录入工作。是年，揭西县获广东省“双拥模范县”称号，实现九连冠；揭西县退役军人服务中心、坪上镇退役军人服务站被评为广东省五星级示范退役军人服务中心（站）；坪上镇派出所庄史岳被揭阳市委、市政府授予“揭阳最美退役军人”称号。

【基层服务设施建设】 2020年，揭西县完善退役军人基层服务设施建设，发挥服务中心（站）创业就业扶持、走访慰问、帮扶解困、权益保障等功能作用，推动退役军人服务保障工作。全县设立揭西县退役军人服务中心、17个乡镇（街道）退役军人服务站和318个村（社区）退役军人服务站。推动全县退役

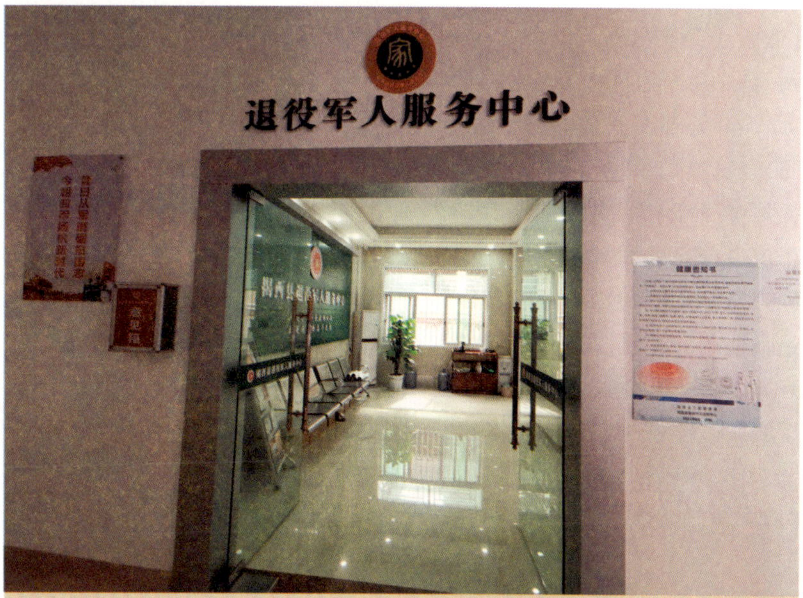

广东省五星级示范退役军人服务中心——揭西县退役军人服务中心

（县退役军人事务局　供稿）

军人星级服务中心（站）示范创建工作，是年，揭西县退役军人服务中心被评为广东省五星级示范退役军人服务中心；坪上镇退役军人服务站被评为广东省五星级示范退役军人服务站；河婆街道、五经富镇、塔头镇、东园镇、棉湖镇5个乡镇（街道）退役军人服务站被评为广东省四星级示范退役军人服务站。

【优待抚恤】 2020年，揭西县为抚恤补助对象发放抚恤补助金；贯彻执行《揭西县优抚对象医疗保障实施办法》《揭西县优抚对象医疗保障服务实施细则》，帮助重点优抚对象解决医疗补助；走访慰问抗美援朝退役老兵53人，发放慰问金共25万元；推进荣誉墙搭建工作，褒扬彰显退役军人为党、国家和人民牺牲奉献精神风范，发掘推广退役军人先进典型，搭建荣誉墙宣传一、二等功臣、烈士等英雄事迹。

【退役士兵安置】 2020年，揭西县加强退役士兵职业技能培训，落实各项安置政策，推行“阳光安置”。开展2019年退役士兵报考高等职业技术院校和2019年退役士兵参加中等职业技能培训工作；发放2019年退役士兵自主就业一次性经济补助金；组织开展2019年度退役军人全员适应性培训；做好2019年退役士兵安置工作；开展以政府安排工作方式退出现役的退役士兵办理社会保险接续工作。落实好全县困难企业军转干部生活补助，按时足额发放生活困难补助，及时办理医保缴费。

荣誉墙 （县退役军人事务局 供稿）

【双拥工作】 2020年，揭西县开展双拥创建和军民共建活动，加强军民军政团结，推进双拥宣传和全民国防教育，加大支持部队建设力度，支持配合部队完成战备执勤、训练等重大任务。在春节、八一建军节等重大节日期间，县党政主要领导和各乡镇（街道）党政领导组织慰问团走访慰问驻揭部队和优抚对象。是年，揭西县获广东省“双拥模范县”称号，实现九连冠。

【烈士褒扬】 2020年，揭西县弘扬英烈精神，开展公祭烈士、走访慰问抗战烈士遗属等活动。组织开展“9·30”公祭烈士活动暨向河婆象山纪念亭敬献花篮活动；走访慰问抗战老战士、抗战烈士遗属4人；开展“纪念抗日战争暨世界反法西斯战争胜利75周年”走访慰问活动，看望慰问抗战烈士遗属11人。

【“最美退役军人”选树宣传活动】 2020年，揭西县成立“揭阳最美退役军人”评选表彰工作领导小组，县退役军人事务局与县委宣传部、县人社局、县人武部政治工作科联合开展评选“揭阳最美退役军人”活动，开展学习宣传退役军人典型人物事迹，营造尊崇军人、敬重英雄社会氛围。是年，坪上镇派出所庄史岳被揭阳市委、市政府授予“揭阳最美退役军人”称号。

（吴锦山 许洁妮）

发展规划

【概况】 2020年，揭西县发展和改革局（简称县发改局）完善发展规划编制，推进重点项目建设，加强投资项目审批与管理。全年全县实现地区生产总值240.01亿元，比2019年（下同）增长1.6%；地方一般公共预算收入4.71亿元，增长0.2%；固定资产投资总额89.90亿元，增长3.3%；社会消费品零售总额80.87亿元，下降11.4%。全年省、市、县重点项目117个，年度计划投资60.30亿元，完成投资45.96亿元。

【发展规划编制】 2020年，县发改局强化规划引领，开展经济调研，科学分解各项经济社会发展指标，推进全县“十四五”规划编制工作。3月，完成《揭西县国民经济和社会发展计划》编制；4月，完成《揭西县人民政府办公室关于印发揭西县2020年主要经济社会预期目标及分工监测运行方案的通知》编制；10月，聘请广东中科经济社会发展研究院编制《揭西县国民经济和社会发展第十四个五年规划纲要》，组织专家团队在全县开展为期一周实地调研，召开县主要领导访谈会2场、县直机关单位座谈会2场，实地调研金和镇山湖村、棉湖镇电线电缆协会、大洋茶叶现代产业园等地，调查研究全县主要产业发展情况、交通基础设施建设情况、市政基础设施建设情况以及相关规划等内容。12月，完成《揭西县国民经济和社会发展第十四个五年规划纲要》初稿。

【重点项目建设】 2020年，揭西县省、市、县重点项目117个，其中续建项目38个、新开工项目79个，计划总投资146.01亿元，年度计划投资60.30亿元，完成年度投资计划项目21个，完成投资45.96亿元，完成比例76.2%。其中省重点项目3个，总投资10亿元，年度投资计划2.5亿元，完成投资3.85亿元，占全年投资计划154.3%，项目开工率100%；市重点项目24个（含3个省重点项目），总投资170.25亿元，年度投资计划30.70亿元，完成投资31.23亿元，占全年投资计划101.7%，开工项目21个，开工率87.5%；县重点项目117个（含24个省、市重点项目），总投资146.01亿元，年度投资计划60.29亿元，完成投资45.95亿元，占全年投资计划76.2%，开工项目88个，开工率75.2%，完成年度投资计划36个。全年全县中央预算内投资项目2个，下达中央预算内投资800万元。

【投资项目审批与管理】 2020年，县发改局加强投资项目管理，规范投资项目审批程序，强化对工程项目招标投标活动实施指导、协调和监督工作。全年审批投资项目247个，其中权限内审批项目109个，计划总投资20.88亿元，备案项目138个；核准招投标项目86个。

2020年揭西县列入市级（省级）24个重点项目一览表

表4

项目名称	计划总投资（亿元）	2020年完成投资（亿元）	进度情况	备注
省道S228线揭西新洪村至张厝段路面改造及配套工程	1.99	1.84	完成16.3千米沥青面层摊铺；左.右幅护肩墙基本完成；左、右幅排水边沟、路面板浇筑基本完成	市级
揭西县2019—2020年农村公路安全生命防护工程	0.44	0.39	完工验收	市级
省道S508线揭西上砂至硁下段路面改造工程	0.80	0.25	挖除路面板1.72万平方米，挖除旧基层7340平方米，路面板浇筑1.59万立方米。排水沟浇筑160米	市级
揭西县城道路升级改造二期工程	1.90	1.10	宝塔路、东堤路、新广场横路、新河路、广场路完成沥青路面铺设工作，河山二横路、河山一横路完成80%沥青路面铺设工作	市级
揭西县棉湖镇镇区道路升级改造工程	0.95	0.95	工业一路、湖西路南段、榕云路全面竣工	市级
揭西县城榕江南河右岸堤路综合整治工程	0.24	0.01	进入工程施工准备阶段	市级
揭西县城横江河下段堤路综合整治工程	0.32	0.01	进入工程施工准备阶段	市级
揭西县电线电缆产业园	100	1.5	完成进园西路路面工程施工；2家企业在建；园区内污水处理厂开工建设	市级
大洋国际生态旅游度假区（“和天下”特色康养建设项目）	10	2	建成2000平方米育苗基地、万村集市特色商业街、茶叶产业园、综合办公楼地下停车场、万村集市特色商业街五层基础建设；完成游客服务中心及茶叶产业园进行内部装修；双创基地在建	市级
揭西县妇幼保健计划生育服务中心（县妇幼保健院）住院综合楼、门诊大楼、医技楼	1.49	0.8	新建住院综合大楼完成建设并投入使用	省级
揭西县福利中心	0.24	0	办理工程施工许可证	市级
64个省贫困村创建社会主义新农村示范建设工程	13.54	7.54	全县64个省定贫困村三项基础工程基本完成，灰寨镇及龙潭镇全面完成创建社会主义新农村工程建设。14个乡镇实施新屋戴帽、旧屋修缮、绿满家园、水岸同治等提升建设工程	市级

续表4

项目名称	计划总投资（亿元）	2020年完成投资（亿元）	进度情况	备注
揭西县塔头拦河闸重建工程	1.24	0.60	完成旧闸及水轮泵站拆除，完成导流明渠、一期围堰、闸体混凝土防渗墙、闸室底板、拦河闸闸墩、消力池、海漫、下游海漫连接段、抛石防冲槽、闸室上游砼铺盖、坝体左右岸挡墙、闸门预埋件安装、交通桥预制梁制作及吊装、交通桥桥面浇筑等建设	省级
揭西县生活污水处理设施整县打包PPP项目	7.26	2.45	14个镇级污水处理厂（上砂镇、五云镇、大溪镇、钱坑镇北部、钱坑镇南部、东园镇、坪上镇、龙潭镇、金和镇、京溪园镇、南山镇、塔头镇、良田乡、灰寨镇）全部建成通水调试。完善相关绿化、围墙、道路等收尾工作，主管网完成100.18千米。农村污水处理站完成20个	省级
揭西县城污水处理厂配套管网三期工程	0.28	0.25	工程完工	市级
揭西县2019—2020年度中小河流治理工程	1.66	1.16	完成治理河长87.67千米，其中河道清淤疏浚工作基本完成，堤防护岸加固工程完成34千米	市级
揭西县棉湖镇北部片区集污管网工程（一期）	0.13	0.13	完成项目县政府批复、发改立项、图纸设计、预算编制、招标等前期工作，12月16日举行开工仪式	市级
揭西县黄竹溪龙潭段水质提升工程	0.21	0.12	项目基本完工	市级
揭西县碧桂园	14.40	0.29	2、3号楼封顶，完成砌筑抹灰，进行装修；8号楼主体封顶，砌筑完成；1号楼、6号楼、7号楼、8号楼、9号楼、12号楼、17号楼封顶；13号楼、16号楼主体封顶，砌筑完成14层；4号楼主体完成17层建设、5号楼主体完成15层建设、11号楼主体完成12层建设、14号楼主体完成5层建设、18号楼主体完成1层建设；其余楼栋在地下室建设阶段	市级
揭西县星曜城花园（一期）	8.23	5.23	一标段：2号楼主体封顶、5号楼主体封顶，1号楼A座主体封顶，1号楼B座主体封顶。二标段：6号楼主体封顶，3号楼主体封顶。4号楼A座主体封顶，4号楼B座主体封顶。幼儿园完成主体封顶，公共设施完成主体封顶，会所完成主体封顶。其他基础底板及地下室副楼主体封顶。1、2、3、4、5、6栋进入外墙、水电安装装修阶段	市级
揭西县人民医院感染科综合大楼建设项目	2	0.86	完成桩基础及边坡支护工程，进行3号楼基坑土方及4号楼基础底板工作	市级
揭西县第二人民医院（棉湖华侨医院）综合改建建设项目	2	0.78	进行基坑支护和桩基础施工、桩检测等工作	市级
2020年“四好农村路”建设攻坚项目	0.48	0.50	任务调整为75个项目112.85千米；乡镇上报完成全部路面硬化任务112.85千米，进行路面抽芯检测及交竣工验收等工作	市级
国道G235、G238线揭西段路面改造工程	0.35	0.21	工程开工建设	市级

（李海涛　池逸东）

物 价

【概况】 2020年，揭西县发展和改革局（简称发改局）深化价格机制改革，加强价格管理和监督，做好价格认证和降费减负工作，优化价格服务。全年减免涉企行政事业性收费金额约2100万元；受理各项价格认证业务570宗。至年底，全县设立收费目录清单5份共37个收费项目。

【价格调控】 2020年，揭西县加强猪肉等食品类价格调控监管，启动社会救助和保障标准与物价上涨挂钩联动机制。当价格波动达到一定程度，及时对城镇和农村低收入人群实行临时价格补贴。全年全县享受价格补贴23.41万人，发放金额1.69亿元。

【价格改革】 2020年，揭西县推进价格改革，提高征收效率。开展调整揭西县县城生活垃圾处理费征收标准工作，按照补偿成本、合理盈利原则，调整后按自来水用水量收取生活垃圾处理费。县城居民按每人每月每吨水0.6元收取；非居民按每吨水每月0.8元收取。

【价格监督】 2020年，揭西县建立农产品价格监测点2个，加强居民基本生活必需品价格监测，完善农产品价格信息；实施收费清单动态调整机制，及时在县政府网站向社会公布，进行动态调整，接受社会监督；根据《国家发展和改革委办公厅关于组织开展行业协会商会经营服务性收费清理规范工作的通知》，联合有关部门组织开展全县行业协会商会经营性服务清理规范工作；每月、每季度对农产品监测走势分析，了解掌握相关民生商品供需和价格情况，在节日期间，增加监测频次。

【价格认证】 2020年，县发改局加强价格认证管理，发挥价格认证职能，创新完善价格认证工作机制，规范工作流程，推进价格认证工作公平性、客观性。全年受理各项价格认证业务570宗，出具价格认定565份，鉴定标的约14亿元，为司法机关办案提供依据。

【降费减负】 2020年，县发改局加强落实降费减负相关政策。落实阶段性降低个体工商户用水成本工作，涉及个体工商户1134户，减费金额1.55万元；落实阶段性降低企业用电成本政策，减负涉及户数16.58万户，为全县工商企业减负金额1735万元。全年减免全县涉企行政事业性收费项目22项，减免收费金额约2100万元。

（李海涛　池逸东）

2020年9月16日，调整揭西县县城生活垃圾处理费征收标准听证会在县发改局五楼会议室举行　（县融媒体中心　供稿）

国有资产管理监督

【概况】 2020年，揭西县国有资产管理办公室（简称县国资办）加快优化国有经济布局，推进企业产业结构调整和战略性重组，推动国有资本做强做优做大，防止国有资产流失。至年底，全县县属国有企业38家，县属国有资产总额5亿元。全年县国有“僵尸企业”出清重组61家。

【资本运营】 2020年，揭西县国有企业38家，纳入企业国有资产统计报表35家。全县35家国企资产总额5亿元，负债总额3.74亿元，国有资本权益总额1.27亿元。其中县级正常经营国有企业5户（县汽车运输总公司、小水电公司、自来水公司、储备粮经营中心、金叶公司），资产总额3.71亿元，负债总额1.92亿元，国有资本及权益总额1.79亿元；纳入国有资本经费预算管理2家，为县小水电公司和县金叶实业商贸有限公司（原县金叶发展公司），国有资本经营预算收入1920万元。至年底，县小水电公司上缴承包费263万元，县金叶实业商贸有限公司上缴利润1592万元、上缴租金65万元。

【企业产业结构调整】 2020年，县国资办加强国有资产管理，推进国有企业改革工作，完善国有经济布局；出台《关于印发揭西县国有企业公司制改革工作方案的通知》和公司制改制流程，规范县属全民所有制企业改为国有独资有限责任制企业流程；开展全县国有企业退休人员社会化管理移交工作，完成央企（744人）、省属（12人）、市属（325人）和县属（5824人）共6905人退休人员社会化管理移交任务，推进收尾、归档和移交常态化管理工作。全年全县国有“僵尸企业”出清重组61家（出清关停企业50家，出清特困企业11家；特困企业32家实质完成）。

【国资监管】 2020年，县国资办健全国资综合监督体系，建立重大工程建设项目动态跟踪机制，强化国有资产监督管理。县国资办聘请惠州市正大会计事务有限公司对全县82家县属国有企业（包括子公司）进行“清产核资专项审计”，摸清、掌握国有资产资源规模、分布和结构，加强动态管理，提高国有资产使用效率，推动县级国有资产资源信息化、规范化、经营化管理。

（张卫东　彭　威）

统　计

【概况】 2020年，揭西县统计局（简称县统计局）坚持依法统计，加强统计信息网络建设和管理，强化经济运行监测分析，开展第七次全国人口普查，做好第四次全国经济普查后期工作，加强统计业务培训，提高统计服务水平。开展常规统计业务，城乡一体化住户调查、规模以下工业、限额以下商业、规模以下服务业、企业生产经营景气状况、畜禽抽样调查、非公有制（单位）企业人才资源等抽样调查。坚持领导班子分片挂钩联系乡镇制度，提高基层统计工作质量。

全年组织开展各专业和普查培训会23场；编印《揭西信息快报》9期，编写经济运行情况11篇。

【基础工作】 2020年，县统计局做好农业、工业、商业、固投等常规专业统计工作，按时按质完成各专业报表上报。执行2019年年报及2020年定报统计制度，落实各统计专业调查任务，做好月报、季报和年报工作。落实企业联网直报工作责任，加强上报数据监测和业务指导工作，加大人工审核力度，提高网报数据质量。

【第七次全国人口普查】 2020年，县统计局按照国务院、省、市、县工作部署及国家普查方案要求，开展第七次全国人口普查前期各项准备工作和普查登记工作。完成组建县、乡镇、村三级第七次全国人口普查领导机构和工作机构，落实普查经费和物资保障、行政资料整理、普查综合试点、建筑物标绘、普查区（小区）划分及电子地图绘制、普查清查摸底等各项前期准备工作；完成普查正式入户登记、普查数据复核比对、编码等工作。该次普查数据采集采用电子化方式，普查员使用电子采集设备PAD登记普查对象信息并联网实时上报，或由普查对象通过互联网自主填报等方式进行。全县第七次全国人口普查划分普查区318个，普查小区3371个，选聘“两员”（普查指导员、普查员）3765人。

2020年8月14日，揭西县第七次全国人口普查综合试点工作会议在河婆街道下滩村举行 （县统计局 供稿）

【第四次全国经济普查后期工作】 2020年，县统计局推进第四次全国经济普查后期工作，按上级部署做好数据复核及历史数据修订。全县第四次全国经济普查运用现代信息技术手段，摸清全县第二产业和第三产业情况，达到预期目标。普查结果显示，2018年年末全县从事第二产业和第三产业活动法人单位共3760个，与2013年第三次全国经济普查相比，增长44.6%；产业活动单位4397个，增长32.4%；个体经营户1.86万个。

【城乡一体化住户调查】 2020年，县统计局推进城乡一体化住户调查E调查工作。组织开展住户调查E调查业务培训，与辅助调查员一对一讲解和实操软件操作。做好城乡一体化住户调查样本轮换工作，坚持实事求是、依法依规开展样本轮换，做好调查样本框信息核实工作。推进电子记账工作，加强住户调查业务培训，提高全县13个点、130户调查户电子记账能力，县统计局开展定期和不定期业务检查和指导工作，加强电子记账数据监测力度。2020年，全县城乡居民人均可支配收入1.64万元，比2019年（下同）增长5.0%；城镇居民人均可支配收入2.27万元，增长3.4%；农村居民人均可支配收入1.33万元，增长6.4%。

【统计法治建设】 2020年，县统计局加强组织学习《中华人民共和国统计法》《统计法实施条例》等法律法规，组织实施统计普法活动，开展经常性执法检查，加强统计法治建设。开展法治培训会，专门邀请揭阳调查队业务骨干讲课，提高统计人员依法统计意识。加大普法力度，开展统计法律法规宣传教育，组织开展“12·4”全国宪法日和“12·8”《中华人民共和国统计法》颁布实施纪念日活动，通过电视、LED显示屏、横联、发放宣传资料等形式，宣传《中华人民共和国统计法》《统计法实施条例》《全国经济普查条例》《全国人口普查条例》。开展第十一届“中国统计开放日之广东”活动。

（林吉新　陈乔川）

审 计

【概况】 2020年，揭西县审计局（简称县审计局）重点推进政策落实跟踪审计、财政审计、民生审计、领导干部经济责任审计等业务工作，拓展审计监督广度和深度，发挥审计监督职能。全年审计和审计调查单位完成11个，审计查出主要问题金额1.84亿元（其中违规金额50万元、管理不规范金额1.83亿元），发现非金额计量问题47个，损益不实6956万元，审计处理处罚1.28亿元，移送处理事项5件，移送处理金额223万元，审计促进整改落实问题资金20万元，提出审计建议6条，提交信息简报13篇。

【政策落实跟踪审计】 2020年，县审计局完成政策落实跟踪审计项目4个。对全县新冠肺炎疫情防控资金和捐赠款物开展专项审计，查出两方面共4个问题，涉及财政资金2026万元、捐赠资金575.52万元，对重要事项进行必要延伸和追溯；开展“南粤家政”就业工程建设情况专题审计，从家政服务业管理层面、工作机制、培训服务三个方面找出问题和不足，明确责任主体，向有关单位出具问题整改函，提出整改和纠正意见及建议，督促落实相关单位进行整改；与省审计厅、市审计局联合组成审计组分季度对全县2020年度新增财政资金直达市县基层直接惠企利民情况开展专项审计，审计发现问题全部督促落实整改；开展第四季度革命老区和原中央苏区振兴发展情况审计调查，重点检查革命老区多项政策落实情况，促进重大政策落实。

【财政全覆盖审计】 2020年，揭西县组织2019年度本级预算执行和其他财政收支及决算草案情况审计，对纳入全省统一组织实施地方政府债券资金管理使用情况、涉农资金统筹整合政策落实情况、财政存量资金统筹盘活情况、省级推进教育现代化资金管理使用情况等11个专题和社会保险基金预算执行情况进行审计。从审计情况看，存在地方财政收入质量不高、政府对土地出让收入依赖程度较高、一般公共预算支出资金主要来源靠上级补助收入等问题。审计发现，少列一般公共预算收入等16个问题。审计提出加强预算管理，提高资金使用绩效；细化预算编制，提高预算到位率；加快项目推进，促进政策落实；深化改革，提高管理水平等针对性审计意见建议。

【部门预算执行审计】 2020年，县审计局组织对县融媒体中心（原县广播电视台）2019年度预算执行和其他财政收支情况审计。审计发现公车运行维护费支出超预算、决算报表数据不实、部分非税收入未及时足额上缴财政、收费收入稽核手续不完善4方面问题，并提出审计处理处罚意见；组织对县住房和城乡建设局2019年度部门预算执行和其他财政收支情况审计。审计发现决算（草案）报表反映收支与会计账面收支不一致，且在填报决算（草案）报表时人为调节数据，导致报表各科目数据与实际数据出现偏差，审计查出支出决算（草案）数据不实科目共26个，调整金额919.82万元，会计账面反映支出科目、金额与年度决算报表反映数据存在差异不一致率为47.3%。针对审计发现主要问题，县审计局提出8方面处理处罚意见。

【公共投资审计】 2020年，县审计局组织开展县地方公路管理站实施的揭西县灰大线道路改造工程建设和管理情况跟踪审计。重点审计投资进度完成情况，工程决策、建设、管理情况以及建设资金筹集和使用情况，并对工程涉及征地拆迁事项进行必要延伸。审计发现开工前审批手续不齐全，施工、监理等单位存在履职不到位，工程未按设计要求进行施工和建设资金筹集及使用三方面共7个问题。审计提出加强管理，完善工程基建手续等意见建议。

【经济责任审计】 2020年，县审计局完成经济责任审计项目5个，查出主要问题金额2188万元（其中违规金额46万元、管理不规范金额2142万元），上缴财政39万元，提交审计报告10篇，审计提出建议2条。涉及违法违规移送处理事项有：针对县融媒体中心（原县广播电视台）存在违规支付应由个人负担的利息所得税、违规列支副食品和土特产问题以及塔头镇违规以现金形式支付村村通自来水管道铺设路面养护工程款13.5万元问题，依法将问题线索移送县纪委、监委做进一步调查处理；针对县住房和城乡建设局以及塔头镇政府工程类和服务类项目未进行政府采购问题，按规定移送县财政局处理。

2020年7月6日，全县审计整改专题会议在县政府5楼会议室召开 （陈燕鹏 摄）

【审计整改】 2020年，县审计局对2017年1月以来审计查出问题整改落实情况进行专项督查，向被审计单位发出《关于督办2017年1月以来审计查出问题整改落实情况的函》，限期落实整改，组织人员到相关单位现场督办，实地抽查核实整改落实情况。7月6日，召开全县审计整改专题会议，推进审计问题整改落实。2017年1月以来，实施审计项目共49个，查出问题318个，整改完成286个、未完成32个（其中突出问题9个），整改完成率89.9%。

【内部审计】 2020年，县审计局健全内部审计制度，强化内审机构业务指导和培训，推进内部审计工作规范化。是年，全县内部审计机构10个（专职机构1个），专职、兼职内部审计人员共26人（专职内审人员6人）。全年完成审计项目8个（经济责任审计8个），审计发现问题33个，问题金额412.31万元。

（汪伟富 陈燕鹏）

市场监督管理

【概况】 2020年，揭西县市场监督管理局（简称县市场监管局）深化商事制度改革，加强食品药品安全、特种设备安全以及产品质量和计量监管，强化市场监督检查，推进知识产权兴县和省级食品安全示范县创建工作，构建诚信经营市场环境，维护消费者合法权益。全年全县新发展各类市场主体4918户；依法将345家企业、30户农专社列入经营异常名录，将95家企业列入严重违法失信企业名单；新申请专利669件，授权专利563件；受理投诉举报1978宗。至年底，全县食品生产经营单位5462家；持证药品零售企业169家。是年，“揭西擂茶”申报为国家地理标志商标。

【企业登记】 2020年，县市场监管局推进“多证合一”“证照分离”和商事主体住所改革，推行企业名称自主申报服务和全程电子化商事登记，落实市场主体注销退出改革；压缩企业开办时间，实现企业设立登记平均在0.5个工作日内完成；推行企业登记实施实名验证，遏制冒用他人身份证信息办理公司登记违法行为。服务个体工商户、个人独资企业转型升级，全年扶持、引导个体工商户升格为私营企业81家，引导个人独资企业转型升级为有限公司8户。全年全县新发展各类市场主体4918户；核发12户全程电子化商事登记营业执照；准予简易注销企业130家。至年底，全县累计实有各类市场主体2.7万户，累计领取“多证合一”营业执照1.87万户。

【信用监管】 2020年，县市场监管局推进“双随机、一公开”监管模式，落实信息公示、企业年报、经营异常名录、严重违法失信企业名单管理等制度，运用国家企业信用信息公示系统，推动落实信用联合惩戒机制，形成“一处违法、处处受限”信用惩戒效应。全县2019年度年报各类企业年报率89.9%、农民专业合作社年报率89.7%、个体工商户年报率83.6%；依法将345户企业、30户农专社列入经营异常名录，将95家企业列入严重违法失信企业名单；经申请，依法将40家企业和10户农专社移出经营异常名录。依托省“双随机、一公开”综合监管平台，制定任务11批次，抽查各类监管对象共82户；省、市下发任务5批次，抽查企业63家。

【知识产权】 2020年，县市场监管局做好商标、专利和地理标志管理和保护工作，鼓励支持市场主体申请商标注册，严厉查处知识产权侵权行为；加大知识产权法律法规宣传力度，组织知识产权相关工作人员、特色产业协会和企业参加省、市、县举办的知识产权相关培训；加大品牌创建力度，推动创建“揭西擂茶”“揭西云雾炒茶”“大溪淮山”“钱坑木雕”“揭西蔬菜”“揭西橄榄”“揭西南药”特色地理标志商标，培育壮大“揭西生猪”“揭西苦笋”“揭西旅游”“揭西细粄”地方特色品牌。7月6日，“揭西擂茶”获得国家知识产权局注册通过，实现全县地理标志商标零的突破。12月10—11日，举办揭西县2020年地理标志和商标品牌培育培训班，增强县内企业商标品牌意识，引导企业走品牌兴企之路，助推企业高质量发展。是年，全县新申请专利669件，授权专利563件；新增注册商标1991件；查处知识产权类案件3件，罚没0.45万元。至年底，全县累计授权专利3341件，累计注册商标1.61万件。

2020年12月10—11日，县市场监管局组织县内60余家企业代表参加2020年地理标志和商标品牌培育培训班 （李伟娟 摄）

【广告管理】 2020年，县市场监管局加强广告管理，开展互联网、房地产领域和涉及非法野生动物交易、口罩等防护用品、借疫情宣传疫病防治等虚假违法广告整治，对烟草经营场所进行实地检查，联合有关单位开展不规范社会用字户外招牌广告检查行动，依法依规查处违反广告法相关规定行为；督促、指导广告经营者和发布者落实主体责任，加强广告发布审查，规范经营行为；组织开展2019—2020年度广告业统计工作，全县广告行业统计工作填报率100%。全年通过网络监测广告21条，巡查监管横幅广告、印刷品广告共250条，检查相关企业及经营户230家，现场要求清除虚假宣传和违法广告6宗，下发“揭西县社会不规范用字整改通知单”80余份；查处违法广告案件1件，罚没0.3万元。

【合同管理】 2020年，县市场

监管局以不公平格式条款为重点检查内容，组织开展房地产销售合同专项检查，整顿和规范房地产市场秩序，维护消费者合法权益。开展2019年度“守合同重信用”活动，引导企业诚信守约经营，鼓励支持企业加强合同和信用管理，推动企业守法诚信经营。是年，通过“守合同重信用”企业公示系统对初审后58家企业守合同重信用情况进行公示。发挥动产抵押登记职能，帮助中小企业化解融资难题，全年全县办理动产抵押登记2宗，合计金额2185万元。

【食品药品行政许可审批】 2020年，县市场监管局加强食品药品行政许可申报资料和现场审核，做好食品药品行政许可审批工作。至年底，全县获得食品生产加工小作坊登记证小作坊91家，食品经营单位5160家（其中食品销售单位2745家、餐饮服务单位2415家），持证药品零售企业169家。全年核发食品生产加工小作坊登记证24家，注销7家；核发食品经营许可证1304家，注销302家；核发药品经营许可证13家，注销8家。

【食品生产安全监管】 2020年，县市场监管局加强食品生产安全监管，实行风险分级管理，督促企业严格落实食品安全主体责任，强化日常检查，开展食品生产加工单位监督检查工作。组织开展食品生产加工小作坊和肉制品生产加工企业质量提升行动，针对湿米粉类、方便面、食品添加剂、“吸食”（固体）类、压片糖果、代用茶等重点产品开展专项整治行动。通过“广东食安抽考”APP对肉制品生产企业主要负责人和食品安全管理人员及其他食品生产企业食品安全管理人员进行监督抽查考核，考核覆盖率100%。全年巡查食品生产企业445家次、食品小作坊92家次，检查食品相关产品生产企业26家次，发出责令改正通知书23份，约谈食品生产企业及食品相关产品生产企业19家。

【食品经营市场安全监管】 2020年，县市场监管局推进婴幼儿配方乳粉专项治理，重点检查婴幼儿配方乳粉经营主体资格是否合法、索证索票制度是否落实及婴幼儿配方乳粉销售专区设置是否合理合规，要求全县74家婴幼儿配方乳粉经营户登录广东省智慧食药监云平台录入相关婴幼儿配方乳粉产品进销信息，加强婴幼儿配方乳粉溯源管理；落实食品抽检和食用农产品快检工作，全年抽检食品1940批次（其中不合格19批次），合格率99.0%，快速检测食用农产品（包括蔬菜、水产品、畜禽肉蛋）1.43万批次（其中不合格79批次），合格率99.4%；推进农村食品安全专项整治工作，严厉查处销售过期、变质、伪劣食品等违法行为；开展“湿粉统一查”行动，对辖区经营或加工制售水粄、粿条、肠粉等湿米粉类食品市场主体进行检查，加强湿米粉类产品食品安全风险预警和宣传教育，督促食品经营者落实主体责任，做好进货查验、储存加工以及环境卫生等工作；联合县农业农村局、县卫健局、县城管执法局下发《关于加强活禽市场管理的通知》，推进全县活禽经营户实施存栏、宰杀、售卖区域“三分离”制度。印发《关于活禽经营户经营场所升级改造的指导意见》，推进活禽经营场所升级改造。全年检查食品销售单位2579家次。

【食品餐饮安全监管】 2020年，县市场监管局对全县取得食品经营许可证各类餐饮服务单位实行食品安全量化分级管理，全县餐饮服务单位2415家，应量化分级餐饮服务单位2400家，量化分级评定2400家，应量化分级率100%。开展寄餐园、春秋季学校食堂及周边食品经营单位食品安全检查，消除食品安全隐患。加强对美团揭西代理点、饿了么揭西代理点等网络订餐第三方平台监督检查，规范网络订餐第三方平台经营行为和管理秩序。完成“两会”、高考、省委巡视、县委十一届七次会议等重要活动期间食品安全保障工作。联合县教育局、县人力资源和社会保障局推进学校食堂互联网+“明厨亮灶”建设工程，完成全县学校食堂互联网+“明厨亮灶”县级监控中心硬件设施基础建设，持证151家校园食堂监控于11月25日全部接入市级平台。全年检查餐饮单位2562家次，下发监督意见书65份，落实整改家数65家。

【盐政执法】 2020年，县市场监管局加强重点区域食盐安全执法检查，重点检查食盐经营者主体资格合法性、经营行为规范性、采购食用盐渠道正规性等内容，规范食盐市场秩序。全年检查各类涉盐生产经营单位4256家次（其中食品加工用盐单位308家次、副食品经营单位2263家次、餐饮服务单位1685家次），抽检食盐产品16批次，检验合格16批次，合格率100%；立案查处一宗从非食盐定点批发企业购进食盐案，罚没1500元。

【药械化安全监管】 2020年，县市场监管局加强药品、化妆品和医疗器械生产经营单位日常监管，加大疫情相关药械生产经营单位监管力度，组织开展疫苗、含特殊药品复方制剂、中药饮片、执业药师“挂证”行为、化妆品专项整治等，全年检查零售药店128家，医疗机构135家，疾病预防控制中心1家，接种单位18家，医疗器械生产企业1家，医疗器械经营企业34家，化妆品经营企业337家次。开展药品不良反应、医疗器械不良事件监测工作，各监测单位上报药品不良反应497例，医疗器械不良事件252例，化妆品不良反应8例。

【特种设备安全监管】 2020年，县市场监管局强化特种设备安全隐患排查治理，防范和遏制特种设备事故发生，维护全县特种设备安全形势稳定。全年检查使用、安装、检测单位99家次，检查特种设备126台次，排查消除隐患34处，发出特种设备安全指令书2份；召开专题会议推进全县气瓶安全监管改革工作，开展气瓶安全专项整治，与各气瓶充装单位签订《揭阳市液化石油气钢瓶充装安全责任承诺书》，立案查处1家气瓶充装单位；开展起重机械安全隐患专项整治，引导和办理使用登记证49台次；做好复工复产企业特种设备安全监管工作，送达签收《广东省市场监督管理局关于复工复产单位做好特种设备安全工作告知书》34份。

【产品质量监管】 2020年，县市场监管局加强重点产品生产企业产品质量监督检查，开展非医用口罩和防护用品、电动自行车产品质量专项整治、塑料污染治理工作；强化检验检测机构证后监管工作；配合上级做好各级产品质量监督抽查工作，对监督抽查不合格企业做好后处理工作。全年检查电线电缆企业141家次、非医用口罩生产企业3家次、口罩原材料生产企业11家、防护用品相关经营户79家次、电动自行车销售经营户78家次、加油站29家次、塑料制品相关生产企业、商场超市37家次、机动车检验检测机构23家次。配合市局开展市级监督抽查电线电缆84批次、插头插座10批次、毛巾6批次，开展2020年车用汽柴油质量监督抽查加油站22家共44批次汽柴油，合格率100%。对38家国家、省、市监督抽查不合格企业进行后处理。

【计量监管】 2020年，县市场监管局围绕“测量支撑全球贸易”世界计量日主题和“计量精准战‘疫’、助力复工复产”中国特别主题开展“5·20”世界计量日宣传活动；组织计量技术检测机构开展“实验室开放日”活动，接待群众15人参观计量实验室；推进诚信计量工作，引导38家企业签订《诚信计量承诺书》；开展加油站、集贸市场、超市等场所关系民生计量专项监督检查，全年检查全县各计量器具使用单位74家，抽查在用计量器具261台件。

【标准化管理】 2020年，县市场监管局健全标准化管理制度，强化企业标准化主体责任，推广应用“企业标准信息公共服务平台”。全年全县13家企业上报22项标准，涵盖22种产品（其中国家标准9个、行业标准1个、企业标准11个、团体标准1个）。县质量技术监督检测所做好代办商品条码窗口服务工作，及时跟踪企业申办及到期续展情况，全年新办条码企业36家，续展109家。

【技术检测】 2020年，揭西县实施计量惠民工程，做好免费检定工作和各项检定任务。全年县质量技术监督检测所免征检定316家企业计量器具数量共6310台（件），其中分析天平215台（件）、架盘天平778台（件）、砝码2157台（件）、各类秤1381台（件）、压力表581台、加油机517枪次、地称13台、各类尺75台（件）、酸度计50台、旋光仪43台、分光光度计49台，温度箱451台；强制检定集贸市场与基层医疗卫生单位计量器具3979台，其中各类秤合计2923台

(件)、血压计(表)981台、压力表10台、各类秤65台(件)。

【执法监督】 2020年，县市场监管局依法履行监管职责，规范市场生产经营秩序，营造公平、公正市场环境，全年全系统查处各类案件175件，总罚没320.23万元。开展防疫用品、生活必需品、节日市场等价格监督检查，立案查处哄抬大米价格案件1宗、药店部分药品未明码标价案件3件；加强疫情相关药械产品巡查监管，立案查处超范围经营口罩案件1件、销售“三无”(无生产日期、无质量合格证、无生产厂家)口罩案件1件。联合县公安局森林分局开展打击野生动物违规交易专项执法行动，重点排查水产档口、肉类档口、饭店农庄等经营场所，联合县公安局森林分局立案查处餐饮单位库存野生动物案件3件，案件交由县公安局森林分局处理。开展食品标签标识、“两超一非”(超范围、超限量使用食品添加剂、非法添加)和保健食品虚假宣传等行业规范整治，立案查处食品案件112件。规范整治活禽经营场所，立案查处违反“三分离”(实施存栏、宰杀、售卖区域三分离)制度经营活禽案件4件。清理规范无证无照经营3143户，引导办理证照3119户。联合县烟草部门开展整治烟草市场秩序集中行动，立案查处无烟草证经营卷烟案件8件。推进扫黑除恶专项斗争工作，摸排各类场所120家次，掌握线索4条。

【消费者权益保护】 2020年，县市场监管局畅通消费维权渠道，协调解决各种消费纠纷，依法维护消费者合法权益，全年受理投诉举报1978宗，办结1978宗。开展“凝聚你我力量 让消费更温暖——诚信承诺 放心消费”主题社会公益活动，引导经营者申报“放心消费承诺单位”和“线下无理由退货承诺店”，促进经营者自觉落实维护消费者合法权益主体责任，提升消费者线下购物体验，全县有7户经营者作出“放心消费承诺单位”公示、1户经营者作出“线下无理由退货承诺店”公示。

【市场监管宣传】 2020年，县市场监管局落实“谁执法谁普法”普法责任制，坚持依法治理与普法宣传相结合，将普法宣传教育渗透到日常巡查监管和执法办案全过程，引导经营者合法规范经营。利用“3·15”国际消费者权益日、“12·4”国家宪法日、“5·20”世界计量日、全国安全用药月等主题活动，开展市场监管相关法律法规宣传教育。开展“严禁野生动物交易”“文明餐桌”“光盘行动”“公勺公筷”等行动，倡导群众绿色生活、文明用餐，反对铺张浪费。组织企业相关人员参加食品安全标准培训会、药械妆监管人员能力建设及药品疫苗两法宣贯培训班和药械妆不良反应/事件监测工作学习培训班共310多人次。

【食品安全示范县创建】 2020年，揭西县按照省、市食安委要求调整县食安委成员以及食安办副主任单位；报请县政府印发《揭西县有关部门食品安全监管事权清单》，以县委办、县政府办名义制订印发《揭西县深化改革加强食品安全工作分工方案》，厘清各职能部门食品安全职责，压实食品安全工作责任。对各乡镇(街道)开展2019年度食品安全评议考核，考核结果经县食安委

2020年6月23日，县市场监督管理局金和市场监督管理所工作人员向揭西县金和好利民综合商店颁发“放心消费承诺单位”牌匾 (林生泉 摄)

全委会审议通过并以县人民政府名义进行通报。协助省食安办委托第三方对全县创建工作开展群众满意度和支持率调查工作，完成省食安办对全县创建工作中期评估工作。开展科普知识和示范创建宣传，提升公众食品安全意识和示范创建知晓率。

（蔡远辉　庄雪婷）

应急管理

【概况】 2020年，揭西县实行每月一研判、每月一督查安全生产工作机制，建立“一二三安全生产常态化管理机制”，推进安全生产、三防、森林防火以及防灾减灾工作。加强安全生产知识学习，开展专项整治活动，提升应急救援能力。全年组织应急救援演练12场；出动执法检查人员217人次，取缔非法经营危险化学品13家，检查加油站50家次；开展安全生产、森林防火、防灾减灾救灾等宣传活动共721场次。

【安全生产管理】 2020年，县安委会印发《关于印发揭西县2020年“安全生产月”和“安全生产南粤行”活动方案的通知》，开展“安全生产月”各项活动。组织基层分管领导、安全监督检查员参加省、市、县监管实务培训，增强基层安全监管能力；组织全县企业负责人、安全管理人员、工矿商贸行业负责人开展安全培训，全年培训基层干部180人次、企业员工3790人次。开展安全生产大检查联合行动，组织开展道路交通、在建工程项目、非煤矿山、消防等联合行动。对县域内18家加油站改建工地进行检查，发现54个隐患并现场落实业主进行整改。

【三防工作】 2020年，揭西县出台《揭西县防汛防旱防风防冻应急预案》，加强防汛期间应急值班值守工作，开展汛前安全生产隐患大排查，做好自然灾害防范准备应急物资储备工作。下拨各乡镇（街道）2019年中央自然灾害救灾资金50万元，县财政下拨2020年度应急物资资金115万元，由县发展和改革局统一采购储备；做好规范乡镇（街道）应急管理（三防）视频会议室建设，完善三防指挥系统配套工作。县财政拨款230多万元推进全县应急管理（三防）视频会议系统建设；全县签约2支应急抢险队伍400人，机械设备一批，发生突发事件时由县统一调配；县四套班子分别挂钩乡镇（街道）山塘水库防汛责任人。

【森林防火】 2020年，县应急管理局与县林业局对森林防灭火工作职责事项进行划分，形成统分结合、协同配合、相互支持森林防灭火工作格局；联合县林业部门在清明节期间做好各乡镇（街道）上山扫墓防范森林火灾工作，组织开展清明节期间森林防灭火巡查，设置森林防火临时检查点，加强各乡镇（街道）上山扫墓主要路口值班值守。10月23日，县政府发布《森林防火禁火令》，发布禁火区域、时间和禁火规定，自发布之日起执行。

【应急救援】 2020年，揭西县加强应急救援能力建设，组织开展安全生产应急演练；组建县专业森林消防综合应急救援队伍，招聘队员60人，购置专业设备装备设施，加强应急救援队员专业森林消防救援能力训练。6月19日，在揭西广业环保有限公司（县城污水处理厂）进行有限空间作业事故联合应急救援演练，110多人参加演练。全年组织应急救援演练12场，共600多人参加。

【安全生产专项整治】 2020年，县安委办加强危险化学品和烟花爆竹安全监管，加大危险化学品和烟花爆竹非法经营行为惩治力度；组织公安、消防救援、应急等职能部门开展成品油专项检查和打击“黑油点”专项整治行动。全年出动执法检查人员

217人次，取缔非法经营危险化学品13家，治安拘留4人，刑事拘留6人。清理取缔烟花爆竹非法经营点7个，集中销毁烟花爆竹218件；清理五云搅拌站企业贮油设施1处，检查加油站50家次，立案处罚3宗，处罚金额17.5万元，没收汽油0.99吨、柴油7.32吨。

2020年1月31日，县应急管理局到河婆街道城西加油站开展常规检查
（县应急管理局　供稿）

【应急处置】　2020年，县应急管理局建立健全事故应急处置制度，落实事故应急处置责任。9月9日，甬莞高速公路赤岗路段发生两辆危险化学品运输车辆追尾交通事故，造成运载部分苯酚和天然气泄漏。揭西县启动突发环境事件Ⅳ级应急响应，县应急管理局联合相关部门做好“9·9”突发环境事件应急处置工作，保障周边群众生产生活用水安全，降低污染影响程度。

【宣传教育】　2020年，县安委会以“消除事故隐患，筑牢安全防线”为主题，在河婆街道、棉湖镇、金和镇、灰寨镇等地人流较多地方和显眼处张挂安全生产宣传横幅，提升人民群众安全意识；联合县气象局通过县突发事件预警信息发布中心决策平台发布“安全生产月”宣传短信，发布8期受众共1.22万人次；通过县电视台滚动播放宣传口号，全年滚动播放60条宣传口号；开展防灾减灾救灾宣传，5月12日（防灾减灾日），在县城协贤桥点亮主题灯2个月，宣传防灾减灾知识，全县悬挂横联36条，发放宣传品一批；9月，开展“森林防火宣传月”宣传活动。在“安全生产月”活动中，全县设置宣传栏355栏，宣传横幅3782条，公益广告36则，新闻报道327条，发送手机短信10.6万条，发放宣传资料5.67万份。

（刘桂山　林悦君）

自然资源管理

【概况】　2020年，县自然资源局开展“证照分离”改革全覆盖试点，分类推进自然资源领域涉企经营许可事项审批制度改革。推进规划用地“多审合一、多证合一、多验合一、多测合一”改革举措落地，推广实行用地“一体化”审批。全年办理用地规划许可证14宗、建设工程许可证48宗、规划核实合格证36宗；全县供应土地11宗、面积14.91公顷。其中挂牌出让国有建设用地7宗、面积6.94公顷，“三旧”改造协议出让1宗、面积0.52公顷，划拨用地3宗、面积7.45公顷。至年底，全县储备土地164.58公顷。

【耕地保护】　2020年，县自然资源局制订《揭西县2020年度垦造水田工作方案》，塔头镇阔园村、潭溪村垦造水田项目建设规模33.47公顷，计划新增水田面积32.24公顷，完成项目选址、现场踏勘、外业测量、可行性研究和专家论证、现场踏勘论证、工程招标。落实耕地保护责任制和占补平衡制度，坚持节约集约用地，处理好保护资源与保障发展关系。实施耕地耕作层剥离再利用，将剥离耕地耕作层用于新开垦耕地、劣质地或者其他耕地土壤改良；编制耕地耕作层剥离再利用方案2个，涉及剥离面积3.68公顷。

【建设管理】 2020年，县自然资源局健全建设管理业务流程，落实便民惠民政策，压缩工作时限，优化业务流程和工作制度，更新操作指南，提高办事效率，联合县农业农村局、县住建局拟订《揭西县农村宅基地和住房建设管理暂行办法》，制定《普通个人自建房报建审批相关意见（暂行）》。组织规划技术审查59宗，组织编制《关于揭阳至惠来铁路项目（揭西段）建设用地预审（选址意见书）初审意见的报告》；办理用地规划许可证14宗、建设工程许可证48宗、规划核实合格证36宗。

【土地储备开发】 2020年，县自然资源局拟订年度供应计划和储备计划，做好土地市场动态监测与监管系统上报与开竣工数据录入工作。执行合同上报制度，促进数据上报及时性和真实性。做好用地申请调查工作，依据政策、土地管理法律法规及调查情况形成书面报告，提出意见，为政府提供决策。至年底，全县储备土地164.58公顷。

【“三旧”改造】 2020年，县自然资源局加强研究全县旧村庄“三旧”（旧城镇、旧厂房、旧村庄）改造工作，协助各乡镇（街道）拟订项目改造方案，加快改造用地完善征地报批手续。是年，全县“三旧”改造项目入库数25宗，面积77.27公顷，“三旧”改造协议出让1宗，面积0.52公顷。

【确权登记管理】 *不动产登记“双提升”* 2020年，县自然资源局基本实现不动产一般登记3个工作日内、抵押登记1个工作日内办结目标。构建“互联网+不动产”登记系统，推进在线预审系统办理抵押业务，不动产登记微信服务平台部署在线预约、不动产登记信息查询、业务进度查询等功能，减少群众跑腿次数。实现一手房转移、二手房转移、预告登记、抵押登记、不动产权书注销、不动产登记证明注销、遗失换证等常用业务通过一窗受理系统办理。实现一手房、二手房通过结构化数据方式进行网签备案；通过与税务部门对接，核税及完税凭证可在一窗受理系统办理业务时通过接口获取。是年，全县登记颁发不动产权证书1041本；颁发不动产登记证明3125份，查解封登记94宗。

不动产登记数据整合 2020年，县自然资源局完成全县国有土地地籍档案、集体土地所有权档案成果扫描，基本完成宅基地地籍表扫描，其中国有建设用地2.80万宗，宅基地16.49万宗，集体建设用地2000宗；基本完成历史数据纸质档案信息补录工作，待外业调查完善相关缺失字段后可正式提交入库。

国有建设用地及房屋所有权“三落”（落图、落宗、落幢） 2020年，揭西县国有建设用地2.60万宗、房屋所有权证房产6.58万宗；内业图解土地1.80万宗，房产1.02万宗；外业解析土地20宗，房产958宗。未确认空间位置土地7984宗，房产5.47万宗，总体土地完成69.3%，房产

2020年10月21日，省自然资源厅地图监管工作抽查组在县自然资源局会议室听取地图监管工作汇报 （县自然资源局 供稿）

16.9%。

“房地一体”农村不动产调查　2020年，县自然资源局推进“房地一体”农村不动产调查工作，投入技术人员136人，对142个村庄开展调查工作，完成外业调查9.79万宗，占总调查工作量40%。

【测绘管理】　2020年，县自然资源局健全测绘地理信息管理制度，实施管理措施。开展地图监管工作，多形式全方位开展国家版图宣传教育，增强群众地理信息安全意识、底线意识，维护地图市场秩序。10月21日，省自然资源厅地图监管工作抽查组到县自然资源局调研地图监管工作。

【矿产管理】　2020年，县自然资源局做好辖区内5个持有采矿许可证矿业权人监督管理工作，组织矿业权人填报矿产资源勘查开采年度信息并按要求公示，做好公示信息检查工作。开展矿产资源全覆盖巡查，每月不定期巡查矿业权人是否越界开采、是否按照矿产资源开发利用方案开采和矿山地质环境保护等；每季度牵头组织县林业局、县水利局、县公安局、市生态环境局揭西分局、县应急管理局和属地乡镇人民政府等单位开展联合检查，通过现场察看、调阅档案资料等方式检查开采现场、安全生产、水土保持、环境保护、炸药使用、林地复绿等情况。推进绿色矿山建设工作，完成绿色矿山建设任务3个。

2020年揭西县持有采矿许可证企业一览表

表5

矿区名称	公司名称
揭西县坪上镇大坪矿区	揭西县联兴达采石场有限公司
揭西县南山镇上埌采石场	揭西县上埌采石场有限公司
揭西县长科采石场有限公司	揭西县长科采石场有限公司
揭西县宝成石业有限公司石圳坑采石场	揭西县宝成石业有限公司
揭西县龙潭泉水塘村伯公坪采石场	揭西县合盛石业有限公司

【地质灾害防治】　2020年，县自然资源局根据2019年度汛期地质灾害情况和危险程度，结合地质灾害调查结果，从2月起全面排查全县地质灾害隐患点33个。完善地质灾害防治预报预警短信发布机制，组建短信群组，及时更新责任人员信息编发地质灾害预警短信2期、359条。与广东省地质局第二地质大队就构建揭西县地质灾害防治技术支撑体系建设，签订服务合同，发挥地勘单位在地质灾害防治工作中专业技术优势及技术支撑作用。利用2019年度地质灾害防治专项资金318万元，推进京溪园镇长滩日新学校、龙潭镇富光村（东段）、五经富镇龙山村等边坡崩塌地质灾害治理项目竣工验收；利用2020年度地质灾害防治专项资金210万元，推进龙潭镇富光村（西段）边坡崩塌地质灾害治理项目竣工验收。明确中小型地质灾害隐患点治理工作任务。组织人员利用宣传车到全县各地质灾害隐患点进行广播宣传，发放地质灾害防灾避险宣传折页5000册、宣传画3000张。

【土地执法监察】　2020年，县自然资源局开展自然资源法律法规宣传教育工作，结合全市开展“两违”（违法、违规）控停工作、扫黑除恶专项行动、日常动态巡查，集中力量全面整治违法违规用地行为，通过动态巡查发现制止违法用地104宗，面积11.5公顷；查处违法用地案件116件，拆除建筑物面积1.25万平方米，复耕复绿面积4.99公顷；受理群众来信来访45件，办结44件；扫黑除恶案件9件（含3件重复核查），办结8件；排查拆除违法建筑1件、6栋，拆除建筑物面积5590平方米。

（杨耀弟　彭志怀）

财政　税务

FINANCE AND TAXATION

财　政

【概况】　2020年，揭西县财政局（简称县财政局）推进政府债券资金使用管理、预算绩效管理、涉农资金统筹整合、财政事业改革发展、优化财政支出等工作。10月29日，县财政局在三楼会议室召开财政业务工作会议。全年一般公共预算收入4.71亿元，比2019年（下同）增收80万元，增长0.2%。其中税收收入2.85亿元，减收2385万元，下降7.7%；非税收入1.86亿元，增收2465万元，增长15.3%。一般公共预算支出57.51亿元，增加支出7.77亿元，增长15.6%。

2020年10月29日，县财政局在三楼会议室召开财政业务工作会议

（县财政局　供稿）

【财政收入】　2020年，揭西县财政总收入64.85亿元，比2019年（下同）增长13.3%，其中上级补助收入51.18亿元、地方一般公共预算收入4.71亿元、2019年结转收入2.50亿元、地方政府新增债券收入1.56亿元、调入资金2.45亿元、动用预算稳定调节基金2.45亿元。一般公共预算收入为年初预算的96.3%，短收1802万元，增收80万元，增长0.2%，其中税收收入2.85亿元（为年初预算的87.1%），短收4237万元，减收2385万元，下降7.7%；非税收入1.86亿元（为年初预算的115.1%），超收2435万元，增收2465万元，增长15.3%。

【财政支出】　2020年，县财政总支出60.00亿元，其中一般公共预算支出57.51亿元、上解上级支出2.06亿元、调出资金752万元、还本支出3653万元。一般公共预算支出为年初预算的112.42%，比2019年（下同）增加支出7.77亿元，增长15.6%。增加支出主要是新农村建设雨污分流支出（增支5.14亿元）、交通运输支出（增支2.41亿元）、拆旧复垦支出（增支7802万元）、社会保障和就业支出（增支6394万元）和2020年省财政转贷1.57亿元政府债券资金支出；减少支出主要是一般公共服务支出（减少2092万元）、文化旅游体育与传媒支出（减少3314万元）和卫生健康支出（减少支出5485万元）。

【财政管理】 机关事业单位养老保险清算及职业年金 2020年，县财政局做好2014年10月至2018年7月机关事业单位养老保险清算工作及应退回2014年10月以前养老保险个人缴费部分清算工作，退回改革前原机关事业单位工作人员个人缴纳养老保险费本息合计1.18亿元；补做实2014年10月至2015年12月职业年金单位缴费部分5656.65万元以及2016年1月至2018年12月机关事业单位退休“中人”（机关事业单位工作人员养老保险制度改革前参加工作、改革后在机关事业单位退休的人员）职业年金单位缴费部分1699万元。做实2014年10月至2019年12月部分单位个人账户职业年金计息资金38.97万元。

全县公车改革和使用管理 2020年，县财政局出台《关于印发〈揭西县党政机关公务用车管理办法〉的通知》《关于迅速办理车改已报废公务用车注销手续的通知》《关于迅速办理公务用车编制重核的通知》等文件，加快公车改革车辆处置，完善公务用车管理和使用工作。协助县纪委监委、车改办等部门做好不符合车改保留范围的27辆公务用车处置工作。做好公务用车网上办公系统所有公务用车分级管理和审批工作，全年在公务用车网上办公系统办结各类业务92件。

工程审核 2020年，县财政局在工程审核过程中坚持实地勘察、按实结算，加强送审资料审核，严格把关送审资料程序手续。全年审核预算工程760个，送审价17.70亿元，核定15.54亿元，核减率12.2%；审核结算工程575个，送审价6.73亿元，核定价5.94亿元，核减率11.8%，审核前期费用520个。

【财政监督】 2020年，县财政局组建工作小组，明确“双监控”（实施线上监控为主、线下监控为辅方式）工作任务要求，按照“谁支出，谁负责”原则，对直达资金及抗疫特别国债资金的分配、使用、监管全过程进行“双监控”，在项目实施全过程建立联动机制，把握项目工程施工过程各个阶段和资金支出过程各个时间节点，通过“双监控”系统上报，压实责任，推动项目按量按质完成；配合省财政厅开展2020年县级“三保”（保基本民生、保工资、保运转）预算执行等专项核查工作，对照“三保”国标、省标编制2020年预算，全县各项支出指标没有缺口，没有虚增财政收入等行为。

【财政改革】 实施预算绩效改革管理 2020年，县财政局根据中央、省、市关于全面实施预算绩效管理意见要求，牵头起草《关于全面实施预算绩效管理的工作方案》（以下简称《方案》），以县委、县政府名义印发全县执行。《方案》明确到2022年基本建成全方位、全过程、全覆盖预算绩效管理体系，推进重大政策和项目事前绩效评估、加强绩效目标管理、开展绩效运行监控、梳理纯净指标框架、提升绩效评价实效、落实绩效结果应用、公开绩效信息、加强信息化建设八个重点环节工作。

村财镇管改革 2020年，县财政局牵头起草《揭西县农村财务管理实施细则》，加强农村财务制度化管理；印发《揭西县第八届村民委员会、第七届居民委员

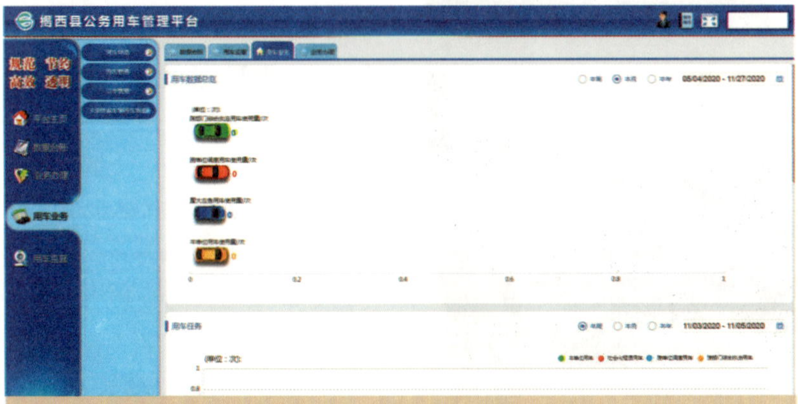

揭西县公务用车管理平台 （县财政局 供稿）

会换届审计工作方案》，开展全县村（居）换届审计工作，分两个阶段对全县村（居）开展换届审计工作，至年底完成第一阶段审计任务，联合县审计局督促各乡镇（街道）落实整改工作；印发《关于进一步加快我县经联社纳入乡镇会计委托代理中心工作的通知》，推进良田乡龙岭村过水圻经济合作社、龙岭村新屋家经济合作社、岸洋村股份经济联合社、下村经济联合社以及五经富镇中和移民新村经济合作社5个经联社纳入会计委托代理中心管理。

【财政支农】 2020年，县财政局加大涉农资金统筹整合，争取统筹整合涉农资金4.31亿元，在所有建制县市区中排名第一。全年投入农村人居环境整治资金5.99亿元，其中新农村建设资金3.92亿元，雨污分流资金1.73亿元，“三清三拆”资金3225万元，厕所革命资金251.17万元。投入“一村一品”资金3600万元，辐射带动就业4215人次。投入十大农特产品、十大农鲜产品、十大特色农庄资金400万元。投入1500万元发展壮大村级集体经济，实现全县44个行政村集体经济收入增长；投入资金2000万元，完成森林碳汇林造林及抚育133公顷。通过“财政一卡通”发放形式，发放林业政策性惠民资金1997.51万元，发放天然商品林停伐补助资金7.58万元。投入80余万元，完成全县林业有害生物防治面积3026公顷。投入生态护林资金815万元，为护林员购买养老保险、人身意外保险等；投入资金1亿元，实施塔头拦河闸重建工程、瓴杓岭灌区节水灌溉改造工程，其中塔头拦河闸重建工程8600万元、瓴杓岭灌区节水灌溉改造工程1400万元。投入资金359万元，支持河长制工作。做好水旱灾害防御准备工作，投入资金404万元用于37座小型水库安全运行管理标准化建设，投入资金100万元用于冬修水利及防汛加固工程项目，投入资金92万元完成河道清淤9千米。按时发放直补资金640万元推进移民安置扶持工作，投入资金1691万元做好移民扶持项目工作。

【政府采购管理】 2020年，揭西县政府采购工作保持增长态势，采购规模逐步扩大。全年全县申报政府采购单位涉及项目306宗，申报采购总金额5.28亿元，其中公开招标金额2.52亿元、竞争性谈判7284.19万元、竞争性磋商1.27亿元、其他采购方式采购金额7548.30万元。加大对扶贫地区农副产品采购管理，全年上报政府采购贫困地区农副产品预留比例单位32个，预留采购金额42.83万元，完成27.19万元，占比63.5%。

【信息化建设】 2020年，县财政局做好“数字政府”公共财政管理平台、财政资金项目库和部门预算编制系统、债务实时监测平台、人大联网监督系统、非税收入管理系统、行政事业资产管理信息系统、农村财务监督平台、账务一体化系统、财政支撑平台、公务卡系统、动态监控系统、财政资金实时在线联网监督系统、市县项目管理系统、全县预算单位支付网络等信息化系统运行维护及管理工作。全年投入新系统建设和系统维护资金共126.84万元。是年，上线财政资金项目库和部门预算编制系统。

（高锐华 刘政章）

“数字政府”公共财政综合管理平台 （县财政局 供稿）

2020年揭西县财政收支执行情况表

表6

单位：万元

预算科目	年初预算数	累计数		为年初预算数（%）	为同期数（%）	预算科目	年初预算数	累计数		增减额	为预算数%	为同期数%
		本期	2019同期					本期	2019年同期			
一、税收收入小计	32741	28504	30889	87.06	92.28	一、一般公共服务	30076	37189	39280	−2091	123.65	94.68
（一）工商税收	28517	24666	26904	86.50	91.68	二、国防支出	183	337	176	161	184.15	191.48
1.增值税	13074	10336	12334	79.06	83.80	三、公共安全支出	13284	13622	15002	−1380	102.54	90.80
2.共享税留成	4810	5513	4538	114.62	121.49	四、教育支出	109100	98320	100221	-1901	90.12	98.10
3.其他税收	10633	8817	10032	82.92	87.89	五、科学技术支出	322	529	383	146	164.29	138.12
（二）耕地占用税	1513	1493	1427	98.68	104.63	六、文化旅游体育与传媒支出	9696	6829	10143	-3314	70.43	67.33
（三）契税	2711	2345	2558	86.50	91.67	七、社会保障和就业支出	106732	113797	107053	6744	106.62	106.30
二、非税收入小计	16184	18619	16154	115.05	115.26	八、卫生健康支出	88057	88310	93795	-5485	100.29	94.15
1.专项收入	2306	1986	2306	86.12	86.12	九、节能环保支出	10137	19220	19563	−343	189.60	98.25
2.行政性收费收入	4853	5579	4756	114.96	117.30	十、城乡社区支出	6381	7685	7243	442	120.44	106.10
3.罚没收入	8053	2909	8188	36.12	35.53	十一、农林水支出	89477	117485	66127	51358	131.30	177.67
4.国有资本经营收入		—	—			十二、交通运输支出	16242	33310	9196	24114	205.09	362.22
5.国有资源（资产）有偿使用收入	511	7585	542	1484.34	1399.45	十三、资源勘探信息等支出	328	3435	433	3002	1047.26	793.30
6.其他收入	461	447	254	96.96	175.98	十四、商业服务业等支出	360	614	359	255	170.56	171.03
7.政府住房基金收入		113	108		104.63	十五、自然灾害海洋气象等支出	3933	17181	9379	7802	436.84	183.19
						十六、住房保障支出	13688	10542	11418	-876	77.02	92.33
						十七、粮油物资储备支出	2046	1284	2569	−1285	62.76	49.98
						十八、其他支出	231	268	194	74	116.02	138.14
						十九、债务付息支出	2996	2954	2832	122	98.60	104.31
						二十、债务发行费用支出	51	17	6	11	33.33	283.33
						二十一、金融支出	13	10	15	−5	76.92	
						二十二、灾害防治及应急管理支出	2200	2144	1995	149	97.45	107.47
						二十三、预备费	6000	0	0		0.00	
一般公共预算收入合计	48925	47123	47043	96.32	100.17	一般公共预算支出合计	511533	575082	497382	77700	112.42	115.62

税　务

【概况】 2020年，国家税务总局揭西县税务局（简称县税务局）组织税费收入19.61亿元，比2019年（下同）下降28.0%。县级收入2.85亿元，下降7.7%。社保费收入11.52亿元，下降37.2%。全县辖管纳税人1.46万户，其中一般纳税人946户、小规模纳税人1.37万户；企业类2808户、个体类1.06万户、其他类型1192户。

【税收收入】 2020年，县税务局组织税收收入7.80亿元，比2019年（下同）下降9.0%。其中中央级收入3.36亿元，下降11.3%；省级收入1.59亿元，下降6.1%；县级收入2.85亿元，下降7.7%。组织社保费收入11.52亿元，减少6.83亿元，下降37.2%。其中企业养老保险2.96亿元，减少4546万元，下降13%；其他费（非税收入）2912万元。

【征收管理】 2020年，县税务局加大全县各大建设、产业项目投资建设进度跟踪力度，全年"五本台账"（揭西县2020年重点建设项目台账、重点产业项目台账、土地征收整合储备及供应计划台账、房地产项目台账、财政预算及资金管理台账）重点项目共实现税款1.95亿元；加强对房地产业、建筑安装行业辅导和监管，全年分别实现税款1.41亿元、1.53亿元，其中房地产业税收比2019年增长23.3%；完成2019年度企业所得税汇算工作，汇算清缴面100%。完成个人所得税改革后首次综合所得年度汇算，办理汇算退税7305人，退税金额233.66万元；建立地方税种联动管理机制，做好社保费等日常征管，推进非税收入征管职责划转并完成征收。

【电子税务】 2020年，县税务局采取"税务在线、见屏如面"方式，拓展"非接触式"办税服务，实现网报率99.8%，为596户纳税人提供邮寄发票5.33万份；开展便民办税春风行动，推广运用主题办税功能，规范管理建设"双一百"（硬件设备达标率100%，系统功能上线率100%）办税服务厅，强化"数字纳服"服务理念。

【依法治税】 2020年，县税务局优化税务执法方式，加强内部控制机制建设，配合做好"广东省行政执法信息公示平台"上线工作，强化事前、事中、事后公示，促进公平公正监管。开展内部控制自我评估、现金税费征缴专项整治以及增值税发票管理内部风险快速反应核查工作，纠正11户纳税人。全年全县完成4宗

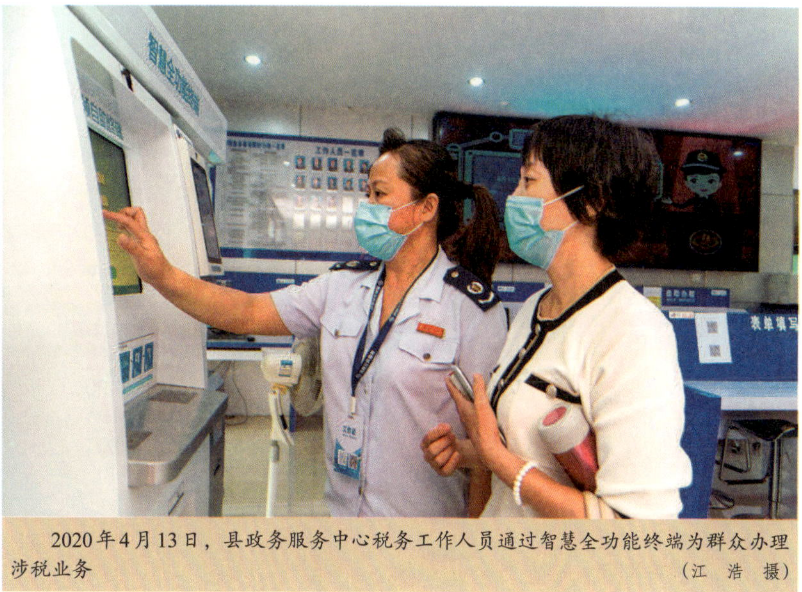

2020年4月13日，县政务服务中心税务工作人员通过智慧全功能终端为群众办理涉税业务　（江　浩　摄）

重大执法决定法制审核。

【减税降费】 2020年，县税务局分析研判疫情对经济税收运行影响，落实减税降费政策，发挥税收职能助力企业复工复产。全年全县新增减税降费1.29亿元；完成全县6.53万户缴费人社保费减免类型划定工作，减免企业社保费5267.77万元；落实出口退税限时办结制，全县87户次出口企业办理出口退税2225万元。

【税收宣传】 2020年，县税务局围绕“减税费优服务 助复产促发展”税收宣传月主题，制作税收公益广告、开展“云课堂”、组织参与“税暖我先知”评比等活动，在省、市级主流媒体及政府网站发布稿件共110篇、“揭阳税务”微信公众号等新媒体发布稿件共18篇，其中税务干部开展问需问计和纳税辅导新闻素材在央视宗合频道、央视财经频道、央视新闻频道播出；开展“七五”普法活动，县税务局获“揭西县2019年度国家机关‘谁执法谁普法’履职报告评议优秀单位”称号。

2020年4月13日，揭西县税务局在七楼会议室开展“助复产促发展”——税务春风线上直播云课堂活动 （县税务局 供稿）

2020年揭西县税收收入情况表

表7 单位：万元

项目＼收入	收入额	2019年同期	增收额	增长（%）
税费收入	196065	272379	-76314	-28.02
一、税收收入合计	77990	85697	-7707	-8.99
其中：中央库	33636	37936	-4300	-11.33
省级库	15850	16872	-1022	-6.06
县（区）库	28504	30889	-2385	-7.72
（一）税务部门组织税收收入	77990	85697	-7707	-8.99
1.国内增值税	41353	49336	-7983	-16.18
其中：①直接收入	40653	47216	-6563	-13.90
②免抵调库	700	2120	-1420	-66.98
2.国内消费税	36	30	6	20.00
3.营业税	—	—	—	
4.企业所得税	8741	10284	-1543	-15.00

续表 7

项目＼收入	收入额	2019年同期	增收额	增长（%）
5.个人所得税	5614	3731	1883	50.47
6.资源税	180	734	-554	-75.48
7.土地使用税	2319	2484	-165	-6.64
8.城市维护建设税	1929	2408	-479	-19.89
9.印花税	701	718	-17	-2.37
10.土地增值税	5281	3470	1811	52.19
11.房产税	2102	2041	61	2.99
12.车船税	1507	1555	-48	-3.09
13.车辆购置税	4310	4829	-519	-10.75
14.耕地占用税	1493	1427	66	4.63
15.契税	2345	2558	-213	-8.33
16.环境保护税	79	92	-13	-14.13
（二）海关代征进口税收	—	—	—	
二、其他收入合计	118075	186682	-68607	-36.75
1.教育费附加	1164	1426	-262	-18.37
2.文化事业建设费	8	36	-28	-77.78
3.税务部门其他罚没收入	2	1	1	100.00
4.社保基金收入	115163	183496	-68333	-37.24
5.残疾人基金	306	140	166	118.57
6.堤围防护费	—	1	-1	-100.00
7.地方教育附加	776	953	-177	-18.57
8.价格调节基金	0	—	0	
9.工会经费	648	629	19	3.02
10.其他收入	8	—	8	
出口退（免）税	-2925	-7154	4229	-59.11

（陈　就　陈　琳）

金融业
BANKING

综　述

【概况】 2020年，揭西县人民政府金融工作办公室（简称县金融办）落实新发展理念，加强地方金融服务体系建设，引导银行等金融机构支持实体经济，发展涉农服务，服务复工复产工作；规范金融机构管理，打击涉金融违法犯罪行为，宣传金融政策，普及金融知识，提高防范化解金融风险能力。全县金融业以银行、保险、证券为主，有银行业机构6家、保险机构8家、证券机构1家、小额贷款公司1家。

【银行业】 2020年，揭西县银行业金融机构6家，分别是中国银行股份有限公司揭西县支行、中国农业银行股份有限公司揭西县支行、中国工商银行股份有限公司揭西县支行、中国建设银行股份有限公司揭西县支行、中国邮政储蓄银行股份有限公司揭西县支行和广东揭西农村商业银行股份有限公司。是年，银行业金融机构各项存款余额314.41亿元，比年初（下同）增加18.44亿元，增长6.2%；各项贷款余额144.30亿元，增加23.91亿元，增长19.9%。

【证券业】 2020年，揭西县有证券机构营业部1家，为广发证券股份有限公司揭阳揭西证券营业部，提供各类经纪业务、企业金融、贷款业务等服务。至年底，营业部新开户0.8万户，累计客户3.72万户；累计交易量597.38亿元。营业部融资融券总维持担保比例323.4%。

【保险业】 2020年，揭西县有保险机构8家，分别是中华联合财产保险股份有限公司揭阳市揭西支公司、中国太平洋财产保险股份有限公司揭阳市揭西支公司、中国人寿财产保险股份有限公司揭阳市揭西支公司、中国人民财产保险股份有限公司揭西支公司、中国平安财产保险股份有限公司揭阳市揭西支公司、阳光财产保险股份有限公司揭阳市揭西支公司、中国人寿保险股份有限公司揭西县支公司、中国平安人寿保险股份有限公司揭阳中心支公司揭西营业部。全年实现保费收入2.81亿元。

（叶俊宏　黄楚玲）

中国人寿保险股份有限公司揭西县支公司　（张　晖　摄）

金融业监管

中国人民银行揭西县支行
（国家外汇管理局揭西县支局）

【概况】 2020年，中国人民银行揭西县支行（简称人行县支行）发挥货币政策工具精准滴灌作用，引导更多资金服务实体经济，加强金融风险监测和外汇管理，优化金融服务，维护县域金融稳定。至年底，全县银行业金融机构6家，各银行机构各项存款余额314.41亿元，比年初（下同）增长6.2%；各项贷款余额144.30亿元，增长19.9%。

【金融服务】 征信管理 2020年，人行县支行在农行棉湖支行增设个人征信自助查询机1台。全年办理企业征信查询50次，受理个人征信查询6307人次。开展诚信进企业、学校、社区活动等各类宣传活动4场次。

账户管理 2020年，人行县支行按照《中国人民银行行政许可实施办法》等有关规定，办理人民币账户开、销户行政许可。加强对辖内银行指导和监督，落实好“放管服”要求，取消企业银行账户督导工作。至年底，全辖区银行办理开户1362户、销户474户、变更人民币账户511户。

经理国库 2020年，人行县支行完成国库核算业务，维护国库资金安全。做好财政性国库资金收纳划拨清算工作，及时准确收纳辖区征收机关缴纳的财政性资金并按照预算属性入库，办理国库集中支付业务，按时足额拨付各类专项财政预算拨款，严格审核办理退更免业务。全年办理财政预算收入12.53万笔，总额68.92亿元，支出1.32万笔，总额62.36亿元；至年底，县财政库存8.31亿元，办理预算收入退付业务8102笔，总额0.40亿元，其中出口退税0.29亿元。做好国库资金运行分析工作，根据全县各项财政性资金收支存运行情况，及时分析国库资金运行特点，报政府分管领导和相关部门，提供决策依据。

【支付清算】 畅通汇路 2020年，人行县支行强化金融科技建设，改善金融支付服务环境，推进汇路畅通，ACS系统（中央银行会计核算数据集中系统）正常运行，全年ACS系统发出业务292笔，总额5019.71亿元。

改善农村支付环境 2020年，人行县支行设立助农取款服务点308个，金融服务全覆盖辖区280个行政村。全年助农取款0.95万笔，总额0.02亿元；查询业务1.05万笔；转账8.25万笔，总额0.52亿元；其他叠加金融支付服务业务1.20万笔，总额0.01亿元。

移动支付示范镇建设 2020年，揭西县在河婆街道、棉湖镇建立移动支付示范镇，建成2个示范商圈、125个示范点，移动支付受理终端改造率92.0%。聚焦医疗、学校、生活等民生领域，推广“云闪付”APP等移动支付产品和服务，扩大移动支付示范镇辐射范围及影响力，服务乡村振兴和改善民生。

【货币信贷】 2020年，人行县支行下调金融机构人民币存款准备金率3次，对揭西农商行累计下调存款准备金率1.0个百分点。落实稳企业保就业工作要求，开展暖企走访12场次，搭建银企合作平台，配合县政府牵头举办政银企对接会暨现场签约仪式，引导辖内6家银行和12家企业分别签订融资合作意向书，现场签约融资意向金额7600万元。传导两项直达实体经济政策工具，加强对商业银行信贷管理指导，中小微企业贷款延期43户、金额1.43亿元，发放普惠小微企业贷款974户、金额6.27亿元，发放普惠小微信用贷款613户、金额2.13亿元。落实“梁柱”企业帮扶措施，组织辖区各金融机构加强与企业沟通协调，做好融资帮扶工作，辖区银行机构向25家“梁柱”企业提供贷款，贷款余额为1.30亿元。落实金融精准扶贫工作，辖区银行业金融机构向精准扶贫户贷款212户，余额0.09亿元。

【货币管理】 2020年，人行县支行加强货币管理，做好反假币及新版人民币宣传工作，加强对辖区银行业金融机构现金管理、反假币、残钞兑换工作。5月，联合县金融办组织辖内银行业金融机构在上砂镇开展2020年揭西县反假货币暨新版人民币知识宣传活动。11月，做好存款保险标识启用工作，对辖内银行业金融机构网点全覆盖巡查，开展宣传7场次。

【外汇管理】 2020年，国家外汇管理局县支局强化外汇监管，掌握外汇收支动态，加强跨境资金流动监测。落实“贸易外汇收支企业名录”管理，提高国际收支数据申报时效性和质量，加强事中事后监管，完成对县辖重点监测企业外汇业务非现场核查67家次，现场核查3家次。完成银行业务非现场核查4家次。开展“诚信兴商宣传月”“宪法宣传周”活动，推广“国家政务服务”微信小程序，举办外汇政策宣讲会，宣传外汇便利政策和跨境人民币结算业务，提升外汇结算效率，助力企业复工复产。全年走访7家重点企业，督促银行机构主动对接，做好金融支持和服务。完成全口径跨境融资备案登记1笔。是年，辖内银行结汇0.28亿美元，比2019年（下同）下降26.3%；售汇金额0.03亿美元，降低40%。

2020年揭西县金融机构存贷款情况表

表8　　单位：亿元

类别	各项存款			各项贷款		
	年底余额	比年初		年底余额	比年初	
		增减额	增幅（%）		增减额	增幅（%）
全县金融机构合计	314.41	18.44	6.2	144.30	23.91	19.9
国有独资商业银行小计	103.52	6.53	6.7	37.49	9.90	35.9
农村商业银行	146.24	8.59	6.2	101.66	12.57	14.1
邮政储蓄银行	56.33	1.54	2.8	5.14	1.44	38.9

（林振群　杨秋虹）

银行机构选介

中国工商银行股份有限公司揭西支行

【概况】 2020年，中国工商银行股份有限公司揭西支行（简称县工行）做好存款和服务工作，加强拓户工作，扩展资产业务；做好理财产品营销，优化金融服务。至年底，各项存款余额22.36亿元，各项贷款余额9.10亿元；中间业务收入1279万元；国际业务结算量1177万美元，结售汇1178万美元。是年，县工行有揭西支行营业部和棉湖支行2个营业机构，ATM机8台，人员33人。

【存储业务】 2020年，县工行

主要开办活期存款、定期存款、定活两便、通知存款、协定存款、结构性存款等存款业务；外汇存款包括活期和定期存款。至年底，各项存款余额22.36亿元，比年初（下同）增加2.83亿元。其中储蓄存款余额18.36亿元，增加1.59亿元；对公存款余额3.99亿元，增加1.23亿元。

【信贷业务】 2020年，县工行主要开办小企业法人抵押贷款、项目贷款、网贷通、住房按揭贷款、个人消费贷款、个人抵押经营贷款、汽车分期付款、信用小额贷款等信贷业务。落实普惠金融政策，加大“税易通”“结算贷”“e抵快贷”等产品宣传营销力度，着力解决大部分小企业一直缺乏抵押物难题，支持小微企业发展。重点做好小企业贷和个人住房贷款业务等资产业务。至年底，各项贷款余额9.10亿元，比年初（下同）增加4.14亿元。其中对公贷款（含项目贷款小企业贷款）余额0.35亿元，增加0.13亿元；银保监口径普惠型小微企业贷款余额0.35亿元，增加0.12亿元；个人贷款余额3.52亿元，增加0.75亿元。

【中间业务】 2020年，县工行优化中间业务服务，推进中间业务发展。主要开办汇兑、银行汇票、托收承付、委托收款、代发工资等支付结算业务。做好网银、融e平台、手机银行推动工作。全年代发工资单位45个。至年底，中间业务收入1279万元。

2020年3月15日，中国工商银行揭西支行在营业厅开展“消费者权益日”宣传活动
（县工行 供稿）

2020年中国工商银行股份有限公司揭西支行主要业务经营情况表

表9 单位：亿元

项目	余额	比2019年增长（%）
存储业务	22.36	14.5
各项贷款	9.1	83.5
中间业务	0.12	128.8
理财业务	15.27	119

【理财业务】 2020年，县工行深化理财业务工作，拓宽理财业务范围，主要开办保险、基金、人民币理财、国债等理财业务。全年理财销售总额15.27亿元，其中基金销售额910万元、保险销售额3270万元、理财产品销售额11.56亿元、私银销售额3.28亿元、国债销售额159万元。

（庄祥晴　潘驰　方淑蕃）

中国农业银行股份有限公司揭西县支行

【概况】 2020年，中国农业银行揭西县支行（简称农行揭西县支行）夯实存款基础，加大信贷投放，服务“三农”工作。辖属营业网点7个、离行式自助网点1个、ATM自助设备28台、惠农通服务点110个。至年底，各项存款余额42.24亿元，各项贷款余额18.38亿元；国际业务结算量206.7万美元，业务收入3.42万元；销售代理保险产品4914.11万元，代理基金产品5816.40万元，销售人民币理财产品25.95亿元。是年，农行揭西县支行被中国农业银行总行评为“三化三达标”先进单位，揭西支行营业部、揭西河婆城区支行被中国农业银行揭阳分行评为先进网点。

【存储业务】 2020年，农行揭西县支行主要开办人民币存款和外汇存款等存款业务。人民币存款业务包括活期、整存整取、零存整取、整存零取、存本取息、定活两便、协定存款和通知存款等。外汇存款业务包括活期、7天通知存款和定期存款等。是年，本外币各项存款余额42.24亿元，比2019年增加1.46亿元，增长3.6%。其中：储蓄存款余额37.02亿元，对公存款余额5.22亿元。

【信贷业务】 2020年，农行揭西县支行主要开办中小企业贷款、住房按揭贷款、农村个人经营贷款、农户小额贷款、汽车分期贷款、家装分期贷款等信贷业务，推出“农银e贷”数字化产品体系，包含惠农e贷、小微e贷、个人e贷、产业e贷四大系列，细分“茶叶e贷”“乡村好时贷”“纳税e贷”“房抵e贷”等线上化信贷产品，满足农户、小微企业、个体工商户、小微企业主差异化需求。至年底，各项贷款余额18.38亿元，比2019年（下同）增加2.25亿元，增长14.0%。其中：

2020年中国农业银行揭西县支行主要业务经营情况表

表10　　单位：亿元

项目	余额	比2019年增长（%）
存款余额	42.24	3.6
其中：储蓄存款余额	37.02	4.1
对公存款余额	5.22	-0.2
贷款余额	18.38	14.0
其中：个人贷款余额	12.00	15.3
法人贷款余额	6.37	11.6

个人贷款余额12.00亿元，增加1.59亿元，增长15.3%；法人贷款余额6.37亿元，增加6619万元，增长11.6%。

【中间业务】 2020年，农行揭西县支行主要开办代收代付、代发工资等支付结算业务；推出消费扶贫爱心卡、军人信用卡、尊师信用卡、诗意生活信用卡等系列信用卡；开通网上银行、掌上银行、手机信使等电子银行业务；办理代理保险、第三方存管、基金、贵金属、理财、债券等业务。全年中间业务收入2488万元，比2019年增加263.92万元，增长11.9%。

【发展支农业务】 2020年，农行揭西县支行聚焦金融扶贫和服务“三农”，以整村推进农户信息建档为主抓手，加大对乡村振兴领域支持力度，加快“三农”和县域业务数字化转型步伐，构建和完善“惠农e贷”“惠农e付”“惠农e商”三大平台，推进农民共享金融科技红利。至年底，涉农贷款余额8.16亿元，比2019年增加1.01亿元，增长14.1%。

（李少群　杨凤茹）

中国银行股份有限公司揭阳揭西支行

【概况】 2020年，中国银行股份有限公司揭阳揭西支行（简称县中行）重点抓好存款、贷款、营业收入、客户基础、内控合规等经营管理工作。至年底，各项存款余额（含表内理财）15.34亿元（其中存款14.34亿元，理财1亿元），各项贷款5.6亿元，存贷比36.5%；实现营业净收入3153万元，比2019年（下同）增加87万元，增长2.8%，其中非息收入702万元；完成国际结算量878.92万美元。

【存储业务】 2020年，县中行主要开办人民币存款和外汇存款等存款业务。人民币存款有活期、整存整取、零存整取、整存零取、存本取息、定活两便、协定存款、通知存款、“大额存单”、“养老宝”和“中银易商”等。外汇存款有活期、7天通知存款、定期存款。是年，各项存款余额14.34亿元，比2019年（下同）增加0.7亿元。其中，人民币“两项”存款余额14.19亿元，增加0.71亿元，增长5.3%；外币储蓄存款余额238万美元。年末各项存款日均余额14.22亿元，增加11.55亿元，增长432.6%。贸易结汇878.92万美元，减少1871.08万美元，下降68.0%。开立外汇账户2户，累计开立32户。

【信贷业务】 2020年，县中行主要开办公司贷款、中小企业贷款、住房按揭贷款、个人投资经营贷款、抵（质）押循环贷款和信用循环贷款、“教育通宝”、“惠农通宝”、“文化通宝”、“科技通宝”、“专精特新”、中银e贷、普惠金融等中小企业贷款业务，新增中银企E贷、信用贷和烟商贷贷款业务。年末各项人民币贷款余额5.6亿元，比2019年（下同）增加1.49亿元，增长36.3%。其中个人贷款余额3.23亿元，增加0.27亿元，增长9.1%；中小企业授信支持贷款1.38亿元，增加0.23亿元，增长20%。全年投放贷款3.02亿元，中小企业授信支持贷款1.03亿元，住房按揭贷款0.62亿元。年末日均贷款余额5.4亿元，增加3.88亿元，增长255.3%。

【中间业务】 2020年，县中行主要开办转账结算、国际国内汇兑、POS、网上支付等结算业务；推出长城系列信用卡；开通网银手机银行业务；办理第三方存管业务、理财业务、代理保险业务和代理基金业务；办理手机银行业务。是年，中间业务收入702万元，比2019年减少79万元，下降10.1%。

2020年中国银行股份有限公司揭阳揭西支行主要业务经营情况表

表11　　单位：亿元

项目	余额	比2019年增长（%）
各项存款	14.34	5.1
贷款	5.6	36.3
营业净收入	0.32	2.8
中间业务收入	0.07	-10.1
国际结算（万美元）	878.92	-68.0

【理财业务】 2020年，县中行主要开办代理保险、代理基金、人民币理财等理财业务。是年，销售代理保险产品227万元，比2019年（下同）减少963万元，下降80.9%；销售代理基金309万元，减少1873万元，下降85.8%；销售人民币理财产品5.33亿元，增长519.8%。

（杨晓莉　贝建锋）

中国建设银行股份有限公司揭西支行

【概况】 2020年，中国建设银行股份有限公司揭西支行（简称县建行）推动金融供给侧结构性改革，以“三个能力”（支持实体经济发展，增强服务国家建设能力；落实全面风险管理要求，增强防范金融风险能力；发展跨境业务，增强参与国际竞争能力）提升为指引，推进新金融实践。全县设置营业机构2个，24小时自助银行5个，ATM机14台，智慧机8台。至年底，一般性存款余额24.81亿元，贷款余额8.17亿元，中间业务收入1300万元。是年，中国建设银行揭阳棉湖支行被揭阳市建行评为先进单位。

【存款业务】 2020年，县建行主要开办活期存款、定期存款、大额存单、智能存款等人民币存款业务及外币存款业务。至年底，县建行一般性存款余额24.81亿元，比年初（下同）增加1.6亿元。其中对公存款9亿元，减少1.25亿元；个人存款余额15.81亿元，增加2.85亿元。

【信贷业务】 2020年，县建行统筹安排信贷资源，以普惠金融为导向，重点支持先进制造业、农林业和受疫情影响企业，主要开办小微快贷、抵押快贷、税易贷等信贷业务。至年底，各项贷款余额8.17亿元，比年初（下同）增加4.21亿元。其中农林业贷款1.2亿元，制造业贷款1亿，个人贷款1.9亿元。

【中间业务】 2020年，县建行

2020年8月，中国建设银行股份有限公司广东省分行授信审批部贷款审批人员到揭西县茶叶省级现代农业产业园开展信贷审批平行作业 （县建行 供稿）

2020年中国建设银行股份有限公司揭西支行主要业务经营情况表

表12 单位：亿元

项目	余 额	比2019年增长（%）
存款余额	24.81	6.88
其中：个人存款余额	15.81	21.95
企业存款余额	9.00	-12.2
贷款余额	8.17	94.06
中间业务收入	0.13	6.65

主要推出代理政府债券、理财业务、贵金属、保险兼业代理、公募基金、私募股权投资基金等中间业务。是年，销售代理政府债券420万元，理财产品2.2亿元，保险1823万元，公募基金和私募股权投资基金8823万元，实现中间业务收入1300万元。

【服务乡村振兴】 2020年，县建行推进脱贫攻坚成果和乡村振兴有效衔接，提升乡村金融供给能力和服务基层政府及农户能力。向揭西县茶叶省级现代农业产业园投放乡村振兴贷1.1亿元；签约上线智慧村务平台5户；建设裕农通服务点348户，覆盖行政村348个；开展“万小企扶万农户”扶贫活动，对203户农户定向捐赠帮扶资金203万元（每户1万元），解决贫困户生活困难急需。

（杨永良 蔡海滨）

中国邮政储蓄银行股份有限公司揭西县支行

【概况】 2020年，中国邮政储蓄银行股份有限公司揭西县支行（简称县邮储银行）服务“三农”，支持地方经济建设，创新农村金融产品和服务模式。至年底，全县储蓄网点18个、电子汇兑网点2个，布放ATM（自动取款机）及CRS机（自动存取款机）34台，布放商易通固话支付设备85台，建设助农取款服务点67个。

【存储业务】 2020年，县邮储银行主要开办人民币存款和外币存款等存储业务。人民币存款有活期、整存整取、零存整取、整存零取、存本取息、定活两便、协定存款和通知存款，外币存款包括外币活期存款和外币定期存款。至年底，人民币各项存款余额56.33亿元，比2019年（下同）增加1.54亿元，增长2.8%。其中个人存款余额43.65亿元，增加3.38亿元，增长8.4%；单位存款余额12.68亿元，减少1.84亿元，降低12.7%。

【信贷业务】 2020年，县邮储银行主要开办商贷通、农贷通、扶贫小额贷款、农担贷、极速贷、信用消费、住房按揭、汽车按揭、邮薪贷、邮享贷、小企业法人抵押贷款、科技贷、电贷通、小微易贷、快捷贷、税贷通、E捷贷、邮薪贷、邮享贷等信贷业务。至年底，发放各项贷款3.48亿元，各项贷款余额5.14亿元，比2019年（下同）增加0.7亿元；总不良贷款金额（含信用卡）171.71万元，总贷款（含信用卡）不良率0.3%。

【中间业务】 2020年，县邮储

银行主要开办转账结算、国内汇兑、商易通、网上支付结算、代收代付等支付结算业务；推出中国邮政储蓄银行信用卡普卡、金卡、生肖卡、EMS联名卡、全币种卡等系列信用卡，结存卡量1.44万张；开通网上银行、手机银行等电子银行业务，网上银行结存户数13.87万户、手机银行结存户数17.01万户；办理第三方存管业务、理财业务、代理保险业务等。

2020年中国邮政储蓄银行股份有限公司揭西县支行主要业务经营情况表

表13　单位：亿元

项目	余额	比2019年增长（%）
存款余额	56.33	2.8
其中：储蓄存款余额	43.65	8.4
对公存款余额	12.68	-12.7
贷款余额	5.14	15.8
其中：个人贷款余额	4.24	14.6
法人贷款余额	0.90	22.1

【国际业务】　2020年，县邮储银行主要开办外币储蓄、跨境汇款、结售汇、代理退税、信用证、进口代付、出口信保融资、出口发票融资、外币流动资金贷款等国际业务。是年，公司外汇结售汇7.31万美元，比2019年（下同）减少26.52万美元；个人结售汇15.15万美元，减少5.62万美元。

【理财业务】　2020年，县邮储银行主要开办人民币、保险、基金、国债、贵金属等理财业务。是年，销售保险产品1.27亿元，比2019年（下同）增加3682.26万元；销售开放式基金4560.96万元，增加2651.10万元；销售人民币理财产品14.33亿元，增加0.11亿元；销售国债186.38万元，减少58.96万元；销售贵金属35.72万元，增加7.18万元。

【普惠金融】　金融扶贫　2020年，县邮储银行投放各项贷款3.31亿元，其中投放于农户、商户及小微企业经营性贷款2.68亿元，支持实体经济；发放扶贫小额贷款3笔，金额15万元。

便民惠民服务　2020年，县邮储银行设立助农取款服务点67个；利用邮储银行网点和网络资源，做好经办及资金代收缴服务，承担全县城乡居民养老保险全流程服务。至年底，城乡居保服务34.00万人，代缴城乡居保费8130.56万元；为全县11.98万人代发城乡居保养老金2.59亿元；为全县3.30万名企业退休人员提供养老金发放服务。

（田育斌　庄静云）

广东揭西农村商业银行股份有限公司

【概况】　2020年，广东揭西农村商业银行股份有限公司（简称揭西农商行）坚持“服务三农、服务中小微企业、支持地方经济发展”市场定位，打造现代化社区银行，满足中小微企业和城乡居民金融服务需求，发挥普惠金融、精准扶贫工作中金融主力军作用。至年底，全县营业网点50个，布放ATM（自动取款机）及CRS（自动存取款机）53台，布放POS机710台；开通手机银行12.76万户、网上银行8.36万户；设立银行助农取款服务点102个；发放社保卡51.71万张，激活社保卡30.43万张。

【存储业务】　2020年，揭西农商行主要开办活期、整存整取、零存整取、整存零取、存本取息、定活两便、协定存款和通知存款等人民币存款业务。至年底，人民币各项存款余额146.24亿元，比年初（下同）增加8.59亿元，增长6.2%。其中，个人存款余额117.02亿元，增加8.40亿元；单位存款余额29.22亿元，增加0.19亿元。

【信贷业务】　2020年，揭西农商行践行普惠金融，提高“三农”和小微服务水平，做好农村金融服务。至年底，人民币各项贷款余额101.66亿元，涉农贷款余额85.59亿元，比年初增长（下同）17.7%；小微企业贷款余额94.90亿元，增长10.13%。发放贷款2185笔、7.10亿元，其中经营类贷款发放367笔1.80亿元，消费类贷款发放1818笔、5.30亿元。落实精准扶贫政策，全年发放扶贫小额贷款35笔、122.8万元，连续两年完成“一增长一覆盖”（保持扶贫贷款增长及覆盖所有乡镇）指标。全年新发放贷款不良率为零。

【中间业务】 2020年，揭西农商行主要开办转账结算、国内汇兑、POS、网上支付等支付结算业务；推出银行借记卡普卡；开通网上银行、手机银行等电子银行业务；办理第三方存管业务、代理业务。是年，中间业务收入318.97万元。

2020年6月22日，揭西农商行在县人民政府机关大院附楼三楼会议室参加揭西县政银企融资对接会暨现场签约仪式　（揭西农商行　供稿）

2020年广东揭西农村商业银行股份有限公司主要业务经营情况表

表14　　单位：亿元

项目	余额	比2019年增长（%）
存款余额	146.24	6.2
其中：储蓄存款余额	117.02	7.7
对公存款余额	29.22	0.7
贷款余额	101.66	14.1
其中：个人贷款余额	7.9	159.7
法人贷款余额	93.76	9.0

【金融创新】 2020年，揭西农商行加大手机银行、网上银行、悦农e付收银台、云闪付APP等电子金融推广运用。网上银行存量8.36万户，比2019年（下同）增加1.57万户，增长23.1%；手机银行存量12.76万户，增加2.98万户，增长30.5%；悦农e付收银台存量1.81户，增加0.32万户，增长21.9%；云闪付APP推广0.6万户。

（张　勇　林坤伟　李永威）

保险公司选介

【中国人寿保险股份有限公司揭西县支公司】 2020年，中国人寿保险股份有限公司揭西县支公司（简称中国人寿揭西支公司）在全县设1个支公司和4个营销服务部。主要经营人寿保险、健康保险、意外伤害保险等各类人身保险业务，人身保险的再保险业务，各类人身保险服务、咨询和代理业务等。至年底，总保费收入1.14亿元，满期给付299.30万，赔款支出467.62万元。

（郑东林　张　晖）

【中国人民财产保险股份有限公司揭西支公司】 2020年，中国人民财产保险股份有限公司揭西支公司（简称中国人民财产公司揭西支公司）内设1个综合部、4个业务部，外设棉湖营业部和五经富营销服务部。主要经营机动车辆保险、财产保险、货物运输保险、责任保险、信用保险、船舶保险、意外伤害保险、短期健康保险、工程保险、产品责任保险、雇主责任保险、公众责任保险、校园方责任险、信用保证保险、能繁母猪保险、生猪保险、水稻保险、政策性农村住房保险、补充医疗保险等险种。是年，总保费收入5533万元，其中机动车辆保险保费4559万元，商业非车险保费974万元；赔款支出2755万元。

（黄喜辉　王定荣）

中国人民财产保险股份有限公司揭西支公司业务办理柜台　（王定荣　摄）

【中国平安人寿保险股份有限公司揭阳中心支公司揭西营业部】 2020年，中国平安人寿保险股份有限公司揭阳中心支公司在揭西县设有揭西营业部和河婆营销服务部2个经营网点，揭西网点员工250人。承保人民币和外币人身保险业务，包括人寿保险、健康保险（不包括“团体长期健康保险”）、意外伤害保险等保险业务；办理法定人身保险业务；代理国内外保险机构检验、理赔及其委托其他有关事宜；办理证券投资基金销售业务、经保险监督管理机构批准的其他业务。是年，实现总保费7113.17万元，其中首年投保保费1549.50万元，续期保费5563.67万元；寿险总保费4705.99万元，其中首年投保保费765.47万元，续期保费3940.52万元；赔款总支出618.51万元，其中理赔支出500.56万元，生存给付117.95万元。

（郑伟斌　马璇华）

【中国平安财产保险股份有限公司揭阳市揭西支公司】 2020年，中国平安财产保险股份有限公司揭阳市揭西支公司（简称中国平安财产揭西支公司）完成从营销部到支公司职场转型。前线渠道有综拓渠道、新渠道、车商渠道、创展服务部，后线岗位有综合岗、客服岗和理赔岗。主要经营企业财产损失保险、家庭财产损失保险、短期健康保险、意外伤害保险、建筑工程保险、安装工程保险、货物运输保险、机动车辆保险、船舶保险、能源保险、法定责任保险、一般责任保险、保证保险、信用保险等险种。代理国内外保险机构检验、理赔、追偿等事宜。全年总保费收入3650万元，其中首年投保保费收入870万元，续期保费收入1668万元；赔款支出1679万元，退保金50万元，满期给付80万元；简单赔付率46%。

（许嘉超　李树芬）

【中华联合财产保险股份有限公司揭阳市揭西支公司】 2020年，中华联合财产保险股份有限公司揭阳市揭西支公司（简称中华联合财产揭西支公司）主要经营企业财产保险、家庭财产保险、建筑工程保险、安装工程保险、货物运输保险、机动车辆保险、法定责任保险、一般责任保险、保证保险、信用保险、种植业保险、养殖业保险等险种，及上述保险业务的再保险业务；经营个人意外伤害保险、团体意外伤害保险、个人短期健康保险、团体短期健康保险等险种。是年，实现总保费收入800万元，其中机动车辆保险保费640万元，财产保险及人身意外保险保费160万元。

（黄俊荣　蔡友君）

证券公司选介

【广发证券股份有限公司揭阳揭西证券营业部】 2020年，广发证券股份有限公司揭阳揭西证券营业部（简称广发证券揭西营业部）提供A股B股买卖、期货IB、融资融券、融易通、简约通、沪港通、深港通、新老三板、个股期权等经纪业务；提供IPO、城投债、中小企业私募债等企业金融服务；提供保本浮动收益凭证、收益宝、金快线、新睿利、多添利、国债回购、新客专享、信托等类固收产品与权益类基金产品；股权融资、股权质押业务、约定式购回等类贷款业务。广发证券揭西营业部加强内控管理，加大合规管理力度，开展优质服务活动，提升客户满意度。12月7日，广发证券揭西营业部在希桥酒店组织开展2021年投资策略报告会，推进科学财富管理，拓宽投融资渠道。至年底，营业部累计客户3.72万户，新开户0.8万户，累计交易量597.38亿元。营业部融资融券总维持担保比例323.4%。

（方少光　邓秀丽）

2020年12月7日，广发证券揭西营业部在揭西县希桥酒店组织举办2021年投资策略报告会（邓秀丽　摄）

2016—2020年广发证券揭西营业部客户数量示意图

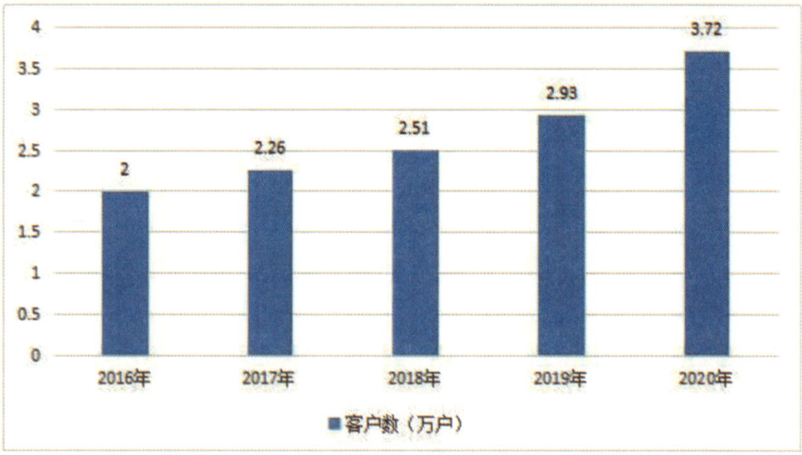

农业和农村经济
AGRICULTURE AND RURAL ECONOMY

综　述

【概况】 2020年，揭西县农业农村局（简称县农业农村局）推进脱贫攻坚工作，加快美丽宜居新农村建设，开展农村人居环境整治，加强农业综合执法，推动养殖业向规模化发展。完成2018年高标准农田建设项目建设。全年完成农林牧渔业总产值77.9亿元，比2019年增长5.3%。全县农作物种植面积4.17万公顷，粮食种植面积2.95万公顷，总产17.67万吨。其中水稻种植面积2万公顷，总产量11.98万吨；薯类种植面积8040公顷，总产量4.77万吨；大豆种植面积185公顷，总产量843吨；其他粮食作物种植面积1220公顷。全县镇级“三资”交易平台交易项目734宗，成交额1.78亿元。

【农村综合改革】 2020年，揭西县推进农村土地承包经营权流转工作。完成农村承包地流转服务平台建设，制定出台《揭西县农村承包土地经营权流转实施意见（试行）》，通过奖励机制调动各乡镇（街道）、村社、农户和新型农业经营主体土地流转积极性，全县流转土地面积7237公顷，流转率40.2%；推进农村集体产权制度改革，基本完成全县农村集体经济组织产权制度改革工作，确认集体经济组织成员17.25万户、81.56万人。将全县78个拥有一定规模固定经营性资产集体经济组织的集体资产量化到人、确权到户，涉及3.21万户、15.44万人，发放份额权证3.21万份。

【农业科技创新】 2020年，揭西县实施科技兴农，完善农技推广体系建设，推广良种良法，宣

2020年11月20日，揭西县草地贪夜蛾绿色防控技术现场观摩会在龙潭镇双龙村玉米种植基地举办（县农业农村局　供稿）

传和落实“三农”政策，推进农业科技创新及成果转化。开展科技下乡活动，推广测土配方施肥技术。举办高素质农民培育工程、专业技术指导员以及蔬菜、淮山、甜玉米等作物“三高”栽培和“红火蚁”“草地贪夜蛾”等特发性生物综合防控技术培训班。全年举办短期培训班11期，培训900人次；组织科技下乡5场次，聘请农业专家15人，发放资料1.2万份。

【农业产业园建设】 2020年，揭西县农业产业园建设投入资金2.04亿元，其中省级4901.16万元（资金使用率98%）、统筹整合配套资金6000万元、企业自筹资金9547.4万元。产业园17个项目全部开工建设，其中基本完成茶叶良种繁育基地、13公顷野生茶园示范基地、现代化茶叶加工厂、生态茶场、产业园基础设施、土地流转、茶园生产设备设施提升、产业融合发展、科技创新与成果转化、茶产业信息化、项目技术咨询服务与管理、品牌打造、品牌推广、农业贷贴息14个项目建设。

【发展特色产业】 2020年，揭西县推进农业供给侧结构性改革，加快转变农业生产方式，发展特色农业产业。规划建设优质茶叶、南药2个6666公顷产业带，有机优质蔬菜、黑皮冬瓜、优质淮山3个666公顷产业带，4000公顷优质橄榄产业带、1333公顷优质青梅产业带、2000公顷优质苦笋产业带八大特色农业产业带，推动全县特色农业向现代农业、智慧农业发展。

【“一村一品、一镇一业”项目】 2020年，揭西县推进“一村一品、一镇一业”项目建设，全县审批通过16个“一村一品、一镇一业”项目，16个项目资金共1300万元全部拨付到位（每个实施主体补助81.25万元），开工建设。是年，良田乡桐树坪村、龙潭镇陂尾村、京溪园镇岭溪村等12个村被省认定为“一村一品”专业村。

【农业产业化】 2020年，揭西县推进茶叶省级现代农业产业园项目和供港蔬菜、青榄、中药材3个市级现代农业产业园建设，先后建成供港蔬菜、甜玉米、冬瓜、淮山、金线莲等特色农业生产基地；引进揭西新希望六和养殖有限公司等3家生猪规模养殖企业。至年底，全县拥有市级以上农业龙头企业13家、农民专业合作社355家、广东省名牌产品32个、绿色食品15个、有机认证产品16个。

【农机管理】 2020年，揭西县加大农机安全监督管理力度，开展农机安全宣传工作和下乡便民服务。全年为拖拉机和联合收割机办理年度检验业务共134辆次，更换到期驾驶证44本；出动监理人员138人次，印发宣传材料2650份；全县受理农机购机补贴申请183份，使用中央补贴资金48.97万元，补贴机具221台（套），受益户数169户，购机总价200.24万元。是年，全县水稻

2020年揭西县新增省级“一村一品”专业村一览表

表15

村名	项目
良田乡桐树坪村	茶叶
良田乡下村村	茶叶
良田乡岸洋村	苦笋
坪上镇湖光村	蔬菜
坪上镇成全村	葡萄
钱坑镇钱北村	青榄
灰寨镇马路村	青榄
全和镇南山尾村	油茶
五经富镇五新村	茶叶
五经富镇新其村	佛手茶
京溪园镇岭溪村	甜玉米
龙潭镇陂尾村	蜂蜜

耕种收综合机械化率72.4%。

【强农惠农政策】 2020年，揭西县政策性水稻保险、农村住房保险等惠农政策，提高农民种粮积极性，促进粮食生产稳定。全年发放耕地地力保护补贴（农业"三项补贴"）总资金2469.44万元，补贴面积2.02万公顷。农险签单保费506万元，比2019年增长22.3%，其中水稻种植保险签单保费183.31万元，承保面积3820公顷；政策性岭南特色水果种植保险签单保费35.28万元，承保面积180公顷。农机补贴额超过40万元。政策性农村住房保险财政补贴保费68.2万元，其中省级财政补贴保费53万元、县级财政补贴保费15.2万元。

【农作物重大病虫害防治】 2020年，揭西县完善绿色防控示范基地建设，制定水稻、柑橘、荔枝（龙眼）、蔬菜、茶叶病虫防控技术方案及草地贪夜蛾防控技术方案，在水稻种植区安装智能识别虫情测报系统、玉米种植区安装草地贪夜蛾性诱监测设备和高空测报灯等监测设备，推广植保无人机飞防使用，加强农作物重大病虫害防治技术培训。全年主要农作物绿色防控覆盖率43.1%，病虫害统防统治覆盖率42.3%；发出《农作物病虫情报》11期、2750多份；在玉米种植区开展250公顷植保无人机飞防服务；开展各种农业技术培训、咨询活动8场次，培训人员580人次，发放病虫防控宣传资料5000多份。

【农产品质量安全监管】 2020年，揭西县制订《2020年揭西县农资打假专项行动方案》《2020年揭西县农产品质量安全监测计划》《2020年关于加强农产品质量安全监管工作的意见》，强化巡查、速测、指导、服务制度，依法开展农产品药物残留、肉类"瘦肉精""苏丹红"等抽检检测工作，督促各类农业生产经营主体落实质量安全管理制度，严格执行禁限用农兽药管理、农药安全间隔期等规定。全年完成农产品风险监测（快速检测）2578批次，合格率99.6%；完成农产品质量安全监督抽查（定量检测）1326批次，合格率99.7%，其中种植业产品623批次、畜禽产品546批次、水产品157批次。未发生农产品质量安全事故。

【农业执法检查】 2020年，揭西县开展农产品质量安全、农机安全、渔业船舶专项整治，加强农业投入品生产经营和农产品生产、收购储运、屠宰及批发、零售市场等重点环节执法检查。全年出动宣传车28辆次，派出执法人员2216人次，检查生产经营主体624家次，发放宣传材料8000多份。立案查处违法违规案件4件，结案3件，移送公安机关1件，罚没金额2.43万元。

【美丽宜居新农村建设】 2020年，揭西县坚持分阶段、有层次推进美丽乡村建设，通过造亮点、树标杆示范带动全县美丽乡村建设。投入资金14.39亿元，推进省定贫困村和省级新农村连片示范村建设，新增建设31个美丽宜居示范村，先行打造6条美丽乡村精品路线以及金和镇生态宜居美丽乡村示范镇、农房管控和风貌提升示范带建设（持续打造），100个示范村实现从干净整洁向美丽宜居转变。至年底，建成塔头镇旧住村、大溪镇井美村、东园镇玉湖村、河婆街道庙角村、坪上镇万梅谷、龙潭镇关山村等一批新农村景观。是年，樱山花谷景区、山湖村乡村旅游景区被评为国家AAA级旅游景区；京溪园镇被评为2019年度广东省休闲农业与乡村旅游示范镇；金和镇山湖村被评为全国乡村旅游重点村、广东省十大美丽乡村；棉湖镇鲤鱼沟村被评为2018—2020年度广东省文明村镇、贡东村被评为第六届全国文明村镇；南山镇火炬村被评为广东省文化旅游名村、省红色村党建工程示范点。

【脱贫攻坚】 2020年，揭西县重点做好产业帮扶项目、扶贫资金使用和就业扶贫工作，推进实现脱贫攻坚目标。加快产业项目建设，创建省级现代茶叶产业园、供港蔬菜基地、优质橄榄基地、优质葡萄基地，实施揭西新希望六和生猪养殖基地等产业扶贫项目；提升扶贫资金效益，推广"扶贫资金+社会资本+企业+农户"扶贫模式，累计投入扶贫资金3.74亿元，实施产业帮扶项目263个，建成扶贫产业基地130个；推行"以奖代补"政策，对贫困户种植蔬菜、果树、水产养殖每公顷补助1.8万元—2.7万元

（每亩补助1200元—1800元），对养殖猪、羊、牛每头（只）补助800元—2500元，贫困户自主创业按年纯收入、务工年总收入10%予以奖补，对参加技能培训取得资格证书的贫困户发放奖补资金，对发展种养殖业、自主经营的贫困户免费提供部分生产工具、生产资料。至年底，全县建档立卡扶贫对象9657户、2.84万名贫困人口全部脱贫退出；67个省定贫困村全部出列（其中省直部门负责帮扶14个村、东莞市负责帮扶45个村、揭阳市直单位负责帮扶8个村）。

（刘桂山　温荣浩　李进树）

种植业

【概况】　2020年，揭西县加强良种良法推广，推进种植业结构调整，提升种植业发展质量，提高产品知名度和市场竞争力。全县种植业种植规模基本保持稳定，全年全县农作物种植面积4.17万公顷，经济作物种植面积0.25万公顷，粮食种植面积2.95万公顷。

【粮食生产】　2020年，揭西县强化技术服务，加强优惠政策宣传和引导，推进粮食生产。全县粮食种植面积2.95万公顷，总产17.67万吨。谷物播种面积2.11万公顷，总产量13.1万吨；玉米种植面积0.11万公顷，总产量0.98万吨；薯类种植面积0.83万公顷，总产量26.2万吨。

【经济作物及蔬菜水果茶叶生产】　2020年，揭西县经济作物种植面积0.25万公顷，其中甘蔗种植面积185.6公顷，总产量0.97万吨；豆类种植面积240公顷，总产量0.1万吨；花生种植面积0.2万公顷，总产量0.9万吨。蔬菜种植面积0.8万公顷，总产量30万吨，总产值12亿元；其中设施农业300公顷，产量0.8万吨。水果种植面积1.1万公顷，总产量11.7万吨，总产值5.3亿元。茶叶种植总面积0.4万公顷，总产量0.39万吨，总产值5.1亿元。

县内茶园主要分布在14个乡镇，其中五经富镇、南山镇、京溪园镇和良田乡4个乡镇种植面积共0.32万公顷；主要品种有凤凰、水仙、白叶、黄旦、梅占、铁观音、本山、茗花、八仙、大叶乌龙、黄金桂等。全县茶叶90%以上均为客家炒茶，至年底，全县有茶叶农民专业合作社108家、销售门店200余家，拥有茶叶类广东省名牌产品4个、绿色认证产品3个、有机产品认证2个。

（刘桂山　温荣浩）

林　业

【概况】　2020年，揭西县加强林地监督管理，加强生态保护修复和野生动植物种质保护，做好森林灾害防治工作，加大林业执法力度，推进森林碳汇、乡村绿化美化等林业重点生态工程建设。完善林场基础设施建设，完成天宝堂林场公路硬底化资金申报工作和国有林场林区道路建设与养护管理、危桥涵洞调查等工作。全年完成造林面积733.3公顷，封山育林130公顷，完成绿化美化村庄35个。至年底，全县林业用地8.47万公顷，其中有林地6.92万公顷，疏林地855.53公顷，灌木林地4225.78公顷，未成林地3350.54公顷，无立木林地3554.19公顷，宜林地3489.35公顷，苗圃地27.95公顷，林业辅助生产用地25.94公顷。森林蓄积量338.31万立方米，森林覆盖率58.9%。全县森林公园13个，其中国家级森林公园1个、县级森林公园2个、镇级森林公园10个，面积共4038.66公顷。

【林业产业】 2020年，揭西县林业局完成下属“僵尸企业”清产核资、出清前期工作以及下属国有企业退休人员社会化管理和党员组织关系转接相关工作。全年广东大北山国家森林公园接待游客13万人次，各类旅游收入179.26万元（度假村独立核算）。

【林业资源保护管理】 2020年，揭西县加强林业资源保护管理，执行森林采伐限额制度和凭证采伐、凭证运输制度。全年办理征占用林地手续10宗，林地面积66.0公顷，其中临时占用林地1宗，面积0.6公顷；永久征占用林地9宗，面积65.4公顷。办理林木采伐证381份，采伐蓄积5.75万立方米，采伐材积4.21万立方米，采伐面积1167.07公顷。

【野生动植物种质保护】 2020年，揭西县加强惩治破坏野生动物资源违法犯罪活动，加大执法监管力度，推进野生动植物种质保护工作。县林业局结合野生动植物相关节日与“揭西人游揭西”活动开展“禁食野生动物，革除滥食野生动物陋习”保护野生动植物主题宣传活动，发放宣传资料3000多份。以京明温泉度假村动物观赏园恢复开园为契机，加大对过往游客开展野生动物保护科普宣传力度。强化自然保护地、林场、野生动物栖息地巡护工作，惩治非法捕猎。

【森林灾害防治】 *森林病虫害防治* 2020年，揭西县开展林业有害生物监测、测报、防治、检疫等工作。全县林业有害生物防治面积266.67公顷（主要是薇甘菊防治面积），防治效果率96%，监测覆盖率100%。

森林防火 2020年，揭西县重新组建专职护林员258人，投入配套资金881.85万元。组织开展扑火知识、技能等培训及野外实战演习，提升半专业扑火队伍及巡山护林扑火专业队伍专业素质能力。12月27日，在县委党校召开2020年全县专职护林员培训班。加强森林防火有关法律法规宣传，增强群众防火意识。全年未发生重大森林火灾、无人员伤亡。

【林业执法】 2020年，揭西县加强林业执法，加大涉野生动物违法犯罪惩治力度，开展专项行动，保护好森林资源。全年出动森林公安民警1492人次，出动警车379次，办理案件112件，其中刑事案件15件，林业行政案件95件，涉林治安行政案件2件。刑事拘留18人，行政处罚97人。

【自然保护区】 2020年，揭西县加强对李望嶂自然保护区监管保护，推进自然保护区工作。至年底，全县有市级自然保护区1个（李望嶂自然保护区），李望嶂自然保护区面积7056.20公顷。全年未发现破坏自然保护区动植物违法行为。

（彭绍兴　李婉玫）

2020年12月27日，2020年揭西县专职护林员培训班在县委党校召开

（县林业局　供稿）

畜牧业

【概况】 2020年，揭西县优化养殖生产结构，推进标准化健康养殖，强化产品质量安全监管，做好动物疫病防控工作。推进揭西新希望六和生猪养殖基地项目建设。全县以生猪养殖为主，品种有杜洛克猪、长白猪、大白猪和杜长大三元杂交猪，主要有养殖公司、规模养殖场、专业户养殖等养殖模式。全年全县畜牧业总产值22.55亿元。开展政策性承保生猪16.87万头。至年底，全县生猪存栏19.56万头，其中能繁母猪存栏1.98万头，年出栏26.93万头；牛存栏0.98万头，年出栏0.86万头；羊存栏0.37万只，年出栏0.58万只；家禽存栏196.25万羽，年出栏792.83万羽。

【畜产品质量安全监管】 2020年，揭西县加强畜产品质量安全监管，不定期开展专项检查。全年完成畜产品质量安全监测定量检测546批次，合格率99.6%；对生猪养殖场、屠宰场随机采集尿液1627头份进行“瘦肉精”检测，经检测，未发现添加使用“瘦肉精”违法行为。

【防疫检疫】 2020年，揭西县强化防疫检疫，加强消毒和生物安全防护工作，做好重大动物疫病防控。落实春季、秋季防疫注射工作，全年免疫注射高致病性禽流感疫苗249.38万毫升；防疫注射牲畜口蹄疫疫苗45.78万毫升；防疫注射狂犬病疫苗0.22万头份；防疫注射小反刍兽疫疫苗0.35万头份。

【畜禽屠宰管理】 2020年，揭西县加强畜禽屠宰监管执法，完善畜禽屠宰设施建设。出台《揭西县生猪定点屠宰设置规划实施方案（修订）》，规划在龙潭镇高田农场新建一个大型标准化屠宰厂，至年底，完成选址、土地调规、林地使用许可、控制性详细规划编制、可行性研究报告编制等前期工作。

【畜禽养殖废弃物资源化利用】 2020年，揭西县建立健全畜禽养殖废弃物资源化利用政策体系和工作机制，加快推进畜禽养殖废弃物资源化利用。全县规模养殖场108家，配套粪污设施设备规模场108个，规模养殖场粪污处理设施设备配套率100%，全县畜禽粪污综合利用率87.3%，超额完成国家75%以上目标任务。

（刘桂山　魏瑜思）

2020年揭西县畜牧业产值、产品及数量情况表

表16

畜牧业产值（亿元）	肉类总量（吨）	奶类总量（吨）	蛋类总量（吨）	生猪		牛		羊		家禽	
				存栏（万头）	出栏（万头）	存栏（万头）	出栏（万头）	存栏（万只）	出栏（万只）	存栏（万羽）	出栏（万羽）
22.55	37595	531	5853	19.56	26.93	0.98	0.86	0.37	0.58	196.25	792.83

水产业

【概况】 2020年，揭西县加强水产品质量安全监管，强化渔业资源保护和渔船安全生产管理，推广水产养殖技术，推进渔业生态发展。完成2019年度渔船油价补贴和2020年度禁渔期渔民生产生活补助资金发放工作。全年全县水产养殖面积 1860公顷，水产品年总产量2.12万吨，比2019年（下同）增长0.5%；渔业年总产值2.22亿元，增长4.7%；渔（农）户年人均纯收入9881元，增长8.3%。

【水产养殖】 2020年，揭西县推进广东壹品智慧农业有限公司加快智能生态集装箱养殖基地建设，发展现代高效生态养殖模式；引进良种名优品种养殖，完善种苗繁育场、培育场规范化建设；推进观光垂钓、农家乐餐饮休闲渔业发展。全年全县鱼塘养殖面积1498公顷，其中山坑低产田、低洼地发展鱼塘养鱼面积800公顷，大水面生态养殖面积574公顷，发展以养鱼为主、立体生态种养模式150公顷；全县鱼苗孵化产量3.21亿尾，鱼种26吨，投放鱼种23吨；全县四大家鱼年产量1.18万吨，罗非鱼面积（含混养）610公顷，年产量6333吨，甲鱼面积30公顷，年产量142吨；全县休闲渔业年产值100万元。

【技术推广】 2020年，揭西县深化基层渔业技术推广体系改革，开展基层农技推广体系改革与建设补助项目工作，提高渔业科技示范户自我发展能力和辐射带动能力。做好水产养殖生产用药指导和服务，根据季节鱼病多发实际情况，开展水霉病、小瓜虫、出血病及链球菌等水产养殖病害监控监测，防止鱼病疫情发生。遴选水产技术指导员5人，渔业科技示范户25人，由基层技术员培育带动10户以上渔业科技示范主体。全年组织技术人员进村入户200人次以上，举办培训班2期，参加培训养殖户130人次，发放技术资料1500多份。

【质量安全监管】 2020年，县农业农村局加强水产品质量安全监管，提升监管人员业务水平，推进水产品质量安全监测定量检测工作，开展水产品质量安全普法宣传。全年抽检水产品样品157批次，抽检合格率100%，未发现药物残留情况；发放各种安全普法宣传资料800份。

【渔业资源保护】 2020年，县农业农村局加强渔业资源保护，强化禁渔期执法巡查，加大惩治非法捕捞行为力度，开展禁渔期宣传，改善水域生态环境。开展年度榕江流域禁渔期工作，禁渔时间为3月1日至6月30日。在榕江河沿岸竖立多个禁渔宣传牌，印发禁渔工作告知书。全年组织开展执法检查21场次，检查渔船78艘次，渔具销售点3家，查处违法捕捞2宗。

【渔船管理】 2020年，县农业农村局健全渔船管理制度，落实国家渔业惠农政策和渔民安全生产保障措施，强化渔业安全宣传教育，开展渔船安全生产专项检

2020年揭西县渔业生产情况表

表17

	合计	其中			
		池塘	水库	河涌	淡水捕捞
面积（公顷）	1860	1498	341	21	—
产量（吨）	21219	20082	596	204	337
产值（万元）	22215	21024	624	214	353

查行动。全年召开座谈会2场次，发放宣传资料110多份；渔船100%配备安全救生衣及灭火器，参加意外团体保险56人；发放2019年度渔船油价补助22.8万元，受补渔船57艘。发放2020年度禁渔期渔民生产生活补助11.66万元，受补渔民53人。

（刘桂山　魏瑜思）

水　利

【概况】　2020年，揭西县水利局（简称县水利局）健全水利管理制度，加强河湖、水资源管理，加大水政执法力度，加快重点水利工程建设，推进水利综合保障体系建设。至年底，投入水利建设资金2.17亿元，其中中央补助2484万元、省级投资8929万元、市县投资1.03亿元。完成水利工程量土方11.6万立方米、石方5.7万立方米、混凝土6.1万立方米，投入劳动工日8.73万个。

【水资源管理】　2020年，县水利局出台《关于要求加强监管饮用水源保护区工作的通知》，加强督查饮用水源保护区巡查工作。印发《揭西县水利局规范取水许可管理实施方案》，加强取水户取水许可管理。印发《揭西县开展全县水面漂浮物清理专项行动方案》，监管全县的河溪沟渠塘库等水域水面漂浮物清理情况，保障全县水域水面基本干净。利用"世界水日""中国水周"等时间节点，开展水法律法规宣传活动，对市民共分发宣传传单500多份，张贴标语800多条，横幅标语8条，设立固定宣传栏7个，电视台播出宣传标语8条，每天轮番播放，各乡镇政府、街道办及县水利局等单位LED屏幕滚动播放3600条次，县城文化广场、公园等公共场所大屏幕电视轮番播出4000多次，微信朋友圈平台宣传，形成宣传网络链。全年安装取水计量水表6个，开展建设项目水资源论证3宗，续办取水许可证87套，新办取水许可证5套，征收水资源费322.46万元。

【水利工程管理】　2020年，县水利局依法对水利工程开展安全监管，强化督查检查和问题整改，提升工程运行管理水平，促进水库、堤防、水闸等水利工程安全、有效、良性运行。完成37座小型水库标准化建设，其中15座小（1）型和坝高15米（含15米）以上小（2）型水库达到二级标准、22座坝高15米以下小（2）型水库达到三级标准；完成19座水库大坝安全鉴定工作。

【河湖长制管理】　2020年，揭西县县、镇、村三级河长398人，其中县级河长15人、镇级河长96人、村级河长287人，凡有水域的行政村都设有村级河长。县级河长全年巡河362人次，巡河交办问题45宗，完成整改45宗，办结率100%。镇、村级河长

2020年12月26日，县河长办在河婆街道滨江公园开展揭西县全面推行河长制宣传活动，现场向群众发放宣传物品和宣传手册　（县河长办　供稿）

完成巡河2.41万人次，巡河发现1988宗问题，完成整改1988宗，办结率100%；常态化开展河、溪、沟、渠、塘“五水”水面漂浮物清理工作，全年清理水域水面水浮莲及其他漂浮物1169吨，设置铁栅栏44条，循环清理河、溪、沟、渠、塘总长350多千米，清理面积13.6平方千米；联合各乡镇（街道）开展河湖、水利专项行动，解决河道突出问题，改善河湖水生态环境；按照优先保障防洪排涝安全，以水环境治理为重点的原则，完成5.1千米万里碧道主体、碧道标识导视系统及导向标识建设。2019年度和2020年度，揭西县在揭阳市全面推进河长制湖长制工作考核中被评为优秀等次。

【水政执法】 2020年，县水利局强化执法督查，开展河湖乱象问题专项整治行动，惩治涉水违法行为。县水利局执法大队常态化联合县公安、生态环境、交通运输等部门开展执法行动，依法查处河道采（堆、洗）砂、非法取水和水土保持等涉水违法行为，整治河道违法建设问题，维护正常水事秩序。全年外出执法巡查204次，作出行政处罚7件，行政处罚金额35万元。

【重点水利工程】 2020年，县城新建自来水厂首期工程建设完成并投入使用，工程于2018年10月开工建设，2020年8月21日试通水，供水规模为4.0万吨/日；完成塔头拦河闸重建工程旧闸和水轮泵站拆除以及导流明渠、一期围堰、拦河闸闸体、消力池、海漫、交通桥等建设，推进闸室启闭机房、左右岸水轮泵等建设；完成揭西县瓠杓岭引榕灌区节水配套改造项目建设，主要对总干渠10.91千米渠道进行节水配套改造，受益范围包括钱坑镇、金和镇和凤江镇，受益人口约11万人，保护农田2330多公顷；完成2019年度中小河流治理（二期）项目6宗工程治理河长87.67千米，河道清淤69.1千米，加固堤防、护岸34千米。完成2020年度8宗项目施工招标工作，并开工建设。

塔头拦河闸重建工程施工现场 （县水利局 供稿）

【水旱灾害防御】 2020年，县水利局建立联动防汛预警信息系统，加快实施防洪保障工程，加强水旱灾害防御物资储备，做好水旱灾害防御工作。3月启动水利工程汛前检查，梳理排查隐患，制定清单明细，督促相关单位、站所处置到位；修订完善水旱灾害防御调度预案，落实相关职责，增强预案可操作性和实用性。至年底，全县装有山洪灾害预警系统2套，简易（半自动）雨量站85个，自动监测雨量站4个，自动监测水位/雨量站3个，卫星终端3套，短信群发设备1套，无线预警广播15套。14宗小（1）型水库，1宗小（2）型水库和县管中型水库均安装自动监测设备。

【河湖及水利工程划界】 2020年，揭西县完成上砂河、螺河支流书村河揭阳市段、五云河、横江河、石肚河、龙潭河、灰寨河、五经富河、粗坑河9条河流划定工作，上报广东河湖划界成果审查系统并通过审核；完成河輋水库、下坊埔水库、大溪拦河闸、塔头拦河闸、瓠杓岭灌区、南乌水利、横龙线灌区、卅岭灌区、溪东西灌区9宗国管水利工程管理与保护范围划界工作，向社会各界公开发布全县国管水利工程划界成果。

【水土保持】 2020年，县水利局执行水土保持方案审批和“三同时”（同时设计、同时施工、同时投产使用）制度，加强对矿山开采、开发建设等项目区域开展水土保持监管，全年审批水土保持方案16宗；强化水土保持方案信息化监管，通过无人机遥感、书面检查、现场察看等方式，分阶段逐步开展事中、事后监督管理，实现水土保持方案实施情况跟踪检查全覆盖，督促生产建设单位依法履行水土流失防治主体责任，全年不定期开展水土保持监督检查42次，调查核实扰动图斑解译成果现场复核28处。

【水库移民后期扶持】 2020年，县水利局完成大中型水库移民1.07万人后期扶持直补资金发放工作；验收大中型水库移民后期扶持资金项目12个，其中基本口粮田及农田水利项目1个、移民美丽家园建设基础设施项目8个、生态及环境项目1个、生产开发项目2个，受益移民人口7613人；验收小型水库移民扶助基金基础设施项目2个，受益人口508人。

（杨　华　李巧波）

【小水电管理】 揭西县小水电公司下属机关三部二室、四座电站、代管二座水库（河輋水库、下坊埔水库），水库是以发电为主，结合防洪灌溉综合利用的中小型水利工程。四座梯级电站主要为水库调节径流式水力发电站，四座电站总装机容量2.28万千瓦时。2020年，实际发电量3481.38万千瓦时，比2019年（下同）减少3333.33万千瓦时，下降48.9%。河輋水库降雨量1295.1毫米，减少818.6毫米，下降38.7%；下坊埔水库降雨量1330.8毫米，减少876.3毫米，下降39.7%。9月录得全年单月最高降雨量441毫米，11月录得全年单月最低降雨量9.9毫米；9月13日，录得全年单日最高降雨量63.4毫米。

2020年揭西县小水电公司各级电站实际发电情况表

表18　　单位：万千瓦时

电站	2020年实际发电量	2020年按降雨量发电量	减水库存水量发电量	增、减发电量
一级电站	423.22	381	170.5	-128.28
二级电站	535.09	868	98.5	-431.41
三级电站	1635.56	2108	183	-655.44
四级电站	887.5	1220	109.4	-441.9
合计：	3481.37	4577	561.4	-1657.03

2020年揭西县小水电公司代管水库雨量数据表

表19

单位	2020年降雨量（毫米）	2019年降雨量（毫米）	同比差额（毫米）	增+/减-
河輋水库	1295.1	2113.7	818.6	-38.7%
下坊埔水库	1330.8	2207.1	876.3	-39.7%

2020年揭西县小水电公司代管水库年初与年末蓄水量数据表

表20

单位	2020年12月库容量（万立方米）	2020年1月库容量（万立方米）	同比差额（万立方米）	增+/减-
河輋水库	418.53	861.84	443.31	-51.4%
下坊埔水库	90.84	140	49.16	-35.1%

2020年揭西县小水电公司代管水库可增加发电量数据表

表21

单位	耗水率 立方米/千瓦时	河輋水库（万立方米）	下坊埔水库（万立方米）	增加库容量（万立方米）	可增加发电量（万千瓦时）
一级电站	2.6	443.31	—	443.31	170.5
二级电站	5.0	443.31	49.16	492.47	98.5
三级电站	2.69	443.31	49.16	492.47	183
四级电站	4.5	443.31	49.16	492.47	109.4
合计					561.4

（张国杰　彭彩珠）

水　库

【横江水库】 2020年，横江水库库区总降雨量1222.2毫米。各水文站：良田水文站总降雨量1311.7毫米，中心雨量站总降雨量1116.6毫米，大板田雨量站总降雨量1300.7毫米。库区最大日降雨量发生在8月1日，为49.8毫米；最高水位发生在12月12日，为69.76米，相应库容4557.6万立方米；最低水位发生在7月27日，为59.01米，相应库容2173.09万立方米。水库进库总量为7172.3立方米。灌溉用水2525.4万立方米，发电用水4121.0万立方米。

横江水库是揭西县人居饮用水原水水源，属广东省水利厅备案一级保护水功能区。2020年3月13日装表计量开始，横江水库对县城新自来水厂开展原水供应工作；7月，根据揭阳市政府抗旱工作要求，坝后电站开始停止发电，回蓄水量交由市水利局统一调配，期间调水840万立方米。

2016—2020年横江水库数据表

表22　　单位：万立方米、万千瓦时

年份	进库水量	出库水量	年末库存水量	发电量	完成上网电量
2016	24241.4	23266.8	4811.5	1342.48	1300.32
2017	15850.7	18161.3	2517.2	886.801	623.07
2018	11020.8	9510.8	3508.1	441.51	95.55
2019	15835.0	14874.1	4135.3	813.76	291.06
2020	7172.3	6655.0	4539.4	212.804	24.57

说明：1.2017年后按电网要求自供方式改变；
2.因抗旱需要，2020年7月开始停止发电

（温自强　吕旭波）

【北山水库】 北山水库属榕江支流灰寨水上游，整个供水系统由黑潭、圆潭、曲尺水库和归善引水工程组成，其中黑潭水库为中型水库，圆潭、曲尺水库为小（1）型水库，水库具有防洪、发电、灌溉等功能，总集雨面积55平方千米，总库容5541.7万立方米。

2020年，北山水库受天气影响，全年降雨量低于多年平均降雨量。黑潭水库全年降雨量1623.5毫米，其中8月为全年降雨量最多月份，全月降雨量506.2毫米。全年总进库水量4030万立方米，总出库水量4363.5万立方米，年末库存水量1122万立方米，全年总发电量6165.86万千瓦时，完成上网电度2648.45万千瓦时。

2016—2020年北山水库数据表

表23　　单位：万立方米、万千瓦时

年份	进库水量	出库水量	年末库存水量	发电量	完成上网电量
2016	10805.1	9144.9	3377.6	14420.7	11807.33
2017	5723.3	8847.5	253.4	12656.46	8463.38
2018	5935.38	4677.38	1594.6	7153	4553
2019	6876.3	6932.2	1455.5	10218	6896.34
2020	4030	4363.5	1122	6165.86	2648.45

（郑锐东　杨振江）

【龙颈水库】 龙颈水库是以灌溉为主，结合防洪发电的综合利用水利工程。龙颈水库分为上下两座水库，相距9千米。龙颈上库为大（2）型水库，汛期防洪水位为98米；龙颈下库为中型水库，汛期4月至10月防洪限制水位为54米。2020年，龙颈上库总进库水量1.74亿立方米，总出库水量1.6亿立方米，最高水位93.90米（防限水位98.00米），相应库容8274.2万立方米，年末库存水量7880.3万立方米。全年平均总降雨量1545.4毫米，其中8月为全年降雨量最多月份，降雨量442.7毫米。全年总发电量2210.40万千瓦时，完成上网2360.25万千瓦时。9月，完成龙颈下水库大坝除险加固工程监理及施工招投标工作并开工建设。12月，根据《市水务集团下属企业公司制改制实施方案》要求，龙颈水库完成公司制改制，揭阳市龙颈水电厂改成揭阳市龙颈水电有限公司。

2016—2020年龙颈水库数据表

表24　　单位：万立方米、万千瓦时

年份	进库水量	出库水量	年末库存水量	发电量	完成上网电量
2016	67970.3	66863.4	6735.1	9258.48	10021.32
2017	33538.4	35382.6	4887.9	5239.71	5697.28
2018	27568.7	27173.6	5267.0	3830.4	4109.77
2019	42670.5	41465.7	6550.7	6176.52	6860.55
2020	17429.4	16016.8	7880.3	2210.40	2360.25

（邓　斌　李文涛）

综 述

【概况】 2020年，揭西县深化工业发展改革，出台和落实各项扶持政策，加大服务力度，推动传统产业转型升级，发展新兴产业，推动县域经济实现高质量发展。是年，完成规模以上工业总产值186.33亿元，规模以上工业增加值43.82亿元。

【工业平稳增长】 2020年，揭西县建立县领导和县直各单位挂钩联系乡镇及企业服务制度，指导和帮助做好疫情防控、复工复产等工作，借助广药集团白云山制药揭西生产基地和揭西县电线电缆产业带动和辐射企业做大做强，提升全县工业发展水平。全年完成规模以上工业总产值186.33亿元，比2019年（下同）增长1.4%；工业增加值43.82亿元，增长1.8%。

【民营企业】 2020年，揭西县加大民营企业服务力度，强化工作机制，采取政策帮扶、科技帮扶、融资帮扶、"小升规"帮扶、品牌帮扶等帮扶措施，促进中小企业做大做强。5月28日，举办"揭西县2020年'助帮扶、助融资、促复工达产'政策法规宣讲会暨中小微企业服务推广日活动"，培训总人数近200人。

（邹锐豪　温海涛　李镇波）

电线电缆产业园区

【概况】 2020年，揭西县电线电缆产业园被广东省认定为依托揭阳产业转移工业园产业发展集聚地，作为揭阳产业转移工业园南片区纳入国家《中国开发区审核公告目录》，是揭阳市10个重点园区之一。完成理顺产业园体制机制工作，园区管理权、经营权完全回归政府主导，园区建设用地实现由租改征，解决制约园区发展和招商引资土地产权瓶颈问题。完成地形图测绘和首期124公顷控制性详细规划，实际整合土地总面积105.24公顷。完成年度建设用地节约集约利用状况评价，开展新增用地风险稳定评估。

【园区建设】 2020年，揭西县电线电缆产业园区新金塔公路、中心大道、园区道路配套工程建成投入使用。完成进园西路沥青路面和路灯工程；灰寨河桥梁防洪评价通过专家评审，完成桥面铺设和沥青路面铺设，实现全线通车。园区投资服务中心大楼一期装修竣工，开始对外办公。产业园污水处理厂项目完成公开招投标，动工建设。

2020年12月26日，揭西县电线电缆产业园污水处理厂施工现场
（县电线电缆产业园区管委会 供稿）

【招商引资】 2020年，揭西县电线电缆产业园区新引进企业2家，分别为揭阳盈讯电线电缆有限公司、雅的科技有限公司；完成2家新引进企业生产厂房和办公场所规划设计，于7月开工建设；至年底，入驻园区企业6家。加大宣传推介力度，参加省、市各类经贸洽谈会，8家企业有入园投资意向。

【高质量发展评价】 2020年，揭西县重视制造业高质量发展评价试点工作，成立县制造业高质量发展评价工作领导小组；明确评价办法，制订《揭西县产业集聚地制造业企业高质量发展综合评价试点工作方案》；提出初步名单，明确纳入评价对象；协调县自然资源、税务、统计、环保、工信、园区管委会等部门单位对评价对象取数，统一口径，做好企业数据采集与核实工作。

（蔡喜生 张 华）

2020年入驻揭西县产业园园区企业情况表

表25

企业名称	主要产品	职工人数（人）	年产值（万元）	入驻时间
广东雅都彩色印务有限公司	包装印刷	200	12000	2012年
揭西县蓝宇塑料制品有限公司	塑料制品	60	2800	2012年
广东盈信线缆有限公司	电线电缆	60	2680	2015年
广东众亿食品工业有限公司	食品包装	80	1500	2015年
广东中德高塔肥业有限公司	化肥	40	—	2012年
揭西县塔山电杆厂	水泥电杆	40	—	2012年

轻工业

【概况】 2020年，揭西县实施县党政领导“一对一”挂钩帮扶制度，引导传统产业做优做大，优化产业结构，推进发展新产业，主要形成电线电缆、电子电器、五金塑料、食品加工、生物制药等五大重点产业。是年，全县规模以上企业81家，总产值186.33亿元。

【电线电缆产业】 2020年，揭西县有电线电缆企业500家以上，其中通过3C认证（中国强制性产品认证）158家，获得质量体系认证33家，弱电企业98家，规模以上企业21家，主要分布在棉湖镇、金和镇和凤江镇等地，总产值13.54亿元。

【电子电器产业】 2020年，揭西县电子电器产业代表性民营企业有美声电子电器有限公司、揭西县小天使电子电器有限公司等5家规模以上企业。其中揭西县小天使电子电器有限公司是一家专业制造电子琴、电钢琴等电子乐器专业制造企业，率先推出触控面板电子琴，成为行业专利产品，产品销往欧洲、非洲、南美、东南亚等地。

【五金塑料产业】 2020年，揭西县规模以上五金塑料企业有广东复兴五金塑料制品有限公司、广东钢精不锈钢有限公司等9家，主要分布在棉湖镇、凤江镇。龙头企业广东复兴五金塑料制品有限公司专业生产加工扫把、拖把、刷具、胶棉、布套等家具产品。

广东优捷讯电线电缆有限公司生产车间 （县工信科技局 供稿）

【食品加工产业】 2020年，揭西县规模以上食品加工企业有13家，以水果加工、蔬菜加工为主，发展无公害、绿色食品、有机食品。龙头企业为广东志诚食品有限公司、广东亿心、星期八、农夫山庄等休闲食品企业，主要分布在凤江镇、棉湖镇、金和镇，主要产品有罐头食品、凉果、坚果炒货等。

【生物制药产业】 2020年，揭西县主要有白云山威灵药业有限公司和广东粤威制药有限公司2家规模以上生物制药企业，总产值4.83亿元。其中，白云山威灵药业有限公司有生产车间2个，配备硬胶囊剂、片剂、颗粒剂、干混悬剂、丸剂5条不同剂型生产线。

（邹锐豪 温海涛 李镇波）

电力工业

【概况】 2020年，广东电网有限责任公司揭阳揭西供电局（简称揭西供电局）供电辖区覆盖全县15个乡镇（除京溪园镇、南山镇以外）、街道，用户23.61万户。供电量14.18亿千瓦时，比2019年（下同）增长9.7%；售电量13.62亿千瓦时，增长10.2%；线损率4.1%；电费回收率100%；客户平均停电时间（低压）6.86小时/户，降低28.3%。第三方客户满意度87分，供电服务连续两年在全县政府公共服务满意度中排名第一。开展各类法治宣传活动，获广东省“法治文化建设示范企业”称号。

【电网规划】 2020年，揭西供电局结合全县经济社会发展需求和区域负荷发展情况，完成“十四五”配电网规划修编工作。加快打造智能电网示范县建设，优化升级电网结构和智能化水平。完成直供范围内贫困村电网升级改造项目144个，贫困村三大关键指标全面达标。签订《保障农网施工协议》，提前开展北山白供区和横江水库自供区内共5个省定贫困村农网改造任务。

【电网建设】 2020年，揭西供电局做好年度配电网建设工作，完成项目282个，新建或改造10千伏线路75.86千米、低压线路758.36千米，新建公共变压器238台，总容量10.52万千伏安，总投资8185.46万元。接管良田乡供电业务，设立良田供电所，加快开展农网改造建设。推进独立供电区域改革接管工作，完成坪上水利水电管理所小水电自供区、五云下埔自供区及五经富建一自供区接管任务，启动农网改造升级工程。

【电力供应】 2020年，揭西供电局落实优化营商环境各项举措，有序供应电力。推进配网自动化发展，实现自动化开关接入率100%，10回线路实现自愈功能，配电自动化终端在线率97.7%。试点推进无人机自动巡航建设，建立智能巡检体系。完成全量扶贫村台区宽带改造，惠及用户4.75万户。

【电力收费】 2020年，揭西供电局保障复工复产可靠供电，精准落实国家阶段性降成本政策，为企业用户减负1650万元。免费电惠及每一低保户、特困户，全年减免贫困群众电量127万千瓦时。利用网上微信和支付宝等缴费渠道，提高电费回收进度，电费回收率100%，无旧欠电费。从严开展反击窃电行动，查处违窃电33宗，追回电费及违约金13.8万元。

【节能降耗】 2020年，揭西供电局配合符合条件新能源客户并网发电，为分布式电源发电并网提供绿色通道。接入光伏发电项目85个、生物质能发电项目1个，总容量7060.2千瓦。加强能效服务工作机制，常态化客户能效服务各个环节，完成年度节能项目17个，节约电量197万千瓦时。

【应急体系】 2020年，揭西供电局完成“全国两会”“疫情防控”等专项保供电任务7次。完善全员安全生产责任体系，营造“人人讲安全、人人抓安全、人人保安全”工作氛围。多次开展配网设施特巡、夜巡工作，及时消除安全隐患，防范和遏制电力生产安全事故。优化应急管理工作机制，组织开展各类应急演练，应对台风抗灾抢险工作，全年未发生受台风影响损失事件。

【客户服务】 2020年，揭西供电局推行“互联网+供电服务”，推广网上营业厅、微信等互联网渠道应用，简化业务办理流程，实现全部业务可在线办理。实现业扩报装流程全节点透明办理，低压居民和低压非居民报装平均用时分别低于3天、7天，中压报装平均用时35.8天，中、低压业扩投资界面延伸率100%，减少客户接电成本588万元。第三方客户满意度87分。供电服务连续两年在全县政府公共服务满意度中排名第一。

2020年揭西县不同消费群体、行业用电消费情况表

表26

项目	用电量（万千瓦时）		增长率（%）	占全社会用电量的比重（%）
	2020年	2019年		
全社会用电总计	147461.33	135307.9	8.98	100.00
A、全行业用电合计	106916.89	99436.13	7.52	72.51
第一产业	1140.88	902.49	26.41	0.77
第二产业	87800.21	82969.30	5.82	59.54
第三产业	17975.8	15564.34	15.49	12.19
B、城乡居民生活用电合计	40544.44	35871.77	13.03	27.49
城镇居民	19110.74	16816.53	13.64	12.96
乡村居民	21433.7	19055.24	12.48	14.54
全行业用电分类	106916.89	99436.13	7.52	72.51
一、农、林、牧、渔业合计	4067.14	3760.03	8.17	2.76
二、工业用电	86253.2	81505.03	5.83	58.49
三、建筑业	1894.38	1759.12	7.69	1.28
四、交通运输、仓储及邮政业	634.03	522.36	21.38	0.43
五、信息传输、计算机服务和软件业	2330.57	2114.11	10.24	1.58
六、批发和零售业	3334.53	2918.97	14.24	2.26
七、住宿和餐饮业	1902.02	1656.01	14.86	1.29
八、金融业	281.51	288.37	-2.38	0.19
九、房地产业	500.2	427.11	17.11	0.34
十、租赁和商务服务业	131.83	51.6	155.48	0.09
十一、公共服务及管理组织	5587.48	4433.42	26.03	3.79

（邹绍快　李伟杰）

商 贸
COMMERCIAL CIRCULATION AND SERVICE TRADES

供销合作社

【概况】 2020年，揭西县供销合作联社（简称县供销社）加强供销企业管理，做好农业生产资料购销，推进供销合作社助农服务示范体系建设。至年底，17个镇村助农服务中心全部建设完成。全年实现商品总购进1.08亿元，比2019年（下同）增长8.3%；商品总销售1.18亿元，增长5.9%；利润亏损15.98万元，减亏19.3%。

【供销企业管理】 2020年，县供销社严格执行供销合作社管理规定，对企业人事、财务、资金、社有资产、综合业务、社保、合作经济、监察审计八方面进行规范化管理，明确供销合作社所属企业对其经营管理社有资产承担保值增值责任，接受县供销合作社理事会依法实施监督管理，规范全县供销合作社系统社有资产运营与管理。

【供销网点经营】 2020年，县供销社完善供销网点监管体系，加强供销网点管理，推进供销天润粮油连锁店经营规范化。至年底，全县供销天润粮油连锁店8家，其中新供销天润粮油配送中心1家、镇级供销天润粮油连锁店7家；销售放心粮油178万元。

2020年揭西县供销天润粮油连锁店情况一览表

表27　　单位：万元

名称	地点	成立时间	销售品种	2020年销售额
上砂连锁店	上砂镇马草博西栋15-16号	2014.4	大米、食用油	15
河西连锁店	河西宝塔路126号	2014.4	大米、食用油	18
五经富连锁店	五经富镇新市边邮局对面	2014.4	大米、食用油	13
大溪连锁店	大溪镇	2014.4	大米、食用油	12
军田洋连锁店	县城百家楼侧	2014.4	大米、食用油	20
良田连锁店	良田乡金坑村建下陇门市	2016.1	大米、食用油	12
宏润连锁店	河山东一巷5号	2016.1	大米、食用油	23
新供销天润粮油配送中心	霖都大道128号	2013	大米、食用油	65

【县域助农服务平台建设】 2020年，县供销社按照助农服务示范体系建设实施方案“两年完成建设，四年完善功能”总体安排，推进供销合作社助农服务示范体系建设。至年底，县域助农服务综合平台项目建设按照相关程序完成地质勘探、图纸设计、预算、招标、政府采购、财审等手续。

五经富镇助农服务中心消费扶贫专区　（县供销社　供稿）

【镇村助农服务中心建设】 2020年，县供销社以推进新型乡村助农服务示范体系建设为重点，建设镇村助农服务中心。合理调配各基层社力量，指导基层以辐射广、人流密集、交通方便等为参考要素进行选址，加快把镇村助农服务中心打造成为农民生产生活综合服务平台。是年，新建镇村助农服务中心6个。至年底，全县17个镇村助农服务中心全部建设完成并投入运营。全年销售农资、日用品、农副产品、农副产品加工共4998.67万元，服务农户2.74万户，服务面积4130多公顷。

2020年揭西县供销社镇村助农服务中心运营情况表

表28　单位：万元

名称	地点	建成时间	销售品种	年销售额（万元）
河婆供销社龙潭助农服务中心	龙潭镇	2019.4	农资、农械	1015
塔头镇供销社助农服务中心	塔头镇	2019.6	农产品购销加工	578
南山镇供销社助农服务中心	南山镇	2019.10	农资、日用品	200.62
钱坑供销社助农服务中心	钱坑镇	2019.10	农资、日用品	328.9
五云镇供销社助农服务中心	五云镇	2019.2	农资、农械	633
金和供销社（和南）助农服务中心	金和镇	2019.10	农资、农械	246.25
五经富供销社助农服务中心	五经富镇	2019.11	农资、日用品	155.4
京溪园镇供销社助农服务中心	京溪园镇	2019.12	农产品购销加工	140.7
大溪供销社助农服务中心	大溪镇	2019.10	农资、农械	194
良田供销社助农服务中心	良田乡	2019.12	农资、农械	353
上砂供销社助农服务中心	上砂镇	2019.12	农资、农械	156
河婆供销社助农服务中心	河婆街道	2020.4	农资、农械、日用品	650
灰寨供销社助农服务中心	灰寨镇	2020.6	农资、农械	167.2
棉湖供销社助农服务中心	棉湖镇	2020.8	农资、农械	83
大洋供销社助农服务中心	五经富镇	2020.5	农产品种植、生产、购销加工	61.6
金和供销社助农服务中心	金和镇	2020.5	农资、农械	32.1
坪上供销社助农服务中心	坪上镇	2020.5	农产品种植、生产、购销加工	3.9
合计				4998.67

【农业生产资料购销】 2020年，县供销社发挥县农资总公司配送中心作用，依托覆盖县域直营店、加盟店组成农资供应配送网络，推进农业生产资料购销工作。全年实现主要农资销售6663万元；化肥供应1.75万吨，其中氮肥1.16万吨、复合肥1950吨、磷肥2626吨、钾肥1342吨。

2020年揭西县主要农资购销情况表

表29　　单位：万元

月份	2019年购进	2020年购进	同期对比+、-%	2019年销售	2020年销售	同期对比+、-%
1	928	384.4	-58.6%	628	318	-49.36%
2	569	400	-29.7%	718	420	-41.5%
3	900	480	-46.7%	938	428	-54.37%
4	523	428	-18.16%	728	480	-34.07%
5	500	670	34%	498	680	36.55%
6	550	550	—	568	560	-1.41%
7	546	700	28.2%	336	650	93.45%
8	480	620	29.67%	680	630	-7.35%
9	500	800	60%	628	750	19.43%
10	600	780	30%	353	720	103.97%
11	400	500	25%	342	665	94.44%
12	450	345.6	-23.2%	461	362	-21.48%
合计	6946	6658	-4.15%	6878	6663	-3.13%

（刘春会　李　璇）

粮食流通

【概况】 2020年，揭西县粮食管理部门（简称县粮食部门）加强粮食管理和粮食市场调控，落实粮食安全责任，强化粮食储备日常监管，做好粮食储备、粮食应急和粮食仓储体系建设。全年储备粮总规模2.30万吨，其中稻谷2.26万吨、大米300吨（折稻谷441吨），储备食用油180吨。全年全县轮换储备粮稻谷1.03万吨；轮换大米600吨、食用油180吨，完成年度粮油轮换任务。

【粮食管理】 2020年，县粮食部门健全粮食管理制度，完善粮食企业信用管理体系，制定粮油市场主要品种价格双周报表并定期向社会公布，开展粮食安全有关法律法规等业务培训。10月28日，县发改局对金和镇直属粮库开展储备粮轮换入库监督检查。

【仓储建设】 2020年，揭西县完成仓储管理数据和仓库视频与省级平台对接，实现“数据通”“视频通”。至年底，全县在用粮食储备库区4个（共有仓库19座），分别位于金和镇、五云镇、钱坑镇、龙潭镇；全县总仓容2.34万吨，其中环流熏蒸和粮情

2020年10月28日，县发改局对金和镇直属粮库开展储备粮轮换入库监督检查
（县发改局　供稿）

检测功能仓容1.84万吨，占78.3%。机械通风功能仓容1.92万吨，占81.8%。低温（空调）仓容500吨，占2.1%。

【粮食安全】 2020年，县粮食部门落实粮食安全有关制度和储备任务工作，加强质量监督检查，开展政策性粮食库存春秋季普查和县域收获期间粮食质量安全监测，推进粮食安全责任考核基础工作。6月，开展粮食行业“安全生产月”和“安全生产南粤行”活动。

【粮食应急机制】 2020年，揭西县完善粮食应急机制体制，举办粮食行业安全生产培训班，开展粮食安全生产应急演练，提升粮食工作人员应急处置能力。全年举办粮食行业培训班2场次，参与人数84人；开展粮食安全演练1场次，参与人数24人。

（李海涛　池逸东）

食盐专卖

【概况】 2020年，广东省盐业集团揭阳有限公司揭西分公司（简称揭西盐业公司），打造“粤盐”品牌，做好主渠道供应，严格执行购进、销售计划，规范企业运营制度。疫情期间，开通绿色调运配送通道，全县食盐配送及时、供应稳定，无安全事故。配合省盐业集团股份制改革工作，对原有固定资产进行评估造册更名，国有资产保值增值。全年完成各类食用盐产品销售1623吨，新增高端盐产品3个；举行碘盐知识宣传和“真假食盐鉴别”检测相关活动共32场次。

【盐类销售】 2020年，揭西盐业公司优化产品结构，启动“食安云商”系统管控，完善客户经理制，加强服务。全年新增高端盐产品3个，制作宣传广告店招4家，设立配送终端销售点210家，设立“粤盐”专柜54个，设立非碘盐销售点51家。全年完成各类食用盐产品销售1623吨，其中食品加工用盐605吨、小包装加碘盐1018吨，超额完成年度经营目标任务。

【食盐市场秩序】 2020年，揭西盐业公司启动网格化市场服务管理，加强食盐营销渠道客户管理，客户经理“分布式”服务区域销售终端，设立并维护“粤盐”产品三级价格体系，推进盐产品参与市场化有序竞争。采取集中宣传和日常宣传同步进行方式，利用“3·15”消费者宣传日、“5·15”碘盐宣传日和粤盐品牌地推宣传活动，碘盐知识和“真假食盐鉴别”检测活动，全年举行相关活动32场次。

（袁克雄　陈益銮）

烟草专卖

【概况】 2020年，揭西县烟草专卖局（简称县烟草专卖局）依法严管卷烟市场，强化品牌培育，推动卷烟营销工作。推进营销队伍转型升级，对一线营销人员工作进行专业化分工，把原客户经理岗位转型为客户专员岗位，增加终端专员岗位、信息专员岗位。全年卷烟销售总额（含税）10.98亿元，实现税利总额2.92亿元，利润总额1.23亿元。全年办理涉烟违法案件68件（其中行政案件65件、涉烟刑事案件3件），查获各类非法卷烟438.82万支，缴获制假烟机4台。

【卷烟经营】 2020年，县烟草专卖局对照品牌发展战略目标，主动融入新品牌发展格局、管理格局、培育格局，优化卷烟结构。加强潜力品规培育，支持重点品牌一、二类卷烟发展；加大省产双喜培育力度，推动双喜品牌结构优化提升。全年实现卷烟销量14.93亿支，比2019年（下同）增长5.1%，卷烟销售总额（含税）10.98亿元，增长11%。至年底，实现单箱销售收入比2019年增加1784.44元/箱。

【卷烟监管】 2020年，县烟草专卖局加强新型烟草制品监管，联合县市场监督管理局制订《全县电子烟市场专项检查行动方案》，开展互联网电子烟信息全面监管与清理；推动卷烟打假责任制落实，健全“县、镇、村、户”四级打假责任体系。在县与乡镇签订《县与乡镇“双打责任书”》基础上，100%实现村（居）一级卷烟打假责任书签订，实现村与场地承包户签订《卷烟打假责任承诺书》在各乡镇（街道）覆盖；强化大户治理，全年查处大户案件6件，查获涉案非烟71.78万支，案值约54万元；深化简政放权、优化政务服务，按照承诺在5个工作日内办理行政许可申请；开展不适宜零售户清理工作，全年登记需整改清理零售户176户，清理不适宜发证情形零售户160户，整改处理16户；加强对无证户清理力度，对擅自停业6个月以上、办证满6个月未入网经营等持证户予以清理，联合县市场监督管理局办理无证户案件8件。是年，全县持证（照）入网零售户2832户。

【诚信互助小组建设】 2020年，县烟草专卖局推进卷烟零售户诚信互助小组建设，全年建成诚信互助小组165组共2653户，覆盖率95.3%。开展盈利规划指导工作，全年全县零售客户接受盈利规划指导420户；开展诚信互助小组评优工作，按照考评规则评选出50组有质量小组、5组优秀小组、5组优秀小组之家以及15名优秀组长、20名优秀组员。

【20支烟草全零售现代网络建设】 2020年，县烟草专卖局完

2020年4月23日，县烟草专卖局联合相关部门在棉湖镇查获一处涉烟制假窝点
（林宗仁 摄）

善揭西20支形象店管理制度，加强终端店面形象、扫码销售、卷烟陈列等管理，巩固提升建成终端质量。开展店铺改造，对供货5家“20支加盟店”整改为“20支冠名合作店”，3户新申请加入“20支冠名合作店”零售户通过验收。加快推进“易灵通”店铺管家系统上线，全年安装“易灵通”店铺管理系统零售户83个，深化对上线“易灵通”系统零售户运行监督和指导工作。

（陈英俊　吴长穆）

物资企业

【概况】 2020年，揭西县物资总公司（简称县物资总公司）开展“僵尸企业”出清、企业整合重组工作，推进企业退休人员社会化移交管理工作。至年底，下属企业退休职工174人全部移交到户口所在地管理，人事档案移交县社保局管理；完成下属企业资产摸查工作，重组7家下属企业。

【物资企业管理】 2020年，县物资总公司落实安全生产责任制，加强对下属公司资产管理，推进“僵尸企业”出清、企业整合重组工作。6月，委托惠州正大会计师事务所，完成对下属各企业摸查工作，核实企业资产情况；10月，对物资系统停产停业7家下属企业实行吸收合并重组到物资总公司；12月，经县委组织部批准，撤销物资总公司党总支以及物资机关支部和下属物资燃料支部、物资综合支部、物资贸易支部5个党（总）支部，原属总支的其他42名党员按社会化管理迁移至职工户籍所在地支部，新设立中共揭西县物资总公司支部委员会，支部党员34人。

（刘立强）

市场物业

【概况】 2020年，揭西县市场物业管理中心（简称县物业中心）推进市场物业管理机构改革，强化市场物业管理，开展市场环境卫生整洁行动，做好市场物业服务与维护。是年，县物业中心管辖7个市场物业管理所，全年市场摊位费总收入165万元。

【市场物业管理机构改革】 2020年，县物业中心根据《关于印发〈揭西县市场物业管理中心机构编制方案〉的通知》文件要求，推进机构改革工作。3月25日，挂牌成立“揭西县市场物业管理中心”，为县人民政府直属正科级公益一类事业单位，事业编制人员20名（主任1名、副主任2名），后勤服务人员3名，内设人秘股、财会股、物管股3个正股级机构；河婆街道、上砂镇、灰寨镇、五经富镇、塔头镇、金和镇、棉湖镇7个管理所同时授牌成立，事业编制人员共70名，各所设所长1名、副所长2名。

【市场升级改造】 2020年，县物业中心推进市场升级改造工作。县城大同市场、河山市场列为2020年度全县重点建设项目，投入资金450多万元进行升级改造，分别于10月15日、11月15日完成改造任务，通过验收并交付使用。至年底，大同市场年营业额5500万元，河山市场年营业额3723万元。

【市场物业服务与维护】 2020年，县物业中心建立健全市场准入制度，落实安全管理制度，加强管理随街摆卖、占道经营行为，强化市场租户法纪宣传教育，推进市场物业服务与维护工作。投入8万多元，加强对市场物业管理和维护，以农贸市场为重点，开展“环境卫生提质行动”，为经营户提供环卫、供水、供电、消防设施。加强引导店铺持证经营，规范经营行为。推进经营户落实门前“三包”制度，签订质量安全协议，落实商品溯源制度，做好商品标签标识、明码标价、农产品快速检测公示等工作。加强市场摊位出租管理，加大招商力度，适当提高市场摊位租金，全年市场摊位费总收入165万元，完成全年总任务104%。

2020年揭西县主要市场经营情况表

表30

市场名称	市场面积（平方米）	主要经营范围	年营业额（万元）
河婆中心市场	2710	工业品、成衣、鞋类、百货、家私	3500
河婆大同市场	1003	肉类、鱼类、蔬菜及其他副食品	5500
河婆河山市场	731	肉类、鲜鱼、蔬菜及其他农副产品	3723
金和市场	1862	成衣、鞋类、副食品等	1700
棉湖南门市场	1200	工业品、成衣、鞋类、百货	5500
五经富新市场	920	家私、用具、成衣、鞋类	2700
上砂综合市场	2080	肉类、鲜鱼、蔬菜及其他农副产品、二楼成衣	2370
灰寨市场	3340.5	肉类、鲜鱼、蔬菜及其他农副产品、二楼成衣	1700
塔头市场	3072	肉类、鲜鱼、蔬菜及其他农副产品	1850

（李友谊　刘定权）

商业集团

【概况】 2020年，揭西县商业企业（集团）公司（简称县商业集团）做好生猪屠宰工作，推进国有“僵尸企业”出清重组。全年完成国有“僵尸企业”出清重组2家。至年底，县商业集团下辖14个股级公司，其中食品总公司下辖17个基层站、商业贸易总公司下辖6个专业分公司。

【生猪屠宰】 2020年，县商业集团加强下属食品系统生猪屠宰管理，强化对全县生猪进厂头数、屠宰数量、零存栏情况管理，开展生猪收购价格、市场零售价格统计及代宰业务等工作，完善生猪废弃物处理方式，推进食品系统屠宰厂集中大消毒活动。全年代宰生猪12.83万头。

【商业集团国有“僵尸企业”出清重组】 2020年，县商业集团落实专人负责，明确责任主体、目标任务和出清标准，做好国有“僵尸企业”出清重组工作。制订《揭西县商业企业（集团）公司下属国有“僵尸企业”吸收合并重组方案》，完成企业清产核资、企业清算工作，确定重组母公司，推进税务清算工作。至年底，县商业集团下属10家“僵尸企业”，完成出清2家企业。

（李志明　张丽娇）

电子商务

【概况】 2020年，揭西县加快发展电子商务，完善电商基础配套，推进电商服务体系建设，形成县、镇、村级电商服务网点体系；加强人才教育与培训，推动电商人才队伍建设；加大电商产品宣传力度，扩大电商效益。至年底，全县县级电子商务公共服务中心1个、乡（镇）电子商务服务站17个。

【电商服务体系建设】 2020年，揭西县整合电商资源，推进电商服务网点建设，设有县级电子商务公共服务中心1个、乡（镇）电子商务服务站17个，67个省定贫困村实现电子商务服务点全覆盖。加强电子商务政策宣传和技能培训，改善电商发展环境，普及农村电子商务，协调县人社局、各乡镇人民政府（街道办）引导村民参加电商技能培训，提高农村电子商务知识水平和实操技能。

【电商效益】 2020年，揭西县根据“推进六稳、拉动消费”活动部署，在河婆街道和棉湖镇等乡镇（街道）举办电商促销活动，促进电商消费。组织广东大洋茶业有限公司（山格拉）、广东云顶茶叶有限公司等企业通过网络平台开展线上线下促销活动，鼓励刘氏蜂蜜、广东大洋茶业有限公司（山格拉）等电商企业参与第五届广东省农村电子商务峰会暨新农村直播电商消费节，参与广州高铁南站“粤食粤美味”广东扶贫农产品高铁营销中心推介活动（揭西专场），推动特色扶贫产品走上高铁消费扶贫小推车。鼓励电商企业参加在县城东风广场举办的2020广东揭西消费扶贫产品产销推介暨走进粤港澳大湾区系列活动。

（邹锐豪　温海涛　李镇波）

对外贸易

【概况】 2020年，揭西县推进商品展销，落实外贸扶持政策，探索新形势下加快外经贸发展措施。全县经贸工业主要有电线电缆、生物制药、电子电器。是年，全县申报外贸出口经营权企业5家，外贸进出口额2.36亿元，比2019年下降52%。至年底，全县经贸工业企业58家。

【商品展销】 2020年，揭西县组织企业参加2020年“粤贸全球”、第三届中国国际进口博览会、第十二届加博会等经贸交流活动，帮助企业开拓国内国际市场，增加出口订单，扩大进出口规模。落实外经贸发展专项资金工作，发放企业展位补助1.73万元，引导和推动全县外贸中小企业开拓多元化国际市场。

【外贸企业】 2020年，揭西县外贸经济以电子电器、服装纺织、塑料制品、电线电缆、茶叶及食品为主。是年，全县有外贸企业62家，其中木制品7家、纺织服装6家、塑料制品8家、电线电缆6家、电子电器5家、茶叶及食品14家、其他行业16家。

【外贸扶持政策】 2020年，揭西县加大外贸企业扶持力度，宣传、落实各项优惠政策，从金融、税务等方面促进企业开展出口业务，鼓励企业开拓市场，扩大自身出口。是年，中信保广东分公司、人财保揭西支公司等3家企业符合奖励条件，发放奖励金共6.63万元。

（邹锐豪　温海涛　李镇波）

交通运输 邮政业

TRANSPORTATION AND POSTAL SERVICE

交通管理

【概况】 2020年，揭西县交通运输局（简称县交通局）交通基础设施建设，强化执法监管，推进“四好农村路”建设和建制村“村村通客车”工作。至年底，县内公路总里程1495.32千米，其中高速公路3条，里程98.93千米；普通国道2条，里程85.14千米；普通省道5条，里程149.66千米；县道4条，里程40.95千米；乡村道514条，里程1120.63千米。完成全县280个行政村通客车工作。全年查处交通违法违规案件498件。

省道S228线揭西新洪村至张厝段路面改造及配套工程 （刘高超 摄）

【交通建设】 2020年，揭西县完成县道X094线五黄路段改造工程（该路段升级为省道S228线组成部分）、省道S228线揭西新洪村至张厝段路面改造及配套工程和揭阳片区金鲤大桥改造工程建设。开工建设省道S508线揭西上砂至砼下段路面改造工程和县道X096线金和桥改建工程。推进全县16个乡镇（街道）“四好农村路”共79个项目建设，完成建设112.85千米，总投资6215万元。

【行业监管】 2020年，县交通局推进安全生产三年专项整治行动，落实安全生产主体责任，分解安全生产与应急管理内容，签订安全生产目标责任书34份；定期召开安全工作会议，分析和研判安全生产形势，加强安全生产检查和督导，全年召开各类安全工作会议40次；主动指导各行业监管站点，强化各类事故隐患排查治理工作，全年督促、指导各企业、站点开展安全管理工作65次，调整工作重点和方向12次，利用手机转发警示信息4900余条；县交通局组织5家客货运企业开展2020年生产安全应急演练专题活动，增强现场整体自防自救能力。全年悬挂横幅38条、张贴标语2150余幅，设立咨询服务台5处，设置宣传展板及警示标志76块，向进站候车旅客及司乘人员发放宣传材料7200余份。

【交通执法】 2020年，县交通局推进交通综合行政执法改革，成立执法大队，下设河婆中队、灰寨中队及棉湖中队。推行行政执法“三项制度”（行政执法公示制度、执法全过程记录制度、重大执法决定法制审核制度），完善广东省行政执法信息公示平台信息，健全行政执法事前、事中、事后公开机制。完善治超设施，完成治超卸货场建设，按照规范逐步完善场地和设备安装；完成国道G235线K2134+6868五云监测点（双向）、国道G235线五经富监测点（双向）2个国省道普通公路治超非现场执法监测点建设。开展货运行业乱象整治和客运市场秩序整治，联合县公安交警部门加强重点路段、重点区域、重点时段巡查力度，严厉惩治超限超载、客运班车包车违规、私家车非法网约等违法违规行为；强化货运源头监管，压实主体责任，严格落实“一超四罚”［指对超限超载行为的运输车辆、驾驶人、货运企业、承运人（源头企业）实行处罚］措施。全年出勤执法人员8428人次，查处各类违法违规案件498件，其中超限超载306件，卸载5530.1吨；查获货车非法改装并恢复原状75辆；查处货运违规67件，源头违规配载12件，维修企业违规5件，客运包车班车违规14件，非法巡游7件，非法网约2件，危货违规5件，驾培违规2件，损坏路产3件。推进路政执法，配合沿线乡镇政府及路政管理部门，加强沿线环境排查整治，做好公路干线及公路两侧违规广告牌、堆积物等清理整顿工作，全年拆除广告牌46块，清理违规摆摊设点、占道堆积物160处。

【村村通客车】 2020年，县交通局推进建制村“村村通客车”工作，全县农村客运车辆运营班线26条、投放农村客运车辆90辆，建有汽车客运等级站3个、简易站3个、候车亭282个，完成全县280个行政村通客车工作。7月31日，揭西县“村村通”客车提升服务运营仪式在棉湖汽车客运站召开。

（刘武军　许筱颖）

2020年4月29日，揭西县交通运输局综合行政执法局机动中队联合县交警大队机动中队在灰寨镇路段开展联合治超行动　（县交通局　供稿）

汽车运输管理

【概况】 2020年，揭西县汽车运输总公司（简称县汽运总公司）落实企业主体、各级岗位、GPS（全球定位系统）平台岗位责任制，把控营业车辆违章超速和交通违章，通过技术手段加强安全管理，开展车辆、客运站、办公区域安全隐患排查，强化驾驶员安全学习教育。全年县汽运总公司投入69部车（其中18辆包车），客运量13.3万人次，客运周转量3853.6万人千米；通报车辆违章事件72宗，约谈违章车辆司机72人。

【站场管理】 2020年，县汽运总公司河婆汽车客运站、棉湖汽车客运站按照道路运输和安全管理相关规定，落实实名制购票乘车，加强安检工作，落实车辆日常检查和车辆例检制度，每月开展一次安全例会。全年举办2场应急演练。

河婆汽车客运站 河婆汽车客运站位于河婆街道霖都大道124号，站场占地面积1.04万平方米（其中停车场面积3800平方米），候车室座位109个。2013年7月15日，河婆汽车客运站被广东省交通厅批准为三级站。2020年，河婆汽车客运站到站车辆23部，完成客运量2.9万人次，客运周转量722.4万人千米，上缴税费7万元。

棉湖汽车客运站 棉湖汽车客运站位于棉湖镇道江路，站场占地面积1.07万平方米（其中停车场面积7622平方米），候车室座位75个。2009年1月4日，棉湖汽车客运站被广东省交通厅批准为三级站。2020年，棉湖汽车客运站到站车辆30部，完成客运量3.2万人次，客运周转量1194.8万人千米，棉湖汽车客运站与河婆汽车客运站统一结算统一纳税。

【车辆管理】 2020年，县汽运总公司建立健全各项规章制度，加强从业人员教育和驾驶员安全教育培训，加大安全检查监督力度，完善营运车辆动态监控信息平台管理，执行“三检”（出车前检查、行驶中检查、收车后检查）等制度，推进乡镇和建制村通客车任务。9月，公司投入47部七座小型普通客车开通16条通村客运路线，10—12月完成客运量7660多人次，客运周转量15.9万人千米。

（李依蔓　李梦婕）

2020年7月4日，县汽运总公司在河婆汽车客运站开展应急演练

（县汽运总公司　供稿）

国省道公路建设

【概况】 2020年，揭西县公路事务中心（简称县公路事务中心）加强路域环境综合整治，做好公路日常保洁与保养维护，推进公路重点工程建设，协助做好县境内高速建设。是年，重点项目3个（其中继建2个，新建项目2个），年度项目建设投入资金5890.51万元（不含高速公路出入口综合整治工程）。汕湛高速公路东段（揭西段）和兴汕高速（华陆高速）建成通车。

【公路建设】 **国道G238线揭西坪上桥改造工程** 国道G238线揭西坪上桥于2018年11月动工，桥梁位于揭西县坪上镇，中心桩号为K278＋406，计划总投资1246.72万元。2020年，完成主体工程建设，12月28日投入使用。

国道G235线揭西径下桥改造工程 国道G235线揭西径下桥于2018年11月动工，桥梁位于揭西县五云镇，桥梁中心桩号为K259+202，计划总投资2039.09万元。2020年，完成总投资1631.27万元，完成投资比例80%。至年底，完成桥梁下部结构建设。

高速公路出入口综合整治工程 2020年，揭西县开展县境内6个高速公路出入口综合整治工程，其中汕湛高速公路出入口2处（龙潭、揭西）、甬莞高速公路出入口4处（凤江、灰寨、大溪、河婆）。6个高速公路出入口综合整治工程共征地4.5公顷，于1月2日开工建设，4月28日完成土石方、涵洞、边沟、挡墙、路面及部分绿化等工程一批。

“十三五”迎国评普通国省道干线公路完成路况提升整治 2020年，揭西县列入“十三五”迎国评普通国省道干线公路完成路况提升整治任务总计104.64千米，其中投资3510万元改造路面工程13.89千米（国道G235线、G238线）；投资390.71万元建设干线公路路况综合整治工程，完成功能性修复工程12.29千米，预防养护工程3.41千米，病害处治专项工程75.05千米。

【公路养护】 2020年，县公路事务中心加强公路管养服务，强化道路扬尘污染防治，开展日常保洁及预防性养护，提升国省干线公路路况水平及综合服务保障能力。做好日常保洁与小修保养维护，推进养护规范化建设，逐步建立集路基、路面、构筑物、控制区和沿线设施为一体的日常养护管理体系；根据道路扬尘污染防治有关要求，路面保洁逐步采用扫路车，全年投入5部扫路车、1部扬尘喷洒车进行路面作业；制定专项养护施工方案，做好施工交通标志布设、维护工作，提高沥青摊铺平整度、压实度，及时处治沉陷、坑槽、网裂等病害路面，合理安排作业、及时调整施工，提高资金集约利用效率。完成汕湛高速揭西出入口中央防撞栏油刷及路面标线工作（标志路面热熔反光标线6316.95平方米；中央防撞栏油刷面积9776.52平方米），国道G235线沥青冷补料修补路面坑槽以及桥面坑槽300平方米；委托第三方对16座中小桥梁进行定期检查。

【路域环境综合整治】 2020年，县公路事务中心强化道路巡查，加大涉路施工现场监管力度，推进路域环境整治。加强与职能部门协调合作，开展公路沿线各乡镇（街道）过墟路段红线内专项整治活动，巩固路域环境综合整治成果。监管措施前移，在开工之前与施工单位界定施工现场安全管理主体责任，加强对径下桥、坪上桥以及高速公路出入口综合整治工程施工现场管理，督促施工单位设置安全施工标志、水马以及安全信号灯等设施。

【高速公路建设】 **汕湛高速公路**

兴汕高速（华陆高速）观音坳隧道　　（华陆高速　供稿）

东段（揭西段）　汕湛高速公路东段（揭西段）起于揭西县金和镇金坑村（起点桩号73+693），途经金和镇、钱坑镇和大溪镇三镇，在钱坑镇象山村北侧设钱坑互通与县道X100线相连，设叶下桃隧道穿过架仔山，与汕湛高速公路揭西大溪至博罗石坝段对接，设杨林枢纽互通与潮惠高速公路连接（终点K86+983.283）。设计速度120千米/小时，双向六车道，县境内主路线长13.29千米，造价8亿元，共有14座桥梁。2020年12月28日，主线建成通车。

兴汕高速（华陆高速）　兴汕高速公路五华至陆河段（简称华陆高速）揭西县境内路线起止桩号：K102+807—K121+815，途经上砂镇和五云镇，项目由广东省交通集团有限公司下属广东华陆高速公路有限公司负责建设、经营和养护管理，项目主线采用双向四车道高速公路技术标准，设计速度100千米/小时，路基宽度26米，揭西段主线19.0千米，境内桥梁15座，隧道2座，互通立交2处，收费管理所2处，连接线1条，服务区1处，境内全线投资19.59亿元。2020年，县公路事务中心主要协助连接线、服务区加油站补征地工作。11月28日，华陆高速全线建成通车。

（李林峰　林程渊）

邮　政

【概况】　2020年，中国邮政集团有限公司广东省揭西县分公司（简称揭西邮政）完善网点建设，开展代理金融、邮政类业务，提升客户服务能力。至年底，全县有17个邮政网点（14个金融综合网点、1个纯邮务网点、2个邮务+汇兑网点）。全年业务总收入7334.19万元，比2019年增长14.4%。是年，坪上营业所被广东省邮政分公司授予“安全管理标准化达标网点”称号，李俊敏被评为“广东邮政2020年度平安邮政安全卫士”，彭惠珠被评为“2020年公司业务先进个人”，陈秋燕被评为“2020年广东邮政优秀综合柜员（合规经理）”；林穗英获第二届揭阳邮政中邮保险运营技能大赛一等奖，陈雪英、曾俊强被揭阳邮政分公司评为“2020年度揭阳邮政十佳支局经理”。

【网点建设】　2020年，揭西邮政加强公司网点标准化改造，改善网点服务环境，健全服务功能。按设计要求完成霖都支局微整治、南山支局邮务台席按普服标准化整改和上砂支局网点整修；加大网点新型智能设备投放力度，分流柜面压力，提高网点服务效率和自助化水平，减少客户办理业务等待时长。全年在全县各乡镇（街道）投放自助设备45台，其中存取款机26台、存折一体机6台、存折补登机1台、智能柜员机11台、社保发卡机1台。

万张。

报刊集邮 2020年，揭西邮政开展多项报刊业务活动，配合当地政府发行党报党刊，及时向人民群众宣传党的政策方针；推出抗疫系列集邮产品，弘扬抗疫精神。全年报纸期发数6.71万份，杂志期发数7.19万份；发行书刊1.1万种。

电子商务 2020年，揭西邮政通过“一站式”电子商务平台，为群众提供代办机票、代理车险、简易保险等便捷服务；推进三年电商扶贫，助力当地农产品销售，推广销售河婆街道西坑村冰糖橘4000箱共10吨；全年建设邮乐购站点41个，开通邮乐小店1.01万个。

【客户服务】 2020年，揭西邮政开展“金融知识进万家，邮政服务伴您行”等活动，为社区居民、偏远村民、金融知识缺乏村落普及金融知识，提高村民金融常识。5月12日，在河婆街道滨江公园开展优秀图书展销活动。10月9日，棉湖支局联合县老年人体育协会和县中医院在棉湖公园举行义务体检活动，推动全民注重健康、养生生活。10月20日，举办2020年揭西邮政营业员职业技能竞赛，调动基层员工“学技术、促业务、优服务”主动性和积极性。

2020年5月12日，揭西邮政在河婆街道滨江公园开展“书香揭西 随心所阅”图书展销活动
（蔡惠红 摄）

2020年揭西县邮政主要业务经营情况表

表31

储蓄规模（亿元）	函件（万张）	汇票（万件）	包件（万件）	快递包裹（万份）	报纸期发数（万份）	杂志期发数（万份）
31.68	6.25	0.38	350.12	467.73	6.71	7.19

（詹明雄 蔡 澈）

信息业
INDUSTRY OF INFORMATION SERVICE

信息化建设

【概况】 2020年，揭西县推进信息化建设，提升基础电信运营企业信息化服务能力，优化信息化服务方案。以5G建设与应用为重点，加强基础设施建设，加快基站建设。开展网络安全宣传教育，加强无线电和网络平台管理，依法打击非法站台和违法行为，维护信息安全。全年全县开通5G基站137个；开展信息化业务培训12期。

【信息化建设】 2020年，揭西县推进“数字政府”建设和“数字经济”高质量发展。发挥三大基础电信运营企业信息化服务能力，挖掘企业潜力，提升信息化水平，推动企业“上云上平台”，揭西小天使电子电器有限公司、揭西县河婆美通电子配件厂等企业完成“上云上平台”。揭西移动通过大数据、云计算、物联网等综合信息化服务方案，协助县文广旅体局提升“全域旅游景区大数据管理平台”信息化服务能力，疫情期间，助力全县15所中小学提供5G+热成像服务项目，协助县人民政府建设视频会商系统，推进乡镇纳入市、县联合应急指挥。协助县人民政府、县人民检察院打造智慧云物管饭堂信息化服务和县农业局及农商企业打造2020年“一村一品”数字农业云店信息化服务。揭西电信助力治安建设，推进平安乡村建设，全年平安乡村签约75个（其中平安乡村68个、商业客户7个），完成镇级签约4个，其中完成交付66个点；平台挂靠摄像头1584个；建成达标村（挂靠30枪）29个。发展天翼看家1845户、智能组网3226户、影视包及教育包334户、ITV教育包56户、智能名片163户。揭西联通落实与县人民政府签署“互联网+”战略合格框架协议，承接揭西大洋茶叶产业园信息化建设项目，建设“生产+加工+科技”现代农业产业园，推动智慧农业信息化建设，打造“揭西茶叶”品牌。

【基础设施建设】 2020年，揭西县建立“揭西县加快5G产业发展联席会议制度”，统筹推进全县5G重大建设与应用。是年，全县开通5G基站137个，其中揭西移动开通基站97个，主要对县城河婆、棉湖城区中心地带连片覆盖及其他乡镇部分覆盖；揭西电信、揭西联通采用共建共享方式，建成开通基站40个。移动物联网（NB-IoT）新一代信息基础设施建设开通站点341个，其中电信、联通、移动分别为156个、110个、75个。

【无线电管理】 2020年，揭西县借助网络安全宣传周活动，组

2020年6月29日，县工信科技局邀请市无线电监测站技术人员到揭西县广播电视台监测信号
（县工信科技局 供稿）

织三大基础电信运营企业开展无线电知识宣传。不定期邀请市无线电监测站进行监测和执法检查。开展常态化整治非法“黑广播”“伪基站”行动，未发现可疑信号和非法站台。现场监测县广播电视台频率使用状况，经监测，符合使用标准；发现揭西电信5G基站信号干扰县电视台接收频段，经协调解决，保障电视台频段正常播出。

【网络与信息安全保障】 2020年，揭西县开展网络安全宣传周电信日活动，发送网络安全公益宣传短信超20万条。落实三大基础电信运营企业规范网站和IP地址备案管理，加强准入审查和违规关停。开展网络信息安全专项整治行动，巡检全县B、C级机房，派发巡检工单82张；落实传输专业生产操作检查，推进政企业务端到端资源数据清理。形成信息系统安全机制，成立专门网络安全保障机构，加强网络安全管理，建立健全各项信息网络安全制度。做好防范打击网络诈骗工作，通过短信发送、账户管理等方式配合县反诈办，执行反诈相关管控内容，落实各渠道通报及系统检测诈骗号码关停与溯源，跟进实名稽核工作，对于未实名号码落实停机及整改。做好国家重要节假日网络安全通信保障，维护重点时间和重点领域电信网络运行安全稳定。

【信息化培训】 2020年，揭西县加大信息化培训力度，做大做强数字经济，促进数字经济同实体经济融合发展。全年全县三大运营商开展信息化业务培训12期，包括5G网络、智慧工程师、天翼云、移动大数据、智能光网、云计算、物联网、IDC（主机托管）、工业互联网等新一代信息技术，参加培训共656人次。

（邹锐豪 温海涛 李镇波）

通信业

综 述

【概况】 2020年，揭西县推进基础电信运营商提升网络服务能力，改善网络深度覆盖，扩大宽带城乡覆盖，落实网络提速降费，降低家庭宽带、企业宽带、专线使用等费用。至年底，全县通信运营商有中国电信揭西分公司、中国移动揭西分公司、中国联通揭西分公司3家；固定宽带家庭15.23万户，普及率64.3%。光纤接入用户15.04万户。移动宽带用户58.57万户，普及率70.1%。百兆以上宽带15.23万户；实现全县4G网络宽带信号全覆盖，省定贫困村和贫困户宽带网络全部覆盖。

【通信业发展】 2020年，揭西县加强通信基础设施建设，推进通信业发展。全年新建移动4G基站180个、5G基站66个，联通4G基站2个、5G基站38个，电信4G基站18个、5G基站30个；净增电信宽带用户1652户，净增电信天翼移动用户2738户，净增电信天翼高清电视（ITV）用户947户；净增移动宽带用户约7200户，净增移动个人客户约2400户，净增移动高清电视盒用户约7300户；新建联通光缆150皮长千米、纤芯5400千米，新增联通专线13条。

（邹锐豪　温海涛　李镇波）

电信通信

【概况】 2020年，中国电信揭西分公司（简称揭西电信）深化“三维联动”（划小承包+专业化运营+倒三角支撑）改革，实施云改数转战略，以客户为中心，加快推进企业改革创新与高质量发展。是年，揭西电信净增天翼移动用户2738户，累计11.58万户，移动过网份额提升至20.2%；净增宽带1652户，累计6.78万户；户均带宽135兆以上。

【设施建设】 2020年，揭西电信加大无线网络建设和高带宽光网建设。全年补点建设255个片区，新建OBD（光纤分配箱）端口2568个，累计15.6万个；新建光缆200皮长千米，纤芯1853千米。开通4G基站18个、5G基站30个，至年底，1.8G基站255个、800兆基站184个、室分站点52个、共享联通4G基站28个，基站信号覆盖率93%。配合开展美丽乡村建设，加快光网络覆盖农村地区，重新规划布局镇、村寨线路，完成杆路迁改115千米，新立电杆1018条，布放光缆60千米，割接光缆5200多芯；推进平安乡村建设，实现快速安装、快速交付，全县签约平安乡村75个，完成凤江镇、龙潭镇、五云镇和坪上镇4个镇签约，完成挂靠摄像头1584个；建成达标村29个。

【电信业务】 2020年，揭西电信协助县政府完成揭阳市民生工程“互联网+明厨亮灶”项目；签约县自来水厂云等保项目，打造“系统上云+云专线+云等保测评+云安全防护”一体解决方案；协助卫生系统改造工作，完成县人民医院、县妇幼保健院新住院楼机房线路迁移工作。配合县公安机关做好酒店宾馆及各类娱乐场所信息安全和线路改造工作。协助县人民医院、棉湖人民法庭、揭西农商行、县妇幼保健院等客户完成机房搬迁移机工作。完成IPRAN（无线接入网IP化）电路8条、高考考场云专线IP优化6条，开通调测明厨亮灶、旅业网、县政数局等VPN电路172条，安装调测城域网光纤用户5个；开展电话会议调测、会议保障、高考电路保障等工作1176次；处理大客户各类故障401户次。做好揭西平安视频监控故障处理管控工作。

【品牌宣传】 2020年，揭西电信加强智慧家庭业务宣传，结合物联网、云计算、移动互联网和大数据等新一代信息技术，实现低碳、健康、智能、舒适、安全和充满关爱家庭生活方式，拓展智慧家庭业务，通过上门和营业厅演示，宣传高带宽、流量畅享融合套餐，智慧家庭、平安乡村云监控、美丽乡村电视台和高质量服务通信行业品牌。制作、下发宣传物料到各支局，全年制作业务宣传横幅200条、海报1500张、宣传单2.5万张。

【宽带业务】 2020年，揭西电信针对客户不同消费需求推出差异化套餐，主推300兆及以上大带宽畅享全融合套餐，以畅享流量提供丰富智能应用（智能组网、家庭云、天翼看家、ITV等）；主动做好宽带提速服务工作，丰富用户选择。配合县政府打击非法黑宽带，开展非宽整治活动，全年收编黑宽带1500户。

【信息服务】 2020年，揭西电信实施光网络建设、电子政务外网、电子商务进农村等民生项目，提升政府信息化和民生服务水平，推动政务服务和公共服务向农村基层延伸覆盖，优先拓展脱贫急需生产生活服务功能；配合完成县城道路升级改造项目、高速出入口扩建、京棉公路升级改造项目等市政工程通信线路整治；支持县政府应急保障工作，为县应急管理局、县林业局等单位开通天通卫星电话21户。完成政府防疫视频会议保障8场，紧急开通防疫专线169条、党政军专线1条、公安慧眼12个，开展网络信息安全及防网络诈骗专项整治行动，全面巡检全县B、C级机房，派发82张巡检工单；落实传输专业生产操作检查，推进政企业务端到端资源数据清理。排查整改设备系统、网络风险、业务风险、账号风险、数据安全、维护作业，建立规范操作及日志稽核常态化机制，严格落实运维安全操作规范，增强网络安全防御能力。

【客户服务】 2020年，揭西电信围绕“服务质量客户说了算”要求，规范装维服务流程，提高装维服务技能，打造装维服务新形象，提升装维服务质量。加快社会渠道网点布局，新增网点12家。加快异业合作，推进快电拓展建设步伐，新建快电4家，开展上门服务活动，各支局组织人员开展网络测速、提速降费、维修线路等上门服务984场，共服务2986户家庭。每个季度开展总经理接待日活动，针对客户提出服务、维修、资费等问题，协调解决。

（温永松　郭璐丹）

移动通信

【概况】 2020年，中国移动揭西分公司（简称揭西移动）加快5G发展，践行“互联网+”创新思维，提升信息化服务水平，强化融合运营能力，提供多元化增值服务。全年运营收入2.4亿元。至年底，客户规模38.5万户；基站累计2031个，其中4G基站1090个、5G基站89个。是年，被揭阳市移动公司评为“2020年度先进单位”“2020年度揭阳分公司先进集体”。

2020年5月19日，揭西移动在黄满寨瀑布旅游区设置5G产品体验点，为游客介绍相关服务

（揭西移动　供稿）

【设施建设】 2020年，揭西移动加强网络信息化和重点项目建设，推进全县各行政村网络全覆盖。全年新建4G基站180个、5G基站66个，建设光纤宽带信息点2.4万个，建设光缆148皮长千米。强化网络安全保障能力，构建应急通信保障体系，完成第四届梅花节启动仪式、2020广东揭西消费扶贫产品产销推介暨走进粤港澳大湾区系列活动等重要活动及重要节假日通信和网络安全保障工作。

【移动业务】 2020年，揭西移动深化基于用户规模的业务深度运营，强化“连接+应用+权益”融合运营，利用SA组网（独立组网）5G优势，拓展5G客户数3.1万。加强家庭共享群组业务宣传，提供“一人付费，全家安心消费”便利业务，减少套餐资源闲置、老人小孩超额消费等困扰，惠及3万用户。提供春节期间特惠全国流量包，办理3473户；迎合手机看剧、短视频等新时代客户需求，推出优惠视频会员、超大流量卡和彩云空间等权益。

【品牌宣传】 2020年，揭西移动践行“互联网+”创新思维，通过大数据、云计算、物联网等综合信息化服务方案，配合推进揭西县"数字政府"建设。打造"全域旅游景区大数据管理平台"和揭西首个旅游小程序，加强旅游产业分析和营销推广；承接建设县政府视频会商系统，推进乡镇纳入市、县联合应急指挥；协助建设智慧云物管饭堂信息化服务；打造2020年"一村一品"数字农业云店信息化服务，为"智慧农业"提供技术保障。为教育行业提供云视讯视频远程会议服务；为企业和学校提供5G+热成像系统解决方案；利用H5页面信息化手段协助县政府做好"湖北省及其他省份疫情重点地区人员返揭西网上登记"工作，并为全县疫情防控工作指挥部免费提供防疫短信宣传超200万条。

【宽带服务】 2020年，揭西移动新建宽带全部采用光纤到户，新增建设宽带端口2.4万个，实现城区、行政村全覆盖。落实提速政策要求，实现光纤带宽300兆起步，新增宽带提速5030户，减少用户从互联网获取"三农"政策法规、扶贫咨询、种植养殖等信息成本。依托宽带网络，提供全屋WIFI、智能安防和智能门锁等一站式家庭融合服务。

【客户服务】 2020年，揭西移动加强服务质量管理，强化服务问题源头控制和过程监控，优化客户分层分级服务管理体系，加强营业厅窗口服务质量管理，制定营业厅服务规范，要求营业厅形象标准化、员工行为规范化、服务流程规范化、基础管理规范化。面向客户提供热线、营业厅、网站、微博等服务监督渠道，建立客户投诉处理流程，做好客户服务问题事前防范、事中监督、事后闭环解决。开展"主动微服务"细节关怀，包括普及线上"10086"APP提供自助查账单、充值和报障等服务；开发"揭西随身厅"小程序，为用户提供线上办理业务服务。

（林奕森　张　薇）

联通通信

【概况】 2020年，中国联通揭西县分公司（简称揭西联通）以5G基站为重点，推进基础设施建设，拓宽联通业务，提高信息化服务能力，加强联通产品和品牌宣传力度，优化客户服务。全年实现主营收入2862万元，完成率85%；新增5G基站38个。

【设施建设】 2020年，揭西联通加快基站建设，新增4G基站2个、新增5G基站38个，基本实现行政服务类办事大厅、公交枢纽、市政公园、银行网点、医疗机构、大型购物中心以及其他用户感知度较高公共场所全覆盖。新建光缆150皮长千米、纤芯5400千米，全县合计光缆1800皮长千米。新增专线13条，两车一极光业务96单。

【联通业务】 2020年，揭西联通与县人民政府签署"互联网+"战略合作框架协议，完成新希望集团赤告养猪场项目基站建设，解决养猪场信号薄弱问题。承接揭西大洋茶叶产业园信息化建设项目，以规模化种养基地为基础，建设"生产+加工+科技"现代农业产业园，打造"揭西茶叶"品牌，完成7个茶叶生产基地监控建设。签约揭西一中、霖田高级中学热成像项目。县公安局、揭西农商行舆情通签约金额累计7.6万元，消防智慧烟感累计排产100单。

【客户服务】 2020年，揭西联通坚持客户为中心、业务为导向，打造数字化服务平台。针对客户感知问题深化研究，完善专业协同机制，改善用户服务感知指标。加快打造品牌软实力，提升客户服务质量，改善用户体验；开展节假日重保服务保障工作，组织热点问题专项整治。不定期对营销服务人员进行业务培训，提高服务质量。12月28日，揭西联通到龙潭镇开展爱心助农活动。

（吴宇鹏　蔡淑霞）

城乡建设 生态环境
URBAN-RURAL CONSTRUCTION AND ECOLOGICAL ENVIRONMENT

城乡规划

【概况】 2020年，揭西县自然资源局（简称县自然资源局）推进城乡规划和县级国土空间总体规划编制，开展村庄规划全面评估和优化提升试点工作，组织编制城乡规划27项；编制土地征收供应控规单元规划指引39宗，合计面积254.80公顷；出具拟出让地块规划设计条件33宗，合计面积56.36公顷。

【国土空间总体规划】 2020年，县自然资源局围绕生态发展示范区定位，推进国土空间开发保护总体格局研究，提出构建“一园两区五片”（“一园”：打造粤东后花园，“两区”：生态发展区、产城融合发展区，“五片”：县城综合发展片、东部产城融合示范片、北部生态旅游片、西部农旅协通片、南部城乡融合片）发展格局。开展多轮调研收资工作，对接各地各部门发展诉求，形成全县三大重点发展平台和重点项目台账，完成项目“上图入库”工作。做实底图底数和基础研究，初步完成县域“现状拼合一张图”和“规划拼合一张图”工作，推进“三调”（第三次全国土地调查）数据转换和历史建设用地梳理。立足应划尽划和局部优化调整，完成生态保护红线划定工作，形成永久基本农田优化调整分析台账、城镇开发边界预案，逐级上报省厅审查。开展公众问卷调查，根据问卷分析结果优化国土空间规划策略。

【城乡规划管理】 2020年，县自然资源局在各项规划编制成果中落实市政工程规划和交通规划内容。全年完成县城中部旧城区和南部城区（南和村、河婆中学

2020年1月28日，揭西县国土空间总体规划工作会议在县自然资源局会议室召开
（县自然资源局 供稿）

片区）控制性详细规划、县城东部商贸城CD0101地块控制性详细规划（修改）、县生猪定点屠宰厂控制性详细规划、县环保能源产业园控制性详细规划、棉湖镇华侨医院设计指标调整论证报告等规划编制27个。落实编制村庄规划全面评估工作和优化提升试点方案，对全县279个行政村村庄规划形成评估报告。加强和规范土地征收整合储备和供应管理工作，编制土地征收供应控规单元规划指引39宗，面积共254.80公顷；出具拟出让地块规划设计条件33宗，面积共56.36公顷。

2020年7月29日，县自然资源局组织人员到南山镇试点片区村庄现场踏勘规划优化提升工作　（县自然资源局　供稿）

【村镇规划】　2020年，县自然资源局指导、组织开展金和镇总体规划（2020—2035，2020修编）、金和基地场片区控制性详细规划、棉湖镇北部城区控制性详细规划等6项规划编制工作。组织开展279个行政村村庄规划全面评估工作，逐级报送至省自然资源厅。南山镇上寮村、火炬村、关西村、榕光村作为县村庄规划优化提升试点片区，列入广东省第一批村庄规划优化提升试点名单。指导南山镇开展试点片区村庄规划优化提升工作，形成初步成果。

（杨耀弟　吴锐佳）

城乡建设

【概况】　2020年，揭西县城市管理和综合执法局（简称县城管执法局）推进市政设施管理和重点项目建设，改善路灯和绿化景观，提高城市管理水平。全年维修路灯1500盏，实现路灯设施完好率95%；园林绿化管养面积30.90公顷。县城垃圾分类处理中心等项目纳入筹划建设。

【市政设施管理】　2020年，县城管执法局推进城市道路照明改善和园林绿化景观提升。县路灯管理所负责拟定城市道路照明中长期规划、年度计划，监督、管理和维护城市道路照明设施，全年维修路灯1500盏，更换节能LED路灯130处，处理线路故障30起、地埋电缆故障点30起、路灯设备损坏事故8起。园林绿化管养面积30.90公顷，其中绿化带面积23.69公顷、河堤内需管理护坡面积7.21公顷，人行道树2.30万棵；修剪低矮树枝8619棵，清除及补种枯死园林绿化树木2300棵，种植树木50棵，修剪县城绿篱12次，对城区所有绿化树木施肥2次、5.5吨，排除突发安全隐患5次，修剪扶正大树40棵，排查乔木枯枝24次，乔木、绿篱病虫害防治18次。

【重点项目建设】　2020年，县城管执法局推进县城道路升级改造二期工程、县城两广场改造工程、县城横江河下段堤路综合整治工程、县城榕江南河右岸堤路综合整治工程、揭西县老虎坷垃圾填埋场扩容及道路配套建设三期工程等重点项目建设。县城垃圾分类处理中心、县环保能源产业园、县城广德生态区建设工程（一期）、大同市场及河山市场周边道路升级改造工程、县城建筑外立面改造提升工程、县城新建自来水厂二期工程及输水管道工程等项目进入筹划及前期工作阶段。

（张　斌　刘崇正）

县城道路升级改造　（县城管执法局　供稿）

城乡管理

【概况】　2020年，县城管执法局加大巡查力度，开展违法用地、违法建设整治工作以及专项整治和日常执法巡查，清理整治乱摆乱卖、占道经营现象严重路段，强化市容市貌和环境卫生管控。全年完成违法建设整治建筑面积33.32万平方米；查处沿街门市占道3257处。

【违法建设整治】　2020年，县城管执法局加大违建查处整治力度，形成常态化巡查和联合执法，对顶风违规抢建违法建设采取“四清两断”（清理施工队伍、清拆脚手架、清理施工设备、清理建筑材料和断水断电）措施。完成违法建设整治建筑面积33.32万平方米，其中拆除各类违法建设建筑面积32.10万平方米，没收、罚款违法建设建筑面积1.22万平方米。

【市容市貌整治】　2020年，县城管执法局加强专项整治和日常执法巡查，清理整治重点路段和区域，保持市容环境干净整洁有序。全年查处沿街门市占道3257处，整治流动商贩乱摆乱卖经营1478处，拆除违规吊挂雨篷、遮阳伞等643处，没收销毁遮阳伞水泥墩283个，没收移动式招牌广告471个，拆除塑料、水泥台阶沿坡426处。

【环境卫生管控】　2020年，县城管执法局以创文创卫工作为契机，提高环卫管理水平。落实“门前三包”责任制，签订“门前三包”责任书5200份，发放规范资料9000份，表彰商户5家，曝光不文明行为商户36家，查处和落实整改违反“门前三包”责任制行为1387起，引导居民将生活垃圾袋装化和垃圾投放定点化，提高群众环卫意识。新冠肺炎疫情期间，实现道路清扫保洁率、垃圾日产日清率、公厕清掏清扫保洁率100%，实现县城生活垃圾无害化处理率100%。

（张斌　刘崇正）

【历史文化街区划定申报】　2020年，揭西县强化统筹组织，启动历史文化街区划定编制工作。5月27日，县住建局向县政府请示开展棉湖镇南门里历史文化街区划定申报材料编制工作。委托广东绘宇智能勘测科技有限公司开展规划设计申报等工作。9月11

日，完成市专家评审上报申报材料；10月29日，省住建厅联合省文化和旅游厅组织专家对棉湖镇南门里街区进行专家审查，同意南门里街区申报广东省历史文化街区。

【农村削坡建房风险整治】 2020年，揭西县贯彻落实广东省农村削坡建房风险点整治工作，委托具有地质灾害防治单位资质的江西省核工业赣州工程勘察院进行现场勘察。经实地勘察，全县削坡建房风险点6处，整治工程建设项目工程总造价估算150万元。

【城乡生活垃圾处理】 2020年，县住建局采取“户收集、村集中、镇转运、县处理”方式，开展城乡生活垃圾收运处理工作，不定期随机巡查、督查各乡镇（街道）垃圾转运情况。全县农村生活垃圾处理率95%以上，生活垃圾采用收集、转运、处理方式行政村数量318个，行政村保洁覆盖率100%。至年底，全县垃圾转运站16个。

（庄少柱　李美荣）

【城乡污水处理】 2020年，揭西县推进生活污水处理设施建设PPP（政府和社会资本合作）项目，新建镇级污水处理厂14座，日处理能力2.23万吨，实现乡镇一级污水处理设施全覆盖。完成县城污水处理厂及配套管网三期工程，新建管网4.15千米，实现县城污水收集率94.4%；启动建设县城污水处理厂及配套管网四期工程，新建管网长5.25千米。新建棉湖污水处理厂配套截污管网二期工程22.9千米、棉湖镇北部片区集污管网工程（一期）管网1.89千米。启动五经富河饮用水源保护工程，建设管网11.5千米。启动凤江污水处理厂三期配套管网工程（揭西县凤江镇内河涌水质改善提升项目二期），建设管网24.28千米。优化龙潭镇黄竹溪水质提升工程，建设处理规模1000立方米/天畜禽养殖及生活污水混合处理的污水处理站及配套管网4.5千米。建成金和段（金里片区）水质保护工程，建设处理规模1500立方米/天的A^2/O（厌氧—缺氧—好氧）生化处理工艺生活污水处理站1座，管网长度3.36千米。推进农村雨污分流工程建设，加强生活污水治理，全县1066个20户以上自然村雨污分流工程全部实现开工；铺设雨污分流管道1634.47千米，完成率68.1%；纳户数11.5万户，1066个20户以上自然村雨污分流覆盖率73.3%。

（林世涛　曾明辉）

城市供水

【概况】 2020年，揭西县自来水公司（简称县自来水公司）加强水源监控和检测水质安全，完善供水设施建设，维护用水安全稳定。全年新装水表257个，改造维修主管135多米、巷管1385米，维修供水设施1037次，维修、更换水表163次，应急抢修156次。至年底，县自来水公司供应县城、河婆街道近20万人口生活饮用水及少数工业用水。

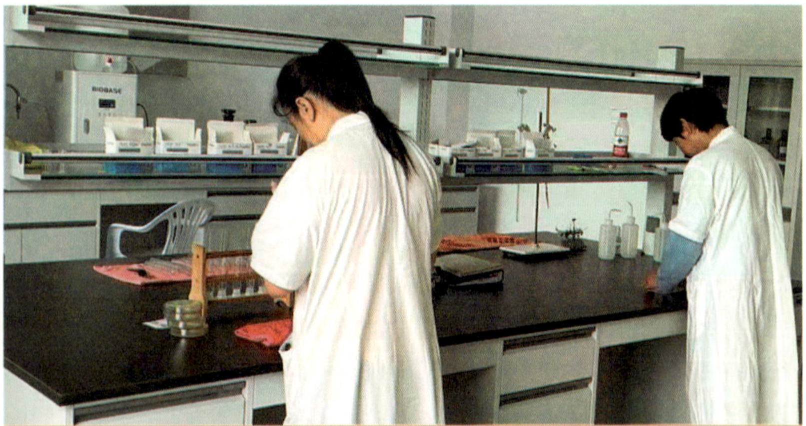

2020年9月18日，县自来水公司工作人员在化验室检测水质（县自来水公司　供稿）

【供水经营】 2020年，县自来水公司采用地表水为饮用水水源，主要采用混凝、沉淀、过滤、消毒4部分传统工艺。供水收入1025万元，其中水费收入930万元，比2019年（下同）增加33万元；安装收入95万元，减少88万元。全年抽水量696.6万立方米，增加39.5万立方米；售水量557.1万立方米，增加31.5万立方米。

【水质检测】 2020年，县自来水公司化验室配备浊度仪、721型分光光度计、电子天平秤等设备，每日主要进行水源水浑浊度、色度、臭和味、肉眼可见物、耗氧量、氨氮6项，及出厂水浑浊度、色度、臭和味、肉眼可见物、耗氧量、菌落总数、总大肠菌群、氨氮、余氯9项检测，每月2次进行管网水浑浊度、色度、臭和味、余氯、细菌总数、总大肠菌群、耗氧量7项检测。每月委托县疾病预防控制中心及汕头市为民水质检测有限公司检测出厂水、水源水、末梢水，全部符合生活饮用水安全标准。

（张国旭 朱雪芳）

燃气管理

【概况】 2020年，揭西县有液化石油气企业7家，分别为揭西县五经富石油气储配站、县灰寨金辉燃化有限公司、县棉湖联达石油液化气有限公司、县金和安乐石油气有限公司、县三和石油气有限公司、县商业石油液化气有限公司、县河婆燃辉石油气站。至年底，燃气普及率99%，全县液化石油气企业液化石油气库存量800吨；城乡居民液化石油气消费量1.59万吨。

【燃气安全生产监管】 2020年，揭西县坚持"安全第一，预防为主，综合治理"，强化燃气安全生产监管，落实企业主体责任，规范燃气生产标准，加强宣传引导，增强企业与群众燃气安全意识。至年底，开展燃气企业安全检查14次，排除安全隐患34处。全年实现燃气行业零事故。

（庄少柱 李美荣）

建筑业

【概况】 2020年，揭西县住房和城乡建设局（简称县住建局）履行建筑市场管理职责，规范建筑市场秩序和招投标行为，推进市场诚信管理，引导建筑业健康有序发展。全年全县施工项目16个，建筑面积61.75万平方米，总造价15.90亿元；房建市政工程招标16项，中标价3.37亿元。

【工程勘察设计】 2020年，县住建局加强工程勘察设计管理，落实到揭西县勘察设计企业在"揭阳市建筑业诚信信息管理平台"录入备案，要求其建立健全质量管理体系，落实勘察设计质量责任制，强化专业技术人员责任意识，按照现行规范标准勘察设计，执行校审有关制度。

【建筑市场管理】 2020年，揭西县各建筑企业及时注册并纳入全市诚信管理体系，在库资质以内建筑业企业15家，其中一级资质建筑企业1家、二级资质建筑企业2家、三级资质建筑企业5家、专业承包不分等级资质7家。全县建筑企业诚信状况良好，无发现不良行为。是年，建筑业实现增加值6.3亿元，比2019年增长18.5%。

【建筑工程招投标】 2020年，县住建局规范招投标行为，依法打击房屋建筑和市政基础设施工程建设领域中恶意竞标、强揽工程、转包、违法分包等突出问题，监督招投标工作，各类建筑项目招投标全部符合相关法律规定。至年底，房建市政工程招标16项，中标价3.37亿元。

【建筑工程报建】 2020年，县住建局按照《建筑工程施工许可管理办法》，加强建筑工程报建管理，规范报建程序，落实批后管理工作。是年，全县施工项目16个，建筑面积61.75万平方米，总造价15.90亿元，包括商住楼、公共建筑、市政工程。

（刘向东　王智敏）

【建筑节能】 2020年，县住建局在新建绿色建筑建设、既有建筑节能改造、可再生能源建筑应用、建筑运行节能监管等领域推进绿色建筑行动。新建民用建筑均采用一星以上绿色建筑标准；政府投资或以政府投资为主的建筑、建筑面积大于2万平方米的大型公共建筑、建筑面积大于10万平方米的居住小区等按照二星级及以上绿色建筑标准进行设计和建设。是年，通过绿色建筑施工图专项审查、达到绿色建筑标准的建筑项目22个，建筑面积131.38万平方米。

【工程质量管理】 2020年，县住建局加强建设工程质量监管，随机抽查建筑材料和工程实体，监管工程实施全过程。新增办理工程质量监督登记工程项目30个，其中房屋建筑工程22项、市政基础设施工程8项，工程质量监督覆盖率100%；签订建筑工程“两书一牌”（法定代表人授权书、工程质量终身责任承诺书，永久性标牌）项目30个。竣工验收14项，一次性验收合格率100%。

【工程安全监督】 2020年，县住建局落实工程安全监督，主要监管五方（建设单位项目负责人，勘察单位项目负责人、设计单位项目负责人、施工单位项目经理、监理单位总监理工程师）责任体安全行为，实施动态管理，对违反安全管理人员动态记分。全年开展大检查9次，外出监督检查巡查118次，查出安全隐患260起，下发整改通知书52份，全部落实整改。依法依规对建设、勘测、设计、施工、监理、检测单位及其质量安全相关人员未履行质量安全责任情况实施量化记分，发出建筑工程施工质量安全动态记分56份。全年未发现重大质量安全隐患。

2020年揭西县在库资质以内建筑企业情况表

表32

企业名称	等级	所在地
揭阳市揭西建筑安装工程总公司	二级	揭西河婆街道
揭阳市宏通路桥建设有限公司	三级	揭西县京溪园镇
揭西县东日工程建设有限公司	三级	揭西县灰寨镇
揭西长安建设实业有限公司	二级	揭西县河婆街道
揭阳市揭西建筑集团公司	一级	揭西县河婆街道
揭西县安华电力工程有限公司	三级	揭西县河婆街道
广东汉筑建筑有限公司	三级	揭西县大溪镇
广东潮远幕墙有限公司	三级	揭西县东园镇
揭西县恒宇混凝土有限公司	搅拌站无分资质等级	揭西县河婆街道
揭西县新塔混凝土有限公司		揭西县龙潭镇
揭西县巨塔混凝土有限公司		揭西县东园镇
揭阳市凯盛混凝土有限公司		揭西县河婆街道
揭阳市宏通路桥建设有限公司		揭西县京溪园镇
揭西县庆鸿混凝土有限公司		揭西县东园镇
揭阳市揭西建筑安装工程总公司		揭西县河婆街道

【工程造价管理】 2020年，县住建局加强与建设单位、施工企业、造价咨询企业工程结算情况信息交流，调查全县建筑材料价格，每月及每季度将全县建筑材料价格调查表上报揭阳市建设工程标准定额站，统一编制发布揭西县建筑材料信息价，提高建设工程主要材料不含税综合价、综合折税率（非“政府定价”或“政府指导价”）准确性和及时性，客观全面反映材料价格市场行情。

（林世涛 蔡冬鸣）

房地产业

【概况】 2020年，揭西县有房地产开发企业19家，三级资质房地产企业6家。全年一手房交易办理不动产权证1271宗，二手房交易125宗；商品房销售金额12.56亿元，商品房销售均价为6964元/平方米。至年底，全县投资建设保障性住房384套，其中河婆街道216套、棉湖镇168套；企事业单位投资建设380套，分配完成率100%。

【房地产开发】 2020年，揭西县开工建设房地产开发项目8个，分别是揭西县泰利贤房地产开发有限公司开发的富林华府、汇龙湾花园，广东汉隆房地产实业有限公司开发的蓝天花园，揭西县湖坡建设开发有限公司开发的棉湖壹号花园，揭西县恒泰建筑工程有限公司开发的龙江华府，广东创贤房地产开发有限公司开发的星湖南苑住宅楼，揭西县胜兴房地产开发有限公司开发的星曜城花园（二期），揭西县宏和投资有限公司开发的宏和·金水湾（B区）。

【房地产市场管理】 2020年，揭西县运行和完善商品房预售网签子系统，加强房地产市场监管，提高市场透明度，防止阴阳合同、一房多卖，保护购房者权益；完善市场监测分析，及时、准确地了解市场供求信息，为政府提供决策依据；实施商品房（预）销售现场检查制度，规范商品房销售行为，查处市场违法违规行为，维护市场秩序。全年一手房交易办理不动产权证1271宗，销售面积16.11万平方米；二手房交易125宗，销售面积1.92万平方米。商品房销售金额12.56亿元，销售均价6964元/平方米。

【物业管理】 2020年，揭西县加强物业管理住宅小区消防安全管理工作，畅通消防通道，要求各物业服务企业组织自查消防安全工作落实情况，房管股开展全县物业小区消防安全检查2次。指导物业服务企业规范电动车停放充电行为，配备电动车充电停放场所，全年解决物业管理问题50宗。

（刘向东 林伟斌）

生态环境

【概况】 2020年，揭西县践行新发展理念，加强环境监测监察，依法开展执法工作，严厉打击违法行为；探索生态环境管理新措施，建立健全工作机制，重点做好生态环境污染治理、饮用水水源保护、全国第二次污染源普查、环保宣传等工作，强化生态环境污染应急处置能力建设，提高生态环境管理水平。全年空气质量优良率98.8%；完成建设项目环评审批32个。全县第二次污染源普查单位总数2412个。

【环境质量】 2020年，揭西县通过环境空气自动监测系统对大气24小时不间断监测，二氧化硫、二氧化氮、可吸入颗粒物年日均值分别为5微克/立方米、14微克/立方米、27微克/立方米，均符合《环境空气质量标准》（GB 3095—2012）一级标准，空气质量优良率98.8%。城市饮用水源水质达标率100%，榕江南河东园断面和龟山塔断面水质均达到《地面水环境质量标准（GB—3838—2002）》Ⅱ类标准。

【环保规划】 2020年，揭西县立足生态发展示范区功能定位，树立生态文明和绿色发展理念，改善环境质量，加强生态环境保护规划，促进满足人民群众优质生态产品和优美生态环境需求，完成《揭西县县城环境保护规划（2020—2030年）》编制工作。

【环境管理】 2020年，揭阳市生态环境局揭西分局（简称市生态环境局揭西分局）依照《中华人民共和国环境影响评价法》等有关法律法规，严把建设项目审批关，禁止污染重、耗能高项目建设。全年完成建设项目环评审批32个，完成环保（固废）验收项目20个，发放排污许可证38份。

【环境监测】 2020年，市生态环境局揭西分局加大环境监测力度，对榕江南河流域水质预警监测7次，对全县23个河长制“考核”断面进行取样检测51次，环境执法部门送样监测43家次、54个水样；监测站参与案件自采样28家次、36个水样，客观反映污染治理成效，强化对生态环境污染成因分析、预测预报和风险评估。协助环境执法部门处理噪声投诉案件7件。

【环境监察】 2020年，市生态环境局揭西分局联合相关部门及各乡镇（街道），加强对辖区企业（厂）（重点是涉水企业）执法检查，出动执法人员6000人次，检查企业1600家次，发出责令通知书37份，查封扣押3件，立案查处40件；移送公安部门案件15件，其中涉行政案件12件，刑事拘留3件、刑事拘留6人，行政拘留案件12件、行政拘留12人；取缔“散乱污”企业42家，处罚金额626.23万元。

【饮用水源保护】 2020年，市生态环境局揭西分局采用定期取水监测和第三方服务方式，监测饮用水源保护区，监测结果显示地表水环境质量标准基本项目及集中式生活饮用水地表水源地补充项目均符合《地表水环境质量标准》（GB3838－2002）Ⅱ类标准要求，饮用水源地水质达标率100%。全县划分10个一级饮用水源保护区和5个二级饮用水源保护区。投资1388.70万元，完成10个一级饮用水源保护区规范化设置工作。明确饮用水源一、二级保护区范围，建立健全农村饮用水源地监管机制，将饮用水源保护区划定为畜禽禁养区，依法打击环境违法行为，取缔污染企业，严禁在保护区内新建排污口和建设与水源保护无关建设项目。

【固体废物管理】 2020年，市生态环境局揭西分局贯彻新修订《中华人民共和国固体废物污染环境防治法》，组织法律法规宣传培训，加强对危险废物日常监管，督促指导企业及时做好申报登记、管理计划、危废产生台账、合法转移等工作，全县在广东省固废平台完成注册企业51家，完成申报登记企业51家。将监管产废企业规范化管理工作纳入日常监管范围，定期组织执法检查，加大到产废企业现场巡视监督力度。

【工业企业锅炉污染治理】 2020年，揭西县做好燃煤锅炉整治淘汰工作，加强与县市场监督管理局、县发改局等部门联动，检查在用锅炉企业实际情况，打击锅炉企业违法行为，3台锅炉完成生物质燃料锅炉改造并配套废气治理设施，2台锅炉改清洁能源，3台锅炉停用，1台锅炉拆除，完成年度工作任务。

【挥发性有机物重点监管企业治理】 2020年，揭西县挥发性有机物（VOCs）重点监管企业销号整治任务23家，其中配套

VOCs废气治理设施并达标排放18家，停产5家，VOCs企业销号工作全部完成；VOCs企业整治任务5家，全部配套废气治理设施并达标排放。加强对涉VOCs企业日常监管，要求企业定期开展专项检测，推进废气应收尽收，达标排放。

【水污染治理】 2020年，揭西县饮用水源水质达标率100%；国控龟山塔断面水质稳定达到Ⅱ类水标准，水质达标率100%；市控东园断面水质稳定达到Ⅲ类水标准，水质达标率100%。成立揭西县榕江东湖国考断面达标攻坚专班，按照“一河一策一专班”工作部署，提升重点流域水质，全县7条重点河涌全部实现消劣。

【土壤污染治理】 2020年，揭西县成立县土壤污染防治工作领导小组，具体负责日常工作联系，统一督促、指导、协调县各有关单位及乡镇（街道）开展土壤污染防治工作。配合市生态环境局和第三方公司开展全县重点行业企业调查，参加重点行业企业用地土壤污染状况调查风险筛查、纠偏及第一阶段成果集成专家论证会等，排查全县尾矿、煤矸石、工业副产石膏、粉煤灰、赤泥等固体废物堆存场所。开展垃圾堆放点排查清理工作，突出非正规垃圾堆放点排查整治，全县生活垃圾集中处理率95%，行政村保洁覆盖率100%。做好信息公开工作，依法公开重点监管企业签订责任书和土壤自行监测结果。

【环境投诉和纠纷】 2020年，市生态环境局揭西分局依法依规开展生态环境执法，妥善处置环境投诉和纠纷，做好环境信访工作，推出接待、登记、回复一站式服务，及时解决人民关心的环境热点难点问题，维护群众权益。全年收到信访件103件，办结103件。

【生态环境污染应急处置】 2020年，市生态环境局揭西分局提升各部门应急救援能力和突发环境事件应对能力，推进形成覆盖全县突发环境事件应急预案网络体系，规范各类突发环境事件应急处置工作。全年组织和参与事故联合应急救援演练2次。至年底，全县90家企业完成突发环境事件应急预案编制并通过专家评估，12个单位成立应急救援队伍。

【生态环境保护宣传】 2020年，市生态环境局揭西分局结合“5·22”生物多样性日和“6·5”世界环境日，开展生态环境保护入学校、入社区、入企业活动以及环保志愿服务活动，宣传生态环境保护法律法规、生态文明建设和环保知识，指导企业防污治污等。

【全国第二次污染源普查】 2020年，揭西县第二次污染源普查单位总数2412个，其中工业源2030个、农业源86个、生活源265个、集中式污染治理设施4个、移动源27个。普查工作2018年开始，先后完成普查方案制定、入户清查、普查表填报与审核、产排污系数核算、质量核查、数据审核和档案管理验收等工作。通过普查，摸清各类污染源基本情况，了解污染源数量、结构和分布状况，掌握区域污染物产生、排放和处理情况，建立健全重点污染源档案。

【环保督察问题整改落实】 2020年，市生态环境局揭西分局按照

2020年6月5日，市生态环境局揭西分局在龙潭镇龙文学校举行“6·5”世界环境日宣传活动
（市生态环境局揭西分局 供稿）

市整改方案和中央、省督察反馈意见要求，牵头各相关单位做好整改落实工作。至年底，第一轮中央环保督察提出问题涉及揭西26个，完成整改25个，推进整改1个；广东省环保督察提出问题涉及揭西12个，完成整改11个，推进整改1个；中央环保督察“回头看”提出问题涉及揭西15个，完成整改15个。

（刘讯涛　黄跃漫）

环卫工作

【概况】　2020年，揭西县县城日常环境卫生工作由外包服务公司承担，县城市管理和综合执法局负责监督管理。通过政府购买公共服务，将县城环卫综合服务工作外包给福建龙马环卫装备股份有限公司。县城清扫保洁区域覆盖2个片区（城中片、城东片）、8个居委、5个行政村，主要是各级道路、广场、公园；负责运营管理公厕11座、中转站3座。北京沁润泽环保科技有限公司负责揭西县老虎坷垃圾填埋场无害化填埋处理工作、渗滤液处理工作和除臭灭蝇工作，广东伟创科技开发有限公司负责渗滤液处理在线监控工作。

【县城环卫管理】　2020年，揭西县环境卫生管理中心加强县城环境卫生管理及对服务外包公司监管。县城主要街道保洁时间在16小时以上，次要街道保洁时间在12小时以上，并根据实际情况适当延长保洁时间。实行全天候定时、定人、定岗巡回保洁制度；生活垃圾定时定点收运，做到日产日清；落实“门前三包”（包卫生、包绿化、包秩序）制度；加强社会管理力度，遏制乱丢、乱倒垃圾行为；推进“创文创卫”工作，参与环境卫生综合整治活动。

【环卫基础设施建设】　2020年，揭西县推进环卫基础设施建设。9月，县老虎坷垃圾填埋场进行三期扩容工程建设，该项目工程填埋库区占地3.73公顷，扩容总量83万立方米，日处理垃圾450吨、日处理渗滤液300吨；新建渗滤液调节池1个，容量5000立方米。

（张壮厅　蔡美玲）

2020年4月1日，抑尘车在北环一路降温抑尘作业　（罗庆跃　摄）

旅游业
TOURISM

综　述

【概况】　2020年，揭西县立足生态发展示范区定位，创新旅游体制机制，丰富旅游业供给体系，加强旅游发展规划，完善基础设施，提升旅游公共服务能力。全年全县旅游接待805.68万人次，比2019年（下同）下降39.9%；旅游总收入29.07亿元，下降63.2%。至年底，全县旅行社6家；国家AAAA级旅游景区2家，国家AAA级旅游景区3家，国家级森林公园1个，省级旅游度假区1个；各类旅游接待酒店50家，客房2950间，床位4135个；初级导游40人。

【旅游发展规划】　2020年，揭西县以打造乡村旅游产业带为目标，构建旅游市场营销体系，指导乡村旅游示范点编制乡村旅游规划，推动高质量发展旅游业。指导编制《揭西县大鹿农业公园旅游发展总体规划》。

【旅游公共服务】　2020年，揭西县深化创建国家全域旅游示范区整改，改善城乡环境，完善旅游基础设施建设。投入300万元，建设县旅游数据中心二期工程，完成大数据平台搭建、重点景区WiFi信号全覆盖和微信小程序设计等。建设完成龙潭镇关山村、河婆街道天竺岩、棉湖镇鲤鱼沟村、南山镇火炬村军政法庭旁及后方医院旁旅游厕所5座。

【重大旅游活动】　2020年，揭西县投入160万元拉动旅游消费，开展“推进‘六稳’拉动消费”主题活动之“揭西人游揭西”旅游产业复苏活动，发放免费套票2万套，组织抗疫一线干部职工分批次到黄满寨瀑布旅游区、大洋国际生态旅游度假区、樱山花谷等景区景点观光游览。

（巫丽琼　何丽珊）

揭西人游揭西活动套票　（县总工会　供稿）

旅游市场开拓

【概况】 2020年，揭西县推进旅游项目建设，加快发展乡村和红色旅游，强化旅游宣传推介。开展“揭西人游揭西”“加快创建国家全域旅游示范区”“加大宣传推介力度，促进旅游产业‘融湾建带’”等系列主题活动，投入266.10万元开展全媒体宣传。是年，“潮客乡村美食游”乡村旅游精品线路被评为广东省乡村旅游精品线路。

【旅游项目建设】 2020年，县文广旅体局牵头推进“和天下”特色康养建设项目等旅游重点项目。至年底，樱山花谷景区、山湖乡村旅游景区成功创建国家AAA级旅游景区，大洋国际生态旅游度假区完成创建国家AAAA级旅游景区申请资料提交工作，“和天下”特色康养建设项目完成年度投资计划，5个旅游重点项目全年投资2.36亿元。

【旅游宣传推介】 2020年，揭西县投入266.10万元开展全媒体宣传，拍摄15秒、30秒旅游宣传推广片，在广东卫视和揭阳市、潮州市等地电视台投放揭西旅游宣传广告，在《中国旅游报》《揭阳日报》等纸媒宣传推广等；加强与发达地区及周边县区旅游交流与合作，组织重点旅游企业走出去，参加第十六届中国海峡旅游博览会、2020广东国际旅游产业博览会等。

2020年8月28—30日，第十六届中国海峡旅游博览会在福建省厦门国际会展中心举办。图为揭西县参会企业向游客宣传推介产品 （县文广旅体局 供稿）

【乡村旅游发展】 2020年，揭西县健全乡村旅游发展规划，完善乡村旅游基础设施建设，加快推进乡村旅游发展。推进坪上镇万梅谷特色小镇、棉湖镇鲤鱼沟村、龙潭镇关山村、京溪园镇大鹿农业公园等乡村旅游示范点建设，形成特色乡村旅游产业带。指导大洋国际生态旅游度假区申报广东省休闲农业与乡村旅游示范点，南山镇火炬村申报广东省第二批文化和旅游特色村。是年，金和镇山湖村被评为全国乡村旅游重点村；京溪园镇被评为广东省休闲农业与乡村旅游示范镇；樱山花谷景区被评为广东省科普教育基地；“潮客乡村美食游”乡村旅游精品线路被评为广东省旅游精品线路。

【重点景区景点】 京明温泉度假村 京明温泉度假村位于揭西县京溪园镇，是国家AAAA级旅游景区、全国农业旅游示范点、国民旅游休闲示范单位、广东省体育旅游示范基地、广东省养生旅游示范区、广东省中医药文化养生旅游示范基地。度假村规划总面积744.8公顷，主要景点有水上世界、动物观赏园、橡胶园、盘古文化园、京明长城等。度假村是一个集生态农业、观光休闲、养生度假于一体的综合性旅游度假区。拥有仿欧式建筑楼房10幢，标准客房、套房和总统套房350间（套）；有可容纳400多人的多功能会议厅和可容纳2000多人的文化场馆；餐饮方面有按四星级装修的京都酒楼和潮客食苑；休闲场所有按中国古典风格装修的湖心茶馆和茶艺馆；娱乐方面有温泉、水上世界等。

黄满寨瀑布——三叠泉瀑布（李维照 摄）

黄满寨瀑布旅游区 黄满寨瀑布旅游区位于揭西县京溪园镇，被誉为“岭南第一瀑”，是国家AAAA级旅游景区、省地质公园、广东省国民休闲旅游示范单位、揭阳美丽10佳景区之一，是揭西县生态旅游名片。黄满寨瀑布自上而下分五级：一级是宽82米、落差56米，被誉为“岭南第一瀑”的飞虹瀑布；二级是银河峪瀑布；三级是落差120多米的落九天瀑布；四级是三叠谷瀑布；五级是斗方峪瀑布。五级瀑布直奔狂泻，落差300多米，到达寿星潭。景区内“黄满寨民俗村”于2012年建成开放，内有省级地质公园博物馆、农家文化区、茶园观赏区、农家餐厅区、农家乐综合服务区、旅游接待区、亲水活动区和游客中心等项目，是半山客民俗展区。

大北山国家森林公园 大北山国家森林公园地质古老，属莲花山余脉，平均海拔700多米，总面积3466.67公顷。园区内动植物资源丰富，拥有南亚热带季风常绿阔叶林、其他天然林等多种植物及国家重点保护野生动物，植物148科、700多种，其中福建柏（国家一级珍稀濒危保护植物）70公顷、大头茶（黄牛檀）林1933公顷、原始自然林1149公顷、毛竹林67公顷。公园内森林覆盖率在85%以上，负氧离子含量高，是一个天然“大氧吧”。园区主要景观有十八湾瀑布、龙潭峪瀑布、九县岽、天子壁、北山日出、北山枫林、毛竹园、茶园风光等，以及大北山革命历史纪念馆、知青楼、革命旧址红军寮、潮汕人民抗征队后方医院、司令部及红军纪念馆等红色旅游资源。

大洋国际生态旅游度假区 大洋国际生态旅游度假区位于揭西县五经富镇，1996年由华侨邹顺达创建，是国家AAA级旅游景区，占地800公顷，平均海拔800米，最高峰乌岽峰海拔1000米，年平均气温19℃，负氧离子浓度长期保持1200个/立方厘米，省级茶叶产业园在此落地，是一处避暑度假胜地。2012年起由广东宏和集团投资，以“避暑胜地”和“养生天堂”为主要发展目标，结合健身运动与休闲观光，打造成集旅游、度假、休闲、会议、教育为一体的综合型旅游度假区。度假区拥有情人湖（瑶池月）、乌岽峰、火焰山、万寿山风景区、广东省第一座高山18洞高尔夫球场、兰花科普基地等30多个景点；配套大型停车场、游客服务中心、马来西亚风格度假别墅、会议中心和中西餐厅等设施；夏秋季节每周末举办“茶山云海，悠然大洋”主题大型露营篝火活动；设置越野基地、香格里拉部落、山景灯光秀、水幕电影、马术表演及骑马体验等娱乐项目。

樱山花谷景区 樱山花谷景区位于揭西县京溪园镇，是以樱花为主题特色，集赏花游景、休闲玩乐、科普研学和农事体验为一体的乡村休闲旅游景点。景区规划面积41.66公顷，建成13.33公顷，种植中国红、广州樱、小乔等樱花品种，亮叶木莲、法斗木莲等珍稀木兰品种和各式花海，建有樱花小舍、一角茶地和儿童乐园等休闲场所。景区发展特色乡村旅游，先后举办中国樱花节、灯光文化节等活动，长期与多所学校合作，开展多项农事体验、科普研学活动。樱山花谷是广东省休闲农业和乡村旅游示范点、科普教育基地，揭阳市巾帼创业示范基地、农村创业青年培训示范基地、"诗意潮汕"美丽乡村创作写生基地，2020年4月，被认定为国家AAA级旅游景区。

山湖乡村旅游景区 山湖乡村旅游景区位于金和镇、塔头镇、凤江镇三镇交界处，面积450公顷，是全国乡村旅游重点村。山湖村三面环水，自古有"水上莲花"之称，33.33公顷天然湖环绕山村。景区水域资源丰富，盛产淡水鱼；种植水稻、甘薯、橄榄、荔枝等；村民自发开荒山，利用水质好、土肥沃优势种植甜笋，景区内有33.33公顷竹笋、33.33公顷花果木，北面134公顷山园地。主要景观有连理古榕、古寨门、湖景山色、青竹庵、五百年芒果树、仙福湖、飞鹅山、飞鹅水库等以及棉湖战役遗址、古典祖祠、传统贝灰三合土潮式民居、潮瓷装饰屋顶的青竹庵等历史文物资源。山湖村是省级新农村连片建设主体村，全省重点旅游扶贫村、省级美丽乡村特色村、广东省首批文化和旅游特色村、广东十大美丽乡村。2020年9月，被认定为国家AAA级旅游景区。

三山国王祖庙 三山国王祖庙位于揭西县河婆街道，又名霖田祖庙、三山国王庙、三山神庙、明贶庙，俗称大庙。肇迹于隋、显于唐、封于宋，迄今有1400多年历史，是全球1.6万座三山国王庙的祖庭，三山国王文化发祥地。是省级文物保护单位、省海峡两岸交流基地。三山国王祭典是省级非物质文化遗产代表性项目。

棉湖镇南门里社区 棉湖镇南门里社区位于棉湖镇核心区域，占地面积9公顷，是广东省首批文化和旅游特色村、揭西县首批特色文化名村，有"揭西'小江南'"之称。南门里社区拥有省级文保单位郭氏大夫第、兴道书院和县级文保单位永昌古庙暨云湖庵，以及林景拔翰林第旧址、糖水灶祖师宫、卓兴旧居等历史人文遗迹。2020年，南门里申报为"广东省历史文化街区"。

大鹿农业公园 大鹿农业公园位于京溪园镇大鹿村，2020年12月开业，规划面积109.86公顷，园区以种植彩化苗木为主，集引进、产销、体验园艺于一体，以生态山林环境与农林产业为基础，打造融合创意农业、生态农业观光、休闲游乐、生态田园度假于一体的生态农业公园。

【红色旅游】 **大北山革命历史纪念馆** 大北山革命历史纪念馆位于揭西县南山镇大北山国家森林公园内，建于2008年，是解放战争时期原中国人民解放军闽粤赣边纵队二支队司令部旧址，占地2000多平方米。布置展厅15个，陈列大革命时期、土地革命战争时期、抗日战争时期和解放战争时期粤东人民开展革命斗争的历史。

知青楼 知青楼位于揭西县南山镇大北山国家森林公园内，2007年按1：1比例异地重建于此，占地面积1248平方米，52间房间呈回形结构，两层砖瓦房，是一座具有地方和时代特色的建筑物。楼内设有简介室、知青生活陈列室和知青厨房等，二楼为农家特色小吃餐厅。

大鹿公园莫问壶景观 （许少波 摄）

“蓝天果蔬”牌九制五味蒜蓉萝卜　（县文广旅体局　供稿）

兴道书院（棉湖战役东征军指挥部旧址）　兴道书院位于揭西县棉湖镇，始建于清雍正八年（1730），重修于同治十一年（1872）。书院内三乐堂是棉湖战役东征军指挥部旧址，现为棉湖战役展览室。1925年3月，黄埔军校校长蒋介石、政治部主任周恩来等率领东征军进驻棉湖，以兴道书院为黄埔军总部驻地，指挥以少胜多的棉湖战役。兴道书院成为实际战场以外的标志性遗址，是揭阳市爱国主义教育基地。

粗坑村　粗坑村位于揭西县京溪园镇，始建于1804年。粗坑村建筑呈宫殿式格局，融合潮汕“四点金”“下山虎”建筑特色，传承客家围龙屋传统，同时运用苏州园林优雅格调。粗坑村是大革命时期古大存、曾广等老一辈革命家及潮汕人民抗征队开展革命活动地，也是解放战争时期潮汕地区第一份红色党报——《团结报》（《汕头日报》前身）创刊地。粗坑村是“广东最美丽乡村示范点”“中国乡村旅游模范村”。

火炬村　火炬村位于揭西县南山镇，是广东省红色党建示范村。解放战争时期，成为潮汕人民抗征队诞生地和根据地。村内现有天宝堂——潮汕人民抗征队诞生地，李氏祖祠——中共潮汕地委旧址，应升公厅——潮汕军政法庭旧址、进兴居——潮汕人民抗征队看守所及后方医院旧址，潮汕人民抗征队司令部、后勤部旧址等革命旧址。火炬村围绕“山水龙跃·红色摇篮”定位目标，打造“红色村”党建示范工程，推动省定贫困村创建社会主义新农村示范村建设。

【旅游商品】　2020年，揭西县加强旅游商品开发，出品特色旅游商品。代表产品有“金丰财”牌河婆米程（米花脆）、“雅味园”牌潮汕二宝（咸佛手、老陈皮）、金龙洞泉酒厂有机柠檬酒、“蓝天果蔬”牌九制五味蒜蓉萝卜、“刘向明”牌桂花蜜、广东京溪园罐头食品有限公司生产的野生大洋苦笋罐头等。

【酒店选介】　**揭西希桥酒店**　揭西希桥酒店位于县城东部入口处，是一家按照国家五星级标准设计建造商务型酒店。酒店占地面积8万平方米，主楼16层，附楼4层。内设客房219间，床位217个；配套有酒店大堂、大堂吧、商务中心、商场、西餐厅、自助餐厅、中餐大厅、茶艺大厅、茶艺包房、棋牌室、健身房、桌球室、乒乓球室、足浴大厅、桑拿包房28间、KTV包房6间、会议室7间，及可容纳80席960位的宴会厅。

大洋云雾山庄　揭西大洋云雾山庄位于揭西县五经富镇大洋云景湖度假村旁，项目计划总投资1.5亿元，占地面积2.93万平方米，完成投资1亿元，建筑总面积1.1万平方米。内设客房86间，床位136个；餐厅大厅可坐26围，座位数260人，大、中、小会议室3间，茶艺馆总包厢2间和KTV总包厢4间。

2020年揭西县旅游路线行程安排表

表33

一日游行程安排

线路1	京明温泉度假村→黄满寨瀑布旅游区→京溪园镇粗坑村
线路2	京明温泉度假村→大北山国家森林公园→大北山革命历史纪念馆、知青楼→南山镇火炬村

续表33

线路3	京明温泉度假村→三山国王祖庙
线路4	京明温泉度假村→京溪园镇樱山花谷景区
线路5	京明温泉度假村→棉湖古镇→金和镇山湖村
线路6	大洋国际生态旅游度假区→黄满寨瀑布旅游区
线路7	大洋国际生态旅游度假区→京溪园樱山花谷景区
线路8	三山国王祖庙→上砂开口石风景区
线路9	三山国王祖庙→大北山国家森林公园→大北山革命历史纪念馆、知青楼
线路10	三山国王祖庙→棉湖古镇

二日游行程安排

线路1	第一天：京明温泉度假村→黄满寨瀑布旅游区→大北山国家森林公园（住宿） 第二天：大北山国家森林公园→大北山革命历史纪念馆、知青楼→南山镇火炬村
线路2	第一天：京明温泉度假村→京溪园镇樱山花谷景区→棉湖古镇（住宿） 第二天：棉湖古镇→金和镇山湖村
线路3	第一天：京明温泉度假村→大洋国际生态旅游度假区（住宿） 第二天：大洋国际生态旅游度假区→大北山国家森林公园→大北山革命历史纪念馆、知青楼
线路4	第一天：三山国王祖庙→坪上万梅谷特色小镇→京明温泉度假村（住宿） 第二天：京明温泉度假村→黄满寨瀑布旅游区→京溪园镇粗坑村
线路5	第一天：三山国王祖庙→大北山国家森林公园（住宿） 第二天：大北山国家森林公园→大北山革命历史纪念馆、知青楼→大洋国际生态旅游度假区

主题体验游行程安排

“潮风客韵，民俗文化”揭西三天两夜乡村旅游精品线路	三山国王祖庙→大北山革命历史纪念馆、知青楼→大北山国家森林公园、大北山国家森林公园京明度假村（住宿）→京溪园镇粗坑村→黄满寨瀑布旅游区→大洋国际生态旅游度假区（住宿）→京溪园镇樱山花谷景区
“观瀑赏玉”揭阳两天一夜精品线路	产业园磐东街道阳美村→望天湖生态旅游度假区→揭西京明温泉度假村（住宿）→揭西黄满寨瀑布旅游区
潮客乡村美食游	京溪园镇樱山花谷景区→棉湖镇鲤鱼沟村→棉湖镇南门里社区→金和镇山湖村
揭西县大革命时期历史文化游径	棉湖战役东征军指挥部旧址→棉湖古镇→金和镇山湖村→京溪园镇樱山花谷景区→大洋国际生态旅游度假区→黄满寨瀑布旅游区→南山镇火炬村→京溪园镇粗坑村→大北山国家森林公园京明度假村→大北山国家森林公园→大北山革命历史纪念馆→知青楼→三山国王祖庙

续表33

大北山生态体验游	大北山国家森林公园→大北山革命历史纪念馆、知青楼→京明温泉度假村→黄满寨瀑布旅游区→大洋国际生态旅游度假区→上砂开口石风景区
特色古镇古村体验游	井美古村→坪上万梅谷特色小镇→顶联湖眉古村（大夫祖祠）→金和镇山湖村→棉湖古镇→月湄古村→灰寨新宫林
三山国王文化体验游	三山国王祖庙→独山景区

（巫丽琼　何丽珊）

旅游行业管理

【概况】 2020年，揭西县旅游部门执行旅游行业管理制度，实施旅游市场监督，依法依规开展旅游执法，规范旅游秩序，落实旅游安全责任制，加强宣传教育，引导公民文明出游。全年实现无重大旅游质量投诉案件、旅游安全无事故。

【旅游市场监管】 2020年，揭西县旅游部门加强对旅行社经营行为、旅游服务合同、旅游从业人员服务行为监督管理，规范旅游市场秩序；严格规范未开发景区经营行为；推进文明旅游行动，培养、引导公民文明旅游意识，规范文明出游行为。全年无发生重大旅游质量投诉案件。

【旅游安全管理】 2020年，揭西县旅游部门加大旅游执法力度，开展旅游市场秩序专项整治，执行旅游安全用车制度，创建旅游安全大环境。启动安全检查联动机制，联合县消防、林业、交通、公安等部门，推进旅游景区社会治安综合治理工作。全年开展旅游安全检查67场次，出动检查人员217人次，检查旅游企业10家（67场次），发现安全隐患6处，其中现场整改1处，限期落实整改5处。是年，全县实现旅游安全无事故。

2020年6月23日，县文广旅体局到京明温泉度假村开展疫情防控和安全生产检查工作

（县文广旅体局　供稿）

（巫丽琼　何丽珊）

教育　科技

EDUCATION AND TECHNOLOGY

教　育

综　述

【概况】　2020年，揭西县有各类学校358所，学生及幼儿12.66万人。是年，新招聘教师60人，全县在职专任教师9777人；全县高考本科上线1483人，其中上高分优先投档线178人；全县教学仪器设备总价值2.49亿元，各阶段学校生均教学仪器设备值、图书、新增图书比例全部达到规定标准。

【教育事业发展】　2020年，揭西县明确学校党组织全面领导学校各项工作，决定“三重一大”事项；学校党建工作纳入教育督导内容。开展“法治进校园”教育活动，创建毒品预防教育示范学校24所；推进文明校园、平安校园建设和无烟学校创建；建设校园足球特色学校32所，校园篮球特色学校6所；开展“新时代好少年”暨“最美南粤少年”评选宣传活动，获市级“新时代好少年”2人、“最美南粤少年”9人，评选出县级“最美南粤少年”60人；选树行业道德模范，评选出“最美教师”10人；抓好心理健康教育，防范心理危机事件，未发现学生心理危机事件；完成规划建设任务，实现乡村学校少年宫全覆盖；优化资源配置，均衡促进教育发展，全县小学入学率100%，初中入学率100%，高中阶段入学率95.1%，幼儿园（班）入学率96.4%，适龄残疾儿童少年入学率97%；累计撤并小规模学校36所；优化教师资源配置，重新核定中小学校教职员编制，深化体制机制改革，县内交流教师122人，选派111名初中教师到边远乡镇小学支教，各乡镇安排小学教师到镇内边远小学支教，镇内交流353人。推进教育管理现代化，建立健全学校各项管理制度；深化人事管理制度改革，实施中小学教师“县管校聘”，全面实行奖励性绩效工资；强化骨干教师培养；实施教师信息化水平提升工程。加强教学管理，以教研教改提升教学质量，开展学科教研活动和教学竞赛；加强教学质量管理和监测，提高备考质量；修订《揭西县中小学教学质量综合评价奖励办法》，印发《揭西县义务教育教学质量监测评价制度》，完善教学质量监控制度，加强义务教育质量监测。

【教育经费投入】　2020年，揭西县教育经费总投入14.11亿元，其中国家财政性教育经费总投入12.87亿元。一般公共预算教育经费12.86亿元，生均一般公共预算教育经费增长（比2019年，下同）情况：中职增长13.6%、普通高中增长3.0%、普通初中增长0.6%、普通小学增长0.5%、幼儿园增长48.1%。实现“两个只增不减”（一般公共预算教育支出只增不减，在校学生人数平均一般公共预算支出只增不减）。

【学校安全管理】 2020年，揭西县加大学校安全工作管理力度，维护正常教育教学秩序和教育系统安全稳定，未发生安全责任事故。各学校配备专兼职安保人员，实现视频监控和一键式报警系统全覆盖。推进安全教育进课堂，把安全教育课纳入常规教学计划。定期组织师生参加预防地震、火灾等安全演练活动。举办全县教育系统基层应急队伍培训班和校车驾驶员培训班。利用校园安全教育信息化平台实现学校安全教育课网络化教学。定期联合相关部门开展涉校安全隐患排查和其他各类专项整治检查，组织对全县中小学、幼儿园开展安全管理量化考核。做好校园“净化、绿化、美化、文化、特色化”建设工作。开展中小学生禁毒宣传教育和“平安校园”“绿色校园”等创建活动。全县96辆校车100%取得校车使用许可及校车标牌。

【教育督导】 2020年，揭西县强化教育督导评估，规范办学行为，提高学校（园）管理水平。7月，启动履行教育职责评价工作，按时完成平台申报，完成省对县人民政府履行教育职责评价工作。9月，21所中小学校参加并完成国家义务教育质量监测工作。完成75所幼儿园督导评估工作，其中公办幼儿园41所、民办幼儿园34所，全县幼儿园（班）接受办园行为督导评估率75%。

【德育工作】 2020年，揭西县中小学校开展养成教育、诚信教育和文明礼仪教育等主题教育活动，培养和践行社会主义核心价值观，加强未成年人思想道德建设。依托“揭阳市名班主任扶祥发工作室”，培育德育队伍领头人；评选出“最美教师”10人；开展“三好学生”和“优秀学生干部”评选工作，被评为广东省优秀学生3人、揭阳市“优秀学生干部”66人、揭阳市“三好学生”130人、揭西县“优秀学生干部”261人、揭西县“三好学生”522人。13所中小学被评为市级文明校园，77所中小学被评为县级文明校园，县级文明校园实现“全覆盖”创建目标；创建依法治校示范校，9所中小学校被授予“揭阳市依法治校示范校”称号，21所学校被授予2020年度“揭西县中小学德育示范学校”；建设平安校园，创建市级“平安校园”4所，复评4所市级“平安校园”，复评69所县级“平安校园”，复评7所“广东省安全文明校园”；开展“民法典”宣传活动，引导青少年学生自觉遵守宪法等法律。

【教研工作】 2020年，县教育局组织新高考语文等9个学科教师全员培训，举行青少年心理健康教育示范课，组织初中语文、英语微课评选，开展高中数学新教材教学研讨等活动。组织教师参加教学课例、教学论文、教学设计评比，获省一等奖3人、二等奖5人，获市一等奖12人、二等奖7人、三等奖16人。推进课题实验研究，获省级课题立项2个，获市级“十三五”规划课题立项9个，市级学科课题结题12个。创新教研工作方式，利用揭西教育云平台和录播教室，以

2020年11月9日，县教育局联合县消防救援大队在灰寨镇灰寨小学开展校园消防安全演练 （县教育局 供稿）

“主会场+分会场”形式邀请专家开设专题讲座，开展网络教研。南山镇道南小学被评为揭阳市规范汉字书写教育特色学校，龙潭镇育英学校被评为揭阳市语言文字规范化示范校。

【信息化建设】 2020年，揭西县推进教育信息化“三通”（校校通、班班通、人人通）工程建设，各级各类学校网络接入带宽不低于100兆，城镇中小学不低于500兆；完成“班班通统计项目”部署工作，增配多媒体一体机599套，多媒体教室占比95.3%，达到省平均水平；研究制定并落实网络学习空间普及活动实施方案，完成教育现代化先进县指标任务。推进信息化中心学校和教育信息化示范培育推广项目，推进国家义务教育课程数字化教材规模化应用工作，义务教育阶段师生数字教材应用率超85%，义务教育阶段学校（含教学点）覆盖率100%。推进IPv6（互联网协议第6版）升级改造，将网络安全工作纳入重点工作，落实重要时期网络安全“零报告”制度，开展网络安全专项检查、培训与宣传工作。

（张美胜　彭新友）

各类教育

【概况】 2021年，揭西县普及义务教育，完善教育体系，加强教育现代化建设，提升教育水平和质量。各类学校358所，其中幼儿园121所、义务教育阶段学校222所、高（完）中学校10所、特殊教育学校1所、中职学校2所、教师进修学校1所、开放大学1所。

【幼儿教育】 2020年，揭西县17个乡镇（街道）全部建成1所以上规范化乡镇（街道）中心幼儿园。全县独立幼儿园121所，其中独立公办幼儿园24所，民办幼儿园97所（其中普惠性民办幼儿园89所）；170所小学有附设幼儿园（班），公办幼儿园和普惠性民办幼儿园占比93.4%。在园（班）幼儿2.88万人，入园（班）率96.4%，公办幼儿园和普惠性民办幼儿园在园幼儿占比98.0%。5—6月，开展“特殊的时光，不一样的陪伴”学前教育宣传月活动，针对疫情期间幼儿居家不能返园情况，各幼儿园动员家长用心陪伴，加强家园合作。

【义务教育】 2020年，揭西县有小学220所，初中33所（含九年一贯制学校6所），小学在校生5.69万人，初中在校生2.53万人，小学适龄儿童入学率100%，小学五年保留率100%，初中毕业生升学率95.7%，适龄残疾儿童、少年入学率96.4%。中小学生体质健康学校上报率100%，学生合格率96.5%，优良率42.2%。调整义务教育学校布局，优化整合教育资源，促进城乡教育均衡发展。规范学校办学行为，义务教育阶段各学校严格执行《义务教育学校管理标准》办学，实行免试就近入学，全面消除大班额，开齐课程、开足课时，减轻学生课业负担。

【高中教育】 2020年，揭西县普通高中学校10所，其中县一级高中2所、市一级高中6所、国家级示范性高中2所，在校生1.47万人，毛入学率95.1%。是年，全县高考报名人数5132人（含3+证书），普通高考上线人数4951人，上线率96.5%，其中本科上线1440人，专科上线4907人。

【中职教育】 2020年，揭西县有中职学校2所：揭西县第一职业技术学校和揭西县职业技术学校职校；中职教育招生103人，在校生306人。是年秋，揭西县职业技术学校停止招生，计划到2022年8月完成撤并工作。按省重点中职学校建设标准，增配教育教学设施，改善办学条件，壮大办学规模，推进县第一职业技术学校建成高水平、现代化省级重点职校。推进中职学校开展教学工作诊断与改进工作，提升办学效益。

【成人教育】 2020年，揭西开放大学有教职工27人，其中拥有本科学历24人，具有高级职称3人、中级职称20人。开设学历教育本科班6个，开设行政管理、法学等近20个专业，在校生451人，毕业215人；开设专科班10个，开设行政管理、法律事务、学前教育、小学教育等专业，在校生606人，毕业279人。县教师进修学校开设行政管理、教育管理等专业，负责全县教师培训工作，全年开设培训班次1次，培训198人，教师继续教育培训7000人。县教师进修学校和华南师范大学网络学院联合开设学历教育行政管理、教育管理等专业，毕业90人；负责全县中小学教师继续教育培训工作，参训6393人；开展中小学信息技术帮扶培训，分设36个培训教学点，参训4600人。

【民办教育】　2020年，揭西县各类民办学校（幼儿园）99所，其中义务教育阶段学校2所、幼儿园97所。县教育局按照有关民办教育法律、法规，认定普惠性民办幼儿园89所，严格实行年检制度，规范民办学校（幼儿园）办学行为。

【特殊教育】　2020年，揭西县义务教育阶段残疾儿童少年在校生695人，其中县特殊教育学校在校生109人，全县残疾儿童少年入学率96.4%。完善资源教室设置，建成资源教室13间，提高残疾儿童少年义务教育普及水平和质量。基本健全残疾儿童少年随班就读支持保障体系。

（张美胜　彭新友）

2020年10月15日，县教育局教研室组织河婆街道初中学校开展校际交流活动

（县教育局　供稿）

教师队伍

【概况】　2020年，揭西县加大资金投入，强化教师培训工作，提高教师地位待遇，引导教师树立良好师德师风，推进高素质专业化教师队伍建设。至年底，在编在岗教职员7718人，其中普通高中1143人、初中2413人、小学3712人、独立幼儿园270人。

【教师培训】　2020年，揭西县教育局委托韩山师范学院承办中小学学科带头人培训班和中小学思政课教师培训班等200人。提升全县学科带头人示范引领能力，从师德师风、教学科研、专业水平等方面加强教师队伍建设。为各级中小学校培养一批课程思政指导教师，提升全县思政课教师理论素养。选派校长、教师参加培训，其中参加国家级培训21人次、省级培训2108人次、市级培训78人次、县级培训6393人次、镇级和校本培训11.51万人次。举办中小学教师继续教育公需课培训，参训教师7766人。

【教师待遇】　2020年，揭西县教师月人均收入7430元，保持教师收入待遇高于当地公务员水平。规范奖励性绩效工资核拨和分配，完善中小学奖励性绩效工资分配方案，实行工作绩效分类考核，坚持“多劳多得、优绩优酬”原则，发挥绩效工资激励导向作用，促进学校提升教育教学质量。

【师德师风】　2020年，县教育局组织教师开展2020年师德建设主题教育月师德征文及微视频征集活动，遴选出24篇优秀征文报市参加省评奖。师德考核纳入教师考核核心内容，对师德师风“失范”行为实行一票否决制；把师德建设情况作为学校发展性评价、学校工作考核重要指标，开展师德师风考核工作。是年，揭西县获揭阳“最美教师”称号5人，获潮汕星河辉勇师表奖6人。

（张美胜　彭新友）

学校选介

【塔头学校】　塔头学校（塔头小学）位于揭西县塔头镇塔头村，

建于1954年，新址建于1996年，占地面积1公顷，建筑面积3000平方米。学校有义务教育教学班15个，学生552人，教职员工23人，所有教室配备多媒体电教系统。学校配备音乐室、美术室、科学室、多功能教室、电脑室等专用教室。图书室有图书1.46万册。学校以“办人民满意的教育”为目标，立足农村现实，提高教学质量，推进素质教育，促进学生全面发展。学校组建有合唱团、足球队、书法组和国画组，每年开展书香校园朗读活动、班级足球联赛等文体活动。2018年，合唱团节目被揭阳市教育局评为“一等奖”；2019年，学生书画作品获揭阳市一等奖和“星河杯”优秀奖。2018至2020年，连续获得塔头镇小教系统教学质量第一名；2019年，被县教育局和文明委评为县“文明校园”；2020年被市教育局和平安办评为市“平安校园”。

【凤江中学】 凤江中学位于揭西县凤江镇，占地面积1.84公顷，建筑面积9466平方米。教学区、生活区、运动区布局合理，配备实验室、图书室、卫生保健室、心理健康咨询室等。学校有教职员工62人，学生774人，设置17个教学班。学校确立“办人民满意的教育，做学生满意的教师”办学思路，提高教学质量；开展形式多样的爱国主义教育、传统美德教育、安全教育、心理健康教育；开设书法、美术、朗诵、阳光体育等科目，成立学生会、广播站、文学社、书法社、篮球队等学生社团，每年举办歌咏比赛、书法展览、朗诵比赛等活动，陶冶师生情操，活跃课余生活，引导学生崇良向善、快乐成长。学校先后获县市“平安校园”、县“文明校园”、县“书香校园”等称号，多次被评为县“教育先进单位”。2020年，获揭西县教学质量综合评价二等奖。

【上砂中学】 上砂中学始建于1958年，位于揭西县上砂镇中心，是一所完全中学。学校占地1.3公顷，建筑面积1.1公顷。2009年秋，经县人民政府批准，复办高中部。有学生1143人，其中高中部10个班、473人，初中部15个班、670人；教职工112人，其中本科以上学历99人，高级教师12人，一级教师44人。学校教学区、生活区、运动区布局合理，有教学楼2幢、办公楼1幢、实验楼2幢、学生宿舍楼1幢、教师宿舍楼4幢、师生饭堂1个。学校配备各种教辅功能室20多个，满足教育教学需要；图书室藏书2.81万册；建成校园视频监控系统，实现校园安全监控全覆盖，并按规范化考场配置校园广播系统；建成千兆主干校园局域网，教室配置现代化多媒体电教平台并安装空调；学生宿舍设备齐全，师生食堂设施完备，获得“广东省食品安全示范性学校食堂”验收挂牌。先后获市“书香校园”、市“关心下一代先进集体”、市“五四红旗团委”、市“创建五好关工委先进集体”、市“平安校园”、市“朝阳读书”活动示范学校、县“五四红旗团委”、县“文明校园”等称号。

2020年揭西县高考各中学上线人数统计表

表34　　单位：人

学校	报考人数	上线人数	高分优先					本科					专科				
			小计	普通	体育	音乐	美术	小计	普通	体育	音乐	美术	小计	普通	体育	音乐	美术
全县合计	5132	4951	178	171	3	2	2	1483	1440	13	9	21	4907	4838	27	11	31
河婆中学	1702	1679	88	88	—	—	—	759	755	3	—	1	1679	1672	5	—	2
五云中学	138	122	—	—	—	—	—	4	3	—	1	—	118	118	—	—	—
灰寨中学	43	38	—	—	—	—	—	—	—	—	—	—	38	38	—	—	—

续表34

学校	报考人数	上线人数	高分优先					本科					专科				
			小计	普通	体育	音乐	美术	小计	普通	体育	音乐	美术	小计	普通	体育	音乐	美术
北山中学	127	115	—	—	—	—	—	4	3	—	—	1	111	105	5	—	1
棉湖中学	1516	1491	85	81	2	1	1	658	635	5	6	12	1491	1465	5	6	15
南侨中学	272	241	—	—	—	—	—	6	5	1	—	—	235	234	—	1	—
钱坑中学	163	148	—	—	—	—	—	2	2	—	—	—	146	146	—	—	—
上砂中学	140	130	—	—	—	—	—	5	5	—	—	—	125	125	—	—	—
棉湖二中	504	491	3	2	—	—	1	23	16	—	1	6	468	456	3	2	7
霖田中学	527	496	2	—	1	1	—	22	16	4	1	1	496	479	9	2	6

（张美胜　彭新友）

科学技术

【概况】　2020年，揭西县实施创新驱动发展战略，引导企业开展科技创新，加快科技成果转化，加强科技政策宣传，开展“全国科技活动周”和“全国科普日”活动。是年，全县建设市工程技术研究中心5家，高新技术企业通过认定3家。

【科技创新】　2020年，揭西县坚持创新驱动发展，加快高新技术产业发展，推进以企业为主体、市场为导向、产学研相结合的技术创新体系建设，提高科技创新水平。贯彻落实科技政策，支持、引导企业申报高新技术企业认定，动员符合条件企业参与科技型中小企业评价，加强建设新型研发机构等创新平台，提高企业市场竞争力。

【科技项目】　2020年，揭西县推荐申报2020年广东省科技专项资金（“大专项+任务清单”）项目获立项3项，推荐2020年揭阳市科技创新发展专项资金项目获立项2项，推荐2020年市级卫生医疗项目获立项2项，组织申报2020年揭西县产业技术研究与开发专项资金项目获立项4项。

【科技企业】　2020年，揭西县鼓励企业开展科技创新，增强科技创新能力，组织有创新动力和发展潜力企业开展科技型中小企业评价工作，全县入库登记4家。广东程通电线电缆厂有限公司、广东越东机械有限公司和广东粤威制药有限公司3家企业通过2020年高新技术企业认定，至年底，全县高新技术企业累计7家。

【科研中心建设】 2020年，揭西县推动新型研发机构等创新平台建设。揭阳市深科电子有限公司、揭西县小天使电子电器有限公司、广东程通电线电缆厂有限公司、揭西鑫昌顺电子科技有限公司4家企业和揭西西力紧固件有限公司1家企业分别于6月5日和9月22日被认定为揭阳市工程技术研究中心。

2020年8月24日，县工信科技局到棉湖镇上浦村开展2020年揭西县“全国科技活动周”送科技下乡活动
（县工信科技局 供稿）

【专业镇建设】 2020年，揭西县落实“一镇一品”战略，深化产学研协同创新，培育创新型企业，推动专业镇逐步提升技术创新能力、产业水平和规模，形成具有核心竞争力特色产业集群，带动镇级经济发展，助力全县经济发展。至年底，全县有省级技术创新专业镇3个（河婆街道、棉湖镇、京溪园镇），市级技术创新专业镇6个（大溪镇、灰寨镇、凤江镇、金和镇、塔头镇、良田乡）。

【科普宣传】 2020年，揭西县工业信息化和科技局（简称县工信科技局）开展“全国科技活动周”送科技下乡活动，组织科技志愿者在棉湖镇上浦村为群众发放科普书籍、图册，开展卫生防护知识宣传等。联合县委宣传部、县科协等单位举办“全国科普日”活动，通过开展科普咨询、发放宣传资料、举办科普图片展览等，弘扬科学精神、普及科学知识、传播科学思想、倡导科学方法。

【产学研合作】 2020年，揭西县推进企业开展省、部、院产学研合作，增强企业创新能力和竞争力。实施科技特派员制度农业企业5家，与高等院校、科研院所开展“产学研”合作工业企业11家。组织45名省级农村科技特派员与全县47个省定贫困村开展对接帮扶工作，支撑精准扶贫精准脱贫，推动乡村振兴战略实施。

（邹锐豪　温海涛　李镇波）

表35

2020年揭西县技术创新专业镇一览表

级　别	乡镇（街道）	专业镇名称
省级	河婆街道	电子琴专业镇
省级	棉湖镇	五金电线电缆专业镇
省级	京溪园镇	旅游专业镇
市级	大溪镇	淮山种植专业镇
市级	灰寨镇	毛巾专业镇
市级	凤江镇	凉果加工专业镇
市级	金和镇	彩印专业镇
市级	塔头镇	冬瓜种植专业镇
市级	良田乡	山地特色水果专业镇

气象工作

【概况】　2020年，揭西县气象局（简称县气象局）完善气象服务体系，提供气象预报服务，做好气象防灾减灾工作，不定期组织气象（防雷）安全专项联合检查。全县全年平均气温22.6℃，较历年平均偏高0.8℃；极端最高气温39.2℃，极端最低气温2.9℃；降雨总量1179.8毫米，比历年偏少884.5毫米；日照总时数1919.6小时，比历年偏多112.4小时，高温天气39次，灰霾日数14天。

【天气特点】　2020年，揭西县降水异常偏少、平均气温明显偏高，台风影响偏轻。降水时间分布不均匀，2—7月、9—12月降水量持续偏少，其他月份降水量持续偏多。7月高温日数（日最高气温≥35.0℃）为18天，主要出现在中下旬，其中7月23—30日出现持续性高温天气。8月11—12日，台风“米克拉”给全县造成大雨到暴雨；8月17—20日，台风“海高斯”给全县造成大雨到暴雨。

气温　2020年，揭西县平均气温22.6℃，比历年平均偏高0.8℃，其中1月、2月、3月、5月、6月、7月、9月、11月、12月平均气温分别偏高2.4℃、1.5℃、1.8℃、1.5℃、1.7℃、1.4℃、0.1℃、1.7℃、0.3℃；4月、8月、10月平均气温偏低1.5℃、0.4℃、0.2℃。该年极端最高气温为39.2℃，该年极端最低气温为2.9℃。

降水　2020年，揭西县降雨总量1179.8毫米，比历年偏少884.5毫米，2—7月、9—12月降水量持续偏少，其他月份降水量持续偏多。9月20—21日，受强雷雨云团影响，全县出现暴雨到大暴雨的降水过程，20日08时至21日08时，有两个站点录得降雨量超过100毫米，其中坪上镇石峡村录得全县最大雨量106.4毫米。

日照　2020年，揭西县年日照总时数1919.6小时，比历年偏多112.4小时。

台风　2020年，对揭西县有影响的台风有2个：台风“米克拉”、台风“海高斯”。8月11—12日，台风“米克拉”给全县造成大雨到暴雨，有14个观测站超过50毫米，其中良田乡下村录得最大雨量83.4毫米。18日20时至19日20时，受台风“海高斯”影响，全县普降大雨到暴雨，局部出现大暴雨，全县平均雨量45.8毫米。

寒潮　2020年12月30-31日，受寒潮和晴空辐射影响，揭西县气温急降，48小时降温幅度达12℃，31日早晨出现大范围低温天气，其中良田岸洋村录得最低气温-3.3℃，高寒山区出现霜冻和冰冻。

【气象公共服务】　决策气象服务　2020年，县气象局提供《重大气象信息快报》22期，《重要气象信息专报》4期，《高考专项气象服务》9期，《中考专项气象服务》5期，《揭西县公共卫生事件专项气象服务》140期，《揭西县“两会”专项气象服务》5期，《天气报告》3期，发布决策气象短信253次，受益53万人次。

重大灾害性天气预报服务　2020年，县气象局及时准确发布气象灾害预警信号，为政府部门防灾减灾指挥决策及社会公众防

2020年12月31日，揭西县五经富镇大洋情人湖畔出现冰冻　（县气象局　供稿）

御灾害性天气提供科学依据。做好台风“米克拉”“海高斯”气象预报服务。全年发布暴雨预警信号20次，雷雨大风预警6次，高温预警10次，寒冷预警9次，森林火险预警17次，与自然资源部门联合发布地质灾害气象风险预警3次。

专题气象服务　2020年，县气象局在春节、中秋、国庆等重大节日期间及新冠疫情防控、高考、中考期间等重要节点发布专题预报157次。

【防雷减灾】　2020年，县气象局加强气象（防雷）安全巡查。开展全县危险化学品等易燃易爆场所安全生产检查，加强重大节日专项执法检查和日常监督巡查工作，全力排查治理安全隐患，全年抽查危险化学品场所24宗；出动72人次检查生产经营单位落实气象灾害防御主体责任情况，督促企业做好防雷安全工作，对存在隐患生产经营单位责令落实整改措施。5月29日，县气象局联合县住房和城乡建设局开展新建房屋建筑和市政基础设施工程防雷安全专项执法检查，抽查7家单位，对不符合要求2家单位提出整改意见，责令限期整改。7月29日，县气象局联合县应急管理局、县住房和城乡建设局开展气象灾害防御专项执法检查，抽查5家单位。12月，县气象局参与市县两级应急管理、气象、公安、自然资源等部门对全县内4个非煤矿山开展联合执法检查2次，对不符合生态环保政策和气象灾害防御综合能力不达标的矿山责令期限落实整改措施，跟进落实情况，推进整改到位。开展施放无人驾驶气球执法工作，查处2家违法施放无人驾驶气球作业，并勒令立即拆除，遏制安全生产事故发生。12月31日，县人民政府更新气象灾害防御重点单位22个。

2020年揭西县气象灾害防御重点单位一览表

表36

单位名称	单位名称
揭西县汽车运输总公司河婆汽车客运站	揭西县棉湖华侨医院
揭西县供电局	中油碧辟石油有限公司揭西涌峰加油站
揭西县第一中学	揭西韶能鑫溪加油站有限公司金坪分公司（潮惠高速南加油站）
揭西县河婆中学	揭西韶能鑫溪加油站有限公司（潮惠高速北加油站）
揭西县霖田高级中学	揭西县灰寨金戈加油站
揭西县宝塔实验学校	揭西县河婆燃辉石油气站
揭西县河婆街道东风小学	揭西县商业石油液化气有限公司（坪上气库）
揭西县中心幼儿园	揭西县五经富石油气储配站
揭西县棉湖中学	广东中安爆破有限公司揭西仓库
揭西县灰寨中学	大北山森林公园京明度假村有限公司
揭西县人民医院	白云山威灵药业有限公司

【气象现代化建设】　2020年，县气象局完成地面综合观测业务软件升级、国家站新型站设备更换及天气现象视频智能观测仪安装、调试和运行，开展地面气象观测全面自动化改革。6月18日，县气象局被广东省气象局评为全省气象现代化新型台站。

2020年揭西县气候简要情况表

表37　　　　　　　　　　　　　　　　　　　　　　单位：摄氏度、毫米、小时

月份 / 要素	一月	二月	三月	四月	五月	六月	七月	八月	九月	十月	十一月	十二月	全年
平均气温	15.9	16.3	19.2	20.0	26.3	28.5	29.7	27.6	26.8	23.8	21.4	15.4	22.6
平均最高气温	20.9	21.7	23.1	25.3	31.1	33.3	35.1	32.7	31.5	28.3	26.4	20.6	27.5
平均最低气温	12.8	12.8	16.5	16.1	23.3	25.4	25.8	24.7	24.4	20.4	18.0	12.0	19.4
降水量	63.8	47.9	35.1	82.1	167.1	134.1	77.2	368.2	161.1	10.2	13.1	19.9	1179.8
日照时数	148.8	128.3	76.3	156.8	139.9	214.4	233.2	176.2	130.1	179.1	161.3	175.2	1919.6

（黄培枫　全立远　李晓桃）

防震减灾

【概况】　2020年，揭西县地震局（简称县地震局）加强监测预报，开展防震减灾知识宣传教育工作，推动全县建设工程抗震设防规范化建设。是年，完成棉湖壹号花园、县茶叶产业园、县人民医院感染科综合大楼等重要建设工程地震安全性评价19项。

2020年5月12日，县地震局到金和镇仙坡村开展“全国防灾减灾日”科普宣传活动
（县工信科技局　供稿）

【监测预报】　2020年，县地震局加快国家地震烈度速报与预警工程广东子项目建设，协同实施新时代防震减灾事业现代化（试点三年行动方案）建设，完成全县13个一般站（烈度仪观测站）台站选址工作、6个地震预警台站台网工程、5个地震预警台站工程建设等，地震台站开始测试并运行。配合省、市地震局做好县境内地震台站日常维护工作。执行防震减灾联络员和地震宏观观测员工作制度，加强各乡镇（街道）防震减灾助理员管理，推进全县地震监测群测群防工作。

【防灾宣传】　2020年，县地震局利用“5·12”防灾减灾日、全国科技活动周等节点，组织人员到农村、学校、广场等开展普及防震减灾知识群众性活动，现场发放地震基本知识、避震应急知识等宣传资料，展出防震减灾知识展板和挂图，讲解地震自救互救技巧并接受咨询，提高防震减灾意识，提升公民在地震灾害中自救、互救能力。

（邹锐豪　温海涛　李镇波）

文化 传媒
CULTURE AND COMMUNICATIONS MEDIA

文 化

综 述

【概况】 2020年，揭西县文化广电旅游体育局（简称县文广旅体局）推进公共文体服务体系建设，开展群众性文化活动，加强文化遗产保护传承，推进非遗项目和项目传承人申报工作，规范市场行业审批监管。完成县图书馆总分馆制建设，全年办理歌舞娱乐场所延续证件7家、文艺表演团体延续证件2家。是年，县文广旅体局党总支获“揭阳市先进基层党组织”称号。

【文化行政审批】 2020年，县文广旅体局政务服务事项44项，其中行政许可23项、公共服务8项、行政确认6项、其他事项7项。是年，办理歌舞娱乐场所延续证件7家，文艺表演团体延续证件2家；网上申办服务事项实现100%可网上办理，办事结果实现100%物流快递。

【文化市场监管】 2020年，县文广旅体局组织执法人员开展日常巡查与专项检查行动，强化对重要时间节点、关键领域监督管理，重点监管网吧、歌舞娱乐等文化场所；签订《守法经营承诺书》《安全生产责任书》，严格落实安全生产工作责任，维护意识形态安全。

【文化艺术创作】 2020年，县文广旅体局结合行业特点，组织创作推出客家话三句半《众志成城抗疫情》、潮剧实景小品《同舟共济战疫情》、潮曲《琵琶一曲抗

2020年9月11日，县文广旅体局在龙潭镇育英小学举办流动博物馆、文化馆、图书馆活动
（县文广旅体局　供稿）

疫情》等抗疫文艺作品。其中《众志成城抗疫情》《同舟共济战疫情》被推荐在中宣部“学习强国”和文旅部平台展播，3部作品全部被“揭西发布”“揭阳日报”“发现揭阳”等微信公众号转发宣介。

【公共文化服务】 2020年，县文广旅体局指导和组织县图书馆、县文化馆、县博物馆开展“流动博物馆”“流动文化馆”“流动图书馆”58场次；指导县潮剧演艺中心开展“戏曲进校园”17场次。征集2019年以来全县优秀群众文艺作品参加评选，收到美术书法摄影类、文学类、音乐舞蹈类、编辑类、著作类等作品78件。

【文化产业发展】 2020年，县文广旅体局加强文化与旅游融合，丰富揭西特色文旅产品，促进文旅产业发展。发挥钱坑木雕国家级非物质文化遗产优势，发展文化产业，从事木雕事业青年人持续增长，带动青年回乡创业，全镇发展木雕工艺坊67家，从业人员1250人。至年底，全县有业余客家山歌剧团及潮乐社26个、书店书摊26个、琴行5个、画廊8个、经营性文艺类培训班5个、印刷企业21家、网吧11家、歌舞娱乐场所23家、电影院2个。

【文化设施建设】 2020年，县文广旅体局做好县文化馆升级二级馆工作，对照建设标准，加强办公楼功能室改造力度，完善软硬件设施，推进二级馆建设达到标准。通过召开专题会议、现场督查等方式督促各乡镇（街道）综合文化站对照二级站建设标准，查漏补缺，做好迎接评估定级工作。指导各镇（街道）完善提升57个行政村（社区）综合性文化服务中心建设水平。完成县图书馆总分馆制建设工作，选定河婆街道、棉湖镇、五经富镇、南山镇、钱坑镇、上砂镇、灰寨镇、东园镇建设等镇（街道）建设文化馆分馆以及27个村（社区）建设服务点。

（巫丽琼 张晓武）

公共文化

【概况】 2020年，县文广旅体局实施文化惠民工程，推进公共文化服务体系建设，指导督促县博物馆、文化馆、图书馆开展各类线上线下文化惠民活动，提升县图书馆、县文化馆、县博物馆和各乡镇（街道）综合文化站免费开放服务措施和服务水平。

【文化志愿服务】 2020年，县文广旅体局依托公共文化设施，弘扬社会主义核心价值观，开展文化进校园、主题图片展览、讲座论坛、免费培训等文化志愿服务活动。指导县文化馆联合容之声潮剧爱好团体在棉湖镇湖坡村开展“弘扬潮汕文化 传承潮剧表演艺术”交流演出；指导县图书馆开展少儿绘本阅读体验、少儿书法免费培训公益活动等。

县博物馆 2020年，揭西县博物馆免费对外开放，提供馆藏品展览服务，组织开展“世界博物馆日”“践行青春使命 重温入团誓词”纪念五四运动101周年、揭西县青少年社会主义核心价值观教育实践等主题活动，拓展延伸服务，发挥爱国主义教育基地和窗口作用。加强优秀传统文化宣传，组织开展“流动博物馆”进校园、进农村（社区）图片展览活动。

县文化馆 2020年，揭西县文化馆开展“流动文化馆”进农村（社区）、进校园活动，展出

2020年8月26日，县文化馆在凤江镇鸿江朱家教文化武术基地举办鸿江侯氏朱家教拳公益培训班 （县文广旅体局 供稿）

44块展板；到棉湖镇、凤江镇等地开展朱家教拳、潮剧等“传承优秀传统文化，弘扬社会主义核心价值观”系列传习活动公益课堂35期；与县文化广电旅游体育局联合举办揭西县文化馆总分馆三级联动文化惠民演出暨“揭西美 潮客情”群众文艺晚会8场次。是年，县文化馆出版馆办刊物《揭岭》总第47—48期。

县图书馆　2020年，揭西县图书馆完成河婆街道、棉湖镇、五经富镇、南山镇、钱坑镇5个分馆和15个村级（社区）服务点配套设施建设，实现县、镇、村三级图书文献通借通还总分馆资源整合模式。总馆设有图书外借室、少儿阅览室、少儿外借室、报刊阅览室等16个功能室，有电脑80台、电子借阅机2台供读者使用，实现无线网络全覆盖；馆藏有中文图书、盲文类图书、电子图书等各类藏书22万多册（含电子图书5万多册）；设有揭西县移动图书馆、网站（http://jxxtsg.superlib.libsou.com）、“揭西县图书馆”微信公众号，为读者提供多渠道数字化阅读服务，网络年访问量8万人次。是年，开展童阅·童趣系列绘本分享、流动书香车下基层等线上线下活动58场次，参与活动3.5万人次。

（巫丽琼　张晓武）

文化市场管理

【概况】　2020年，县文广旅体局开展行业市场监管执法，以规范文化广电旅游体育市场经营为重点，突出重点时段、重要场所、重大活动，结合日常检查、突击检查、错时检查、联合检查、专项整治，加强消防安全、安全生产、意识形态、全民禁毒、扫黑除恶等专项检查，提升市场投诉举报处置效率和执法监管效能。全年出动执法检查人员1586人次。

【文化市场整治】　2020年，县文广旅体局加大市场整治力度，规范文化市场经营秩序。出动执法检查人员1586人次，检查经营单位或场所421家次，下发责令改正通知书15份，查处疫情期间违规经营网吧1家，取缔“黑网吧”5家，查处无证营业性游泳池3家，收缴不利于青少年身心健康出版物，立案9宗。

（巫丽琼　张晓武）

文化遗产申报和保护

【概况】　2020年，县文广旅体局贯彻落实“保护为主，抢救第一，合理利用，加强管理”工作方针，加强文化遗产保护及活化利用，推进文化遗产申报工作，指导和督促县内各级文物保护管理机构落实文物保护管理责任，定期开展文物保护单位安全检查，及时掌握文物保护单位安全状况。是年，揭西县首个非遗展厅在县图书馆二楼开展。

【文物保护】　2020年，县文广旅体局申报揭西县大革命时期历史文化游径入选第一批广东省历史文化游径；揭西县入选由中央宣传部、财政部、文化和旅游部和国家文物局公布的第二批革命文物保护利用片区分县名单；棉湖战役东征军指挥部旧址（兴道书院）、棉湖战役山湖之战旧迹（山湖村）列入第二批广东省历史文化路径——“东征革命历史文化游径”。完成省级文保单位乐善处修缮收尾工作；申请省级专项资金对省保单位打铁街作坊群及棉湖镇洪万兴祠堂进行抢险维修。

【文物展览】　2020年，县博物馆以革命文物为依托，利用红色资源展厅及爱国主义教育示范基地，开展文物展览活动；加强解读藏品与历史文化间联系，提高讲解质量，推介揭西红色旅游资源，促进揭西革命老区振兴发展。

【非物质文化遗产申报】　2020年，县文广旅体局申报揭西方言

揭阳市非物质文化遗产木偶戏（揭西上林提线木偶戏）牌匾　（县文广旅体局　供稿）

灯谜、大龙香制作技艺及潮州木雕3个项目传承人为广东省第六批省级非物质文化遗产代表性项目代表性传承人；申报林十三发酵法蜜果制作技艺、上林木偶戏为第六批市级非物质文化遗产代表性项目。黄满寨瀑布、京明温泉度假村被列入首批广东省非遗主题旅游线路——沿海经济带粤东文化遗产体验游线路。通过专家评审，林十三发酵法蜜果制作技艺等3个项目的4个传承人为第五批县级非物质文化遗产代表性项目传承人。

2020年6月16日，揭西县首个非遗展厅开展　　（县文广旅体局　供稿）

【非物质文化遗产保护】　2020年，县文广旅体局加强非物质文化遗产保护，完善非遗保护基础设施建设，强化非物质文化遗产宣传。参加“学习强国”广东乡村微视频大赛，6个视频入围展示评选，其中《揭西擂茶》《鸿江侯氏朱家拳》获评广东乡村微视频大赛三等奖。6月16日，揭西县首个非遗展厅在县图书馆二楼开展，展厅面积372平方米，展出12个非遗项目共131件展品。

（巫丽琼　张晓武）

档案　地方志

档案工作

【概况】　2020年，揭西县档案馆（简称县档案馆）加强档案日常管理，推进档案信息化工作，优化档案保管利用服务，强化档案法律法规宣传。全年接待档案查阅200多人次。是年，新增档案1000卷。至年底，馆藏档案2.63万卷、970件，馆藏资料4996册。

【档案资源建设】　2020年，档案馆依法依规做好各全宗单位档案接收进馆工作，严把进馆档案质量关，做好进馆档案统计工作，协助县档案局对到期应进馆档案进行统计汇总，配合档案进馆工作，推进档案资源建设。至年底，县档案馆新增档案1000卷。

【档案综合管理】　2020年，县档案馆强化档案管理，推进档案安全管理常态化制度化。加大档案安全工作硬件投入，对库房加装铁门、对库房门窗进行防渗水维护；重新调整档案排架顺序，绘制档案库房示意图，提高调档效率，提升档案管理水平；集中安排人力对馆藏四清档案更换新档案盒，于10月对库房档案进行质量抽查，对库房虫药进行更换；开展经常性安全教育，加强对规章制度执行情况监督，强化档案管理工作人员管理水平。

【馆藏档案数字化】 2020年，县档案馆围绕提升档案现代化水平，推进档案信息化工作。从查阅频率高低，计划性开展馆藏档案目录电子化录入工作，提高档案馆数字化成果利用效率。至年底，完成档案全文扫描300卷共3万页，新增电子目录1.5万条。

【档案业务督导】 2020年，档案馆围绕服务大局、服务中心工作，通过点面结合、突出重点等多种方式协助县档案局强化指导检查，加强业务督导。做好规范提升档案基础业务工作，对精准扶贫档案归档工作开展业务指导，推进精准扶贫档案归档工作规范化。

【档案公共服务】 2020年，县档案馆开展服务群众查阅社保、迁户口、住房等方面档案工作，安排工作人员为群众查档提供讲解和指引，优化服务方式，提高档案服务满意率，提升档案公共服务能力。全年接待群众查档180多次，没有收到服务投诉。

【档案业务宣传】 2020年，县档案馆利用“国际档案日”在地方电视台开展为期一周档案法规宣传，累计播放档案法20多次。向全县17个乡镇（街道）派发档案宣传册，宣传档案知识，传播档案文化，增强各机关单位档案法治意识。参与档案业务知识培训与讲座，做好新修订档案法普法教育培训，提高新时代档案工作能力。

（蔡忠东　刘　梅）

地方志工作

【概况】 2020年，揭西县地方史志办公室（简称县地方史志办）推进综合年鉴编纂出版、年报资料收集和自然村落历史人文普查等工作。至年底，《揭西年鉴》从2009年创刊以来共出版12卷，其中内部出版3卷、公开出版9卷；《全粤村情·揭西县卷（一）》由省、市地方志办核准，方志出版社出版。完成《全粤村情·揭西县卷（二）》《全粤村情·揭西县卷（三）》修改补充各1次。

【地方综合年鉴编纂】 2020年，县地方史志办组织人员按照省、市地方志办关于《广东年鉴（2020）》《揭阳年鉴（2020）》揭西部分组稿要求，开展组稿工作，按时按质完成《广东年鉴》《揭阳年鉴》揭西部分组稿任务；推进《揭西年鉴（2020）》编纂出版工作，加强与各承报单位年鉴编修工作业务交流，强化年鉴稿件编辑、审核工作。优化《揭西年鉴（2020）》目录设置，删除表格目录内容；加强交流学习，10月15日，参与揭阳市综合年鉴《惠来年鉴》评议会，学习评议兄弟县市区年鉴编纂方法和内容。是年，《揭西年鉴（2019）》被评为第七届全国地方志优秀成果（年鉴类）县区级综合年鉴二等年鉴、广东省县区级综合年鉴一等年鉴。

【地方志资料年报】 2020年，县地方史志办按照省地方志办要求，做好地方志资料年报收集工作。3月底，由两办发文，启动2020年揭西县地方志资料年报收集工作。加强对各承报单位报送资料审核，对质量达不到要求的，退回原单位重写，对符合要求的，进行审核验收。至年底，收到93个单位年报资料。

【揭西县自然村落历史人文普查】 2020年，县地方史志办推进自然村落历史人文普查工作。至年底，《全粤村情·揭西县卷（一）》经过3次修改，由省、市地方志办核准，方志出版社出版；完成《全粤村情·揭西县卷（二）》《全粤村情·揭西县卷（三）》修改补充各1次。县地方史志办在广东省自然村落历史人文普查项目调研基础上，通过系统分析普查资料，提出加强历史人文保护与开发，推进文旅产业发展相关对策，完成撰写《挖掘揭西历史人文底蕴，助推文旅产业发展》报告。

《全粤村情·揭阳市揭西县卷（一）》

（县地方史志办　供稿）

（李瑞军　邓　智）

传播媒体

新闻出版

【概况】 2020年，县委宣传部强化基层创建，出台相关文件规范新闻出版工作秩序，联合“扫黄打非”各相关单位加强新闻出版市场监管，加大非法出版活动打击力度。全年联合县文广旅体局出动执法检查人员1500多人次，检查经营单位或场所共420多家次，查缴不利于青少年身心健康出版物14本。

【出版工作】 2020年，县委宣传部印发《关于开展携带有害出版物出入境“水客”专项整治的通知》等文件，联合“扫黄打非”各相关单位做好出版物和印刷复制企业管理，全年督促检查印刷企业22家；开展“保护著作权宣传周”“绿书签行动”宣传活动6场次，提高版权意识；加大推进使用正版软件工作，健全机关使用正版软件长效管理制度，全县机关使用正版软件率90%以上。

（张俊亮　李显荣）

融媒体中心

【概况】 2020年，揭西县融媒体中心（简称县融媒体中心）做好新闻宣传，加强安全播出管理，创新宣传载体，推进有线网络电视发展。全年播出新闻8087条、公益标语和广告6.93万条次；向中央、省、市台上送新闻530条；制作播出《最美揭西》106期。

【机构改革及职能配置】 2020年8月，揭西县成立融媒体中心，加挂“揭西县广播电视台”牌子，为县委直属正科级公益二类事业单位，内设办公室、总编室、技术室、融媒体采编中心、发射中心、广告中心、网络中心7个正股级机构。核定人员事业编制90名，其中设中心主任1名、副主任3名、正股级领导职数7名、副股级领导职数10名。

【宣传报道】 2020年，县融媒体中心做好疫情防控、县委全会、“两会”、“六稳”拉动消费、脱贫攻坚、污染防治、纪律教育学习月、“四好农村路”8个主题策划宣传。开设《战疫情》《统筹推进疫情防控和复工复产》专栏、《坚决打赢疫情防控阻击战》访谈和“学讲话　战疫情　促发

揭西县融媒体中心　　（县融媒体中心　供稿）

展”系列报道，宣传报道全县各级各单位做好疫情防控工作决策、部署和做法经验以及奋战在抗疫一线先进典型；开设《县委十一届七次全会系列报道》《县委十一届七次全会精神访谈》栏目，宣传县委十一届七次全会奋斗目标和工作任务；按照人大、政协“两会”时间安排，做好跟踪报道和综合评论；围绕十大系列活动，分别推出各个活动系列报道，突出各地各部门统筹抓好疫情防控和经济社会发展工作；开设《决战决胜脱贫攻坚、大力推进乡村振兴》专栏，挖掘和宣传脱贫攻坚工作取得的实际效果和工作经验，反映脱贫攻坚工作和新农村建设给农村农民带来的实惠和巨大变化；开设《坚决打赢污染防治攻坚战》专栏，反映各地各单位开展污染防治攻坚战具体行动，报道治污成效；开设《纪律教育学习月》《纪律教育学习月活动访谈》专栏，挖掘各地贯彻落实生动场面，提高党员干部政治能力和政治素养；报道各乡镇（街道）推动农村“四好”公路工作，宣传民生工程。全年播出新闻8087条，其中广播1941条、电视2668条、“村村通”广播1941条、“融通揭西”APP1537条。

【公益宣传】 2020年，县融媒体中心强化公益宣传，利用“融通揭西”APP、揭西人民广播电台、揭西电视台等媒体平台，通过标版、专题、走马字幕等形式，宣传贯彻习近平新时代中国特色社会主义思想、新冠肺炎疫情防控、创文创卫等内容，形成正面舆论宣传合力。全年播出公益标语和广告6.93万条次（广播2.53万条次、电视3.07万条次、“村村通”广播1.33万条次），其中疫情防控宣传片1626条次、疫情防控标语4701条次（电台2117条次、电视台2584条次）。

【通联工作】 2020年，县融媒体中心加强与各级媒体联系，及时向上级上送新闻稿件，争取上级采用播出，宣传揭西县情，提高外宣质量。全年向中央、省、市台上送新闻530条，其中：送市台新闻530条、转送省台新闻2条，中央台1条；省台播出2条、市台播出362条；新闻作品获2020年度揭阳新闻奖一等奖1件，二等奖1件，三等奖1件。

【专题栏目】 2020年，县融媒体中心强化专题宣传，落实专人负责，做好专题制、播。在揭西人民广播电台、“融通揭西”APP开办《最美揭西》《农科园地》《健康之路》等6个专题栏目，其中《最美揭西》专栏，主要推介揭西旅游景点、介绍揭西特色美食，全年制作播出106期。

【有线广播电视公共服务平台建设】 2020年，县融媒体中心完善网络基础设施，加强发射中心发射机、供电等设备维护管理，改善服务功能，提高无线覆盖工作水平，加快数字有线广播电视建设。完成县城新建成小区有线电视网络规划设计和架设布线等工作；常规性开展乡镇（街道）联网线路维护、用户故障处理工作；无线覆盖率99%。

（黄海涛　张泼）

【广播电视安全播出】 2020年，县文广旅体局加强有线电视联网专项整治与播出传输机构违规插播商业广告管理工作，开展集中打击治理违法犯罪专项行动，与县广播电视台和各乡镇广播电视站签订《年度广播电视安全播出责任书》，维护广播电视安全播出秩序；开展全县省定贫困村、贫困户广播电视信号全面覆盖专项核查工作，全县9763户贫困户、67个省定贫困村电视信号实现全覆盖。

（巫丽琼　张晓武）

卫生 体育
HEALTH AND SPORTS

卫生事业

综 述

【概况】 2020年，揭西县落实疫情防控工作，推进医药卫生体制改革，加强公共卫生服务管理和医疗综合服务能力建设。全年公开招聘卫生健康事业单位工作人员110名，其中参加广东省事业单位集中公开招聘高校应届毕业生60名，实际聘用26人；在全县面向社会公开招聘卫生健康事业单位卫生专业技术人员50名，实际聘用14人；完成定向培养医学生签订协议35人（本科17人、专科18人），接收安排定向医学毕业生11人（本科6人、专科5人）。是年，全县高级职称评审通过60人，其中正高10人、副高50人。至年底，揭西县卫生健康局（简称县卫健局）下属事业单位24个，其中县级公立医院4个、公共卫生机构4个、基层医疗卫生机构16个。全县医疗卫生机构编制床位数2172张，年末实有床位数2289张；人员编制数3033名，年末在职人数3607人。全县门诊、急诊110.14万人次，比2019年（下同）增长5.8%；收治住院病人6.84万人次，下降6.5%。医疗卫生机构业务收入6.8亿元，增长5.6%（不包含村卫生室和诊所）。无偿献血4928人次；120指挥中心接到急救电话1.84万次，指派救护车出车1752次，救治病人1795人。

【基础设施建设】 2020年，揭西县新建或改扩建业务用房面积12.74万平方米，资金投入2.27亿元。县人民医院感染科综合大楼建设项目计划投资2亿元，新建一栋感染科综合大楼，地上15层、地下1层，附属楼（隔离病区）4层；含感染科、呼吸科和传染病区。感染科设儿科和新生儿传染区，发热门诊和其他配套辅助科室，项目设置床位540张（含20张负压隔离病床）。9月开工建设，完成桩基础及边坡支护工程；县第二人民医院（棉湖华侨医院）综合改建建设项目，计划总投资2亿元，建设一栋13层（地上11层，地下2层）门诊医技综合楼和一栋6层感染科大楼。其中，门诊医技综合楼建筑面积2.90万平方米，设置床位150张；感染科大楼建筑面积3570平方米，设置床位60张（含10张负压隔离病床）。9月开工建设，完成基坑支护及桩检测等工作；县妇幼保健计划生育服务中心（揭西县妇幼保健院）新建门诊医技楼建设项目，计划总投资7092.2万元，新建一栋门诊医技楼，地上6层，地下1层，建筑面积1.73万平方米。内设出生缺陷干预中心、发热门诊、儿童保健中心等门诊和检验、放射、超声等医技科室。该项目处于工程招标公示阶段。

【医疗卫生体制改革】 2020年，揭西县开展紧密型县域医共体建设工作，推进医疗卫生体制改革。5月18日，县人民医院、县第二人民医院医共体总医院挂牌成立；9月4日，各分院完成授牌，全县16家基层医疗机构、280个村卫生站全部纳入县域医共体建设，医共体内部机构设置、人员使用、资源调配、分级诊疗、签约服务、信息化管理等工作有序开展。推进中山大学孙逸仙纪念医院、汕头市中心医院"组团式"帮扶县人民医院，中山大学眼科中心、省中医医院、市人民医院"组团式"帮扶县第二人民医院（棉湖华侨医院）建设。

【医疗设备】 2020年，揭西县医投入5436.99万元，购进磁共振成像系统、多层螺旋CT、电子支气管镜、彩色多普勒超声系统、数字化X射线摄影系统、医用内窥镜摄像系统、移动式C形臂X线机、耳鼻喉动力系统、手术鼻窦镜、实时荧光定量PCR仪等医疗设备1679台（件）。

【行风建设】 2020年，县卫健部门加强纠正医药购销领域和医疗服务不正之风工作，全县卫健系统集中开展突出问题专项整治活动。全年查处违规医疗收费160例、3380元，不合理处方150张，不合理检查36例，不合理用药331例，谈话提醒48人次。各医疗卫生单位与医药公司签订《廉洁购销合同》1812份。

【医护管理】 2020年，县卫健部门健全医护管理制度，加强医护人员管理工作，动员、组织医师参加资格考试，通过资格审核238人。是年，医师首次注册121人，变更注册60人；护士首次注册128人，变更注册45人，延续注册19人。

【中医工作】 2020年，揭西县做好县中医医院龙头单位建设，支持县中医医院创建二甲医院；推进中医药人才培养及中医药重点学科、特色专科建设工作，提升中医药服务能力。全县社区卫生服务中心、乡镇卫生院中医药服务全覆盖，村卫生站中医药服务率85%。组织广东省中医医术确有专长人员医师资格考核报名工作，取得广东省中医医术确有专长证书2人。

【公共卫生】 2020年，揭西县推进国家基本公共卫生项目。全县累计建立居民健康档案77.19万份，建档率90.1%。组织健康教育大型宣传活动8次，举办健康教育讲座217次，参加人数9635人；咨询活动162次，参加人数1.45万人；印制宣传材料611种，发放143万份；播放各类音像资料8088次。卡介苗、脊髓灰质炎糖丸、百白破三联制剂、麻疹疫苗、乙肝疫苗、乙脑疫苗等基础免疫接种率均超99%。登记传染病例数3159例，报告率99.9%。活产数6744人（统计口径为县内常住，下涉妇儿数据皆同），新生儿规范管理人数5970人。0—6岁儿童保健管理5.49万人，接受中医药健康管理0—36个月儿童1.71万人。孕产妇产后访视人数6001人。65岁及以上老年人7.65万人，接受健康管理老年人3.89万人。高血压管理人数3.30万人，规范管理数1.98万人；糖尿病管理人数1.42万人，规范管理数8592人。登记在册精神障碍患者4818人，规范管理数4396人。确诊并通知基层医疗卫

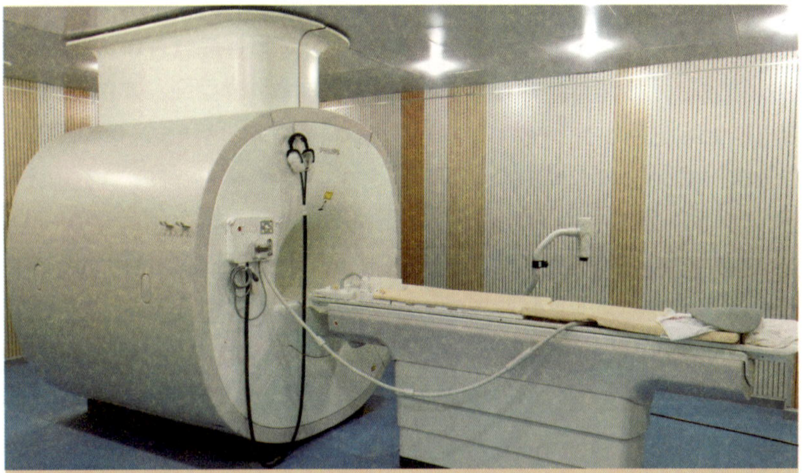

2020年7月18日，揭西县第二人民医院（棉湖华侨医院）新引进1.5T（特斯拉）磁共振（MRI）开机 （县卫健局 供稿）

2020年6月17日，揭西县组织人员在滨江公园草丛喷洒灭蚊药物（县卫健局 供稿）

生机构管理的结核病患者245人，管理数245人。

【爱国卫生】 2020年，揭西县结合疫情防控工作，开展以“清洁家园迎新春”爱国卫生运动、冬春季爱国卫生专项活动、整治农贸市场等重点场所爱国卫生活动等爱国卫生活动，重点加强农贸市场环境整治，开展重点公共场所清洁消毒，落实活禽市场“1110”（一日一清洁消毒、一周一大扫除、一月一休市、活禽零售市场当日活禽零存栏）制度，推进环境卫生治理措施落实到每个社区、单位和家庭。全年全县开展环境卫生综合整治6611次，清理垃圾18.19万吨，清理卫生死角3.72万处，清理大中型孳生地1.01万处，整改环境卫生脏乱差问题5313宗，使用灭蚊药物78.36吨，投放灭鼠药物29.08吨，出动病媒防制专业人员6.44万人次。

【采供血工作】 2020年，揭西县开展多次无偿献血公益活动。县采血站联合省汕湛路桥公司开展无偿献血活动。结合“世界献血日”活动宣传周，到各乡镇（街道）巡回宣传，联合市中心血站、棉湖镇教育系统、县初心救援队、河婆街道办、广东狮子会榕江服务队、棉湖镇人民政府开展无偿献血活动，采集无偿献血量4万毫升。是年，采血4928人次，献血量99万毫升。

【老龄健康】 2020年，揭西县开展老年健康宣传周活动，向群众介绍老年健康科学知识，发放各种宣传手册800份。接受义诊和健康咨询群众1100人次。全县各乡镇（街道）卫生院（社区卫生服务中心）组建公共卫生团队，对65岁及以上常住居民进行免费体检等健康管理，健康管理人数3.09万人次，体检人数23.25万人次。政府出资保费111.93万元为全县11.19万名65周岁以上老年人投保人身意外险，县卫健局与中国人寿揭西支公司召开启动会议，9月21日完成投保。中国人寿揭西支公司组建理赔服务小组定期到各村居委主动寻找出险老人并做好理赔服务。

【妇幼健康】 预防三病母婴传播项目 2020年，揭西县提供艾滋病、梅毒和乙肝检测与咨询服务，三病检测1.02万人次，住院分娩产妇7759人，其中三病检测率98.1%，孕期检测率94%；乙肝阳性产妇所生婴儿乙肝免疫球蛋白注射率98.2%。

城乡妇女“两癌”检查项目 2020年，揭西县城乡妇女“两癌”检查项目任务数6533人，在广东省妇幼卫生信息系统录入宫颈癌检查6602人，完成率101.1%；乳腺癌检查6544人，完成率100.2%。

增补叶酸预防神经管缺陷项目 2020年，揭西县增补叶酸预防神经管缺陷项目任务数5000人，新增叶酸服用人数5650人，完成率113%。

地贫干预项目 2020年，揭西县完成血常规筛查9126对，血红蛋白电泳检测888对，基因诊断88对，双方同型地贫31对，行产前诊断17人，终止妊娠例数3人。

出生缺陷综合防控项目 2020年，揭西县产前唐氏筛查完成4237例，筛查阳性77人，产前诊断10人。胎儿超声筛查4370人，其中筛查阳性76人，产前诊断1人。

【职业健康】 2020年，揭西县成立县尘肺病防治工作领导小组，建立县职业病防治工作部门间联席会议制度。全县纳入管理重点行业领域企业56家，主要包括非煤矿山、水泥加工、石材加工、危险化学品经营，从业人员1479人，其中接触职业病危害因素300人，完成在岗职业健康检查272人；对作业场所进行职业病危害因素定期检测企业49家。全县可从事放射诊疗服务医疗机构19家，取得放射诊疗许可证8家。县卫健部门保证放射工作人员依法准入，参加线上培训班118人。开展全国职业病现状调查工作，对上砂镇、河婆街道等9个抽中点辖区企业分片区入厂调查，完成全部261家企业任务，涉及采矿业、制造业、电力、燃气及水的生产和供应业等行业。

【科研教育】 2020年，县卫健部门申报市卫生计生科研项目71个，通过评审67个。全县37人通过广东省卫生系列高级资格评审委员会评审，取得高级职称资格。全科医生规范化培训（含助理）任务数18人，完成招收16人；全科医生转岗培训任务数22人，完成招收22人；全科医生岗位培训任务数22人，完成招收22人。

【院感防控】 2020年，县卫健部门按照《医疗机构内新型冠状病毒感染预防与控制技术指南（第一版）》《广东省常态化疫情防控下医疗机构感染防控工作清单100条（第一版）》，开展医疗机构院感管理人员培训10场、2000人次，培训内容包括医疗机构规范消毒、隔离和防护工作等。组织对全县22家医疗机构院感防控检查。各医疗机构成立专（兼）职管理机构管理全院院感防控，建立和完善医院感染制度，明确职责，落实任务。设置发热门诊的医疗卫生单位全部建立医院感控督导员制度，感控督导员196人。医疗废物处置实行专人（兼职）管理，执行危险废物网上申报和转移联单制度管理；组织相关人员进行医疗废物处置业务培训5场、152人次，严格按照医疗废物处理流程执行医疗废物分类、收集、运送。

【农村卫生】 2020年，县卫健部门规划和配置村卫生站资源，审批村卫生站设置及乡医准入，加强乡村医生队伍建设，开展乡村医生培训和考核，加强村卫生站监督管理，推广中医适宜技术，实施国家基本药物制度，提升农村卫生服务能力，完善村卫生站补偿机制等。是年，全县村卫生站361家，乡村医生361人，符合享受农村卫生站省财政补贴对象234人，拨款金额468万元。

【家庭医生签约服务】 2020年，揭西县组建家庭医生团队79个，常住居民签约49.55万人，签约率57.8%，重点人群签约人数20.26万人，签约率77.5%，全部达到上级要求标准。签约服务项目与国家基本公共卫生服务项目相结合，共同提高家庭医生签约项目服务质量。

【全国卫生县城创建】 2020年，揭西县推进国家卫生县城创建工作，县委、县政府召开推进会、整改会、冲刺会、迎检会等19场次，及时通报创建工作情况，部署创卫宣传、卫生整洁、基础设施建设等工作。落实网格化责任制等制度，县四套班子领导成员挂钩到河婆街道12个社区（村），开展环境卫生整治大行动、交通秩序整治行动，加强市容市貌建设。加强氛围宣传，派发创卫、除“四害”（苍蝇、蚊子、老鼠、蟑螂）、健康教育宣传册14.8万册，发放禁烟标识牌645个、禁烟劝导员袖章196个、创文创卫志愿者红绸带170条，创卫宣传牌3000个。是年，揭西县通过广东省爱卫办专家组对国家卫生县城创建工作技术评估。

（张丰良　刘俊达　徐晓颖）

卫生监管

【概况】 2020年，县卫健部门规范卫生行政许可审批行为，加强职业卫生、医疗卫生、放射卫生、学校卫生、公共场所卫生、饮用水卫生、传染病防治监督检查等工作；查处医疗服务市场违法行为，组织推进本部门行政审批制度改革及职能转变相关工作。全年检查医院18家、美容场所68家，未发现从事非法医疗美容服务行为。查处非法行医23家，行政处罚人民币14.61万元；核发公共场所卫生许可证单位69家，变更10家，注销14家。完成公共场所卫生国家随机监督抽查计划任务98家。

【卫生行政许可】 2020年，县卫健部门核发公共场所卫生许可证单位69家，其中住宿场所8家、文化娱乐场所1家、美容美发场所50家、沐浴场所9家、体育场所1家；变更卫生许可证单位10家，注销卫生许可证单位14家；因违反《公共场所卫生管理实施细则》受行政处罚6家，处罚金额2.15万元。

【公共场所卫生监督】 2020年，县卫健部门出动公共卫生监督执法人员1012人次，车辆95辆次。重点检查辖区内公共场所经营单位342家疫情防控卫生管理制度落实情况，经营场所内通风措施，公共用品及设施清洁消毒，员工及顾客口罩佩戴、个人手部清洁及健康监测，接受宣传培训防控知识1207人次。开展游泳场所卫生监督检查专项行动，全面完成公共场所卫生国家随机监督抽查计划任务98家，任务单位检查情况以及空气、水质、顾客用品等卫生检测结果，通过政府网站向社会公示。

【饮用水卫生监督】 2020年，县卫健部门加强县市政供水单位监督检查，县自来水公司、县第三自来水厂有限公司建立完善管理制度，供水人员持有有效健康证和卫生知识培训合格证上岗，所使用涉水产品做到索证索票，水质净化设施、消毒设施运转正常，定期检测水质检测，检测结果全部符合国家生活饮用水水质卫生标准。检查二次供水单位9家次，检测结果显示所检项目全部符合国家生活饮用水水质卫生标准。检查农村供水单位32家次，其中2家供水单位存在水源防护不达标、消毒运行没有记录等问题，责令限期整改。

【医疗卫生监督】 2020年，县卫健部门组织对全县医疗卫生、传染病防治、放射卫生等44家抽检单位专项监督检查。其中40家未发现问题、2家单位关闭，2家卫生站医疗废物未按要求分类，责令改正。开展打击非法医疗美容专项行动，派出卫生监督员198人次、车辆62辆次，监督检查辖区内18家医院、68家美容场所，未发现从事医疗美容服务行为。开展打击非法行医专项行动，派出卫生监督员476人次、车辆108辆次，查处11家牙科、10家诊所、1家养生保健机构、1家药店，作出行政处罚，处罚人民币14.61万元；其中接到投诉举报9宗，行政处罚1宗，处罚人民币4800元。

【学校卫生监督】 2020年，县卫健部门督促各学校建立健全传染病管理及报告、突发公共卫生事件应急预案、学生晨检等制度。加强学校传染病防治管理工作，落实传染病疫情报告、晨检、因病缺勤病因追查与登记等制度，建立学校健康档案，学校传染病疫情报告渠道畅通。针对检查中发现问题，执法人员现场下达监督意见书，立即整改。全年监督检查中小学校193家次。

【职业卫生监督】 2020年，县卫健部门重点控制严重职业病危害，提高职业卫生监督执法效率，保护劳动者职业健康。督促用人单位落实建设项目职业病防护设施“三同时”（职业卫生防护设施必须与主体工程同时设计、同时施工、同时投入生产和使用）、职业病危害项目申报、作业场所职业病危害因素检测和职业健康检查等法定责任。全县职业病危害项目申报52户，其中采矿业4户、制造业3户、燃气供应1户、其他纳入职业卫生监管用人单位44户。职业卫生分类分级监督执法工作主要以现场执法监督为主，现场监督37户，其中甲类监督5户、乙类监督32户，发现1户乙类用人单位违反职业卫生监管相关法律法规规定，进行行政处罚。

（张丰良　刘俊达　徐晓颖）

疾病预防与控制

【概况】 2020年，揭西县完善疾病预防控制体系建设，落实重大疾病防控措施，加强传染病预防控制、监测检测、慢性非传染性疾病防制、突发公共卫生事件处置、卫生检验等工作，保障全县人民群众身体健康和生命安全。全年全县乙类传染病病例1543例，丙类传染病病例1484例；管理HIV感染者和艾滋病人145人。

【传染病管理】 2020年，县卫健部门加强法定传染病监测和疫情管理。全县无甲类传染病报告。乙类传染病病例1543例，发病率180例/10万人，其中排名前三为：病毒性肝炎817例、肺结核330例、梅毒318例；丙类传染病病例1484例，发病率170例/10万人，其中排名前三为：其他感染性腹泻915例、流感463例、手足口病86例。采集家禽市场外环境样品50份，未检出H7及N9阳性病毒。开展蚊媒监测265次，编汇监测风险评估报告9期，对布雷图指数处于中高度风险的区域开展加强清积水、灭成蚊等防治措施。编汇揭西县疫情简报11期。处置疫情8宗，其中新型冠状病毒肺炎确诊病例疫情2宗、新型冠状病毒无症状感染者疫情1宗、流感样病例疫情2宗、急性出血性结膜炎疫情1宗、布病疫情1宗和诺如病毒疫情1宗，全部按照规范要求处置。

【艾滋病防控】 2020年，揭西县报告HIV（艾滋病病毒，下同）感染者20例、艾滋病人4例（其中县域内报告HIV感染者12例、艾滋病病人4例，外地报至该地HIV感染者8例），全部列入常规管理。全县管理HIV感染者和艾滋病人145人。完成自愿咨询检测30例，其中HIV初筛阳性1例，确诊阳性1例。县卫健部门配合县看守所、强制戒毒所对被监管人员筛查艾滋病、梅毒、丙肝507人份。组织医务人员在县城文化广场开展防治艾滋病宣传活动。

【慢性病防治】 结核病控制项目 2020年，揭西县确诊管治疗活动性肺结核病患者251人，管理率100%。初治涂阳91人，复治（发）涂阳11人，初治涂阴144人，复治涂阴1人，单纯性结核胸膜炎4人。其中学校结核病防治、筛查工作，确诊收治师生18人，密切接触者筛查714人，未发现有结核病疑似患者。全县251例结核病患者纳入广东省结核病耐药性监测，完成广东省结核病耐药监测信息管理系统录入。

麻风病防治 2020年，县卫健部门组织医务人员在龙潭镇陂尾村南辉广场开展第67届“世界防治麻风病日”暨第33届“中国麻风节”宣传活动，发放宣传海报和折页2万份。全县累计登记麻风病例817例，累计治愈816例，愈后存活42人；筛查麻风可疑症状病例570例，新发1例。愈后存活42人中，在揭东区西坑医院留医2人（全是愈后致残病人，其生活和治疗费用由县财政按规定标准给予救济）。

严重精神障碍 2020年，揭西县累计建档患者5812人，累计死亡患者1037人，在册患者4818人；患病报告率5.6‰，管理率93.5%，规范管理率91.2%，服药率67.5%，规律服药率42.6%；精神分裂症服药率72.1%，规律服药率46.6%。年面访率88%。组织开展第29个世界精神卫生日，以“弘扬抗疫精神，护佑心理健康”为主题活动，联合县教育局举办“揭西县2020年精神卫生日宣传进校园宣传活动”，通过观看宣传展板、抗疫宣传视频、知识讲座等形式开展活动；发放宣传海报2000多套、折页3万份。

【全民健康教育】 2020年，县卫健部门通过县融媒体中心、“揭西发布”“揭西疾控”微信公众号、揭西信息网论坛开展健康宣教，发布推文72篇。开展健康素养巡讲活动10场，分别走进学校、乡村、企业、社区和机关开展健康知识讲座，覆盖人群2000人。开展“全国肿瘤防治宣传周”“全国爱眼日”“全民健康生活方式日”等主题日宣传活动8场，发放宣传资料5.36万份、小礼品2500份。开展健康素养和成人烟草流行监测调查工作，举办健康教育讲座217次、咨询活动

2020年1月20日，县卫健局联合县慢性病防治站在龙潭镇陂尾村南辉广场开展第67届“世界防治麻风病日”暨第33届“中国麻风节”宣传活动 （县卫健局 供稿）

162次，印制宣传材料611种、143万份，播放各类音像资料8088次。全县居民健康素养监测任务数1242份，完成入户调查收集问卷1242份；成人烟草流行监测任务数720份，完成入户调查收集问卷661份。

【免疫规划】 基础免疫接种 2020年，县卫健部门加强免疫规划预防接种工作，卡介苗基础免疫接种率99.9%，脊髓灰质炎基础免疫接种率99.8%，百白破三联制剂免疫接种率99.9%，麻类疫苗免疫接种率99.5%，乙肝疫苗接种率99.9%，乙脑疫苗接种率99.8%。是年，发生严重接种异常反应报告1例、疑似预防接种异常反应报告86例，没有接种事故发生。

AFP病例监测 2020年，揭西县发现AFP（急性弛缓性麻痹，下同）病例4例，全部做到及时采集粪便、及时送检、及时随访，完成AFP病例及计免相应传染病监测工作。

【地方病防治】 2020年，县卫健部门完成碘盐监测和地方性氟中毒监测工作。碘盐监测抽检学生家中食用盐200份、孕妇食用盐100份和学生尿200份、孕妇尿100份，其中合格碘盐291份，不合格碘盐9份，碘盐合格率97%。学生尿碘监测中位数204.7微克/升，孕妇尿碘中位数160.35微克/升。原地氟病区（河婆街道东心埔村、塔头镇月潭村、良田乡下村）监测水样6份，全部未超标。

【饮用水检测】 城乡饮用水水质监测 2020年，揭西县丰枯水期实际设置监测点57个，检测水样230份，检测合格率99.6%，超标项目主要有浑浊度。

农村饮水安全工程 2020年，揭西县农村饮水安全工程实现17个乡镇（街道）全覆盖，农村普查监测2781份，合格1617份，合格率58.1%，其中超标项目有浑浊度、色度、PH、镉、铁、硝酸盐、氟化物、锰、锌、氨氮、耗氧量。经整改后重新监测水样1105份，合格1105份，合格率100%。

自来水厂供水监测 2020年，揭西县每月自来水厂供水监测120份，合格109份，合格率90.8%。第一自来水厂监测72份，合格67份，其中超标项目是浑浊度、铁、耗氧量；第二自来水厂监测24份，合格20份，其中超标项目是浑浊度、氨氮、锰、硝酸盐；第三自来水厂监测24份，合格22份，其中超标项目是浑浊度、锰、氨氮。

水龙头水监测 2020年，揭西县完成水龙头水监测任务106份水样，合格数106份，合格率100%。其中第一季度28份、第二季度26份、第三季度26份、第四季度26份。

【卫生监测】 消毒效果评价与监测 2020年，县卫健部门加强医疗机构消毒质量管理，强化院内感染控制，提高医疗质量，保障医疗安全。全县监测医疗单位80家，检测样本1261份，合格1230份，合格率97.5%。监测项目分别是室内空气、环境物体表面、医护人员手、使用中消毒液、透析用水、无菌缝皮包。

学校卫生监测 2020年，县卫健部门开展学校卫生综合评价监测工作。学校卫生双随机监测抽查学校44间，其中人均面积不合格11间，采光系数不合格4间，窗地面积比不合格11间，后墙壁反射比不合格29间，课桌照度、灯桌距离全部合格，黑板面照度不合格18间，存在学校水质检查结果浑浊度不合格现象1间。

【卫生应急】 2020年，县卫健部门加强提升应对突发公共卫生事件能力，储备外科口罩、N95口罩、医用防护服、消杀设备、消毒剂等应急物资。县疾控中心对灾后卫生防疫及以灭蚊为重点的主要场所开展灭蚊防蚊行动，出动22车次、124人次。开展新冠肺炎疫情针对性消杀，出动46车次、188人次。

【疫情防控工作】 2020年，揭西县第一时间成立县主要领导任组长及总指挥的疫情防控领导小组和工作指挥部，统筹全县疫情防控工作。指定县人民医院新冠肺炎定点救治医院及县第二人民医院（棉湖华侨医院）后备救治医院，落实应急救治场所、药品物资、器械设备等准备工作。组建“三人小组”（各级政法综治、公安、卫健人员）407个，建立网格单元2771个。指定特美思酒店为县级集中隔离医学观察场所，全面加强运行管理。排查管控境外地区到揭西人员132人，全部严格落实隔离医学观察，解除医学观察124人，医学观察8人。国内疫情重点地区到揭西人员2368人，全部严格落实隔离医学观察，解除医学观察2358人，医学观察10人。对2名确诊病例和1例无症状感染者，及时送往市人民医院治疗，全部治愈出院。追踪到密切接触者40人，次密切接触者1人，全部解除医学观察。建成3个新冠病毒核酸检测实验室，完成核酸检测5.62万人份。

（张丰良　刘俊达　徐晓颖）

乡镇卫生院选介

【揭西县疾病预防控制中心】 揭西县疾病预防控制中心前身是揭西县卫生防疫站，成立于1965年7月。2003年5月，撤销原县卫生防疫站，成立县疾病预防控制中心，加挂“揭西县卫生检验中心”“揭西县健康教育所”牌子。2020年，工作用房建筑面积3050平方米（其中检验室业务用房1080平方米），内设办公室、科教信息及质量控制科、预防医学门诊部、计免防疫科、公共职业卫生科和检验科等科室。有防疫用汽车5部，冷链车1部，配备气相色谱仪、原子荧光光度计、原子分光光度计、紫外可见分光光度计、电子分析天平、放射线检测仪器等先进检验监测仪器设备，通过广东省技术监督局计量认证，检测能力为4大类、75项参数/标准，涵盖卫生理化、卫生微生物等。开展免疫规划预防接种、艾滋病免费咨询检测、传染病、地方病调查、食品中毒调查、公共饮用水质检测等任务。

中心编制55人，在职职工48人，其中专业技术人员38人，包括副高级职称1人、中级职称11人、初级职称26人；本科学历16人，大专学历16人，中专学历11人，高中及以下学历5人。

【揭西县良田乡卫生院】 揭西县良田乡卫生院始建于1958年，院址设在良田乡龙岭圩，占地面积1405平方米，总建筑面积2123.3平方米。设有预防保健科、内科、妇产科、妇女保健科、儿科、医学检验科、中医科、外科。2020年，编制床位8张，编制人数29人，在岗职工28人，卫技人员25人，其中副主任医师1人、主治医师2人、执业助理医师5人、护师5人。主要开展西医门诊、妇产科、预防保健科、14项国家基本公共卫生服务、妇女两癌普查及叶酸发放等业务。医院内配备有尿常规、心电图、B超机、生化检验等大型设备，以及日常医疗和公卫下乡所需的血压计、体温枪、体重秤、诊疗床、诊疗桌椅、消毒器械等小型设备。

2020年揭西县卫生事业基本情况表

表38

项目	单位	总计	县级公立医院	基层医疗卫生机构	公共卫生机构
1. 机构数	个	24	4	16	4
2. 编制人数	人	3024	1800	1113	111
3. 年末在职职工人数	人	2289	1175	1017	97
其中：卫技人员	人	1938	1036	834	68
高级职称人员	人	123	114	7	2
中级职称人员	人	300	187	95	18
初级职称人员	人	1515	735	732	48
4. 实际床位数	张	2183	1592	585	6
5.医疗卫生机构业务收入	万元	68035.09	61456.91	4636.67	1941.51

（张丰良　刘俊达　徐晓颖）

体育事业

【概况】 2020年，揭西县文化广电旅游体育局（简称县文广旅体局）完善全民健身公共服务体系，推进体育设施建设，开展全民健身活动，普及群众体育、竞技体育。是年，新增揭西县钓鱼协会1个体育单项协会。至年底，全县体育协会有县篮球协会、县武术协会、县老年人体育协会等16个；健身气功站1个。

【群众体育】 2020年，县文广旅体局举办各类群众体育活动。8月8日，在棉湖镇云湖公园举办2020“全民健身日”揭阳市揭西县启动仪式活动，开展健身球操《红色娘子军》、双扇舞《好日子天天过》、健身舞蹈《我在2020等你》、健身旗袍走秀等体育健身运动，各乡镇（街道）同时开展相关活动。10月1—7日，在棉湖镇云湖公园举办“庆国庆迎中秋”全民健身系列活动。全年组织开展各类文体惠民活动以及开展象棋比赛、篮球比赛、乒乓球比赛等各类体育活动，参与人数200多人。

【竞技体育】 2020年，揭西县推进竞技体育活动。11月15日，由市（县）文广旅体局主办，市足球协会承办，市体育彩票中心等单位协办的中国足球体育名宿莅揭进社区活动在五经富镇联南村举行；12月26日，由县文广旅体局培训输送的运动员沈泽杭、林家烨代表揭西县参加2020年广东省第五届“谁是棋王”全民争霸赛象棋总决赛，分别获得U7组季军和殿军。

【体育彩票】 2020年，县文广旅体局通过宣传广告栏、横幅标语、网站等，宣传各种赛事和体育彩票。在县文化广场举办体育彩票咨询活动，引导人们关心体育、支持体育、购买体育彩票。至年底，全县体育彩票网点28个，销售总额728万元。

【全民健身运动】 2020年，县文广旅体局完成金和镇仙坡社区体育公园项目、棉湖镇桥头社区、大溪镇新园村和龙潭镇南福田村等8个体育场地设施示范点场地规划建设和器材配套安装。完成9个乡镇（街道）社会足球场地建设。9月，开展体育场地统计调查工作，摸清全县有体育场地1459个，其中全民健身广场16个、健身园1个、社区体育公园2个、标准田径场1个、游泳池1个、社会足球场地9个，全县各行政村均配备全民健身路径、乒乓球台及篮球场等。全县人均体育场地面积2平方米以上，体育场地免费或低收费开放率100%，社区15分钟健身圈覆盖率94%。

【社会体育指导员培训】 2020年，县文广旅体局组织三级社会体育指导员在棉湖镇、河婆街道开设培训班，培训三级社会体育指导员250人，累计培训社会体育指导员2350多人，其中国家级3人、一级17人、二级265人、三级2324人，从事篮球、乒乓球、太极拳、广场舞等项目培训工作。

【国民体质测试】 2020年，县文广旅体局开展国民体质测试，在揭西县第一中学、龙潭中学、河婆小学、东方世纪幼儿园等地现场解答群众关于体育健身咨询事项，科学指导群众合理体育锻炼，参与测试人数1222人次，获取数据942份。

（巫丽琼　彭新颖）

2020年8月30日，县文广旅体局组织工作人员现场验收已建成社会足球场地情况
（县文广旅体局　供稿）

人口与健康

【概况】 2020年，揭西县实施优生健康惠民工程，优化计划生育服务，推进人口与健康工作。全年全县出生人口1.24万人，人口出生率12.0‰，政策生育率76.0%，人口自然增长率7.1‰，出生人口性别比117.15。至年底，全县常住人口67.3万人，流动人口1.12万人。

【优生健康惠民工程】 2020年，揭西县发放计划生育四项奖励金270.36万元，其中领取广东省农村部分家庭计划生育奖励金1380人，总额193.11万元；领取特别扶助金11人，总额9.60万元；领取城镇独生子女父母奖励金571人，总额53.36万元；领取揭西县“幸福工程”奖励金238人，总额14.30万元。

【计划生育服务】 2020年，揭西县已婚育龄妇女15.65万人，落实节育措施7.79万人。县计划生育服务站完成“四术”18例，术后回访72人次。做到无医疗差错事故发生。计生政策、优生优育、避孕节育、生殖保健等宣传咨询1.31万人次，免费发放避孕药具3450人次，免费查环查孕20人次。完成免费孕前优生健康检查2419对，在初筛检查过程中发现双方地贫46对、G6PD缺乏症219例、梅毒7例、RH血型异常7例以及其他异常情况，并及时送检确诊和跟踪随访。

（张丰良　刘俊达　徐晓颖）

人力资源·社会保障

人事人才

【概况】 2020年，揭西县人力资源和社会保障局（简称县人社局）加强人才队伍建设和人才引进与服务，推进乡镇（街道）事业单位体制改革工作，推行机关事业单位工作人员带薪年休假制度。全年全县参加继续教育培训9352人；审核审批正常晋升工资1.27万人次，办理学历变动、新进人员、职务晋升等557人次，审核审批退休人员234人；完成全县17个乡镇（街道）119个事业单位所属人员转隶及划转工作，核准348个事业单位岗位设置实施方案。

【事业单位人事管理】 2020年，县人社局加强事业单位人事管理，推进事业单位体制改革工作。根据县委编办印发《揭西县深化乡镇街道事业单位改革实施方案》等文件通知要求，完成全县17个乡镇（街道）119个事业单位所属人员转隶及划转工作。严格按照岗位设置管理有关规定和各类岗位结构比例标准，做好全县政府系统事业单位岗位设置方案核准工作，全年核准348个事业单位岗位设置实施方案。

【事业单位和政府购买服务人员招聘】 2020年，县人社局按照民主、公开、竞争、择优原则，严格公开招考、聘用工作程序，做好事业单位工作人员和政府购买服务人员公开招聘工作。全年计划公开招聘事业单位工作人员186名，其中参加广东省事业单位2020年集中公开招聘高校毕业生85人、卫生专业技术人员50人、幼儿园教师40人、县突发事件预警信息发布中心3人、县公证处4人、县扶贫资产管理中心4人；计划公开招聘政府购买服务人员354人，其中村（社区）党群服务中心第二专职人员318人、县公安局警务辅助人员30人、县政务服务中心大一门综合服务窗口政府购买服务人员6人。全年完成公开招聘政府专职消防员8人。

【人才服务与引进】 2020年，县人社局加大人才管理与服务力度，做好2019年揭阳市高层次人才分类认定工作，完成全县772名中高级人才证书发放工作。在高校毕业生报到、档案接收和档案转出等方面提供便捷优质服务，全年接收专科以上高校毕业生档案5389份；网上报到系统报到人数2041人。

【专业技术人才】 2020年，县人社局加强对有关部门、单位做好专业技术人员科目学习指导，推进专业技术人才评定工作。全年全县参加继续教育培训9352人；新增评审通过高级、中级、初级职称发证333人，其中高级101人、中级80人、初级152人。至年底，全县事业单位共有专业技术人才1万人，其中教学人员7696人、卫生技术人员2066人、工程农业专业技术人员136人、其他类别专业技术人才102人；高级职称549人、中级职称5037人、初级职称4414人。

【机关工勤和事业单位工资与福利】 2020年，县人社局做好正常工资变动和死亡遗属供养审核审批工作，联合县公务员局推进2019年度机关工作人员年终一次性奖金发放审核工作，推行机关事业单位工作人员带薪年休假制度。联合县委组织部、县财政局请示县人民政府同意，印发《揭西县机关事业单位工作人员带薪年休假制度实施办法》，举办业务培训，明确应休未休年休假工资报酬计算法，加强带薪年休假工资报酬管理，严肃年休假工资报酬发放纪律。全年审核审批正常晋升工资1.27万人次，办理学历变动、新进人员、职务晋升等557人次，审核审批退休人员234人（其中事业干部90人，机关事业单位工人144人）；审核审批遗属供养59人。

（温贵明　李俊强　蔡秋娜）

人力资源管理

【概况】 2020年，揭西县人力资源和社会保障局（简称县人社局）加强就业创业政策宣传，加大职业技能培训力度，组织开展各项招聘活动，落实就业创业补贴政策，强化劳动监察综合执法，依法化解社会矛盾纠纷，维护劳动关系和谐稳定。全年全县城镇新增就业4460人，城镇失业人员再就业1530人，就业困难人员再就业272人；免费办理就业失业登记证557本；城镇登记失业率控制在3.5%以内。

【就业服务】 2020年，县人社局开展"春风行动""南粤春暖"网络专项招聘活动、揭西县2020年民营企业招聘周网络招聘会、揭西县"金秋招聘月"暨"高校毕业生"就业专场招聘会等活动。全年各项招聘活动121家企业参加，提供岗位数1871个，进场应聘人数2094人，岗位涵盖普

2020年10月31日，县人社局在京溪园镇京明温泉度假村举办2020年揭西县退伍军人就业专场招聘会
（县人社局　供稿）

工、物管、业务、销售、行政、技术等方面，达成意向人数1586人。为贫困劳动力搭建就业平台，举办“精准扶贫”专场招聘会16场，提供就业岗位1000个，实现贫困劳动力在家门口就业。严格使用就业专项资金，落实创业担保贷款政策，受理创业担保贷款56笔共1529万元，发放创业担保贷款贴息47万元。鼓励、扶持返乡创业者返乡创业，对符合条件返乡创业者，给予一次性创业资助和创业租金补贴，受理一次性创业补贴14笔共14万元、租金补贴3笔共0.9万元。落实高校毕业生到基层就业有关补贴政策，发放高校毕业生基层就业岗位补贴118人共48.36万元，小微企业高校毕业生补贴8.1万元，高校毕业生就业见习补贴13.9万元，高校毕业生就业见习留用补贴1.5万元。

【劳动关系】　2020年，县人社局规范企业用工管理，维护劳动者合法权益，构建劳动和谐关系。加强劳动合同管理，推动用人单位和劳动者签订合同，提高劳动合同签订率，全县劳动合同签订率98.5%；依法规范用工行为，推进工资协商和集体合同签订，集体合同签订率82.1%。推荐全县6家企业参与揭阳市创建劳动关系和谐企业评审，白云山威灵药业有限公司被评为劳动关系和谐企业。

【职业培训】　2020年，县人社局加强与县荣华职业培训学校、县索达职业培训学校、县凤凰职业培训学校、县杰茜职业培训学校等培训机构合作，针对性开展技能培训工作。鼓励农村劳动力、就业困难人员参加技能培训实现转移就业，实现培训与上岗无缝对接。加大劳动力技能培训力度，推进“粤菜师傅”“广东技工”“南粤家政”三项工程。全年开展“粤菜师傅”培训131人、“广东技工”培训5173人、“南粤家政”培训1320人。发放技能提升培训补贴486万元。

【技工教育】　2020年，县人社局完善技能人才培育体系，深化一体化课程教学改革，强化技能人才队伍建设，完善揭西技工学校管理，加强就业指导，推进技工教育发展。揭西技工学校开设有学前教育、会计电算化、电子商务等专业，在校生26人。

【劳动调解仲裁】　2020年，县仲裁委员会完善劳动争议预防预警机制，健全劳动争议仲裁制度，规范调解行为，发挥三方机制在预防和协调劳动关系中的作用，及时解决劳动纠纷，维护劳动关系当事人合法权益。全年处理仲裁调解4宗，涉及补偿金额1000元，不予受理1宗。

【劳动监察】　2020年，县人社局加大劳动监察执法检查力度，加强劳动保障法律法规学习宣传，做好劳动纠纷、工伤认定、来访咨询工作，维护农民工合法权益。组织开展《保障农民工工资支付条例》培训班，统筹推进根治欠薪工作。全年解决劳资纠纷32宗，涉及金额99.69万元；调解工伤12宗，涉及赔偿金额69.16万元；依法认定工伤7宗，撤销申请2宗，不予受理1宗；日常巡查各类用人单位82户次；受理来访、来电咨询150多人次。与县住建、交通、水利等行业主管部门做好2019年度保障农民工工资支付考核工作，是年，揭西县在揭阳市考核中评为A级等次，获市通报表扬。

（温贵明　李俊强　蔡秋娜）

2020年5月15日，县人社局在三楼会议室举办《保障农民工工资支付条例》培训班
（县人社局　供稿）

社会保险

【概况】　2020年，揭西县落实各项社保政策，做好社会保险参保缴费工作，加强基金管理和退休人员管理，推进机关事业单位养老保险制度改革。全年全县参加企业养老保险4.45万人，机关事业单位养老保险1.38万人；城乡居民基本养老保险35.43万人，失业保险1.19万人，工伤保险2.54万人。

【社会保险参保缴费与基金支付】　2020年，揭西县企业职工养老保险参保4.45万人，年末退休3.37万人；基金征收收入2.89亿元，支出及结余市级统筹，无建账。机关事业单位养老保险参保1.38万人，领取机关事业单位养老保险待遇6434人；总收入4.34亿元，支出3.64亿元，当年结余0.7亿元。城乡居民基本养老保险参保35.43万人，年末领取养老待遇12.57万人，基金总收入3.54亿元，支出2.77亿元，结余0.77亿元。失业保险参保1.19万人，基金征收收入152.59万元，支出及结余市级统筹，无建账。工伤保险省级统筹，无建账。落实疫情防控政策，全年为全县1702户企业阶段性减免社会保险费4762万元，为38家企业返还失业保险稳岗补贴113.28万元，惠及职工3115人，发放定期失业保险金57人次、21.82万元，发放失业补助金244人次、56.01万元。完成1944名退役军人社会保险费补缴工作。

【基金管理】　2020年，揭西县社会保险基金管理局（简称县社保局）完善风险防控管理制度，落实风险防控措施，梳理各项高风险业务"进规程、进系统"，构建事前预防控制、事中在线核验、事后稽核检查风险防控体系。每月定时将各险种退休人员进行比对，及时终止重复领取待遇人员养老金；通过县民政部门"去世人员登记管理系统"和县公安局提供的死亡人员数据定期进行数据核查比对，及时停发死亡人员养老金。强化信息技术运用，加强部门数据共享，完成各类审计发现重复领取待遇、死亡领取待遇、服刑人员违规领取待遇等追回工作。加快推进"互联网+政务服务"政务信息系统整合共享，优化网办服务流程，推动各项社保业务上线手机APP、"粤省事"等移动平台，加大资格认证信息共享和比对范围，扩大数据来源，提高人员信息准确性。至年底，完成企业职工养老保险资格认证3.34万人，完成城乡居民养老保险资格认证10.65万人。

【退休人员管理】　2020年，揭西县加强退休人员管理，提高企业养老金、机关事业单位养老金、城乡居民养老金水平。1月，对2019年12月31日前领取基本养老金企业和机关事业单位退休人员调整基本养老金，分别涉及调整人数3.32万人和6287人、人均增加139.8元和213.51元，调整后企业退休人员月人平均养老金2068.9元。2020年7月1日起，全县城乡居民基础养老金标准从每月170元提高到每月180元；做好使用社会保障卡发放企业职工养老待遇工作，10月前退休但未使用社会保障卡领取待遇人员将逐步分期分批替换为社保卡发放，10月起新增退休人员100%使用社会保障卡发放养老待遇。

【机关事业单位养老保险制度改革】　2020年，揭西县开展企业养老保险和机关事业单位养老保险之间的关系转移接续工作。按照既定方案做好阶段性虚账做实与退休"中人"做实工作；按时足额完成养老保险和职业年金征收与归集工作；组织开展全县改革前机关事业单位原参加机关个人缴费制度的工作人员退费工作。至年底，完成机关事业单位干部、固定工等人员退费1.07万人，退费金额1.19亿元。

（陈联发　李晓丰）

医疗保障

【概况】　2020年，揭西县医疗保障局（简称县医保局）推进居民医保征收，严格审核医保报销支出，做好医疗救助工作，强化医疗保险基金监管，全面贯彻落实新冠肺炎救治医保政策。至年底，全县医疗保险参保78.24万人次；城乡居民基本医疗保险参保缴费75.56万人，职工基本医疗保险参保人数2.68万人；医疗救助1.17万人次，支出资金1540.71万元；生育保险参保缴费2.8万人，全年支付生育保险待遇1228人次，费用274万元。

【医疗保险】　2020年，揭西县城乡居民医疗保险参保缴费75.56万人，征收1.89亿元，各级财政配套4.28亿元，基金总收入6.17亿元，支出6.01亿元；职工基本医疗保险参保人数为2.68万人，基金收入8952万元，支出5609万元。全年城乡居民基本医疗保险和城镇职工基本医疗保险每人每年基金支付限额均为30万元。至年底，城乡居民基本医疗保险住院报销9.41万人次，特殊门诊6265人次；城镇职工基本医疗保险住院报销5790人次，特殊门诊849人次。是年，清算按规定参与核酸检测基本医疗保险参保人员两批次，共5.88万人次，基金支付363.43万元。全年全县新型冠状病毒感染患者住院治疗3人，其中县内参保确诊患者1例总住院费用5888.87元，基金支付5300元，县财政负担588.87元；异地参保患者2例，在县人民医院总住院费用共1.10万元，由参保地医保基金支付9874元，县财政支付1102元。为未参保的建档立卡贫困对象开通绿色通道，办理“先参保，后补助缴费”手续，全年为中途新增加建档立卡贫困对象办理中途参加城乡居民医疗保险191人。

【医疗救助】　2020年，揭西县运用揭阳市劳动保障一体化应用系统上线二次救助“一站式”结算功能，推进实现困难群众基本医疗保险、大病保险和医疗救助“一站式服务、一窗口办理、一单制结算”。做好城乡特困人员、低保对象、建档立卡贫困人口等人员医疗救助工作，助推健康扶贫，缓解因病致贫家庭困难。至年底，救助1.17万人次，支出资金1540.71万元（包含一站式救助和二次救助）。其中医疗救助“一站式”结算8508人次、医疗救助款687.66万元，零星报销3166人次（含二次救助）、支出资金853.05万元。

【大病医疗保险制度】　2020年，揭西县提高大病保险待遇，减轻群众医疗费用负担。城乡居民大病保险基金支付限额提高至25万元，城镇职工大病保险基金支付限额40万元。全年发放大病医疗保险待遇1.19万人次，其中城乡居民基本医疗保险参保人享受大病医疗保险待遇1.17万人次，城镇职工基本医疗保险参保人享受大病医疗保险待遇124人次。

【医疗基金监管】　2020年，揭西县建立健全监督检查制度，加强医疗基金监管，维护医保基金安全。开展打击欺诈骗取医疗保障基金专项治理工作，实现县内

医疗保险服务窗口　（县医保局　供稿）

定点医疗机构全覆盖。9月，开展业务规范检查，现场检查9家医疗机构、检查在院病人306人、抽查病历82份，其中3家医院存在违规问题，罚款共13.62万元。12月，联合县卫健局开展定点医疗机构专项治理“回头看”活动，保持打击欺诈骗保高压态势。全年疑似第三方责任零星报销案件90件，经调查，属工伤保险支付范畴3宗，属第三方责任2宗。

2020年12月16日，县医保局联合县卫健局在县中医医院开展定点医疗机构专项治理“回头看”活动（县医保局　供稿）

【药品招采和医疗价格服务管理】 2020年，县医保局推进实施国家基本药物制度，整合资源推行公立医疗机构药品和医用耗材采购政策，开展线上采购监督检查，做好药品网上集中采购工作。至年底，全县公立医疗机构实现通过广东省医药采购服务平台统一购药，零差率销售。全年全县线上采购药品采购总金额1.88亿元，其中在省平台采购药品出库金额1.54亿元，出库率82.1%；医用耗材采购总金额1.26亿元，其中在省平台采购医用耗材出库金额1590.84万元，出库率12.6%。

（廖文伟　江惜漫）

民　政

综　述

【概况】 2020年，揭西县民政局（简称县民政局）加强城乡社区治理，健全村务公开和村民自治制度，做好村（居）“两委”换届工作，推进社会福利事业发展，强化社会事务管理。全年完成3785名正常离任村干部信息采集和补助资格认定工作；完成推选产生选举委员会村（居）318个，党组织书记任主任318个。

【城乡社区治理】 2020年，揭西县健全组织机构，加强基层管理，完善以党组织为核心的城乡社区治理体系，推进城乡社区建设。推进全县村规民约和居民公约修订和完善，重新修订完成村规民约和居民公约318个村（居）；开展正常离任村干部信息采集工作，发动各方力量，采取线上线下相结合审核工作方式，完成1949年后全县3785名正常离任村干部信息采集和补助资格认定、补助发放工作；做好基层政权建设和社区治理数据维护工作，完成城乡社区工作者信息录入4454人。全年全县完成城乡社区养老综合服务设施2个，协助扫黑除案件调查7件。

【村务公开与村民自治】 2020年，揭西县推进乡镇（街道）政务公开。全县17个乡镇（街道）全面完成村务公开“五化”（标准化、规范化、经常化、多样化、公众化）建设方案。指导各乡镇（街道）村（居）建立健全村务档案，规范全县基层公共服务平台信息系统录入工作，及时公开村级财务收支、筹资筹劳、集体“三资”（集体资金、资产、资源）管理、精准扶贫、低保救助、印章使用和其他重大事项决策情况，强化一事一议财政奖补项目公开公示。健全基层群众自治机制，开展城乡社区协商。强化村（居）务监督委员会工作职能，制定工作实施细则，建立村“两委”主要干部向村民会议或村民代表会议报告村务工作制度。10月，县民政局组成专项检查小组，通过直接到村座谈了解、看现场、查资料等方式，抽查全县34个村（居）委会村（居）务公开民主管理工作情况，并将抽查情况进行通报。建立村务公开长效机制，由各乡镇（街道）将辖区内各村（居）委会村务公开栏公布情况拍成照片，于每月15日前汇总上报县民政局备案。

【村（居）“两委”换届】 2020年，县民政局完善村（居）“两委”班子和后备干部队伍建设，加强村（居）委换届选举实施方案制定指导工作，强化选举骨干业务培训，加大问题、难点村（居）排查整治力度，督促各乡镇（街道）贯彻落实县领导小组部署要求，推进村（居）“两委”换届选举准备工作。至年底，全县完成推选产生选举委员会村（居）318个，党组织书记任主任318个，出台换届选举工作实施方案村（居）318个，完成参加选举村（居）民、户代表登记村（居）314个，推选新一届村（居）民代表村（居）100个，推选村民小组长380个，推选居民小组长114个，村（居）“两委”换届工作在全市排名前列。

（曾子光　林志超）

社会福利

【概况】 2020年，县民政局加强低保审核，提升保障水平，完善社会福利设施建设，推进县福利中心项目建设。全年全县享受最低生活保障对象6201户、1.94万人，年支付保障资金7712.13万元；城镇低保标准提高到817元，农村低保标准提高到595元；城乡特困供养对象3887人，年发放城乡特困人员供养经费4446万元；县慈善总会募集社会捐赠收入1407.45万元，支出1649.78万元（含2019年结余242.33万元）。

2020年10月13日，县民政局到上砂镇红星村委会抽查村（居）务公开民主管理工作情况
（县民政局　供稿）

【最低生活保障】 2020年，县民政局加强低保对象入户调查核实工作，全年注销953户、3226人，新增769户、2563人。1月起，全县城镇低保标准从每人每月743元提高到每人每月817元，补差水平从每人每月572元提高到每人每月626元；农村低保标准从每人每月541元提高到每人每月595元，补差水平从每人每月272元提高到每人每月302元。全县城乡低保对象6201户、1.94万人，共发放低保资金7712.13万元。其中：城镇低保对象403户、983人，发放低保资金783.22万元；农村低保对象5798户、1.85万人，发放低保资金6928.91万元。

【特困人员供养】 2020年，揭西县特困人员3887人，发放特困供养资金4446万元。其中：城镇特困人员194人，供养基本生活标准每人每月1307元，发放特困供养资金286.77万元；农村特困人员3693人，供养基本生活标准每人每月952元，发放特困供养资金4159.24万元；在乡镇敬老院集中供养人员每人每月增加200

元生活补贴。经评估，城乡特困人员有完全自理能力3151人、全失能669人、半失能67人。全县分散供养特困对象3745人、集中供养142人，其中委托县医院精神病科进行集中护理76名精神病特困人员、委托市聚龙湾养老机构护理32名特困老年人。至年底，全县有集中供养服务机构17所，8所因设施设备老化简陋、没有特困对象集中供养暂时关闭，维持正常运转敬老院9所（收养有自理能力特困老人34人）。

揭西县福利中心工程项目（一期）建设现场　（林东武　摄）

【慈善事业】 2020年，揭西县加强慈善组织建设，加大慈善宣传力度，扶持引导社会力量与社慈善事业，依法依规开展募捐活动，加强慈善资金募集、使用和管理，促进慈善事业健康发展。全年县慈善总会募集社会捐赠收入1407.45万元，支出1649.78万元。至年底，全县慈善组织46个。

【社会福利设施】 2020年，揭西县完善社会福利设施建设。至年底，全县社区养老服务设施108个，其中城市社区设施养老服务设施9个、乡镇社区养老服务设施5个、农村社区养老服务设施94个；公办养老服务机构18所，床位1379张，除揭西县福利院以及上砂镇、五云镇、坪上镇、灰寨镇、大溪镇、钱坑镇、金和镇、塔头镇、棉湖镇九个镇敬老院有入住特困对象正常运转外，其他乡镇敬老院暂时关闭。全县养老床位5922张，每千名老人拥有床位数35张。

【县福利中心项目】 2020年12月9日，揭西县开工建设县福利中心工程项目（一期），建筑面积5122.93平方米，计划投资1492万元，工程包括综合楼、食堂、地下水池、配电房，新建一幢6层（局部7层）综合楼，计划床位203张。工程由揭阳市揭西建筑安装工程总公司承建。

（曾子光　林志超）

社会事务管理

【概况】 2020年，县民政局加强社会事务管理，推进行政区划与地名管理、社会组织管理、婚姻登记等各项社会事务工作。全年全县依法登记社会组织20个；办理结婚登记6020对，办理离婚1368对；社会散居孤儿供养标准提高到每人每月1110元，集中供养孤儿供养标准提高到每人每月1820元；发放困难残疾人生活补贴610.31万元，重度残疾人护理补贴2648.90万元。

【行政区划与地名管理】 2020年，县民政局加强行政区划与地名管理，推进行政区域界线勘定工作。完成梅揭线五华—揭西段界线界桩联检工作，界线总长64.8千米；完成梅揭线丰顺—揭西段界线界桩联检工作，界线总长46.37千米。加强地名命名、更名管理，依照《广东省地名管理条例》等法律法规，全年命名建筑物（住宅小区）7个。

【社会组织管理】 2020年，县民政局健全社会组织管理制度，严把社会组织登记关，严格审查登记证明文件有效性、真实性、合法性，针对不同类别社会组织，突出以年报为重点内容，做好社会组织管理工作。全年依法登记社会组织20个，其中社团15个、民办非企业5个。至年底，全县依法登记社会组织累计312个，其中社团171个、民办非企业登记141个。

【婚姻登记】 2020年，揭西县加强对全县婚姻登记机关监督管理工作，规范婚姻登记办理程序，提升婚姻登记业务能力和服务水平。至年底，全县婚姻登记机关17个，办理结婚登记6020对，其中国内结婚登记5992对；办理离婚登记1368对，其中国内离婚登记1368对。补领婚姻证826宗。

【殡葬管理】 2020年，县民政局与县发展和改革局、县民族宗教事务局、卫生健康局、市场监管局联合开展殡葬领域整治工作，按照各自部门职责，加强协调合作，由各乡镇政府（街道办）围绕重点，联合开展全面排查，建立整治台账，推动专项整治工作；以县人民政府办公室名义出台《关于进一步加强殡葬管理工作的通知》，对违规占地建坟进行重点治理打击，全年查处违规建坟17宗；开展县殡仪馆火化设备尾气改造工作，火化机尾气设备中标价390万元，至年底，尾气设备安装完成，经验收投入使用；县殡仪馆完成新建一栋两层业务大楼，占地面积1570平方米，至年底，经验收投入使用。

【社会救助】 2020年，揭西县健全社会救助体系，执行社会救助标准政策，完善救助站管理制度和工作机制，规范和提高救助工作水平，引导扶持社会组织、志愿服务队伍等社会力量参与社会救助工作。是年，全县社会散居孤儿135人，每人每月供养标准1110元，比2019年度提高85元，年发放散居孤儿生活费200.06万元。集中供养孤儿12人，每人每月供养标准1820元；事实无人抚养儿童301人，每人每月救助标准1110元，年发放事实无人抚养儿童基本生活费401.80万元；投入救助资金91.49万元，救助流浪乞讨人员91人次。

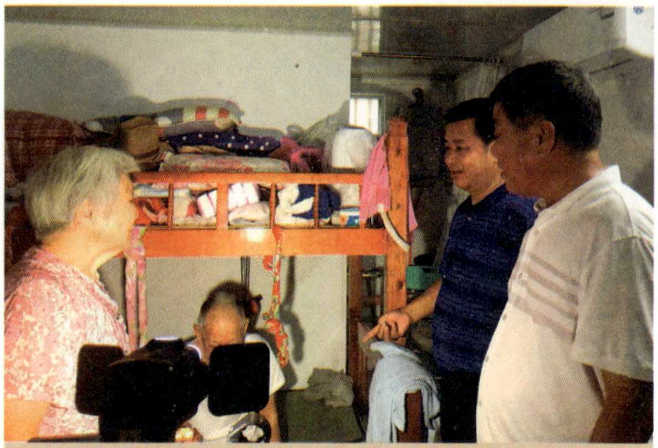

2020年9月8日，县民政局工作人员到河婆街道新村社区慰问高龄老人 （县民政局 供稿）

【残疾人“两项补贴”】 2020年，县民政局做好残疾人“两项补贴”（困难残疾人生活补贴和重度残疾人护理补贴）发放工作，推进补贴及时、精准发放。全年发放补助资金3259.21万元，其中困难残疾人生活补贴3185人，发放补助资金610.31万元；重度残疾人护理补贴1万人，发放补助资金2648.90万元。

【老龄工作】 2020年，县民政局组织发放80周岁以上及100岁以上高龄老人生活津贴。全县80周岁以上高龄老人2.24万人，每月津贴15元，全年支付津贴402.68万元。其中特殊困难群众（特困、低保对象）上半年1522人、下半年2191人，每人月津贴60元，县财政年支付生活津贴133.67万元；100周岁以上高龄老人上半年110人、下半年126人，每人月津贴500元，县财政年支付生活津贴70.15万元。

（曾子光　林志超）

民族·宗教

【概况】 2020年，揭西县民族宗教事务局（简称县民族宗教事务局）加强民族团结进步工作，依法规范管理民族宗教事务，维护民族宗教领域和谐稳定。至年底，全县有宗教团体4个；登记在册宗教活动场所57处；全县宗教教职人员47人，信教群众2.65万人；少数民族21个，人口1990人。

【民族工作】 2020年，县民族宗教事务局学习贯彻广东省民族团结进步表彰大会精神，贯彻落实省委、省政府办公厅《关于全面持久开展民族团结进步创建工作 铸牢中华民族共同体意识的实施意见》要求，凝聚民族团结进步创建思想共识，深化民族团结进步宣传教育。8月，在县城滨江公园、塔头镇顶埔村分别开展“中华民族一家亲，同心共筑中国梦”“一起奔小康”主题民族团结进步创建活动。至年底，全县有壮族、苗族、土家族、瑶族、黎族、侗族、布依族、彝族、满族、仡佬族、哈尼族、傈僳族、藏族、维吾尔族、毛南族、畲族、俄罗斯族、白族、回族、独龙族、水族21个少数民族，少数民族人口1990人，主要来源于婚嫁。

【宗教工作】 2020年，县民族宗教事务局加强宗教政策法规学习宣传，开展“宗教政策法规学习月”活动暨教风建设培训；开展宗教领域“安全生产月”“安全生产南粤行”活动，做好安全生产工作；开展民间信仰两个专项工作，强化民间信仰管理；开展全县宗教活动场所房屋权属普查工作，保障宗教界合法权益。

宗教团体和宗教活动场所 2020年，县民族宗教事务局支持宗教团体、宗教活动场所加强自身建设，引导宗教界坚持宗教中国化方向，开展以“国旗扬”为主题的“四进”（中华人民共和国国旗、宪法和法律法规、社会主义核心价值观、中华优秀传统文化）场所活动；指导和监督宗教团体建立健全内部管理制度，完善民主决策机制，发挥宗教团体桥梁纽带作用，加强宗教界政策法规学习培训和爱国主义教育，指导宗教团体做好揭阳市平安宗教活动场所创建、考评、推荐和申报工作。至年底，全县宗教团体4个，分别是揭西县天主教爱国会、揭西县佛教协会、揭西县基督教三自爱国会、揭西县基督教协会；登记在册宗教活动场所57处，筹备设立宗教活动场所1处。

宗教教育 2020年，县民族宗教事务局做好新修订《广东省宗教事务条例》学习宣传贯彻工作。6月，召开全县宗教界“坚持总体国家安全观，反邪教、反宗教极端思想”专题学习会，开展宗教界反宗教极端思想宣传教育活动；7月，在全县统战工作会议上，组织学习习近平总书记关于宗教工作重要论述及宗教政策法规；8月，举办全县2020年“宗教政策法规学习月”活动暨教风建设培训班，引导宗教界学习宗教政策法规及加强教风建设，开展培育弘扬中华优秀传统文化活动；在塔头镇开展学习宣传新修订《广东省宗教事务条例》活动。

宗教公益活动 2020年，县民族宗教事务局引导宗教界依法行善、依法治善、依法促善，规范开展公益慈善活动。至年底，全县宗教界累计公益慈善捐献现金101万元、口罩5000个、专业护目镜100副、消毒液（40升装）400桶、电动消毒喷雾器20台、垃圾桶50个。

（林运标　蔡少鹏）

2020年8月11日，“中华民族一家亲，同心共筑中国梦”主题民族团结进步创建活动在县城滨江公园举办 （县委统战部　供稿）

乡镇（街道）建设
CONSTRUCTION OF TOWNSHIP (STREET)

上砂镇

【概况】 上砂镇位于揭西县西部，地处揭阳市、梅州市、汕尾市3市交界处，东南与五云镇相连，西南与陆河县螺溪镇毗邻，西北与五华县桥江镇、梅林镇、肖芳镇接壤，海拔最高点788米，距离县城27千米。主要旅游景点有峰子岩佛门世界、开口石生态旅游风景区。土特产主要有上砂饼干、油茶、上山茶。方言为客家方言。2020年，土地面积126.89平方千米，下辖社区居民委员会1个，村民委员会22个，自然村143个。新出生人数475人，人口出生率1.4‰，人口自然增长率1.0‰。海外华侨1600人。港澳台同胞780人。至年底，总户数1.30万户，户籍人口5.8万人，常住人口3.19万人。

【基层党建】 2020年，上砂镇强化基层党建引领，加强基层党组织队伍建设，以镇基层建设示范点——新东村为依托，推进全镇基层党组织提升组织力。实现各村（社区）配备党建指导员全覆盖，整顿软弱涣散村级党组织，推进村（社区）“两委”换届选举工作。全年开展革命传统教育37场次，开展先进典型和警示案例教育82场次；组织党员开展志愿服务238场次，组织党员为身边群众办实事好事81件。全年组织培训61次；组织23位村（社区）党支部书记参加市、县、镇相关培训。至年底，全镇党基层组织30个，其中党委1个、党支部29个；党员1061人，其中农村党员938人、镇直机关及各单位在职党员和退休党员干部共123人。是年，新吸收党员11人，发展入党积极分子31人。

【经济发展】 2020年，上砂镇工农业总产值4.99亿元，比2019年（下同）增长2%，其中农业产值3.41亿元，工业产值1.58亿元。地方公共财政预算收入3735.26万元，下降0.3%。全年固定资产投资1.52亿元，社会消费品零售总额4.14亿元。各项税收收入145.39万元。镇内有农村商业银行1家，邮政储蓄银行1家。

农业 2020年，上砂镇农业总产值3.41亿元，增长1.3%。全镇耕地面积1788公顷，粮食播种面积1927.6公顷，粮食总产量1.1万吨。主要农作物有稻谷、玉米、甘薯、大豆等。水稻种植面积1251.3公顷，总产量6963吨；薯类种植面积621.3公顷，总产量3440吨；蔬菜种植面积368.8公顷，总产量1.49万吨；水果种植面积695.7公顷，总产量9840吨；茶叶种植面积313.5公顷，总产量1455吨。林完成造林面积177公顷，成林抚育面积267.9公顷，未成林抚育作业面积68.8公顷。全年生猪出栏9177头、家禽（鸡、鸭、鹅、鸽）出栏18.52万只，水产养殖总产量337吨。

工业 2020年，上砂镇工业生产以副食品加工、石材加工为主，工业企业122家，其中有石材加工4家，从业人员38人。有小型水力发电站8座。是年，实现工业总产值1.58亿元，下降0.1%。

商业 2020年，上砂镇有农贸市场1个，主要经营农副产品及水产品。镇内大小商铺400多间，主要经营五金家电、服装鞋帽、日用百货等商品。全年社会消费品零售总额4.14亿元，下降0.9%。

【乡村振兴】 2020年，上砂镇实施“一河两翼”发展战略，推进集镇两路“白改黑”和亮化绿化工程。推进集镇升级，加快文化广场及防洪堤风光带建设。推进农村危房改造，规范农村村民建房，打造村（居）委会规范村民建房示范点。推动特色村镇建设，加大“开口石+峰子岩”旅游综合开发。加大环境整治力度，推进农村垃圾、污水、厕所“三大革命”，探索推行“户分减、组保洁、村监运、镇集中”垃圾集中处理新模式，建设27座卫生公厕、22个村卫生站。加强水打坝、河陂水库库区水源保护，做好水源保护工作。推进畜禽养殖污染综合整治和“三清三拆三整治”，突出5个重点村示范效应，全镇拆除危房105宗共1.8万平方米，拆除旧猪牛羊栏和废弃露天厕所48宗共2782平方米，清理杂草杂物、积存垃圾237吨。五个省定贫困村完成雨污分流建设计量100%，活动村、新东村、联中村、上联村、龙门村分别完成雨污分流管网铺设7.19千米、6.98千米、6.20千米、6.36千米、7.14千米，村内污水基本完成收集。创建上山村、联东村自办生态美丽宜居乡村示范村，按照县优化农村小型项目建设流程指导意见推进项目前期工作。兴汕高速公路上砂段建成通车。完成镇区污水处理厂通水运营。实施径心村、径上村农村电网改造。推进镇自来水厂建设，取用水源水质评估论证达标，水厂厂址初步完成变更设计。省道S508线路面改造工程列入普通国、省道改造目标类项目，推进镇区柏油路、镇圩通活动村柏油路建设以及高速公路出口升级改造。镇级河长巡河240次，发现问题40宗，完成整改40宗。村级河长巡河1633次，发现问题440宗，完成整改440宗；河湖乱象清理拆除共128宗，其中拆除建筑物95宗、清淤滩地33宗。

【精准扶贫】 2020年，上砂镇巩固脱贫攻坚成果，建立贫困人口动态监测机制，培育长效脱贫机制，加强边缘户关注监测，落实各项政策措施，推进产业帮扶工程。开展就业引导、技术培训，增强贫困群众内生动力。全年全镇纳入低保对象389户共1502人，发放最低生活保障金492万元。采用“农业企业+基地+村集体+贫困户”模式，与揭西县开口石旅游投资有限公司合作发展上砂镇开口石生态旅游风景区项目，投入资金1570万元，后期追加投入资金207.40万元，产生收益37.53万元。投资480万元与揭阳市幸福里生态农业发展有限公司合作开发新东村葡萄种植基地项目，完成种植基地及农用设施建设，葡萄苗种植成活率99%，产生收益24.05万元，带动

新东村葡萄种植基地 （上砂镇 供稿）

周边82户贫困户家庭通过就近就业实现家庭经济增收，1600多名贫困人口获得收益。至年底，全镇5个省定贫困村脱贫退出，脱贫人口615户，1998人。

【特色农业】 2020年，上砂镇特色农业以种植茶叶、三红蜜柚和沙糖橘为主。有上山村绿茶生产基地、美丰村三红蜜柚种植基地、三水村沙糖橘种植基地，上联村、活西村油茶种植基地。是年，种植绿茶320公顷，年产量0.21万吨，年产值2500万元；种植三红蜜柚2.3公顷，年产量55吨，年产值642万元；种植沙糖橘15公顷，年产量202吨；种植油茶78公顷，年产量79吨。

【科教文体卫】 **教育** 2020年，上砂镇有公办幼儿园1所，在职幼儿教师16人，在园幼儿326人。民办幼儿园2所，在园幼儿183人；小学17所，在校小学生3110人，附设幼儿学前班学生913人，教职工242人（高级教师4人）；中学2所（其中1所完全中学），在校中学生2015人，教职工178人（中学高级教师职称16人，中学一级教师职称68人）；高中1所，在校学生473人。落实教育机制体制改革，撤并田饶背小学教学点、活西小学、美丰小学、竹苏小学，落实推进“麻雀”学校撤并，优化教学资源。

文化体育 2020年，上砂镇有文化站1个，广播站1个，有线电视转播站1个，村级广播站22个，文化活动广场5个，老人文化活动中心3个，农家书屋22间，敬老院1个。是年，上砂镇组织各村（居）妇联民法典宣讲讲座3次，组织群众观看露天电影、皮影戏25场次，组织百场家庭教育进村（社区）活动1次。全年评选出市“最美家庭”1户、县“最美家庭”2户；“星级文明户”626户。

卫生 2020年，上砂镇有卫生院1所，医务人员63人，编制床位54张，配备全自动生化分析仪、DR数字化摄影系统、心电监护仪等设备；乡村卫生站22个，乡村医生22人。新建一栋五层住院综合楼，初步投入使用。是年，全镇各医疗机构门诊量1.35万人次，收治住院病人1763例，医疗卫生单位业务收入约800万元。

【安全生产】 2020年，上砂镇加强安全生产监督管理，建立完善各种预警和应急机制，提高应对和处置突发性公共安全事件能力和水平，定期组织对重点行业领域开展安全隐患排查，督促企业落实安全生产主体责任。开展安全生产整治三年行动，全年开展安全生产专项检查30次，出动检查人员240人次，出动检查车辆38辆次，检查沿街商铺466家次，发放安全生产、消防宣传资料3000余份，下达整改通知书11份，落实商铺整改11家。全年未发生安全生产责任事故。

【社会综合治理】 2020年，上砂镇推进平安创建工作，开展信访积案化解活动，排查和化解矛盾纠纷，惩治违法违规建设行为，规范土地管理，开展扫黑除恶“众剑”行动、涉土违法违规整治、河湖乱问题整治。全年全镇受理信访案件81件，化解75件，化解率93%；群众来访15件、65人次，市民热线175件，调处157起，办结率90%；镇领导干部周末接访32批次、158人次，镇领导班子成员主动到基层下访群众148批次、576人次，解决群众关心热点、难点问题8起；组织31次全镇范围内集中巡查活动，悬挂相关宣传横幅275幅，张贴宣传海报3000余张，分发小册子5000余份，出动红袖章人员3453人次，出动警力82人次，排查场所4358处。

2020年上砂镇主要社会经济指标表

表39

项目	单位	指标	项目	单位	指标
土地总面积	公顷	12689	粮食总产量	万吨	1.1
总人口	万人	5.80	水产总产量	吨	337
乡村人口	万人	5.54	水果总产量	吨	9840

续表39

项目	单位	指标	项目	单位	指标
总户数	万户	1.30	蔬菜总产量	万吨	1.49
社区居委会	个	1	生猪出栏量	头	9177
村委会	个	22	牛存栏量	头	2035
农业总产值	亿元	3.41	家禽出栏量	万只	18.52
工业总产值	亿元	1.58	中学	所	3
工业企业	家	122	小学	所	17
规模以上企业	家	—	中小学在校学生	人	5598
高新技术企业	家	—	中小学在职教师	人	420
固定资产投资	亿元	1.52	幼儿园	所	3
本级财政总收入	万元	3735.26	在园幼儿	人	509

2020年上砂镇各村（居）委会基本情况表

表40

村（居）委会名称	所辖自然村
社前居委	无
上山村	方坑村、水口村、光裕村、矮寨村、甘屋村、百吉楼村、
上林村	新寨村、荷树角村、下排村、黄峯坳村、桐树排村
汤峯村	荷树肚村、龙颈背村、池潭村、凹背村、上屋村
龙门村	撑石炉村、社门前村、龙门村
上联村	白石排村、上埔村、龙凤各村、磜子各村、河背村、下屋村
下联村	山圳背村、下营村、上营村、河江村、石坡坑村、楼塘村、付坑村
新东村	新屋家村、六保证村、来龙凹村、东洞村、庙背村、东山寨村
联东村	下梅林村、下芒村、崩江村、径背村、灰塘村、塔下村、新楼村、炉下村、
红星村	田唇村、垅下村、背坜村、正巷村、蓝田村、下角村、胜江村、龙江村、
联中村	山下村、田饶背村、树塘村
径上村	大坪村、肖屋村、双沛村、岭背村、大路排村、排子里村、围子里村、田督尾村
径心村	塘尾村、塅心村、军田村、合石村、黄泥峯村、枫树榔村、石牙下村、黄布村、桥头埔村、下坡寨村、坜背村、岘头村
活动村	开口石村、沙塘村、坑背村、围子里村、径尾村、桐树下村、径子里村、炉子下村、连塘村、龙首村、油根地村、下江门村、大坪里村、荷坡村
活西村	丹竹坑村、下段村
新岭村	水尾村、川龙背村、赤岭寨村、赤界塘村、寨头村、樟门村、雷公塘村、上下排村、中心村、青湖村
双丰村	大峯村、下各窝村、江子排村、楼坪村、河背村、上各村
美丰村	凹下村、上坑村、下径村、上径村
三水村	苏坪寨村、石桥头村、山下铺村、黄沙坑村、苗眉头下村、桃子坪村、湾子里村、将军排村、楼下村、下寮村、九洋江村
古塘村	石埊窝村、简子肚村、社角村、新屋村
北湖村	湖光村、磜下村、北湖村、水入石村
竹苏村	苏坪村、大窝村、矮方见村、竹围村、上屋仔村、黄宝寨村、大环村
新丰村	峰仔岩村、中巢村、荷树坪村、寮子凸村

（庄森焱　庄瑞芝）

五云镇

【概况】　五云镇位于揭西县南部，东与河婆街道、坪上镇相连，西北与上砂镇接壤，西南与汕尾市陆河县螺溪镇相接，东南与陆河县水唇镇交界，北与梅州市五华县棉洋镇接壤。距县城8千米，国道G238线、G235线呈T字形穿过镇区，潮惠高速公路五云段在该镇南部经过。有龙江村“九厅十八井”民居、五云彭氏宗祠、宝石村猴面石等景观景点。土特产有蜂蜜、龙眼干、竹笋干、茶叶等。地方方言为客家话。2020年，土地面积144.8平方千米，下辖社区居民委员会1个，村民委员会20个，自然村106个。新出生人数831人，人口出生率14.0‰，人口自然增长率8.9‰。至年底，总户数1.46万户，户籍人口5.69万人，常住人口2.97万人。海外华侨约1万人。港澳台同胞约1000人。

【基层党建】　2020年，五云镇新建或改造提升3个村党群服务中心，提升基层党建阵地规范化水平。落实基层党建措施要求，依托镇党校培训基层党组织书记和村“两委”干部23期、993人次。村级党组织换届完成“两推一选”（党员推荐、群众推荐，党内选举）工作，全镇21个村（社区）完成“三个一肩挑”（村党组织书记兼任村委会主任、村集体经济组织负责人）和100%交叉任职目标，人员结构实现“两升一降”（学历提升、女性占比提升，年龄下降）。至年底，全镇党基层组织42个，其中党委1个、党总支4个、党支部37个；党员1438人，其中镇机关及各单位党员261人、农村党员1177人。是年，新吸收预备党员1人；发展入党积极分子48人。

【经济发展】　2020年，五云镇工农业总产值4.76亿元，比2019年（下同）增长12.8%，其中工业总产值0.45亿元，农业总产值4.31亿元。地方公共财政预算收入6789.8万元，增长30.8%。全年固定资产投资1.98亿元，社会消费品零售总额4.85亿元。各项税收入375.75万元，下降24.4%。镇内有农村商业银行1家、邮政储蓄银行1家。

农业　2020年，五云镇农业总产值4.31亿元，增长15.9%。全镇耕地面积1829.7公顷，粮食播种面积2017.67公顷，粮食总产量1.21万吨。主要粮食作物有水稻、甘薯、玉米。水稻播种面积1326.07公顷，总产量7884吨；水果种面积603.53公顷，总产量1157吨；蔬菜种面积99.13公顷，总产量3774吨。完成造林面积1.03万公顷。全年生猪出栏7840头，家禽（鸡、鸭、鹅）出栏17.4万只，水产养殖总产量551吨。是年，引进新希望六和养殖有限公司项目，发展现代养殖产业。

工业　2020年，五云镇工业生产以建筑模板、装修装饰石板、加工生产不锈钢水塔和各类铝合金门窗为主，有工业企业16家，其中规模以上工业企业1家。主要民营企业有粤威制药厂。是年，实现工业总产值0.45亿元，下降10%。

商业　2020年，五云镇镇区沿街商铺167家，主要经营陶瓷、五金、家用电器、日用品、粮油副食品等。镇区有日用品批发商店3家、自选商场1家、五金建材店5家、酒店2家，经营客家小吃（细粄、煎堆、红桃粄）店铺5家。有农村淘宝店11家，美宜家连锁店和顺丰等7家快递公司在镇区设点。全年社会消费品零售总额4.45亿元，下降53.2%。

【乡村振兴】　2020年，五云镇加强环保基础设施建设，开展畜禽养殖业污染综合整治整改工作，推进整治河湖乱象，推动新农村建设。完成3个省定贫困村新农村示范村核心项目建设，统筹推进全镇各面上村新农村建设。推进下硿村下埔片区农村电网改造工作。解决好村村通自来水工程建设问题。建成镇区污水处理厂及11.5千米配套管网，加快推进面上村农村污水处理站和配套管网建设；各村垃圾实现日产日清，村庄保洁覆盖面100%。兴汕高速五云段和高速公路下砂连接线建成通车，辖区内两条省道改造升级为国道。引进新希望六和养殖有限公司项目，打造现代养殖产业基地，项目第一期、第二期工程开工建设。

【精准扶贫】 2020年，五云镇推进落实扶贫各项政策，开展技能培训，发展扶贫产业项目。完成建档立卡贫困户农村危房改造49户、85人，贫困对象义务教育阶段入学率100%，建档立卡贫困户100%参加城乡居民医疗保险，推进实施各项兜底政策。推行“以奖代补”和“小额贷款”政策，发放“以奖代补”资金164.74万元，受益贫困户279户、913人次；发放小额贷款49户共196.6万元。统筹全镇2222万元产业扶贫资金，投资揭西新希望六和养殖有限公司项目，年预期收益111.1万元。出台就业扶贫设置公益性岗位措施，解决无法外出务工有劳动能力贫困人口就业问题，提高贫困户就业率，全年增加就业岗位34个。引导农户以“农民工匠”方式参与乡村建设，增加收入。至年底，全镇3个省定贫困村脱贫退出，贫困户687户、1865人全部脱贫。

【特色农业】 2020年，五云镇特色农业以种植茶叶、沉香为主。龙江村五斗径种植专业合作社，种植单枞、鸭屎香等品种茶叶47公顷，总产量0.71吨，总产值11.8万元；保新村、京埔村等村种植沉香160多公顷，用沉香叶片制作沉香茶，年产沉香茶0.33吨，年产值约4万元。

【科教文体卫】 **科技** 2020年，五云镇加快改造提升传统木材加工业、石材加工业、小水电业，发展农产品加工业，加大企业聚集度，增强经济竞争力。全年举办各类科技培训20次，培训人员1500多人次。

教育 2020年，五云镇有独立幼儿园3所（公办1所、民办2所），在园幼儿1201人，教职工30人；小学15所，在校生3340人（小学生2569人，小学幼儿班和附设园幼儿771人），教职工269人（小学副高级职称教师2人）；中学2所，在校生386人，教职工73人（中学高级教师职称12人）。全年撤并麻雀学校2所。是年，适龄儿童入学率100%，小学巩固率100%，学前三年入园（班）率100%，“三残”（智残、体残、肢残）适龄儿童入学率100%。

文化体育 2020年，五云镇有文化广播站1个、有线电视转播站5个、村级广播站21个、文化活动广场3个、老人文化活动中心9个、农家书屋20间、老人福利院1个。全年举办群众文艺活动2场次。是年，建成1个镇级新时代精神文明实践所和21个村（社区）新时代精神文明实践站。

卫生 2020年，五云镇有卫生院1所，床位37张，医务人员60人（专业技术职称54人），医生28人，护士20人；乡村卫生站31个，乡村医生31人。全年镇卫生院到各村开展义诊活动2次；各医疗机构门诊量2.09万人次，收治住院病人1347例，医疗卫生

2020年10月13日，五云镇卫生院到五云镇龙江村开展义诊活动 （五云镇 供稿）

单位业务收入497.19万元。是年，完成村级规范化卫生站全覆盖建设。

【安全生产】 2020年，五云镇落实安全生产有关制度，强化食品药品安全、公共安全、交通安全等领域安全监管，做好应急管理、防汛抗旱、森林防火、防震减灾等工作。全年开展安全隐患专项排查整治15次；组织开展安全生产专项检查45次，例行检查行动70次，出动检查920人次。全年没有发生安全生产责任事故。

【社会综合治理】 2020年，五云镇建立健全网格化治理体系，整合驻村工作队、村级党组织、社会综合治理三个网络，推进“三网融合”。推进排查化解矛盾纠纷工作，开展扫黑除恶专项斗争。全年全镇受理矛盾纠纷21件，调解16件。受理网上信访件39件，调解30件；开展大型法律宣传15场次，受教育面8000人次。法庭办理案件226件，结案220件，结案率97.4%；派出所受理行政案件46件，行政拘留9人。

2020年五云镇主要社会经济指标表

表41

项目	单位	指标	项目	单位	指标
土地总面积	公顷	14480	粮食总产量	万吨	1.21
总人口	万人	5.69	水产总产量	吨	551
乡村人口	万人	5.40	水果总产量	吨	1157
总户数	万户	1.46	蔬菜总产量	吨	3774
社区居委会	个	1	生猪出栏量	头	7840
村委会	个	20	牛存栏量	头	1568
农业总产值	亿元	4.31	家禽出栏量	万只	17.4
工业总产值	亿元	0.45	中学	所	2
工业企业	家	16	小学	所	15
规模以上企业	家	1	中小学在校学生	人	3726
高新技术企业	家	1	中小学在职教师	人	342
固定资产投资	亿元	1.98	幼儿园	所	3
本级财政总收入	万元	6789.8	在园幼儿	人	1201

2020年五云镇主要企业基本情况表

表42

企业名称	企业性质	职工人数（人）	主要特色产品	年产值（万元）	年上缴税收（万元）
粤威制药厂	有限公司	113	风湿膏	2750.1	151.6

2020年五云镇各村（居）委会基本情况表

表43

村（居）委会名称	所辖自然村名称
新圩社区	水利塘村
赤告村	水口村、中心村、尾村
双岭村	上角村、径肚村、麻岭村、赤告岭村、赤电下村
梅江村	马塘村、下阁村、岭下村、马石牌村、山下村、上巷村、黄泥塘村
石陂村	大斜村、石坡寨村、马岭村、崩岗头村、石坡排村
鹏岭村	塘背楼村、上鹏村、下鹏村
岭仔村	下井沥村、社背头村、塘肚面村
龙江村	上江村、下江村、李坑村、林和村、泥坑角村、下坝村、角田村、石碣头村
罗洛村	洛布村、罗斜村、林西村、长隆村、庄田村、田螺塘村、正仔村、林坑村、伯公凹村
下洞村	九斗村、梳子金村、东山岭村、神前村、天中村、老寨村、信竹村
京埔村	面前埔村、莲塘村、杨梅塘村、庙山下村、车仔村、观音山村、埔尾村
富厚村	富厚村
砼下村	横楼村、径下圩村、军田村、大水坑村、粟子排村、寨子角村
郑塘村	田心村、担水塘村、担干山村、三角塘村
流坪村	长流坪村
下砼村	下埔村、竹园下村、石阶前村、新楼下村、营前寨村、坪门山村
坡苏村	排下埔村、苏子屋村、山子头村、江尾村、前坑村、坡梅村、赤犁村
保新村	新寨村、桐树坪村、旺龙村、圳唇村、祥和村、砃石村、富美村、塘背村、保全村
岭新村	大盆岭村、石头斗村、坪山村、枫树榔村、麻竹角村、新村
宝石村	坜背村、锡匆村、洋塘村、水口村
岽坑村	樟树下村、线坑村、麻塘村、寨子岽村

（张小峰　刘荣丰）

良田乡

【概况】 良田乡位于揭西县境西北部，东连五经富镇，南连河婆街道，东南与南山镇、龙潭镇为邻，西与梅州市五华县棉洋镇接壤，北与梅州市丰顺县八乡山镇毗邻，距县城20千米。榕江南河支流良田河贯穿全境，长30千米。主要旅游景点有全县最高山峰——李望嶂，海拔1222米；“横石穿缺”“铁扇关门”等自然景观。土特产主要有咸菜、苦笋、茶叶。地方方言为客家方言。2020年，土地面积116.67平方千米，下辖社区居民委员会1个，村民委员会10个，自然村65

个。新出生人数335人，人口出生率14.5‰，人口自然增长率10.2‰。至年底，总户数4039户，户籍人口2.2万人，常住人口2998人。

【基层党建】 2020年，良田乡加强基层组织理论学习，推进基层党建各项工作。完成嶂上村整顿任务并验收摘帽；组织学习村（社区）“两委”干部人选审查办法，完成金坑村、河水村、双水村、中心村、桐树坪村、下村村6个村党组织书记调整工作；依托乡委党校，做好党员教育培训工作，举办培训班次6期，培训党员干部820人次；加强党内关怀帮扶，全年慰问党员58人次；推进村级换届选举工作，完成各村（社区）党组织推荐71名“两委”干部人选初审工作，完成11个村（社区）党组织换届选举工作，当选支委46人。至年底，全乡党基层组织28个，其中党委1个、党总支3个、党支部24个；党员709人，其中农村党员488人、机关及各单位在职党员200人、退休党员干部21人。是年，新吸收预备党员10人；预备党员转正12人；发展入党积极分子30人。

【经济发展】 2020年，良田乡农业总产值2.33亿元，比2019年（下同）增长21.4%。地方公共财政预算收入6082.38万元，增长107%。全年固定资产投资1.08亿元，社会消费品零售总额1.47亿元。各项税收收入847.61万元，增长232.1%。

农业 2020年，良田乡农业生产总值2.33亿元，其中种植业产值1.29亿元，林业产值2968万元，畜牧业产值6807万元，渔业产值671万元。全乡耕地面积1.09万公顷，粮食播种面积775公顷，粮食总产量4775吨。水稻播种面积518公顷，总产量2989吨；蔬菜种植面积338.2公顷，总产量1.37万吨；水果种植面积1180公顷，总产量1.23万吨；茶叶种植面积409公顷，总产量1972吨。林地面积1.41万公顷，森林覆盖率86.7%。全年生猪出栏2107头、家禽（鸡、鸭、鹅）出栏6.3万只，水产养殖总产量208吨。

商业 2020年，良田乡有镇区商铺30多家，主要经营生活日用品、农产品等。全年社会消费品零售总额1.47亿元，下降18%。

【乡村振兴】 2020年，良田乡推进美丽宜居新农村建设，实施自办生态宜居美丽示范村建设项目，以金坑村、龙岭村作为美丽乡村建设示范村，按照创建内容和标准，改善农村人居环境、加强基础设施配套建设，金坑村竣工项目11个，在建项目1个；龙岭村竣工项目6个。推进“四好农村路”建设，完成建设洋段线、龙江村道段、北奮线和乡道Y585线西下段（二期）4条砂土路改造共170.2千米。政企合力推进农网改造工程建设，做好项目用地选址、调解村民纠纷等问题，基本完成主线路改造工程。加快推进雨污分流工程建设和验收工作，完成建设全乡16个自然村雨污分流工程，其中龙岭村5个、岸洋村2个雨污分流建设通过验收。

【精准扶贫】 2020年，良田乡推进建档立卡动态管理和扶贫统计监测工作，开展脱贫攻坚访贫问效活动，做好扶贫领域巩固提升工作。投资揭西县嵩林种养专业合作社100万元获取收益，年收益5%，期限3年。全年发放“以奖代补”资金17户、26人共7.38万元。全乡建档立卡学生31人全部领取教育生活补贴。至年底，全乡贫困户116户、205人全部脱贫。

【特色农业】 2020年，良田乡特色农业以种植茶叶、青梅、咸菜、青榄、大蒜、佛手果等为主。全乡有下村佛手果种植基地、河水村大蒜种植基地、桐树坪村嵩林种养合作社、下村青坪八方种植合作社等种植场所。是年，种植佛手果24公顷，产量40.1吨；种植大蒜4公顷，产量2.45吨；种养嵩林17公顷；金坑村种植青梅、青榄、茶叶和李子等果树，种植面积1157.8公顷，产量96.04吨。

【科教文体卫】 教育 2020年，良田乡有公办幼儿园1所，在园幼儿18人，教职工8人；完全小学2所、非完全小学2所，在校小学生153人，幼儿班学生27人（小学附设幼儿班），教职工55人（初中高级教师1人，小学一级教师38人）；九年一贯制学校1所，在校小学生67人，在校初中生59人，教职工31人（初中高级教师2人，初中一级教师21人）。是年，全面推进教育规范管理，开展幼儿园“小学化”专项治理，纠正“小学化”倾向；深化学校安全管理工作督导和考核，推进全乡学校安全工作标准化、制度化管理。

文化体育 2020年，良田乡有文化站1个，广播站1个，村级广播站11个，文化活动广场10个，老人文化活动中心5个，农家书屋11间。建成乡新时代文明实践所1所，新时代文明实践站11个。

卫生 2020年，良田乡有卫生院1所，内设儿科、妇科、防疫科、B超室、门诊部和住院部，卫技人员25人（主治医师2人、执业医师1人、执业助理医师5人、护士5人），床位8个；乡村卫生站10个，乡村医生5人。全乡各医疗机构门诊量3460人次，医疗卫生业务收入11.34万元。

2020年9月30日，良田乡政府组织人员在下村村开展中秋国庆双节前安全生产大检查 （良田乡 供稿）

【安全生产】 2020年，良田乡落实安全生产主体责任制，强化安全生产宣传工作，开展安全生产专项检查。全年落实专职安全生产监督检查员2人；开展拉网式大检查6次、安全专项检查12次，发放安全生产宣传资料1500多份。全年全乡没有较大安全事故发生。

【社会综合治理】 2020年，良田乡加强矛盾隐患排查化解，推进扫黑除恶专项斗争和“众剑行动”工作。推行“村到组、组到户、户到人”三级网格，建立一级网格11个、二级网格30个、三级网格66个。全年受理信访举报和线索处置共11件，了结5件，立案办结6件，党纪处分5人；乡党政主要领导接访群众98次，下访次数78次。派出所立刑事案件4件，刑事拘留2人，破案2件。

2020年良田乡主要社会经济指标表

表44

项目	单位	指标	项目	单位	指标
土地总面积	万公顷	1.16	粮食总产量	吨	4775
总人口	万人	2.2	水产总产量	吨	208
乡村人口	万人	2.01	水果总产量	万吨	1.23
总户数	户	4038	蔬菜总产量	万吨	1.37
社区居委会	个	1	生猪出栏量	头	2107
村委会	个	10	牛存栏量	头	71
农业总产值	亿元	2.33	家禽出栏量	万只	6.3
工业总产值	亿元	—	中学	所	1

续表44

项目	单位	指标	项目	单位	指标
工业企业	家	—	小学	所	4
规模以上企业	家	—	中小学在校学生	人	279
高新技术企业	家	—	中小学在职教师	人	86
固定资产投资	亿元	1.08	幼儿园	所	1
本级财政总收入	万元	6082.38	在园幼儿	人	18

2020年良田乡各村（居）委会基本情况表

表45

村（居）委会名称	所辖自然村
良田居委	下坊埔村
金坑村	古石村、金坑村、竹坑村、坪上村、长江村、水背村、岭下排村
下村村	洋德坑村、思茅坪村、水井头村、横石村、贵山村、田坑村、新建楼村、田心村、石下塅村、供尾村
嶂上村	嶂上村
龙岭村	大坪村、各坵村、黄泥溜村、朴树輋村、老石下村、新石下村、龙江村、高田村、龙新村、桥头村、仓下村、过水坵村、新屋家村、岭下村
双水村	墩下村、段面村、三对门村、碓坑村、寨顶村、寨下村、高岭美村
河水村	下屋村、上屋村、炉下村
河新村	罗地村、罗地下村、上肚村、马宗地村、献花村
中心村	老寨村、保善楼村、湖洋排村、黄枝头村、上新屋村、门前段村、岭背村
桐树坪村	老寨村、溪尾楼村、上禾坪村、下三片村、细溪背村、叶锡坑村
岸洋村	老寨村、寨子排村、大段村、陈屋排村

（刘会林　温致裕）

坪上镇

【概况】 坪上镇位于揭西县南部，地处榕江上游，在榕江南河、石内河、龙潭河交汇之处。东与大溪镇相连，东南与普宁市石牌交界，南与普宁市南阳相接，西和五云镇毗邻，西南与汕尾市陆河县交界，北和龙潭镇、河婆街道接壤，境内地势南高北低，镇区距县城7.5千米。主要旅游景点有万梅谷文化小镇、过路塘、石盆庵、玉泉庵、金山大王爷洞、石内溪、莲花山生态林等。土特产主要有青梅、乌榄、青榄、茶叶等。地方方言为客家方言。2020年，土地面积93.33平方千米，下辖社区居民委员会1个，村民委员会19个，自然村44个。新出生人数463人，人口出生率10.4‰，人口自然增长率6.2‰。至年底，总户数1.11万户，户籍人口4.36万人，常住人口2.1万人。海外华侨2.6万人。港澳台同胞6000人。

【基层党建】 2020年，坪上镇加强基层党组织建设，提升基层党组织组织力，推进落实直联制度，规范提升村级活动场所管理使用效率、村级组织工作效率，强化村（社区）“两委”服务能力。全年开展教育培训17期；完成全镇20个村（社区）党组织换届工作，当选支委82人。至年底，全镇党基层组织43个，其中党委1个、党总支4个、党支部38个；党员1288人，其中农村党员896人、社区党员52人、镇直机关及各单位在职党员280人、非公有制企业及社会组织党员35人、退休党员干部25人。是年，新吸收党员15人；新吸收预备党员10人；发展入党积极分子34人。

【经济发展】 2020年，坪上镇农业总产值5.51亿元，比2019年（下同）增长16%；规模以上工业产值0.88亿元，下降29%。地方公共财政预算收入0.95亿元，增长14.5%。全年固定资产投资1.58亿元，社会消费品零售业总额3.21亿元。各项税收收入355.96万元。镇内有农村商业银行1家、邮政储蓄银行1家，各项存款余额5.37亿元，各项贷款2006万元。

农业 2020年，农业总产值5.51亿元，其中种植业产值2.78亿元，林业产值5771万元，畜牧业产值1.59亿元，渔业产值1568万元，农林牧渔副业产值4026万元。全镇耕地面积1280.39公顷，粮食播种面积1481.8公顷，粮食总产量0.91万吨，有湖光洋、员埔洋、南森洋三大粮食生产基地。主要农作物有蔬菜、水稻、花生、淮山、萝卜、玉米等。水稻种植面积1131公顷，总产量0.66万吨；蔬菜种植面积500.7公顷，总产量2.05万吨；水果种植面积1008.6公顷，总产量1.66万吨，其中种植青梅637公顷、乌榄33公顷。林地面积6800公顷，生态林面积869.3公顷。全年生猪出栏1.01万头、家禽（鸡、鸭、鹅）出栏4.87万只，水产养殖总产量1234吨。

工业 2020年，坪上镇工业生产以电站、线业、石料加工、塑胶、电子琴配件等为主，有工业企业18家，从业人员183人，规模以上工业企业1家，为揭西县荣盛辉线业有限公司；水电站12座，装机总容量7575千瓦。是年，规模以上工业产值0.88亿元。

商业 2020年，坪上镇有农贸市场1个，市场主要经营农副产品。全镇有商贸企业（含营业单位）6家，个体商户318家，主要经营建材、五金电器、服装鞋类、果蔬副食、日常用品等。全年社会消费品零售总额3.20亿元，下降46.9%。

【乡村振兴】 2020年，坪上镇加强美丽乡村建设工作，完成7个省定贫困村污水处理、村道硬化、集中供水、垃圾日清、公共服务设施、卫生站、公厕、新屋戴帽、绿满家园等工程建设，并全部通过县验收；利用新农村建设资金，通过“农民工匠”形式，建设7个村沟渠水利、房前屋后美化绿化等风貌提升工程。投资2500多万元，建设樟树下村、石峡村、五星村3个生态宜居美丽示范村，基本完成河道整治、党建公园、垃圾转运站、旅游公厕、村道硬化、休闲栈道、穿衣戴帽等工程建设。打造揭西县万梅谷文化小镇精品线路建设项目，完成坪红路改造二期工程项目、万梅谷特色精品线路石夹电站至西坑村口（下涵桥头）路段提升改造工程、西坑村道扩宽工程和坪红路（入口至下涵桥头）亮化等工程。推进农村雨污分流、污水处理厂（站）、五级化粪池等环保基础设施建设，7个省定贫困村共10个自然村雨污分流工程基本完成管网铺设工程；非省定贫困村雨污分流项目全部开工，完成建设29个自然村。镇区污水处理厂基本建成，7个自然村完成污水处理设施建设，其他各村污水处理设施建设工程全部开工。完成石肚河（坪上段）中小河流治理项目工程建设。加强城乡生活垃圾处理，全镇20个村（居）全部建立垃圾收运体系，建立垃圾收集点52个，配备保洁员共61人，基本实现农村生活垃圾日产日清。全镇完成户厕改造1.06万户，普及率100%，完成无害化户厕改造1.06万户，普及率100%，建成卫生公厕31座，新建标准公厕7座。完成“四好农村路”建设2.32千米。镇通行政村公路全部达到安全通客车条件，所有自然村基本完成村内道路硬化。全镇所有自然村实现村庄集中供水，覆盖率100%。全镇所有行政村全部建成卫生服务站并投入使用，综合性文化服务中心和公共服务站实现行政村全覆盖。

【精准扶贫】 2020年，坪上镇加强扶贫资金使用效率，强化产业扶贫，推进精准扶贫各项工作开展。全镇到位扶贫开发资金1837.5万元，拨付使用扶贫开发资金1837.5万元。产业扶贫项目30个，全部落地实施，提高贫困户家庭人均收入；申请“以奖代补”项目484户次，申请金额176.27万元，全部通过验收并拨款。至年底，全镇7个省定贫困村脱贫退出，贫困户685户、1684人全部脱贫。

【特色农业】 2020年，坪上镇引进优质农业企业或成立合作社，实施土地开发整理，对传统农业产业进行提质升级，示范种植高效益农业作物，培育湖光村蔬菜、四新村番薯、四和村水稻、成全村葡萄、上仓村柑橘、潭角村柚子、新榕村蔬菜、尖田村番薯、五星村茶叶、员西村五指毛桃10个“一村一品”项目和以蔬菜、青梅为主导产业2个“多村一品”项目，形成种植规模大、产业全域化农业生产模式，提高土地利用率和产出率。全镇有曲湖洋、员埔洋、南森洋三大粮食种植区和石内青梅种植基地，其中湖光洋、员埔洋流转面积186公顷，种植优质蔬菜全部免检销往粤港澳大湾区，形成产、供、销一体化蔬菜链，年产量6500多吨，年产值6000多万元；石内片区种植青梅660多公顷，年产量2万多吨，年产值8000多万元。

湖光村蔬菜种植基地 （坪上镇 供稿）

【科教文体卫】 **教育** 2020年，坪上镇有幼儿园2所（公办1所、民办1所），在园幼儿203人，幼儿教师20人；小学11所，小学生1126人，教职工178人（小学中级职称教师137人，小学初级教师职称41人）；九年一贯制学校1所，初级中学2所，在校学生751人，教职工129人（中学高级教师职称12人，中学中级教师职称90人，初级教师职称39人）。是年，全镇适龄儿童入学率100%，小升初率100%，“三残”（智残、体残、肢残）适龄儿童入学率100%；完成普通高中送招159人，其中坪上中学和绵基中学考取揭阳一中、河婆中学等重点学校人数共81人。

文化体育 2020年，坪上镇有文化站1个，广播站1个，有线电视转播站1个，村级广播站20个，文化活动广场21个，农家书屋19间，老人福利院1个，老人协会1个。全年全镇举办各种文艺活动、群众文艺会演活动2场。

卫生 2020年，坪上镇有卫生院1所，医务人员45人，病床30张，内设内科、外科、妇科、妇产科、防疫组、检验室、B超室、放射科、公共卫生办公室等科室；乡村卫生站20个，卫生站医务人员22人。是年，各医疗机构门诊量1.65万人次，收治住院病人69人，医疗卫生业务收入60.7万元。全年未发生任何传染病，全镇儿童计划免疫率100%。

【安全生产】 2020年，坪上镇健全安全生产责任体系，加强安全生产监管，营造安全生产舆论氛围，增强群众安全生产、消防安全意识。开展重大节假日及各项专项检查整治，强化安全隐患排查，加大整改及处罚力度。至年底，全镇开展专项整治检查10场次，开出整改通知书13份，要求停工停产企业1家，涉及整改企业全部按要求完成整改。全年全镇实现安全生产零事故。

【社会综合治理】 2020年，坪上镇落实网格化管理，全镇划分20个一级网格、44个二级网格、77个小网格。统筹镇村干部、派出所、卫生院187人组成网格员队伍，落实分片包干、包户到人。增设119个视频监控点，完善各村主要干道、学校门口、居民小区等重点场所视频监控防控网，构建“综治中心+网格化+信息化”社会治理运行体系。全年全镇受理信访案件20件，办结20件；排查矛盾纠纷121件，化解116件；立刑事案件18件，侦破11件，刑事拘留10人。受理行政案件28件，行政拘留5人。

2020年坪上镇主要社会经济指标表

表46

项目	单位	指标	项目	单位	指标
土地总面积	公顷	9333	粮食总产量	万吨	0.91
总人口	万人	4.36	水产总产量	吨	1234
乡村人口	万人	4.18	水果总产量	万吨	1.66
总户数	万户	1.11	蔬菜总产量	万吨	2.05
社区居委会	个	1	生猪出栏量	万头	1.01
村委会	个	19	牛存栏量	头	290
农业总产值	亿元	5.51	家禽出栏量	万只	4.87
工业总产值	亿元	—	中学	所	2
工业企业	家	18	小学	所	11
规模以上企业	家	1	中小学在校　学生	人	1877
高新技术企业	家	—	中小学在职　教师	人	307
固定资产投资	亿元	1.58	幼儿园	所	2
本级财政总收入	亿元	0.95	在园幼儿	人	203

2020年坪上镇主要企业基本情况表

表47

企业名称	企业性质	职工人数（人）	主要特色产品	年产值（万元）	年上缴税收（万元）
揭西县荣盛辉线业有限公司	私营	91	各种针织线	1726.25	93

2020年坪上镇各村（居）委会基本情况表

表48

村（居）委会名称	所辖自然村名称
坪新社区居委	无
红旗村委	上涵村、下涵村、上江坑村、下江坑村、杨梅滩村、瓜田村、西坑村、际光村
石硖村委	石峡村
树下村委	樟树下村
五星村委	新月村、斜禾岗村、福兴楼村
潭角村委	潭角村
东南村委	东南村
连城村委	连城村
四新村委	四楼村、员山坝村
四和村委	新塘埔村、石圳坑村、黄连湖村
坪上村委	坪上村、杨梅塘村
员西村委	员西村
员东村委	员东村
五联村委	车墩村、且楼村、塔下村、李埔村、井楼村
南联村委	九斗村、龙仔村、新寮村、坑下村、下坑村、下马石村
尖田村委	尖田村、上岭村
新榕村委	新榕村
成全村委	成全村
上仓村委	上仓村
湖光村委	曲湖村、龙西村

（陈森峰　李琼珠）

河婆街道

【概况】 河婆街道位于揭西县西南部，东连龙潭镇，西接五云镇，东南邻坪上镇，北毗良田乡和五华县七嶂径，居独山、明山、巾山三山环抱之中，地势由西北向东南逐渐变缓，西北为中低山区，东南为低山丘陵区，中部为丘陵河谷地带，形似小盆地，横江、榕江两水交汇于此，是揭西县人民政府驻地，全县政治、经济、文化中心，为广东省中心镇之一。主要产业有电子电器（电子琴）制造、制药、食品加工、珍禽养殖等，是广东省电子琴专业镇。主要旅游景点有三山国王祖庙、天竺岩、广德庵风景区等以及庙角村生态景观带、新四村天然浴场。重点文物保护单位有大光学校、大同医院等40多个。土特产主要有米程、青榄、茶叶、油柑等。地方方言为客家方言。2020年，河婆街道土地面积102平方千米，其中城区面积12平方千米，下辖社区居民委员会9个，村民委员会26个，自然村91个。新出生人数1298人，人口出生率9.5‰，人口自然增长率4.6‰。至年底，总户数3.86万户，户籍人口13.06万人，常住人口12.10万人。

【基层党建】 2020年，河婆街道加强基层干部培训，对基层党组织79名书记开展专题培训8轮，组织基层党员集中学习培训668人次。整顿新四村、湖洋村软弱涣散党组织，分别查找突出问题3宗、1宗，研究制定解决问题整改措施6条、3条，其中新四村软弱涣散党组织经县委组织部考核验收，被评为“优秀”等次。抽调督查组对行政村、社区、机关、双管、“两新”89个党组织进行全覆盖督查3次。至年底，河婆街道党基层组织79个，其中党工委1个、党委4个、党支部74个；党员3395人，其中农村党员1431人、镇直机关及各单位党员1964人（含预备党员24人）。是年，新吸收预备党员24人；发展入党积极分子76人；上交党费42.58万元。

【经济发展】 2020年，河婆街道工农业总产值107.88亿元，比2019年（下同）增长8.6%，其中工业总产值100.56亿元，农业总产值7.32亿元。地方公共财政预算收入1.05亿元，增长31.1%。全年固定资产投资10.17亿元，社会消费品零售总额15.27亿元。各项税收收入7771.55万元，增长5.9%，辖区内有农村商业银行、农业银行、工商银行、建设银行、中国银行、邮政储蓄银行等多家金融机构。

农业 2020年，河婆街道农业生产总值7.32亿元，增长26%，其中种植业3.65亿元，林业0.76亿元，畜牧业2.11亿元，渔业0.2亿元，服务业0.6亿元。农业生产以种植水稻、番薯为主，经济作物主要有花生、豆类、蔬菜等。全街道耕地面积1279.8公顷，粮食播种面积2127公顷，粮食总产量8493吨。水稻播种面积1346.2公顷，总产量7946吨；薯类（鲜薯）播种面积697.3公顷，总产量4373吨；蔬菜种植面积674.9公顷，总产量2.7万吨；水果种植面积645.5公顷，总产量0.9万吨。完成造林面积372.2公顷，木材采运542立方米。全年生猪出栏7.48万头、家禽（鸡、鸭、鹅）出栏62.7万只，水产养殖总产量1688吨。

工业 2020年，河婆街道工业生产以制药、电子电器为主，工业企业658家，规模以上工业企业12家。制药企业主要有白云山威灵药业有限公司；电子电器产业主要产品为电子琴，出口企业有小天使电子电器有限公司、美乐斯电子电器实业有限公司、美科电子电器厂、新韵电子电器有限公司等。全年实现工业总产值100.56亿元，增长7.5%，其中规模以上工业产值42.54亿元，增长4.7%。

商业 2020年，河婆街道有农贸市场4个，大小商铺6000多间，主要经营五金电器、服装鞋类、日常用品、农副产品等。主要商业企业有金福来汽车贸易有限公司、广信商务宾馆等，规模以上服务业累计3家。是年，限额以上商业企业10家，社会消费品零售总额15.27亿元，下降46.4%。

【乡村振兴】 2020年，河婆街道加快推进“厕所革命”，新建公共厕所15个，加强公厕环境综合整治，规范开放村内公共单位厕所26个。加快美丽乡村建设进程，采用“农民工匠”法推进项目71个。推进“四好农村路”建设，10个面上村投入资金657.15万元，完成道路硬底化12.50千米，自然村基本完成村内道路硬底化。5个省定贫困村投入资金总额5582.93万元，完成垃圾日清、污水处理、村道硬化、水岸同治、绿满家园、人畜分离、旧屋修缮和新屋戴帽项目建设。投入资金1835.58万元，全街道雨污分流项目基本建设完成，北坑村、下滩村、岭丰村、湖洋村等行政村污水纳入县城市政污水处理系统。庙角村实施新农村建设项目18个，开展夏日采莲、休闲垂钓、庙会游园等文娱活动，打造以池塘为主的生态景观带，结合污水处理等项目建设，改善人居生态环境和村容村貌；新四村发挥水资源优势，对横江河新四段进行升级改造，建设草坪、喊泉、百姓舞台、万江亲水休闲小

新四村喊泉景观（河婆街道　供稿）

道、同心圆蓄水坝、秋千等游玩设施，成为新晋乡村旅游点。

【精准扶贫】　2020年，河婆街道加大力度巩固脱贫攻坚成效和边缘户返贫监测，强化发展产业扶贫，加强就业帮扶，推进落实政策性保障兜底。对无劳动能力贫困户282户、417人实行政策性保障兜底，帮助相对贫困户479户、1200人参加城乡居民基本医疗保险和城乡基本养老保险，帮助贫困户子女申请助学金和落实生活费补助193人。开展贫困户劳动技能培训，统筹农民工职业培训、富余劳动力转移就业培训、农民适用技术培训等各类培训，培训贫困人口690多人次，实现对外转移劳动力89人，解决就业138人；优先把有劳动能力建档立卡贫困人员选聘进入生态公益林管护队伍、卫生保洁等岗位就业。发展产业扶贫帮助贫困户巩固脱贫成效，因地制宜推进实施分布式光伏发电项目5个，辖区21个行政村122户共512人受益，人均年增收约1200元；投资300万元扶贫资金入股广东志诚食品有限公司，以股权投资方式发挥资金整合使用优势，全年产生现金分红15万元，帮扶欣堂村、庙角村、乡新村贫困户脱贫增收；投入省扶贫开发资金127.5万元和东莞市帮扶引导资金126.55万元对新四村四级尾水电站进行升级改造，发电电能增长150%以上，预计每年净利润100万元以上，每年划拨12.75万元作为利益分红。至年底，全街道5个省定贫困村脱贫退出，贫困户479户、1200人全部脱贫。

【特色农业】　2020年，河婆街道特色农业主要以种植砂糖橘、绿色蔬菜以及生产甜玉米罐头为主。广东志诚食品有限公司生产甜玉米罐头主要产品有“超甜玉米粒”“玉米羹”“玉米笋”等，平均年产量1万多吨，年产值约750万元；推进金日福种养合作社建设，预计总投资6750万元，占地面积33公顷，建筑面积3万平方米，投产后引进能繁母猪5000头，年产猪仔12万头。

【科教文体卫】　**科技**　2020年，河婆街道强化发展电子电器、食品加工、制药等支柱产业，引导企业加强产品研发和技术改造，支持企业开展申报品牌专利。是年，河婆街道辖区内单位和个人获得授权专利数量共84个。

教育　2020年，河婆街道有幼儿园25所（公办1所、民办24所）；在园幼儿5779人，幼儿教师487人；小学17所，小学教学点5个，在校学生1.28万人，教职工575人（小学高级教师8人，小学一级教师职称464人）；初级中学3所，九年制学校1所，在校学生5538人，教职工580人（中学高级教师职称95人，中学一级教师职称282人）；高中学校2所，在校学生6208人，教职工463人（高级教工95人，一级教师职称178人）。是年，小学适龄儿童入学率100.2%，小升初率100.1%。县第一中学、河山小学被评为揭阳市“文明校园”；河山小学等7所学校评为县级“文明校园”；下滩小学等4所学校被评为县“绿色校园”；岭丰小学被评为县级德育示范学校；县第一中学申报市依法治校示范校；后埔小学等5所学校开展县级平安校园创建工作。是年，中学省级科研课题结题1项，揭阳市中小学名班主任扶祥发工作室研究课题结题，小学语文、数学、英语科市级科研课题结题3项；开展科研课题研究2项；中小学开展校本教研活动185场次，开展街道公开研讨课24场次。

文化体育 2020年，河婆街道有综合文化站1个，广播站1个，村级综合性文化服务中心26个，农家书屋26间，村级文体广场26个，村（社区）“村村通广播”35个。加强基层文体设施建设，完善公共文化服务体系。投入46.7万元，改造升级综合文化站，设置少儿活动室、培训室、电子阅览室、图书阅览室、河婆红色革命遗址展厅等8个功能室。六一村新建成一个运动面积2000多平方米7人制足球场。聘请农村文体协管员，开展业务培训，提升农村文体协管员管理利用文体设施能力。

卫生 2020年，河婆街道有社区卫生服务中心1所，在编人员78人，其中卫生技术人员59人（中级职称11人、初级职称49人），执业医师9人、执业助理医师23人；卫生站36个，村医生36人。社区卫生服务中心内设公共卫生科、急诊科、检验科、中医科、药房、康复科等。全年社区卫生服务中心门诊量5.98万人次，医疗卫生业务收入145.79万元。

【安全生产】 2020年，河婆街道结合“安全生产月”“11·9”消防安全宣传日“安全万里行”等活动，利用电子屏、横联、村村通广播等方式开展安全生产、消防安全、森林防火宣传，印制2万份宣传册分发到全街道各村（居）委。全年组织开展消防宣传教育活动8次，社区专职消防员消防技能演练1次，应急救援演练3次，组织8家企业、18人次参加全县安全生产继续教育培训；开展安全生产及消防安全大检查50余次，排查发现各类安全或消防隐患197处；查处非法储存烟花爆竹百货店1家，查封烟花爆竹一批。查处烟花爆竹运输车辆1辆并及时销毁车上所有烟花爆竹；加强对8家加油站、1家燃气站等危化品存储、经营点检查，检查“三小”（小档口、小作坊、小娱乐场所）场所4000多家。

2020年9月3日，河婆街道在揭西碧桂园组织开展消防安全演练 （河婆街道 供稿）

【社会综合治理】 2020年，河婆街道加快“综治+网格化+信息化”建设，实施社会矛盾隐患排查化解，抓好信访积案化解、矛盾纠纷调处等工作。全街道9个社区、26个村共划分55个基础网格，网格员负责做好综合采集信息、开展便民服务、收集社情民意、开展平安创建四个方面工作，使用手机平台系统及时将有关事件上传到综治信息系统。全年受理群众来信来访来电、上级交办转送信访件共50件，办结48件，办结率96%；全街道建立治保会、调解会各35个，治保人员230多人，建立健全基层网格化治理体系，划分一级网格35个，二级网格135个；分级分类管控社会面吸毒人员245人，社区戒毒社区康复对象6人；排查辖区内严重精神障碍患者（三级以下）408人；设置“扫黑除恶”专项斗争宣传栏37块，悬挂“扫黑除恶”横幅标语125条，发放“扫黑除恶”宣传海报2600多张，宣传手册3.3万册；开展平安建设创建和反邪教警示教育宣传活动。全年破获刑事案件76件，抓获犯罪嫌疑人92人（在逃5人），刑拘87人，查处治安案件179件。

2020年河婆街道主要社会经济指标表

表49

项目	单位	指标	项目	单位	指标
土地总面积	万公顷	1.02	粮食总产量	吨	8493
总人口	万人	13.6	水产总产量	吨	1688
乡村人口	万人	9.40	水果总产量	万吨	0.90
总户数	万户	3.69	蔬菜总产量	万吨	2.7
社区居委会	个	9	生猪出栏量	万头	7.48
村委会	个	26	牛存栏量	头	800
农业总产值	亿元	7.32	家禽出栏量	万只	62.7
工业总产值	亿元	100.56	中学	所	3
工业企业	家	658	小学	所	17
规模以上企业	家	12	中小学在校 学生	万人	2.45
高新技术企业	家	1	中小学在职 教师	人	1618
固定资产投资	亿元	10.17	幼儿园	所	25
本级财政总收入	万元	10508.20	在园幼儿	人	5779

2020年河婆街道主要企业基本情况表

表50

企业名称	企业性质	职工人数（人）	主要特色产品	年产值（万元）	年上缴税收（万元）
揭西县白云山威灵药业有限公司	国企	498	医药制造业	45543	1065
揭西县美科电子电器厂	私企	127	电子琴	6868	166
揭西县小天使电子电器有限公司	私企	331	电子琴	60442	1001
广东志城食品有限公司	私企	289	食品罐头	56178	1288
揭西县美声电子电器厂	私企	131	电子琴	5451	133
揭西县新韵电子电器有限公司	私企	334	电子琴	56038	1154
广东广信食品机械有限公司	私企	243	食品包装	8399	232

2020年河婆街道各村（居）委会基本情况表

表51

村（居）委会名称	所辖自然村名称
新村居委	无
河西居委	无
宝塔居委	无
建新居委	无
东风居委	无
军田居委	无

续表51

村（居）委会名称	所辖自然村名称
大同居委	无
河山居委	无
新安居委	无
三星村	三星村
客潭村	客潭村
庙垅村	庙垅村
南和村	起凤楼、明山楼
西坑村	西坑村、古竹排村
宫墩村	宫墩村、龙尾村
新建村	白地村、朱盆岭村、高湖村
乡新村	上新村、学新村、营新村
庙角村	庙角村、凤尾村、下角村
新楼村	文山楼、坎下楼、高士楼
下滩村	桥头村、寨肚村、群丰村、五联村、广田村
东星村	军田村、上楼村、西门村、东门村、汤埔村
溪东村	枫东村、枫西村、和坑村、和福村、公平市
新四村	水班头村、木石坑村、富屋寨村、长秋坑村、新建寨村、风门凹村
北坑村	对门岭村、永岭村、老寨村、居之安村、上楼村、坑尾村、新兴楼村
溪西村	埔尾村、苏屋楼村、洪屋楼村、张家围村、细山下村、新寨村、大山下村、樟树坑村
岭丰村	上楼村、中楼村、下楼村、忍炉村、曲江弟村、翻身楼村、八斗种村、新祠堂村、浮岗山村
乡肚村	剃下村、坑背楼村、上春村、中春村、下春村、祠堂坝村、上径背村、下径背村、吉庆楼村、农光村、小坑村、营背村、东升村、交古潭村、坝尾楼村、金星楼村、南美山村

（黄小东　张海敏）

龙潭镇

【概况】　龙潭镇位于揭西县境中部，东接南山镇，西邻河婆街道，南与坪上镇接壤，北倚大北山。距县城5千米。主要旅游景点有井下村祥龙寺、关山村龙鳞水坝等。土特产有柑橘、香蕉、蜂蜜、青橄榄、乌榄。地方方言为客家方言。2020年，土地面积77.96平方千米，下辖社区居民委员会1个，村民委员会15个，自然村80个。新出生人数527人，人口出生率13.1‰，人口自然增长率7‰。至年底，总户数9556户，户籍人口3.9万人，常住人口2.73万人。海外华侨3万多人。港澳台同胞8000多人。

【基层党建】　2020年，龙潭镇按照“小微权力清单”和《揭西县村（社区）“两委”干部管理若干规定》规定，深化农村基层组织建设。龙东村党支部和菜仔园村党支部升格为党总支部，推进基层党建规范化建设。关山村、井下村完成村级组织活动场所建设。完成南福田村党组织软弱涣散问题整顿。发挥“头雁”工程，抓好党组织书记后备干部储备工作。完成村（社区）党组织换届工作，当选支委69人，平均年龄42岁。全年开展镇街党校党员集中轮训21期、1280人次，开设镇级集中学习研讨26场次，村级集中学习416场次。至年底，全镇党基层组织28个，其中党委1个、党总支3个、党支部24个；党员1182人，其中农村党员980人、镇机关及各单位在职党员58、退休党员干部137人、非公企业党员7人。是年，发展入党积极分子27人，吸收预备党员16人，预备党员转正17人。

【经济发展】 2020年，龙潭镇工农业总产值10.43亿元，比2019年（下同）增长16.4%，其中工业总产值6亿元，农业总产值4.43亿元。地方公共财政预算收入1.01亿元，增长53.6%。全年固定资产投资1.10亿元，社会消费品零售总额2.85亿元。各项税收收入196.67万元，下降61.9%。镇内有农村商业银行1家，各项存款余额4.47亿元。

农业 2020年，龙潭镇农业总产值4.43亿元，增长16.3%，其中种植业产值2.22亿元，林业产值0.46亿元，牧业产值1.27亿元，渔业产值0.13亿元，副业产值0.35亿元。全镇耕地面积1070公顷，粮食播种面积1446公顷，粮食总产量8716吨，种植业以种植稻谷、甘薯、蔬菜为主。水稻种植面积1377.2公顷，总产量8216吨；蔬菜种植面积495.8公顷，总产量2.05万吨；水果种植面积462公顷，总产量5150吨。林地面积4867.9公顷，生态林1028.3公顷。全年生猪出栏4.06万头、家禽（鸡、鸭、鹅）出栏49.52万只，水产养殖总产量1699吨。

工业 2020年，龙潭镇工业生产主要以电子配件加工、服装制造、乐器制造为主，有10人以上工业企业10家，从业人员483人，其中规模以上工业企业1家。主要民营企业有广东德煌电力设备有限公司。是年，揭西县鑫昌顺电子科技有限公司投产使用3条半导体电子基材智能研发生产线。全年实现工业总产值6亿元，增长16.5%。

商业 2020年，龙潭镇有大小商铺200多间，镇区沿街商铺110多家，主要经营五金电器、日用百货、餐饮、服装鞋类、农副产品等。是年，限额以上商业企业1家；社会消费品零售总额2.85亿元，下降46.5%。

【乡村振兴】 2020年，龙潭镇实施“百村示范、千村整治”工程，15个村基本完成雨污分流、集中供水、村道硬化等项目，推进绿满家园“四小园”（小花园、小公园、小菜园、小果园）建设。推进“三清三拆三整治”专项行动，清理村巷道及生产工具、建筑材料乱堆乱放共862宗，清理房前屋后和村巷道杂草杂物、积存垃圾1047吨，清理沟渠池塘溪河淤泥、漂浮物和障碍物526吨，拆除危旧房81宗、4329平方米，拆除废弃猪牛羊栏、露天厕所112宗、1.23万平方米，拆除乱搭乱建59宗、2012平方米，拆除违规广告牌47宗，80个自然村通过县“三清三拆”督查组验收。7个省定贫困村新农村建设于2018年9月开工，投入资金1.26亿元，完成镇级初步验收工作。推动陂尾村、富光村省定生态宜居美丽示范村建设，基本完成绿化美化、风貌提升、公共厕所等工程建设。全镇采用“农民工匠”法小型工程项目共21宗，其中村道硬化7宗、绿满家园6宗、旧屋修缮4宗、公共服务2宗、水岸同治2宗；竣工结算3宗，竣工结算总价70.93万元。实施黄竹溪龙潭段水质提升工程，完成优化设计图工作。完善保洁队伍管理，新增自然村垃圾收集点33处，完成建设垃圾收集站15个，落实村庄保洁网格化管理制度，实现垃圾日产日清。推动“厕所革命”，建设14座标准化公厕。基本完成团秤旅游路路基平整工作，完成“四好农村路”14.49千米和菜仔园生态旅游路建设。

【精准扶贫】 2020年，龙潭镇推进产业扶贫，提高贫困户收益。井下村、南福田村、泉水塘村、团结村、陂尾村、北联村6个村实施光伏发电项目，平均每年享受1000元/人发电收益；菜仔园村、龙跃村、北联村、井田村、关山村、井下村、高田村、双龙村、富光村、龙东村10个村通过投资企业分红扶贫项目，年收益58.12万元，平均每人每年享受分红收益约780元。全年全镇贫困户人均可支配收入1.68万元，有劳动能力户人均可支配收入1.91万元，无劳动能力户全部纳入政策性兜底。2019年秋季—2020年春季学生教育补助发放456人次、80万元。全镇发放就业“以奖代补”项目补助77户、346人共14万元。至年底，全镇7个省定贫困村脱贫退出，建档立卡贫困户497户、1234人全部实现脱贫。

【特色农业】 2020年，龙潭镇形成以蔬菜、蜂蜜、柑橘等8个特色农产品为主导的“一村一品”产业体系，培育绿香茗、龙盛、吉旺等龙头合作社和刘氏蜂业、龙源、归来田园等生态农业发展公司。是年，刘氏蜂业有限公司加工销售蜂蜜养殖，年产值约1300万元；龙源农业科技发展有限公司种植香蕉约20公顷，年产量约1200吨，年产值约450万元；龙东村龙盛果园种植柑橘9500株，面积14.6公顷，年产量约300吨，年产值约180万元；菜仔园村归来田园生态农业发展公司，建有蔬菜大棚28个，蔬菜总种植面积5公顷，种植蔬菜种类约40个，年产值约280万元；汤坝村桦联合作社种植橄榄80公顷，年产值约65万元。

【科教文体卫】 教育 2020年，龙潭镇有幼儿园4所（公办幼儿园1所、附设幼儿园2所、民办幼儿园1所），在园幼儿约450人，幼儿教师30人；小学13所，在校学生1524人，教职工183人（小学一级教师143人）；中学1所，在校学生789人，教职工97人（中学高级教师8人，中学一级教师77人）。全镇适龄儿童入学率100%，小学巩固率100%，初中毛入学率100%，残疾儿童入学率100%，学前三年入园（班）率98%。是年，在全县教育教学质量综合评价中，龙潭镇教育组获二等奖，龙潭中学获一等奖；龙潭镇教育组和龙潭中学被县教育局评为“教育先进单位”。龙文学校大队五（1）中队获“广东省少先队先进中队”称号，育英学校被中国语文报刊协会吟诵教学法专业委员会评为“中华经典吟诵实验学校”、被揭阳市教育局和市语言文学工作委员会评为第十批揭阳市语言文字规范化示范校。

文化体育 2020年，龙潭镇有镇级文化站1个，广播站1个，文化活动广场1个，村综合文化活动中心15个，乡镇文体广场示

关山村新农村建设 （龙潭镇 供稿）

范点南辉示范广场1个，基层综合性文化服务中心示范点3个，敬老院1个。完成建设社会5人制足球场一块；组织陂尾村、汤坝村举行篮球比赛；开展“珍惜粮食，从我做起”主题日活动；联合揭阳市生态环境局揭西分局到龙文小学开展“美丽揭西，我是行动者”环保宣传进校园活动；协助县博物馆在陂尾村、关山村、龙跃村开展“流动博物馆展览”“流动图书馆”活动。

卫生 2020年，龙潭镇有卫生院1所，医务人员32人，病床20张，内设内科、外科、儿科、妇科、妇产科、防疫组、检验室、B超室、公共卫生办公室等科室；乡村卫生站21个，乡村医生21人。全年各医疗机构门诊量2.8万人次，收治住院病人31例，各医疗卫生单位业务收入83万元。全年全镇未发生任何传染疾病，儿童计划免疫率98%。是年，全镇15个村村级卫生站和卫生院新建住院大楼全面竣工并投入使用。

【安全生产】 2020年，龙潭镇加强重点领域安全生产检查和巡查，落实企业安全生产主体责任，强化安全生产宣传。全年组织开展安全生产检查近60次，参加人员460多人次，检查企业、商铺170多家，发现事故隐患45项，全部落实整改。发放资料90多份，开展安全演练1次，安全生产培训1次。全年无重大安全事故，无严重伤亡事件发生。

【社会综合治理】 2020年，龙潭镇开展扫黑除恶、河湖乱象整治等专项行动，完成积案线索台账清仓任务，全年收到扫黑线索2条，办结2条，办结率100%。破获各类刑事案件6件，其中“两抢一盗”（抢劫、抢夺、盗窃）案件2件，抓获犯罪嫌疑人2人，批准逮捕4人，查处“三非”（非法就业、非法入境和非法居留）外国人2人，查处非法聘用外国人1人，查处非法容留外国人1人，查处吸毒人员2人，抓获涉赌人员1人，治安拘留7人，调解民事纠纷10起。加大扫黑除恶决胜年宣传报道力度，悬挂宣传横幅220条、宣传海报700张、宣传单2.45万册，举办扫黑除恶宣传活动9场，参与人数580人。全年全镇受理信访件62件，办结60件，办结率96%；领导包案信访积案2件，化解2件，化解率100%。组织开展行政执法培训和行政执法证件申领（换发）工作，全镇干部职工取得行政执法证18人。开展《中华人民共和国民法典》、国家宪法宣传日等学习宣传专题活动，组织干部职工参加法治学习6场次。

2020年龙潭镇主要社会经济指标表

表52

项目	单位	指标	项目	单位	指标
土地总面积	公顷	7796	粮食总产量	吨	8716
总人口	万人	3.90	水产总产量	吨	1699
乡村人口	万人	3.04	水果总产量	吨	5150
总户数	户	9556	蔬菜总产量	万吨	2.05
社区居委会	个	1	生猪出栏量	万头	4.06
村委会	个	15	牛存栏量	头	157
农业总产值	亿元	4.43	家禽出栏量	万只	49.52
工业总产值	亿元	6	中学	所	1
工业企业	家	10	小学	所	13
规模以上企业	家	1	中小学在校学生	人	2313

续表52

项目	单位	指标	项目	单位	指标
高新技术企业	家	3	中小学在职教师	人	280
固定资产投资	亿元	1.10	幼儿园	所	4
本级财政总收入	万元	10114.1	在园幼儿	人	450

2020年龙潭镇主要企业基本情况表

表53

企业名称	企业性质	职工人数（人）	主要特色产品	年产值（万元）	年上缴税收（万元）
广东德煌电力设备有限公司	私企	348	电力变压器、电力节能器、高压电力计量箱及相关配套产品	59963.6	1790.2

2020年龙潭镇各村（居）委会基本情况表

表54

村（居）委会名称	所辖自然村
新圩居委	无
菜仔园村	上新村、下楼村、黄枝塘村、曲仓村、坪山村、上寨村、老屋村、塘背埒村、大埔村、大寨村、新屋村
南福田村	上寨村、下寨村、联塘村、上横塘村、龙墩村、大埔村、田背园村
龙跃村	玉竹园村、龙田楼村、大埔头村、福安楼村、李园下村、天昌楼村、新寨村、华萼楼村、高墩村
泉水塘村	泉水塘村
北联村	柑园村、半埔围村、下塘村
团结村	起龙围村、乌石楼村、到背村、山蕉洋村、碇仔肚村、留晋纯村、浮岗山村、鸭麻寮村
井田村	井田村
关山村	新屋村、溪背村、小黄岭村、上龙岗村、下龙岗村、邓公坪村、柴坑村、南寮村
汤坝村	汤坝村、打石坪村、陂角楼村、埔下楼村、江屋寨村、岭下村
井下村	井下楼村、李公坡村、下角坝村、坡洋村、东坑村
陂尾村	陂尾楼村
富光村	富美楼村、长江楼村、罗丝角村、河南拳村
双龙村	田心村、石头山村、小布角村、埔仔村、老寨下村、坑尾村、永居楼村
龙东村	深溪围村、长江岭村、杨屋楼村、墩仔村、灰寨村、仓下村、坡坪村、砂隆村
高田村	高田村

（韩建庭　刘俞炜）

南山镇

【概况】 南山镇位于揭西县境中部丘陵地区，东与京溪园镇、灰寨镇接壤，西和龙潭镇、良田乡相连，南与大溪镇交界，东北与五经富镇毗邻，距县城16千米。主要旅游景点有大北山国家森林公园、广东省红色村党建工程示范点——火炬村。土特产主要有苦笋、茶叶等。地方方言为客家方言。2020年，土地面积134.5平方千米，下辖社区居民委员会1个，村民委员会18个，自然村50个。新出生人数565人，人口出生率14.9‰，人口自然增长率8.4‰。至年底，总户数9125户，户籍人口3.79万人，常住人口2.35万人。是年，南山镇火炬村被评为“广东文化旅游名村”“广东省红色村党建工程示范点”。

【基层党建】 2020年，南山镇加强基层组织建设，实施基层组织建设三年行动计划，落实党建指导员、村第一书记和党建业务部门到全镇党支部指导、督促党建工作，促进基层组织建设规范提升，投入50多万元推动镇、村党组织规范化建设。规范完善村（社区）党群服务中心建设，投入400多万元对5个村（社区）党群服务中心进行改建和新建。推动软弱涣散村党组织整顿工作，落实整顿措施，南河村考评达标并获得优秀等次。规范村（社区）“两委”112名干部档案管理，清理清查村（社区）党员档案891人。推进红色村党建示范工程，对火炬村内革命旧址开展修缮和规划提升党建示范工程项目，打造“红色党建”品牌，10月，火炬村被评为“广东省红色村党建工程示范点”。实行包村工作责任制，抓好村务公开、财务公开，对各村（社区）进行监督管理，及时掌握村（社区）情况。推进基层正风反腐三年行动，加大案件查办力度，全年受党纪处分33人。至年底，全镇党基层组织45个，其中党委1个、党总支2个、党支部42个；党员1247人，其中正式党员1231人、预备党员16人。是年，新吸收预备党员16人。

【经济发展】 2020年，南山镇工农业总产值9.07亿元，比2019年（下同）增长14.5%，其中工业总产值5.09亿元，农业总产值3.98亿元。地方公共财政预算收入6449.37万元，增长473%。全年固定资产投资3.28亿元，社会消费品零售业总额2.76亿元。各项税收收入375.75万元。镇内有农村商业银行1家、邮政储蓄银行1家，各项存款余额5.23亿元，各项贷款380万元。

农业 2020年，南山镇农业总产值3.98亿元，增长17.1%，其中种植业产值2.29亿元，林业产值4187万元，牧业产值1.15亿元，渔业产值1137万元。全镇耕地面积960.4公顷，粮食播种面积950.3公顷，粮食总产量5706吨。水稻播种面积924.2公顷，总产量5393吨；蔬菜种植面积443公顷，总产量1.8万吨；水果种植面积452公顷，总产量5141吨；茶叶播种面积400公顷，总产量1896吨。林地面积1.09万公顷，完成造林面积311公顷，人工造林面积21.63公顷，木材采伐量2410立方米。全年生猪出栏1.35万头，家禽（鸡、鸭、鹅）出栏57万只，水产养殖总产量1693吨。

工业 2020年，南山镇工业生产以毛线制品为主，有工业企业60家，其中规模以上工业企业2家，主要民营企业有揭西县瀚鑫制线有限公司、揭西县崇发塑料制品有限公司。是年，实现工业总产值5.09亿元，增长12.7%，其中规模以上工业产值3.69亿元，增长18.3%。

商业 2020年，南山镇有农贸市场2个，商品交易市场交易额710万元。全镇营业面积50平方米以上综合商店或超市共11个，主要经营五金电器、服装鞋类、日常用品等。全年社会消费品零售总额2.76亿元，下降47.4%。

【乡村振兴】 2020年，南山镇推进新农村建设，开展省定贫困村创建社会主义新农村示范村建设，完成3个省定贫困村垃圾日清、污水处理、村道硬化、旧屋修缮、新屋戴帽、绿满家园、水岸同治等项目建设。推进生态宜居美丽示范村创建，完成上寮村等村雨污分流、道路硬底化、集中供水等基础性项目建设。开展人居环境综合整治行动，推进“三清三拆三整治”工作，全镇50个自然村通过县级验收。加强畜禽养殖业污染综合治理，清理整治禁养区内养殖场（户），拆除栏舍总面积共1.6万平方米。推进农村生活垃圾处理和“厕所革命”，完成农村户厕改造建设。加快污水处理设施及管网建设，镇区污水处理厂建成通水。加快推进面上村雨污分流工程建设，完成火炬村、榕光村、关西村等村雨污分流工程建设。加快推进中小河流治理工程（二期）项目灰寨河（南山段）治理工程，完成河道清淤疏浚工作，推进堤防加固和护岸工程建设。启动火炬村“五个一工程”（一本好书、一部电影、一出大戏、一套纪录片和红色基因数据化）项目，动工建设民宿、观景台、道路提升等项目；完成火炬村旅游公路建设和火炬村至天宝堂路改造工程建设工作。完成“农村四好公路”建设5.06千米。11月17日，揭西县第四季度重点项目开工活动在火炬村举办。

【精准扶贫】 2020年，南山镇落实产业项目帮扶、“以奖代补”等扶贫政策，推进精准扶贫工作。全镇贫困户子女在校生220人，落实贫困户子女生活费补助220人，100%落实学生生活补助；发动贫困户通过小额贷款增加生产资本、扩大经营规模，支持贫困户和新型经营主体有机结合，实现贫困户分享收益，拓宽增收渠道，全镇完成小额信贷52户、204.4万元；58户有劳动能力建档立卡贫困户奖补15.04万元；实施在公益性岗位中优先安排一定比例贫困人口就业，累计转移就业人数432人次。至年底，全镇3个省定贫困村脱贫退出，贫困户442户、1191人全部脱贫。

【特色农业】 2020年，南山镇特色农业以种植茶叶为主，镇内主要种植罗京水茶、洋梅坪茶等特色茶叶。种植茶叶村落主要有罗京水村、洋梅坪村、归善村、石结到村等，从业人口2000多人，以散户种植为主。是年，全镇茶叶产量1896吨，年产值4000多万元。

【科教文体卫】 **教育** 2020年，南山镇有幼儿园8所（公办6所、民办2所），在园幼儿759人，幼儿教师43人；小学6所，在校小学生1451人，教职工135人（小学高级教师2人、小学一级教师103人）；初级中学2所，在校学生943人，教职工95人（中学高级教师9人、中学一级教师34人）。是年，全年适龄儿童入学率100%，小升初率100%，“三残”（智残、体残、肢残）适龄儿童入学率100%。

文化体育 2020年，南山镇有文化站1个，广播站1个，有线电视转播站1个，村级广播站18个，文化活动广场14个，农家书屋19间，老人福利院1个。全年

2020年11月17日，揭西县第四季度重点项目开工活动在火炬村举办（风　林　摄）

举办群众文艺会演活动6场。

卫生 2020年，南山镇有卫生院1所，医务人员33人，病床45张，内设预防保健科、全科医疗科、妇产科等科室；乡村卫生站18个，乡村医生11个。是年，全镇各医疗机构门诊量1.03万人次，收治住院病人13例，各医疗卫生单位业务收入103.17万元。

【安全生产】 2020年，南山镇加强安全生产执法力度，开展重大节假日、重点行业领域安全和消防安全专项整治，采集集中时间、集中力量、全面检查、重点整改办法，加强排查安全隐患，推进安全生产监督管理工作。全年开展工矿企业、森林防火、建筑施工、烟花爆竹等安全生产专项整治97次。全年实现安全生产零事故。

【社会综合治理】 2020年，南山镇及时排查和化解各类社会矛盾纠纷，加强社会治安宣传工作，开展专项行动和涉黑涉恶犯罪线索摸排工作；合理划分基础网格片区，确定网格管理员，划分出一级网格19个、二级网格62个、三级网格65个，全镇网格员222名；开展社会治安重点地区排查整治活动，对各村、中小学、省道等重点区域、重点路段集中排查整治，由各村治安主任在每月综治例会上汇报排查情况，对可能出现隐患及时采取措施；开展“扫黑除恶”“众剑行动”，惩治各类违法犯罪行为。全年开展各专项行动21场次；宣传扫黑除恶工作，设置LED显示屏8个，宣传横幅25条，户外宣传牌28个，发放宣传资料2500多份；镇村“众剑行动”工作组开展摸底排查工作，出动人员3000多人次，对各村、商户、企业等场所进行多轮次地毯式巡查。全镇受理各类信访案件22件，办结19件；处理上级交办信访件16件，办结13件；受理矛盾纠纷19件，调解纠纷19件，调解率100%。全镇接收矫正对象2人，解矫2人，在矫社区矫正对象2人。镇派出所破获刑事案件1件，抓获犯罪嫌疑人1人，刑事拘留1人；查处治安案件8件，拘留3人，处罚2人。

【广东文化旅游名村】 2020年12月19日，南山镇火炬村被广东省委农村办公室、省人力资源和社会保障厅、省文化和旅游厅、南方报业传媒集团评为“广东文化旅游名村”。火炬村位于南山镇东北部，面积4.8平方千米，全村437户、1897人，村“两委”干部5人，中共党员60名，属省定贫困村。火炬村是解放战争时期潮汕人民抗征队驻地，有革命旧址7个，为揭阳市首批市级党员教育基地，先后获得“国家森林乡村”“揭阳十大美丽乡村”“广东省红色村党建工程示范点”等称号。火炬村坚持党建引领，结合社会主义新农村建设，打造“红色村”党建示范工程，完成司令部、后勤部、兵工厂、军政法庭、弹药库、后方医院、北山楼7个革命旧址修复；2018年，聘请浙江卓创乡建规划设计有限公司对该村进行全面规划提升，完成中心广场、宣誓广场、村标、双拥广场、水系整治、红色研学基地等项目建设；创建省定贫困村社会主义新农村示范村，完成雨污分流、集中供水、村道硬化、村卫生站、穿衣戴帽、绿满家园、公厕等建设；2019年，引进揭西县鸿霖蔬菜种植有限公司，启动建设供港蔬菜基地，完成首期土地流转6公顷和蔬菜种植；启动实施火炬村党建示范“五个一工程”（一本好书、一部电影、一出大戏、一套纪录片、红色基因数据化）项目，配套建设主题民宿、火炬村演艺中心建设工程、水亭桥至火炬村旅游公路改建工程、人民大食堂及革命旧址完善提升等工程，工程计划总投资2亿元。民宿项目由福彩生活集团打造投资，项目建成后，可带动当地村民就近就业50人左右，带动10家以上农家乐配套餐饮，带动参与农户人均年增收3万元以上。至年底，“一本好书”确定由中央党校出版社出版，完成图书版号确定和图书分章节撰稿工作；“一部电影”完成剧本创作等前期筹备工作；“一套纪录片”完成拍摄脚本创作和前期主创筹备工作；“一出大戏”初步完成编剧等工作。完成主题民宿、演艺中心等项目选址规划工作，并做好项目前期建设等相关工作；完成水亭桥至火炬村旅游公路改建工程项目立项、施工图设计、征地、招标等工作。

2020年南山镇主要社会经济指标表

表55

项目	单位	指标	项目	单位	指标
土地总面积	万公顷	1.35	粮食总产量	吨	5706
总人口	万人	3.79	水产总产量	吨	1693
乡村人口	万人	3	水果总产量	吨	5141
总户数	户	9125	蔬菜总产量	万吨	1.8
社区居委会	个	1	生猪出栏量	万头	1.35
村委会	个	18	牛存栏量	头	857
农业总产值	亿元	3.98	家禽出栏量	万只	57
工业总产值	亿元	5.09	中学	所	2
工业企业	家	60	小学	所	6
规模以上企业	家	2	中小学在校 学生	人	2394
高新技术企业	家	—	中小学在职 教师	人	230
固定资产投资	亿元	3.28	幼儿园	所	8
本级财政总收入	万元	6449.73	在园幼儿	人	759

2020年南山镇主要企业基本情况表

表56

企业名称	企业性质	职工人数（人）	主要特色产品	年产值（万元）	年上缴税收（万元）
揭西县瀚鑫制线有限公司	私营企业	106	塑料绳、索、缆制造	23500	205
揭西县崇发塑料制品有限公司	私营企业	80	塑料餐具	13400	104

2020年南山镇各村（居）委会基本情况表

表57

村（居）委会名称	所辖自然村名称
道南居委	无
西友村委	谢洞村、大隆村、大成岭村
分水村委	分水村
前锋村委	石船村、西湖楼村、金营埔村、埝坑村、世昌楼村
榕光村委	新村、榕树楼村
北河村委	上条河村、下条河村、新联村
北溪村委	细溪村、田心村、李屋寨村
上寮村委	上坎村、下坎村、关刀丘村、老寨村、长岭排村
关西村委	上关西村、下关西村
大新村委	公益圩村、新寮村、大埔村
新联村委	溪头洋村、塘背岭村、新丰村、径尾头村
火炬村委	老寨村、新寨村

续表57

村（居）委会名称	所辖自然村名称
南山村委	南山村、桐树下村
南河村委	永南村、高楼下村、排下村、龙西下寨村、龙西上寨村、龙西新寨村、坝子村、南山圩村
罗京水村委	湖坪村、三派村、察子坑村
称沟潭村委	称沟潭村
归善村委	归善村
洋梅坪村委	洋梅坪村
石结到村委	石结到村

（张义山　林洁丰）

灰寨镇

【概况】　灰寨镇位于揭西县中部丘陵地带，东南与京溪园镇和塔头镇相接，西面与大溪镇相邻，南面与金和镇交界，北部与南山镇接壤，距县城22千米。地理区域东起后洋岭，西到龙湖田心，南达南洋陈太埔，北至向阳章洲坝。主要旅游景点有新宫林苏式古建筑群、同福桥、岚川塔风景区等。土特产有三棱橄榄、糯米酒、寿仙菜等。地方方言为客家方言和潮汕方言。2020年，土地面积53.6平方千米，辖居民委员会1个和村民委员会16个，自然村69个。新出生人数531人，人口出生率11.4‰，人口自然增长率7.4‰。海外华侨2万人。港澳台同胞1万人。至年底，总户数1.09万户，户籍人口4.35万人，常住人口2.73万人。

【基层党建】　2020年，灰寨镇加强队伍建设，结合党建主题活动推动基层党组织建设。推进17个村（社区）党（总）支部换届选举工作，全镇共91名候选人通过县镇联审。基层党组织选优配强村级党组织书记，补齐缺位村级党组织书记5人，选派5名村级党组织书记参加学历教育培训，提升知识水平和综合素质；选拔“准书记”34人，后备干部45人，建立基层党组织后备人才库。至年底，全镇党委下设党组织53个，其中党支部47个、党总支部6个；党员1348人，其中村级党组织党员1048人、镇直机关及各单位党员176人、离退休党员107人、“两新”组织党员17人。是年，新发展党员14人，发展入党积极分子12人。

【经济发展】　2020年，灰寨镇工农业总产值12.7亿元，比2019年（下同）增长8.3%，其中工业总产值7.82亿元，农业总产值4.88亿元。地方公共财政预算收入2.11亿元，增长256.1%。固定资产投资2.75亿元，社会消费品零售业总额3.42亿元。各项税收收入总额189.15万元。辖区内有中国农业银行、中国邮政储蓄银行和广东揭西农村商业银行3大行共5个网点，各项存款余额11.01亿元，其中居民储蓄存款10.41亿元；各项贷款3667万元。

农业　2020年，灰寨镇农业总产值4.88亿元，增长15.4%，其中种植业产值2.38亿元，林业产值0.43亿元，畜牧业产值1.17亿元，渔业产值0.21亿元，农副业产值0.04亿元，其他产值0.65亿元。全镇耕地面积1438.13公顷，粮食播种面积1072公顷，粮食总产量6630吨。水稻种植面积989.6公顷，总产量6116吨；蔬菜种植面积568公顷，总产量2.30万吨；水果种植面积507.7公顷，总产量6226吨，其中柑橘类种植面积125.27公顷，产量873吨；橄榄种植面积134公顷，产量3000吨。林地面积2892.47公顷，生态林188.1公顷，完成育林面积214.7公顷，林业采伐面积15.28公顷，木材采伐蓄积1191.5立方米，出材714.9立方米。全年生猪出栏0.67万头、家禽（鸡、鸭、鹅）出栏共55.53万只，水产养殖总产量681吨。

工业 2020年，灰寨镇工业生产以毛巾纺织品、运动用品为主，有规上工业企业2家，从业人员721人。是年，实现工业总产值7.82亿元，增长2.4%，其中规模以上工业产值5.99亿元，增长8.2%。

商业 2020年，灰寨镇有农贸市场1个，镇区沿街商铺361家，主要商品有毛巾纺织、农机、家具等，全镇外贸出口主要企业有揭西县国樱运动用品厂（来料加工型台资企业）。全年社会消费品零售总额3.42亿元，下降46.7%。

【乡村振兴】 2020年，灰寨镇东联村、柑坑村、后联村3个省定贫困村共投入资金3744.79万元，完成卫生站、雨污分流铺设管网19.88千米、村道巷道硬底化铺设14.34千米、卫生公厕建设6座等33个项目。马路村投入资金533.27万元，完成村标、绿荫大道绿化亮化提升及穿衣戴帽、生态沟渠打造、诗书文化墙打造、小桥流水、道路停车场、主村道排水等工程。南洋村、灰龙村、新宫林村3个省补示范村，共投入资金1605.18万元，完成特色村标建设3座、新建公厕3座、省道沿线路口打造、穿衣戴帽等工程。统筹财政专项和社会资金450多万元，用于打造农村“四小园”（小菜园、小果园、小花园、小公园），发动农民群众投工投劳数量2718人次，开展打造“四小园”227个。开展农村环境综合整治活动，重点整治农村垃圾、水体污染、畜禽污染、乱搭乱建、饮水安全、村场脏乱差等。全镇69个自然村“三清三拆三整治”专项行动通过县农业农村局验收，全镇拆除危旧房36宗、3065平方米，废弃猪牛栏、露天厕所57宗、1850.46平方米，乱搭乱建50宗、1381平方米，违规商业广告93宗。完善城乡生活垃圾收运系统，配齐村级保洁员，加强对引进专业保洁公司监督，实行网格化管理；镇污水处理厂按日处理量2500吨标准建设，完成提升泵站、生化池、设备间、储泥池、排放渠等主体建设，铺设主管道2.8千米，配套主次干管总长度6.31千米，进入通水试运行阶段，服务范围涉及8个村（居）委、1.93万人。完成向阳村、新宫林村、南洋村、金星村“四好农村路”建设共4.60千米。

【精准扶贫】 2020年，灰寨镇加大产业扶贫力度，推进消费扶贫，推动贫困户脱贫增收。全省首个消费扶贫产业园在马路村天鹅湖橄榄园揭牌，投资800万元扩大基地规模，投资1500多万元用于园区规划、道路设施维护及修建。全年实施产业扶贫项目29个，投资总额1633.5万元，收益256.83万元，受益贫困户218户、893人，贫困户人均增收约2800元；使用扶贫资金注入天鹅湖水果种植有限公司带动贫困户通过产业扶贫实现增产增收；“以奖代补”发放金额15万元，受益贫困户158户、243人。至年底，全镇3个省定贫困村脱贫退出，贫困户426户、306人全部脱贫。

【特色农业】 2020年，灰寨镇特色农业与精准扶贫工作融合发展，加大农业龙头企业发展力度，推动青榄种植规模化发展。马路村天鹅湖青榄种植有限公司占地面积73.33公顷，种植三棱橄榄面积73公顷，年产量245吨，年产值4812万元。全年全镇青榄种植面积339公顷，年产量1072吨，年产值9764万元。

【科教文体卫】 **科技** 2020年，灰寨镇鼓励企业加大科技创新力度，推动产业规模化发展；开展群众性科学技术知识普及工作，全年组织开展技能培训3场。

教育 2020年，灰寨镇有公办幼儿园1所，在园幼儿201人，幼儿教师16人；小学10所，在校小学生1974人，在校幼儿学生432人，教职工118人（小学一级教师职称106人）；完全中学1所，在校中学生783人，教职工125人（初级教师职称44人，中级教师职称76人，中学高级教师职称5人）。引进社会力量发展教育事业，全镇奖学助学组织共奖励资助学生70万元，受奖受助学生125人，其中硕士、博士研究

2020年10月3日，揭西县灰寨镇李汉枢杨雪花、李听奖助学颁奖大会在灰寨镇政府会议室举办　（曾　维　摄）

生9人、贫困学子40人；10月3日，在灰寨镇政府会议室召开李汉枢杨雪花、李听奖助学颁奖大会。是年，灰寨镇小学适龄儿童入学率100%、小升初率100%，灰寨中学考取揭阳一中、河婆中学、棉湖中学等重点学校人数共46人。

文化体育　2020年，灰寨镇有文化站1个、广播电视站1个、村级广播站17个、有线电视转播站2个、农家书屋17间、老人福利院1个、灰寨书画院1个。17个行政村实现篮球场和公共户外运动场所、设施全覆盖。举办“揭西美·潮客情”群众文艺晚会；开展“乡乡乐起来”、农村流动博物馆等群众性文化活动，全年全镇开展群众性文体娱乐活动26场。完善文化体育基础设施建设，完成镇综合文化站、镇足球场、各行政村文明实践所、灰龙村居家养老中心、马路村儿童之家等惠民文化设施建设。

卫生　2020年，灰寨镇有卫生院1所，在编人员84人，其中卫生技术人员78人；乡村卫生站18所，乡村医生18人；个体门诊1所，个体医1人。全年投入184.74万元，完善卫生院医疗设备，其中购置专用设备33套共109.88万元，购买办公设备27套共74.86万元。全年各医疗机构门诊量1.64万人次，住院1060例，医疗卫生单位业务收入443万元。

【安全生产】　2020年，灰寨镇落实安全生产责任制，加强生产安全、消防安全、食品安全工作监管，组织人员对重点行业开展安全生产专项整治检查。全年开展专项整治检查20场次，定期、不定期检查及复查行动20次；推进省道S237线灰寨段沿线消防一条街建设；开展重点行业领域消防安全排查工作，查出安全隐患8宗，当场整改隐患8宗；出动50人次对农贸市场进行巡查，重点加强对生猪屠宰规范管理。全年实现安全生产零事故。

【社会综合治理】　2020年，灰寨镇加强社会治安综合治理，加大对各类违法犯罪活动惩治力度，开展扫黑除恶专项斗争和“众剑行动”社会治安综合治理行动，在全镇范围内开展38次摸排整治行动；全年全镇受理矛盾纠纷28件，调解24件；村级工作站受理矛盾纠纷66件，调解66件；全年立刑事案件21件，破获案件14件，抓获犯罪嫌疑人12人，查处违法人员8人。

2020年灰寨镇主要社会经济指标表

表58

项目	单位	指标	项目	单位	指标
土地总面积	公顷	5360	粮食总产量	吨	6630
总人口	万人	4.35	水产总产量	吨	681
乡村人口	万人	3.88	水果总产量	吨	6226
总户数	万户	1.09	蔬菜总产量	万吨	2.30

续表58

项目	单位	指标	项目	单位	指标
社区居委会	个	1	生猪出栏量	万头	0.67
村委会	个	16	牛存栏量	头	239
农业总产值	亿元	4.88	家禽出栏量	万只	55.53
工业总产值	亿元	7.82	中学	所	1
工业企业	家	2	小学	所	10
规模以上企业	家	2	中小学在校学生	人	2757
高新技术企业	家	—	中小学在职教师	人	243
固定资产投资	亿元	2.75	幼儿园	所	1
本级财政总收入	万元	21137.89	在园幼儿	人	201

2020年灰寨镇主要企业基本情况表

表59

企业名称	企业性质	职工人数（人）	主要特色产品	年产值（万元）	年上缴税收（万元）
揭西县国樱运动用品厂	来料加工	498	体育用品	7917	20.26
揭西县礼兴达纺织有限公司	纺织	171	毛巾	51988	36.68

2020年灰寨镇各村（居）委会基本情况表

表60

村（居）委会名称	所辖自然村
灰圩居委	灰圩村
金星居委	龙湖村、乌黎村、田心村
河五村委	朱屋楼村、老坎塘村、新坎塘村、河坑村、红卫村
向阳村委	章坝村、岭下村、内富村、新寨村、松围村、上点村、岐圩村、中点村、红点村
上角村委	墩下村、新丹竹村、老丹竹村、何树下村
后联村委	后埔村、輋黄村
新图村委	新图村
新宫林村委	新宫林村
老宫林村委	老宫林村、塘房下村、下輋村
溪背圩村委	溪背圩村、车子村
灰龙村委	老寨村、五福田村、新埔村、文山楼村、赤那村、潭唇村
三坝村委	上坝村、下坝村、高墩村、上岩村、下岩村
东联村委	高龙村、乔上村、陈屋寮村
后洋村委	后洋村、岭完村
南洋村委	后背村、寨内村、新寮埔村、朝阳村、汕头埔村、南门段村、青潭岭村、圆潭村、山下村、溪背上寨村、溪背下寨村、新南村、陈太埔村、新径村
柑坑村委	柑坑村
马路村委	马路村、下寮园村、红旗村、墩子下村、老坪村、新坪村、深园村

（温惠祥　曾　维）

京溪园镇

【概况】 京溪园镇位于揭西县东北部，西与灰寨镇、南山镇相邻，东、北与五经富镇、揭阳产业转移工业园接壤，南与塔头镇交界，东南与东园镇相接，距县城30千米。主要旅游景点有京明温泉度假村、黄满寨瀑布旅游区、樱山花谷景区、粗坑村（广东最美乡村）、大鹿农业公园等，其中国家AAAA级旅游景区2个、国家AAA级旅游景区1个。土特产有有机茶叶、青橄榄等。地方方言为客家方言。2020年，土地面积73.36平方千米，下辖社区居民委员会1个，村民委员会13个，自然村82个。新出生人766人，人口出生率15.0‰，人口自然增长率3.9‰。至年底，总户数1.31万户，户籍人口5.10万人，常住人口3.02万人。是年，京溪园镇被广东省农业农村厅和省文化和旅游厅认定为2019年度广东省休闲农业与乡村旅游示范镇；樱山花谷景区被评为国家AAA级旅游景区，被广东省科学技术协会、省科技厅命名为“广东省科普教育基地”。

【基层党建】 2020年，京溪园镇建立健全学习新思想第一议题制度，推动党员学习教育全覆盖，开展镇委党校专题培训6场次；加强对基层党组织书记及后备干部培训和管理，开展轮训6期共462人次；建立党组织书记信息库和后备干部，优化调整确定党组织书记后备干部34人；完成全镇14个村（社区）“两委”换届工作，选举产生新一届村（社区）“两委”干部共83人，其中党组织委员会委员66人、村民委员会委员64人，交叉任职47人，交叉任职率100%。书记、主任、经联社理事长三个“一肩挑”比例100%。建立村级“两委”干部档案83份。至年底，全镇党基层组织55个，其中基层党委1个、党总支5个、党支部49个；党员1322人，其中农村党员918人、镇直机关及各单位在职党员265人、退休党员干部139人。是年，新发展党员11人；转正党员25人；发展入党积极分子10人。

【经济发展】 2020年，京溪园镇工农业总产值26.34亿元，比2019年（下同）增长8.4%，其中工业总产值21.48亿元，农业总产值4.86亿元。地方公共财政预算收入5822.28万元，增长22.2%。全年固定资产投资2.46亿元，社会消费品零售总额3.62亿元。各项税收收入361.43万元，下降20.1%。镇内有农村商业银行1家（网点4个）、邮政储蓄银行1家，各项存款余额10.32亿元，各项贷款余额0.15亿元。

农业 2020年，京溪园镇农业总产值4.86亿元，增长24.3%。全镇耕地面积951.47公顷，粮食播种面积1968.07公顷，粮食总产量1.17万吨。农作物主要有水稻、玉米、花生。水稻播种面积1193.53公顷，总产量6827吨；蔬菜种植面积450.47公顷，总产量1.84万吨；水果种植面积992.93公顷，总产量7848吨；茶叶种植面积510.67公顷，总产量2124吨。完成造林面积190公顷，木材采伐460立方米。全年生猪出栏9881头、家禽（鸡、鸭、鹅）出栏88.28万只，水产养殖总产量1785吨。

工业 2020年，京溪园镇工业生产主要以农副产品加工为主，辅以五金、塑料、建筑建材等行业，有工业企业192家，从业人员4800多人，其中规模以上工业企业8家。主要民营企业有京溪园罐头食品有限公司、桂竹园饼业有限公司、广东凯城管业有限公司等。是年，实现工业总产值21.48亿元，增长5.4%，其中规模以上工业产值17.98亿元，增长1.0%。

商业 2020年，京溪园镇有农贸市场1个，主要经营农副产品。镇区沿街商铺288家［其中营业面积50平方米以上超市（含综合商店）22家]，主要经营五金电器、服装鞋类、日常用品、农副产品等。是年，全镇限额以上商业企业3家；社会消费品零售总额3.62亿元，下降47.3%。

【乡村振兴】 2020年，京溪园镇推进“三清理三拆除三整治”工作，全年清理乱堆乱放4651宗，杂草杂物、积存垃圾共1921.4吨，沟渠池塘溪河淤泥、漂浮物和障碍物共667.5吨，拆除危旧房21宗、705平方米，废弃猪牛羊栏和露天厕所44宗、5414平方米，乱搭建121宗、782平方米，非法违规商业广告清拆9宗。全镇82个自然村“三清理三拆除三整治”工作全部通过县督查验收；做好面上村雨污分流、“四好农村路”、公共厕所建设，全镇12个面上村77个自然村雨污分流及相关工程共设计49个工程包，完成建设15个工程包。完成“四好农村路”建设8.82千米。全镇各村新建或改造农村公共厕所12座；省定贫困村大鹿村基本完成雨污分流工程，建设污水管线总长10.42千米；推进公共服务设施建设，完成大鹿村综合楼（首层卫生站、二层大鹿村委党员会议室）建设工程；推进甲溪村、粗坑村创建生态宜居美丽乡村示范村建设，两个村全面实现生活垃圾日产日清。甲溪村完成雨污分流工程建设，完成卫生站、光头洋自然村广场改造、新时代文明实践站建设，村主干道、自然村村道、巷道全面完成硬底化，垃圾中转站建设基本完成。粗坑村建设垃圾中转站1座，基本完成雨污分流工程，建设污水管线总长2.14千米、厌氧池1座，新建水池100立方米，铺设给水管道1364米，安装水表64个。委托揭阳市通挥保洁公司对各村（社区）垃圾进行“打包管理”，负责辖区内垃圾集中清运、主要场所及沟渠水面保洁清理，落实生活垃圾日产日清日处理长效机制。

【精准扶贫】 2020年，京溪园镇加强帮扶工作组贫困户走访联系工作，推进落实精准扶贫相关政策，强化产业扶贫。大鹿村、粗坑村、九磜村、岭溪村、美德村5个村使用产业帮扶资金共356.5万元，以“收益+就业+种植玉米+包销”方式投入京溪园罐头食品有限公司，带动贫困户发展增收；成立扶贫车间，为贫困户提供14个就业岗位。贫困户学生生活费补助全部落实发放到位，发放金额53.2万元，发放总人数152人。无劳动能力贫困户全部纳入财政兜底。全年“以奖代补”项目产业扶贫、就业扶贫共补助资金9.17万元，受益贫困户44户、192人。至年底，全镇1个省定贫困村脱贫退出，贫困户485户、990人全部脱贫。

【特色农业】 2020年，京溪园镇特色农业以种植茶叶、甜玉米生产加工为主，加大对龙头企业扶持力度，推进特色农业发展。京溪园罐头食品有限公司主导产品有“龙江”牌金枪鱼系列、甜玉米粒（广东省名牌产品）、大洋苦笋等罐头，拥有美国甜玉米种植基地1000多公顷，年加工3万多吨，年产值5.56亿元。京明茶叶发展有限公司开发建成标准化茶园134多公顷，主要生产红茶、绿茶和乌龙茶，年产值3.16亿元。

【科教文体卫】 科技 2020年，京溪园镇加大对企业技术创新支持力度，鼓励企业开展技术创新活动。京溪园罐头食品有限公司投入1000多万元进行罐头关键技术研究；京明茶叶发展有限

京溪园罐头食品有限公司扶贫车间 （京溪园镇 供稿）

公司投入900多万元进行炒茶心茶机高效益技术集成研究。

教育 2020年，京溪园镇有幼儿园3所，在园幼儿647人，幼儿教师31人；小学12所，在校学生1998人，教职工127人（高级教师3人，一级教师83人）；初级中学2所，在校学生518人，教职工73人（高级教师6人，一级教师36人）。是年，小学适龄儿童入学率99.9%、小升初率100%；完成普通高中送招131人。

文化体育 2020年，京溪园镇有文化站1个，广播站1个，有线电视转播站2个，村级广播站13个，敬老院1个，13个行政村均有篮球场。是年，美德村新建5人制社会足球场1座；组织开展爱国卫生、关爱儿童等活动。

卫生 2020年，京溪园镇有卫生院1所，执业（助理）医师23人，病床40张；村级卫生站16个，医务人员82人。是年，卫生院新增中医体质辨识仪、医用空气消毒机、多道心电图机、视力筛查仪等医疗设备。全年各医疗机构门诊量9714人次，收治住院病人123例，医疗卫生单位业务收入96万元；举办各类健康教育知识讲座12场，开展健康教育宣传咨询活动29次；完成对全镇居民健康体检，建立居民健康档案4万多份。儿童计划免疫率95%，全年发现疑似传染病7例。

【安全生产】 2020年，京溪园镇落实安全生产惩治措施，强化安全生产主体责任，开展重点行业领域专项治理工作。全年出动130余次，检查企业40家，采取停电整改企业3家，发出整改通知书14份。现场发现23处安全隐患，现场指导整改20处安全隐患，其余在限期内整改完毕；开展各类宣传活动20场次以上，发放宣传资料共800多份；组织生产经营单位负责人参加市、县、镇开展安全生产培训，共30多人次。

【社会综合治理】 2020年，京溪园镇建立完善基层网格化治理体系，制订《京溪园镇建立基层网格化治理体系提高网格化治理能力的实施方案》，以行政村为一级管理单元建立一级网格14个，以自然村为二级管理单元建立二级网格64个，划分小网格165个。全面开展网格“家底”摸查，落实网格长责任制；做好信访和矛盾调解化解工作，定期召开分析研判会议，排查化解社会不稳定因素。全年接受群众来访26批共46人次，受理信访案件36件，办结29件；开展社会矛盾排查12件，解决12件。利用宣传标语、宣传栏、LED显示屏、村村通广播等宣传途径，强化扫黑除恶专项斗争宣传，在主要道路和各村（社区）显著位置设置宣传栏14块、悬挂宣传横幅70条，发放宣传手册4000份、张贴宣传海报1000多张，发放扫黑除恶倡议书1.5万份、“给市民一封信”2万份、扫黑除恶和平安建设调查问卷2万份。全年立刑事案件36件、治安案件30件，抓获犯罪嫌疑人15人，立案处理15人。

【广东省休闲农业与乡村旅游示范镇】 2020年3月23日，京溪园镇被广东省农业农村厅、省文化和旅游厅认定为2019年度广东省休闲农业与乡村旅游示范镇。2019年开始，京溪园镇开展广东省休闲农业与乡村旅游示范镇创建工作。京溪园镇立足自身特点，坚持发展休闲康养旅游目标定位，完善旅游总体布局，以“宜游”为发展导向、休闲康养为主导功能，加快建设重点景区和旅游名镇。推进高京经济网络公路建设，初步形成“二横三纵”（“二横”：为加强黄满寨瀑布旅游区与镇区联系，改造升级乡道为高京经济网络公路；为加强镇区内部连通性，规划一条镇区中部东西向主干道。“三纵”：新增规划生态大道与国道G235线、县道X097线连接互通）旅游交通网络；盘活溪东、溪西两大片旅游资源，依托黄满寨瀑布旅游区和京明温泉度假村两大核心景区，协同推进乡村旅游示范点、省定贫困村创建社会主义新农村、新农村示范村等建设，以线带面，加快生态旅游发展，创建全域旅游示范镇。

【国家AAA级旅游景区、广东省科普教育基地】 2020年2月25日，樱山花谷景区被广东省科学技术协会、省科技厅命名为“广东省科普教育基地”；4月20日，被文化和旅游部评定为国家AAA级旅游景区。樱山花谷景区位于揭西县京溪园镇曾大寮村，是以樱花为主题，集赏花游景、休闲玩乐、科普研学、农事体验为一体的乡村休闲旅游景点。景区规划面积41.66公顷，建成13.33公顷，景区主体为樱花林和木兰园。景区按照“基地+农户”模式，整合周边村庄、农户等资源，长期与学校、教育机构和农户合作，将旅游与农村产业进行有机结合，开展形式多样农事体验、科普研学活动，让学生走进田野，在第二课堂中亲近大自然，感受传统农耕文化。发展特色乡村旅游，先后举办中国樱花节、灯光文化节等活动。

学生在樱山花谷景区稻田体验区体验收割稻谷　　（樱山花谷景区　供稿）

2020年京溪园镇主要社会经济指标表

表61

项目	单位	指标	项目	单位	指标
土地总面积	公顷	7336	粮食总产量	万吨	1.17
总人口	万人	5.10	水产总产量	吨	1785
乡村人口	万人	4.59	水果总产量	吨	7848
总户数	万户	1.31	蔬菜总产量	万吨	1.84
社区居委会	个	1	生猪出栏量	头	9881
村委会	个	13	牛存栏量	头	250
农业总产值	亿元	4.86	家禽出栏量	万只	88.28
工业总产值	亿元	21.48	中学	所	2
工业企业	家	192	小学	所	12
规模以上企业	家	8	中小学在校学生	人	2516
高新技术企业	家	—	中小学在职教师	人	200
固定资产投资	亿元	2.46	幼儿园	所	3
本级财政总收入	万元	5822.28	在园幼儿	人	647

2020年京溪园镇主要企业基本情况表

表62

企业名称	企业性质	职工人数（人）	主要特色产品	年产值（万元）	年上缴税收（万元）
京溪园罐头食品有限公司	私企	185	蔬菜、水果罐头、鱼罐头	55625.4	556.3
广东凯城管业有限公司	私企	185	塑料零件及其他塑料制品	8132.6	30.3

续表62

企业名称	企业性质	职工人数（人）	主要特色产品	年产值（万元）	年上缴税收（万元）
桂竹园饼业有限公司	私企	93	饼干	22933.3	229.3
广东鸿盛利五金制品有限公司	私企	125	金属紧固件	7126.4	18.5
揭西县正达铜业有限公司	私企	110	铜压延加工	10856.4	108.6
揭西县京溪园镇粗坑水电发展有限公司	私企	135	水力发电	9654.8	96.5
揭西县京明茶叶综合发展有限公司	私企	90	茶、绿茶和乌龙茶等精制茶加工红	31577.3	315.8
揭西县京溪园镇新裕发皮业有限公司	私企	83	塑料人造革、合成革制造	33911.9	339.1

2020年京溪园镇各村（居）委会基本情况表

表63

村（居）委会名称	所辖自然村名称
京溪园居委	无
粗坑村	坪坑村、粗坑村、孔下村
九磜村	楼下村、九磜村、水头洋村、东南村
甲溪村	甲溪村、湖宏塘村、塘尾村、大片田村、翁溪村、光头洋村
新洪村	隆衣村、背头埔村、黄竹坡村、新寮村、且村、新书斋村、义金围村、洪角村、老寨村、新寨村、双付洋村、塘卜村、更子村、细科村、大隆村、石一种村
长滩村	长滩一村、长滩二村、长滩三村、江坝村、祠堂下村、含水堀村
大岭下村	大岭下村、沙坝巷村
岭溪村	陈牙石村、京溪园村、蛇头村
员墩村	员墩村、丰田岭村、大坪埔村、塘仔唇村、新塘湖村、
上陇村	大溪湖村、石头塘村、洋仔沙村、燕角村、新楼村、四村、五村、六村、七村、八村、九村
新联村	石湖山村、中央村、溪唇寨村、桥头寨村、狮龙围村
美德村	三村、四村、五村、六村、七村、八村、九村、大坷湖村
大鹿村	上鹿村、巷口村、下鹿村
曾大寮村	新寨村、老寨村、寨后村、新苑村、湳池村、池美村、龙苑村、沟围村、竹围村、蓝苑村

（蔡春华　陈婉茹）

五经富镇

【概况】 五经富镇位于揭西县东北部，是“两市”（揭阳市、梅州市）“三县（区）”（揭阳产业转移工业园、揭西县、丰顺县）交界点，东与揭阳产业转移工业园龙尾镇以及梅州市丰顺县埔寨镇接壤，北与梅州市丰顺县八乡山镇毗邻，西与南山镇、良田乡交界，南连京溪园镇，距县城32千米，是潮汕平原西进山区主要通道，为广东省中心镇之一。主要旅游景点有大洋国际生态旅游度假区、龙山自然风景区、黄龙寺风景区等，其中国家AAA级旅游景区1个。土特产主要有腊肠、蜂蜜、苦笋、茶叶、番薯、咸菜。地方方言为客家方言。2020年，土地面积182平方千米，下辖社区居民委员会2个，村民委员会26个，自然村92个。新出生人数353人，人口出生率10.8‰，人口自然增长率4.8‰。至年底，总户数1.47万户，户籍人口5.78万人，常住人口4万人。

【基层党建】 2020年，五经富镇严格执行联审制度，落实镇班子成员挂钩重难点村，加强选举业务指导，推进村委及支委换届选举工作，当选支委72人，党支部书记28人（新任15人），实现100%建档；重组基层党组织，文教党总支统一转移到县教育局。打造新和村、联和村2个党建示范村。组织28位村（社区）党支部书记参加揭阳市委村（社区）党组织书记轮训班；组织632人次村（社区）党委支部书记、主任参加县、镇级党校培训。至年底，全镇党基层组织52个;党员2093人，其中预备党员18人。是年，新吸收党员18人，发展入党积极分子30人。

【经济发展】 2020年，五经富镇工农业总产值16.73亿元，其中工业总产值11.56亿元，农业总产值5.17亿元。地方公共财政预算收入8219.81万元，增长220%。固定资产投资2.75亿元，社会消费品零售总额4.39亿元。各项税收收入总额539.03万元。镇内有农村商业银行1家，农业银行1家，邮政储蓄银行1家，各项存款余额3600多万元，各项贷款3600.94万元。

农业 2020年，五经富镇农业总产值5.17亿元，增长15.1%，其中种植业产值2.61亿元，林业总产值5420万元，畜牧业总产值1.5亿元，渔业总产值1472万元，其他农副产品（其中包括蜂蜜、蜂蜡、禽蛋等）总产值4209万元。主要农作物有稻谷、玉米、番薯、大豆等。全镇耕地面积2736公顷，其中粮食作物播种面积1357公顷，粮食总产量1.2万吨。水稻种植面积1302公顷，总产量7742吨；蔬菜种植面积584公顷，总产量2.38万吨；水果种植面积397公顷，总产量5114吨。林地面积1390公顷，其中抚育成林面积1160公顷，造林面积187公顷，育苗面积45公顷，生态公益林面积1.4公顷，年生产木材1552吨。全年肉猪出栏1万多头、家禽（鸡、鸭、鹅、鸽等）出栏140万余只，水产养殖总产量1916吨。

工业 2020年，五经富镇工业生产主要以轻工业为主，有工业企业38家，从业人员8721人，其中规模以上工业企业2家。主要民营企业有力威纺织厂、天高食品厂。全年实现工业总产值11.56亿元，下降1.7%，其中规模以上工业产值3.39亿元，增长15.3%。

商业 2020年，五经富镇有市场3个，镇区商铺460多家，主要经营服装鞋类、日常用品、五金电器、农副产品、餐饮等。是年，限上商业企业2家；社会消费品零售总额4.39亿元。

【乡村振兴】 2020年，五经富镇推进美丽乡村建设，采用“农民工匠”法推进新农村工程建设。开展村庄清洁行动，清理村巷道杂物乱堆乱放1102宗，清理积存垃圾1.02万吨，清理沟渠池塘溪河淤泥、漂浮物和障碍物875.3吨，拆除危旧房、旧猪牛羊栏、乱搭乱建等663宗共2.46万平方米，全镇76个自然村“三清三拆三整治”（“三清”：清理村巷道及生产工具、建筑材料乱堆乱放，清理房前屋后和村巷道杂草杂物、积存垃圾，清理沟渠池塘溪河淤泥、漂浮物和障碍物；“三拆”：拆除旧房危房、废弃猪牛栏及露天厕所，拆除乱搭乱建、违章建筑，拆除非法违规广告、招牌等；“三整治”：整治垃圾、生活污水及水体污染）专项行动通过县验收。全年新农村建设项目50宗，其中符合采用“农民工匠”法3宗，采用率100%，投入资金73.99万元。全镇“厕所革命”任务数35个全部完工。完成建设新仓村、新安村、龙山村“四好农村路”共9.48千米。加快农村生活污水处理工作，推进雨污分流工程建设。开展镇村两级河长大巡河活动，镇级河长巡河545人次，村级河长人均990多次，发现并解决问题211宗；清理整治“四乱”（乱占、乱采、乱堆、乱建）共11宗。

【精准扶贫】 2020年，五经富镇巩固脱贫成果，强化贫困村产业扶贫基础。完成新和村水厂路段扩宽项目、泮坑村蛇地龙至洋寮段水利灌溉设施建设工程建设，共投入资金46.88万元。广东云顶茶叶有限责任公司茶叶生产加工项目投入“631”资金1045万元，每年保底收益5%，为贫困户提供就业岗位31个。建设新和村茶叶种植基地、茶叶加工厂大江分厂、联和村新农人可食用菌种植基地项目及泮坑村甜笋种植基地项目，成立扶贫资产管理委员会26个。开展“消费扶贫”，建设新和村消费扶贫专馆，发动帮扶单位购买扶贫产品超30万元，签订镇级购销合同2个，签订消费扶贫协议5个，总金额10万元。2020年度建档立卡义务教育适龄儿童114人，入学114人，义务教育阶段入学率100%；落实教育补助，发放教育补助155人共27.65万元，教育补助落实率100%。至年底，全镇3个省定贫困村脱贫退出，贫困户429户、1052人全部脱贫。

【特色农业】 2020年，五经富镇以大洋高寒山区茶叶种植为核心，发展休闲农业，重点扶持大洋片区村庄，发展特色生态农业，实施“一镇一品”工程。加快建设省级茶叶产业园，推动大洋高山炒茶、苦笋、番薯、蜂蜜、中药材等特色产业提质增效；推进特色农产品包装开发，探索建立农产品生产加工供应链体系；开展农业机械化试验示范，用机器采茶、修整，采用现代化种植。省级茶叶产业园种植面积2800公顷，年产量2217吨，年产值1.25亿元；是年，扩建新茶园267公顷。

【科教文体卫】 科技 2020年，五经富镇开展农技、职业技术培训

大洋茶叶产业园　（五经富镇　供稿）

会2场次，培训人员65人次。

教育 2020年，五经富镇有5所公办幼儿园，在园幼儿1396人，教职工120人；小学18所，在校小学生2938人，教职工192人（小学一级教师123人，小学高级教师3人）；初级中学3所（其中大洋中学为九年一贯制学校），在校初中生1196人，教职工131人（中学高级教师职称10人，中学一级教师职称60人）；高级中学1所，在校学生488人，教职工58人（中学高级教师职称10人，中学一级教师职称48人）。提前完成学校布局调整任务，岐凤学校并入虎峰小学，恒星小学并入联和小学，朝阳小学、营盘小学并入中和学校，镇江小学并入建一小学，新仓、新联两所小学并入大洋中学整合成一所九年一贯制学校。全年举行公开课、研究课28场次。加强骨干教师培训，组织2次共300人参加教育知识培训。大洋中学升入县重点高中分数线以上16人。

文化体育 2020年，五经富镇有文化站1个，广播站1个，有线电视转播站2个，村级广播站28个，镇级文化活动广场2个，村文化活动中心24个，敬老院1个，篮球场20个。完成行政村（社区）综合性文化服务中心全覆盖建设工作。综合文化站（总站）位于镇区陂头圩，综合文化站总面积940平方米。综合文化站（总站）包含图书阅览室、公共电子阅览室、多功能活动室、培训室、未成年人活动室、棋牌室、文明实践站等功能室，馆藏图书超过8000册，所有服务项目实行免费开放。完成镇文体广场和镇社会足球场建设，镇文体广场位于镇滨江爱心公园，总面积4000多平方米，配套学雷锋志愿服务点、儿童游乐设施、健身路径、乒乓球台、广场舞台、灯光篮球场等；镇社会足球场地选址在联南村，社会足球场建设总设计施工项目总面积约4500平方米，其中足球场人造草场地建设项目约3300平方米。

卫生 五经富镇有揭西县骨伤科医院1所，在编职工131人，临聘人员45人，在岗人员合计176人（副主任医师1人，主治医师20人，执业医师17人，执业助理医师31人，注册护士47人），卫技人员占83%。是年，揭西县骨伤科医院门诊量3.67万人次，收治住院病人1810例，业务收入3236万元。全镇居民健康档案建档人数3.3万人，建档率63.8%；全年发现结核病患者16例，管理16例；家庭医生签约4.07万人，签约率78.3%，其中重点人群签约率61.4%。全年组织医务人员“三基”（基本理论、基本知识、基本技能）培训12次，制定成绩考核方案，进行专业技能及理论考试，成绩合格率100%；卫生机构开展消防安全理论知识培训4次，消防安全演练4次。

【安全生产】 2020年，五经富镇建立健全安全生产责任体系，成立群众安全生产监督委员会，与全镇28个村（居）委会、有关单位签订安全生产和消防安全责任书，落实安全生产责任；强化安全生产检查和专项治理攻坚，严厉惩治非法生产经营烟花爆竹，深化“网格化”安全生产、消防安全隐患排查整治，开展重大节假日安全生产和消防安全大检查；开展森林防灭火专项工作，加强巡山检查，全镇各村辖区设村森林防火卡口54个，对过往车辆及行人进行检查。全年全镇检查监管对象58家，出动检查组92次，出动检查人员435人次，出动车辆58台次，发现安全隐患52处，现场整改47处，5处限期整改均整改到位；悬挂宣传横幅12条，张贴宣传标语1650份。

【社会综合治理】 2020年，五经富镇加强社会治安综合治理，推进来信来访和矛盾纠纷化解工作，强化法治宣传，推进社会综合治理。全年全镇受理群众来信来访83件，办结83件；接访81次，下访96次，排查矛盾纠纷36件，化解纠纷36件，受理调处7件；司法所调处纠纷75件，调解成功率100%；组织开展法治宣传教育活动20余次，发放各类宣传资料8000余份，制作宣传横幅10条，解答法律咨询180人次；累计接收社区矫正对象57人，期满解除47人，在矫10人；4名驻村律师向挂点28个村（居）委提供法律服务30余次，提供各类法律意见20余条。惩治涉恶违法犯罪9宗，下发扫黑除恶海报6350套，悬挂横幅350条，制作宣传栏29个，印发“致市民的一封信”1.29万份。全年派出所立刑事案件21件，侦破12件，刑事拘留17人，受理行政案件3件，行政拘留4人。

2020年五经富镇主要社会经济指标表

表64

项目	单位	指标	项目	单位	指标
土地总面积	万公顷	1.82	粮食总产量	万吨	1.2
总人口	万人	5.9	水产总产量	吨	1916
乡村人口	万人	1.17	水果总产量	吨	5114
总户数	万户	1.37	蔬菜总产量	万吨	2.38
社区居委会	个	2	生猪出栏量	万头	1
村委会	个	26	牛存栏量	头	—
农业总产值	亿元	5.17	家禽出栏量	万只	140
工业总产值	亿元	11.56	中学	所	3
工业企业	家	38	小学	所	18
规模以上企业	家	2	中小学在校学生	人	4622
高新技术企业	家	—	中小学在职教师	人	381
固定资产投资	亿元	2.75	幼儿园	所	5
本级财政总收入	万元	2364.02	在园幼儿	人	1396

2020年五经富镇主要企业基本情况表

表65

企业名称	企业性质	职工人数（人）	主要特色产品	销售额（万元）	年上缴税收（万元）
揭西大洋和天下旅游投资有限公司	私企	56	旅游休闲服务	681	150
广东省天高食品厂有限公司	私企	25	凉果加工	2035	81

2020年五经富镇各村（居）委会基本情况表

表66

村（居）委会名称	所辖自然村名称
长潭居委	无
陂头居委	无
龙山村	龙德村、海南村、观音村、张何孔村、桃仔坪村、坑背村、剑门村、茶园坑村、下寮村、鱼条村、园山村
文联村	径背村、排子村、丰山尾村、茅园村、丰山新村
陈江村	陈江村
建二村	大寮村、富斗寨村、汤边村、迎上围村、埔子围村
建一村	上陂头村、下陂头村、建中圩村、新寨村、禾坪头村、水磨村、龙湖村
第八村	八村
第七村	石印村、坑尾头村
第六村	六村

续表66

村（居）委会名称	所辖自然村名称
第五村	五村
第四村	四村
第三村	三村
第二村	二村
第一村	一村
新和村	珍子围村、上车村、大江村、见龙围村
营盘村	营盘村、红围村、下田村
中和村	庵背村、中和新村、新寨村、青塘角村、山子下
朝阳村	约所村、中和圩村、低坪村、友德村、新塘村
联和村	高村、罗屋村
联南村	鸭母湖村、小溪村、塘背村、井潭村
恒星村	下坝村、青溪村、圆潭村、耀地村、曲潭村、西山下村、良滩村、龙新村
泮坑村	泮坑老寨村、洋寮段村、蛇地龙村、见背村、南门村、龙仔村
五新村	老屋下村、光裕楼村、官屋埔村、陈屋墩村、新开田村、新岭村
新安村	新铺村、何树窟村、山下墩村
中联村	赖屋岭村、田心村、梅花村
新仓村	新仓老寨村、新仓新寨村
新其村	新其老寨村、新其新寨村、移民新村

（刘佳俊　刘遂生）

大溪镇

【概况】 大溪镇位于县境东南部，东与灰寨镇接壤，西毗邻龙潭镇、坪上镇，南连钱坑镇，北与南山镇交界，距县城15千米，土地面积35.5平方千米。有省、市、县非物质文化遗产名录8项，其中省级非遗1项（大溪宗祠祭典仪式）、市级非遗2项（大溪宗祠祭典仪式、揭西炒茶），县级非遗5项（大溪宗祠祭典、揭西炒茶、油漆工艺、做木工技艺、做豆干技艺）；广东省历史文化名村、广东省古村落——井美（老寨、新寨）村；大溪李氏宗祠、李氏祖墓群、李天生故居、井美新寨古寨场等市级文物保护单位；涂晋庵、金山清元洞、金山大仙脚印石等景点。主要农产品有淮山、青橄榄、乌橄榄、荔枝、龙眼、茶叶、元宵柚等，尤以大溪淮山、乌橄榄最为出名。地方方言为潮汕方言。2020年，下辖社区居民委员会1个，村民委员会16个，自然村32个。新出生人数322人，人口出生率11.1‰，人口自然增长率6.7‰。华人华侨1.37万人。港澳台同胞约800人。至年底，总户数6551户，户籍人口2.82万人，常住人口1.97万人。

【基层党建】 2020年，大溪镇推进井美村、新园村、杨林村党群服务中心建设，选优配强村（社区）“两委”班子。全年组织开展镇党委理论学习中心组集中研讨学习13次，镇委党校举办培训班24期共培训党员干部956人次；推进村级换届选举工作，完成全镇17个村（社区）党支部换届和17个村（社区）委员会换届各选委会推选工作，调整不符合连任要求村党组织书记6人；选派党建指导员2人，全镇“三支队伍”［第一书记、村（社区）党建指导员、驻点直接联系团队］共54人。至年底，全镇基层党组织34个，其中党委1个、党总支2个、党支部31个；党员846人，其中农村党员648人、镇直机关及各单位在职党员134人、退休党员干部64人。是年，吸收预备党员12人，发展入党积极分子45人。

【经济发展】 2020年，大溪镇农业总产值2.15亿元，比2019年（下同）增长26.5%。地方公共财政预算收入5650.59万元，增长24.7%。全年固定资产投资2.53亿元，社会消费品零售总额2.02亿元。各项税收收入总额162.61万元。镇内有邮政储蓄银行、农村商业银行2家，各项存款余额4.04亿元，各项贷款1821万元。

农业 2020年，大溪镇农业总产值2.15亿元，其中种植业产值1.12亿元，林业产值3279.23万元，牧业产值5778.14万元，渔业产值1048.64万元，农林牧渔其他产业176.22万元。全镇耕地面积642.98公顷，粮食播种面积1006.7公顷，粮食总产量6037吨。主要农作物有水稻、小麦、玉米、甘薯、淮山等。水稻种植面积794.67公顷，总产量4728吨；玉米种植面积37公顷，总产量272吨；蔬菜种植面积345.73公顷，总产量1.57万吨；水果种植面积270.8公顷，总产量4356吨，其中荔枝种植面积33.47公顷，产量186吨，龙眼面积20公顷，产量106吨；林地面积1588.13公顷，完成造林面积170公顷，木材采伐1200立方米，森林覆盖率55.9%以上。全年生猪出栏1.65万头、家禽（鸡、鸭、鹅）出栏24.27万只，水产养殖总产量1055吨。

商业 2020年，大溪镇镇区商铺100多家，主要经营服装鞋类、日常用品、五金电器、农副产品、餐饮等。全年社会消费品零售总额2.02亿元，下降43.1%。

【乡村振兴】 2020年，大溪镇推进“三清三拆三整治”、农村人居环境综合整治、畜禽养殖业污染综合整治、扫黑除恶整治河湖乱象专项行动。加快新农村建设EPC项目及农村生活污水处理设施PPP项目建设进度，推进新农村建设工作。基本完成全镇4个省定贫困村新农村建设，完成村道硬化、雨污分流、集中供水、卫生站、公厕等项目建设及新农村建设节点、亮点提升工程。广东省市场监督管理局携手碧桂园集团共建大东村美丽乡村项目，投入1000万元，建成集新时代文明实践中心、扶贫车间、老人活动中心和乡村大舞台于一体的多功能文化广场，建筑面积近3000平方米。新园村生态宜居美丽示范村计划建设项目17个，完成生态驳岸、活动场所、公厕、篮球场及路灯亮化等9个工程项目建设，竣工率53%。推进金溪润园重点项目，完成小区4幢商品楼主体建设、内部水电等装修及外墙砌砖，主体通过验收。镇区道路升级改造一期、二期工程，投资460万元，完成铺设沥青及人行道、路面排水口设置，安装路灯、监控，镇区标识墙建设及绿化等。投入225万元完成“四好农村路”渔昌路改造工程。8月21日，镇污水处理厂建成通水，共铺设配套主管4915米，支管6300米，服务范围面积0.97平方千米、人口约8200人，建设规模日处理1000吨。完成全镇12个村级污水处理站选址及设计工作。

【精准扶贫】 2020年，大溪镇落实扶贫各项政策，优化和提升产业扶贫项目，农业产业项目有井美村水产养殖（甲鱼）、新楼村生态茶园和畜禽养殖等，资产收益项目有井美村、大东村、井新村、大岭埔村光伏发电和井美村投资广东伍寸农业有限公司等，年终实现相对贫困人口人均可支配收入1.93万元。加强和规范扶贫资产管理，完成全镇扶贫资产确权登记工作，健全扶贫资产管理台账，确权58个项目，其中经营性扶贫资产33个、公益性扶贫资产24个、到户类扶贫资产1个。开展消费扶贫，与揭西县新起点网络科技有限公司签订《扶贫合作协议》，细化消费扶贫举措。至年底，全镇4个省定贫困村脱贫退出，贫困户475户、1528人全部脱贫。

【特色农业】 2020年，大溪镇特色农业以种植淮山为主，有揭西县兴园淮山种植专业合作社（广东省巾帼创业示范基地）和大东村等7个淮山种植专业村，其中揭西县兴园淮山种植专业合作社种植淮山、姜薯等6.66公顷，年销售额80万元；7个淮山种植专业村种植户共2000多户。是年，全镇淮山种植面积130公顷，年产值2000多万元。

【科教文体卫】 **教育** 2020年，大溪镇有幼儿园4所（公办1所、民办3所），在园幼儿700人，教职工40人；小学5所，在校学生1317人，教职工108人（小学一级教师职称78人）；中学1所，在校学生494人，教职工46人（中学高级教师职称8人，中学一级教师职称26人）。推进乡村学校少年宫建设，建成渔梁小学少年宫，并举办民法典讲座等活动。落实全县教育体制机制改革工作部署，做好撤并麻雀学校及党建等工作，全镇完成撤并4所麻雀学校，教育系统设立1个党总支和6个党支部。是年，全镇适龄儿童入学率100%，小学巩固率100%，初中毛入学率82.5%，“三残”（智残、体残、肢残）适龄儿童少年入学率100%，学前三年入园（班）率98%。镇小学系统在全县教学质量综合评价中获一等奖，大溪中学获二等奖。

文化体育 2020年，大溪镇有综合文化站1个，文化服务中心17个，广播站1个，有线电视站1个，村级广播站17个，文化活动广场26个，老年活动中心5个，农家书屋17间，敬老院1个。全年县文广旅体局组织县文化馆、博物馆、图书馆联合镇文化站分别在大东村、大岭埔村开展“流动图书馆”“流动文化馆”“流动博物馆”进农村活动2场次。12月，大溪镇政府联合碧桂园集团国强公益基金会、大东村民委员会在大东村文化广场举办“振兴乡村文化 助力消费扶贫”大溪分赛区广场舞比赛，参赛人数约100人，进行网络直播。全年举办群众文艺会演活动6场。镇文化站由三级文化站升级为二级文化站。

2020年12月13日，“振兴乡村文化 助力消费扶贫”广东省消费扶贫暨乡村文艺公益活动大溪分赛区广场舞比赛在大溪镇大东村文化广场举办 （大溪镇 供稿）

卫生 2020年，大溪镇有卫生院1个，医务人员27人，医生13人，床位10张，配备B超、生化分析仪、多普勒胎心仪等医疗设施；乡村卫生站16个，乡村医生13人。推进公建民营卫生站建设，全镇16个行政村全部完成卫生站建设。全年各医疗机构门诊量7875人次，各医疗卫生单位业务收入45.5万元；儿童计划免疫率98%。

【安全生产】 2020年，大溪镇落实安全生产工作“一岗双责”制度，加强辖区重点场所和行业领域安全生产监管，强化安全生产隐患排查整治工作。全年开展41次安全生产专项行动，出动360多人次，检查“三合一”场所、“三小”场所（小档口、小作坊、小娱乐场所）、公共聚集场所、建筑施工场地151家，发现隐患95家，现场发出整改通知书95份，落实整改95家。全年没有发生重特大安全生产事故。

【社会综合治理】 2020年，大溪镇推进全国综合减灾示范社区创建工作，开展行政村（社区）防灾减灾能力“十个有”（有组织体系、有大喇叭、有警报器、有避难场所、有风险地图、有明白卡、有应急值守、有应急照明、有小册子、有宣传栏）建设。健全和完善网格化治理体系，落实网格化管理，结合“众剑行动”

和扫黑除恶专项斗争，指导督促各村做好社会治安综合治理相关工作，做好矛盾纠纷排查调处，惩治违法犯罪，深化“平安大溪”建设工作。全镇成立17个“社区三人小组”，设置103个网格单元，配备250名网格员。全年受理来信来访案件27件，办结27件，办结率100%。受理“12345”市民服务热线案件98件，办结98件，办结率100%。开展扫黑除恶专项行动57场次，出动执法人员2000多人次，悬挂扫黑除恶宣传横幅96条、发放宣传海报资料近1万份。派出所立刑事案件19件，刑事拘留2人，破案7件；治安案件22件，行政拘留5人。

2020年大溪镇主要社会经济指标表

表67

项目	单位	指标	项目	单位	指标
土地总面积	公顷	3550	粮食总产量	吨	6037
总人口	万人	2.82	水产总产量	吨	1055
乡村人口	万人	2.71	水果总产量	吨	4356
总户数	户	6551	蔬菜总产量	万吨	1.57
社区居委会	个	1	生猪出栏量	万头	1.65
村委会	个	16	牛存栏量	头	290
农业总产值	亿元	2.15	家禽出栏量	万只	24.27
工业总产值	亿元	—	中学	所	1
工业企业	家	—	小学	所	5
规模以上企业	家	—	中小学在校学生	人	1811
高新技术企业	家	—	中小学在职教师	人	154
固定资产投资	亿元	2.53	幼儿园	所	4
本级财政总收入	万元	5650.59	在园幼儿	人	700

2020年大溪镇各村（居）委会基本情况表

表68

村（居）委会名称	所辖自然村名称
大溪圩居委	无
金星村委	金星村、大寮村、山头村、渔福村
星光村委	星光村、棉篮村
金光村委	大堀头村、下埔村
庆光村委	庆光村、小埔村、柑园村
井美村委	井美村、凤地村
井新村委	井新村、新莲村
大岭埔村委	大岭埔村

续表67

村（居）委会名称	所辖自然村名称
大东村委	东良村
大园村委	新光村、顶光村、深光村
新楼村委	新楼村、新凤村
赤寨村委	赤寨村、围埔村
后洋村委	后洋村
新园村委	新园村、顶园村
坎头村委	坎头村、蟹地村
大光村委	大丘母村、大堀村
杨林村委	杨林村

（李勉鸿　钟东峰）

钱坑镇

【概况】 钱坑镇位于揭西县东南部，潮汕平原西北部，榕江南河中上游，东接金和镇，北与大溪镇、灰寨镇分界，南与普宁市里湖镇、大池农场、普侨区交界。榕江南河穿越辖区长9千米，东岸为新架山脉，西岸为金山山脉，两山夹江对峙，山地广阔，地貌以山地和丘陵为主，镇区距县城27千米。主要旅游景点有仙径山风景区、揭阳钱坑木雕博物馆、钱西古村落、顶联村大夫祖祠等。土特产主要有淮山、火龙果、三棱橄榄。地方方言为潮汕方言。2020年，土地面积46.68平方千米。下辖社区居民委员会1个，村民委员会13个，自然村67个。新出生人数594人，人口出生率12.3‰，人口自然增长率7.7‰。至年底，总户数1.13万户，户籍人口4.63万人，常住人口3.82万人。

【基层党建】 2020年，钱坑镇加强对村（社区）“两委”干部、党组织书记、后备干部培训，组织培训1400多人次。推进党建示范镇创建工作，以镇班子成员指导驻村为原则，推进“阵地建设规范、规章制度健全、资料规范齐全、组织活动经常、党员管理到位、工作特色突出”基层党组织建设；打造钱东村、钱北村党建示范村；推动合作社建立党支部；优化基层党组织，钱东村党总支升格为基层党委；选优配强基层“领头雁”，全面完成14个村（社区）党组织换届工作，当选支委56人，其中新任党组织书记9人、支委20人；全面完成村（居）委会换届选举提名候选人工作，推选村民小组长87人。至年底，全镇党基层组织56个，其中党委2个、党总支部5个、党支部49个；党员1391人，其中农村党员990人，镇机关及各单位在职党员253人、离退休人员148人。是年，新吸收党员13人（均为35岁以下），预备党员转正14人，发展入党积极分子15人。

【经济发展】 2020年，钱坑镇工农业总产值7.05亿元，比2019年（下同）增长3.1%，其中工业总产值3.05亿元，农业总产值4亿元。地方公共财政预算收入5298.55万元，增长37.6%。全年固定资产投资4.34亿元，社会消费品零售总额3.4亿元。各项税收收入137.61万元，增长11%。镇内有农村商业银行1家、邮政储蓄银行1家，各项存款余额8.53亿元，其中居民储蓄存款8.02亿元；各项贷款8277.32万元。

农业 2020年，钱坑镇农业总产值4亿元，增长11.2%，其中种植业产值1.93亿元，林业产值1305万元，牧业产值1.65亿元，渔业产值2582万元。全镇耕地面积831公顷，粮食播种面积995公顷，粮食总产量5650吨。基本农田保护区面积1000公顷，其中水田面积971公顷。农作物主要有水稻、淮山等。水稻播种面积958.6公顷，总产量5320吨；蔬菜种植面积374.5公顷，总产量1.48万吨；水果种植面积283公顷，总产量3040吨。林地面积422公顷，完成造林面积210.04公顷，木材采伐920立方米。全年生猪出栏2.68万头、家禽（鸡、鸭、鹅）出栏52.80万只，水产养殖总产量1058吨。

工业 2020年，钱坑镇工业生产以木雕工艺、服装加工、家具制作、石材加工为主，有工业企业42家，从业人员1800多人，其中规模以上工业企业1家，为揭西县辉瑞织造有限公司。是年，实现工业产值3.5亿元，增长6.4%。

商业 2020年，钱坑镇有农贸市场2个，面积3000平方米；小型自选商场4家，镇区沿街商铺400多家；从事个体服务网点1000多个，经营人数4000多人。主要经营金漆木雕、五金电器、服装鞋类、日常用品、农副产品等。是年，全镇社会消费品零售额3.4亿元。

【乡村振兴】 2020年，钱坑镇推进重点项目建设，引进泰利贤、中烨2家房地产企业，统筹推进富林华府、榕悦轩和榕景豪庭规划建设工作和镇区中心大道改造工程建设。强化交通设施建设，完善镇区道路交通划线工作；汕湛高速公路普宁至揭西段通过交工验收，钱坑收费站投入通车运营；完成全镇5条“四好农村路”建设共10.24千米；完成钱东村大头坟至马头小山路段1.3千米、横沟中路至座厝岭约900米、溪墘东路村道等道路水泥硬底化，应急性维修维护竹园内村老寨石路头村道。完善旅游公共服务体系建设，系统整合全镇旅游资源，推进乡村悠闲游，形成“仙径山风景区—钱西古村落—顶联大夫祖祠（省级文物保护单位）—埔龙尾木雕”乡村休闲游旅游路线；组织钱坑木雕参加粤港澳大湾区文化创意设计大赛。推进新农村建设，完成大茶石村、钱北村和月翁村3个省定贫困村垃圾日清、污水处理、村道硬化、水岸同治、绿满家园、人畜分离、旧屋修缮、新屋戴帽项目建设；自办美丽宜居示范村钱东村整合自筹资金555.6万元、人居环境整治资金32万元和雨污分流补助资金563.75万元推进示范村建设，利用“千村示范、万村整治”省级资金700万元，按照农村小型项目建设流程和要求对汕湛高速钱坑出口及沿线钱东地段美丽乡村建设进行提升。整治优化人居环境，完成2020年钱坑镇违法建设专项整治工作计划，其中落实停电措施238宗，拆除违法违章建筑5宗，完成拆旧复垦工程0.43公顷；完成占用耕地建房摸排工作图斑1020个；全面完成“房地一体”农村不动产登记发证工作；建成北部、南部2座污水处理厂，大幅旗、茶山2个污水处理站建成投入使用。

【精准扶贫】 2020年，钱坑镇投入产业项目使用产业扶贫资金共1546.22万元，贫困户人均年增收约1000元；投入产业扶贫资金87.19万元和中央财政扶贫资金17万元用于“以奖代补”；钱北村、红光村利用中央扶贫资金共200万元打造“一村一品”，优化产业发展格局，辐射带动农户发展产业。至年底，全镇3个省定贫困村脱贫退出，贫困户618户、1496人全部脱贫。

【特色农业】 2020年，钱坑镇特色农业以种植淮山、三棱榄、火龙果、金山柑、茶叶为主，主要通过“种养合作社+基地产业化”模式发展特色农业。全年全镇种植淮山55公顷，年产量约2900吨，年产值910万元；火龙果种植面积16公顷，年产量72吨，年产值16万元；金山三棱橄榄基地三棱榄种植面积35公顷，年产量13吨，年产值130万元。

【科教文体卫】 **教育** 2020年，钱坑镇有幼儿园8所（公办幼儿园3所、小学附设幼儿园1所、民办幼儿园4所），在园幼儿750人，教职工45人；小学7所，在校生2406人，教职工190人（小学一级教师147人，小学高级教师43人）；中学1所，在校生1323人，教职工144人（中学高级教师职称20人，一级教师职称53人），是年，小学适龄儿童入学率100%、小升初率100%；钱坑中学高考上本科线2人，上省线145人，上线率92%；投入70多万元新增设两所独立公办幼儿园；投入40多万元优化钱园小学环境，投入20多万元新建钱坑小学足球运动场，投入15万元建设钱江学校少年宫。

文化体育　2020年，钱坑镇有文化站1个、广播站1个、有线电视转播站1个、村级广播站14个、文化活动广场12个、农家书屋13间、老人福利院1个。全镇13个村均有篮球场、乒乓球场、羽毛球场，并配套部分健身器材。完成镇综合性文化服务站建设；完善下辖13个村综合性文化服务中心建设，完成揭西县图书馆钱坑文化站分馆及钱南村服务点、钱北村服务点、顶联村服务点公共图书阅览室建设；完善综合性文化服务站分站——木雕展馆建设，免费开放；举办新时代文明实践活动美丽乡村迎新春暨“揭西美　潮客情”庆祝元旦群众文艺晚会、“迎中秋　庆国庆”灯谜会及篮球赛，在钱西村文体广场和钱东村文体广场举办“2020年揭西县‘流动文化馆’进农村展览活动”系列活动。

卫生　2020年，钱坑镇有医院1所，床位16个，医务人员53人（拥有专业技术职称40人，其中中级职称4人），医生18人；乡村卫生站19个，乡村医生19人；强化卫生防疫工作，新建发热诊室，完成13个村级卫生站建设，做好新冠肺炎、登革热和诺如病毒等疫情防控工作。全镇医疗机构门诊量1.3万人次，收治住院病人263例，各医疗卫生单位业务收入235万元。

【安全生产】　2020年，钱坑镇落实“党政同责、一岗双责”监督管理机制，加强道路交通、消防、危化品、建筑施工等重点行业安全生产监管工作，开展“安全生产月”系列安全生产法律法规宣传活动，推进安全生产工作。全年开展日常检查、重大节日检查出动人员共200人次，检查商铺及家庭作坊、生产经营单位120多家（次）；开展专项整治检查及复查行动42次，发现安全隐患55处，发出整改通知书11份，完成隐患整改55处；发放安全生产宣传资料2000份。全年没有发生重特大安全事故。

【社会综合治理】　2020年，钱坑镇发动群众参与群防群治，推进一村（社区）一法律顾问实施和宣传，排查化解社会矛盾，加强平安路口建设，强化全镇社会治安防控体系建设，推进扫黑除恶专项斗争和平安钱坑建设，规范基层网格化体系建设。全年受理群众来信来访9件，初信初访一次性办结率100%。派出所刑事立案33件，破案14件；查处行政案件39件，调处矛盾纠纷46件，矛盾纠纷案件调解率100%，调解成功率98%以上；刑事拘留16人；查处吸毒人员5人；累计接收社区矫正人员47人，解矫43人，在矫人员4人。

2020年1月1日，美丽乡村迎新春暨“揭西美　潮客情”庆祝元旦群众文艺晚会走进钱坑镇钱东村在该村举办　（钱坑镇　供稿）

2020年钱坑镇主要社会经济指标表

表69

项目	单位	指标	项目	单位	指标
土地总面积	公顷	4668	粮食总产量	吨	5650
总人口	万人	4.63	水产总产量	吨	1058
乡村人口	万人	2.57	水果总产量	吨	3040
总户数	万户	1.13	蔬菜总产量	万吨	1.48
社区居委会	个	1	生猪出栏量	万头	2.68
村委会	个	13	牛存栏量	头	206
农业总产值	亿元	4	家禽出栏量	万只	52.80
工业总产值	亿元	3.05	中学	所	1
工业企业	家	42	小学	所	7
规模以上企业	家	1	中小学在校学生	人	3729
高新技术企业	家	—	中小学在职教师	人	334
固定资产投资	亿元	4.34	幼儿园	所	8
本级财政总收入	万元	5298.55	在园幼儿	人	750

2020年钱坑镇主要企业基本情况表

表70

企业名称	企业性质	职工人数（人）	主要特色产品	年产值（万元）	年上缴税收（万元）
揭西县辉瑞织造有限公司	私营有限责任公司	59	服装	4021.96	172.33

2020年钱坑镇各村（居）委会基本情况表

表71

村（居）委会名称	所辖自然村名称
老圩居委	无
长三水村	中寨村、三角园村、塔新村、塔尾埔村、三美村
钱北村	好巷头村、莲角湖村、新寨村
顶联村	广一村、广二村、叶下桃村、四新村、下埔村、后寮村、土楼村、池顶东村、池顶西村胶东脚村、土楼村
红光村	湖墘老寨、湖墘新寨、老圩村、高园村
钱西村	大寨村、新埔仔村、西畔园村、新园村、新厝村南河村、花园村、草池村、亨南村
钱东村	夏葛园村、口围村、仁福村、大寨村、茨巷村、河沟村、山东村、象山村、象山二村、三小村
大茶石村	石亭村、大幅旗村、茶山村
月翁村	新翁村、老翁村、月眉村
钱南村	九座村、南群村、钱兰里村、老寨村、南丰村、全合村

续表71

村（居）委会名称	所辖自然村名称
埔龙尾村	后畔坑村、山顶村、大埔新寨村
竹园内村	老寨村、池仔顶村、溪墘新村
南光村	豪江宅新寨村、怡合村、乌落洋村
白石村	下白石村、顶白石村、龙村、山顶村

（林泽慧　黄禹玮城）

金和镇

【概况】 金和镇位于揭西县境东南部，东邻凤江镇，西连钱坑镇，北与塔头镇、灰寨镇接壤，南与普宁市里湖镇隔榕江南河相望。距县城27千米。主要旅游景点有蜈蚣岭、山湖村乡村旅游景区、南侨中学旧址、锦林寺、棉湖战役旧址、石牛埔生态公园等。土特产主要有蓝天无公害蔬菜、甜玉米、山湖竹笋等。地方方言为潮汕方言。2020年，土地面积48.46平方千米，下辖社区居民委员会1个，村民委员会13个，自然村91个。新出生人数920人，人口出生率11.1‰，人口自然增长率7.5‰。至年底，总户数1.75万户，户籍人口7.86万人，常住人口5.6万人。是年，金和镇被评为“揭阳市优秀党建示范镇”；山湖村被评为全国乡村旅游重点村、广东省十大美丽乡村；山湖村乡村旅游景区被认定为国家AAA级旅游景区。

【基层党建】 2020年，金和镇制定《金和镇党建示范镇创建工作实施方案》，全覆盖建设村（社区）党组织，规范党群服务中心建设；实施“头雁”工程，选优配强基层干部队伍，推荐村“两委”干部参加大专教育7人；充实干部队伍，调整“第一书记+村（居）党建指导员+驻点直接联系团队”三支队伍；推进仙坡村、山湖村党建示范村先行点建设工作；推进党组织建设规范化，举办党内法规制度培训班；集中整顿软弱涣散党组织，强化和南村党组织规范化建设；推进村（社区）“两委”换届准备工作，全镇14个村（社区）选举产生新一届支委班子，成员69人。加强作风建设，推进基层正风反腐三年行动；加强党员队伍建设，开展党员“亮身份、亮职责、亮承诺”活动；加强督查力度，严肃查办违法违纪案件。至年底，全镇党基层组织85个，其中党委8个、党总支4个、党支部73个；党员1712人，镇直机关及各单位在职党员161人、离退休党员干部190人、农村党员1361人。是年，新吸收党员22人，发展入党积极分子50人；金和镇被揭阳市委组织部评为“揭阳市优秀党建示范镇”。

【经济发展】 2020年，金和镇规模以上工业总产值5.94亿元，比2019年（下同）下降18%；农业总产值7.74亿元，增长26.3%。地方公共预算收入0.76亿元，增长7%。全年固定资产投资5.01亿元，社会消费品零售总额5.47亿元。各项税收收入1131.8万元，下降1.5%。镇内有农村商业银行2家、邮政储蓄银行1家、农业银行1家，各项存款余额14.5亿元，各项贷款7598万元。

农业 2020年，金和镇农业总产值7.74亿元。全镇耕地面积1691公顷，粮食播种面积2046公顷，粮食总产量1.21万吨。主要农作物有水稻、甜玉米等。水稻种植面积1945公顷，总产量1.17万吨；蔬菜种植面积731公顷，总产量3.1万吨；水果种植面积397公顷，总产量4555吨。全年生猪出栏3.23万头、家禽（鸡、鸭、鹅）出栏136万只，水产养殖总产量2574吨。全年发放耕地地力补贴资金237.32万元，受惠农户1.11万户。

工业 2020年，金和镇工业生产以印刷包装、食品加工为主，有金桥、金栅、飞鹅3个工业小区，小区有企业76家，从业人员764人。规模以上企业5家，主要民营企业有广东飞鹅包装彩印有限公司、广东广网线缆实业有限公司、广东金辉科技印务实业有限公司、广东雅都包装印刷有限公司、广东富之源铜业有限公司。是年，规模以上工业总产值5.94亿元，下降18%。

商业 2020年，金和镇有农贸市场2个，主要经营农副食品、服装等。全年引进500万元以上投资项目全部投产35个，总投资6.72亿元，年底完成投产9个。是年，限额以上商业企业3家；社会消费品零售总额5.47亿元，下降52.1%。

【乡村振兴】 2020年，金和镇多渠道筹集资金，建立涉农资金储备项目库，全年投入各级涉农资金共4278.83万元，资金使用率95%以上。全镇所有行政村生态宜居美丽乡村创建全部通过县级验收。全镇13个行政村、91个自然村集中供水率100%，镇辖内中小河流治理全面完成。完成建设“四好农村路”5条，全镇自然村内巷道硬底化基本完成建设。全镇20户以上自然村光纤宽带网络、4G网络全覆盖，完成农村存量“低电压”年度整治任务。完善农村公共服务体系建设，全镇各村实现农村淘宝服务站全覆盖、公建规范化卫生站全部完成建设并投入使用。推进集体经济强村工程，年集体收入50万元以上村7个，比重超过50%。推进农业农村乡村服务体系建设，完成1个镇级助农服务中心建设，益农信息社实现村村全覆盖。推进“粤菜师傅”“南粤家政”和高素质农民等培育任务。建立健全卫生保洁长效管理机制，在全镇13个村中配备134名专职保洁员，常态化实现垃圾日产日清。推进“三清三拆”工作，全年清理村巷道及生产工具、建筑材料乱堆乱放1358宗，清理房前屋后和村巷道杂草杂物、积存垃圾535吨，清理沟渠池塘溪河淤泥、漂浮物和障碍物185吨，拆除危旧房45宗拆除猪牛羊栏、露天厕所茅房40间，拆除乱搭乱建325宗。推进农村“厕所革命”，无害化卫生户厕普及率100%，完成14个农村公厕建设。辖内畜禽粪污综合利用率75%，大型规模养殖场、规模养殖场粪污处理实施装备配套率100%。是年，山湖村乡村旅游景区被评定为国家AAA级旅游景区；山湖村入选第二批国家旅游乡村重点村，被评为“广东省十大美丽乡村”“广东省乡村治理示范村”。

【精准扶贫】 2020年，金和镇建档立卡贫困子女在校生742人，贫困户子女没有出现因贫失学辍学情况；对符合条件无劳动能力贫困户家庭全部成员给予政策性保障兜底；全镇贫困户全部落实参加2020年基本医疗保险和大病医疗保险政策。发展扶贫产业，使用扶贫开发资金170.57万元建设山湖苗圃场，每年不低于40万元利润全部用于贫困户脱贫增收；推进仙坡村农业综合体项目；统筹精准扶贫资金1600万元建设光伏发电项目；协助金溪村、仙坡村2个省定贫困村和统筹其他9个分散村扶贫开发资金量化入股2家企业，共投入资金1400万元，预计每年固定收益不低于入资额5.5%，收益用于贫困户脱贫增收；推动贫困劳动力就业转移，省交通集团驻村工作队组织山湖村32人转移到高速公路收费站就业，每人每年收入6万元以上，使32户贫困户共140人实现稳定脱贫；仙坡村、金溪村、河内村等村安排部分贫困户加入该村保洁员队伍，推进就业扶贫。至年底，全镇4个省定贫困村脱贫退出，贫困户953户、3147人全部脱贫。

【特色农业】 2020年，金和镇推动水稻、甜玉米、竹笋等特色农产品融入县农业产业链；推进山湖村苗圃场发展，结合山湖村“互联网+农旅结合乡村综合体项目”，发展现代农业、乡村旅游、农村电商。特色农业产品主要有蓝天萝卜干、甜玉米、竹笋等，农产品种养、加工、包装、销售等农业产业链企业合计51家，其中规模农业企业6家、农民种养专业合作社12家。全镇“一村一品、一镇一业”项目3个，分别是山湖村竹笋项目、仙坡村淡水龙虾项目、南山尾村油茶项目，其中南山尾村获得省级“一村一品”专业村称号。山湖村竹笋种植面积66.6公顷，年产量4000吨，年产值600万元；仙坡村淡水龙虾养殖面积6公顷，年产量54吨，年产值500万元；南山尾村油茶种植面积33.3公顷，年产量200吨，年产值800万元。

【科教文体卫】 教育　2020年，金和镇有幼儿园12所（公办8所、民办4所），在园幼儿1383人，幼儿教师73人；小学16所，在校生4198人，教师307人（小学一级教师职称291人）；中学3所，在校生2456人，教职工252人（中学高级教师职称41人，中学一级教师职称125人）。是年，适龄儿童入学率100%，小升初率100%。

文化体育　2020年，金和镇有综合文化站（配设分站）1个，内设镇级综合性文化服务中心1个；有线电视转播站4个。镇综合文化站通过省二级文化站验收。山湖村潮曲票友会、金和园之春潮艺苑等文艺单位，开展潮乐潮曲演出等各种文艺活动，全镇开展文艺活动28场次。

卫生　2020年，金和镇有卫生院1所，专业技术人员107人，医生46人，病床85张，配有全自动生化分析仪、彩色B超等医疗设备，全年门诊量3.6万人次，收治住院病人1850例，业务收入877.42万元；乡村卫生站28个（其中公建卫生站13个），乡村医生28人。是年，投资1023.7万元建设卫生院住院综合楼，建筑面积5000平方米，12月底投入使用。

【安全生产】 2020年，金和镇建立健全安全生产应急预案，加强重点行业监管工作，督促职能部门开展专项检查。全年联合安全生产监管职责部门，组织消防和安全生产大检查24次，“地毯式”清理清查4次，整改企业22家（其中口头通知整改企业9家、现场整改7家），对该整改的企业逐个登记造册，发出限期或停业整改通知书。全年无发生重特大事故。

【社会综合治理】 2020年，金和镇结合县2020年度防范非法集资宣传月活动，开展防范化解金融风险工作，通过发放宣传单、粘贴海报、电子显示屏标语口号宣传等方式，营造健康良好金融环境；推进网格化治理体系建设，建成三级党建网格，其中一级网格14个、二级网格47个、三级网格118个；强化违法用地整治工作，依法依规整治违法建设用地9宗共2.14万平方米；加强在建涉嫌违法建设清查管控工作，落实网格化巡查，拆除违法建筑排山架60多宗；推进平安建设工作和扫黑除恶专项斗争，加大打击各类违法犯罪力度。全年全镇受理群众来信来访和网上信访共42件，办结40件，办结率95.2%；13个村委会和1个居委会共调处民间各类纠纷案件109件，其中镇司法所介入参与调解93件；利用各种途径开展法律宣传10次，受教育面5000多人次；派出所受理行政案件33件，其他类治安案件6件，抓获犯罪嫌疑人27人，行政处罚15人。

【第二批全国乡村旅游重点村、国家AAA级旅游景区】 2020年8月，山湖村被文化和旅游部、国家发展和改革委员会列入第二批全国乡村旅游重点村名录；9月，山湖村乡村旅游景区被文化和旅游部评定为国家AAA级旅游景区；12月，被广东省委农村工作办公室、省人力资源和社会保障厅、省文化和旅游厅、南方报业传媒集团评为第二届“广东十大美丽乡村”，被省委农村工作办公室、省委组织部、省委宣传部、省农业农村厅、省民政厅、省司法厅认定为2020年广东省乡村治理示范村。山湖村是国务院扶贫办确定的全国196个、广东5个贫困村定点观测点之一，是省定贫困村，由省交通集团定点帮扶，全村有7个村民小组，总户数1238户共7244人。山湖村位于金和镇东部，辖区面积4.5平方千米，农田面积177公顷，山林地面积166公顷，水域面积53公顷（其中天然湖面积33公顷）。山湖村自然风光优美，素有“水上莲花”之称，天然湖环绕乡村，耕地环湖延展，可谓“一水抱村流，山湖若碧玉”。

山湖村因地制宜，结合省级新农村连片示范建设项目，推进农村人居环境综合整治。2018年6月，山湖村基本完成“三清理、三拆除、三整治”。2019年以来，山湖村在全镇范围内率先开展清拆工作，位于省道S237线两侧违规建筑全部完成清拆；在揭阳市率先推进新农村示范村创建工作，采取EPC总承包模式组织实施新农村建设，基本完成雨污分流、村巷道硬底化、水岸同治、穿衣戴帽、村标指引、绿满家园、垃圾日清、自来水供水、戏台广场、环湖路等重要节点项目和省级新农村连片整治项目，村级生活污水处理站于2018年初投入使用。省交通集团先后投资约1500万元建成西门路桥、集中供水、生态停车场、党建教育基地、公共服务中心（游客服务中心）等项目。加强规划设计，利用山湖村田园风光，建设村中心区域东西、南北两条生态休闲和旅游观光精品旅游线路，启动乡村旅游民宿工程，推进跨仙福湖4座景观拱桥建设，打造精品旅游乡村。开发系列红色旅游旧址，在东征棉湖战役崩山主战场旧址建设烈士陵园。

山湖村一角　　（金和镇　供稿）

2020年金和镇主要社会经济指标表

表72

项目	单位	指标	项目	单位	指标
土地总面积	公顷	4846.2	粮食总产量	万吨	1.21
总人口	万人	7.86	水产总产量	吨	2574
乡村人口	万人	7.56	水果总产量	吨	4555
总户数	万户	1.75	蔬菜总产量	万吨	3.1
社区居委会	个	1	生猪出栏量	万头	3.23
村委会	个	13	牛存栏量	头	895
农业总产值	亿元	7.74	家禽出栏量	万只	136
工业总产值	亿元	—	中学	所	3
工业企业	家	76	小学	所	16
规模以上企业	家	5	中小学在校学生	人	6654
高新技术企业	家	—	中小学在职教师	人	559
固定资产投资	亿元	5.01	幼儿园	所	12
本级财政总收入	万元	7585	在园幼儿	人	1383

2020年金和镇主要企业基本情况表

表73

企业名称	企业性质	职工人数（人）	主要特色产品	年产值（万元）	年上缴税收（万元）
广东广网线缆实业有限公司	有限责任公司	75	制造加工销售网络线	2851.9	92
广东金辉科技印务实业有限公司	有限责任公司	139	包装装潢及其他印刷	27151	486

续表73

企业名称	企业性质	职工人数（人）	主要特色产品	年产值（万元）	年上缴税收（万元）
广东飞鹅包装彩印有限公司	有限责任公司	122	包装装潢及其他印刷	2659	49
广东雅都包装印刷有限公司	有限责任公司	132	包装装潢及其他印刷	11992	33.6
广东富之源铜业有限公司	有限责任公司	64	生产铜杆	13386	32

2020年金和镇各村（居）委会基本情况表

表74

村（居）委会名称	所辖自然村名称
金埔居委	无
金光村	庵场村、城仔内村、高西村、红光村、金普村、老芋村、涌洋村、仁安里村、四十亩村、塔脚村、塗普村、新芋村、洋埔村、洋心村
金园村	庵园村、坑美园村、前宅园村、桥头园村、龙马村、面前园村、高田村、刘厝园村、柑园村
金新村	油寮村、涂寨村、新园村、后埔村、玉堂村、莲湖村、三福村、竹宅村、竹和里村、竹安里村
金溪村	高园村、新高园村、溪园村、安境村、径湖村、陈厝林村、客堂村
仙坡村	大寨村、角山村、岭头山村、埔上村、崎沟村、山仔村、桶山村
南山头村	南山头村
南山尾村	南山尾村
和南村	上栅村、郭厝园村、莲池村、径口村、深坑仔村、后溪村、石牛埔村、圩内村、田心围村
和东村	池畔村、裕安村、章厝寨村、下林村、新厝村、庵湖村、上埔村
和西村	枫山后村、枫山顶村、古塘村、枫山园村、新寨仔村、面前洋村、下林村、老寨村、新寨村、官池山村
山湖村	西门村、北门村、南门村、北星村、虎光村、内寮村、新寨村
杜塘村	杜塘村
河内村	墙基顶村、宫头寨村、油车村、大寨村、口寨村、大功山村、新堂村、荖藤村

（黄煜雅　蔡晓玉）

凤江镇

【概况】 凤江镇位于揭西县东南部，东临榕江南河与棉湖镇隔河相望，西接金和镇，北连塔头镇，南与普宁市梅塘镇毗邻，距县城40千米。土特产主要有橄榄、凉果、芥菜等。地方方言为潮汕方言。2020年，土地面积34.66平方千米，下辖社区居民委员会1个，村民委员会15个，自然村87个。新出生人数1208人，人口出生率13.1‰，人口自然增长率7.9‰。至年底，总户数

1.88万户，户籍人口8.77万人，常住人口7.10万人。

【基层党建】 2020年，凤江镇突出整顿提升，实现1个软弱涣散基层党组织摘帽。推进基层党组织覆盖和工作覆盖，向“非公”企业派驻党建指导员14人，实现指导工作全覆盖。开展农村基层党建“整镇推进、整县提升”创建活动，确定示范村先行点3个，建设党建体育文化广场1个，成立基层党委9个，选派16名优秀干部挂村指导基层党建工作，完成基层党组织标准化达标创建和村（社区）党群服务中心建设，完善镇委党校建设。做好村（社区）“两委”换届选举工作，村民委员会选委会一次性设立成功，实现全部党组织书记担任选委会主任，当选支委86人。至年底，全镇党基层党组织 101个，其中镇党委1个、村级党委9个、党总支5个、支部84个、联合党支部2个；党员1886人，其中农村党员1597人、镇直机关及各单位在职党员224人、退休党员干部65人。是年，预备党员转正38人；新吸收预备党员21人；交纳党费约16万元。

【经济发展】 2020年，凤江镇规模以上工业产值12.35亿元，比2019年（下同）增长7.8%；农业总产值5.71亿元，增长15.6%。地方公共预算收入9171.18万元，增长44.9%。全年固定资产投资2.97亿元，社会消费品零售总额5.95亿元。各项税收收入1015.93万元。辖区内有揭西农村商业银行和邮政储蓄银行。

农业 2020年，凤江镇农业总产值5.71亿元，其中种植业产值2.86亿元，林业产值5933万元，畜牧业产值1.64亿元，渔业产值1612万元，副业产值4608万元。全镇耕地面积1530.2公顷，粮食播种面积2477.5公顷，粮食总产量1.49万吨。种植业以种植水稻为主。水稻种植面积1807公顷，总产量1.09万吨；木薯、番薯、马铃薯种植面积共589.3公顷，总产量3488吨；蔬菜种植面积738.3公顷，总产量3.06万吨；水果种植面积136.13公顷，总产量2041吨。完成造林面积178公顷，木材采伐1441立方米。全年生猪出栏1.21万头、家禽（鸡、鸭、鹅等）出栏86.85万只；水产养殖总产量1371吨。

工业 2020年，凤江镇工业生产以凉果、电线电缆、塑料、针织加工为主，有工业企业301家，其中规模以上工业企业8家。各行业布局主要是阳东片凉果加工、鸿江片电线塑料、凤湖片针织加工。是年，规模以上工业产值12.35亿元，增长7.8%。

商业 2020年，凤江镇有综合市场2个，分别为凤江综合市场和阳夏综合市场，主要经营服装、五金、家电、日常用品、农副产品、餐饮等。镇内有个体工商户1400多户。是年，社会消费品零售总额5.95亿元，下降47.7%。

【乡村振兴】 2020年，凤江镇加快推进凤江污水处理厂三期配套管网工程（凤江镇内河涌水质改善提升项目二期）建设，配套提升泵站一座。4个省定贫困村投入资金6000多万元，面上村投入资金4000多万元，基本完成全镇雨污分流、村巷道硬底化、集中供水等项目建设，重点村基本达

2020年7月8日，揭西县污染防治攻坚战推进会现场会在凤江镇污水处理厂举行
（凤江镇 供稿）

到美丽宜居村标准。开展自办美丽宜居村建设，凤北村被列为自办生态宜居示范村之一，完成行政村整村村庄规划、雨污分流、村巷道硬化和集中供水等项目工程建设；自筹资金完善碧潭村、新围村文化广场建设工作。推进“四好农村路”建设，完成建设鸿赤线、学校路、凤莪路等9条道路共7.97千米。推进“厕所革命”，建成农村卫生公厕建设52座。协调推进全镇农村生活污水处理站PPP项目建设。推进“三清三拆三整治”专项行动，全年全镇清理乱堆乱放1910宗，清理垃圾4.08万吨，拆除危旧房596宗、2.47万平方米，拆除猪牛羊栏和露天厕所3718宗、8.07万平方米，拆除乱搭乱建2570宗、9.65万平方米，完成垃圾乱扔乱放整治217宗，开展污水乱排乱倒整治44宗，开展“三线”（供电线、通信线、广播电视线）乱搭乱接整治38宗，拆旧补绿、美化绿化面积9600多平方米。

【精准扶贫】 2020年，凤江镇投入产业发展资金3380.6万元，收益486.2万元，为有劳动能力贫困户人均增收2167元。利用帮扶单位资金发展产业项目7个，投入资金215万元，为贫困村增加集体经济收入31.88万元，带动贫困劳动力就业93人。开展技能培训、专场招聘会、公益性岗位招聘等，促进贫困劳动力就业779人。全镇发放“以奖代补”项目243户共39万元。至年底，全镇4个省定贫困村脱贫退出，贫困户799户、2641人全部脱贫。

【特色农业】 2020年，凤江镇特色农业以种植水稻、蔬菜，淡水养殖为主，有阳东片、鸿江片、赤新片等集中种植、养殖地。阳东片主产蔬菜、鸿江片是粮食丰产区、赤新片主营淡水养殖，其中阳东片东新村种植大棚反季节空心菜20公顷，年产量1200吨，年产值约360万元，主要销往广州市、深圳市、汕头市等地。

【科教文体卫】 **教育** 2020年，凤江镇有幼儿园9所（公办独立幼儿园1所、小学附设幼儿园1所，民办幼儿园7所），在园幼儿1403人，幼儿教师63人；小学11所，在校学生5126人，教职工281人（小学一级教师职称232人）；初级中学3所，九年一贯制学校1所，在校学生1840人，教职工196人（中学高级教师职称19人，中学一级教师职称101人）。全镇有网络多媒体教室208间，计算机室20多间。是年，适龄儿童入学率100%，小学巩固率100%，“三残”（智残、体残、肢残）适龄儿童少年入学率100%，学前三年入园（班）率85%；凤湖小学、县第三华侨中学获广东省“绿色学校”称号，凤江中学、阳夏华侨中学获“揭阳市平安校园”称号，第四华侨中学等4所学校获县“平安校园”称号，凤江中学等3所学校获县“书香校园”称号。

文化体育 2020年，凤江镇有文化站1个，广播站1个，有线电视转播站4个，村级广播站15个，文化活动广场15个，老人文化活动中心15个，农家书屋15间，老人敬老院1个。开展文化惠民“流动博物馆”系列文化活动。

卫生 2020年，凤江镇有医院1所，医务人员81人（专业技术职称81人，其中中级职称9人），医生38人，病床23张，配备全自动生化仪、血液分析仪、尿液分析仪等医疗设施；乡村卫生站17个，乡村医生17人。全镇各医疗机构门诊量1.1万人次，收治住院病人117例，医疗卫生单位业务收入127万元。

【安全生产】 2020年，凤江镇加强安全隐患排查，开展安全生产专项整治活动，加大安全生产违法行为查处力度。全年出动宣传车80多次、播放广播电视64多次；悬挂宣传横幅52条；组织“地毯式”检查8次，重点突击检查10多次；检查在建工程180家次，加油站12家次，学校72家次，对烟花爆竹经营点、危险化学品等重点行业和规模企业进行全面排查整治650家次，落实整改96家，查处非法储存汽油危险化学品1家。

【社会综合治理】 2020年，凤江镇做好化解各类矛盾纠纷工作，开展社会治安综合治理“众剑行动”和“扫黑除恶”专项斗争，集中排查整治社会治安突出问题。全年全镇受理群众信访件27件，解决27件。受理“12345”投诉件192件，解决183件；组织47次“众剑行动”和“扫黑除恶”专项斗争集中巡查活动，出动红袖章人员约8400人次，出动警力约520人次。受理行政案件50件，结案25件，其中调解8件，行政拘留16人，行政罚款10人；立刑事案件68件，破案16件，刑拘21人，抓获网上在逃人员5人，批准逮捕15人，强戒8人。刑拘容留吸毒违法人员1人，强戒8人，查处吸毒人员11人。

2020年凤江镇主要社会经济指标表

表75

项目	单位	指标	项目	单位	指标
土地总面积	公顷	3465.78	粮食总产量	万吨	1.49
户籍人口	万人	8.77	水产总产量	吨	1371
乡村人口	万人	7.93	水果总产量	吨	2041
总户数	万户	1.88	蔬菜总产量	万吨	3.06
社区居委会	个	1	生猪出栏量	万头	1.21
村委会	个	15	牛存栏量	头	205
农业总产值	亿元	5.71	家禽出栏量	万只	86.85
工业总产值	亿元	—	中学	所	3
工业企业	家	301	小学	所	11
规模以上企业	家	8	中小学在校学生	人	6966
高新技术企业	家	—	中小学在职教师	人	477
固定资产投资	亿元	2.97	幼儿园	所	9
本级财政总收入	万元	9171.18	在园幼儿	人	1403

2020年凤江镇各村（居）委会基本情况表

表76

村（居）委会名称	所辖自然村名称
桥头居委	无
东光村	新祠堂村、金湖村、埔双村、宫里村、仁里围村、埔美村、后厝村、里厝园村、夏美园村、丰西村、丰东村
东丰村	新湖村、新厝村、仙堀村、仙大村、口园村、口新村
东新村	柚园村、新园村、五乡村、竹头园村、湖垅村、溪下村、溪顶村
阳南村	林厝寮村、芋园埔村、巷口埔村、下丕埕村、胶水飞村、赤坎村、双红村、瓜园村
阳西村	双山村、南山洋村、胶走山村、把水村、葫芦村、浮山村
凤西村	客林埔村、赤竹坑村、胜洪村、陈厝地村、古竹林村
凤南村	后西村、后南村、后北村、青龙村、凤开村
凤北村	双凤村、城内园村、新坵田村、凤德村、新围村、草湖村、碧潭村
赤新村	赤料村、彭厝园村、王厝寨村、老坛头村、新坛头村、何厝园村

续表76

村（居）委会名称	所辖自然村名称
花寨村	花寨村
鸿西村	山头村、田心围村、竹置城村
洪湖村	洪湖村、茨内村、茨外村、潭口村、高美园村
鸿江村	旧南村、旧北村、埔上围村、塔下村、祠堂头村、上田村、柑园村、口园村
鸿新村	下厝村、城内村、新置寨村、塗库村
莪萃村	莪萃村、槐园村、青老村、青新村、金沟围村

（陈馥敏　黄增波）

棉湖镇

【概况】　棉湖镇位于揭西县东部、榕江南河中游东岸，东面、南面与普宁市赤岗镇、南溪镇、大坝镇邻接，西面、北面与凤江镇、东园镇隔榕江南河相望，距县城42千米。镇区处于榕江南河中游平原，西北为榕江南河环绕，南北有云湖水系贯通。棉湖镇为广东省历史文化名城、揭西县中心镇之一，旅游资源丰富，素有“土田肥美，民物殷饶，衣冠之族，弦诵之家，甲於通邑”美誉。古建筑有郭氏大楼、李氏花园、曾习经进士第等；古寺庙类有永昌古庙暨云湖庵、慈济古庙暨古戏台、天后圣庙等；近现代重要史迹和代表性建筑有兴道书院、湖西祠堂、洪万兴祠等；古墓葬类有黄奇遇墓、龚姑娘墓、王敏墓等；石刻类有棉湖书院旧址碑刻、永昌古庙碑刻、吴氏百岁亭碑刻、潮州府正堂禁棉湖聚行告示碑、同治棉湖寨界碑等。土特产主要有棉湖瓜丁、春饼、鸡蛋饼、糯米饭、乌膜豆仁、小米粉粿、姜薯汤、粿肉、卷章、红脚芥蓝、六角糕等。地方方言为潮汕方言。

2020年，土地面积29.87平方千米，其中镇区面积14平方千米。下辖社区居民委员会13个，村民委员会14个，自然村29个。新出生人数1364人，人口出生率11.6‰，人口自然增长率7.9‰。华人华侨4万多人。至年底，总户数2.30万户，户籍人口10.53万人，常住人口20多万人。是年，棉湖镇被评为“中国淘宝镇”；棉湖镇贡东村被评为第六届“全国文明村镇”，鲤鱼沟村被评为2018—2020年度“广东省文明村镇”，南门里成功申报“广东省历史文化街区”，湖西村被评为“中国淘宝村”“2020年广东省乡村治理示范村”。

【基层党建】　2020年，棉湖镇先后投入60多万元建设新厝陂村多项改善基础设施惠民工程，升级党员活动室规范化建设；投入50多万元，新建南门社区村级活动场所，解决该社区组织活动场所陈旧落后等问题。落实“头雁效应”工程，完成27个村（社区）党支部书记备案程序。开展后备干部“培青推优”工程，择优选择和重点培养146名后备干部。做好规范党建工作经费使用管理和监督指导，增强服务群众水平。整合现有资源，加强基层党组织学习和活动阵地建设，升级27个村（社区）党群服务中心建设。完成村（社区）“两委”换届选举工作，选举出“两委”干部168人。针对县委第二巡察组反馈意见问题，完成落实整改四大类11项27个具体措施。全年组织党委理论中心组开展12个专题学习16场次，利用镇委党校开展各类专题学习16班次、2705人次，组织村级党组织开展党建主题活动、各类主题党日活动702场次。至年底，全镇党基层组织103个，其中党委1个、党总支部11个（其中农村党总支部6个）、党支部91个（其中农村党支部29个）；党员2591人，其中农村党员998人。是年，发展党员23人，按期转正党员24人，上缴党费56.2万元。

【经济发展】 2020年，棉湖镇工农业总产值142.32亿元，比2019年（下同）增长5.3%，其中工业总产值139亿元，农业总产值3.32亿元。地方公共财政预算收入1.56亿元，与2019年度持平。全年固定资产投资8.59亿元，社会消费品零售总额11.22亿元。各项税收收入4409.41万元，下降5.2%。镇内金融机构有工商银行、农业银行、建设银行、中国银行、农村商业银行、邮政储蓄银行6家，各项存款余额44.34亿元，各项贷款新增2.12亿元。

农业 2020年，棉湖镇农业总产值3.37亿元，增长15.4%，其中种植业产值1.69亿元，林业产值0.35亿元，畜牧业产值0.97亿元，副业产值0.27亿元，渔业产值0.09亿元。全镇农作物总种植面积2048公顷，其中粮食作物种植面积1586.3公顷、经济作物种植面积35.5公顷、其他作物种植面积426公顷，粮食总产量9323吨。粮食作物主要以种植谷物、豆类、薯类为主，其中谷物（稻谷、玉米）种植面积1151.7公顷，总产量6850吨；豆类种植面积7.67公顷，总产量32吨；薯类种植面积427公顷，总产量2441吨。经济作物主要有甘蔗、油料作物（花生）等，甘蔗种植面积13.33公顷，总产量705吨；油料作物种植面积22.2公顷，总产量106吨。水果种植面积184.9公顷，总产量2658吨。其他作物主要有蔬菜、青饲料等，蔬菜种植面积420.4公顷，总产量1.57万吨；青饲料种植面积5.33公顷，总产量155吨。完成育苗面积0.6公顷，造林面积121公顷，未成林抚育作业面积13.3公顷，成林抚育面积80公顷。全年肉猪出栏1.12万头、家禽（鸡、鸭、鹅）出栏57.2万只，水产养殖总产量708吨。

工业 2020年，棉湖镇工业生产主要以生产加工电线、电缆为主，有工业企业676家（含个体户），其中电线电缆企业469家，规模以上工业企业26家。是年，工业总产值139亿元，增长5%，其中规模以上工业产值69.78亿元，增长5.1%。

商业 2020年，棉湖镇有市场4个，分别为中心第一、二、三市场和南门市场，主要农贸产品有蔬菜、瓜果、水产品、禽蛋、肉类及其制品、粮油及其制品、豆制品、熟食、调味品、土特产等。有大型超市4个（惠丰超市、世纪天润、旭日超市、家家乐），主要经营各类日常生活用品。有大小商铺3297户。是年，限额以上商业企业12家，社会消费品零售总额11.22亿元，下降46%。

【乡村振兴】 2020年，棉湖镇建立健全农村人居环境整治长效管护机制和农村基础设施运营机制，推进村庄清洁“三清三拆三整治”专项行动、农村雨污分流建设、“厕所革命”，开展人居环境综合整治行动和新农村建设。全镇29个自然村“三清三拆三整治”工作通过验收。绿化美化环境，建设小菜园149宗、小果园23宗、小花园105宗、小公园16宗。完成省定贫困村垃圾日清、雨污分流、村道硬底化、集中供水、穿衣戴帽、水岸同治、绿满家园等新农村建设项目，新建公厕7座、卫生站4座。完成全镇10个面上村合共23个雨污分流项目建设。实现农村无公害化户厕普及率100%；新建公厕9所，累计21所。全镇14个行政村按村级卫生服务站规范化建设标准新建或提升并投入使用，综合性文化服务中心和公共服务站实现14个行政村全覆盖。建设体育器材、防灾减灾、治安防护、公共照明等公益设施建设，具备自然村通安全优质电、通广播电视、通物流快递、通邮递及报刊征订、通光纤信息网条件，行政村通客运车辆。投入1400多万元，重点对

2020年12月26日，揭阳市推进乡村振兴工作现场交流会在棉湖镇鲤鱼沟村举行。图为现场交流展示棉湖小吃
（林钊立　摄）

厚埔村、鲤鱼沟村、贡山村、玉石村进行美丽乡村项目提升，开工项目共20个，采用“农民工匠”法项目17个，投入金额780多万元。2020年12月26日，揭阳市推进乡村振兴工作现场交流会在棉湖镇鲤鱼沟村举行。

【精准扶贫】　2020年，棉湖镇发展造血型产业项目，带动村发展产业和贫困户就业，考溪村、下浦村入股盛丰园蔬菜基地项目，通过建设特色产业项目，每年带动村集体经济增收3.6万元，增加就业岗位10个。全镇到位扶贫专项资金2824.22万元，使用2743.46万元。至年底，全镇4个省定贫困村脱贫退出，贫困户540户、2008人全部脱贫。

【科教文体卫】　**教育**　2020年，棉湖镇有幼儿园36所（公办2所、民办34所），在园幼儿6158人，幼儿教师524人；小学13所，在校学生1.08万人，教职工594人（小学一级教师365人）；初级中学3所，在校学生4184人，教职工344人（中学高级教师职称31人，中学一级教师职称140人）；有九年一贯制学校2所；完全中学1所（棉湖第二中学），在校学生2762人，教职工234人（中学高级教师职称32人，中学一级教师职称99人）；高级中学1所（棉湖中学），在校学生4228人，教职工280人（研究生学历4人，中学高级教师职称68人）。是年，高考上高分优先投档线107人。小学适龄儿童入学率100%、小升初率100%，完成普通高中送招1342人。

文化体育　2020年，棉湖镇有文化服务中心1个，村（社区）综合性文化服务中心27个，村级广播站27个，文化活动广场6个，老人文化活动中心5个，农家书屋14间，7人制足球场1个，老人福利院1个，省级非物质文化遗产两项，省级文物保护单位3处。有潮乐社、灯谜协会、书画学会等民间休闲娱乐组织，有木雕、竹编、剪纸等民间传统工艺。是年，投资20万元完善配套村（社区）文化室6个；全镇举办文化惠民群众文化活动12场次。

卫生　2020年，棉湖镇有医院1所，床位400个，医务人员472人（专业技术职称432人，高级职称29人、中级职称76人），医生118人；乡村卫生站14个，乡村医生14人。是年，揭西县第二人民医院（棉湖华侨医院）门诊量21万人次，收治住院病人1.7万例，医疗卫生业务收入1.41亿元；建成规范化核酸实验室，7月通过市卫健局评估并投入使用；11月，综合改建建设项目开工，项目总建筑面积3.25万平方米，总投资2亿元，包含一栋13层（地上11层，地下2层）门诊医技综合楼和一栋6层感染科大楼，共有床位210张（其中负压病床10张）；新增磁共振成像系统、多普勒射线系统、动态DR、核酸实验室设备等主要大型医疗设备16套，价值约2300万元。

【安全生产】　2020年，棉湖镇做好安全生产、消防、森林防灭火各项工作，制定安全生产专项整治三年行动计划并组织开展落实。基本完成湖西工业区火灾高风险区域整治工作。督促指导重点企业开展消防安全线上承诺书签订、安全隐患自查上报以及整改工作，落实企业安全生产责任。全年开展各类安全生产检查出动2000多人次，检查生产经营单位750多家，排查隐患450多处，现场落实整改370处，限期整改80处；投入约15万元，整治各类生产经营场所火灾隐患；投入约8万元，开展安全生产宣传工作。全年辖区内没有重大安全事故发生。

【社会综合治理】 2020年，棉湖镇加大违法犯罪惩治力度，开展社会治安重点问题专项整治工作；坚持党建引领网格化治理体系建设，落实271名党员担任“村到组、组到户、户到人”党建三级网格长。全年受理各类信访案件36件，全部按程序办结；调解劳动纠纷61件；调解工资纠纷58件，为农民工追回拖欠工资32.15万元；组织开展社会治安综合清理清查专项行动21次，出动560人次；辖区内两个派出所共立刑事案件186件，破案70件，受理行政案件111件，查处吸毒人员10人，惩治黑恶案件9件、两抢一盗案件34件、涉黄案件2件、涉赌案件5件。

2020年棉湖镇主要社会经济指标表

表77

项目	单位	指标	项目	单位	指标
土地总面积	公顷	2987	粮食总产量	吨	9323
总人口	万人	10.53	水产养殖总产量	吨	708
乡村人口	万人	4.19	水果总产量	吨	2658
总户数	万户	2.30	蔬菜总产量	万吨	1.57
社区居委会	个	13	生猪出栏量	万头	1.12
村委会	个	14	家禽出栏量	万只	57.2
农业总产值	亿元	3.32	中学	所	7
工业总产值	亿元	139	小学	所	13
工业企业	家	676	中小学在校学生	万人	2.24
规模以上企业	家	26	中小学在校教师	人	1452
固定资产投资	亿元	8.59	幼儿园	所	36
本级财政总收入	亿元	1.56	在园幼儿	人	6158

2020年棉湖镇主要企业基本情况表

表78

企业	企业性质	人数（人）	主要特色产品	2020销售额（万元）	2020年上缴税收（万元）
揭阳市长越建筑材料有限公司	私营有限责任公司	8	建材批发	17700.15	574.11
广东程通电线电缆厂有限公司	集体企业	17	电线、电缆制造	16008.73	298.20
揭西县宝讯电缆有限公司	私营有限责任公司	13	电线、电缆制造	6200.07	186.55
揭西县同力电器有限公司	私营有限责任公司	7	家用视听设备批发	8126.46	57.46
广东万泰塑胶科技有限公司	私营有限责任公司	18	日用塑料制品制造	2233.38	68.58
揭西县锦生电线电缆实业有限公司	私营有限责任公司	15	电线、电缆制造	3773.98	181.70
广东纳和线缆实业有限公司	私营有限责任公司	17	电线、电缆制造	3068.33	92.09
揭西县伟成达铜材有限公司	私营有限责任公司	9	铜压延加工	1929.88	47.92
广东胜达通电缆实业有限公司	私营有限责任公司	8	电线、电缆制造	2551.70	82.78
广东复兴五金塑料制品有限公司	私营有限责任公司	21	电力供应	9553.62	38.33
揭西县萌冠电线电缆厂	私营独资企业	13	电线、电缆制造	954.00	27.72
广东省福利永兴彩印有限公司	私营有限责任公司	24	包装装潢及其他印刷	1367.54	41.27

续表78

企业	企业性质	人数（人）	主要特色产品	2020销售额（万元）	2020年上缴税收（万元）
广东安普恒业电线电缆有限公司	其他有限责任公司	12	电线、电缆制造	1225.23	36.80
揭西县联润塑料有限公司	私营有限责任公司	8	日用塑料制品制造	1574.25	47.56
广东科兴宇电缆实业有限公司	其他有限责任公司	8	电线、电缆制造	6916.61	193.48
揭西县顺利达电线电缆有限公司	私营有限责任公司	9	电线、电缆制造	746.65	22.95
广东雅畅线缆实业有限公司	私营有限责任公司	7	电线、电缆制造	2237.70	67.80
广东诺标线缆有限公司	私营有限责任公司	11	电线、电缆制造	1461.35	44.90
广东穗达电线电缆有限公司	私营有限责任公司	8	电线、电缆制造	2001.84	57.57
广东亿心食品工业有限公司	私营有限责任公司	12	糖果、巧克力制造	1065.28	37.36
广东建兴电线电缆有限公司	私营有限责任公司	10	电线、电缆制造	1279.18	38.94
揭西县祥合网络电缆有限公司	私营有限责任公司	11	电线、电缆制造	1897.55	47.48
广东越东机械有限公司	私营有限责任公司	8	电工机械专用设	681.78	20.47
揭西县荣华大酒店有限公司	其他有限责任公司	9	正餐服务	286.89	0.34
广东雄电电线电缆有限公司	私营有限责任公司	8	电线、电缆制造	847.20	27.58

2020年棉湖镇各村（居）委会基本情况表

表79

村（社区）委会名称	所辖自然村名称
竹园内居委	无
桥头居委	无
解放路居委	无
米街居委	无
方围居委	无
南门居委	无
云湖居委	无
花园居委	花园村
道江居委	无
湖滨居委	无
岭南居委	无
兴中居委	无
东新居委	无
四乡村委	刘厝寨村、口寨村、灰陂村、横港村、大港村
湖西村委	湖西村
新湖村委	新光村、湖坡村、南群村、湖东村、永丰村、鸿光林村
厚埔村委	厚埔村
上浦村委	上浦村、林厝堀村
甲埔村委	甲埔村
境潭村委	茭荕池村、境潭村、日路村、沈厝场村

续表79

村（社区）委会名称	所辖自然村名称
下浦村委	下浦村、浦溪村、方栅村
考溪村委	考溪村
贡山村委	贡山村
鲤鱼沟村委	鲤鱼沟村
贡东村委	贡东村
新陂村委	新陂村
玉石村委	玉石村

（许耿双　林钊立）

东园镇

【概况】 东园镇位于揭西县境东部，东与棉湖镇、揭东区白塔镇接壤，西与塔头镇毗邻，南隔榕江南河与凤江镇相望，北与京溪园镇交界，距离县城42千米。主要旅游景点有碧岩寺以及乡村旅游点：玉湖村（革命老区村、广东省乡村治理示范村）、月湄村（中国传统村落、广东省历史文化名村）。土特产主要有布仔豆干、古福咸菜等。地方方言为潮汕方言。2020年，土地面积26.36平方千米，下辖社区居民委员会1个，村民委员会10个，自然村38个。新出生人数638人，人口出生率15.8‰，人口自然增长率8.1‰。海外华侨1.5万人。港澳台同胞1万人。至年底，总户数8699户，户籍人口4.03万人，常住人口3.19万人。

【基层党建】 2020年，东园镇优化干部队伍结构，推进村（社区）党组织换届工作，完成全镇11个村（社区）党组织换届工作，当选支委45人。发挥镇委党校教育培训党员干部主阵地作用，完善党校学习、教育、宣传、服务等功能，全年开展培训12班次，覆盖党员人数约1000人。做好县委第五轮巡察反馈意见整改落实工作，完成反馈7方面18大项共32小项意见整改。升级村级党组织办公场所，加强党群服务中心规范化建设，推进东联社区村级组织活动场所建设，补齐组织阵地建设短板。组织镇村干部学习贯彻基层党建法规制度，精准选派党建指导员。开展“学讲话、抗疫情、促发展”主题党日11场次，组织党员开展志愿服务活动60场次。至年底，全镇党基层组织59个，其中党委1个、党总支7个、党支部51个；党员1152人，其中农村党员794人、居委党员21人、镇直机关及各单位在职党员304人、退休党员干部33人。是年，发展预备党员21人、入党积极分子40人，开展新党员培训150人次。

【经济发展】 2020年，东园镇农业总产值4.09亿元，比2019年（下同）增长14.9%。地方公共财政预算收入6645.75万元，增长51.9%。全年固定资产投资0.65亿元，社会消费品零售总额2.88亿元。各项税收收入881.67万元。镇内有农村商业银行1家，设东园、古福营业厅2个，各项存款余额6.06亿元，增长6.3%；贷款余额4500万元，增长83.1%。

农业　2020年，东园镇农业总产值4.09亿元，其中种植业产值2.4亿元，林业产值9341万元，牧业产值3280万元，渔业产值1120万元，农林牧渔服务业产值3120万元。全镇耕地面积803

公顷，粮食播种面积1482公顷，粮食总产量8743吨。农作物主要有水稻、蔬菜、水果等。水稻播种面积1013.8公顷，总产量6070吨；蔬菜种植面积447.7公顷，总产量1.9万吨；水果种植面积315公顷，总产量4892吨。完成造林面积227公顷，木材采伐1237立方米。全年生猪出栏1.03万头、家禽（鸡、鸭、鹅）出栏56.90万只，水产养殖总产量1153吨。

商业　2020年，东园镇有农贸市场2个，分别为东桥园农贸市场和古福农贸市场，主要经营农副产品和日常用品。镇内有小型自选商场2家，阿里村淘服务站10个，镇区沿街商铺40多家，商业服务行业50多家，主要商品有五金电器、服装鞋类、日常用品、农副产品等。全年社会消费品零售总额2.88亿元，增长6.2%。

【乡村振兴】　2020年，东园镇推动生态宜居家园建设，加大力度整治人居环境，推进“三清三拆三整治”工作，全镇38个自然村全部通过县“三清三拆三整治”检查组验收，验收通过率100%。逐步实行村内全域雨污分流，全镇省定贫困村中28个自然村全面完成雨污分流工作，面上村中10个自然村基本完成雨污分流工程建设。推进农村“厕所革命”，完成农村无害化户厕改造和公厕建设。开展绿化美化大行动，打造小菜园、小花园、小果园、小公园。推进PPP项目镇区污水处理厂、9个微型污水处理站及配套管网工程建设，加快完成莪萃大桥东园镇连接线（一期）改造工程建设，协调推进中园新城建设，推进宜居城乡类项目建设。深化“户收集、村集中、镇转运、县处理”生活垃圾收运模式，推进户收费制度。推进玉湖省补生态宜居示范村工程建设和月湄村自办生态宜居示范村工程建设。基本完成省定贫困村创建社会主义新农村示范村污水处理、村道硬化、集中供水等8个项目建设。全年全镇拆除危弃房478间、1.66万平方米，清拆乱搭乱建、违章建筑1007处1.75万平方米，拆除违法违规广告牌等50宗。

【精准扶贫】　2020年，东园镇落实镇党政领导干部联系帮扶制度、镇村书记遍访贫困户制度，做好与帮扶单位和帮扶责任人对接帮扶工作，推进扶贫有关保障政策落实，加强产业帮扶。全镇无劳动能力户全部纳入政策兜底保障；相对贫困对象全部完成危房改造；贫困户参加医疗保险政策覆盖率100%；开展消费扶贫，东园镇“鲜鸡蛋”成为全县唯一进入广东省第一批扶贫产品名录产品；推进产业帮扶，发展光伏发电项目7个，投入资金570.60万元；发展农业产业扶贫项目，

玉湖村村容村貌　　（东园镇　供稿）

推进投资揭西县坤兴生态农牧发展有限公司和投资揭西县蓝环种养合作社两个扶贫项目，收益全部用于贫困户分红。全年帮扶单位投入引导资金1358.7万元，完成异地购置商铺项目2个；累计发放“以奖代补”资金58.47万元，消费扶贫消费总额约42万元；累计投入中央财政专项扶贫资金191.09万元完成基础设施项目7个。至年底，全镇5个省定贫困村脱贫退出，贫困户589户、2217人全部脱贫。

【特色农业】 2020年，东园镇推进“一村一品、一镇一业”总体部署，推进发展冬瓜和蔬菜种植、淡水养殖等特色农业。以农民合作社等新型农业经营主体为依托，支持发展蓝环种养合作社，种植葡萄、玉米、嘉宝果、桑葚、荔枝等农产品，打造特色品牌。是年，全镇养殖罗非鱼年产量430吨，年产值308万元；种植蔬菜385公顷，年产量1.6万吨，年产值6938万元。

【科教文体卫】 教育 2020年，东园镇有幼儿园5所（公办3所、民办2所），在园幼儿1089人，教职工56人（含临聘教职工）；小学6所，在校学生1746人，教职工103人（小学一级教师95人）；初级中学1所，在校中学生909人，教职工78人（中学高级教师职称4人，中学一级教师职称43人）。是年，考上揭阳一中录取分数线5人，考上揭阳二中录取分数线50人，考上棉湖中学录取分数线149人。

文化体育 2020年，东园镇有文化站1个，广播站1个，有线电视转播站1个，村级广播站11个，敬老院1个。完成镇、村综合文化服务中心标准化和相关配套设施建设，全镇11个村（居）完成文化站配套建设并实行免费开放。

卫生 2020年，东园镇有卫生院1所，执业（助理）医师28人，病床24张，内设预防保健科、全科医疗科、急诊医学科等科室。全镇乡村卫生站10个，乡村医生10人。是年，各医疗机构门诊量1.83万人次，收治住院病人289例，医疗卫生单位业务收入264万元。全年儿童计划免疫率100%，未发生任何传染病。

【安全生产】 2020年，东园镇健全安全生产制度，强化日常安全隐患排查整治，结合重要时间节点和重点专项行动，开展重点行业安全生产专项工作。全年组织开展检查170家次，发现隐患119次，落实整改隐患119次，整改率100%。全镇没有发生较大以上生产安全事故。

【社会综合治理】 2020年，东园镇完善基层社会治安工作措施体系，加强对重点时期和重点部位巡查，开展扫黑除恶专项斗争宣传教育活动，统筹协调辖区矛盾纠纷排查化解和台账管理常态化机制。建立健全基层网格化治理体系，划分11个一级网格管理单元、39个二级网格管理单元、49个三级网格管理单元。加强普法宣传，组织开展“七五”普法工作和“送《民法典》进村”宣传活动。推进“一村（社区）一法律顾问”制度，组织开展各类法律讲座46场次。全年全镇受理信访案件15件，办结15件；排查各类纠纷案件15件，化解调处14件；调处矛盾纠纷58件，其中口头调解1件、书面调解57件，调解成功57件；接收社区矫正对象10人，解除矫正5人。

2020年东园镇主要社会经济指标表

表80

项目	单位	指标	项目	单位	指标
土地总面积	公顷	2635.97	粮食总产量	吨	8743
总人口	万人	4.02	水产总产量	吨	1153
乡村人口	万人	3.15	水果总产量	吨	4892
总户数	户	8682	蔬菜总产量	万吨	1.9
社区居委会	个	1	生猪出栏量	万头	1.03
村委会	个	10	牛存栏量	头	149

续表80

项目	单位	指标	项目	单位	指标
农业总产值	亿元	4.09	家禽出栏量	万只	56.9
工业总产值	亿元	—	中学	所	1
工业企业	家	9	小学	所	6
规模以上企业	家	—	中小学在校学生	人	2655
高新技术企业	家	—	中小学在职教师	人	181
固定资产投资	亿元	0.65	幼儿园	所	5
本级财政总收入	万元	6645.75	在园幼儿	人	1089

2020年东园镇各村（居）委会基本情况表

表81

村（居）委会名称	所辖自然村
东联居委	无
桃围村委	桃围村、仙宝村、中洲村、官田村
玉湖村委	玉湖村
东桥园村委	大寨村、耀东村、新寨村、西兴村、柑园顶村、洲兴村
联丰村委	后畔园村、巷墘村、金湖村、西湖村、厝前村、鹤湖村、月眉山村
赤岩村委	赤岩村、西山村、白木城村、柑园村、新兴村
古福村委	虎埕村、寨内村、砖埕村、池顶村、口寨村、旗坑村、下洲村、上洲村
月湄村委	月湄村
炉清村委	炉清村
后寮村委	后寮村、金湖村
三犁村委	老宅村、新宅村、宅埔村

（李秉江　黄嘉欣）

塔头镇

【概况】 塔头镇位于揭西县东南部，五经富河中下游，东北邻东园镇，南邻凤江镇、金和镇，西连灰寨镇，北接京溪园镇，距县城32千米。主要乡村旅游景点有旧住村。地方方言为潮汕方言。2020年，土地面积29.35平方千米，下辖社区居民委员会1个，村民委员会14个，自然村42个。新出生人数734人，人口出生率13.0‰，人口自然增长率7.6‰。至年底，总户数1.24万户，户籍人口5.44万人，常住人口约3万人。

【基层党建】 2020年，塔头镇落实基层组织工作条例，加强基层队伍建设，推进全镇党建工作。全年利用镇委党校开展各类专题学习14班次、1600多人次，实现村（社区）“两委”干部培训全覆盖；组织村级党组织开展党建主题活动、各类主题党日等活动400多场次。推进村级换届选举工作，成立村（社区）“两委”换届选举工作领导小组，举办村（社区）党组织换届选举培训会2场，帮助镇村换届工作人员熟悉工作流程、提高业务水平；完成村（社区）党组织换届工作，当选支委61人。至年底，全镇党基层组织64个，其中党委1个、党总支8个、党支部55个（其中“两新”组织党支部2个）；党员1494人，其中农村党员1019人、社区党员59人、镇直机关及各单位党员416人。是年，新吸收预备党员18人；发展入党积极分子31人。

【经济发展】 2020年，塔头镇工农业总产值13.23亿元，比2019年（下同）增长7%，其中工业总产值8.39亿元、农业总产值4.84亿元。地方公共财政预算收入3616.07万元，下降40.7%。全年固定资产投资2.67亿元，社会消费品零售总额3.73亿元。各项税收收入226.23万元，下降1.4%。镇内有农村商业银行1家、邮政储蓄银行1家，各项存款余额10.45亿元，各项贷款2230.33万元。

农业 2020年，塔头镇农业总产值4.84亿元，增长15.8%，其中种植业产值2.73亿元，林业产值1.12亿元，牧业产值8916万元，渔业产值972万元。全镇耕地面积1181.47公顷，粮食播种面积1939.2公顷，粮食总产量1.24万吨。全镇农业生产以种植业为主，主要经济作物有冬瓜、甜玉米、笋竹等。水稻种植面积979公顷，总产量6617吨；蔬菜种植面积650公顷，总产量2.67万吨；水果种植面积193公顷，总产量2739吨；冬瓜种植面积405公顷，总产量1.35万吨；甜玉米种植面积337.9公顷，总产量2668吨；笋竹4.36公顷，总产量122吨。林地面积130.7公顷，完成造林面积35公顷，木材采伐1370立方米。全年生猪出栏1.22万头、家禽（鸡、鸭、鹅）出栏68.7万只，水产养殖总产量1118吨。是年，发放种粮补贴137.07万元。

工业 2020年，塔头镇工业生产以食品加工、化肥生产加工为主，有工业企业128家，从业人员1300人，其中规模以上工业企业2家。主要企业有揭西县同心食品有限公司、揭西县潭溪砂砖制造有限公司。是年，实现工业产值8.39亿元，增长2.4%，其中规模以上工业产值7.15亿元，增长5.6%。

商业 2020年，塔头镇有农贸市场1个，小型自选商场3家，镇区沿街商店260多家，主要经营五金电器、服装鞋类、日常用品、农副产品及快递服务等。是年，社会消费品零售总额3.73亿元，下降47.9%。

【乡村振兴】 2020年，塔头镇推进“三清三拆三整治”工作，全镇所有自然村完成清拆整治任务，并通过检查验收，其中清理乱堆乱放458宗，清理积存垃圾319.6吨，清理溪河淤泥、漂浮物等共176.9吨，拆除危旧房 133宗共4000平方米，拆除猪牛羊栏和露天厕所80宗共900平方米。完成6个省定贫困村新农村建设一期工程，包括生活垃圾日产日清、雨污分流、集中供水、道路硬化；推进旧住村、锦龙村2个省定生态宜居美丽示范村建设，完成规划编制和19个项目建设，基本完成村道全面硬化、生活垃圾处理体系、雨污分流建设、供水到户及公共卫生户厕等项目；统筹推进其他8个面上村新农村

2020年11月21日，“（美丽塔头·广财同行）文艺汇演”在塔头镇塔头村举行。图为该演出工作人员合影
（塔头镇 供稿）

建设，开工建设雨污分流工程，完成管道铺设121.45千米，建成小型污水处理站和污水处理池各1座。推进高速出入口综合服务区征地工作。加快建设污水处理工程，22个污水处理站基本完成选址。协调各相关单位配合支持拦河闸重建工程建设以及中小河流整治工程项目。

【精准扶贫】 2020年，塔头镇推进扶贫开发项目落实，利用开发资金及引导资金共772万元入股投资广东佳美生态农业发展有限公司和揭西县磷生农业科技有限公司，山寮村利用开发资金29.38万元建设山寮村水产养殖基地，塔头村利用自筹资金70万元建设塔头村草坪种植基地。落实各项扶贫保障政策，贫困户全部购买医疗保险，完成2019年秋季至2020年春季565名在校生教育补助发放工作，兜底保障329户、479人。至年底，全镇6个省定贫困村脱贫退出，贫困户855户、2800人全部脱贫。

【特色农业】 2020年，塔头镇加强农业技术指导，推进规模化发展玉米种植，玉米种植流转土地资源80公顷，主要种植点在龙光村、锦龙村、塔头村、新园村、潭新村。玉米一年可种植二至四季，全镇种植面积101公顷，年产量706吨，年产值约280万元。

【科教文体卫】 科技 2020年，塔头镇开展群众性科学技术普及工作，全年开展农技、职业技术培训会1场次，培训人员60人次。

教育 2020年，塔头镇有幼儿园3所（公办1所、民办2所），在园幼儿1000人，幼儿教师34人；小学14所，在校学生2253人，教职工173人（小学一级教师职称129人）；初级中学2所，在校学生1249人，教职工114人（中学高级教师职称12人，中学一级教师职称48人）。是年，全镇适龄儿童入学率100%，小学巩固率100%，初中毛入学率99.7%，学前三年入园（班）率95.5%。塔头中学、塔头二中2所中学考上高中学生199人，其中考上河婆中学、棉湖中学共114人。

文化体育 2020年，塔头镇有文化站1个，广播站1个，有线电视转播站3个，村级广播站15个，文化活动广场18个，老人文化活动中心3个，农家书屋14间，老人福利院1个。全年举办群众性文艺活动16场次，开展体育活动12场次。

卫生 2020年，塔头镇有卫生院1所，在编人员56人（医生20人），病床30张，内设预防保健科、全科医疗科、中医科等科室；乡村卫生站20个，乡村医生20人。全年各医疗机构门诊量5042人次，收治住院病人171例，医疗卫生单位业务收入100.66万元。全镇儿童计划免疫率96%，未发生任何传染病。

【安全生产】 2020年，塔头镇落实安全属地管理责任，强化安全生产监管，开展全面排查、隐患整改工作，加强安全生产宣传，做好安全生产各项工作。全年组织开展安全生产大检查12次，例行检查行动40次，出动检查500人次，排查隐患120项，整改率98%以上。

【社会综合治理】 2020年，塔头镇完善基层网格化工作管理体系，推进扫黑除恶、矛盾纠纷排查化解等专项整治行动，开展反邪教警示教育宣传活动。全年全镇受理矛盾纠纷45件，调解45件；村级工作站受理矛盾纠纷325件，调解325件；全镇网格员255人；镇派出所破获盗窃案件9件、吸毒案件2件、故意伤害1件、行政纠纷3件，抓获嫌疑人6人；司法社区矫正人员7人，其中在矫3人、新入矫1人、期满解除3人。

2020年塔头镇主要社会经济指标表

表82

项目	单位	指标	项目	单位	指标
土地总面积	公顷	2935	粮食总产量	万吨	1.24
总人口	万人	5.44	水产总产量	吨	1118

续表82

项目	单位	指标	项目	单位	指标
乡村人口	万人	5.11	水果总产量	吨	2739
总户数	万户	1.24	蔬菜总产量	万吨	2.67
社区居委会	个	1	生猪出栏量	万头	1.22
村委会	个	14	牛存栏量	头	24
农业总产值	亿元	4.84	家禽出栏量	万只	68.7
工业总产值	亿元	8.39	中学	所	2
工业企业	家	128	小学	所	14
规模以上企业	家	2	中小学在校学生	人	3502
高新技术企业	家	—	中小学在职教师	人	287
固定资产投资	亿元	2.67	幼儿园	所	3
本级财政总收入	万元	3616.07	在园幼儿	人	1000

2020年塔头镇主要企业基本情况表

表83

企业名称	企业性质	职工人数（人）	主要特色产品	年产值（万元）	年上缴税收（万元）
揭西县同心食品有限公司	有限责任公司	40	番薯干、芒果干	1200	130
揭西县潭溪砂砖制造有限公司	有限责任公司	65	砂砖	480	58

2020年塔头镇各村（居）委会基本情况表

表84

村（居）委会名称	所辖自然村名称
塔头居委	无
塔头村委	塔头村、袁厝寮村、竹林美村、大园村
潭新村委	月新村、月潭村、周厝埔村、黄厝寮村
保西村委	石牌村、分水岭村
山寮村委	山寮村
大丰村委	大坪埔村、大山脚村、丰文村
新园村委	新园村
阔西村委	田垅围村、里厝寮村、岐山坪村、新置寨村
阔园村委	三角丘村、新寨村、陈厝寮村、老寨村、苏厝巷村、下片园村
锦龙村委	龙山村、锦老村、锦新村
新溪村委	新队村、鹅毛溪村、新兴围村、柑园村、联桐村
旧住村委	旧住村
顶埔村委	顶埔村
潭溪村委	储美村、濂溪村、桃溪洲村、濂兴村、围内村
龙光村委	龙角池村、涂港村

（官国彬　林　淇）

2020年新任揭西县领导简介

【刘端雄】 男，汉族，1973年3月出生，广东汕头人，1994年7月参加工作，1994年4月加入中国共产党，广东省委党校研究生学历。

1990年9月至1994年7月，华南农业大学贸易经济专业学习；

1994年7月至1997年7月，任广东省政府办公厅信访处科员（其间：1995年3月至1996年3月，借调省委农村基层办工作）；

1997年7月至1998年12月，任广东省政府办公厅信访处副主任科员；

1998年12月至2001年9月，任广东省政府办公厅综合一处副主任科员（1998年9月至2001年7月，在广东省委党校经济学专业在职研究生学习）；

2001年9月至2003年11月，任广东省政府办公厅综合一处主任科员；

2003年11月至2004年12月，任广东省台山市长助理（副处级）；

2004年12月至2006年9月，任广东省台山市副市长（副处级）；

2006年9月至2010年3月，任广东省政府办公厅新闻信息处副处长（其间：2008年3月至2008年7月，在广东省委党校2008年第一期中青二班学习）；

2010年3月至2010年9月，任广东省政府办公厅规划纲要办副处长；

2010年9月至2013年12月，任广东省政府办公厅规划纲要办处长（2007年9月至2011年1月，在暨南大学财政学专业学习）；

2013年12月至2016年10月，任广东省粤东西北办、规划纲要办专职副主任（正处职）；

2016年10月至2016年11月，任广东省揭阳市政府党组成员；

2016年11月至2019年10月，任广东省揭阳市政府副市长、党组成员；

2019年10月至2019年11月，任广东省揭阳市委常委、市政府党组成员；

2019年11月至2020年12月，任广东省揭阳市委常委、秘书长、办公室主任；

2020年12月起，任广东省揭阳市委常委、秘书长，揭西县委书记，中共广东省揭阳市第六届委员会委员。

【林剑华】 男，汉族，1974年11月出生，揭阳市揭东区人，1998年12月参加工作，2002年1月加入中国共产党，大学学历。

1994年9月至1998年7月，西南政法大学侦查学系侦查专业学习，大学毕业；

1998年7月至1998年12

月，待业；

1998年12月至1999年12月，任揭阳市人民检察院试用期人员；

1999年12月至2007年3月，任揭阳市人民检察院科员、助理检察员；

2007年3月至2007年5月，任揭阳市人民检察院副科级干部；

2007年5月至2011年11月，任揭阳市人民检察院侦查二科副科长、检察员；

2011年11月至2018年1月，任揭阳市人民检察院侦查二科科长（于2016年7月通过遴选，为员额检察官）；

2018年1月至2018年8月，任揭阳市纪委监委第八纪检监察室副主任；

2018年8月至2019年8月，任揭阳市纪委监委第九纪检监察室主任；

2019年8月至2020年9月，任揭阳市纪委监委第十一审查调查室（市反腐败追逃追赃工作办公室）主任；

2020年9月至2020年10月，任中共揭西县委常委、纪委书记，县监委主任候选人；

2020年10月起，任中共揭西县委常委、纪委书记，县监委副主任、代理主任。

【陈继华】 男，汉族，1977年3月出生，揭阳市榕城区人，1996年11月参加工作，1999年6月加入中国共产党，中央党校研究生学历。

1996年11月至1997年11月，任揭阳市公安局巡警支队见习民警；

1997年11月至1999年6月，任揭阳市公安局交警支队东山大队地方民警（其间：1996年9月至1999年9月，在广东广播电视大学法律专业学习）；

1999年6月至2001年12月，任揭阳市公安局交警支队渔湖大队金湖中队中队长（其间：1998年9月至2000年12月，在省委党校行政管理专业学习）；

2001年12月至2003年12月，任揭阳市公安局交警支队交通管理科地方民警；

2003年12月至2005年4月，揭阳市公安局工作；

2005年4月至2007年6月，任揭阳市公安局交警支队交通管理科科员；

2007年6月至2011年1月，任揭阳市公安局交警支队交通管理科副科长（其间：2008年3月至2010年7月，在华南理工大学网络教育学院专升本法学专业学习）；

2011年1月至2013年5月，任揭阳市公安局刑警支队黑社会犯罪侦查大队教导员；

2013年5月至2014年4月，任揭阳市公安局刑事警察支队副支队长；

2014年4月至2015年7月，任揭阳市公安局技术侦察支队主任科员；

2015年7月至2017年9月，任揭阳市公安局技术侦察支队支队长（副处）（其间：2013年9月至2016年7月，在中共中央党校法学理论专业学习）；

2017年9月至2017年11月，任中共揭阳空港经济区党委委员，揭阳市公安局空港分局局长；

2017年11月至2020年9月，任揭阳空港经济区党委委员、政法委书记，市公安局空港分局局长；

2020年9月起，任揭西县人民政府副县长、县公安局局长。

【刘小电】 男，揭西县河婆街道人，汉族，1962年4月出生，1984年10月参加工作，农工党成员，大学学历。

1980年9月至1984年7月，广州体育学院学习，大学毕业；

1984年7月至1984年10月，任珠海市三中教师；

1984年10月至1993年6月，任揭西县体育运动委员会业余体育运动学校教练；

1993年6月至2000年4月，任揭西县业余体育运动学校副校长；

2000年4月至2001年3月，任揭西县业余体育运动学校校长；

2001年3月至2003年6月，任揭西县体育局副局长；

2003年6月至2006年2月，任揭西县司法局副局长；

2006年2月至2009年9月，任揭西县司法局主任科员、副局长；

2009年9月至2016年6月，任揭西县人民政府副县长；

2016年6月至2020年1月，任揭西县人民政府副县长，农工党揭阳市第三届委员会委员；

2020年1月至2020年4月，任揭西县人民政府副县长，农工党揭阳市第三届委员会委员，政协揭西县委员会副主席候选人；

2020年4月至2020年5月，任农工党揭阳市第三届委员会委员，政协揭西县委员会副主席候选人；

2020年5月起，任农工党揭阳市第三届委员会委员，政协揭西县委员会副主席。

【翁育慧】　女，广东惠来人，汉族，1974年11月出生，1997年5月参加工作，致公党成员，大学学历。

1994年9月至1996年7月，广东工业大学会计专业学习，大专毕业；

1996年7月至1997年5月，在家待业；

1997年5月至2002年3月，任揭阳市审计局办事员（其间：1998年9月至1999年6月，派驻惠来县靖海镇第二中学支援教育工作；1999年9月至2001年12月在广东省委党校经济管理专业学习，大学毕业）；

2002年3月至2007年3月，任揭阳市审计局科员；

2007年3月至2013年1月，任揭阳市审计局直属分局副局长（副科长）（其间：2010年10月至2012年10月，挂职广东省揭阳经济开发试验区溪南街道办事处副主任）；

2013年1月至2015年1月，任揭阳市审计局固定资产投资审计科科长；

2015年1月至2019年2月，任揭阳市审计局社会保障审计科科长；

2019年2月至2020年1月，任揭西县政协副主席；

2020年1月至2020年4月，揭西县人民政府副县长人选；

2020年4月起，任揭西县人民政府副县长。

（县委组织部）

2020年中共揭西县委委员名录

【中共揭西县委委员】　刘端雄、魏洁林、陈　河、陈俊强、张永庆、林春雄、林金晓、官楚生、何　亿、林育群、黄钦志、毛建中、林剑华、莫润波、徐战略、张优产、李清闲、刘景新、黄书香、张剑辉、林新宏、林俊伟、林剑如、杨文银、蔡建新、林伟哲、温贵明、林运标、杨　华、张琼华、汪浩源、曾瑞平、彭细展、邹锐豪、李庆裕、陈　峰、李志丰、廖文伟、杨杰生、林东卫、杨保强

【中共揭西县委候补委员】　张美胜、李秀琼（女）、林绪杰、黄万如、林世雄、林培福、林卓城、李锦秀（女）

（县委办）

2020年揭西县全国、省、市人大代表名录

【全国人大代表】　王玲娜（女）

【省人大代表】　蔡少松、温俊香（女）、潘佩娜（女）

【市人大代表】　刘端雄、魏洁林、陈河、张永庆、林育群、陈峰、蔡东、李文豪、张小燕（女）、庄瑞敦、李玉多（女）、黄俊生、彭康拿、刘文丰、刘寸英（女）、温庆文、黄明辉、蔡庆丰、吕凤清（女）、张茹（女）、蔡传健、刘旭平、蔡裕宁、李晓

丹（女）、李粉容（女）、杨政江、温文波、刘先文、陈小洁（女）、李耀喜、李爱娜（女）、林少华、黄伊娜（女）、杨杰生、王春媚（女）、林春明（女）、林佩荣、吴小斌、陈瑶娟（女）、吴树荣、王晓童、沈彦娜（女）、李志敏、杨夏生

（县人大办）

2020年揭西县人大常委会组成人员名录

【揭西县十届人大常委会组成人员】 陈河、徐战略、张优产、李清闲、李文虹（女）、陈统将、刘耀雄、黄志生、彭绍武、蔡常伟、叶俊新、温喜胜、陈新伟、李建航、杨和快、邓益些、陈增智、邹亿水、陈纪华、李秀琼（女）、黄劲松、林少英（女）、曾芝云（女）、刘妮（女）、刘如娟（女）、张赐荣、黄俊琳（女）、李庆裕、李凌思（女）、陈成腾

（县人大办）

2020年揭西县市政协委员名录

【市政协委员】 陈俊强、林金晓、庄小夸、王耿辉、李旭梅（女）、李俊锋、张臣、陈韬、郑文城、钟方城、黄文锋、曾翠萍（女）、温会暖（女）、谢旭彬、蔡桂珠（女）、谭智

（县政协办）

先进模范人物

全国优秀少先队辅导员

【曾宪英】 女，1977年3月出生，揭西县塔头镇人，1997年7月参加工作，塔头镇少先队总辅导员，塔头小学教师，小学语文高级教师。

1997年毕业后，曾宪英任教于塔头镇塔头小学，历任中队辅导员、大队辅导员、总辅导员。是“揭阳市中小学名班主任工作室”优秀成员，先后多次被评为县级、镇级“优秀教师”“先进班主任”。2018年，被中国少年先锋队广东省工作委员会评为“广东省优秀中国少年先锋队辅导员”，被全国“清玄杯”朗读大会组委会评为全国优秀指导教师奖；2020年，获广东省潮汕星河基金会评为第十届潮汕星河辉勇师表奖。

曾宪英从事教育工作20多年来，遵纪守法，爱岗敬业，热爱学生，道德品行高尚，踏实肯

干，全心全意为党的少年儿童事业作贡献。树立“育人当先立德”教育理念，配合校长推行学校各项方针政策，完成各项任务，业务能力强。组织校级足球赛、朗读之星，镇级体操比赛、文艺表演等少先队活动。开展雏鹰行动，引导学生践行社会主义核心价值观，组织志愿者参加志愿活动。

2020年10月12日，曾宪英被中国少年先锋队全国工作委员会评为2020年度“全国优秀少先队辅导员”。

（团县委）

广东省抗击新冠肺炎疫情先进个人

【黄志辉】　男，1971年2月出生，广东揭西人，1990年12月参加工作，中共党员，揭西县疾病预防控制中心主任。

新型冠状病毒感染的肺炎疫情发生后，防控形势严峻。黄志辉作为县疾控中心负责人，组织制定工作方案，时刻关注疫情动态，思考如何正确指引基层将各项防控措施抓细、抓小、抓落实，推进科学防控、规范操作，加强基层医务工作者自身安全。

塔头镇、上砂镇发现新冠肺炎疑似病例后，黄志辉连夜带队到塔头镇、上砂镇协调开展防控工作，促进落实疫情防控措施，没有发生第二代病例。

2020年5月，县“两会”期间，黄志辉带队到会场踩点，制订核酸检测方案，在现场指挥核酸采样工作，保障县“两会”召开。6月，黄志辉协调高考期间疫情防控工作，保障全县高考安全进行；黄志辉以单位为家，跟进PCR实验室工程进度。28日，实验室建成投入使用后，全县范围内新冠病毒标本在6个小时内出具检测报告。

2020年10月，黄志辉被广东省委、省政府授予“广东省抗击新冠肺炎疫情先进个人”称号。

（县卫健局）

【张小河】　男，1970年4月出生，广东揭西人，1993年8月参加工作，中共党员，揭西县人民医院内科主任。

2003年，张小河在抗击“非典”一线；2009年，他在抗击甲型流感一线；2020年，他担任县人民医院新型冠状病毒感染的肺炎救治专家组组长，不怕危险、无私奉献，带领全院医务人员奋战在疫情防控一线，守护全县人民生命安全和身体健康。

2020年1月24日，县人民医院发热门诊接诊一位患者，患者自称与武汉返乡人员有过密切接触，且出现发热、畏寒、咽喉痛等症状。张小河根据专业诊疗经验，和医护人员做好防护措施，将病人转送到隔离病区，安抚病人紧张情绪，在张小河和护士长劝导下，病人配合做好疾病护理工作。随着疫情发展，县人民医院隔离病区陆续收治一些新冠肺炎疑似患者，张小河总是冲在第一战线，每天都在跟踪患者病情。

2020年10月，张小河被广东省委、省政府授予“广东省抗击新冠肺炎疫情先进个人”称号。

（县卫健局）

【曾小可】　男，1967年1月出生，广东揭西人，1994年8月参加公安工作，中共党员，本科学历。揭西县公安局党组成员、副局长、四级高级警长，一级警督警衔。曾荣立个人一等功1次、二等功2次、三等功5次，先后获评“广东省优秀共产党员”“揭阳市优秀共产党员”“揭阳市优秀人民警察”等称号。

抗击疫情期间，曾小可履职尽责，带领公安民警奋战在抗击疫情第一线，牵头推动成立县公安局疫情防控工作专班，对接市局疫情防控专班开展大数据接收、推送、核查、反馈、上报等工作任务；加强对涉武汉重点人员开展排查、防控、送医、隔离等工作；牵头协调全县6个高速公路出入口联合检疫检查站及3个重点国、省道市际联合检疫检查站建设、运行及后勤保障工作，推进9个站点高效运行，加大监测排查力度，控制疫情传播；指挥辖区派出所对塔头镇、上砂镇2例确诊病例密切接触人员检查、隔离工作，隔离密切接触人员25人；查处各类涉疫情刑事治安案件13件，抓获涉疫情违法犯罪嫌疑人24人，查处涉疫情网络谣言6起，配合县市场监督管理局查处哄抬物价1起，及时阻止群众性聚集游行活动1起，在高速公路口联合检疫站查处冲卡事件9件，核查举报涉武汉牌照车辆警情35条、举报涉武汉人员警情27条。

2020年10月，曾小可被广东省委、省政府授予“广东省抗击新冠肺炎疫情先进个人”称号。

（县公安局）

广东省劳动模范

【刘进裕】 男，1983年9月出生，揭西县龙潭镇人，中共党员，大学本科学历，2001至2006年在中国人民解放军驻香港部队服役，其间分别获得团嘉奖、旅嘉奖、旅优秀士官、优秀老战士称号；县第十一届党代会代表，2018年被评为龙潭镇优秀党员，揭阳市委“不忘初心、牢记使命”主题教育先进事迹报告团成员。2015年5月起，任龙潭镇龙跃村党总支部书记。五年来，刘进裕坚守着“为民”情怀，默默奉献，做好龙跃村脱贫退出工作，推动乡村振兴，被村里百姓称为“咱们的好书记”。

龙跃村是省定贫困村，有1008户、4698人，其中贫困户80户、212人。村里孤寡病残人员不少，而且大多数是危房住户。每年台风暴雨期间，刘进裕都带领村干部，提前开展群众转移工作，带头对低保户和特困户等特殊人群“挂钩到户、责任到人”进行严密看护；安排村两委干部24小时值班巡查，防患险情发生。2020年1月底以来，刘进裕将群众健康安全放在首位，带领村干部进村入户，宣传布控，对进村出入口加强防疫检查，做好新型冠状病毒感染肺炎疫情防控工作。刘进裕说，只要群众安全健康，再苦再累也开心。

村里有一户五保户叫刘育豪，是个长期精神病患者，独自一人住在一座破旧老祠堂，有一次突然发病，在家里放了一把火，大火迅速蔓延，整座房子浓烟滚滚。刘进裕听到群众报告后，一边赶往现场，一边叫人召集村干部组织救火，最终火势被控制，群众被安全救出。

刘进裕任村支书以来，为发展乡村，走遍村里每一个角落，和村民们加强沟通交流，听取意见建议。通过筹措资金，修建水渠，完善农田基础建设，带动村民发展生态蔬菜、砂糖橘等经济作物；推进实施龙源蔬菜大棚、香蕉园、文化广场、小公园、太阳能光伏发电站、建厂招租、美化亮化和雨污分流工程，建设美丽新农村。

2020年12月，刘进裕被中共广东省委、省人民政府授予“广东省劳动模范”称号。

（张燕豪　韩少师）

广东省三八红旗手

【张幼妮】 女，1980年12月出生，揭西县河婆街道人，1999年12月入伍服役，2001年12月退伍，2003年2月参加工作，2019年开始任县公安局警务保障室职工。2004年、2006年、2017年、2019年度先后获县公安局个人嘉奖；2020年，被揭阳市委、市政府授予三八红旗手称号，被市总工会授予“新冠肺炎疫情防控一线先进女职工”称号。

2020年，张幼妮与警务保障室同事按照县公安局党组疫情防控工作部署，加强疫情防控宣传工作，做好各项物资保障和县公安局食堂管理等工作。对县公安局办案区、值班室和食堂等重点区域、重点部位进行杀毒消菌。为避免人员聚集，倡导到县局食堂就餐人员自带餐具、错峰就餐、分散就餐，避免就餐期间人员集聚现象。

2020年春节放假期间，张幼妮没有休息过一天，加班加点开展货物提运、清点接收、存储、发放等保障服务。1月24日（农历大年三十），自首批医用防护口罩运抵后，张幼妮每天往返于局机关和执勤现场之间，一方面忙于接收防护物资，一方面及时配发并跟踪指导民警正确穿戴医用设备，防止不规范操作将民警暴露在危险之中。根据购置和接受捐赠防护物资情况，每天制订发放计划，及时进行配发，做好一线执勤民警、职工、辅警防护安全保障工作。

2021年3月，张幼妮被广东省妇女联合会授予2020年度广东省三八红旗手称号。

（县妇联）

2015—2019年广东省工会女职工工作先进工作者

【张慧琪】 女，1979年9月出生，广东揭西人，大专学历，1997

年10月参加工作，揭西县卫生健康局工会女职工委员、主任医师。

张慧琪自参加工作以来，通过加强政治思想和业务知识学习，提升自身素质水平，逐渐从普通医生成长为单位业务骨干和学科带头人，曾主持揭阳市科研课题2个，发表核心期刊论文5篇；热爱工会女职工工作，倡导健康生活方式，组织打造瑜伽室、乒乓球室、开展健步走活动，丰富职工文化生活，增强女职工身体素质。

面对新型冠状病毒感染肺炎疫情，张慧琪作为基层股负责人，时刻关注疫情动态、防控指引和工作规范，思考如何正确指引基层，推进科学防控、规范操作，落实各项防控措施。春节期间，张慧琪主动放弃假期，坚守岗位。除夕夜，根据揭阳市疾控中心通报，揭西县一名湖北来揭人员核酸检测阳性。在县疫情防控指挥部统一领导下，县卫健局连夜部署，组织基层股和县疾控中心开展流行病学调查、核查并隔离患者密切接触者，采集咽拭子进行核酸检测，对患者家周围开展疫点消杀。同时，张慧琪指导该地政府和医疗卫生机构开展健康知识宣传和告知，发布科学防控信息。此后张慧琪连续工作20多天，组织全县基层医疗机构开展重点人群“网格化”排查和健康管理，统筹部署全县14个联合检疫站设置，协调资源为一线测温人员落实防寒保暖和就餐等后勤保障。2月8日，县内首例患者治愈出院，6名密切接触者医学观察期满，经过核酸检测后解除集中隔离医学观察，未发生医务人员感染。

2020年11月3日，张慧琪被广东省总工会评为“2015—2019年广东省工会女职工工作先进工作者”。

（张燕豪　韩少师）

广东省法院联络工作先进个人

【庄　熙】　男，1975年8月出生，中共党员，大学本科学历，揭西县人民法院审判管理办公室主任。作为一名基层人民法院中层干部，多次被评为先进工作者，2016年立个人三等功，2017年带领部门获集体三等功。

1997年9月开始在县人民法院做基层工作，2007年以来除了负责联络办（审管办）部门工作，一直兼做研究室、办公室、审管办、联络办工作，能吃苦耐劳，工作态度端正、爱岗敬业、尽职尽责，在工作中起到带头表率作用。2018年办理纸质公文近800件，网上处理公文200件，内网发送信息2115条次；探索审判管理新模式，对各部门职能工作进行精细化管理和量化考核，实行案件质量和绩效每月通报制度。带领审管办每月对各业务部门案件质量、结案率、调解率、陪审员参审率等各项指标进行总结分析，并每月通报，使各部门从横向和纵向比较，从中找出差距，查漏补缺，全面提升司法绩效。2018年先后起草修订10多份审判管理文件，建立健全以专门审判管理部门为主体、其他部门各司其职审判管理组织框架，建立起上下一体审判管理工作信息网络，实现全方位、无缝隙、分级别、分层次管理，使案件质效考核连续六年在揭阳市人民法院位居前列。加强人民法院各部门协调，构建高效协调联动联络工作机制，热情接待各级代表来访，向各级代表宣传人民法院，虚心接受代表意见和建议，2018年和2019年连续两年做好来访接待、请求意见走访、旁听庭审邀请、法院视察、座谈举办等工作，走访全国人大代表王玲娜，推动法院联络工作精准化、个性化。

2020年，庄熙被广东省高级人民法院评为“全省法院联络工作先进个人”。

（县人民法院）

广东好人

【吴文狮】　男，1956年6月出生，揭西县塔头镇人，中共党员，大专学历，1981年8月参加工作，事业单位退休干部，揭西县塔头镇阔西村老年人协会副会长。曾获广东省“岗位学雷锋标兵”、揭西县“岗位学雷锋标兵”“最美揭西人”等称号，其家庭曾获广东省“最美家庭”、揭阳市“十大最美家庭”等称号。

自2013年以来，吴文狮为家乡公益事业默默奉献，助人为乐，帮助改善村里孤寡老人、留守儿童等群体生活。吴文狮推进整治100多个集中成片老式厕所卫生和安全问题，逐步打造为村公共停车场；动员并带动村民在村周围清理乱占乱搭现象，种植各种花草树木，美化村容村貌，改善农村人居环境；主张安装村道照明、治安监控设备；发动热心人士捐款，主持建造一座公共厕所，并自愿当公共厕所义务清洁工。

2013年1月，吴文狮主动向村干部提议，利用该村原有祠堂创办“尊老爱幼欢乐园”（亦称“星光老年之家”“幸福院”），丰富老人小孩精神娱乐生活。吴文狮自筹资金10多万元，为尊老爱幼欢乐园购置了电视机、DVD机、潮州乐器和各种室内外健身器材，并注册村尊老爱幼协会。连续八年举办庆祝老年节等尊老敬老活动，发动村里企业家给高龄老人送慰问金。营造尊老敬老氛围，发扬尊老敬老传统美德；5月，吴文狮依托“尊老爱幼欢乐园”，创建省级儿童友好社区。儿童友好社区活动中心设置有电脑室、图书室、音乐室、健身室、电视厅。整合社会资源，发挥志愿者作用，利用假期开设儿童自我保护教育讲座、趣味拓展活动、亲子游戏、家庭教育知识讲座；组织防家庭暴力、防拐防骗、地震火灾演练；举办儿童故事会、朗诵会以及书法、美术、音乐等培训班。2018年5月，该村儿童友好社区获广东十大“最美儿童之家”称号。2015年9月，吴文狮为方便和解决村里高龄独居、留守老人三餐问题，主张利用村内场地创办“敬老食堂”，选派一位退休老师专门负责管理该项工作，整合社会资金，老人每人每月交200元，就可到“敬老食堂”就餐（一日三餐）。

2020年5月11日，被广东省精神文明建设委员会评为2019年第四季度“广东好人”。

（县委宣传部）

先进单位

全国“巾帼文明岗”

【揭西县人民检察院未成年人检察工作办公室】 揭西县人民检察院未成年人检察工作办公室（简称揭西检察未检办）属县人民检察院第二检察部，有干警6人，其中女干警4人，占该办公室总人数66%。揭西检察未检办行使未成年人刑事案件审查逮捕、审查起诉、出庭公诉和预防未成年人犯罪、进行帮教观护等职能。

2020年，揭西检察未检办以习近平新时代中国特色社会主义思想为指导，贯彻落实关于未检工作“惩、防、教、治、责”五字要求，推进高检院“一号检察建议”落实，严格把握未成年人犯罪捕诉标准，惩治侵害未成年人犯罪，开展普法宣传活动，推进未检工作创新发展。全年对涉罪未成年人批准逮捕17件、24人，不批准逮捕2件、2人，提起公诉20件、29人；对侵犯未成年人的犯罪批准逮捕16件、16人，不批准逮捕1件、1人，起诉13件、13人；为50名涉案未成年人提供法律援助；对25名涉罪未成年人犯罪记录予以封存；开展社会调查25次；安排涉案未成年人和家人进行亲情会见30人次；对未成年被害人开展司法救助1人次，发出社会治理类检察建议1份；分别到河婆中学、塔头镇第二中学、棉湖镇城北中学开展法治进校园活动3次；联合县妇联在河婆街道举行“关爱女童 护苗成长”保护女童工作活动并讲授“预防性侵女童”主题法治教育讲座；举办“同舟共济，检护明天”主题检察开放日活动，活动邀请县妇联、团县委、县教育局、县卫健局等单位代表参加。

揭西检察未检办女检察官们以“教育为主、惩罚为辅”为原则，用心用情做好未成年人检察工作，依法保护未成年人司法权益，呵护未成年人健康成长。

2020年5月，揭西检察未检办被广东省妇女联合会授予2019年度广东省“巾帼文明岗”称号；2021年3月，被全国妇女联合会授予2019—2020年度全国“巾帼文明岗”称号。

（县人民检察院）

揭西县人民医院“广东省抗击新冠肺炎疫情先进集体”证书　（县卫健局　供稿）

广东省抗击新冠肺炎疫情先进集体

【揭西县人民医院】 揭西县人民医院（简称县人民医院）始建于1965年，是一所国家二级甲等综合性医院，设有30多个科室，干部职工1024人（含退休人员197人）。

新冠肺炎疫情发生后，县人民医院启动一级应急预案，采取措施开展疫情防治工作。2020年1月27日，县人民医院成立防治新型冠状病毒感染的肺炎指挥部，组建临床救治专家组，设立工作指挥部，推进各项工作有序开展；6月28日，完成新冠病毒核酸检测实验室建设并投入使用。根据应急预案要求，重新升级改造隔离病区病房，配齐配足医疗设备设施，为集中收治疑似新冠肺炎患者做好准备。加强全县医务工作者院感培训，开展疫情防控健康知识宣教；设置发热预检分诊台；规范诊断流程，把预检分诊推到院前，做到不遗漏一例发热患者，不发生交叉感染。

面对新冠肺炎疫情，县人民医院以党建为引领，发挥党员先锋带头作用，组织临床救治专家组和专业护理团队，以人民为中心，舍小家、顾大家，建强疫情防控措施，用生命和汗水守护人民群众的生命安全和身体健康，齐心协力打赢疫情防控硬仗。

2020年10月，县人民医院被广东省委、省政府授予“广东省抗击新冠肺炎疫情先进集体”称号。

（县卫健局）

2015—2019年广东省工会女职工工作先进集体

【揭西县人民医院工会女职工委员会】 揭西县人民医院工会女职工委员会成立于2014年10月15日，2020年女职工536人，其中工会女职工委员会3人。

医院全体女职工以习近平新时代中国特色社会主义思想为指导，践行医院“造福百姓，精益求精”核心价值，时刻把病人利益放在第一位，在女工委带领下开展护理工作，推进女职工工作。落实责任制整体护理，县人民医院开展优质护理病房覆盖率100%；开展移动护士终端及二维码扫描识别，实现临床核心业务移动化应用，实行护理工作流程电子化操作，规范化管理护理操作规程；采取定期或不定期、或口头等方式增加对患者满意度调查次数，针对患者提出问题，及时与相关主管部门领导及分管院长反映，及时做出整改，提高就医满意度。2019年，增设临床科室输送岗，从原有病区陪护员包干制改为由输送岗人员负责运送各种检验标本、患者转床/送检，把陪护员时间更多留在科室服务患者生活护理上，落实优质护理工作；2019年，选派骨干到上级医院学习，规范置管维护管理，提升PICC专科规范化维护能力。

医院女职工委经常性组织举办多项文化活动，丰富女职工文化生活。2016年起，每年5月15日举办“5·12”国际护士节文艺晚会或活动，评选优秀护士、优秀护士长、先进工作人员等；举办“2019年度首届护理小讲课授课比赛”，提高护士带教水平及授课能力；组织女职工参与院刊投稿，撰写健康教育文章、工作心得体会等。

医院女职工委加强对女职工培训学习，提高科学化护理管理水平，及时接收先进护理理念及操作技术。计划性选派护士长到上级医院观摩学习，参加省、市护理学会、护士协会组织学习班，并选派工作能力和责任心强的护理骨干参加院外业务培训或到上级医院进修学习；加大对新入及低年资护士培训力度，在入职前对新入人员进行岗前培训，依据国家卫健委《新入职护士岗前培训大纲》要求，完善岗前培训大纲与计划。

2020年11月3日，揭西县人民医院工会女职工委员会被广东省总工会评为“2015—2019年广东省工会女职工工作先进集体”。

（张燕豪　韩少师）

组织机构及负责人

【中国共产党揭西县委员会】

书　记：陈群峰（2020.10止；10月23日，陈群峰接受广东省纪委监委纪律审查和监察调查）
　　刘端雄（2020.12起）

副书记：魏洁林
　　张永庆

常　委：林金晓
　　方松青（2020.9止）
　　林春雄
　　官楚生
　　何　亿
　　林育群
　　莫润波
　　黄钦志
　　林剑华（2020.9起）

纪委书记：方松青（2020.9止）
　　林剑华（2020.9起）

组织部部长：何　亿

宣传部部长：官楚生

统战部部长：林金晓

政法委员会书记：林育群

县委办公室副主任：
　　杨　灿（负责全面，2020.1止）

县委办公室主任：
　　吴国栋（2020.1起）

县委机构编制委员会
　　办公室主任：杨谦谋

县委巡察工作领导小组
　　办公室主任：刘锦铭

【揭西县人民代表大会常务委员会】

主　任：陈　河

副主任：徐战略
　　张优产
　　李清闲
　　李文虹
　　陈统将
　　刘耀雄（2020.5起）

【揭西县人民政府】

县　长：魏洁林

副县长：林春雄
　　刘小电（2020.1止）
　　刘丽彬（2020.12止）
　　杨建宇（2020.9止）
　　刘景新
　　黄书香
　　陈继华（2020.9起）
　　翁育慧（2020.4起）

县政府党组成员、办公室主任、
　　党组书记：吴国栋（2020.1止）

县政府办公室副主任、
　　党组成员：李勇豪（2020.1起负责全面）

县发展和改革局局长、
　　党组书记：王喜发

县工业信息化和科技局局长、
　　党组书记：邹锐豪

县教育局局长、党组书记：
　　张美胜

县公安局局长、党组书记：
　　杨建宇（2020.9止）
　　陈继华（2020.9起）

县民政局局长、党组书记：

贝平波
县司法局局长、党组书记：
林俊槐
县财政局局长、党组书记：
高锐华
县人力资源和社会保障局局长、党组书记：
彭双蛟（2020.1止）
温贵明（2020.1起任党组书记，2020.5起任局长）
县自然资源局局长、党组书记：
汪浩源
县住房和城乡建设局局长、党组书记：李潮新
县交通运输局局长、党组书记：
陈国富
县农业农村局局长、党组书记：
杨　华
县文化广电旅游体育局局长、党组书记：巫丽琼
县卫生健康局局长、党组书记：
李文涛
县审计局局长、党组书记：
温贵明（2020.3止）
汪伟富（2020.3起）
县统计局局长、党组书记：
林吉新
县水利局局长、党组书记：
李庆裕
县应急管理局局长、党组书记：
刘桂山
县退役军人事务局局长、党组书记：吴锦山
县市场监督管理局局长、党组副书记：蔡远辉
县市场监督管理局副局长、党组书记：蔡建新
大北山生态旅游产业园区管理委员会副主任：
曾伟彬（负责全面，2020.1止）
县电线电缆产业园管委会主任、党组书记：
林育群（2020.1起）
县政务服务数据管理局局长、党组书记：张子发
县医疗保障局局长、党组书记：
廖文伟
县城市管理和综合执法局局长、党组书记：张　斌
县信访局局长、党组书记：
蔡明力（2020.5止）
蔡远良（2020.5起）
县林业局副局长、党组成员：
温仲明（负责全面）
县民族宗教事务局局长：
林运标

【中国人民政治协商会议揭西县委员会】

主　席：陈俊强
副主席：刘小电（2020.5起）
黄志宝（2020.9止）
张剑辉
林新宏
蔡育群
林俊伟
翁育慧（2020.1止）

【中国共产党揭西县纪律检查委员会】

书　记：方松青（2020.9止）
林剑华（2020.9起）
副书记：杨文银
李锦山
常　委：邓淑清
刘锦铭
刘广林
孙映生（2020.4止）

【揭西县监察委员会】

主　任：方松青（2020.9止）
林剑华（副主任、代理主任，2020.10起）
副主任：杨文银
李锦山
委　员：邓淑清
孙映生（2020.4止）
邱旭军
林秀武

【揭西县人民法院】

院长、党组书记：周旭茂

【揭西县人民检察院】

检察长、党组书记：林剑如

【群团组织】

县总工会主席、党组书记：
张优产
中国共产主义青年团揭西县委员会书记、党组书记：
李凌思
县妇女联合会主席、党组书记：
黄俊琳
县工商业联合会主席：蔡传健
县文化艺术界联合会主席、党组书记：邓演杰
县归国华侨联合会主席、党组书记：彭绍兴
县残疾人联合会理事长、党组书记：张永毫
县科学技术协会副主席、党组成员：
陈美云（负责全面，2020.1止）
县科学技术协会主席、党组书记：
庄淑英（2020.1起）

【县直事业单位】

县委党校校长：何　亿

县史志办主任、党组书记：
庄淑英（2020.1止）

县档案局副局长、党组成员：
陈玉华（负责全面，2020.1止）

县档案馆馆长（地方史志办主任）：
林少红（2020.1起）

县公路局局长、党组书记：
陈国富（2020.1止）

县公路事务中心主任：
李林峰（2020.1起）

县物业局局长、党组书记：
陈会堂（2020.1止）

县物业管理中心副主任、党组成员：
李永龙（负责全面，2020.1起）

县广播电视台台长、党组书记：
邹亿水

县人民政府招商引资办公室主任、党组书记：张子发

县供销合作联社理事会主任、党组书记：
张巧欧（2020.1止）

县供销合作联社理事会副主任、党组成员：
刘春会（负责全面，2020.1起）

县环卫局局长：
张壮厅（2020.1止）

县环境卫生管理中心主任：
张壮厅（2020.1起）

广播电视大学副校长：
张优武（负责全面）

教师进修学校校长：黄惠时

河婆中学校长：张新喜

职业技术学校校长：曾文雄

第一职业技术学校校长：曾奇志

【行政性公司】

县商业企业（集团）公司经理：
李志明

县物资总公司总经理：贝小雄

县二轻集体企业联社主任：
黄惠金

【乡镇、街道】

上砂镇：
党委书记：杨伟华
镇长：彭剑彪

良田乡：
党委书记：蔡高端
乡　长：李新健

五云镇：
党委书记：黄万如
镇长：庄少柱（2020.5止）
蔡晓松（2020.5起）

河婆街道：
党工委书记：曾瑞平
办事处主任：张美仁

坪上镇：
党委书记：温庆文
镇长：陈森峰

龙潭镇：
党委书记：李旭军
镇长：温美娜

南山镇：
党委书记：张琼华
镇长：张保才

灰寨镇：
党委书记：彭细展
镇长：温惠祥

京溪园镇：
党委书记：邱育辉
镇长：刘文烽

五经富镇：
党委书记：刘耀雄
镇长：林武忠

塔头镇：
党委书记：李志丰
镇长：林　平

东园镇：
党委书记：林卓城
镇　长：吴少纯

棉湖镇：
党委书记：林东卫
镇长：吴谦慎

凤江镇：
党委书记：林培福
镇长：林国胜

金和镇：
党委书记：杨保强
镇长：杨少波

钱坑镇：
党委书记：杨杰生
镇长：王朝辉

大溪镇：
党委书记：林世雄
镇长：林绪杰

（县委组织部）

先进个人、先进单位名录

2020年揭西县获揭阳市委、市政府以上表彰先进个人一览表

表85

姓名	性别	单位职务	荣誉名称	授予时间	授予单位
曾宪英	女	塔头镇少先队总辅导员、塔头小学教师	全国优秀少先队辅导员	2020.10.12	中国少年先锋队全国工作委员会
黄跃漫	女	揭阳市生态环境局揭西分局揭西县环境监测站技术员	第二次全国污染源普查优秀个人	2020.9.27	国务院第二次全国污染源普查领导小组办公室
庄景处	男	揭西县人民检察院第三检察部一级检察官	广东省检察机关“个人嘉奖”	2020.1	广东省人民检察院
黄志辉	男	揭西县疾病预防控制中心主任	广东省抗击新冠肺炎疫情先进个人	2020.1	中共广东省委、省人民政府
张小河	男	揭西县人民医院内科主任			
曾小可	男	揭西县公安局党组成员、副局长、四级高级警长			
彭惠珊	女	河婆中学教师	2019—2020年度“广东省优秀共青团员”	2020.5.1	共青团广东省委员会
郭鑫纯	女	棉湖第二中学2018级高中（2）班学生			
陈旭妍	女	揭西县团委组织部二级科员	2019—2020年度“广东省优秀共青团干部”		
吴文狮	男	揭西县塔头镇阔西村老年人协会副会长	2019年第四季度“广东好人”	2020.5.11	广东省精神文明建设委员会办公室
刘雅敏	女	国家税务总局揭西县税务局一级行政执法员	减税降费专项工作及时性奖励嘉奖	2020.6	国家税务总局广东省税务局
王梓铎	男	金和镇径口小学大队六（1）中队队员	2019—2020年度“广东省优秀少先队员”	2020.6.29	广东省教育厅、全省少先队组织
李卓佑	男	棉湖镇实验学校大队五（10）中队队员			
林庆达	男	钱坑镇钱坑小学大队五（1）中队队员			
杨泽航	男	凤江镇阳南小学大队三（1）中队队员			
张斯琪	女	河婆街道河山小学大队四（2）中队队员			
庄　琪	女	上砂镇华南学校大队六（1)中队队员			

续表85

姓名	性别	单位职务	荣誉名称	授予时间	授予单位
汪秋丽	女	坪上镇湖光小学大队辅导员	2019—2020年度广东省优秀少先队辅导员	2020.6.29	广东省教育厅、全省少先队组织
陈志财	男	广东京溪园罐头食品有限公司董事长	广东省优秀社区工作者	2020.7.1	中共广东省委、省人民政府
庄熙	男	揭西县人民法院审判管理办公室主任	全省法院联络工作先进个人	2020.7.14	广东省高级人民法院
吴跃彬	男	揭西县人民检察院第二检察部一级检察官	广东省检察机关“个人二等功”	2020.9	广东省人民检察院
张慧琪	女	揭西县卫生健康局工会女职工委员、主任医师	2015—2019年广东省工会女职工工作先进工作者	2020.11.3	广东省总工会
刘进裕	男	揭西县龙潭镇龙跃村党总支部书记	广东省劳动模范	2020.12	中共广东省委、省人民政府
林春雄	男	揭西县委常委、常务副县长，县防控指挥办主任	揭阳市优秀共产党员	2020.4.23	中共揭阳市委
张小河	男	揭西县人民医院大内科主任、隔离病区主任	揭阳市优秀共产党员	2020.4.23	中共揭阳市委
黄振东	男	揭西县人民医院急诊科主任	揭阳市优秀共产党员	2020.4.23	中共揭阳市委
吴浩东	男	揭西县棉湖华侨医院急诊科副主任医师	揭阳市优秀共产党员	2020.4.23	中共揭阳市委
李亮民	男	揭西县疾病预防控制中心副主任	揭阳市优秀共产党员	2020.4.23	中共揭阳市委
韩晓萍	男	揭西县疾病预防控制中心计免科长	揭阳市优秀共产党员	2020.4.23	中共揭阳市委
何　泉	男	揭西县塔头镇卫生院院长	揭阳市优秀共产党员	2020.4.23	中共揭阳市委
曾小可	男	揭西县公安局副局长、四级高级警长	揭阳市优秀共产党员	2020.4.23	中共揭阳市委
孙耿聪	男	揭西县公安局指挥中心指挥股股长、四级警长	揭阳市优秀共产党员	2020.4.23	中共揭阳市委
张少光	男	揭西县城市执法局环卫中心中队长	揭阳市优秀共产党员	2020.4.23	中共揭阳市委
曾瑞平	男	揭西县河婆街道党工委书记	揭阳市优秀共产党员	2020.4.23	中共揭阳市委
蔡远辉	男	揭西县市场监督管理局局长	揭阳市优秀共产党员	2020.4.23	中共揭阳市委
林　诗	男	揭西县交通运输局副局长	揭阳市优秀共产党员	2020.4.23	中共揭阳市委
巫文东	男	揭西县塔头镇大丰村党总支书记	揭阳市优秀共产党员	2020.4.23	中共揭阳市委
庄史岳	男	揭西县公安局坪上派出所所长	揭阳最美退役军人	2020.7.10	中共揭阳市委、揭阳市人民政府

续表85

姓名	性别	单位职务	荣誉名称	授予时间	授予单位
张幼妮	女	揭西县公安局警务保障室职工	揭阳市三八红旗手	2020.11.26	中共揭阳市委、揭阳市人民政府
蔡　冰	女	揭西县交通运输局四级主任科员	揭阳市三八红旗手	2020.11.26	中共揭阳市委、揭阳市人民政府
冯穗玲	女	揭西县棉湖华侨医院急诊科护士长	揭阳市三八红旗手	2020.11.26	中共揭阳市委、揭阳市人民政府
张燕香	女	揭西县龙马环卫环境工程有限公司片区班长	揭阳市三八红旗手	2020.11.26	中共揭阳市委、揭阳市人民政府
林齐珊	女	揭西县棉湖中学教科室副主任	揭阳市三八红旗手	2020.11.26	中共揭阳市委、揭阳市人民政府
黄志辉	男	揭西县疾病预防控制中心主管医师	揭阳市劳动模范	2020.12.2	中共揭阳市委、揭阳市人民政府
李志敏	男	揭西县第二人民医院主任医师	揭阳市劳动模范	2020.12.2	中共揭阳市委、揭阳市人民政府
林佩伟	男	揭西县东园中学高级教师	揭阳市劳动模范	2020.12.2	中共揭阳市委、揭阳市人民政府
陈志财	男	广东京溪园罐头食品有限公司董事长	揭阳市劳动模范	2020.12.2	中共揭阳市委、揭阳市人民政府
李炳雄	男	揭西县住房和城乡建设局污水处理管理股负责人	揭阳市劳动模范	2020.12.2	中共揭阳市委、揭阳市人民政府
王勇光	男	揭西县棉湖镇鲤鱼沟村党支部书记	揭阳市劳动模范	2020.12.2	中共揭阳市委、揭阳市人民政府
官楚生	男	中共揭西县委常委、宣传部部长	揭阳市抗击新冠肺炎疫情先进个人	2020.12.27	中共揭阳市委、揭阳市人民政府
邱旭军	男	揭西县纪委监委监委委员、二级主任科员	揭阳市抗击新冠肺炎疫情先进个人	2020.12.27	中共揭阳市委、揭阳市人民政府
曾双辉	男	揭西县看守所所长、二级警长	揭阳市抗击新冠肺炎疫情先进个人	2020.12.27	中共揭阳市委、揭阳市人民政府
李史雄	男	揭西县公安局交通警察大队副大队长、二级警长	揭阳市抗击新冠肺炎疫情先进个人	2020.12.27	中共揭阳市委、揭阳市人民政府
李彦斌	男	揭西县交通运输局执法大队河婆中队负责人、一级科员	揭阳市抗击新冠肺炎疫情先进个人	2020.12.27	中共揭阳市委、揭阳市人民政府
邱志光	男	揭西县市场监督管理局河婆市场监督管理所副所长（负责全面工作）	揭阳市抗击新冠肺炎疫情先进个人	2020.12.27	中共揭阳市委、揭阳市人民政府
林秋亮	男	国家税务总局揭西县税务局棉湖税务分局副分局长、四级主办	揭阳市抗击新冠肺炎疫情先进个人	2020.12.27	中共揭阳市委、揭阳市人民政府

续表85

姓名	性别	单位职务	荣誉名称	授予时间	授予单位
张林贵	男	揭西县河婆街道北坑村党支部书记	揭阳市抗击新冠肺炎疫情先进个人	2020.12.27	中共揭阳市委、揭阳市人民政府
杨伟华	男	中共揭西县上砂镇党委书记	揭阳市抗击新冠肺炎疫情先进个人	2020.12.27	中共揭阳市委、揭阳市人民政府
林乐群	男	中共揭西县棉湖镇党委委员、副镇长	揭阳市抗击新冠肺炎疫情先进个人	2020.12.27	中共揭阳市委、揭阳市人民政府
张锻炼	男	揭西县卫生健康局副局长	揭阳市抗击新冠肺炎疫情先进个人	2020.12.27	中共揭阳市委、揭阳市人民政府
李彬彬	男	揭西县疾病预防控制中心检验科主任、检验师	揭阳市抗击新冠肺炎疫情先进个人	2020.12.27	中共揭阳市委、揭阳市人民政府
曾锦华	男	揭西县疾病预防控制中心公卫科主任、医士	揭阳市抗击新冠肺炎疫情先进个人	2020.12.27	中共揭阳市委、揭阳市人民政府
林芝明	男	揭西县疾病预防控制中心计免科副主任、医师	揭阳市抗击新冠肺炎疫情先进个人	2020.12.27	中共揭阳市委、揭阳市人民政府
蔡文聪	男	揭西县人民医院副院长、医师	揭阳市抗击新冠肺炎疫情先进个人	2020.12.27	中共揭阳市委、揭阳市人民政府
韩秋丽	女	揭西县人民医院内科护士长、副主任护师	揭阳市抗击新冠肺炎疫情先进个人	2020.12.27	中共揭阳市委、揭阳市人民政府
冉瑞琴	女	揭西县人民医院院感科主任、主管护师	揭阳市抗击新冠肺炎疫情先进个人	2020.12.27	中共揭阳市委、揭阳市人民政府
杨璐晖	女	揭西县人民医院急诊科护士长、主管护师	揭阳市抗击新冠肺炎疫情先进个人	2020.12.27	中共揭阳市委、揭阳市人民政府
李彤明	男	揭西县棉湖华侨医院副院长、副主任医师	揭阳市抗击新冠肺炎疫情先进个人	2020.12.27	中共揭阳市委、揭阳市人民政府
廖小敏	女	揭西县棉湖华侨医院内科副主任、主治医师	揭阳市抗击新冠肺炎疫情先进个人	2020.12.27	中共揭阳市委、揭阳市人民政府
李妙虹	女	揭西县棉湖华侨医院ICU护士长、主管护师	揭阳市抗击新冠肺炎疫情先进个人	2020.12.27	中共揭阳市委、揭阳市人民政府
侯陶治	男	揭西县棉湖华侨医院公卫办公室主任、公卫医师	揭阳市抗击新冠肺炎疫情先进个人	2020.12.27	中共揭阳市委、揭阳市人民政府
林瑶瑶	女	揭西县塔头镇卫生院护士	揭阳市抗击新冠肺炎疫情先进个人	2020.12.27	中共揭阳市委、揭阳市人民政府
韩春牛	男	揭西县河婆街道社区卫生服务中心医士	揭阳市抗击新冠肺炎疫情先进个人	2020.12.27	中共揭阳市委、揭阳市人民政府
叶俊宏	男	揭西县政府办公室副主任、三级主任科员	揭阳市抗击新冠肺炎疫情先进个人	2020.12.27	中共揭阳市委、揭阳市人民政府
林宵俊	男	揭西县政府办公室研究室副主任、一级科员	揭阳市抗击新冠肺炎疫情先进个人	2020.12.27	中共揭阳市委、揭阳市人民政府
贝俊谕	男	揭西县教育局办事员	揭阳市抗击新冠肺炎疫情先进个人	2020.12.27	中共揭阳市委、揭阳市人民政府
邹锐豪	男	揭西县工业信息化和科技局（商务局）局长	揭阳市抗击新冠肺炎疫情先进个人	2020.12.27	中共揭阳市委、揭阳市人民政府

（县地方史志办）

2020年揭西县获揭阳市委、市政府以上表彰先进单位一览表

表86

<table>
<tr><th>单位</th><th>荣誉名称</th><th>授予时间</th><th>授予单位</th></tr>
<tr><td>金和镇山湖村</td><td>第二批全国乡村旅游重点村</td><td>2020.9.2</td><td>文化和旅游部</td></tr>
<tr><td>棉湖镇贡东村</td><td>第六届“全国文明村镇”</td><td>2020.11.17</td><td>中央精神文明建设指导委员会</td></tr>
<tr><td>揭西县人民医院</td><td>广东省抗击新冠肺炎疫情先进集体</td><td>2020.1</td><td>中共广东省委、省人民政府</td></tr>
<tr><td>京溪园镇</td><td>2019年度广东省休闲农业与乡村旅游示范镇</td><td>2020.3.23</td><td>广东省农业农村厅、省文化和旅游厅</td></tr>
<tr><td>揭西县人民检察院</td><td>广东省“巾帼文明岗”</td><td>2020.5</td><td>广东省妇女联合会</td></tr>
<tr><td>揭西县人民医院团支部</td><td>2019—2022年度“广东省五四红旗团支部”</td><td>2020.5.28</td><td>共青团广东省委员会</td></tr>
<tr><td>龙潭龙文学校大队五（1）中队</td><td rowspan="2">2019—2020年度广东省少先队红旗中队</td><td rowspan="2">2020.6.29</td><td rowspan="2">广东省教育厅、全省少先队组织</td></tr>
<tr><td>河婆街道东风小学</td></tr>
<tr><td>揭西县</td><td>广东省双拥模范县</td><td>2020.10.22</td><td>中共广东省委、省人民政府、省军区</td></tr>
<tr><td>揭西县人民医院工会女职工委员会</td><td>2015—2019年广东省工会女职工工作先进集体</td><td>2020.11.3</td><td>广东省总工会</td></tr>
<tr><td>棉湖镇鲤鱼沟村</td><td>2018—2020年度“广东省文明村镇”</td><td>2020.12.9</td><td>中共广东省委、广东省人民政府</td></tr>
<tr><td>南山镇</td><td>广东省乡村治理示范乡（镇）</td><td rowspan="16">2020.12.29</td><td rowspan="16">广东省委农村工作办公室、省委组织部、省委宣传部、省农业农村厅、省民政厅、省司法厅</td></tr>
<tr><td>五云镇郑塘村</td><td rowspan="15">广东省乡村治理示范村</td></tr>
<tr><td>良田乡双水村</td></tr>
<tr><td>坪上镇石峡村</td></tr>
<tr><td>龙潭镇泉水塘村</td></tr>
<tr><td>灰寨镇马路村</td></tr>
<tr><td>京溪园镇员墩村</td></tr>
<tr><td>大溪镇井美村</td></tr>
<tr><td>五经富镇新和村</td></tr>
<tr><td>钱坑镇钱北村</td></tr>
<tr><td>金和镇山湖村</td></tr>
<tr><td>塔头镇旧住村</td></tr>
<tr><td>东园镇玉湖村</td></tr>
<tr><td>凤江镇阳西村</td></tr>
<tr><td>棉湖镇湖西村</td></tr>
<tr><td>南山镇火炬村</td><td>广东省红色村党建工程示范点</td><td>2020</td><td>广东省委组织部</td></tr>
<tr><td>揭西县人民医院党总支</td><td>揭阳市先进基层党组织</td><td>2020.4.23</td><td>中共揭阳市委</td></tr>
</table>

续表86

单位	荣誉名称	授予时间	授予单位
揭西县疾病预防控制中心党支部	揭阳市先进基层党组织	2020.4.23	中共揭阳市委
揭西县防控疫情河婆站检疫点临时党支部	揭阳市先进基层党组织	2020.4.23	中共揭阳市委
揭西县防控疫情中心站检疫点临时党支部	揭阳市先进基层党组织	2020.4.23	中共揭阳市委
揭西县棉湖华侨医院党总支	揭阳市先进基层党组织	2020.4.23	中共揭阳市委
揭西县卫生健康局机关党委	揭阳市先进基层党组织	2020.4.23	中共揭阳市委
揭西县上砂镇中心卫生院党支部	揭阳市先进基层党组织	2020.4.23	中共揭阳市委
揭西县塔头镇党委	揭阳市先进基层党组织	2020.4.23	中共揭阳市委
揭西县城市管理和综合执法局机关党委	揭阳市先进基层党组织	2020.4.23	中共揭阳市委
揭西县公安局治安管理大队党支部	揭阳市先进基层党组织	2020.4.23	中共揭阳市委
揭西县棉湖市场监督管理所党支部	揭阳市先进基层党组织	2020.4.23	中共揭阳市委
揭西县交通运输局运输管理党支部	揭阳市先进基层党组织	2020.4.23	中共揭阳市委
揭西县文化广电旅游体育局党总支	揭阳市先进基层党组织	2020.4.23	中共揭阳市委
揭西县龙潭派出所党支部	揭阳市先进基层党组织	2020.4.23	中共揭阳市委
揭西县凤江镇鸿江村党总支	揭阳市先进基层党组织	2020.4.23	中共揭阳市委
揭西县东园镇桃围村党总支	揭阳市先进基层党组织	2020.4.23	中共揭阳市委
白云山威灵药业有限公司青霉素车间	揭阳市三八红旗集体	2020.11.26	中共揭阳市委、揭阳市人民政府
揭西县人民医院新冠肺炎疫情防控医疗救治小组	揭阳市先进集体	2020.12.2	中共揭阳市委、揭阳市人民政府
揭西县城市管理和综合执法局	揭阳市先进集体	2020.12.2	中共揭阳市委、揭阳市人民政府
揭西县公安局森林分局	揭阳市先进集体	2020.12.2	中共揭阳市委、揭阳市人民政府
中国共产党揭西县河婆街道工作委员会	揭阳市抗击新冠肺炎疫情先进集体	2020.12.27	中共揭阳市委、揭阳市人民政府
揭西县棉湖镇湖滨社区	揭阳市抗击新冠肺炎疫情先进集体	2020.12.27	中共揭阳市委、揭阳市人民政府
揭西县上砂镇新岭村党支部	揭阳市抗击新冠肺炎疫情先进集体	2020.12.27	中共揭阳市委、揭阳市人民政府
揭西县疾病预防控制中心	揭阳市抗击新冠肺炎疫情先进集体	2020.12.27	中共揭阳市委、揭阳市人民政府
揭西县棉湖华侨医院	揭阳市抗击新冠肺炎疫情先进集体	2020.12.27	中共揭阳市委、揭阳市人民政府
揭西县人民政府办公室	揭阳市抗击新冠肺炎疫情先进集体	2020.12.27	中共揭阳市委、揭阳市人民政府
揭西县纪委监委党风政风监督室	揭阳市抗击新冠肺炎疫情先进集体	2020.12.27	中共揭阳市委、揭阳市人民政府
揭西县市场监督管理局	揭阳市抗击新冠肺炎疫情先进集体	2020.12.27	中共揭阳市委、揭阳市人民政府
中共揭西县委网络安全和信息化委员会办公室	揭阳市抗击新冠肺炎疫情先进集体	2020.12.27	中共揭阳市委、揭阳市人民政府

2020年揭西县国民经济和社会发展统计表

2020年揭西县生产总值情况表

表87　　单位：万元

项目	2020年	2019年	增长%
生产总值	2400090	2325533	1.6
农、林、牧、渔业	490456	434243	5.3
农、林、牧、渔服务业	26215	23144	10.1
工业	568840	572340	2.8
建筑业	121026	127749	-7.0
交通运输、仓储和邮政业	36734	32939	17.1
批发和零售业	396933	434852	-6.1
住宿和餐饮业	36850	43108	-14.5
金融业	63460	58978	1.5
房地产业	241441	201541	12.4
其他服务业	444349	419781	4.1
第一产业	464241	411099	5.0
第二产业	689764	699980	1.5
第三产业	1246085	1214454	0.5
人均生产总值（元）	35202	33319	4.0

说明：统计数据为快报数

2020年揭西县农业生产情况对照表

表88

单位：亩、公斤、吨

项目＼数值	2020年 面积	2020年 亩产	2020年 总产	项目＼数值	2020年 面积	2020年 总产
一、粮食作物合计	443103	399	176701	五、水果	148784	131369
春收	68030	397	27021	其中：菠萝	1770	2919
夏收	185061	410	75800	荔枝	16462	6404
秋收	190012	389	73880	柑橘橙	17204	17587
1、稻谷	301428	397	119817	香蕉	13925	29184
夏收	147600	406	59936	六、茶叶（吨）	18156	
秋收	153828	389	59881	七、生猪存栏（头）	176527	
2、薯类	120601	396	47745	生猪出栏（头）	366613	
春收	59734	393	23454	八、牛存栏数（头）	9698	
夏收	30763	418	12873	九、造林（亩）	75620	
秋收	30104	379	11418	十、水产总量（吨）	21219	
5、大豆	2775	304	843	十一、全县居民年人均可支配收入（元）	16382.8	
二、花生	29090	321	9329	十二、农林牧渔业总产值（万元）	787339	
三、甘蔗	3150	3579	11275			
四、蔬菜	126148	2809	354305			

2020年揭西县全部工业总产值情况表

表89　工业总产值按规模以上、规模以下分组　　单位：万元

项目＼数值	工业总产值		工业增加值	
	2020年	比2019年±%	2020年	比2019年±%
总计	2402300	3.0	541200	2.8
规模以上	1863300	1.4	439200	1.8
规模以下	53900	7.6	102000	7.6

说明：1. 规模以上：全部年主营业务收入2000万元及以上的工业法人企业；规模以下：年销售收入2000万元以下工业企业。
2. 绝对值按现价计算，增长速度按可比价计算；工业增加值按收入法计算。
3. 数据为统计快报数

2020年揭西县社会消费品零售总额及销售额（营业额）

表90　　单位：万元

项目	2020年	2019年	%
社会消费品零售总额	808724.1	913204	-11.4
批发业商品销售额	304002	321514	-5.4
零售业商品销售额	715192.4	771635	-7.3
住宿业营业额	27453	39611	-30.7
餐饮业营业额	93847.1	110976	-15.4

2020年揭西县人口统计表

表91　　　　单位：户、人

项目 单位	总户数	总人口	其中：城镇人口
合计	236924	981286	303270
河婆街道	38584	130583	130583
上砂镇	12958	58042	2359
五云镇	14578	56931	7872
良田乡	4039	22012	1832
坪上镇	11142	43599	5433
龙潭镇	9556	38964	8525
南山镇	9125	37893	7981
灰寨镇	10917	43565	7639
京溪园镇	13057	50999	5067
五经富镇	14691	57759	12903
金和镇	17524	78561	13744
塔头镇	12398	54413	9366
东园镇	8699	40344	8711
凤江镇	18814	87711	8397
棉湖镇	23036	105360	63397
大溪镇	6551	28265	1100
钱坑镇	11255	46285	8361

（县统计局）

文献

在县委十一届九次全会上的报告

（2021年2月6日）

揭西县委书记　刘端雄

同志们：

现在，我受县委常委会委托，向全会作工作报告。

一、在积极应对风险挑战中砥砺奋进，2020年各项工作取得新进展

2020年是全面建成小康社会和“十三五”规划收官之年，也是极不平凡的一年。面对复杂形势和繁重任务，县委坚持以习近平新时代中国特色社会主义思想为指导，深入贯彻落实习近平总书记出席深圳经济特区建立40周年庆祝大会和视察广东重要讲话、重要指示精神，认真落实省委“1+1+9”工作部署和市委具体工作安排，立足“生态发展示范区”功能定位，团结带领全县广大党员、干部，迎难而上、攻坚克难，各项工作取得新进展。

（一）持续深入学习新思想，沿着总书记指引的方向笃定前行。我们坚持落实第一议题制度，常态化制度化推进学习习近平新时代中国特色社会主义思想和总书记重要讲话重要指示批示精神，增强“四个意识”、坚定“四个自信”、做到“两个维护”，始终沿着党中央、总书记指引的方向奋勇前行。围绕学习贯彻习近平总书记出席深圳经济特区建立40周年庆祝大会和视察广东重要讲话重要指示精神、党的十九届五中全会精神，紧扣省委、市委对揭西的功能定位，深化“大学习、深调研、真落实”工作，多批次开展党员干部专题培训，推动学习宣传贯彻工作往深里走、往实里走、往心里走，推动党中央决策部署和省委、市委工作安排落地见效。

（二）全力抓好“双统筹”工作，疫情防控和经济社会发展取得“双胜利”。我们坚持以人民为中心的发展理念，坚持人民至上，把人民生命安全和身体健康放在第一位，第一时间成立疫情防控领导小组和工作指挥部，严格落实“四早”“四集中”要求，抓实抓细“外防输入、内防扩散”系列举措，紧紧依靠人民群众，打赢疫情防控阻击战、总体战，全县自去年1月29日以来没有新增确诊病例。科学谋划启动“推进‘六稳’拉动消费”系列活动，复工复产复市精准有序，“六稳”“六保”工作扎实推进，经济

发展迅速恢复。全年实施重点项目117项，竣工21项，完成年度投资45.96亿元，一批打基础、利长远、惠民生的重点项目建成使用，发展基础更加夯实，揭西形象显著提升。2020年，全县实现GDP 240.01亿元，比增1.6%；完成固定资产投资89.90亿元，比增3.3%；完成地方一般公共预算收入4.71亿元，比增0.17%。

（三）加快推进“产业生态化、生态产业化”，生态经济活力显著增强。旅游经济加快发展。国家全域旅游示范区创建工作稳步推进，樱山花谷、山湖村乡村旅游景区成功申报国家3A级景区，京溪园镇被评为广东省休闲农业与乡村旅游示范镇，山湖村被评为全国乡村旅游重点村、广东十大美丽乡村，火炬村荣获广东文化旅游名村、广东省文化和旅游特色村。生态农业扎实推进。茶叶省级现代农业产业园、新希望六和生猪养殖基地、八大特色农业产业带等项目加快建设，3个市级现代农业产业园完成建设，12个村被省认定为2020年“一村一品、一镇一业”专业村。工业基础逐步夯实。全力推动传统产业转型升级，大力帮扶中小企业发展。揭西县产业园进园西路、服务中心大楼建成使用，污水处理厂、供水设施等项目开工建设，招商引资全面铺开，产业平台作用逐渐显现。加强电商服务网点建设，实现县镇两级电子商务服务点全覆盖。

（四）牢固树立“乙方思维”，营商环境不断优化提升。制定出台《揭西县全面优化营商环境三年行动计划实施意见（2020—2022年）》，“放管服”改革持续深化，营商环境逐步优化。加快商事制度改革，扎实推进“多证合一”“证照分离”，全面压缩企业开办时间，着力构建高效便捷的政务环境。依法规范市场行为，实施“双随机、一公开”信用监管，推动落实信用联合惩戒机制，全力维护市场秩序，全面构建诚信经营市场环境。在全市率先制订招商项目和重点企业服务官制度，明确帮扶措施，优质高效服务项目落地，大力营造重商安商亲商的社会环境。

（五）切实抓好民生事业建设，人民群众的幸福感获得感更加充足。凝心聚力打好三大攻坚战，全县9657户28358名相对贫困人口、67个省定贫困村全部稳定达到脱贫出列标准；“省考”断面水质达到Ⅱ类标准，“市控”断面水质达到Ⅲ类标准，10个饮用水源保护区水质全部达标，空气质量优良天数比例98.65%；积极稳妥做好地方法人金融机构流动性风险防范化解工作，严密防范潜在风险隐患。乡村振兴战略加快实施，6条美丽乡村精品线路、100个生态宜居美丽示范村建设亮点纷呈，生态宜居美丽示范县创建工作成效逐步显现，全市推进乡村振兴工作现场交流会我县综合得分排名第一。十件民生实事圆满完成，教育现代化先进县创建成果不断巩固提升，紧密型县域医共体建设稳步推进，群众精神文明活动丰富开展，社会事业加快发展，顺利通过创建国家卫生县城技术评估。援企稳岗政策全面落实，城乡居民基本养老、城乡低保、特困人员供养、孤儿保障标准和医疗救助水平稳步提升，退伍军人合法权益得到有效保障。“平安揭西”不断深化，扫黑除恶专项行动纵深推进，安全生产、交通运输、应急管理、三防、“两违”整治等工作全面加强，河湖乱象问题顺利摘牌，人民群众安全感、政法工作满意度、扫黑除恶知晓率均排名全市前列。

（六）全面落实新时代党的建设总要求，党的领导和党的建设全面加强。坚持把政治建设摆在首位，贯彻落实“两个维护”十项制度机制，全力配合接受省委巡视“政治体检”，以坚定的态度和高度的政治觉悟践行“两个维护”。牢固树立大抓基层导向，加强党的基层组织建设三年行动计划圆满完成，“一主线两突出三提升”党建主题活动深入开展，16个软弱涣散村（社区）党组织全部“摘帽”，南山镇火炬村荣获“广东省红色村党建工程示范点”称号，在全市率先完成318个村（社区）党组织选举工作，基层党组织的政治功能和组织力显著增强。坚持党管干部、党管人才，落实新时代好干部标准，做好干部选拔任用，干部人才队伍建设不断优化。坚定不移正风肃纪反腐，全年立案385件385人，给予党纪政务处分382人、留置1人、移送司法机关8人，查处违反中央八项规定精神案件47件63人。突出政治体检，顺利完成十一届县委巡察“全覆盖”，风清气正的政治生态进一步形成。

过去一年，我们坚定不移发展社会主义民主政治，加强党委对人大、政府、政协、法院、检察院党组及纪委监委的领导，民族、宗教、港澳台海外统战工作不断巩固壮大，工青妇等人民团体作用进一步发挥，依法治县全面加强，党管武装、老干部等工作取得新成绩，省级双拥模范县成功实现“九连冠”，《揭西年鉴（2019）》荣获第七届全国地方志优秀成果县级综合年鉴二等年鉴。这些成绩的取得，是总书记思想科学指引的结果，是省委、市委坚强领导的结果，是全县上下团结奋斗的结果。在此，我代表县委常委会，向全县广大干部群众、驻揭部队、各民主党派、各人民团体，向关心支持揭西发展的各界人士，表示衷心的感谢！

二、大力发扬攻坚克难精神，以新担当新作为推动“十四五”开好局

2021年是实施“十四五”规划、开启全面建设社会主义现代化国家新征程、向第二个百年奋斗目标进军的起步之年，是中国共产党成立100周年。做好今年工作意义重大、责任重大。

去年底召开的县委十一届八次全会，系统谋划了我县“十四五”时期工作。年初召开的省委十二届十三次全会强调，要在工作部署上充分体现“新发展阶段、新发展理念、新发展格局”要求，推动各项工作围绕打造新发展格局战略支点上来开展。刚刚召开的市委六届十一次全会提出，把2021年作为攻坚强基年，通过“前两年强基础、后三年快发展”，力争经过“十四五”固本强基、“十五五”攻坚突破、“十六五”决战决胜，推动全市高质量发展取得历史性突破。

当前和今后一个时期，揭西发展仍然处于重要战略机遇期。去年新冠肺炎疫情发生以来，党中央、国务院陆续出台了促进经济增长、民生改善等系列政策措施，以国内循环为主、国际国内互促的双循环发展新格局正在逐步形成，诸多积极因素正在逐渐累积。省委、省政府举全省之力推进“双区”建设、“双城”联动，激发“双区”建设的整体效应、集聚效应、协同效应、战略效应、辐射引领效应，为广东高质量发展持续注入强大动能。市委、市政府推进全域“建设宜居宜业宜游的活力古城、滨海新城，努力打造沿海经济带上的产业强市”，作出“啃骨头、打基础、促发展”系列工作部署，将为我们夯实基础、加快发展带来难得的机遇。我县作为揭阳市面向珠三角的西大门、承接产业转移的桥头堡、粤东城市群的后花园，具有得天独厚的生态自然资源、人文旅游资源和区位交通等优势。近年来，我们坚决贯彻落实中央决策部署和省、市工作部署，锚定生态发展示范区的功能定位，持续用力、久久为功，推动生态产业、乡村振兴、绿色发展、重点项目等工作取得新成效，全县上下人心思进，谋发展、促发展的氛围日趋深厚，揭西的发展环境越来越好，前景越来越光明。这些是我们做好下来工作的信心所在，推动揭西高质量发展的内在潜能。同时，我们也要深刻认识新发展阶段揭西发展面临的国内外环境的复杂性和严峻性，清醒看到揭西的发展还比较滞后，经济内生动能动力不足，“三农”和民生事业短板比较明显，营商环境还不够优化，一些领域存在风险隐患，“四风”问题仍禁而不绝，反腐败斗争形势依然严峻复杂。我们要正视问题、解决问题，保持定力、坚定信心，全力办好自己的事，一步一个脚印把各项事业继续推向前进。

今年全县工作的总体要求是：以习近平新时代中国特色社会主义思想为指导，全面贯彻党的十九大和十九届二中、三中、四中、五中全会精神，深入贯彻习近平总书记对广东系列重要讲话和重要指示批示精神，坚决贯彻落实省委“1+1+9”工作部署和市委工作要求，坚持稳中求进工作总基调，立足新发展阶段、贯彻新发展理念、聚焦新发展格局，围绕生态发展示范区功能定位，把2021年作为“攻坚强基年”，强化党建引领，坚持系统观念，巩固拓展疫情防控和经济社会发展成果，全力抓好发展和安全两件大事，扎实做好“六稳”工作、全面落实“六保”任务，实施“八大攻坚行动”，努力打造生态宜居美丽示范县、粤东城市群后花园、国家级全域生态旅游目的地，确保“十四五”开好局，以优异成绩庆祝建党100周年。

县委考虑，今年经济增长的预期目标为：GDP增长6%以上，地方一般公共预算收入增长4%以上，努力争取更好结果。围绕实现全年目标，重点抓好八方面工作：

（一）*着力抓好乡村振兴，促进农业农村现代化*。全面推进乡村振兴，是“三农”工作重心的历史性转移。我县是农业大县，最艰巨最繁重的任务依然在农村，必须把推进乡村振兴作为第一号工程，以更大决心、更实举措全力推进乡村振兴，促进农业高质高效、乡村宜居宜业、农民富裕富足。

1.大力促进产业兴旺。高水平打造“跨县集群、一县一园、一镇一业、一村一品”现代农业产业体系，抓好茶叶省级产业园、3个市级产业园、八大特色产业带、大北山中药园等项目建设，加快推进揭西苦笋申报创建省级现代农业产业园工作。认真落实农业产业链“链长制”，加快创建2条市级农业产业链、4条县级农业产业链，建设特色农产品优势区。强化农业科技和装备支撑，大力扶持农业龙头企业和新型农业经营主体，提高科技成果转化率，提升农业综合生产能力。大力发展农产品加工，加快仓储保鲜、冷链物流设施建设，补上技术、营销、物流短板，支持农产品流通企业、电商、批发市场与区域特色产业精准对接。培育壮大乡村旅游、休闲农业、农村电商等新产业新业态，促进一二三产融合发展。依托揭西“国家农产品质量安全县”品牌，加大农产品宣传推介力度，大力推动揭西消费扶贫农产品走进湾区。落实最严格的耕地保护机制，牢牢守住耕地红线、粮食安全底线，确保粮食播种面积和产量只增不减。大力推进土地承包经营权流转，加大土地流转奖补力度，全面实施“灭荒”三年行动计划，解决农村承包地碎片化、撂荒、丢荒、弃耕等问题。

2.加快美丽乡村建设。深入实施“千村示范、万村整治”工程，扎实推进创建生态宜居美丽示范县。要注重示范引领，体现揭西特色，巩固提升100个美丽宜居示范村建设成果，全力打造40个新创办美丽宜居示范村，连线打造6条美丽乡村精品线路，带动全域美丽乡村建设。优化乡村规划编制，注重保护传统村落和保持乡村特色，全面推进农房管控和风貌提升，开展全县城乡规划“回头看”，重点解决规划不落地、不符合“多规合一”要求等问题。巩固“三清三拆三整治”成效，建立健全清拆整治和长效治理机制、卫生保洁和基础设施管护机制，不断提升乡村精美风貌。完善农村基础设施投入机制，发挥“农民工匠法”优势，抓好村巷道硬化、集中供水、“厕所革命”等工作，推进城乡基本公共服务标准统一、制度并轨，补齐农村基础设施和公共服务短板。持续推动社会主义核心价值观进村入户，推进移风易俗，培育文明乡风、良好家风、淳朴民风，提高乡村社会文明程度。

3.推动农户与现代农业有机衔接。促进相关企业建立联农带农机制，进一步完善利益联结机制，推广“订单收购+保底分红”“土地流转+务工收入”等合作模式，让农民更好嵌入现代农业产业体系、更多分享产业增值收益。全面实施高素质农民培育工程，让越来越多的农民爱农业、懂技术、善经营，让农民既“富口袋”又“富脑袋”。要做好巩固拓展脱贫攻坚成果同乡村振兴有效衔接，谋划新一轮帮扶乡村工作，加快从驻村帮扶向驻镇帮镇扶村、从帮扶脱贫向帮扶全面振兴、从实现全面小康向迈向现代化转变。

（二）着力抓好营商环境提升，努力构筑县域竞争新优势。营商环境事关揭西长远发展。要实施营商环境攻坚行动，以打造市场化、法治化、国际化营商环境为目标，对标先进地区，牢固树立“乙方思维”，刀刃向内推进重点领域、关键环节和突出问题改革，全面提升优化营商环境。

1.持续深化“放管服”改革。全力推进审批提速，实现审批事项、申请材料、办理环节、各类证照和审批时间“五减少”，推动“审批型政府”向“服务型政府”转变。开展行政审批事项“回头看”，凡是上级明确取消的必须一律取消，凡是上级下放的事项必须全部承接到位。推行“马上办、网上办、就近办、一次办”事项清单制度，打通绿色通道，全力服务企业落户发展。强化政务信息数据跨层级、跨部门按需共享、交换、互认，推动实体大厅和网上大厅数据实现同步共享，提升行政服务效率。加快推进“证照分离”改革，对涉企经营许可事项实行清单管理，让企业公平参与市场合作和竞争。

2.不断加强法治建设。要把法治政府建设作为优化营商环境的一项重点，用法治给行政权力定规矩、划界限，有效解决监管不到位、服务不到位、执法不到位等问题。严肃查处向企业乱检查、乱摊派、乱伸手等行为，突出整治股长政府“中梗阻”问题，在全社会营造保护创业者、尊重纳税人、服务企业家的良好氛围。全流程加强信用监管，对守信者“无事不扰”，对失信者“利剑高悬”，教育引导市场主体守信经营。严厉打击强买强卖、偷税漏税、欺行霸市、行业垄断等各类破坏市场秩序和营商环境的违法行为，为全县优化营商环境保驾护航。

3.大力营造亲商重商良好环境。积极构建“亲”“清”新型政商关系，既要强化规矩意识和底线思维，严格按政策法规和制度程序办事，也要真诚坦荡同企业打交道、交朋友，多做暖企、惠企、扶企的实事，推动形成“亲”“清”政商关系。要认真落实好国家和省市纾困惠企政策，建立健全“企业服务官”制度，加大送政策、送服务上门力度，及时帮助企业解决实际困难。各级党员干部特别是领导干部要带头真诚友好对待企业家，引导全社会形成亲商重商的良好氛围。

（三）着力抓好产业发展，培育经济增长新动能。产业建设是推动经济发展的关键。要围绕“生态发展示范区”功能定位，深入贯彻新发展理念，以“产业生态化、生态产业化”为方向，以产业体系优化升级为核心，以招商引资为抓手，以产业园为载体，把特色产业做大做强，为县域经济发展注入新动力。

1.发展生态产业体系。加快推进“产业生态化、生态产业化”，建立以生态旅游、生态农业、生态工业为主体的生态产业体系。全力推进国家全域旅游示范区创建，充分发挥“红色”文化和“绿色”生态两张牌优势，继续推进黄满寨瀑布旅游区、京明温泉度假村联创5A景区工作，加快推进“和天下”特色康养项目、大鹿农业公园、火炬村“五个一”工程等项目建设，加大旅游宣传推介营销力度，继续策划举办一批更具影响力、更具特色的旅游赛事节庆活动，提高揭西旅游知名度和美誉度，加快打造国家级全域生态旅游目的地。加快推进生态工业转型升级，培植壮大工业产业集群，不断加大技改力度，引导和挖掘潜在的新发展行业，逐步在全县培育一批支柱企业。

2.加大招商引资力度。把招商引资作为“一把手”工程，按照市“双3000亿”计划，落细落实年度招商引资任务，实行“时间倒排、任务倒逼、责任倒追”，从第一季度开始，每个季度确保签约一批项目、开工一批项目。实施精准招商、精品招商、精细招商，围绕生态旅游、生态农业、生态工业，聚焦新兴产业类、科技创新类、优质资本类等大项目，开展定向招商、项目招商、园区招商，精准引进一批技术含量高、带动能力强的大项目好项目，让大项目顶天立地、好项目铺天盖地。要理顺招商工作机制，强化县招商专业人才队伍，成立招商小分队，引入招商中介服务机构，建立以政府为主、市场为辅，各方面共同参与的招商引资工作机制。

3.搭建产业发展平台。充分利用现有的国有资产、旅游资源、生态农产品，科学合理整合轻资产和重资产，构建“文旅”和“三农”两大国资平台，更好承接央企、国企以及其他社会资金，同有实力的品牌公司或大企业进行战略合作，推动我县“文旅”和“三农”两大产业取得实质性突破。完善揭西县产业园发展规划，编制园区基础设施建设项目、招商引资项目及重点企业等工作清单，建立产业园区目标管理、动态监测、年度评价工作机制，推动园区发展提质增效。积极推进镇村工业集中区改造升级，研究扶持做大现有企业的相关政策措施，促进产业集聚发展、土地高效利用。

（四）着力抓好城镇建设，推动城镇品质提档增优。当前，揭西正处于加快城镇化进程中，必须坚持高起点规划、高标准建设、高水平管理，加快推进县城和棉湖、五经富两个中心镇提档升级，辐射带动周边乡镇发展，不断提升对外形象和经济发展质量。

1.做优城市功能品质。科学划定更新单元，谋划启动一批“三旧”改造连片开发项目和城中村改造项目，加大老旧小区、老旧管网、城中村改造和社区建设力度，有序推进城市更新。河婆街道是全县的行政中心，要自觉服务好县城规划建设，统筹推进北部新城、东部新城、星曜城、碧桂园等项目建设，完善基础设施和公共服务功能，不断拓展发展空间，提升城市品质。棉湖镇是千年古镇，要延续古镇文脉，切实推进老旧小区整体改造提升、棉湖云湖公园整治和景观提升工程，推进棉湖北部新城商业综合体的开发建设，提升商贸服务质量，打造产城融合、宜居宜业的现代化城市、县域经济中心。五经富镇是文化之乡，地处京富洋旅游核心圈，要坚持文旅融合发展，完善旅游“六要素”建设，努力打造旅游经济集聚区。其他乡镇要结合自身实际，加快完善城镇功能，建设各具特色的新型城镇。

2.铁腕整治违法建设。始终保持高压态势，深入组织开展违建拆除集中攻坚行动，坚决拆除触碰生态红线、占用基本农田等严重违法建筑，坚决完成违法建设治理三年行动计划。严格落实“零报告”制度，强化日常巡查、常态化核查、动态监管等措施，对应拆未拆、控停期间偷建抢建加建、群众反映强烈的违法建设，坚决“零容忍”、一拆到底、决不姑息，确保新增违法建设“零增长”。要落细落实市、县普查在册在建违法建设分类处置实施方案和有关管理规定，加快落实分类处置，促进我县房地产市场健康规范发展。严格落实控规单元规范土地管理，充分发挥规划引领作用，划定控规单元，大力整治零散、低效、闲置等用地。要以持续深入推进创文创卫为契机，扎实推进城市管理网格化、精细化，建立健全城市管理长效机制。

3.完善重要基础设施。积极争取河源至揭阳铁路在揭西设站，全力推进国省道路改造升级，扎实推进“四好农村路”建设，构建内畅外联、互联互通的交通体系。加快推进县城象山拦河坝到两南桥堤路综合整治、县城道路升级改造三期、棉湖镇区道路升级改造三期和城区路口升级改造等工程建设，补齐交通基础设施短板，畅通城市道路“微循环”。建设提升旅游景区主干道，尽快启动建设高速公路出入口至重点旅游景区基础设施配套工程，打通旅游连接快线，打造纵横连接的旅游交通网。扎实推动县城新自来水厂二期扩建及配套管网等项目建设，保障群众安全用水。

（五）着力抓好生态环境，建设更高水平美丽揭西。良好的生态环境是揭西实现绿色发展、可持续发展的基础。我们必须积极践行“绿水青山就是金山银山”理念，大力实施生态环境保护攻坚行动，推动生态环境综合治理，建设更高水平美丽揭西。

1.深入开展污染防治行动。不折不扣抓好中央和省环保督察问题整改，推动污染防治攻坚战向深度延伸、向广度拓展。狠抓水污染防治，加大重点领域涉水企业执法监管力度，重拳打击环境违法行为，坚决清理“散乱污”企业和各类面源污染，巩固凉果加工污染、畜禽养殖企业整治成果，推动7个排污口稳定消劣，保护好榕江南河。大力整治露天焚烧行为，严密防范森林火灾，全面抑制城市扬尘污染，确保大气质量持续优良。稳步推进土壤污染和固体废物污染防治工作，继续做好生活垃圾分类试点工作。

2.加快环保基础设施建设。全力实施全县环保基础设施建设三年行动计划，加快推进全县生活污水处理设施PPP项目、县环保能源产业园、县城污水处理厂配套管网四期工程、农村雨污分流工程建设，扎实推进老虎坷垃圾填埋场三期、县城垃圾分类处理中心等项目建设，全面启动七大灌区主干渠综合整治工程，补齐环保基础设施建设短板。

3.统筹推进生态文明建设。认真抓好山水林田湖草系统治理，高标准推进万里碧道建设，不断加强大北山生态屏障保护，抓好中小河流治理和堤岸生态修复，一并推进河道清淤、沿河清拆、河面清理。严格落实“林长制”，建立健全县镇村三级林长体系，确保“山有人管、树有人护、责有人担”。加大环保宣传力度，广泛开展生态宣传教育，大力宣传环保科普知识，营造全民保护生态环境的良好氛围。创新绿色低碳发展模式，加快形成资源节约型、环境友好型的生产方式。

（六）*着力抓好改革开放，全面激活发展内生动力*。揭西作为欠发达地区，要实现高质量发展，必须以更大的智慧和勇气推进体制机制改革，盘活要素资源，激活内生动力，形成良性发展格局。

1.坚定不移深化改革。要巩固发展乡镇（街道）体制改革成果，推动更多的力量和资源向基层一线倾斜，不断强化镇街管理服务职能。进一步深化事业单位改革，有序推进事业单位组织和编制管理创新，逐步优化全县事业单位结构布局。要大力弘扬敢闯敢试、敢为人先的改革精神，冲破旧思维束缚，强化改革意识、树立改革精神、提升改革担当，变“要我改、等着改”为“我要改、主动改”，不断增强改革综合效能，实现改革与发展有机融合、高效联动。

2.持续推进扩大开放。要牢牢把握构建“双循环”带来的新机遇，密切与发达地区的交流合作，与周边县市错位发展、互补发展，打通生产、分配、流通、消费各环节，积极拓展国内外市场，加快形成全面开放新格局。要深入贯彻落实“一核一带一区”区域发展战略，主动融入粤港澳大湾区建设，主动接受湾区辐射带动，全方位、高水平推进对内对外开放。大力实施“回家行动”，服务推动在外乡亲“回家学习、回家就业、回家兴业”，为我县实现高质量发展贡献智慧、贡献力量。

3.扎实推进科技创新。深入实施创新驱动发展战略，深化科技体制改革，坚定不移推进科技创新，进一步营造创新氛围、激发创新活力、提升创新效能。要落实省、市、县关于促进民营经济发展的政策措施，培育一批科技型中小企业和高新技术企业。用足用活省、市推动落实技术改造政策，积极向上争取技改项目资金，支持鼓励企业技改升级。要大力引进和用好中高级创新人才，努力培育更多本土创新人才，健全技能人才培训培育体系，为揭西改革发展提供人才支撑和保障。

（七）*着力抓好社会治理，构建和谐稳定社会格局*。更好地统筹发展和安全，是实现“十四五”开好局、起好步的前提和保障。要实施社会治理攻坚行动，改进基层社会治理方式，促进社会公平正义，保障人民安居乐业。

1.健全风险防范化解机制。强化风险防控意识，将打好建党100周年安保维稳主动仗作为全年防风险工作的主线，持续深入开展维护国家政治安全专项行动，加强对经济、政治、文化、社会、网络、意识形态、公共安全、生态环境等各领域风险的梳理排查，努力做到防范在先、发现在早、化解在小。要坚持疫情防控常态化和维护稳定两手抓，妥善做好地方法人金融机构金融风险防控和处置工作，坚决打击逃废债行为，牢牢守住不发生系统性风险底线。要高度重视、全力推进解决我县13宗历史遗留问题，破解制约我县经济发展的“瓶颈”和“绊脚石”，确保社会大局和谐稳定。严格落实安全生产、森林防火、应急管理、食品药品安全责任和管理制度，严肃查处安全生产、消防安全违法行为，严厉打击交通违法乱象，坚决防范遏制发生重特大安全事故。

2.不断提升基层治理能力。全面落实重大突发事件“四个一”应急处置机制，强化各项维稳工作机制，不断提高我县应急处置工作水平。以乡镇（街道）体制改革为契机，加大行政执法管理力度，提升社会管理水平。切实推动社会治理重心下沉，逐步完善以乡镇（街道）为主体、以村（社区）网格单元为依托的“多网合一”网格化治理体系。加强基层信访和积案化解工作，不断健全以人民调解为基础的矛盾多元化解机制，运用法治手段破解社会管理难题，最大限度地将矛盾纠纷化解在基层、消除在萌芽状态。

3.持续深化平安揭西建设。大力开展社会治安综合治理，全面加强公安基层基础工作，强化基层派出所建设，严厉打击盗抢骗、黄赌毒、食药环等违法犯罪行为。常态化开展扫黑除恶专项斗争，建立健全长效常治体系，在破案攻坚、“打伞破网”、“打财断血”上实现新突破。不断夯实基层综治基础，深入推进“综治中心+网格化+信息化”建设，健全完善基层网格化治理体系及社会治安防控体系，持续抓好各乡镇（街道）、各重点行业和重点领域治安问题整治，全力构建共建共治共享的社会治理格局。

4.切实保障和改善民生。认真谋划做好十件民生实事。慎终如始抓好疫情防控，严格落实“四早”“四集中”防控要求，全力做好“外防输入、内防反弹”各项工作，织牢织密疫情防控网，坚决防止疫情反弹。坚持教育优先发展，全面深化教育体制机制改革，大力实施“名校长”“名教师”工程，集中优质资源打造名校，不断提升教育质量和水平，打响揭西教育品牌。深化医疗卫生体制改革，着力推进紧密型县域医共体建设，提高基层医疗卫生服务能力，建立完善疾病预防控制、疫情监测预警、应急物资保障等体系，加快推进揭西县人民医院感染科综合大楼项目建设，筑牢公共卫生防护屏障。千方百计稳定和扩大就业，大力推进“粤菜师傅”“广东技工”“南粤家政”三项工程，以技能提升促进稳定就业。全力做好普惠性、基础性、兜底性民生建设，统筹完善社会救助、社会福利、慈善公益、优抚安置、残疾人帮扶等制度，落实特殊困难群众兜底保障工作，加快养老服务体系建设，确保实现“困有所帮、弱有所扶、老有所养”。

（八）着力抓好思想能力作风大提升，为“十四五”开好局提供坚强政治保证和组织保证。党的领导是各项事业取得胜利的根本保证。要以庆祝建党100周年为契机，认真贯彻新时代党的建设总要求和党的组织路线，坚持以党的政治建设为统领，全面加强党的各项建设，实施思想能力作风提升攻坚行动，推动全面从严治党向纵深发展，不断提升干部队伍抓落实、促发展的能力水平，为“十四五”开好局提供坚强保障。

1.持续深入学习新思想。坚持把学习贯彻习近平新时代中国特色社会主义思想作为头等大事和首要政治任务，认真落实第一议题制度，及时跟进学习总书记重要讲话重要论述，全面系统深刻把握蕴含其中的核心要义、精神实质、丰富内涵和实践要求，切实用以武装头脑、指导实践、推动工作。要持续巩固深化“不忘初心、牢记使命”主题教育成果，提前谋划开展中共党史学习教育，激励广大党员干部坚定理想信念、践行初心使命。要持续开展“一主线两突出三提升”党建主题活动，围绕庆祝建党100周年，深入开展理想信念教育、爱国主义教育，教育党员干部自觉做习近平新时代中国特色社会主义思想的坚定信仰者、忠实实践者。

2.坚持把党的政治建设摆在首位。以党的政治建设为统领，把旗帜鲜明讲政治抓政治的要求全面融入揭西工作全过程各方面，做到党中央提倡的坚决响应、党中央决定的坚决执行、党中央禁止的坚决不做。坚决落实“两个维护”制度机制，教育引导广大党员干部树牢“四个意识”，坚定“四个自信”，做到“两个维护”，始终在思想上政治上行动上同以习近平同志为核心的党中央保持高度一致。严格执行新形势下党内政治生活的若干准则，全面落实“三会一课”、民主生活会、领导干部双重组织生活等制度，强化党员干部树立自觉忠诚信仰、忠诚核心、忠诚组织的意识。严明政治纪律和政治规矩，加强政治体检和政治监督，督促党员干部杜绝“七个有之”，践行“五个必须”，做到“三个决不允许”。压实各级党委（党组）政治责任，抓好党管武装、意识形态、基层党建、党风廉政等工作。

3.锲而不舍抓好基层党建。谋划落实好新一轮加强基层党组织建设三年行动计划，推动基层党组织全面进步、全面过硬。扎实推进村（社区）委员会换届工作，确保换届选举平稳有序、风清气正。继续开展农村基层党建“整镇推进、整县提升”创建行动，完善重点措施和考核指标体系，打造好镇（街道）、村（社区）先行点并发挥示范引领作用。强化基层基础保障，大力加强村级组织活动阵地建设，促进村级党群服务中心服务水平整体提升。全面推进基层党组织规范化建设，推动“两新”党建扩面提质，持续整顿提升软弱涣散基层党组织，夯实基层党组织战斗堡垒。

4.大力加强干部和人才队伍建设。坚持党管干部原则，坚持新时代好干部标准，坚持正确选人用人导向，坚持把政治过硬摆在首位，把各级领导班子和干部队伍建设得更加坚强有力。要面向现代化加强干部教育培养，统筹强化思想淬炼、政治历练、实践锻炼、专业训练，不断提高政治判断力、政治领悟力、政治执行力。要落实“三个区分开来”，坚持严管和厚爱结合，激励和约束并重，落实干部能上能下、谈心谈话等机制，加大正向激励力度，建立健全容错纠错机制，充分调动干部干事创业的积极性，形成“组织为干部担当、干部为事业担当”的良好局面。

5.持之以恒正风肃纪反腐。全面从严治党永远在路上，必须把严的主基调长期坚持下去。要聚焦“两个维护”，全面落实省委巡视反馈问题整改工作，深化市委、县委巡察成果运用，确保习近平总书记重要指示批示和党中央决策部署在揭西落地见效。要锲而不舍纠治“四风”，巩固拓展落实中央八项规定及其实施细则精神成果，坚决反对形式主义、官僚主义，坚决查处“怕慢假庸散”等懒政怠政、损害营商环境的突出问题。要强化监督执纪问责，不断加强政治监督，强化对公权力运行的监督制约，从严治理“为官不为”“为官乱为”。要一体推进不敢腐不能腐不想腐，坚持反腐败无禁区、全覆盖、零容忍，巩固发展反腐败斗争压倒性态势，努力营造风清气正的政治生态。

同志们，奋斗创造历史，实干成就未来。让我们高举习近平新时代中国特色社会主义思想伟大旗帜，更加紧密地团结在以习近平同志为核心的党中央周围，在省委和市委的坚强领导下，不忘初心、牢记使命、接续奋斗，加快建设生态发展示范区，努力打造生态宜居美丽示范县、粤东城市群后花园、国家级全域生态旅游目的地，以优异成绩庆祝建党100周年！

（县委办）

政府工作报告

——2021年2月22日在揭西县第十届人民代表大会第六次会议上

揭西县县长　魏洁林

各位代表：

我代表县人民政府向大会作工作报告，请予审议，并请政协各位委员和其他列席人员提出意见。

“十三五”时期发展成就和2020年主要工作

“十三五”时期是全面建成小康社会的决胜阶段。五年来，在上级党政和县委的坚强领导下，在县人大及其常委会和县政协的监督支持下，县政府团结带领全县人民，坚持以习近平新时代中国特色社会主义思想为指导，全面贯彻新发展理念，攻坚克难，狠抓落实，推动全县经济社会持续健康加快发展，“十三五”规划主要目标任务顺利完成，高质量发展迈出坚实步伐，为开启全面建设社会主义现代化新征程奠定重要基础。

——过去五年，我们立足生态定位，全力发展绿色产业，综合实力显著增强。2020年，全县实现生产总值240.01亿元，“十三五”期间（下同）年均增长4.1%；城乡居民人均可支配收入16382.8元，年均增长7%；地方一般公共预算收入4.71亿元；社会消费品零售总额80.87亿元，年均增长3.9%。生态工业提质增效。2020年全县完成规模以上工业增加值43.9亿元。广药集团白云山制药揭西生产基地建成投产，圆满理顺揭西县产业园体制机制，推动电线电缆等生态工业集聚发展。五年共培育规上工业企业30家、高新技术企业7家，组建省级工程技术研究中心1家、现代农业创新中心1家，创建市级专业镇1个。全域旅游蓬勃发展。成功创建粤东地区首个“中国天然氧吧”，生态效益指数位居全国第一；成为首批七个省全域旅游示范区之一和省旅游综合竞争力十强县，“揭西擂茶”成功申报国家地理标志商标，“三山国王”祖庙创建省对台交流基地，大北山旅游度假区获评省级旅游度假区，京溪园镇获评首批省旅游风情小镇和省休闲农业与乡村旅游示范镇，金和镇山湖村被评为全国乡村旅游重点村，全县新增国家3A级旅游景区3个、省文化和旅游特色村3个、省乡村旅游精品线路3条。连续圆满举办五届揭西梅花节和首届潮客粤菜师傅乡厨厨艺邀请赛等活动，揭西旅游知名度和美誉度显著提升。五年共接待游客5363.7万人次，旅游总收入289亿元。招商引资取得实效。重新明确揭西县产业园发展定位，完成园区中心大道、进园西路、服务中心大楼等项目建设，打造对接粤港澳和珠三角地区招商引资平台。大力实施“乡贤回归”工程，制定系列招商引资优惠政策，成功引进世界500强企业碧桂园开发建设，五年共引进投资额1000万元以上企业78家。

——过去五年，我们坚持久久为功，打赢精准脱贫攻坚战，乡村振兴有力推进。2020年完成农业总产值77.9亿元，年均增长5.5%。脱贫攻坚圆满收官。“两不愁三保障一相当”政策全面落实，完成1602户建档立卡贫困户危房改造任务，彻底解决贫困户住房安全问题。累计投入产业扶贫资金3.74亿元，开发产业帮扶项目284个，受益贫困人口4.34万人次；全县9657户28358名相对贫困人口、67个省定贫困村全部稳定达到脱贫标准。生态农业加快发展。成功创建“国家农产品质量安全县”，大洋茶叶产业园确定为省级现代农业产业园，建成供港蔬菜、青榄、中药材3个市级现代农业产业园，新增省级“一村一品、一镇一业”专业镇2个。全县共有市级以上农业龙头企业13家，农民专业合作社355家，省名牌产品32个。美丽乡村建设成效突出。投入财政资金16亿元，建成金和镇山湖村、灰寨镇马路村、龙潭镇关山村等100个美丽宜居示范村。所有面上村均达到干净整洁村标准。京溪园镇大鹿村等8个村获评“国家森林乡村”，棉湖镇鲤鱼沟村入选“全国乡村治理示范村”，南山镇火炬村被列为省第一批“红色村”党建示范工程。

——过去五年，我们强化投资拉动，狠抓重点项目建设，发展环境日臻完善。“十三五”时期，全县累计完成固定资产投资492.1亿元，是“十二五”时期的1.53倍。交通环境实现质的飞跃。汕湛高速揭西东段、兴汕高速揭西段建成通车，建设高速公路100公里，高速出入口达到9个。完成国道238线揭西猫塘坳至五云段路面改造、县道094五黄线路段改造、6个高速公路出入口拓宽、农村公路安全生命防护工程等项目，五年升级改造省道127.41公里、县乡道路135.15公里，建成“四好农村路”302.4公里，全县公路总里程达1525公里，公路密度达107.25公里/百平方公里。水利能源建设稳步推进。五年共投入水利建设资金8.18亿元、电网建设资金5.65亿元。县城新自来水厂、村村通自来水、南乌灌区改造、瓠杓岭引榕灌区节水配套改造等一批水利项目先后建成投入使用，新（改、扩）建110千伏变电站2座、10千伏线路233公里。城乡环境焕然一新。成功创建全市首个省级文明县城和省级卫生县城，顺利通过国家卫生县城技术评估。建成县城道路升级改造一期二期、横江河左岸景观配套、北环一路升级改造、京棉公路改造、棉湖镇区道路升级改造等一批市政项目，有效加强城镇管理，城乡面貌优化提升。

——过去五年，我们用心用情用力，加快补齐民生短板，全面小康成色更足。“十三五”期间共投入民生领域资金205.18亿元，年均增长7.8%。教育事业实现新进步。五年教育总投入达66.88亿元，成功创建省教育现代化先进县；撤并“麻雀学校”38所，新（改、扩）建标准化义务教育学校156所、高级中学3所、实验学校2所、公办幼儿园24所、乡村学校少年宫9所，升级改造义务教育薄弱学校86所，招聘教师454人；公办及普惠性民办幼儿园在园（班）幼儿数占比98%，九年义务教育巩固率96.4%。医疗卫生迈出新步伐。成功创建省级慢性病综合防控示范区，稳步推进紧密型县域医共体建设，县人民医院住院综合楼、县妇幼保健计划生育服务中心一期住院大楼、棉湖华侨医院住院综合楼等项目建成使用，完成15家乡镇卫生院标准化、280家村卫生站规范化建设，全县拥有床位2815张。污染防治取得新成效。全县所有乡镇均建成污水处理厂，建成镇区污水收集管网265公里、农村雨污分流管网2431公里，在粤东地区率先实现镇级污水处理设施全覆盖，污水处理能力达到13.1万吨/天。榕江南河及支流水污染得到有效治理，劣V类水质全面消除，龟山塔“省考”断面、东园“市控”断面水质稳定达标，饮用水源水质连续五年达标率100%。持续抓好大气污染防治，空气质量优良率保持在98%以上。文体工作迈上新台阶。累计建成基层综合性文化服务中心示范点36个、乡镇文体广场示范点8个、社会足球场9个、体育设施示范点121个。大北山革命历史纪念馆被评为省国防教育基地，钱坑大夫祖祠、棉湖战役东征军指挥部旧址获评第九批省级文保单位，大龙香制作技艺入选省级非物质文化遗产项目，大革命时期历史文化游径、东征革命历史文化游径入选省历史文化游径。社会保障达到新水平。五年共开展各类技能培训1.68万人，新增城镇就业2.24万人。2020年参加城乡居民基本养老保险35.4万人，城乡居民基本医疗保险75.56万人。低保对象、特困人员、孤儿生活保障均达到或超过上级补助标准。全力做好双拥工作，省级双拥模范县实现“九连冠”。县工商联荣获全国“五好”县级工商联称号。《揭西年鉴（2019）》获评第七届全国地方志优秀成果县级综合年鉴二等年鉴。顺利完成第四次经济普查、第三次农业普查、第二次污染源普查，组织实施第七次人口普查。此外，统计、气象、档案、民族宗教、外事侨务、妇女儿童等工作也取得新进展。

——过去五年，我们全力攻坚克难，提高综合治理效能，社会大局和谐稳定。严厉打击违法用地和违法建设行为，有效规范土地管理秩序。地方法人金融机构潜在风险化解工作和质押资产处置依法平稳有序开展，金融行业稳健发展。建成乡镇专职消防队7支，组建专职护林员和森林消防队伍，建设微型消防站90个、森林防火视频监控点18个、瞭望台24个，应急救援能力显著提升，安全生产、消防安全、三防、森林防火等工作得到全面加强，全县没有发生特大安全生产事故。大力加强食品药品安全监管，省食品安全示范县创建工作顺利通过中期评估。村（社区）党群服务中心实现全覆盖，招录专职人员508人，村“两委”干部生活待遇逐年提高，战斗力显著增强。有效排查化解社会矛盾，纵深推进扫黑除恶专项斗争和平安揭西建设，刑事案件、治安案件大幅度下降，扫黑除恶知晓率排名全市前列，人民群众安全感显著提升。

——过去五年，我们加强自身建设，深化体制机制改革，良好政府形象得以彰显。深入开展“不忘初心、牢记使命”主题教育，“两学一做”学习教育实现常态化、制度化。完成县党政机构、乡镇（街道）体制改革，事业单位改革顺利推进。建成县镇村三级政务综合服务平台，推进“数字政府”建设，“粤政易”“粤省事”“粤商通”得到推广，行政效能不断提高。制定实施全面优化营商环境三年行动计划，深化“放管服”和商事制度改革，共取消、下放、转移行政审批事项158项。五年共办理县人大代表建议77件、县政协委员提案61件。持续推进法治政府建设，加大普法宣传力度，揭西县法治文化主题公园获评省十佳法治文化主题公园。加强干部队伍作风建设，全面落实中央八项规定及其实施细则精神，加强审计、监察工作，着力营造风清气正发展环境。

2020年是“十三五”规划的收官之年，我们走过一段极不平凡的历程。面对新冠肺炎疫情严重冲击，我们认真落实“坚定信心、同舟共济、科学防治、精准施策”总要求和“四早”“四集中”防控要求，慎终如始抓好疫情防控，集中精力做好“六稳”“六保”，在大战大考中经受住严峻挑战，奋力夺取疫情防控和经济社会发展“双胜利”，较好完成了各项目标任务。

一是疫情防控取得阶段性胜利。我们坚持人民至上、生命至上，集中力量打好打赢疫情防控人民战争、总体战、阻击战。动员全县4000多名医护人员投入防控一线，组建“三人小组”416个，建立网格单元2771个，构筑最严密的疫情防控网；全县2例输入性确诊患者均治愈出院，40名密切接触者全部解除医学观察，做到了医务人员零感染、境外疫情零输入，2020年1月29日以来没有新增确诊病例。在全市率先建成3个新冠病毒核酸检测实验室，满足了全县新冠疫情核酸检测需求，累计完成核酸检测7.67万例。充分利用抗疫国债资金2.75亿元，加快推进县人民医院感染科综合大楼等项目建设，有效提升全县防疫抗疫和医疗卫生水平。

二是经济运行平稳向好。我们深入开展“暖企行动”，认真做好“六稳”工作、全面落实“六保”任务，启动“揭西人游揭西”等10项“推进‘六稳’拉动消费”主题活动，推动企业全面复工复产。全年新增市场主体4918户，融资7.3亿元推动“梁柱”企业及中小微企业加快发展。牢固树立“乙方思维”，全面优化提升营商环境，建立招商项目和重点企业服务官制度，成功引进新希望六和养殖、粤港澳大湾区“菜篮子”揭西配送中心等8个重点产业项目。樱山花谷、山湖村乡村旅游景区成功申报国家3A级旅游景区。主要经济指标实现正增长，增速均位居全市前列。县级财政管理绩效综合评价全省排名第三。

三是乡村振兴迈出新步伐。我们凝心聚力打好精准脱贫攻坚战，高质量完成脱贫攻坚收官任务。成功举办“2020年广东揭阳揭西消费扶贫产品产销推介暨走进粤港澳大湾区系列活动”，创建全省首个消费扶贫产业园，推动脱贫攻坚与乡村振兴有效衔接。加快发展现代农业，茶叶省级现代农业产业园建设扎实推进，新增“一村一品、一镇一业”专业村12个，打造美丽乡村精品线路6条，金和镇山湖村获评省十大美丽乡村，南山镇火炬村获评省文化旅游名村、省红色村党建工程示范点，乡村振兴考核综合排名全市第一。

四是民生短板进一步补齐。全年投入民生资金49.7亿元，占一般公共预算支出的86.4%。十件民生实事全面完成。棉湖华侨医院综合改建等项目加快建设，医疗卫生短板加快补齐。巩固提升省教育现代化先进县创建成果，撤并“麻雀学校”9所，升级改造义务教育薄弱学校13所。建成县城大同市场、河山市场、好日子广场、东风文化广场升级改造项目，进一步完善县城服务功能。获评省五星级退役军人服务中心（站）2个、四星级服务站6个。全力以赴推进自供区农网改造工程，全面理顺3个自供区的供电体制机制问题，满足人民群众的用电需求。污染防治成效明显，河长制考核获市“优秀”等次。铁腕整治违法用地和违法建设，拆除各类违法建设面积33.3万平方米。纵深推进扫黑除恶专项斗争，河湖乱象问题顺利摘牌，社会大局和谐稳定。安全生产和应急管理工作落到实处，成功处置甬莞高速危化品泄露环境突发事件，全年没有发生较大以上安全生产事故。

各位代表，“十三五”时期特别是过去一年成绩来之不易，是习近平新时代中国特色社会主义思想光辉引领的结果，是市委、市政府和县委坚强领导的结果，是县人大、县政协监督支持的结果，是全县人民共同奋斗、社会各界鼎力支持的结果。在此，我谨代表县人民政府表示衷心的感谢并致以崇高的敬意！

同时，我们也清醒地认识到，当前我县还存在不少困难和问题，主要表现在：经济总量较小、产业水平较低，恢复增长的动能不足；基础设施仍不完善，道路等级较低，投资环境仍然跟不上发展需要；环保设施建设仍有短板，精准纳污仍不全面，生态保护压力较大；社会治理仍需加强，公共服务水平有待进一步提升，统筹疫情防控和经济社会发展任务艰巨；法治政府和营商环境建设仍需持续加强，招商引资的主动性和效果仍有很大不足，等等。对于这些问题，我们将高度重视、系统研究、加快解决。

“十四五”时期发展目标和重点任务

“十四五”时期是我国在全面建成小康社会、实现第一个百年奋斗目标之后，乘势而上开启全面建设社会主义现代化国家新征程、向第二个百年奋斗目标进军的第一个五年，是揭西实现崛起振兴的关键五年。按照党的十九届五中全会和省委、省政府，市委、市政府的部署，根据《中共揭西县委关于制定揭西县国民经济和社会发展第十四个五年规划和二〇三五年远景目标的建议》，县政府编制了《揭西县国民经济和社会发展第十四个五年规划和二〇三五年远景目标纲要（草案）》。

“十四五”时期，我县经济社会发展的主要目标是：经济发展再上新台阶，创新驱动取得新突破，改革开放迈上新高度，城乡文明实现新进步，生态文明进入新境界，民生福祉达到新水平，治理效能得到新提升。展望二〇三五年，揭西将基本实现社会主义现代化，经济实力、科技实力大幅跃升，经济总量和城乡居民人均可支配收入再迈新台阶；人民素质和社会文明程度达到新高度，基本形成人与自然和谐共生格局，人民生活更加美好，人民全面发展、共同富裕取得更为明显的实质性进展。

“十四五”时期，我县经济社会发展的指导思想是：高举中国特色社会主义伟大旗帜，深入贯彻党的十九大和十九届二中、三中、四中、五中全会精神，坚持以马克思列宁主义、毛泽东思想、邓小平理论、“三个代表”重要思想、科学发展观、习近平新时代中国特色社会主义思想为指导，全面贯彻党的基本理论、基本路线、基本方略，深入贯彻习近平总书记对广东系列重要讲话和重要指示批示精神，统筹推进“五位一体”总体布局，协调推进“四个全面”战略布局，坚持党的全面领导，坚持以人民为中心，坚持新发展理念，坚持稳中求进工作总基调，以推动高质量发展为主题，以深化供给侧结构性改革为主线，以改革创新为根本动力，以满足人民日益增长的美好生活需要为根本目的，深化落实省“1+1+9”工作部署和市“建设宜居宜业宜游的活力古城、滨海新城，打造沿海经济带上的产业强市”安排部署，紧扣“生态发展示范区”功能定位和“打造生态宜居美丽示范县、粤东城市群后花园、国家级全域生态旅游目的地”发展目标，突出生态优先、绿色发展，加快推进“产业生态化、生态产业化”，建立以生态旅游、生态农业、生态工业为主体的生态产业体系，打造生态经济发展新标杆，推进基层治理体系和治理能力现代化，实现经济行稳致远、社会安定和谐，为全面建设社会主义现代化开好局、起好步。

“十四五”时期，我们要坚定不移贯彻新发展理念，着眼发展大局，找准发展定位，提振再创业的精气神，提高抓落实的执行力，集中精力，久久为功，善作善成，奋力谱写全面建设社会主义现代化的揭西新篇章。重点抓好以下五方面工作：

一、加快构建生态产业体系，打造宜业揭西。立足新发展阶段，贯彻新发展理念，坚持创新驱动，构建生态产业体系，发展壮大实体经济。突出抓好传统产业转型升级，发展生态主导型产业，做强做优电线电缆、生物制药、五金塑料、电子电器、食品加工等传统支柱产业。加快发展现代服务产业、文化旅游业，培育战略性新兴产业，力争引进50家以上高新技术企业落户建设。加快揭西县产业园和镇村工业园等载体建设，打造承接粤港澳、珠三角产业溢出的重要平台。

二、深入实施乡村振兴战略，打造宜农揭西。建立防止返贫长效机制，实现巩固拓展脱贫攻坚成果与乡村振兴有效衔接。建立农业产业链“链长制”，加快发展特色乡村产业，推动“一村一品、一镇一业”建设，全力建设总面积34万亩的八大特色农业产业带，形成规模发展。实施乡村建设行动，扎实推进农房管控和乡村风貌提升，持续改善农村人居环境，全面建成生态宜居美丽示范县。深化农村改革，加快推进农村承包地经营权流转。坚持科技兴农、质量兴农、品牌兴农，打造优势产业带，做强农产品品牌，高水平打造现代农业产业体系。

三、坚持生态优先绿色发展，打造宜游揭西。深入践行习近平生态文明思想，打好生态文明建设持久战，建设人与自然和谐相处、共生共荣的现代化美丽揭西，把揭西的绿水青山转化为金山银山。坚持落实“河（湖）长制”责任，规划建设水清岸绿河畅“万里碧道”“美丽水网”。深化“中国天然氧吧”品牌打造，推进绿化揭西大行动，涵养“城市之肺”。依托优质生态资源，打好“红色”“绿色”两张牌，加强骨干景区打造，大力发展乡村旅游，全力创建国家全域旅游示范区，提高旅游知名度和美誉度。

四、持续改善营商环境，打造宜商揭西。积极争取河源至揭阳铁路在揭西设站，加快推进国省道改造升级，完善以县城为中心、以县道为主体、以乡村道为基础的贯穿全县的交通网络。完善现代商贸流通体系，积极推进物流基础设施建设，强化供应链服务。深化投资审批制度改革，持续推进“放管服”改革和“数字政府”建设。强化“乙方思维”，健全“企业服务官”制度，增创营商环境新优势。大力实施“回家行动”，服务推动在外乡亲回家置业、回家兴业。

五、着力提升人民生活品质，打造宜居揭西。系统研究、全面提升教育教学质量，完善医疗卫生服务体系，健全社会保障体制机制和城乡公共文化设施网络，全面提升公共服务水平。统筹发展和安全，建立公共安全隐患排查和安全预防控制体系，健全突发传染病事件社会预警和重大疫情应急响应机制，保障人民群众的生命健康安全。全面加强法治揭西、平安揭西建设，完善基层社会治理，持续提升群众的获得感、幸福感、安全感。

2021年工作安排

2021年是实施“十四五”规划、开启全面建设社会主义现代化国家新征程、向第二个百年奋斗目标进军的起步之年，是中国共产党成立100周年，做好今年工作意义重大。今年我县经济社会发展的主要预期目标是：生产总值增长6%以上；规模以上工业增加值增长5%以上；固定资产投资增长10%；社会消费品零售总额增长6%以上；外贸进出口总额增长5%；地方一般公共预算收入增长4%以上，税收收入增长5.35%；城乡居民人均可支配收入增长6%左右；城镇登记失业率控制在3.5%以内；节能减排约束性指标完成市下达年度计划。

为实现上述目标，我们将2021年作为“攻坚强基年”，全力以赴“啃骨头、打基础、促发展”。重点抓好以下七方面工作：

一、优先发展农业农村，全面推进乡村振兴

坚持把解决好“三农”问题作为政府工作重中之重，举全县之力推动乡村振兴，促进农业高质高效、乡村宜居宜业、农民富裕富足。

*巩固脱贫攻坚成果。*做好巩固拓展脱贫攻坚成果同乡村振兴有效衔接，健全防止返贫动态监测和帮扶机制，对易返贫致贫人口实施常态化监测，推动“两不愁三保障一相当”长效化。推广消费扶贫，开展“万企兴万村”行动，完善扶贫项目资金资产管理和监督体系，建立“订单收购+保底分红”“土地流转+务工收入”的合作模式，构建起“公司+基地+农户”的利益联结机制，促进农业增产、农民增收。健全造血式帮扶机制，大力推行以工代赈、以购代捐、以奖代补，增强脱贫户发展内生动力。

*突出发展现代农业。*发展壮大茶叶省级现代农业产业园和供港蔬菜、青榄、中药材3个市级现代农业产业园，着力建设八大特色农业产业带，推动揭西苦笋创建省级现代农业产业园，打造“跨县集群、一县一园、一镇一业、一村一品”现代农业产业体系。全面推行农业产业链“链长制”，着力建设好茶叶、生猪2条市级农业产业链和蔬菜、苦笋、南药、橄榄4条县级农业产业链，深入实施农产品加工业提升行动，提高农产品附加值。加快完成揭西新希望六和生猪养殖基地建设，实现标准化、规模化、无害化生猪生产。精准培育农业龙头企业，积极发展农民合作社、家庭农场等新型农业经营主体，激发农村经济发展活力。

*加快建设美丽乡村。*深入实施“千村示范、万村整治”工程，突出抓好农村污水处理、绿道建设等项目建设，推动“四好农村路”提档升级，彻底整治存量危房和乱搭乱建，不断优化提升农村人居环境。在巩固提升100个美丽宜居示范村的基础上，全力打造40个新创办美丽宜居示范村，全域推进美丽乡村建设。全面加强农房管控和风貌提升，着力推动总投资1.4亿元的乡村风貌提升示范带建设，加强农房微改造和“四小园”建设，保护和活化传统建筑文化，全力提升乡村颜值，打造生态宜居美丽示范县。

*深化农村综合改革。*认真做好村（社区）“两委”换届后续工作，组织新上任村干部开展学习培训，确保新上任“两委”班子迅速进入状态，基层工作高效运行。大力推进土地经营权有序流转，加大土地流转奖补力度，全

面实施“灭荒”三年行动计划，解决农村承包地碎片化、撂荒、丢荒、弃耕等问题，促进农业实现规模经营。深入推动农村综合改革，依法做好农村房地一体确权登记发证，有效盘活农村闲置房屋和宅基地，促进农村节约集约用地。

二、打好“红色”“绿色”牌，推动文化旅游融合发展

加快发展全域旅游，全力打造粤东城市群后花园、国家级全域生态旅游目的地。

精心打造红色胜地。大力实施揭西县火炬村党建示范“五个一工程”项目，为建党100周年献礼。深挖革命老区红色历史文化资源，全力推进灰寨镇向阳村、龙潭镇团结村、棉湖镇湖西村等红色美丽宜居示范村建设，打造南山镇火炬村、塔头镇旧住村等红色精品村，并串珠成链打造3条红色文化体验游精品线路。充分发挥海陆丰革命老区政策优势，打好红色牌，讲好革命故事，传承红色基因，让揭西成为旅游观光和传承革命文化的精品之地和红色胜地。

做精做优绿色旅游。全力推进黄满寨瀑布群打造“全国三黄瀑布之一”品牌和特色文化地质公园，盘活优质文旅资源，培育区域旅游新标杆。改造提升大北山至大洋旅游公路，加快推进大洋国际生态旅游度假区特色康养项目建设，全力创建国家4A级旅游景区。以金和镇山湖村、塔头镇旧住村、棉湖镇鲤鱼沟村等美丽乡村为重点，结合现有景区景点和6条美丽乡村精品线路，“点线面”推动乡村旅游发展壮大。出台鼓励支持民宿发展的优惠政策措施，大力发展民宿经济。深入实施“旅游+”战略，完善旅游交通、集散中心、信息咨询、旅游厕所等基础设施建设，提升旅游竞争力。

加大宣传推介力度。依托“中国天然氧吧”品牌，整合旅游宣传资源，通过线上线下相结合，建立健全多元化营销模式和宣传机制。进一步深耕珠三角及周边客源市场，加强与旅行社、旅游网站、大型酒店对接，精准开展宣传推介活动。继续策划“季季有节庆，乡乡有活动”，谋划第三季度举办“氧吧马拉松”、山地自行车等活动，打造康养品牌、活力品牌。

三、发展壮大实体经济，加快高质量发展步伐

走深走实“生态产业化、产业生态化”两化路，统筹保护环境和发展经济两手抓，在整体推进中实现协同发展，推动县域经济加快发展。

推动传统产业转型升级。深入实施创新驱动发展战略，不断加大技改投入力度，推动电线电缆、生物制药、五金塑料、电子电器、食品加工等传统产业转型升级，拓展延伸产业链，发展壮大传统产业。精准开展“暖企行动”，全面落实省促进民营经济发展十条、市促进产业发展“1+1+12”等政策措施，努力为企业松绑减负、纾困解忧。大力实施高新技术企业数量规模“双倍增计划”，以现有7家国家高新技术企业为龙头，培育新增一批优质高新技术企业，带动中小企业专精特发展，促进转企升规、集群转型。

夯实产业发展平台。加快完善揭西县产业园污水处理、供水供电、亮化绿化等配套设施，培育发展绿色电缆、电子设备、现代农业与食品等产业集群，大力创建省级产业园，打造生态型工业示范区，力争引进一批优质企业落户园区，总投资额达20亿元以上。加快盘活批而未供闲置土地，着力推动镇村工业集中区改造升级，引导更多小微工业企业集聚发展。

加大招商引资力度。全面落实市“双3000亿”计划，从第一季度开始，每个季度签约一批项目、开工一批项目。聚焦“文旅”和“三农”两个板块，分别构建两大国资平台，更好承接央企、国企以及其他社会资金，同有实力的品牌公司或大企业进行战略合作。加强与各地揭西商会、重点乡贤的交流合作，积极到珠三角等发达地区开展招商活动，促进在外乡亲回家置业、回家兴业。紧盯工业、农业、旅游、教育4大行业，瞄准新希望六和饲料生产基地等在谈重点产业项目，做好跟踪对接服务，争

取尽快落地建设。全力服务好京溪园镇大鹿农业公园等在建重点产业项目建设，推动项目尽快建成投产，发挥经济效益。

四、加强基础设施建设，优化完善发展环境

强化“软”“硬”支撑，着力改善营商环境，不断提升县域综合竞争力。

优化提升基础环境。积极争取河源至揭阳铁路在揭西设站，尽快启动高速公路出入口至重点旅游景区基础设施配套工程，建成省道508线揭西上砂至砼下段路面改造、省道239线揭西坪上至金和段路面改造、县道096新大线金和桥改建等交通项目，打造互联互通交通网络。全力推进塔头拦河闸重建、棉湖镇贡山万亩水利沟渠疏浚、高质量水土保持林造林、中小河流治理等水利项目建设，全面启动七大灌区主干渠综合整治工程，夯实农业发展基础。

强化城镇建设管理。统筹优化城市国土空间规划、产业布局，以控规单元为引领，有节奏、有计划推进新谋划19宗1608亩建设用地的出让工作，着力引进央企、国企资本进驻，连片推进老旧小区改造和房地产开发，彻底拆除在册在建违法建设，有序推进城镇更新，提升管理服务水平。县城作为揭西行政中心，要科学布局功能板块，加快推进北部新城、东部新城、县城道路升级改造三期工程、县城新自来水厂二期扩建及配套管网等项目建设，完善公共服务功能，提升县城颜值气质。棉湖镇要坚持以经济建设为中心，全力建设棉湖镇北部新城商业综合体，推进老旧小区整体改造提升，打造产城融合、宜居宜业的现代化城市、县域经济中心。五经富镇要充分发挥文旅优势，完善旅游“六要素”，全力打造旅游经济集聚区。突出抓好各镇区基础设施建设，大力建设东园镇镇区道路、钱坑镇中心大道等项目，加快城镇化进程，提高乡镇综合竞争力。

全面优化营商环境。深化“放管服”改革，实施好全面优化营商环境三年行动计划，加快畅通经济循环。牢固树立“乙方思维”，全力推进审批提速，实现审批事项、申请材料、办理环节、各类证照和审批时间“五减少”，把社会投资带方案出让用地类项目审批时间控制在40日内、社会投资小型工程类建设项目审批时间控制在20日内。加快“数字政府”建设，推广“粤政易”“粤省事”“粤商通”，大力推行“不见面”办事，基本实现高频事项网上办结。深化“证照分离”改革，对涉企经营许可事项实行清单管理，让企业公平参与市场合作和竞争。

五、大力发展民生事业，共建共治共享发展成果

坚持以人民为中心的发展思想，持续完善基本公共服务，让发展成果更多更公平惠及全县人民。

提升教育教学水平。系统研究，综合施策，持续深化教育体制机制改革，集中力量打造名校，带动提升全县教育质量。加快揭西县教师发展中心综合楼等项目建设，进一步完善办学条件。全力保障公办幼儿园和普惠性民办幼儿园学位供给，加快建成覆盖城乡、布局合理的学前教育公共服务体系。

提升医疗卫生水平。扎实推进紧密型县域医共体建设，健全分级诊疗制度，加快县人民医院感染科综合大楼、棉湖华侨医院综合改建、县妇幼保健计划生育服务中心二期、县精神康复中心等医疗项目建设，提升医疗服务水平。以通过国家卫生县城技术评估为动力，巩固创卫成果，广泛开展爱国卫生运动，不断增强人民群众获得感、幸福感。

提升公共服务水平。坚决打好打赢创文复查攻坚战和复牌翻身仗，落实落细创文各项工作，确保顺利复牌。大力推进“粤菜师傅”“广东技工”“南粤家政”工程，妥善做好自主就业退役军士和义务兵安置，帮扶残疾人、零就业家庭成员就业。加大社会保险扩面征缴力度，加强儿童群体、孤寡老人、残疾人关爱保护工作，推进社会救助、社会福利、慈善事业发展，进一步健全社会保障体系。

全力办好民生实事。根据省、市人大常委会和县委关于民

生实事项目人大代表票决制工作部署，县政府在充分研究论证、广泛征求意见的基础上，遴选了12项民生实事候选项目（详见附件1），提请大会票决。对票决出来的项目，县政府将加大工作力度，认真组织实施，严格督查考评，主动接受人大监督，确保办好办出成效，以看得见的变化回应人民群众期盼。

同时，认真做好统计、地方志、档案、双拥、人防、外事、侨务、气象、地震、国防动员、民族宗教、妇女儿童等工作。

六、强化社会综合治理，建设更高水平平安揭西

坚持底线思维，提高风险预见预判能力，严密防范各种风险挑战，维护社会大局和谐稳定。

慎终如始抓好疫情防控。坚持常态化精准防控和应急处置相结合，毫不放松抓好“外防输入、内防反弹”，落实“四早”“四集中”防控要求，全力做好重点地区来揭西人员排查和健康管理工作，引导群众合理有序出行，尽可能减少聚集。强化医院、学校、市场等人员密集场所的防控措施，对进口冷链食品等入境物资开展检测消毒。引导群众加强个人防护，扎实推进重点人群疫苗接种。全力抓好农村地区防控工作，压实网格化防控责任，强化各类防控物资储备保障。

全力做好生态保护。突出精准治污、科学治污、依法治污，强化“一河一策一专班”“一厂一网一专班”工作措施，启动建设县城污水处理厂配套管网五期工程，加快县城污水处理厂配套管网四期工程、云湖水系水质保护工程二期、凤江污水处理厂三期配套管网等项目建设，完成全县生活污水处理设施PPP项目、农村雨污分流等工程建设，全面提高治污能力。不折不扣抓好中央和省环保督察问题整改，推动污染防治攻坚战向深度延伸、向广度拓展。全面落实“河（湖）长制”，重拳打击污染环境违法犯罪行为，持续巩固全面消劣成效，努力实现山河安澜、秀水长清。健全垃圾分类转运处理体系，启动建设环保能源产业园、生活污泥处理中心，扎实推进老虎坷垃圾填埋场三期、县城垃圾分类处理中心等项目建设，推动固体废弃物减量化、资源化。强化工业废气、道路扬尘、露天焚烧整治工作，确保揭西“天常蓝”。实施新一轮绿化揭西大行动，落实“林长制”，完成造林种植1.22万亩、森林抚育2.3万亩，全力创建国家森林城市。

防范化解重大风险。坚持以大概率思维应对小概率事件，把打好建党100周年安保维稳主动仗作为全年防风险工作的主线，坚决守住不发生系统性风险底线。在确保稳定的前提下，全力解决13宗历史遗留问题，着力破解经济社会发展“瓶颈”。妥善做好地方法人金融机构风险防控和处置工作，严厉打击逃废债行为，有效防范化解金融风险。深入实施安全生产专项整治三年行动，加大食品药品监管、消防、三防、森林防火、应急管理工作力度，全覆盖开展安全隐患排查整治，防范遏制重特大安全事故发生。

深化平安揭西建设。坚持和发展新时代“枫桥经验”，妥善化解信访案件突出矛盾，维护群众合法权益。常态化开展扫黑除恶专项斗争，加大寻衅滋事、“两抢一盗”、电信诈骗、制售假烟、侵害未成年人等违法犯罪行为打击力度，严厉打击新型网络犯罪行为。积极开展“八五普法”，完善公共法律服务体系，提升全社会法治意识和法治素养。

七、聚焦自身建设，提升政府服务水平

持之以恒加强政府自身建设，全面提升工作效能和水平，建设服务型政府。

强化党建引领。始终把党的政治建设摆在首位，全面抓好政府系统党建工作，把党的领导贯穿到政府工作全过程、各领域，推动党建工作同政府各项工作同频共振、相互促进。持续巩固深化“不忘初心、牢记使命”主题教育成果，提前谋划开展中共党史学习教育，围绕庆祝建党100周年，深刻开展理想信念教育、爱国主义教育，引导广大党员干部坚定理想信念、践行初心使命。严格落实意识形态工作责任制，学懂弄通做实习近平新时代中国特色社会主义思想，不断提高政治判断力、政治领悟力、政治执行力，牢固树立“四个意识”、坚定“四个自信”、做到“两个维护”。

强化依法行政。全面加强法治政府建设，带头遵法学法守法用法，提高运用法治思维和法治方式深化改革、推动发展、化解矛盾、维护稳定的能力。纵深推进乡镇（街道）综合行政执法改革，完善综合行政执法体系。严格落实民主集中制，自觉接受县人大、政协和社会监督，认真办理人大代表建议和政协委员提案，广泛听取民主党派、工商联、无党派人士和人民团体意见，提升政府工作科学化、民主化、法治化水平。

强化廉洁从政。把严的主基调长期坚持下去，锲而不舍落实中央八项规定精神，持续纠治形式主义、官僚主义，切实为基层减负。坚持和完善监督体系，强化对公权力运行的制约和监督。全面落实省委巡视反馈问题整改工作，深化市委、县委巡察成果运用，着力推进各项工作再上新台阶。牢固树立“过紧日子”的思想，进一步压缩一般支出，集中财力办大事。坚持全面从严治党，大力推进党风廉政建设，旗帜鲜明抵制和反对腐败现象及行为，推动政府系统廉洁从政。

各位代表！新的蓝图已绘就，新的征程已开启。让我们更加紧密地团结在以习近平同志为核心的党中央周围，在市委、市政府和县委的坚强领导下，不忘初心、牢记使命，永葆“闯”的精神、“创”的劲头、“干”的作风，以一往无前的奋斗姿态、风雨无阻的精神状态，加快建设生态发展示范区，努力打造生态宜居美丽示范县、粤东城市群后花园、国家级全域生态旅游目的地，以优异成绩庆祝建党100周年！

附件1：

揭西县2021年民生实事候选项目

一、推进教育事业优质发展。巩固和提升学前教育“5080”攻坚工程。普惠性幼儿园生均经费最低标准由每生每年400元提高至500元。实施科学保教示范项目，打造1所市级示范性幼儿园。实施“名校带动工程”，集中资源打造河婆中学、棉湖中学两所名校，示范带动全县教育教学质量提升。争创4个省级名师工作室、1个省级名校长工作室，为提升教师专业水平搭建优质教科研平台。建设提升揭西县第一职业技术学校，新增设旅游管理与酒店服务、幼儿保育等专业，为我县经济发展培养输送专业人才。

二、免费实施出生缺陷筛查。为全县5000名以上孕妇免费提供地中海贫血、唐氏综合征、严重致死致残结构畸形的产前筛查，为全县7000名以上新生儿免费提供先天性甲状腺功能减低症、G6PD缺乏症（蚕豆病）、苯丙酮尿症、先天性肾上腺皮质增生症和新生儿听力筛查，新生儿遗传代谢性疾病筛查率达到98%以上、新生儿听力筛查率达到90%以上。

三、提高低保、特困人员、孤儿基本生活补贴和残疾人两项补贴保障水平。城乡低保对象最低生活保障人均补差水平分别从每月626元、302元提高到656元、332元；特困人员基本生活标准不低于当地最低生活保障标准的1.6倍；提高孤儿、事实无人抚养儿童基本生活最低养育标准，集中供养孤儿从每人每月1820元提高到1883元，分散供养孤儿、事实无人抚养儿童从每人每月1110元提高到1227元；困难残疾人生活补贴、重度残疾人护理补贴标准，分别从每人每月175元、235元提高到181元、243元。

四、实施兜底民生服务社会工作双百工程。实现全县乡镇（街道）社会工作服务站100%覆盖，建设不少于25个村（居）社会工作服务点。实现社会工作入户率100%、服务率100%。

五、深入实施“粤菜师傅”“广东技工”“南粤家政”三项工程。开展“粤菜师傅”培训130人次以上，带动800人以上实现就业创业。大力推动“广东技工”培训，完成补贴性职业技能培训3000人次。全面深入推动“南粤家政”工程高质量发展，开展家政服务类培训600人次以上，促进800人次以上稳定和新增就业创业。

六、完善农村集中供水和生活污水处理设施。加快推进全域自然村集中供水，新增保障农村集中供水2.5万人。因地制宜推进农村生活污水处理，新增20个行政村完成农村生活污水治理工作。

七、加强食品药品安全监督检测。完成不少于3200批次食品抽检任务，不合格食品处置率100%。对4家被省列入“快筛快检市场”开展快检工作，完成不少于1.44万批次食用农产品快检任务，每月每个市场不少于300批次。配合市做到全县生产的国家基本药物制剂品种抽检覆盖率达100%。

八、实施公共文体惠民工程。为基层送20场展览、2场讲座、10场演出活动；建设1个“粤书吧”类新型阅读空间，实施1个具有岭南特色的文保单位保护利用，举办1场非物质文化遗产宣传展示活动。

九、大力推动农业保险扩面、增品、提标。扩大农业保险覆盖面，县内种植的所有水果品种100%纳入。提高保险保额标准，水稻由800元/亩提高至1000元/亩，能繁母猪由1000元/头提高至1500元/头，育肥猪由800元/头提高至1400元/头，森林由500元/亩提高至1200元/亩。

十、加快推进城镇基础设施建设和农村公路桥梁安全改造。着力改善老旧小区居住环境，提升老旧小区居民的生活品质。因地制宜改造提升棉湖镇云湖公园，对县城大同市场、河山市场周边道路及棉湖镇等老旧小区周边道路进行升级改造。巩固112.8公里“四好农村路”建设攻坚成果，着力推进桥梁安全隐患整治，实施农村公路桥梁整治改造1座（三类桥），每年新发现四、五类公路桥梁当年处置率100%，提升农村公路桥梁安全保障水平。

十一、完善旅游体育设施。在乡村旅游景点新建3个旅游厕所，进一步健全旅游配套设施，完善旅游景点服务功能。在村一级建设3个体育设施示范点，补齐基层文体设施短板，以点带面完善全县体育设施。

十二、提升贫困残疾人生活质量。根据残疾人服务对象居家障碍的实际情况，投入100万元为200户重度贫困残疾人提供居家无障碍改造服务，提高其居家生活自主程度和生活质量。

附件2：

名词解释

1.“两不愁三保障一相当”：不愁吃、不愁穿，义务教育、基本医疗、住房安全有保障，基本公共服务主要指标相当于全省平均水平。

2.“四早”：早发现、早报告、早隔离、早治疗。

3.“四集中”：集中患者、集中专家、集中资源、集中救治。

4.“六稳”：稳就业、稳金融、稳外贸、稳外资、稳投资、稳预期。

5.“六保”：保居民就业、保基本民生、保市场主体、保粮食能源安全、保产业链供应链稳定、保基层运转。

6.“1+1+9”工作部署：第一个“1”是指加强党的全面领导和党的建设；第二个“1”是指以更大魄力、在更高起点上推进改革开放；“9”是指举全省之力推进粤港澳大湾区建设和支持深圳建设中国特色社会主义先行示范区，扎实推进高质量发展、打造新发展格局的战略支点，加快建设科技创新强省，加快建设现代化经济体系，全面实施乡村振兴战略，高质量加快构建“一核一带一区”区域发展格局，深入推进文化强省建设，营造共建共治共享社会治理格局，统筹发展和安全建设更高水平的平安广东等9项重点工作任务。

7.八大特色农业产业带：10万亩优质茶叶产业带、1万亩有机优质蔬菜产业带、1万亩黑皮冬瓜产业带、6万亩优质橄榄产业带、2万亩优质青梅产业带、1万亩优质淮山产业带、3万亩优质苦笋产业带、10万亩优质南药产业带。

8.“四小园”：小菜园、小果

园、小花园、小公园。

9.“三黄瀑布”：即贵州黄果树瀑布、黄河壶口瀑布、揭西黄满寨瀑布。

10.市促进产业发展“1+1+12”：第一个“1”指“1个顶层设计文件”，即《揭阳市完善政策体系加强招商引资增创产业发展新优势的意见》。第二个“1”指“1个保障措施”，即《揭阳市产业发展资金管理办法》。“12”指“12个重点产业扶持政策措施”，包括总部经济、人才等共性促进政策，以及科技创新、先进制造业、电子信息工业和软件技术产业、建筑业、现代服务业、金融服务业、商贸业、文化旅游体育产业、农业产业、粤东新城等专项促进政策。

11.“双3000亿”计划：揭阳市全年新签约项目、新开工项目分别达到3000亿元。

12.枫桥经验：20世纪60年代初，浙江省绍兴市诸暨县枫桥镇干部群众创造的“发动和依靠群众，坚持矛盾不上交、就地解决”的基层矛盾排查化解经验。

13.学前教育“5080”攻坚工程：2018年出台的《广东省促进学前教育普惠健康发展行动方案》，提出到2020年，全省公办幼儿园在园幼儿数占比要达到50%以上，公办幼儿园和普惠性民办幼儿园占比达到80%以上，简称“5080”攻坚工程。

（县政府办）

2020年揭西县十件民生实事一览表

表92

序号	名称	工作任务	进展情况	责任单位
一	增加学前教育和义务教育公办学位供给。	新（改、扩）建10所公办幼儿园，新增学前教育公办学位700个	2020年，全县规划新（改、扩）建10所公办幼儿园，总投资1990.3万元。其中河婆街道中心幼儿园、凤江镇中心幼儿园、钱坑镇钱西附设幼儿园、钱坑镇湖侨附设幼儿园、五经富镇岐凤附设幼儿园、揭西县中心幼儿园、南山镇中心幼儿园、龙潭镇龙园小学附设园、棉湖镇中心幼儿园、棉湖镇新湖幼儿园等10个建设项目于12月底前完工并投入使用，新增公办幼儿园学位800个。	县教育局
		整合17所以上“麻雀学校”	完成撤并“麻雀”学校36所。	县教育局
		改造13所义务教育薄弱学校办学条件，优化（含新增）义务教育公办学位680个	2020年，全县规划对13所义务教育薄弱学校办学条件进行改造，总投资705万元，主要用于京溪园镇新洪小学、塔头镇潭新小学、塔头镇龙光小学、北山中学、钱坑镇钱坑小学、灰寨中学、上砂镇第一中学、良田中学、五云镇培正小学、坪上中学、大洋初级中学、凤江镇东锋慈云学校、城北中学等13所学校校舍维修和教育教学设备购置等。13所中小学建设项目全部竣工并投入使用，优化（含新增）义务教育公办学位680个。	县教育局
二	实施技能提升工程。	培训潮菜师傅100人次以上	全县组织124名学员参加“潮菜师傅”技能工程培训，其中40名学员通过鉴定取得中式烹调师职业资格证书，34名学员取得中式面点师职业资格证书，完成目标任务124%。	县人社局
		南粤家政330人次以上	全县组织1320名学员参加“南粤家政”技能培训，其中39名学员取得育婴员职业资格证书，完成目标任务220%。	县人社局
		城乡劳动力技能晋升培训2500人次以上	依托民办职业培训学校开展职业技能培训，全县共培训劳动力4577人，完成目标任务183%。	县人社局

续表92

序号	名称	工作任务	进展情况	责任单位
三	推进“四好农村路”和“万里碧道”建设。	完成农村公路砂土路路面硬化108.36千米，实现全县农村公路等级公路比率达到99%、路面铺装率达到77%	该项目总里程为112.85千米，共分为75个项目实施建设，涉及16个乡镇、街道（不包括棉湖镇），全部开工建设。完成农村公路砂土路路面硬化119.40千米，完成100%；实现全县农村公路等级公路比率99%、路面铺装率77%。	县交通运输局
		建设“万里碧道”5.1千米	横江河万里碧道范围为景观工程终点至横江汇入榕江南河河口。完成5.1千米万里碧道主体建设及VI标识及导向系统设置安装。	县水利局
四	完善疫苗接种管理体系建设。	建设和改造1家疾控机构冷链系统，实现17家预防接种门诊数字化	1.县疾控中心冷库(含温度监测设备)完成建设，冷链包材和冷藏车由省统一招标，冷链包材到货并完成验收，冷藏车完成合同签订，工作进度与省同步。 2.17个接种门诊均完成场地改造和后补式冷库建设，智能医用冰箱、冷链包材、扫码设备和数字化管理系统由省统一招标采购，1家预防接种门诊完成安装和对接，其余16家安装工作进度与省同步。	县卫健局
五	加强地质灾害防治。	组织实施3处地质灾害工程治理	完成组织实施3处地质灾害工程治理，分别是：京溪园镇大岭下学校地质灾害治理工程、京溪园镇长滩日新学校地质灾害治理工程、龙潭镇富光村地质灾害治理工程。	县自然资源局
		5处大型以上地质灾害专业监测	根据《广东省自然资源厅关于印发〈广东省地质灾害专业监测预警体系建设工作指引〉的通知》（粤自然资函【2020】236号）文件要求，5处大型以上地质灾害专业监测工程由市自然资源局具体负责实施，揭西县配合做好实施有关工作。	县自然资源局
六	深化“厕所革命”。	基本实现农村户厕无害化改造全覆盖	完成全县农村户厕无害化改造179355户，完成率为100%，基本实现农村户厕无害化改造全覆盖。	县农业农村局
		新建或改造114座农村公厕	全县114座农村公厕全部开工建设，完成改造公厕114座，完成率为100%。	县农业农村局
		改造3所中小学厕所	完成金和镇和新小学、五云镇赤告小学、揭西县金坑中学等3所中小学校厕所设施完善、环境美化等，总投资53.5万元。3所中小学校厕所全面改造完成并投入使用。	县教育局
		新改扩建城市公厕（旅游厕所）5座	新建龙潭镇关山村、河婆街道天竺岩、南山镇火炬村军政法庭旁、南山镇火炬村后方医院旁、棉湖镇鲤鱼沟村5个旅游公厕，累计完成投资100万元，于2020年9月完工并投入使用。	县文广旅体局
七	加强食品安全保障。	强化溯源管理和社会共治，实现全县校园食堂“互联网+明厨亮灶”全覆盖	一是联合县市监局、人社局印发《揭西县互联网+“名厨亮灶”建设工作方案》，明确工作职责。二是对全县持证149家校园食堂（原153家，期间4家因经营不善已注销）进行全面摸底调查的基础上，制定《揭西县校园食堂互联网+“明厨亮灶”平台县级监控中心及校园端项目建设方案》，县级监控中心基本完成硬件设施基础建设，持证149家校园食堂监控全部接入市级平台。三是宣传互联网+“明厨亮灶”作用，督促学校落实食品安全主体责任，全力配合系统建设工作。	县教育局

续表92

序号	名称	工作任务	进展情况	责任单位
七	加强食品安全保障。	食品检验量达到每千人5批次，抽检不合格食品核查处置率达到100%	结合工作实际，制定并印发《2020年全县落实食品检验量“每千人5批次”工作实施方案》。截至11月18日，全县抽检完成3243批次，占年度计划（3236批次）100.2%；其中县市场监管局完成1940批次，占年度计划（1936批次）100.2%；县农业农村局抽检完成1303批次，占年度计划（1300批次）100.2%。抽检结果不合格食品共19批次，抽检合格率99.4%，对不合格食品的核查处置率100%。	县市场监管局
八	提高低保、特困人员、孤儿基本生活及困难残疾人两项补贴保障标准，加强残疾儿童康复救助工作。	城镇、农村低保对象最低生活保障人均补差水平，分别从每月571元、271元提高到626元、301元；特困人员基本生活标准达到不低于本地最低生活保障标准的1.6倍	按照《关于印发2020年全市城乡低保标准和补差水平的通知》《关于贯彻落实<2020年市政府主要工作任务分工方案>“十件民生实事”第160-1号工作任务的通知》《关于2020年提高特困供养人员基本生活标准的通知》文件精神，揭西县自2020年1月起，全县城镇低保标准从2019年每人每月743元提高到817元，补差水平从2019年每人每月572元提高到2020年626元；农村低保标准从2019年每人每月541元提高到2020年595元，补差水平从2019年每人每月272元提高到2020年302元；城镇特困供养人员每人每月1307元，农村特困供养人员每人每月952元。	县民政局
		孤儿基本生活最低养育标准集中供养和分散供养水平，分别从每人每月1685元和1025元提高到1820元和1110元；困难残疾人、重度残疾人护理补贴分别从每人每年1980元、2640元提高到2100元、2820元。按照标准补助0-6岁残疾儿童康复救助基本服务	严格执行《揭西县人民政府关于提高孤儿基本生活保障标准及残疾人两项补贴补助标准的批复》《揭西县人民政府关于提高残疾人两项补贴补助标准和扩大重度残疾人护理补贴范围的批复》要求，至2020年6月，全县集中供养孤儿12名，补助标准从2019年每人每月1685元提高到2020年1820元，散居孤儿159名，补助标准从2019年每人每月1025元提高到2020年1110元；至2020年6月，全县享受重度残疾人护理补贴9157人，补贴标准从2019年每人每年2640元提高到2020年2820元，全县享受困难残疾人护理补贴2809人，补贴标准从2019年每人每年1980元提高到2020年2100元。同时按照标准补助0-6岁残疾儿童康复救助基本服务。	县民政局
九	实施城市生活垃圾分类处理试点。	新建、改造升级垃圾转运站2座	完成棉湖镇、五经富镇2座垃圾转运站升级改造任务。	县城管执法局
		在城市生活垃圾分类处理示范区配置320个以上生活垃圾分类收集容器	县城区公共场所、机关单位、居民区完成配备500个生活垃圾分类收集容器；11月，新增采购400个分类桶，充实到各分类示范单位。	县城管执法局
十	加快文体设施建设。	在河婆街道、棉湖镇、五经富镇等9个乡镇（街道）建设社会化足球场地	全县9个乡镇（街道）社会足球场地全面建成，并于2020年8月底投入使用。	县文广旅体局
		新建3个体育设施示范点	新建大溪镇新园村、龙潭镇南福田村、棉湖镇桥头社区等3个体育示范点，9月底全部完工并投入使用。	县文广旅体局
		完成文化馆总分馆制建设任务	完成9个镇（街）建设9个分馆及27个服务点建设文化馆总分馆工作，并投入使用。	县文广旅体局

文件

中共揭西县委关于制定揭西县国民经济和社会发展第十四个五年规划和二〇三五年远景目标的建议

（2020年12月30日中国共产党揭西县第十一届委员会第八次全体会议通过）

中国共产党揭西县第十一届委员会第八次全体会议认真学习贯彻党的十九届五中全会精神，深入贯彻习近平总书记对广东系列重要讲话和重要指示批示精神，认真贯彻省委、市委工作部署，结合揭西实际，就制定国民经济和经济社会发展第十四个五年规划和二〇三五年远景目标提出以下建议。

一、全面建成小康社会，各项事业迈上新台阶

1.“十三五”时期全面建成小康社会取得显著成绩。在市委的坚强领导下，揭西县委切实增强“四个意识”、坚定“四个自信”、做到“两个维护”，聚焦高质量发展要求，坚决贯彻新发展理念，积极主动融入省市发展大局，团结带领全县广大干部群众“融湾建带”，全力推进生态发展示范区建设，有效应对新冠肺炎疫情严重冲击，全县经济实力、综合实力迈上新台阶。绿色发展优势凸显，生态旅游、生态农业、生态工业取得长足进步，预计二〇二〇年国内生产总值达到240.4亿元。改革开放不断深化，县镇机构改革顺利完成，“放管服”改革深入推进，营商环境持续优化。创建国家全域旅游示范区工作扎实推进，成为广东省首批七个全域旅游示范区之一和广东省“旅游综合竞争力十强县”。揭西产业园管理体制机制全面理顺，产业发展平台不断夯实。乡村振兴战略有效实施，农村人居环境整治、生态宜居美丽示范县创建工作成效明显。省级现代农业产业园、“一村一品、一镇一业”特色产业不断壮大。成功入选第二批“国家农产品质量安全县”，农产品质量安全水平不断提升。脱贫攻坚取得关键性成果，全县9657户28358人相对贫困人口、67个省定贫困村达到退出标准。生态环境质量持续提升，环保基础设施建设加快推进，“省考”“市控”断面水质稳定达标，大气环境质量优良，成功创建粤东首个“中国天然氧吧”。精神文明创建成果显著，成功创建广东省县级文明城市和广东省卫生县城。文教卫体等事业协调发展，基本公共服务均等化水平明显提升，社会保障体系进一步完善，人民生活水平逐步提高。法治揭西、平安揭西扎实推进，城乡基层社会治理效能不断提升，社会大局保持和谐稳定。“十三五”规划目标任务即将完成，全面建成小康社会胜利在望。全县人民要振奋精神，一鼓作气，确保如期全面建成小康社会，为开启全面建设社会主义现代化新征程奠定坚实基础。

2.“十四五”时期发展面临的新机遇新挑战。当今世界正经历百年未有之大变局，中华民族伟大复兴战略全局统筹展开，我国已转向高质量发展阶段，经济长期向好的基本面没有改变，继续发展具有多方面优势和条件。进入新发展阶段，“两个大局”深度联动构成“十四五”时期广东发展环境的主基调。随着“双循环”新发展格局加快形成，省“一核一带一区”加快建设，“双

区驱动效应”加快释放，揭阳加快建设宜居宜业宜游的活力古城、滨海新城，努力打造沿海经济带上的产业强市，转型升级和加快发展的态势更加明显。揭西地处广东省东部、潮汕平原西北部、榕江南河中上游，是连接珠三角与海西经济区之间的重要区域，具有得天独厚的生态自然资源、人文旅游资源和区位交通优势，是揭阳市面向珠三角的西大门、承接产业转移的桥头堡，粤东城市群的后花园。作为海陆丰革命老区之一，多重叠加的政策优势正为揭西发展带来历史性的发展机遇和更加广阔的发展空间。近年来，揭西生态发展示区范区建设深入推进，经济社会加快发展，生态环境质量持续提升，乡村旅游蓬勃发展，生态农业不断壮大，全县上下人心思进，在省委、市委的大力支持下，必将为揭西实现振兴发展注入强大动力。同时，揭西发展不平衡不充分问题仍然比较突出，县域经济总量偏小，人均地区生产总值和城乡居民人均可支配收入与国家、省平均水平仍有不少差距，科技创新力不强，产业集聚度不高，产业转型升级步伐不快，城市化水平较低，重点领域关键环节改革任务仍然艰巨，营商环境亟须改善提升，民生保障、生态环保、农村农业、社会治理、发展安全、精神文明仍然存在不少短板和弱项，公共服务均等化水平有待进一步提升。“十四五”时期是我县机遇和挑战并存、机遇大于挑战的重要发展阶段，全县上下务必增强机遇意识、忧患意识、发展意识，立足新起点、应对新形势、把握新机遇，笃定心志办好自己的事，努力在危机中育先机、于变局中开新局。

3.到二〇三五年远景目标。展望二〇三五年，经过“十四五”夯实基础、“十五五”攻坚突破、“十六五”决战决胜，揭西将基本实现社会主义现代化，经济实力、科技实力大幅跃升，经济总量和城乡居民人均可支配收入再迈新台阶；基本实现新型工业化、信息化、城镇化、农业现代化；基本实现治理体系和治理能力现代化，人民群众平等参与、平等发展权利得到充分保障，基本建成法治揭西、法治政府、法治社会；人民素质和社会文明程度达到新高度，文化软实力显著增强，建成文化强县、健康揭西，教育、人才、体育事业发展主要指标达到全市平均水平；基本形成人与自然和谐共生格局，总体形成绿色生产生活方式，碳排放达峰后稳中有降，生态环境持续好转，美丽揭西基本建成；形成对外开放新格局，参与国内外经济合作水平显著增强；基本公共服务实现均等化，城乡区域发展差距和居民生活水平差距显著缩小，平安揭西建设达到更高水平；中等收入群体比重显著提高，人民生活更加美好，人民全面发展、共同富裕取得更为明显的实质性进展。

4.“十四五”时期我县经济社会发展的指导思想。高举中国特色社会主义伟大旗帜，深入贯彻党的十九大和十九届二中、三中、四中、五中全会精神，坚持以马克思列宁主义、毛泽东思想、邓小平理论、“三个代表”重要思想、科学发展观、习近平新时代中国特色社会主义思想为指导，全面贯彻党的基本理论、基本路线、基本方略，深入贯彻习近平总书记对广东系列重要讲话和重要指示批示精神，统筹推进“五位一体”总体布局，协调推进“四个全面”战略布局，坚持党的全面领导，坚持以人民为中心，坚持新发展理念，坚持稳中求进工作总基调，以推动高质量发展为主题，以深化供给侧结构性改革为主线，以改革创新为根本动力，以满足人民日益增长的美好生活需要为根本目的，深化落实省“1+1+9”工作部署和市“建设宜居宜业宜游的活力古城、滨海新城，打造沿海经济带上的产业强市”安排部署，紧扣“生态发展示范区”功能定位和“打造生态宜居美丽示范县、粤东城市群后花园、国家级全域生态旅游目的地”发展目标，突出生态优先、绿色发展，加快推进“产业生态化、生态产业化”，建立以生态旅游、生态农业、生态工业为主体的生态产业体系，打造生态经济发展新标杆，推进基层治理体系和治理能力现代化，统筹发展和安全，实现经济行稳致远、社会安定和谐，为全面建设社会主义现代化开好局、起好步。

5.“十四五”时期我县经济社会发展的主要目标。

——经济发展再上新台阶。经济持续健康发展，经济增长质量和效益明显提高，产业结构更加优化。生态旅游、现代物流等现代服务业加快发展，生态工业、生态农业发展取得显著成效，为经济高质量发展提供强力支撑。

——创新驱动取得新突破。全面提升揭西县的区域创新能力，自主创新体系初步建立，科学技术创新和商业模式创新对经济发展的贡献度明显提高。加快建成省市级工程技术研究中心、企业技术中心等研发平台，产业层次水平和企业核心竞争力进一步提质升级。

——改革开放迈上新高度。以深化市场化改革为牵引，营商环境、现代产权、要素配置、城乡融合发展等领域改革不断深化，改革举措协调配套，智慧型政务服务体系全面形成，统一开放、竞争有序的市场体系基本形成，市场主体更加充满活力。高水平开放进一步扩大，对接国际贸易规则的制度型开放步伐加快，外贸进出口稳中提质。

——城乡文明实现新进步。社会主义核心价值观深入人心，创建全国文明城市、全国卫生城市形成常态化机制并不断深化，公共文化服务体系和文化产业体系更加健全，人民群众思想道德素质、科学文化素质和身心健康素质明显提高，精神文化生活日益丰富，文化软实力明显增强。

——生态文明进入新境界。绿色生产生活方式有效形成，单位GDP能耗、主要污染物排放量等指标进一步下降，突出环境问题得到有效治理，生态系统稳定性显著增强，统筹山水林田湖草一体化保护和修复机制基本形成，生态安全屏障体系质量进一步提升，打造人与自然和谐共生的美丽典范。

——民生福祉达到新水平。实现更加充分更高质量就业，居民收入增长和经济增长基本同步，社会基本公共服务体系日益完善，教育、医疗等服务均等化、优质化水平稳步提升，社保、医保、救助等制度更加健全，脱贫攻坚成果巩固拓展，乡村振兴战略全面推进。

——治理效能得到新提升。平安揭西、法治揭西达到更高水平，社会主义民主法治更加健全，社会公平正义进一步彰显，政府作用更好发挥，行政效能和公信力显著提升，有效的社会治理和良好的社会秩序稳定形成，防范化解重大风险体制机制不断健全，突发公共事件应急能力显著增强，自然灾害防御水平明显提升，发展安全保障更加有力。

二、实施乡村振兴战略，打造生态农业揭西样板

坚持农业农村优先发展，以乡村振兴战略为总抓手，把解决好“三农”问题作为重中之重，推动形成工农互促、城乡互补、协调发展、共同繁荣的新型工农城乡关系，谱写新时代“三农”工作新篇章。

6.发展特色乡村产业。落实永久基本农田特殊保护制度，深入实施藏粮于地、藏粮于技战略。推动“一村一品、一镇一业”建设，完善八大特色农业产业带建设，形成规模发展，积极发展生态养殖，因地制宜创新林下经济发展新模式，落实好“米袋子”“菜篮子”“果盘子”等建设。加快产业兴村项目培育创建，推广“龙头企业+专业合作社+农户”模式，推动京富洋生态旅游圈转型升级，大力培育一批民宿和观光农业景点。

7.实施乡村建设行动。统筹城乡规划、建设和发展，推动农村面貌全面提升。加强乡村供水、供电、道路、信息网络、农田水利等基础设施建设，把乡镇建成服务农民的区域中心，推进城乡基本公共服务标准统一、制度并轨。加快推进农村改厕、生活垃圾处理和污水治理，持续改善农村人居环境，全面推进农房管控和乡村风貌提升，全域推进提升农房建设质量，科学治理“空心村”，激励城镇人才入乡，加强干部队伍、乡村教师队伍、医疗卫生队伍、农村人才队伍建设，培

养造就新型农民队伍，提高农民科技文化素质，推动乡村人才振兴。

8.全面深化农村改革。建立健全城乡融合发展机制，加快新型城镇化建设，推动城乡要素平等交换、双向流动，增强农业农村发展活力。扎实推进村（社区）“两委”班子换届选举工作，充分发挥党建引领作用。健全城乡统一的建设用地市场，建立土地征收公共利益用地认定机制，规范农村用地，保障进城落户农民土地承包权、宅基地使用权、集体收益分配权。加快推进农村承包地经营权流转，促成规模化流转，促进生态农业产业化、规模化发展。深化农村集体产权制度改革，发展新型农村集体经济。构建新型助农服务体系，培育壮大农业龙头企业、农民合作社、家庭农场等新型农业经营主体。健全农村金融服务体系，服务“三农”和实体经济，发展和用好农业保险，建立工商资本入乡促进机制，推动营商环境改革下基层。持续强化农资市场、农产品质量、生猪屠宰等综合执法监管。

9.实现巩固拓展脱贫攻坚成果与乡村振兴有效衔接。将建立防止返贫长效机制纳入实施乡村振兴战略统筹安排、一体推进、常态实施。巩固拓展脱贫攻坚成果，抓紧抓实脱贫攻坚责任、政策和工作落实，保持财政投入力度总体稳定，建立“三农”投入稳定增长机制。健全防止返贫监测预警和帮扶机制，加强扶贫项目资金资产管理和监督，健全农村社会保障制度和解决相对贫困长效机制，探索设立救助基金，防止因病、因学、因灾致贫返贫。

三、加快构建生态产业体系，打造生态经济发展新标杆

坚持把做实做强做优实体经济作为主攻方向，突出生态优先、绿色发展，加快推进“产业生态化、生态产业化”，建立以生态旅游、生态农业、生态工业为主体的生态产业体系，为县域经济发展注入新动力、增添新活力、拓展新空间。

10.大力发展文化旅游产业。全力推进国家全域旅游示范区创建，传承创新茶文化、潮客文化、三山国王文化，融合潮客菜、潮剧、客家山歌、木雕等元素，规划建设现代化文旅综合项目，擦亮乡村旅游名片，打造“粤东城市群后花园”。充分发挥我县“红色”文化和“绿色”生态两张牌优势，加强与品牌旅游公司对接合作，推动县内核心景区提质升级、合作联动，提升景区档次和水平，形成精品景区和精品旅游线路。大力宣传推广首批广东省乡村旅游精品线路——“潮风客韵，民俗文化”揭西三天两夜乡村旅游线路、“观瀑赏玉”揭阳两天一夜乡村旅游线路，发展壮大乡村旅游。

11.积极发展现代农业。加强农业特色产业培育工作，推进揭西苦笋申报创建省级现代农业产业园。完善农业产业园区建设，延伸农业产业链、价值链，创新发展“公司+家庭农场（合作社）+农户”等生产经营模式，鼓励发展电商等“互联网+农业”新业态。因地制宜引导镇、村形成规模发展，打造优势产业带，大力发展茶叶、苦笋、青榄、中药材等农产品品牌。加大扶持力度，提升农业发展创新能力，培育一批省市级农业龙头企业，加快推进农业示范基地建设，打造一批农业技术学习教育基地。

12.转型升级传统优势产业。实施传统产业提升计划，着力促进“个转企、小升规、规进高”。认真落实工业投资和工业技术改造工作，以4家高新技术企业为引领，抓好传统产业技改升级，推动“梁柱”企业进行技术改造，示范带动中小企业技术改造。大力发展生态主导型产业，做强做优电线电缆、医药制造、电子电器、食品加工等传统支柱产业。扶持发展一批具有自主知识产权和知名品牌的企业集团，推动中小企业专精特发展，逐步培育一批支柱企业。

13.加快发展现代服务产业。推动生产性服务业向专业化和价值链高端延伸，大力发展商贸服务业，推动一批夜间经济示范街区、高品位步行街建设和老字号传承创新发展。挖掘农村电商市场潜力，引导物流产业规范化发展，加快推进完善县、镇、村电商服务（中心）网点建设，以金

和镇“互联网+农业”特色小镇建设为牵引，带动全县农产品电子商务发展。依托揭西丰富的森林资源和现有的中医药基础，重点发展京明温泉度假村、大洋国际生态旅游度假区，打造温泉康养、森林康养、乡村康养目的地。创新发展养老服务，支持社会企业和专业机构运用互联网和物联网等技术创新居家养老服务方式，建设居家养老服务平台。

14.加快培育战略性新兴产业。依托揭西产业园的区位优势，积极承接“双区”战略性新兴产业转移，采用“总部+基地”的发展模式，积极争取引进一批高新技术产业项目落户建设，利用揭西制造业原有基础，转型升级发展新材料和高端装备制造，重点发展高端机械装备制造、电子信息和新材料应用等产业。依托“双区”在新一代信息技术、数字创意方面的优势，推动5G产业链向揭西延伸，扩大5G在揭西产业领域的融合应用。

15.完善产业发展载体。全力加快揭西产业园和各技术创新专业镇等产业发展载体建设。利用省市对揭西产业园的土地资源配置、管理权限、财政支持等政策，推动园区产业升级和科技升级，加大招商引资力度，大力实施乡贤回归工程，吸引一批企业落户揭西，切实做好跟踪服务，着力将产业园打造成为一个集工业、物流、仓储、商贸于一体的绿色生态工业综合园。引导揭西产业园与棉湖、凤江等周边工业重镇进行功能置换，鼓励电线电缆、休闲食品等制造业入园发展，加快建设园区周边商业金融设施、教育医疗、文化体育社区服务等基础设施，补齐交通运输、排污排水等市政工程短板。加快推动专业镇发展，明确主导产业，聚集相应建设项目，结合“互联网+”，实现创新与产品的跨界，挖掘揭西特色文化，建设宜居宜业宜游的特色城镇。

四、持续优化营商环境，激发市场主体活力

积极对标国际先进理念、国内领先标准和最佳实践，以市场主体感受为导向，以转变政府职能为核心，着力解决营商环境中的痛点、难点和堵点问题，全力打造投资贸易更便利、行政效率更高效、政府服务更优质、市场环境更公平、法治体系更健全的营商环境新高地。

16.培育壮大市场主体。全面实施市场准入负面清单制度和市场主体退出机制，严格落实公平竞争审查制度，健全多元商事纠纷化解机制，保障各类市场主体公平参与市场竞争。实施民营企业市场主体培育行动，完善支持民营企业发展改革举措，依法平等保护民营企业权益。深化国有企业改革，开展县属国有“僵尸企业”出清重组工作，推动国有企业重组优化、国有资本做优做强。强化“乙方思维”，当好服务企业的“娘家人”“店小二”，构建亲清型政商关系，建立“企业服务官”制度，实行各级领导挂钩服务企业机制。大力实施“回家行动”，服务推动在外乡亲“回家学习、回家就业、回家兴业”。

17.持续优化政务服务。建设职责明确，依法行政的政府治理体系，实施全面优化营商环境三年行动计划，持续推进“放管服”改革和“数字政府建设”，形成智慧型政务服务体系。深化投资审批制度改革，推动审批服务、行政执法等权限下放到乡镇（街道），推行“马上办、网上办、就近办、一次办”事项清单制度。深化“互联网+政务服务”，开展政务服务“四免”优化专项工作，提供错峰、延迟办理及周末办理等定制弹性服务，打造24小时“不打烊”网上政府。构建覆盖全社会的征信体系，提高“信用揭西”建设水平。

18.完善要素市场化配置。落实落细产业、财税、金融和水电气等系列惠企政策，优化供给机构，改善供给质量。建立完善常态化要素配置调整机制、合理化要素流动机制，更好地发挥市场配置资源的决定性作用。建立健全城乡统一的建设用地市场，深化产业用地市场化配置改革，盘活存量建设用地，全面提升土地集约利用水平。深化户籍制度改革，畅通劳动力和人才社会流动渠道，完善技术技能评价制度，加大人才引进力度。深化投融资体制改革，促进金融要素高效配

置，增加有效金融服务供给，平稳有序发展金融业，形成市场主导的投资内生增长机制。完善科技创新资源配置方式，加快技术成果转化，加强与周边城市科技创新合作。推进政府数据开放共享，提升社会数据资源价值，加强数据资源整合和安全保护。

五、深化改革创新，为经济发展注入强大动力

坚持把改革创新作为引领发展的第一动力，深入实施创新驱动发展战略，着力提升自主创新能力，扎实抓好改革系统集成、改革举措协同配套，培育发展新动能，塑造发展新优势。

19.*推进改革纵深发展*。用足用好改革这个关键一招，注重改革的系统性、整体性、协同性，着力补齐揭西发展的短板和弱项，在营商环境、农村改革、生态环境、民生服务供给和社会治理等方面推出一系列改革举措，最大限度释放全社会创新创业创造动能，在推动创造型、引领型改革方面紧跟全省、全市步伐。坚持扩大内需战略基点，把实施扩大内需战略同深化供给侧结构性改革有机结合起来，增强供给的精准性、灵活性、有效性。依托强大国内市场，推动生产、分配、流通、消费各环节更好融入和服务国内大循环，不断满足新需求。深化行政体制改革，加快转变政府职能和管理方式，处理好政府和市场的关系。鼓励基层大胆创新，探索平行分享、经验借鉴、资源成果共享等形式，放大改革红利。

20.*创造经济新增长点*。以打造生态发展绿色品牌为重点，促进消费向绿色、健康、安全发展，鼓励消费新模式新业态发展。健全现代流通体系，发展无接触交易服务，降低企业流通成本，促进线上线下消费融合发展，开拓城乡消费市场，积极培育消费新热点，加快发展消费新模式。扎实做好消费者权益保护工作，建立完善消费市场监管体系和后评价制度。规划河婆街道、棉湖镇等中心区建设特色商业街、大型商业综合体建设，改造提升商业步行街，充分体现地方特色，完善消费业态，形成一站式综合性消费平台。利用海陆丰革命老区等政策叠加优势，做大做强特色优势产业。

21.*深入实施创新驱动发展战略*。深化科技体制改革，建立以企业为主体、市场为导向、产学研结合的技术创新体系，大力实施高新技术企业培育行动，加强对中小企业创新和科技金融的扶持力度，推进科研平台建设，切实增强企业核心关键技术攻关和知识产权保护，争创更多名优品牌和发明专利。加大农业科技投入强度，发展农业高新技术产业，建立农林牧渔结合、“种养加”一体、“一二三”产业融合的现代农业产业体系。完善促进科技成果转移转化的激励机制，探索开展科技成果所有权改革，推动一批应用型科技研发和科技成果的转化落地。推进人才高地建设，实行更加积极开放有效的人才政策，大力引进和凝聚人才。大力弘扬科学精神和工匠精神，推进全民科普教育，建立创新奖励机制，为广大中小企业、创新人才发展创造有利条件，着力营造“大众创业、万众创新”的浓厚氛围。

六、健全现代化基础设施体系，夯实经济社会发展根基

精准对接国家、省、市重大区域发展战略，以发展壮大实体经济为着力点，加强基础设施建设，提高交通通达和市场对接效率，在积极参与构建国内统一大市场中进一步畅通国内国际双循环新通道。

22.*构建全县现代交通系统*。积极争取河源至揭阳铁路在揭西设站，加快推进国省道改造升级，加快实施“四好农村路”等提档升级工程，完善以县城为中心、以县道为主体、乡村道为基础的贯穿全县的农村公路网络。加快建设“揭阳-揭西”旅游快线，完善旅游公路沿线景区、乡村旅游点等重要旅游资源的标识设置，健全旅游交通标识体系，着力打通景区与景区、交通节点与景区之间的通道。完善现代商贸流通体系，积极推进物流基础设施建设，强化供应链服务。加大公路危桥和危险路段改造力度，进一步强化公路桥梁、隧道定期检测与检修维护，确保交通

基础设施运行安全。

23.建设新型信息基础设施。完善新型基础设施建设，加快建设以高速光网、5G网络、云计算、大数据、工业互联网、移动物联网等新一代信息基础设施和公共充电桩、智慧零售终端等新兴消费基础设施。推进数字产业化和产业数字化，实施数字设施提升工程、工业互联网提升工程、“数据揭西”工程，建设更加智能的、面向更多使用场景的5G产业支撑平台，整合旅游信息进行大数据分析为全域旅游提供可行性决策依据，建立综合城市管理数据库，创建新型智慧城市建设示范工程。

24.完善能源水利支撑保障体系。完善现代电力基础设施建设，大力发展太阳能、抽水蓄能等清洁能源，加快城镇燃气管道建设，实施农村电网改造升级工程，优化能源结构，推进企业发展低碳循环经济，提升现代能源保障水平。完善水利基础设施建设，建立健全基层用水管水体系，完善水资源保护和水污染防治协调机制。建立健全水利保障体系，加强防汛抗旱指挥系统、数据中心等设施建设，加快推进堤围整治加固和万里碧道等项目建设，不断提高水利防灾减灾能力。

25.补齐市政基础设施短板。推进老旧小区改造和完整社区建设，加快补齐公共卫生、人居环境、公共服务、市政设施、产业配套短板，完善交通标识、停车场、供排水、亮化绿化美化等配套建设，全面提升县城品质，建设具有时代魅力、生态宜居的美丽县城。建立移动监控系统，完成数字城管提升工程，推广数字化城市管理新模式，提升县城管理水平。

七、坚持生态优先，加快建设美丽揭西

深入践行习近平生态文明思想，坚持绿水青山就是金山银山理念，深入实施可持续发展战略，巩固污染防治攻坚战成果，打好生态文明建设持久战，建设人与自然和谐相处、共生共荣的现代化美丽揭西。

26.持续改善水环境。坚持落实“河长制、湖长制”责任，持续开展“清四乱”“五清”专项行动，实施水污染防治行动计划。加快推进榕江南河综合整治，实施榕江南河清淤工程，加强榕江岸线综合整治，强化流域工业企业、畜禽养殖污染管控，进一步推进河湖及水利工程划界确权。加强三江“水岸同治”，规划建设水清岸绿河畅“万里碧道”“美丽水网”。实施农村“雨污分流”工程，加快完善生活污水处理设施及配套管网，实现生活污水处理全覆盖。大力推进节水型社会建设，实施节水行动，建立水资源刚性约束制度。

27.综合治理大气污染。综合整治工业废气、工地扬尘、道路扬尘、露天焚烧和餐饮油烟、机动车尾气，推进工业源治理，大力推进清洁能源的使用，加强工业废气的污染防治。推进清洁生产，推进传统行业绿色化改造。建立健全温室气体排放清单，开展碳排放峰值和总量控制研究，推进大气污染物与温室气体协同减排。推进绿化揭西大行动，以森林碳汇造林、生态景观林带、沿江沿路绿化等为重点，加快推进林业重点生态工程建设，涵养“城市之肺”。

28.加强土壤污染综合防治。严格土壤环境监管，优先保护耕地和饮用水水源地土壤环境，加快建立生活垃圾分类收集、转运、处理体系，妥善处置餐厨垃圾，推动建筑垃圾就近消化和污泥处理。加强危险废品管控处理，提升工业、医疗固体废物处理能力。推动废旧物资循环利用，加快推进垃圾分类和减量化、资源化。强化国土空间规划和用途管制，推动土地资源合理配置和集约高效利用。加强重点行业企业用地土壤污染状况调查，及时对新增关闭搬迁企业地块进行环境排查。统筹山水林田湖一体化保护和修复，建立健全系统修复和综合治理机制，推进水源林、景区等重要生态功能区域的保护修复。

29.构建现代环境治理体系。健全环境治理的领导责任体系、企业责任体系、全面行动体系、监管体系、市场体系、信用体系、法律法规政策体系、风险防

控体系，更好运用法律、行政、经济、技术等手段，提升环境基础治理能力和科技信息支撑能力，不断提高治理效能。实施最严格的生态环境保护制度，全面实行排污许可制，强化环境保护、节能减排降碳约束性指标管理，健全自然资源产权制度，加强生态环境保护督察。建立绿色金融体系，完善污染整治投融资机制。积极开展区域合作、联防联治。充分发挥河湖长制作用，推进林长制，建立完善生态监管体系。

八、发展民生事业，提升群众幸福指数

坚持把实现好、维护好、发展好最广大人民群众根本利益作为发展的出发点和落脚点，健全基本公共服务体系，用心用情用力办好民生实事，解决民生问题，持续提升群众的幸福感、获得感和归属感。

30.稳步提升就业创业水平。实施更加积极的就业政策，扩大就业容量，提升就业质量。推动重点群体稳定就业，统筹做好高校毕业生、农民工、退伍军人、就业困难人员等重点群体就业工作。实施重点创业就业工程，大力开展职业技能培训，提升劳动者素质和就业创业能力，继续推进“广东技工”“粤菜师傅”“南粤家政”工程建设。加强劳动保障监察基层执法力量，建立健全劳资纠纷矛盾的经常性排查和动态监测预警机制，强化劳动者权益保障，建立和谐稳定的新型劳动关系。健全工资决定和正常增长机制，推进实施城乡居民增收计划提高低收入群体收入，扩大中等收入群体。完善再分配机制，探索通过深化税费征管制度改革减少中低收入群体税费支出。

31.加快发展教育事业。全面贯彻党的教育方针，建设高质量教育体系，落实立德树人根本任务，坚持德智体美劳“五育”并举，全面发展素质教育。坚持教育公益性原则，办好办强公办义务教育，推进义务教育优质均衡发展和城乡一体化。推动学前教育普及普惠安全优质发展、普通高中教育优质特色多样化发展、中等职业教育协调发展，深化特殊教育公平融合发展。支持和规范民办教育发展，引进优质办学资源，规范校外培训机构。加强师资队伍建设，完善校长、教师综合考核评价制度。实施“智慧”强教工程，加快信息技术与教育教学深度融合。

32.完善医疗卫生服务体系。坚持人民健康中心理念，实施健康揭西专项行动。改革和完善疾病预防控制体系，强化监测预警、风险评估、流行病学调查、检验检测、应急处置等职能。持续深化与高水平医院合作帮扶，加快优质医疗资源扩容。完善重大突发公共卫生事件监测预警机制，健全医疗救治科技支撑和物资保障体系，优化医疗资源布局，推进传染病防治基地建设。推进“互联网+医疗健康”服务体系建设，推广远程医疗。大力发展中医药事业，建立健全全县中医药管理体系，推进中医药传承创新发展。深化医药卫生体制改革，加快建设医共体和分级诊疗体系，强化公立医院建设管理考核，推进药品和耗材采购使用改革。深入开展爱国卫生运动，完善全民健身公共服务体系。

33.健全社会保障体制机制。推动社会保障体系城乡全覆盖，完善社保转移接续制度，健全灵活就业人员社保制度，完善工伤、失业保险制度。健全重大疾病医疗保险和救助制度，落实异地就医直接结算，推进医疗保险全民参保，健全生育保险政策和管理服务。健全分层分类的社会救助体系。健全老年人、残疾人、妇女儿童关爱服务体系和设施，发展幼托服务，完善帮扶残疾人、孤儿等社会福利制度，落实农村留守关爱、困境儿童保障政策。发展多层次、多支柱养老保险，完善职业年金制度，加快建设政府基本保障、居家社区机构相协调、医养康养相结合的养老服务体系。积极应对人口老龄化，发展普惠型养老服务和互助性养老，培育养老新业态。健全退役军人工作体系和保障制度。健全城镇住房保障体系，加快建立多主体供给、多渠道保障、租购并举的住房制度。

34.繁荣发展公共文化。坚定文化自信，加快建设文化强县，

协调发展物质文明与精神文明。大力弘扬社会主义核心价值观，加强爱国主义、集体主义、社会主义教育，全力创建全国文明城市。深化文化体制改革，完善文化产业规划和政策，加强文化市场体系建设，扩大优质文化产品供给。放宽公益性文化事业的准入门槛，鼓励社会力量参与公共文化服务体系建设。大力实施公共文化服务场馆提升工程，建立健全城乡公共文化设施网络。全面推进体育强县建设，深入实施全民健身行动，加强县体育场馆、健身步道等设施建设，优化体育产业的发展环境。坚持以文塑旅、以旅彰文，推动文化和旅游融合发展，加快推进潮客民俗文化、革命红色文化和本县特色历史文化资源的保护、传承和开发。

九、强化社会治理，营造和谐稳定发展环境

坚持总体国家安全观，加强系统治理、依法治理、综合治理、源头治理，持续深化平安揭西、法治揭西建设，构建党组织领导的共建共治共享城乡治理格局，加快推进社会治理体系和治理能力现代化。

35.**构建平安揭西新格局**。健全风险防范化解机制，着力防范化解政治、意识形态、对美贸易斗争、社会、金融、对外工作等领域重大风险。深入推进“平安揭西”建设，纵深推进扫黑除恶专项斗争、禁毒、打假打私和“扫黄打非”等工作，加快建立网上综合防控体系，构建数字化智能化社会治安防控体系。深化涉法涉诉信访改革，健全矛盾多元化解机制，完善人民调解、行政调解、司法调解联动机制，促进社会和谐稳定。加快公共安全体系建设，开展道路安全和消防安全防控提升行动，加强食品药品安全监督检测，完善安全生产监管体系，建立公共安全隐患排查和安全预防控制体系。强化应急指挥体系建设，健全突发传染病事件社会预警机制和重大疫情应急响应机制。加强气象防灾减灾和应对气候变化，强化气象社会管理和公共服务职能。加强国防动员能力建设，抓好基层武装部建设，配齐配强专武干部队伍，建设民兵预备役训练场地。

36.**全面推进依法治县**。全面加强法治揭西建设，健全党领导全面依法治县的制度和工作机制。全面推进法治政府建设，规范行政决策程序，全面推进政府政务公开标准化规范化，深化行政执法体制改革。统筹推进乡镇街道综合行政执法改革，进一步整合行政执法队伍，推动执法重心下移，提高行政执法能力。深化司法体制综合配套改革，落实司法责任制，促进司法公正。持续推进覆盖城乡居民的公共法律服务体系和完备的法律服务体系建设，进一步加大全民普法工作力度，增强全民法治观念。

37.**完善基层社会治理**。坚持基层党组织核心领导地位，落实全面从严治党，提升基层社会治理水平，推动基层党建和社会治理融合发展。坚持共建共治共享社会治理制度，强化基层民主自治，促进法治、德治、自治有机融合，推进县域社会治理现代化。全面推进基层社会治理网格化工作，落实“四个一”应急处置机制，有效推动城乡联防联治。严格规范辖区土地使用管理，持续推进违法建设治理，坚决控违拆违、正本清源，守住新增违法建设“零增长”底线。加强社会组织规范化建设，推进社会组织由数量型向质量型转变。创新政府购买社工服务方式，探索政府购买服务长效机制。支持企业和社会人士创办社会组织、对接社会服务项目。

十、坚持和加强党的全面领导，为实现“十四五”规划和二〇三五年远景目标提供坚强保证

实现“十四五”规划和二〇三五年远景目标，必须坚持党的全面领导，充分发挥党总揽全局、协调各方作用，全面落实新时代党的建设总要求，把党的领导制度优势转化为治理效能，团结带领全县人民，凝聚起推动发展的强大合力。

38.**坚决维护党的统一领导**。以党的政治建设为统领，深入学习贯彻习近平新时代中国特色社会主义思想，贯彻落实习近平总书记对广东重要讲话和重要指示批示精神，认真执行省委、市

委、县委落实“两个维护”机制，严明政治纪律和政治规矩，教育引导广大党员干部把增强“四个意识”、坚定“四个自信”、做到“两个维护”贯彻落实到揭西改革发展全过程。巩固深化“不忘初心、牢记使命”主题教育成果，探索建立不忘初心、牢记使命制度；坚持严管和厚爱相结合、激励和约束并重，推动形成坚定理想信念、坚守初心使命、敢于担当作为的浓厚氛围。牢固树立抓落实的理念，完善“大学习、深调研、真落实”工作方法，大力弘扬求真务实、狠抓落实的作风，不断提高抓落实的执行力。着力提升干部学习力，提高各级领导班子和干部适应新时代新要求抓改革、促发展、保稳定水平和专业化能力。深化省委巡视和市委、县委巡察成果运用，推动中央、省委、市委决策部署和县委工作安排落地见效。巩固拓展落实中央八项规定及其实施细则精神成果，持续纠治形式主义、官僚主义，切实为基层减负。强化执纪监督，重点加强对项目建设、放管服改革、社会治理等的监督，从严治理“为官不为”，坚决鞭策慢作为、惩处不作为和乱作为。坚持无禁区、全覆盖、零容忍，一体推进不敢腐、不能腐、不想腐，推动全面从严治党向基层一线、向群众身边延伸，实现正气充盈、政治清明。

39.扎实推进社会主义政治建设。坚持和完善人民代表大会制度，健全人大对“一府一委两院”监督制度。坚持和完善中国共产党领导的多党合作和政治协商制度，加强人民政协专门协商机构建设，提高建言资政和凝聚共识水平。完善大统战工作格局，充分发挥民主党派、工商联和无党派人士、新的社会阶层人士作用，凝聚港澳台同胞和海外侨胞力量，巩固和发展大团结大联合局面。发挥工会、共青团、妇联等人民团体作用，把各自联系的群众紧紧凝聚在党的周围。完善基层党组织领导的基层群众自治机制，丰富完善基层民主实践形式。

40.健全规划制定和落实机制。发挥规划战略引领作用，制定县“十四五”规划纲要和专项规划，形成定位准确、边界清晰、功能互补、统一衔接的规划体系。健全政策协调和工作协同机制，完善规划实施监测评估机制，确保中央、省委、市委和县委关于“十四五”发展的决策部署落到实处。

实现“十四五”规划和二〇三五年远景目标，意义重大，任务艰巨，前景光明。全县上下要紧密团结在以习近平同志为核心的党中央周围，坚决贯彻落实党中央、国务院、省委、省政府和市委、市政府决策部署，不忘初心、牢记使命、接续奋斗，以一往无前的奋斗姿态、风雨无阻的精神状态，努力谱写揭西高质量发展新篇章，为广东在全面建设社会主义现代化国家新征程中走在全国前列、创造新的辉煌作出应有贡献！

中共揭西县委办公室

2021年1月25日

关于《中共揭西县委关于制定揭西县国民经济和社会发展第十四个五年规划和二〇三五年远景目标的建议》的补充通知

各乡镇（街道）党（工）委、人民政府（办事处），县直（含上级垂直管理）正科级以上单位：

2021年1月25日，县委办公室印发《中共揭西县委关于制定揭西县国民经济和社会发展第十四个五年规划和二〇三五年远景目标的建议》，现根据市委政策研究室审查意见，作出以下补充说明：

将《建议》中第一方面第2小点“‘十四五’时期发展面临的新机遇新挑战”中的“承接产业转移的桥头堡”删除。

中共揭西县委办公室

2021年5月27日

附 录
APPENDIX

2020年揭西县行政区划表

表93

乡镇	村居委数	村委会、居委会名称
上砂镇	22	上山、汤拳、龙门、上联、下联、新东、联东、联中、红星、径心、径上、活动、活西、新岭、三水、北湖、双丰、竹苏、古塘、新丰、美丰、上林；
	1	居委：社前
五云镇	20	保新、坡苏、宝石、岭新、崇坑、赤告、双岭、梅江、鹏岭、石陂、岭仔、龙江、罗洛、下洞、京埔、富厚、砖下、郑塘、流坪、下砼；
	1	居委：新圩
良田乡	10	金坑、下村、龙岭、嶂上、岸洋、桐树坪、中心、河新、双水、河水；
	1	居委：良田
河婆街道	26	新建、新四、乡肚、乡新、北坑、西坑、六一、后埔、下滩、岭丰、湖洋、庙垅、马头、庙角、欣堂、南新、新楼、南和、宫墩、溪角、河东、三星、东星、溪西、溪东、客潭；
	9	居委：建新、东风、河山、新村、大同、河西、军田、宝塔、新安
坪上镇	19	红旗、石峡、樟树下、潭角、坪上、东南村、连城、员东、四新、四和、湖光、五联、员西、上仓、五星、成全、新榕、南联、尖田；
	1	居委：坪新
龙潭镇	15	莱仔园、南福田、龙跃、泉水塘、北联、团结、井田、关山、汤坝、龙东、井下、双龙、陂尾、富光、高田；
	1	居委：新圩
南山镇	18	西友、分水、前锋、榕光、北河、北溪、南山、南河、新联、大新、火炬、上寮、关西、归善、称沟潭、石结到、洋梅坪、罗京水；
	1	居委：道南
灰寨镇	16	河五、向阳、上角、后联、新图、新宫林、溪背圩、老宫林、灰龙、三坝、东联、后洋、南洋、柑坑、金星、马路；
	1	居委：灰寨圩
京溪园镇	13	粗坑、九磜、甲溪、新洪、长滩、大岭下、岭溪、上陇、员墩、新联、美德、大鹿、曾大寮；
	1	居委：京溪园
五经富镇	26	龙山、文联、陈江、建二、建一、第八、第七、第六、第五、第四、第三、第二、第一、营盘、中和、朝阳、恒星、联和、联南、泮坑、新和、五新、新安、中联、新仓、新其；
	2	居委：长潭、陂头

续表93

乡镇	村居委数	村委会、居委会名称
塔头镇	14	阔园、阔西、塔头、新园、龙光、潭新、潭溪、旧住、锦龙、大丰、新溪、山寮、保西、顶埔；
	1	居委：塔头
东园镇	10	桃围、玉湖、东桥园、联丰、赤岩、古福、月湄、炉清、后寮、三犁；
	1	居委：东联
凤江镇	15	东光、东丰、东新、阳南、阳西、凤西、凤南、凤北、鸿西、花寨、赤新、洪湖、鸿新、莪萃、鸿江；
	1	居委：桥头
棉湖镇	14	四乡、湖西、新湖、厚埔、上浦、甲埔、境潭、下浦、考溪、贡山、鲤鱼沟、贡东、新厝陂、玉石；
	13	居委：竹园内、解放路、米街、方围、桥头、南门、道江、花园、湖滨、云湖、东新、兴中、岭南
金和镇	13	金光、金园、金新、金溪、仙坡、南山头、南山尾、和南、和西、和东、杜塘、山湖、河内；
	1	居委：金埔
钱坑镇	13	月翁、大茶石、钱东、钱西、红光、钱北、顶联、长三水、白石、南光、钱南、埔龙尾、竹园内；
	1	居委：老圩
大溪镇	16	金星、庆光、赤寨、大光、后洋、大岭埔、星光、井美、大东、新园、杨林、金光、井新、大园、坎头、新楼； 居委：大溪圩

（县民政局）

2020年揭西县生态旅游名片一览表

表94

授予时间	被授予单位	称号	授予单位
2006年	粗坑村	广东省最美丽乡村示范点	广东省旅游局
2008年	揭西县	广东省旅游特色县	
2009年	京明温泉度假村	国家AAAA级旅游景区	广东省旅游景区质量等级评定委员会
2011年	揭西县	广东省旅游综合改革示范县	广东省人民政府
2012年	揭西县	广东商务生态旅游示范区	揭阳市政府、广东省旅游局
2014年	黄满寨瀑布旅游区	国家AAAA级旅游景区	广东省旅游景区质量等级评定委员会
2014年	京溪园镇	“广东省旅游名镇”	广东省旅游协会
2015年	揭西县	广东省旅游创新发展十强县	广东旅游竞争力评价研究中心、广东智慧旅游发展中心、广州大学（中法）旅游学院
2015年	粗坑村	中国乡村旅游模范村	国家旅游局
2015年	广东大北山旅游度假区	全国“十佳红色旅游景区”	中国红色文化研究会、中国红色旅游专业委员会

续表94

授予时间	被授予单位	称号	授予单位
2015年	京明温泉度假村	广东省首批养生旅游示范区	广东省旅游局
2015年	京明温泉度假村	广东省中医药养生旅游示范基地	广东省旅游协会、广东省养生文化协会
2016年	京明温泉度假村	广东游学旅游示范基地	广东省旅游协会
2016年	揭西县	第二批“国家全域旅游示范区”创建单位	国家旅游局
2016年	揭西县	首批“省级全域旅游示范区”创建单位	广东省旅游局
2017年	大洋国际生态旅游度假区	国家AAA级旅游景区	揭阳市旅游景区质量等级评定委员会
2017年	大北山旅游度假区	首批“广东省旅游度假区”	广东省旅游局
2018年	樱山花谷	广东省休闲农业与乡村旅游示范点	广东省农业农村厅、广东省文化和旅游厅
2019年	揭西县	首批“广东省全域旅游示范区”	广东省文化和旅游厅
2019年	揭西县	第九届广东省县（市）域旅游综合竞争力“十强”	广东旅游竞争力评价研究中心、广东智慧旅游发展中心
2019年	京溪园镇	首批“广东省旅游风情小镇”	广东省文化和旅游厅
2019年	金和镇山湖村	首批“广东省文化和旅游特色村”	
2019年	棉湖镇南门里	首批“广东省文化和旅游特色村”	
2020年	金和镇山湖村	全国乡村旅游重点村	国家文化和旅游部、国家发展改革委
2020年	金和镇山湖村	国家AAA级旅游景区	揭阳市旅游景区质量等级评定委员会
2020年	樱山花谷	国家AAA级旅游景区	
2020年	京溪园镇	广东省休闲农业与乡村旅游示范镇	广东省农业农村厅、广东省文化和旅游部
2020年	樱山花谷	广东省科普教育基地	广东省科协、广东省科技厅
2020年	金和镇山湖村	广东十大美丽乡村	广东省委农村工作办公室、广东省农业农村厅、广东省人力资源和社会保障厅、广东省文化和旅游厅
2020年	南山镇火炬村	广东文化旅游名村	

（县文广旅体局）

2020年揭西县县级以上文物保护单位一览表

表95

文物保护单位名称	详细地点	年代	一级分类	级别
省级文保单位（7个）				
打铁街作坊群	棉湖镇解放路北侧	清	古建筑	省
郭氏大夫第	棉湖镇永昌古庙后左侧	清	古建筑	省
三山祖庙遗址	河婆街道庙角村	清	其它	省

续表95

文物保护单位名称	详细地点	年代	一级分类	级别
植丰园	揭西县金和镇	中华民国	近现代重要史迹及代表性建筑	省
乐善处	揭西县灰寨镇	清	古建筑	省
棉湖战役东征军指挥部旧址	棉湖镇南门里	中华民国	古建筑	省
顶联大夫祖祠	钱坑镇顶联村	清	古建筑	省
市级文保单位（9个）				
大溪李氏宗祠	大溪镇井美村	清	古建筑	市
南山墓园	钱坑镇钱东	明	古墓葬	市
赤岩村寺庙群	东园镇赤岩村	清	古建筑	市
大溪李氏墓	普宁石鸟山、南洋山揭西钱坑	明-清	古墓葬	市
五云彭氏宗祠	五云镇京铺村	明	古建筑	市
上砂庄氏宗祠	上砂镇上联村下屋楼	清	古建筑	市
李天生大楼	大溪镇井美村	清	古建筑	市
凤南舜祖祠	凤江镇凤南村	清	古建筑	市
井新古寨	大溪镇井新村	清	古建筑	市
县级文保单位（39个）				
中华医院	河婆街道排灌站旁	大革命时期	近现代重要史迹及代表性建筑	县
大同医院	河婆街道内	大革命时期	近现代重要史迹及代表性建筑	县
大光学校	河婆街道内	大革命时期	近现代重要史迹及代表性建筑	县
湖西祠堂	棉湖镇	土地革命时期	近现代重要史迹及代表性建筑	县
义享公祠	金和镇	清末	古建筑	县
潮汕人民抗征队诞生地旧址——天宝堂	南山镇	解放战争时期	近现代重要史迹及代表性建筑	县
河婆塔	河婆街道西北1公里处横江河旁	清	古建筑	县
广德庵	河婆街道老虎岽山腰	明	古建筑	县
天竺岩	河婆街道明山山腰	南宋	古建筑	县
潮梅人民行政委员会旧址——道南小学	南山镇	解放战争时期	近现代重要史迹及代表性建筑	县
潮揭丰人民行政委员会旧址——三德堂	南山镇田心村	解放战争时期	近现代重要史迹及代表性建筑	县

续表95

文物保护单位名称	详细地点	年代	一级分类	级别
过路塘风景区	坪上镇尖田村	明—清	古建筑	县
花果寺	棉湖镇竹园内居委	明	古建筑	县
上山仔教堂	上砂镇上山仔村	清	近现代重要史迹及代表性建筑	县
永昌古庙暨云湖庵	棉湖镇北爷门	明—清	古建筑	县
慈济古庙暨古戏台	棉湖镇米街居委	明—清	古建筑	县
天后圣庙	棉湖镇沙坝尾	明—清	古建筑	县
李氏花园	棉湖镇新寨	清咸丰八年（1858年）	古建筑	县
黄奇遇墓	棉湖镇贡山鸡心岭	清康熙五年	古墓葬	县
字祖古庙	棉湖镇湖东大路口	清	古建筑	县
棉善古庵暨城隍庙	棉湖镇方围居委三角埕	明—清	古建筑	县
帝君古庙	棉湖镇新寨南门埕	清	古建筑	县
三官寺祠庙群	凤江镇鸿江乡	清	古建筑	县
小溪陈氏宗祠	五经富镇小溪村	明	古建筑	县
林广业墓	钱坑镇钱南村白石山	明	古墓葬	县
林惠叟墓	钱坑镇钱东村月地岭	明	古墓葬	县
彭如干按察第	五云镇龙江村下江寨	清	古建筑	县
凤湖杨氏祖祠	凤江镇凤南村	清	古建筑	县
阔口园吴氏家庙	塔头镇阔口园村	清	古建筑	县
林先锋墓	灰寨镇金星村峡仔山	明	古墓葬	县
吴氏宏祖祠	东园镇赤岩村	清	古建筑	县
登云轩	五云镇岭仔村	清	古建筑	县
聚祖公祠	凤江镇东丰村仙堀	清	古建筑	县
允庄楼	良田乡龙岭村领下村	清	古建筑	县
二楼吴民居	棉湖镇方围社区	清	古建筑	县
阳夏敬义祖祠	凤江镇东光村	明末清初	古建筑	县
林敬义墓	钱坑镇钱西村	明	古墓葬	县
钱西大寨祠堂群	钱坑镇钱西村	清	古建筑	县
钱西古庙	钱坑镇钱西村	清	古建筑	县

（县文广旅体局）

2020年揭西县县级以上非物质文化遗产名录一览表

表96

项目名称	级别	项目传承人	公布时间	公布批次	类别
省级非物质文化遗产（7个）					
三山国王祭典	省级	刘高望	2007.6	第二批	民俗（X）
大溪宗祠祭典	省级	李江叙 李卓俊 李瑞熊	2007.6	第二批	民俗（X）
锣鼓标旗巡游	省级	陈来文	2007.6	第二批	民俗（X）
揭西客家红酒酿造技艺	省级	曾小环	2012.2	第四批	传统手工技艺（VIII）
木偶戏（提线木偶）	省级	高礼华	2012.2	第四批	传统戏剧（IV）
灯谜（揭西方言灯谜）	省级	黄哲生	2013.11	第五批	民间文学（I）
大龙香制作技艺	省级	林少潮	2018.5	第七批	传统手工技艺（VIII）
市级非物质文化遗产（17个）					
潮州音乐	市级	廖少韩	2007.4	第一批	民间音乐（Ⅱ）
烟花火龙	市级	曾红庚	2007.4	第一批	民间舞蹈（Ⅲ）
木雕	市级	林养武	2007.4	第一批	民间美术（Ⅶ）
石雕	市级		2007.4	第一批	民间美术（Ⅶ）
揭西擂茶	市级	刘朝星	2007.4	第一批	传统手工技艺（VIII）
客家山歌（揭西客家山歌）	市级	张达明	2009.3	第二批	传统音乐（II）
潮剧	市级		2007.4	第二批	传统戏剧（IV）
《绿茶制作技艺（揭西炒茶制作技艺）》	市级	李厚慰	2009.3	第二批	传统手工技艺（VIII）
黄麻布织造技艺	市级		2011.6	第三批	传统手工技艺（VIII）
揭西炒茶制作	市级		2011.6	第三批	传统手工技艺（VIII）
英歌（厚埔英歌）	市级	李木华	2017.2	第五批	民间舞蹈（Ⅲ）
狮舞（刘厝寨金狮）	市级	刘茂荣	2017.2	第五批	民间舞蹈（Ⅲ）
朱家教拳（鸿江侯氏）	市级	侯少雄	2017.2	第五批	传统体育、游艺与杂（VI）
祭祖习俗（上砂庄氏祭典）	市级	庄倍炎	2017.2	第五批	民俗（X）
祭祖习俗（南山墓园祭典）	市级	林木才 林良定	2017.2	第五批	民俗（X）
上林木偶	市级		2020.5	第六批	传统戏剧（IV）
林十三发酵法蜜果制作技艺	市级	林汉文	2020.5	第六批	传统手工技艺（VIII）
县级非物质文化遗产（20个）					
揭西擂茶传说	县级	蔡高暖	2009.4	第二批	民间文学（I）

续表96

项目名称	级别	项目传承人	公布时间	公布批次	类别
三山神传说	县级	刘高望	2009.4	第二批	民间文学（I）
河婆古塔的由来	县级	蔡高暖	2009.4	第二批	民间文学（I）
缺鼻牛与跳水石的传说	县级	黄国汉	2009.4	第二批	民间文学（I）
五经富传说	县级	曾应新	2009.4	第二批	民间文学（I）
湖光民乐	县级		2009.4	第二批	民间音乐（Ⅱ）
大溪油漆传统制作技艺	县级	李子标	2009.4	第二批	传统手工技艺（VIII）
大溪木工传统制作技艺	县级	李长乐	2009.4	第二批	传统手工技艺（VIII）
大溪豆腐豆干制作技艺	县级	李卓俊	2009.4	第二批	传统手工技艺（VIII）
联南陈德河接骨秘方	县级	邹秋宝	2009.4	第二批	传统医学（IX）
娘妈生	县级		2009.4	第二批	民俗（X）
揭西潮汕功夫茶	县级		2009.4	第二批	民俗（X）
出花园	县级		2009.4	第二批	民俗（X）
揭西过路塘传说	县级		2011.4	第三批	民间文学（I）
棉湖小吃制作技艺	县级		2011.4	第三批	传统手工技艺（VIII）
向阳村青狮制作技艺	县级	杨武灵	2019.5	第五批	传统手工技艺（VIII）
张元快柿饼制作技艺	县级	张元快	2019.5	第五批	传统手工技艺（VIII）
宫墩划龙舟	县级		2019.5	第五批	传统体育、游艺与杂（VI）

（县文广旅体局）

2020年揭西县县级以上古村落名录表

表97

村落名称	所属乡镇（街道）	级别	获得时间	颁奖单位
钱西村	钱坑镇	省级	2015.2	广东省文学艺术界联合会 广东省民间文艺家协会
井美村	大溪镇	省级	2015.2	广东省文学艺术界联合会 广东省民间文艺家协会
新宫林村	灰寨镇	省级	2015.2	广东省文学艺术界联合会 广东省民间文艺家协会
粗坑村	京溪园镇	省级	2015.2	广东省文学艺术界联合会 广东省民间文艺家协会
南门里	棉湖镇	省级	2015.2	广东省文学艺术界联合会 广东省民间文艺家协会

（县文联）

2020年揭西县森林公园一览表

表98

森林公园名称	地点	级别	面积（公顷）
广东大北山国家森林公园	揭西县南山镇	国家级	3067.2
揭西广德庵森林公园	揭西县河婆街道	县级	254.1
揭西县上砂开口石镇级森林公园	揭西县上砂镇	镇级	62.7
揭西县河婆街道明山镇森林公园	揭西县河婆街道	镇级	48.7
揭西县良田独山镇级森林公园	揭西县良田乡	镇级	65.47
揭西县京溪园粗坑村镇级森林公园	揭西县京溪园镇	镇级	126
揭西县五经富石祭墙硿镇级森林公园	揭西县五经富镇	镇级	54.4
揭西石灵寺森林公园	揭西县钱坑镇	县级	170.8
揭西县大溪镇清元洞镇级森林公园	揭西县大溪镇	镇级	51.7
揭西县南山镇南华洞镇级森林公园	揭西县南山镇	镇级	44.4
揭西县龙潭镇祥龙寺镇级森林公园	揭西县龙潭镇	镇级	30.93
揭西县金和镇锦林寺镇级森林公园	揭西县金和镇	镇级	30.13
揭西县五经富镇黄龙寺镇级森林公园	揭西县五经富	镇级	32.13

（县林业局）

2020年揭西县主要旅游景点一览表

表99

名称	地址
京明温泉度假村（AAAA级）	京溪园镇
黄满寨瀑布旅游区（AAAA级）	京溪园镇
大洋国际生态旅游度假区（AAA级）	五经富镇
樱山花谷（AAA级）	京溪园镇
山湖乡村旅游景区（AAA级）	金和镇
大北山国家森林公园	南山镇
三山国王祖庙	河婆街道

（县文广旅体局）

2020年揭西县主要酒店一览表

表100

酒店	地址
揭西县京明温泉度假村	广东省揭阳市揭西县京溪园镇新洪村1号
揭西大北山国家森林公园京明度假村	揭西县南山镇大北山国家森林公园京明度假村
揭西希桥酒店	揭西县河婆街道
大洋云雾山庄	揭西县五经富镇
大洋国际生态旅游度假区	揭西县五经富镇

（县文广旅体局）

2020年揭西县主要旅行社一览表

表101

旅行社名称	成立时间	地址
揭西县新世纪国际旅行社有限公司	2007.8	揭西县棉湖镇湖西大道南湖41—42号新世纪国际旅行社
揭西县霖都旅行社有限公司	2008.1	揭西县城霖都大道183号
揭西县揭之旅国际旅行社有限公司	2011.6	广东省揭西县滨江公园侧彩虹桥转圆边
揭西星程国旅	2015.5	揭西县棉湖镇湖西大道59—60号
揭阳市视界旅游有限公司揭西县棉湖分公司	2017.4	揭西县棉湖镇湖西大道中段
揭西县环游国际旅行社有限公司	2019.5	揭西县城特美思大道22号

（县文广旅体局）

2020年揭西县医疗机构一览表

表102

单位名称	地 址	联系电话	是否为定点医疗服务点	备注
揭西县人民医院	揭阳市揭西县河婆街道党校路7号	5592804	是	
揭西县中医医院	揭阳市揭西县京溪园镇长滩村、新洪村老虎径地段	5333622	是	南方医科大学第二附属医院——珠江医院托管
揭西县妇幼保健计划生育服务中心	揭阳市揭西县河婆镇宝塔居委新丰路88号	5530396	是	
揭西县慢性病防治站	揭阳市揭西县河婆街道新安路2号	5591923	是	

续表102

单位名称	地　址	联系电话	是否为定点医疗服务点	备注
揭西县疾病预防控制中心	揭阳市揭西县河婆街道河东好日子广场左侧	5598058		
揭西县采血站	揭阳市揭西县河婆街道党校路9号	5592837		
揭西县医疗急救120指挥中心	揭阳市揭西县河婆街道党校路9号	5596918		
揭西县河婆街道社区卫生服务中心	揭阳市揭西县河婆街道宝塔区岭峰路段	5514393	是	
揭西县棉湖华侨医院	揭阳市棉湖镇洪棉路旁135号	5266600	是	
揭西县大溪镇卫生院	揭阳市揭西县大溪镇华阳道	5811670	是	
揭西县上砂镇中心卫生院	揭阳市揭西县上砂镇	5681642	是	
揭西县坪上镇卫生院	揭阳市揭西县坪上镇坪新路42号	5631531	是	
揭西县京溪园镇卫生院	揭阳市揭西县京溪园镇	5853933	是	
揭西县良田乡卫生院	揭阳市揭西县良田乡龙岭圩	5661163	是	
揭西县东园镇卫生院	揭阳市揭西县东园镇	5382405	是	
揭西县塔头镇卫生院	揭阳市揭西县塔头镇塔头市场	5822208	是	
揭西县凤江镇卫生院	揭阳市揭西县凤江镇鸿江管区上田村前	5351542	是	
揭西县龙潭镇卫生院	揭阳市揭西县龙潭镇	5323122	是	
揭西县五云镇卫生院	揭阳市揭西县五云镇鸡麻湖开发区旁	5669633	是	
揭西县南山镇卫生院	揭阳市揭西县南山镇	5793469	是	
揭西县钱坑镇卫生院	揭阳市揭西县钱坑镇	5891967	是	
揭西县五经富镇中心卫生院	揭阳市揭西县五经富镇	5869822	是	
揭西县灰寨镇中心卫生院	揭阳市揭西县灰寨镇	5762839	是	
揭西县金和镇中心卫生院	揭阳市揭西县金和镇石牛埔河棉公路旁	5722523	是	
揭西明康眼科医院	揭西县河婆街道温泉大道西A1栋15-21号	5558896		民营医院
揭西皓凡精神病医院	揭西县河婆街道河西居委庙垅村	5982888		民营医院

（县卫健局、县医疗保障局）

2020年揭西县体育协会一览表

表103

协会名称	成立时间	项目	规模	是否营利部门
揭西县篮球协会	2006.12	篮球	约30人	否
揭西县武术协会	2013.3	武术	约120人	否
揭西县老年人体育协会	2008.10	运动健身	约1100人	否
揭西县乒乓球协会	1991	乒乓球	约130人	否
揭西县自行车协会	2016.6	自行车	约50人	否
揭西县车友协会	2015.12	汽车文化活动	约150人	否
揭西县龙狮协会	2017.3	传统文化活动	约200人	否
揭西县信鸽协会	2016.2	信鸽文化活动	约250人	否
揭西县中国象棋协会	2013.3	象棋	约60人	否
揭西县围棋协会	2018.6	围棋	约60人	否
揭西县围棋院	2018.9	围棋	约60人	否
揭西县李家教拳研究中心	2018.9	武术	约60人	否
揭西县龙舟协会	2019.6	龙舟	约60人	否
揭西县跆拳道协会	2019.5	跆拳道	320人	否
揭西县户外协会	2019.4	户外活动	150人	否
揭西县钓鱼协会	2020.9	钓鱼	约60人	否

（县文广旅体局）

2020年揭西县公益慈善组织一览表

表104

单位名称	法人
揭西县凤江凤湖乡紫云寺福利会	杨晓遇
揭西县灰寨镇新宫林毅友福利会	李永庭
揭西县塔头镇里厝寮村福利会	吴金龙
揭西县金和镇金坑福利会	林树宽
揭西县棉湖华侨医院福利会	李扬德
揭西县灰寨镇龙溪福利会	李添财
揭西县河婆街道鉴玄福利会	韩庆光
揭西县绵基福利会	蔡晓聪
揭西县金和镇河内福利会	王春明
揭西县上砂镇红星村扶助发展福利会	庄乃祥

续表104

单位名称	法人
揭西县河婆街道马头村老人福利会	黄益轩
揭西县大溪镇大溪福利会	李绪成
揭西县五经富镇老人福利会	曾令忠
揭西县大洋乡应龙福利会	邹发明
揭西县河婆街道侨联武帮福利会	黄少南
揭西县耀华福利会	刘国基
揭西县儿童福利会	李秀琼
揭西县凤江阳夏同济慈善会	龚福明
揭西县东园旅深慈善会	吴金锋
揭西县上砂法祖家庙慈善会	庄永亮
揭西县五云慈善会	彭志响
揭西县河婆街道东星慈善会	蔡美典
揭西县上砂镇梅林慈善会	庄衍湖
揭西县爱心慈善超市	张晋辉
揭西县棉湖镇华侨慈善会	李扬德
揭西县上砂镇耀德慈善会	庄远动
揭西县河婆街道清奇慈善会	韩树声
揭西县河婆下滩慈善会	张祝辉
揭西县良田慈善会	刘利坚
揭西县河婆街道溪西新寨慈善会	刘之南
揭西县种德慈善会	陈细挞
揭西县鸿盛昌慈善会	张双有
揭西县慈善总会	彭仕洁
揭西县大溪镇涂晋慈善会	李豪裕
揭西县金和同诚慈善会	陈　欢
揭西棉湖崇诚慈善会	杨茂春
揭西县五经富镇广惠慈善会	钟留见
揭普棉湖永福慈善会	蔡建华
揭西县塔头同心慈善会	刘三扇
揭西县嶂上村莞揭互助协会	刘永居
揭西县良田乡双水村互助发展会	陈任良
揭西县棉湖镇乐心互助协会	石　宋
揭西县蓝天救援志愿者协会	杨奕海
揭西县五经富志愿者协会	吕学国
揭西县客家志愿者协会	蔡明亮
揭西县志愿者协会	林　平

（县民政局）

2020年揭西县避灾场所设立情况统计表

表105

名称	地址	设立时间	可容纳避灾人数（万人）	负责人
县级避难场所	县福利中心	2010.1	0.02	张晓晖
县级避难场所	县河婆中学	2010.1	10	张新喜
县级避难场所	县第一中学	2010.1	4	韩展良
县级避难场所	县城文化广场	2010.1	1.5	蔡明醒
河婆街道避难场所	县滨江公园	2010.1	5	刘吉青
县级避难场所	县霖田高级中学	2013.1	3	黄建发

（县应急管理局）

2020年揭西县幼儿园一览表

表106

学校	地址	学校等级	在园幼儿数（人）	教职工数（人）
揭西县中心幼儿园	河婆街道	市一级幼儿园	710	51
揭西县教育局幼儿园	河婆街道	县一级幼儿园	421	30
揭西县大溪镇博智幼儿园	大溪镇		227	16
揭西县大溪镇好幼儿园	大溪镇		82	13
揭西县大溪镇金蕾幼儿园	大溪镇		260	30
揭西县大溪镇中心幼儿园	大溪镇	县一级幼儿园	56	6
揭西县东园镇芳菲幼儿园	东园镇		58	6
揭西县东园镇金太阳幼儿园	东园镇		138	14
揭西县东园镇中心幼儿园	东园镇	县一级幼儿园	156	6
揭西县凤江镇贝贝岛幼儿园	凤江镇		106	10
揭西县凤江镇嘉艺幼儿园	凤江镇		273	19
揭西县凤江镇蓝精灵中英文幼儿园	凤江镇		85	9
揭西县凤江镇旅社幼儿园	凤江镇		80	8
揭西县凤江镇上等好幼儿园	凤江镇		115	33
揭西县凤江镇星星文武幼儿园	凤江镇		120	12
揭西县凤江镇知乐幼儿园	凤江镇		36	6
揭西县凤江镇中心幼儿园	凤江镇	县一级幼儿园	292	9
揭西县河婆街道宝塔幼儿园	河婆街道		91	8

续表106

学校	地址	学校等级	在园幼儿数（人）	教职工数（人）
揭西县河婆街道宝童幼儿园	河婆街道		102	10
揭西县河婆街道大华幼儿园	河婆街道		70	8
揭西县河婆街道东方世纪幼儿园	河婆街道		386	35
揭西县河婆街道凤凰幼儿园	河婆街道		359	50
揭西县河婆街道河洪幼儿园	河婆街道		88	9
揭西县河婆街道河山居委幼儿园	河婆街道		172	13
揭西县河婆街道河山幼儿园	河婆街道		82	9
揭西县河婆街道河西幼儿园	河婆街道		306	36
揭西县河婆街道金蓓蕾幼儿园	河婆街道		74	9
揭西县河婆街道蓝精灵幼儿园	河婆街道		56	10
揭西县河婆街道蓝天幼儿园	河婆街道		564	38
揭西县河婆街道霖田幼儿园	河婆街道		50	5
揭西县河婆街道龙腾幼儿园	河婆街道		202	15
揭西县河婆街道商业城幼儿园	河婆街道		85	9
揭西县河婆街道童心幼儿园	河婆街道		85	10
揭西县河婆街道童星幼儿园	河婆街道		100	9
揭西县河婆街道小天使幼儿园	河婆街道		110	10
揭西县河婆街道新小博士幼儿园	河婆街道		33	4
揭西县河婆街道怡景幼儿园	河婆街道		268	26
揭西县河婆街道中心幼儿园	河婆街道	县一级幼儿园	238	10
揭西县河婆街道中英艺术幼儿园	河婆街道		145	16
揭西县阳光幼儿园	河婆街道		481	37
揭西县灰寨镇世纪之星幼儿园	灰寨镇		317	28
揭西县灰寨镇童新幼儿园	灰寨镇		116	15
揭西县灰寨镇中心幼儿园	灰寨镇	县一级幼儿园	201	9
揭西县金和镇锋荣幼儿园	金和镇		50	12
揭西县金和镇金贝贝幼儿园	金和镇		110	14
揭西县金和镇乐贝儿幼儿园	金和镇		155	16
揭西县金和镇星湖幼儿园	金和镇		195	39
揭西县金和镇中心幼儿园	金和镇	县一级幼儿园	163	8
揭西县京溪园镇星星幼儿园	京溪园镇		113	12
揭西县京溪园镇长滩中心幼儿园	京溪园镇		136	14
揭西县京溪园镇中心幼儿园	京溪园镇	县一级幼儿园	94	5
揭西县良田乡中心幼儿园	良田乡	县一级幼儿园	18	8

续表106

学校	地址	学校等级	在园幼儿数（人）	教职工数（人）
揭西县龙潭镇蓝天使幼儿园	龙潭镇		85	10
揭西县龙潭镇中心幼儿园	龙潭镇	县一级幼儿园	100	8
揭西县棉湖镇爱儿乐幼儿园	棉湖镇		49	6
揭西县棉湖镇宝宝乐幼儿园	棉湖镇		50	5
揭西县棉湖镇宝宝幼儿园	棉湖镇		70	11
揭西县棉湖镇宝贝幼儿园	棉湖镇		53	5
揭西县棉湖镇道江幼儿园	棉湖镇		38	7
揭西县棉湖镇方围幼儿园	棉湖镇		80	7
揭西县棉湖镇贡山幼儿园	棉湖镇		106	8
揭西县棉湖镇哈美幼儿园	棉湖镇		522	55
揭西县棉湖镇厚埔诺贝幼儿园	棉湖镇		131	17
揭西县棉湖镇佳佳幼儿园	棉湖镇		35	5
揭西县棉湖镇金宝贝幼儿园	棉湖镇		74	5
揭西县棉湖镇金轩幼儿园	棉湖镇		83	10
揭西县棉湖镇精英幼儿园	棉湖镇		31	6
揭西县棉湖镇君林蓝天幼儿园	棉湖镇		209	25
揭西县棉湖镇贸易中心幼儿园	棉湖镇	县一级幼儿园	77	7
揭西县棉湖镇棉湖中学实验学校幼儿园	棉湖镇		664	77
揭西县棉湖镇诺贝中英幼儿园	棉湖镇	县一级幼儿园	350	40
揭西县棉湖镇培蕾幼儿园	棉湖镇		80	8
揭西县棉湖镇启迪幼儿园	棉湖镇		183	26
揭西县棉湖镇双佳幼儿园	棉湖镇		66	10
揭西县棉湖镇泰安幼儿园	棉湖镇		51	7
揭西县棉湖镇糖厂中英文幼儿园	棉湖镇		80	7
揭西县棉湖镇童心幼儿园	棉湖镇		44	5
揭西县棉湖镇童馨幼儿园	棉湖镇		115	13
揭西县棉湖镇童英幼儿园	棉湖镇		126	11
揭西县棉湖镇旺旺幼儿园	棉湖镇		88	10
揭西县棉湖镇小博士幼儿园	棉湖镇		42	6
揭西县棉湖镇小太阳幼儿园	棉湖镇		97	9
揭西县棉湖镇小天使幼儿园	棉湖镇		67	6
揭西县棉湖镇新湖幼儿园	棉湖镇	县一级幼儿园	312	13
揭西县棉湖镇新星幼儿园	棉湖镇		70	9
揭西县棉湖镇英贝特幼儿园	棉湖镇		362	41

续表106

学校	地址	学校等级	在园幼儿数（人）	教职工数（人）
揭西县棉湖镇迎宾幼儿园	棉湖镇		62	6
揭西县棉湖镇育才幼儿园	棉湖镇		86	10
揭西县棉湖镇植槐幼儿园	棉湖镇		132	21
揭西县棉湖镇中心幼儿园	棉湖镇	县一级幼儿园	193	10
揭西县南山镇小叮当幼儿园	南山镇		140	13
揭西县南山镇新新幼儿园	南山镇		203	15
揭西县南山镇中心幼儿园	南山镇	县一级幼儿园	155	5
揭西县坪上镇向日葵幼儿园	坪上镇		72	12
揭西县坪上镇中心幼儿园	坪上镇	县一级幼儿园	122	8
揭西县钱坑镇东兴幼儿园	钱坑镇		130	11
揭西县钱坑镇湖侨幼儿园	钱坑镇		164	3
揭西县钱坑镇钱西村云山幼儿园	钱坑镇		88	8
揭西县钱坑镇钱西幼儿园	钱坑镇		176	3
揭西县钱坑镇童心幼儿园	钱坑镇		105	10
揭西县钱坑镇艺苗幼儿园	钱坑镇		131	11
揭西县钱坑镇育苗幼儿园	钱坑镇		64	8
揭西县钱坑镇中心幼儿园	钱坑镇	县一级幼儿园	237	7
揭西县上砂镇欢乐童年幼儿园	上砂镇		62	17
揭西县上砂镇梅林新城幼儿园	上砂镇		121	25
揭西县上砂镇中心幼儿园	上砂镇	县一级幼儿园	326	23
揭西县塔头镇金辉小天才幼儿园	塔头镇		240	22
揭西县塔头镇中心街幼儿园	塔头镇		176	13
揭西县塔头镇中心幼儿园	塔头镇	县一级幼儿园	291	14
揭西县五经富镇朝阳幼儿园	五经富镇		42	10
揭西县五经富镇陈江幼儿园	五经富镇	县一级幼儿园	80	4
揭西县五经富镇富洋幼儿园	五经富镇		78	6
揭西县五经富镇岐凤幼儿园	五经富镇		120	3
揭西县五经富镇璇火幼儿园	五经富镇		92	21
揭西县五经富镇中心幼儿园	五经富镇	县一级幼儿园	124	5
揭西县艺术幼儿园	五经富镇		348	27
揭西县五云镇鹏岭星光幼儿园	五云镇		203	17
揭西县五云镇五云幼儿园	五云镇		160	16
揭西县五云镇中心幼儿园	五云镇	县一级幼儿园	184	12
合计			18527	1735

（县教育局）

2020年揭西县小学一览表

表107

学校	地址	在校幼儿数（人）	在校小学生数（人）	教职工数（人）
揭西县河婆街道东风小学	河婆街道	—	2378	106
揭西县河婆街道建新小学	河婆街道	121	644	37
揭西县河婆街道河山小学	河婆街道	—	1526	72
揭西县河婆街道河婆小学	河婆街道	—	1578	68
揭西县河婆街道大同小学	河婆街道	230	1606	68
揭西县河婆街道南光小学横江教学点	河婆街道	—	8	4
揭西县河婆街道溪西小学	河婆街道	58	257	16
揭西县河婆街道大华小学	河婆街道	133	332	24
揭西县河婆街道东风小学客潭教学点	河婆街道	—	29	6
揭西县河婆街道乡肚小学新四教学点	河婆街道	—	33	8
揭西县河婆街道乡肚小学	河婆街道	49	144	11
揭西县河婆街道北新小学	河婆街道	24	111	10
揭西县河婆街道后埔小学	河婆街道	41	163	13
揭西县河婆街道下滩小学	河婆街道	43	137	13
揭西县河婆街道岭丰小学	河婆街道	—	696	37
揭西县河婆街道马跃小学	河婆街道	28	183	15
揭西县河婆街道南光小学欣堂教学点	河婆街道	—	—	—
揭西县河婆街道南光小学南新教学点	河婆街道	—	21	6
揭西县河婆街道南光小学	河婆街道	54	215	20
揭西县河婆街道昌黎小学	河婆街道	31	173	12
揭西县河婆街道文昌小学	河婆街道	20	96	11
揭西县河婆街道河山小学三星教学点	河婆街道	—	22	5
揭西县河婆街道东星小学	河婆街道	35	118	13
揭西县棉湖镇中心小学	棉湖镇	236	1056	62
揭西县棉湖镇武德小学	棉湖镇	5	65	13
揭西县棉湖镇厚埔小学	棉湖镇	92	341	24
揭西县棉湖镇甲埔小学	棉湖镇	42	215	15
揭西县棉湖镇境潭小学	棉湖镇	42	322	17
揭西县棉湖镇下浦小学	棉湖镇	6	66	15
揭西县棉湖镇贡山小学	棉湖镇	97	605	31
揭西县棉湖镇湖西小学	棉湖镇	51	181	16
揭西县棉湖镇四乡小学	棉湖镇	142	407	24

续表107

学校	地址	在校幼儿数（人）	在校小学生数（人）	教职工数（人）
揭西县棉湖镇花园小学	棉湖镇	47	187	18
揭西县棉湖镇湖东小学	棉湖镇	318	1498	66
揭西县棉湖镇林少卿纪念学校	棉湖镇	94	317	26
揭西县棉湖镇永光学校	棉湖镇	42	184	13
揭西县凤江镇凤湖小学	凤江镇	104	786	54
揭西县凤江镇东光小学	凤江镇	86	366	24
揭西县凤江镇东新小学	凤江镇	34	205	16
揭西县凤江镇阳南小学	凤江镇	47	356	21
揭西县凤江镇阳西小学	凤江镇	24	190	15
揭西县凤江镇凤西小学	凤江镇	48	236	17
揭西县凤江镇鸿西小学	凤江镇	311	248	25
揭西县凤江镇鸿江小学	凤江镇	164	939	51
揭西县凤江镇赤岭小学	凤江镇	39	192	17
揭西县凤江镇萩萃小学	凤江镇	30	151	15
揭西县凤江镇凤湖小学碧潭教学点	凤江镇	23	90	7
揭西县凤江镇阳南小学林寮教学点	凤江镇	24	34	4
揭西县凤江镇东锋慈云学校	凤江镇	45	236	19
揭西县金和镇金光小学	金和镇	80	284	20
揭西县金和镇金园小学	金和镇	204	505	28
揭西县金和镇金新小学	金和镇	60	156	14
揭西县金和镇金溪小学	金和镇	104	257	20
揭西县金和镇仙坡小学	金和镇	70	222	13
揭西县金和镇南联小学	金和镇	223	365	28
揭西县金和镇径口小学	金和镇	49	239	20
揭西县金和镇和南小学	金和镇	129	298	24
揭西县金和镇和光小学	金和镇	60	197	17
揭西县金和镇和光小学和联教学点	金和镇	35	70	9
揭西县金和镇和西小学	金和镇	99	283	24
揭西县金和镇和东小学	金和镇	98	418	27
揭西县金和镇和东小学和兴教学点	金和镇	14	94	12
揭西县金和镇和新小学	金和镇	32	149	14
揭西县金和镇山湖世乔小学	金和镇	196	408	21
揭西县金和镇河内小学	金和镇	110	285	20
揭西县五经富镇陈江小学	五经富镇	38	217	14

续表107

学校	地址	在校幼儿数（人）	在校小学生数（人）	教职工数（人）
揭西县五经富镇文联小学	五经富镇	37	100	13
揭西县五经富镇建一小学	五经富镇	50	232	14
揭西县五经富镇镇江小学	五经富镇	—	—	—
揭西县五经富镇虎峰小学	五经富镇	—	592	25
揭西县五经富镇经富小学	五经富镇	87	426	30
揭西县五经富镇泮坑小学	五经富镇	29	99	13
揭西县五经富镇新和小学	五经富镇	36	143	14
揭西县五经富镇营盘小学	五经富镇	—	—	—
揭西县五经富镇道源学校	五经富镇	52	176	13
揭西县五经富镇中和学校	五经富镇	73	309	18
揭西县五经富镇联和小学	五经富镇	40	163	14
揭西县五经富镇恒星小学	五经富镇	—	—	—
揭西县五经富镇联南小学	五经富镇	44	192	13
揭西县五经富镇新仓小学	五经富镇	24	121	11
揭西县五经富镇新联小学	五经富镇	39	167	10
揭西县五经富镇朝阳小学	五经富镇	—	—	—
揭西县大溪镇金味希望小学	大溪镇	18	149	14
揭西县大溪镇大东小学	大溪镇	37	177	16
揭西县大溪镇大园小学	大溪镇	—	—	—
揭西县大溪镇赤寨小学	大溪镇	—	—	—
揭西县大溪镇溪新小学	大溪镇	56	238	20
揭西县良田乡金坑小学	良田乡	—	—	—
揭西县良田乡坪上小学	良田乡	15	50	14
揭西县良田乡中心小学	良田乡	12	56	16
揭西县良田乡龙江小学	良田乡	—	—	—
揭西县良田乡双水小学	良田乡	—	—	—
揭西县良田乡崇德小学	良田乡	—	—	—
揭西县良田乡中心村小学	良田乡	—	—	—
揭西县良田乡桐树坪小学	良田乡	—	12	4
揭西县良田乡岸洋小学	良田乡	—	35	6
揭西县良田乡中心小学嶂上教学点	良田乡	—	—	—
揭西县上砂镇径心小学	上砂镇	36	154	11
揭西县上砂镇联东小学	上砂镇	63	197	14
揭西县上砂镇新东小学	上砂镇	210	516	33

续表107

学校	地址	在校幼儿数（人）	在校小学生数（人）	教职工数（人）
揭西县上砂镇下联小学	上砂镇	38	139	13
揭西县上砂镇光华小学	上砂镇	20	54	8
揭西县上砂镇上林小学	上砂镇	23	55	8
揭西县上砂镇新岭小学	上砂镇	33	134	10
揭西县上砂镇活动小学	上砂镇	69	248	21
揭西县上砂镇活动小学活西教学点	上砂镇	—	—	—
揭西县上砂镇三水小学湖光教学点	上砂镇	—	—	—
揭西县上砂镇美丰小学	上砂镇	6	23	8
揭西县上砂镇双丰小学	上砂镇	9	52	8
揭西县上砂镇三水小学	上砂镇	35	123	12
揭西县上砂镇三水小学竹苏教学点	上砂镇	—	—	—
揭西县上砂镇华南学校	上砂镇	111	599	31
揭西县上砂镇维新学校	上砂镇	60	180	13
揭西县上砂镇荷营学校	上砂镇	69	217	13
揭西县上砂镇一洲学校	上砂镇	75	252	20
揭西县上砂镇香山学校	上砂镇	28	88	10
揭西县上砂镇龙山学校	上砂镇	28	79	9
揭西县京溪园镇粗坑小学	京溪园镇	—	—	—
揭西县京溪园镇甲溪小学	京溪园镇	37	184	13
揭西县京溪园镇新洪小学	京溪园镇	31	164	14
揭西县京溪园镇大岭下小学	京溪园镇	19	94	10
揭西县京溪园镇京溪园小学	京溪园镇	12	92	12
揭西县京溪园镇员墩小学	京溪园镇	23	128	11
揭西县京溪园镇竹尾沟小学	京溪园镇	16	71	8
揭西县京溪园镇石湖山小学	京溪园镇	—	51	6
揭西县京溪园镇鹿洋小学	京溪园镇	13	68	9
揭西县京溪园镇曾寮小学	京溪园镇	50	210	13
揭西县京溪园镇日新学校	京溪园镇	57	356	20
揭西县京溪园镇美德华侨学校	京溪园镇	—	399	23
揭西县京溪园镇上陇毓哲学校	京溪园镇	46	181	13
揭西县京溪园镇上陇毓哲学校崇文教学点	京溪园镇	—	—	—
揭西县塔头镇塔头小学	塔头镇	—	552	25
揭西县塔头镇阔西小学	塔头镇	39	221	12
揭西县塔头镇阔园小学	塔头镇	32	112	11

续表107

学校	地址	在校幼儿数（人）	在校小学生数（人）	教职工数（人）
揭西县塔头镇潭溪小学	塔头镇	90	131	13
揭西县塔头镇潭新小学	塔头镇	41	196	12
揭西县塔头镇龙光小学	塔头镇	45	161	12
揭西县塔头镇新园小学	塔头镇	21	117	11
揭西县塔头镇山寮小学	塔头镇	36	138	13
揭西县塔头镇石牌小学	塔头镇	—	62	9
揭西县塔头镇顶埔小学	塔头镇	33	178	12
揭西县塔头镇新溪小学	塔头镇	—	75	9
揭西县塔头镇大丰小学	塔头镇	28	173	12
揭西县塔头镇锦龙小学	塔头镇	—	67	9
揭西县塔头镇旧住小学	塔头镇	—	70	9
揭西县五云镇赤告小学	五云镇	55	147	15
揭西县五云镇梅江小学	五云镇	92	264	23
揭西县五云镇育英小学	五云镇	37	125	16
揭西县五云镇石陂小学	五云镇	—	—	—
揭西县五云镇鹏岭小学	五云镇	56	295	21
揭西县五云镇鸿翔小学	五云镇	12	99	14
揭西县五云镇龙江小学	五云镇	28	123	14
揭西县五云镇培正小学	五云镇	32	177	19
揭西县五云镇荣正小学	五云镇	—	—	—
揭西县五云镇下洞小学	五云镇	77	421	43
揭西县五云镇京埔小学	五云镇	—	167	16
揭西县五云镇下硿小学	五云镇	38	192	16
揭西县五云镇硿下小学	五云镇	21	84	16
揭西县五云镇岭新小学	五云镇	17	77	11
揭西县五云镇保新小学	五云镇	63	225	16
揭西县五云镇崇坑小学	五云镇	22	64	10
揭西县五云镇坡苏小学	五云镇	23	121	13
揭西县五云镇宝石小学	五云镇	—	—	—
揭西县钱坑镇钱坑小学	钱坑镇	65	525	41
揭西县钱坑镇钱南小学	钱坑镇	69	432	29
揭西县钱坑镇钱西小学	钱坑镇	—	404	29
揭西县钱坑镇钱北小学	钱坑镇	—	—	—
揭西县钱坑镇长三水小学	钱坑镇	—	—	—

续表107

学校	地址	在校幼儿数（人）	在校小学生数（人）	教职工数（人）
揭西县钱坑镇南光小学	钱坑镇	—	—	—
揭西县钱坑镇大茶石小学	钱坑镇	10	51	9
揭西县钱坑镇白石小学	钱坑镇	—	—	—
揭西县钱坑镇钱江学校	钱坑镇	—	694	42
揭西县钱坑镇纯正学校	钱坑镇	10	89	13
揭西县钱坑镇钱园华侨学校	钱坑镇	28	205	16
揭西县灰寨镇河五小学	灰寨镇	—	—	—
揭西县灰寨镇上角小学	灰寨镇	—	—	—
揭西县灰寨镇向阳中心小学	灰寨镇	50	280	18
揭西县灰寨镇秀文小学	灰寨镇	24	66	10
揭西县灰寨镇新图小学	灰寨镇	23	101	12
揭西县灰寨镇灰寨小学	灰寨镇	171	812	45
揭西县灰寨镇灰龙小学	灰寨镇	35	119	14
揭西县灰寨镇三坝小学	灰寨镇	—	—	—
揭西县灰寨镇东联小学	灰寨镇	21	116	14
揭西县灰寨镇后洋小学	灰寨镇	—	—	—
揭西县灰寨镇行知小学	灰寨镇	43	177	12
揭西县灰寨镇柑坑小学	灰寨镇	13	42	7
揭西县灰寨镇马路小学	灰寨镇	52	230	11
揭西县灰寨镇金星小学	灰寨镇	—	31	5
揭西县坪上镇红旗小学	坪上镇	8	22	9
揭西县坪上镇坪上小学	坪上镇	—	281	25
揭西县坪上镇连城小学	坪上镇	23	134	18
揭西县坪上镇四新小学	坪上镇	10	37	12
揭西县坪上镇四和小学	坪上镇	—	45	11
揭西县坪上镇员东小学	坪上镇	—	10	5
揭西县坪上镇员西小学	坪上镇	20	74	15
揭西县坪上镇五联小学	坪上镇	—	—	—
揭西县坪上镇南联小学	坪上镇	22	127	19
揭西县坪上镇尖田小学	坪上镇	18	151	18
揭西县坪上镇书芳小学	坪上镇	—	—	—
揭西县坪上镇成全小学	坪上镇	17	38	13
揭西县坪上镇东村小学	坪上镇	—	—	—
揭西县坪上镇湖光学校	坪上镇	14	54	13

续表107

学校	地址	在校幼儿数（人）	在校小学生数（人）	教职工数（人）
揭西县坪上镇同昌学校	坪上镇	—	—	—
揭西县龙潭龙园小学	龙潭镇	30	172	15
揭西县龙潭龙泉小学	龙潭镇	6	123	12
揭西县龙潭镇汤坝小学	龙潭镇	18	129	13
揭西县龙潭道安学校	龙潭镇	11	90	14
揭西县龙潭龙文学校	龙潭镇	50	235	20
揭西县龙潭团结学校	龙潭镇	—	44	7
揭西县龙潭镇龙田学校	龙潭镇	30	142	15
揭西县龙潭镇龙溪学校	龙潭镇	11	90	13
揭西县龙潭龙东学校	龙潭镇	29	98	13
揭西县龙潭高田学校	龙潭镇	8	46	11
揭西县龙潭双龙学校	龙潭镇	7	53	12
揭西县龙潭富光学校	龙潭镇	6	36	12
揭西县龙潭育英学校	龙潭镇	—	266	19
揭西县东园镇东园小学	东园镇	244	504	44
揭西县东园镇桃围小学	东园镇	40	196	15
揭西县东园镇赤岩小学	东园镇	227	361	34
揭西县东园镇古福小学	东园镇	57	367	26
揭西县东园镇四联小学	东园镇	47	219	17
揭西县东园镇三犁小学	东园镇	18	100	14
揭西县南山镇西友小学	南山镇	23	127	13
揭西县南山镇分水小学	南山镇	17	54	9
揭西县南山镇前锋小学	南山镇	31	113	14
揭西县南山镇北溪小学	南山镇	45	135	17
揭西县南山镇北河小学	南山镇	—	—	—
揭西县南山镇龙跃小学	南山镇	—	—	—
揭西县南山镇五联小学	南山镇	—	—	—
揭西县南山镇道南小学	南山镇	—	513	33
揭西县南山镇南山学校	南山镇	121	509	44
揭西县大溪镇渔梁小学	大溪镇	—	368	26
揭西县大溪镇庆光小学	大溪镇	—	—	—
揭西县大溪镇井美小学	大溪镇	—	—	—
揭西县大溪镇中心小学	大溪镇	50	388	29
合计		9337	48594	3625

（县教育局）

2020年揭西县初级中学（含九年一贯制学校）一览表

表108

学校	地址	在校幼儿数（人）	在校小学生数（人）	在校初中生数（人）	教职工数（人）
揭西县第一中学	河婆街道	—	—	1731	163
揭西县纪达中学	河婆街道	—	—	1642	128
揭西县张武帮中学	河婆街道	—	—	559	73
揭西县第二华侨中学	棉湖镇	—	—	402	42
揭西县湖西中学	棉湖镇	—	—	343	54
揭西县城北中学	棉湖镇	—	—	563	59
揭西县棉湖镇实验学校	棉湖镇	66	3438	1644	262
揭西县凤江中学	凤江镇	—	—	774	63
揭西县第三华侨中学	凤江镇	—	—	326	38
揭西县第四华侨中学	凤江镇	64	329	267	65
揭西县阳夏华侨中学	凤江镇	—	—	472	65
揭西县金坑中学	金和镇	—	—	549	46
揭西县金和初级中学	金和镇	—	—	657	60
揭西县五经富初级中学	五经富镇	—	—	583	62
揭西县大洋初级中学	五经富镇	—	—	129	11
揭西县上砂第一中学	上砂镇	—	—	852	66
揭西县第一华侨中学	京溪园镇	—	—	197	30
揭西县京溪园中学	京溪园镇	—	—	321	43
揭西县塔头中学	塔头镇	—	—	441	49
揭西县塔头第二中学	塔头镇	—	—	810	57
揭西县云岭中学	五云镇	—	—	162	33
揭西县下砂中学	五云镇	—	—	222	35
揭西县坪上中学	坪上镇	—	—	273	53
揭西县绵基中学	坪上镇	—	—	391	49
揭西县坪上振文学校	坪上镇	31	160	89	35
揭西县龙潭中学	龙潭镇	—	—	789	98

续表108

学校	地址	在校幼儿数（人）	在校小学生数（人）	在校初中生数（人）	教职工数（人）
揭西县东园中学	东园镇	—	—	904	74
揭西县南山中学	南山镇	—	—	480	35
揭西县南山第二中学	南山镇	—	—	463	61
揭西县大溪中学	大溪镇	—	—	442	43
揭西县良田中学	良田乡	—	67	59	30
揭西县宝塔实验学校	河婆街道	—	2383	1606	216
揭西县棉湖中学实验学校	棉湖镇	—	1879	1232	192
合计		161	6377	17411	2035

（县教育局）

2020年揭西县高中阶段（含完中、中职、特教）学校一览表

表109

学校	地址	学校等级	在校初中生数（人）	在校高中生数（人）	在校中职、特教学生数（人）	教职工数（人）
揭西县河婆中学	河婆街道	省一级学校、广东省国家级示范性普通高中	—	4172	—	307
揭西县霖田高级中学	河婆街道	市一级学校		2036	—	156
揭西县棉湖中学	棉湖镇	省一级学校、广东省国家级示范性普通高中	—	4265	—	276
揭西县棉湖第二中学	棉湖镇	市一级学校	1085	1700	—	240
揭西县南侨中学	金和镇	市一级学校	519	742	—	143
揭西县北山中学	五经富镇	市一级学校	476	379	—	92
揭西县上砂中学	上砂镇	县一级学校	690	473	—	112
揭西县五云中学	五云镇	市一级学校	673	333	—	122
揭西县钱坑中学	钱坑镇	市一级学校	899	393	—	140
揭西县灰寨中学	灰寨镇	县一级学校	621	161	—	103
揭西县第一职业技术学校	河婆街道		—	—	222	77
揭西县职业技术学校	棉湖镇		—	—	84	31
揭西县特殊教育学校	河婆街道		—	—	109	31
合计			4963	14654	415	1830

（县教育局）

2020年揭西县3C认证获证企业名单一览表

表110

企业名称	认证项目	认证机构名称	获证日期
揭西县棉湖环球电器电源线厂	电线组件	中国质量认证中心	2020.1.6
揭西县棉湖镇鑫波电线厂	聚氯乙烯绝缘软电缆电线	中国质量认证中心	2020.1.7
揭西县小天使电子电器有限公司	电子钢琴	中国质量认证中心	2020.1.13
揭西县京溪园立诚电器厂	延长线插座	威凯认证检测有限公司	2020.1.14
揭西县棉湖巨力电线电缆厂	移动式插座	威凯认证检测有限公司	2020.1.16
揭西县盛光达电线电缆厂	聚氯乙烯绝缘无护套电线电缆	中国质量认证中心	2020.1.19
揭西县棉湖培铭家用电器厂	延长线插座	威凯认证检测有限公司	2020.1.20
揭西县棉湖金准电线厂	聚氯乙烯绝缘无护套电缆电线	中国质量认证中心	2020.2.11
揭西县棉湖巨力电线电缆厂	移动式插座	威凯认证检测有限公司	2020.2.14
揭西县家家知电器有限公司	延长线插座	威凯认证检测有限公司	2020.2.20
揭西县棉湖吉明胶塑电器厂	延长线插座	威凯认证检测有限公司	2020.3.2
广东弘旭电线电缆有限公司	聚氯乙烯绝缘软电缆电线	中国质量认证中心	2020.3.4
广东新兴电缆实业有限公司	聚氯乙烯绝缘软电缆电线	中国质量认证中心	2020.3.9
广东新兴电缆实业有限公司	聚氯乙烯绝缘聚氯乙烯护套电缆	中国质量认证中心	2020.3.9
揭西县棉湖环球电器电源线厂	单相两极不可拆线插头	中国质量认证中心	2020.3.11
揭西县棉湖百家诚电器厂	带电源适配器的转换器	威凯认证检测有限公司	2020.3.16
揭西县棉湖环球电器电源线厂	单相两极带接地不可拆线插头	中国质量认证中心	2020.3.19
揭西县灰寨镇亿娃乐玩具厂	静态金属玩具.变形模型玩具	中国质量认证中心	2020.3.23
揭西县棉湖巨力电线电缆厂	移动式插座	威凯认证检测有限公司	2020.3.25
揭西县美科电子电器厂	数码钢琴	中国质量认证中心	2020.3.27
广东胜达通电缆实业有限公司	聚氯乙烯绝缘软电缆电线	中国质量认证中心	2020.3.29
揭西棉湖东舟电器厂	移动式插座	威凯认证检测有限公司	2020.4.3
广东科兴宇电缆实业有限公司	聚氯乙烯绝缘无护套电线电缆	中国质量认证中心	2020.4.9
揭西县棉湖雅思博电器加工场	延长线插座	威凯认证检测有限公司	2020.4.24
揭西县顺利达电线电缆有限公司	聚氯乙烯绝缘无护套电缆电线	中国质量认证中心	2020.5.11
揭西县顺利达电线电缆有限公司	聚氯乙烯绝缘软电缆电线	中国质量认证中心	2020.5.11
揭西县美乐斯电子电器厂实业有限公司	电子琴	中国质量认证中心	2020.5.19
揭西县棉湖湘晨电线厂	聚氯乙烯绝缘聚氯乙烯护套电缆	中国质量认证中心	2020.5.25

续表110

企业名称	认证项目	认证机构名称	获证日期
揭西县棉湖湘晨电线厂	聚氯乙烯绝缘软电缆电线	中国质量认证中心	2020.5.25
揭西县棉湖湘晨电线厂	聚氯乙烯绝缘无护套电线电缆	中国质量认证中心	2020.5.25
揭西县宏兴电线厂	聚氯乙烯绝缘无护套电缆电线	广东质检中诚认证有限公司	2020.5.27
揭西县宏兴电线厂	聚氯乙烯绝缘软电缆电线	广东质检中诚认证有限公司	2020.5.27
揭西县灰寨镇亿娃乐玩具厂	静态金属玩具.变形模型玩具	中国质量认证中心	2020.6.2
揭西县新韵电子电器有限公司	电子琴	中国质量认证中心	2020.6.2
广东集盛电线电缆有限公司	聚氯乙烯绝缘无护套电线电缆	中国质量认证中心	2020.7.1
广东集盛电线电缆有限公司	聚氯乙烯绝缘软电缆电线	中国质量认证中心	2020.7.1
揭西县棉湖航舟电器厂	延长线插座	中国质量认证中心	2020.7.3
揭西县棉湖航舟电器厂	移动式插座	中国质量认证中心	2020.7.3
揭西县科通宇电缆实业有限公司	聚氯乙烯绝缘无护套电线电缆	中国质量认证中心	2020.7.9
广东帝讯电线电缆有限公司	聚氯乙烯绝缘软电缆电线	中国质量认证中心	2020.7.10
广东帝讯电线电缆有限公司	聚氯乙烯绝缘无护套电线电缆	中国质量认证中心	2020.7.10
广东帝讯电线电缆有限公司	聚氯乙烯绝缘软电缆电线	中国质量认证中心	2020.7.10
科锋宇电缆实业（广东）有限公司	聚氯乙烯绝缘无护套电缆电线	广东质检中诚认证有限公司	2020.7.22
科锋宇电缆实业（广东）有限公司	聚氯乙烯绝缘无护套电缆电线	广东质检中诚认证有限公司	2020.7.22
揭西县凤江南兴电线厂	聚氯乙烯绝缘无护套电缆电线	广东质检中诚认证有限公司	2020.7.23
揭西县凤江南兴电线厂	聚氯乙烯绝缘软电缆电线	广东质检中诚认证有限公司	2020.7.23
揭西县宝嘉电线电缆厂	聚氯乙烯绝缘无护套电线电缆	广东质检中诚认证有限公司	2020.7.27
揭西县棉湖飞龙电器厂	聚氯乙烯绝缘软电缆电线	中国质量认证中心	2020.7.30
广东盛发电线电缆实业有限公司	聚氯乙烯绝缘无护套电缆电线	中国质量认证中心	2020.7.30
广东盛发电线电缆实业有限公司	聚氯乙烯绝缘软电缆电线	中国质量认证中心	2020.7.30
飞雕电线电缆有限公司揭西县分公司	聚氯乙烯绝缘聚氯乙烯护套电缆	广东质检中诚认证有限公司	2020.8.4
广东天网线缆有限公司	聚氯乙烯绝缘无护套电线电缆	广东质检中诚认证有限公司	2020.8.4
飞雕电线电缆有限公司揭西县分公司	聚氯乙烯绝缘无护套电线电缆	广东质检中诚认证有限公司	2020.8.4
飞雕电线电缆有限公司揭西县分公司	聚氯乙烯绝缘软电缆电线	广东质检中诚认证有限公司	2020.8.4
广东天网线缆有限公司	聚氯乙烯绝缘聚氯乙烯护套电缆	广东质检中诚认证有限公司	2020.8.4
广东天网线缆有限公司	聚氯乙烯绝缘软电缆电线	广东质检中诚认证有限公司	2020.8.4
科锋宇电缆实业（广东）有限公司	聚氯乙烯绝缘无护套电线电缆	广东质检中诚认证有限公司	2020.8.4
揭西县棉湖纳尔克电缆线材厂	聚氯乙烯绝缘无护套电缆电线	中国质量认证中心	2020.8.5

续表110

企业名称	认证项目	认证机构名称	获证日期
揭西县京溪园立诚电器厂	延长线插座	威凯认证检测有限公司	2020.8.12
揭西县棉湖巨力电线电缆厂	聚氯乙烯绝缘软电缆电线	威凯认证检测有限公司	2020.8.20
揭西县棉湖巨力电线电缆厂	聚氯乙烯绝缘无护套电线电缆	威凯认证检测有限公司	2020.8.20
广东华能达电器有限公司	电吹风	中国质量认证中心	2020.8.24
广东华能达电器有限公司	电吹风	中国质量认证中心	2020.8.24
广东华能达电器有限公司	电吹风	中国质量认证中心	2020.8.24
揭西县棉湖创易电线电缆厂	聚氯乙烯绝缘无护套电线电缆	中国质量认证中心	2020.8.31
揭西县棉湖创易电线电缆厂	聚氯乙烯绝缘软电缆电线	中国质量认证中心	2020.8.31
揭西县棉湖雅思博电器加工厂	延长线插座	威凯认证检测有限公司	2020.9.2
揭西县凤江南兴电线厂	聚氯乙烯绝缘无护套电线电缆	广东质检中诚认证有限公司	2020.9.2
揭西县棉湖巨力电线电缆厂	带电源适配器的延长线插座	威凯认证检测有限公司	2020.9.2
揭西县凤江南兴电线厂	聚氯乙烯绝缘软电缆电线	广东质检中诚认证有限公司	2020.9.2
揭西县凤江南兴电线厂	聚氯乙烯绝缘软电缆电线	广东质检中诚认证有限公司	2020.9.2
揭西县凤江南兴电线厂	聚氯乙烯绝缘软电缆电线	广东质检中诚认证有限公司	2020.9.2
揭西县棉湖航舟电器厂	延长线插座	中国质量认证中心	2020.9.3
揭西县棉湖航舟电器厂	移动式插座	中国质量认证中心	2020.9.3
揭西县棉湖航舟电器厂	移动式插座	中国质量认证中心	2020.9.3
揭西县棉湖航舟电器厂	延长线插座	中国质量认证中心	2020.9.3
揭西县棉湖新岳龙电器厂	延长线插座	威凯认证检测有限公司	2020.9.4
揭西县棉湖新岳龙电器厂	延长线插座	威凯认证检测有限公司	2020.9.4
揭西县棉湖新岳龙电器厂	延长线插座	威凯认证检测有限公司	2020.9.4
揭西县棉湖新岳龙电器厂	延长线插座	威凯认证检测有限公司	2020.9.4
揭西县棉湖开阳电线电缆厂	聚氯乙烯绝缘聚氯乙烯护套电缆	中国质量认证中心	2020.9.14
揭西县棉湖开阳电线电缆厂	聚氯乙烯绝缘无护套电线电缆	中国质量认证中心	2020.9.14
揭西县棉湖开阳电线电缆厂	聚氯乙烯绝缘无护套电线电缆	中国质量认证中心	2020.9.14
揭西县棉湖开阳电线电缆厂	聚氯乙烯绝缘聚氯乙烯护套电缆	中国质量认证中心	2020.9.14
揭西县明江电线厂	聚氯乙烯绝缘软电缆电线	中国质量认证中心	2020.9.14
揭西县凤江大成电线厂	聚氯乙烯绝缘无护套电线电缆	中国质量认证中心	2020.9.14
揭西县凤江大成电线厂	聚氯乙烯绝缘软电缆电线	中国质量认证中心	2020.9.14
揭西县棉湖金牛电线电缆厂	聚氯乙烯绝缘无护套电缆电线	中国质量认证中心	2020.9.14

续表110

企业名称	认证项目	认证机构名称	获证日期
广东威潜电缆实业有限公司	聚氯乙烯绝缘无护套电线电缆	中国质量认证中心	2020.9.24
广东华能达电器有限公司	电吹风	中国质量认证中心	2020.9.27
广东雅奇电器实业有限公司	延长线插座	威凯认证检测有限公司	2020.9.30
广东穗讯电线电缆有限公司	聚氯乙烯绝缘软电缆电线	中国质量认证中心	2020.10.9
广东弘旭电线电缆有限公司	电线组件	中国质量认证中心	2020.10.15
广东弘旭电线电缆有限公司	单相两极带接地不可拆线插头	中国质量认证中心	2020.10.15
广东弘旭电线电缆有限公司	用于冷条件下Ⅰ类设备的10安250伏连接器	中国质量认证中心	2020.10.15
广东弘旭电线电缆有限公司	单相两极不可拆线插头	中国质量认证中心	2020.10.15
广东弘旭电线电缆有限公司	电线组件	中国质量认证中心	2020.10.15
揭西县棉湖百家诚电器厂	带电源适配器的转换器	威凯认证检测有限公司	2020.10.27
广东华能达电器有限公司	电吹风	中国质量认证中心	2020.10.29
广东华能达电器有限公司	电吹风	中国质量认证中心	2020.11.4
广东华能达电器有限公司	电吹风	中国质量认证中心	2020.11.4
揭西县棉湖龙泰宇电缆厂	聚氯乙烯绝缘聚氯乙烯护套电缆	中国质量认证中心	2020.11.10
揭西县新达实业有限公司	聚氯乙烯绝缘软电缆电线	中国质量认证中心	2020.11.10
揭西县棉湖亿胜电线厂	聚氯乙烯绝缘无护套电线电缆	中国质量认证中心	2020.11.10
揭西县棉湖龙泰宇电缆厂	聚氯乙烯绝缘软电缆电线	中国质量认证中心	2020.11.10
揭西县棉湖龙泰宇电缆厂	聚氯乙烯绝缘无护套电缆电线	中国质量认证中心	2020.11.10
揭西县凤江广润兴电线厂	聚氯乙烯绝缘软电缆电线	中国质量认证中心	2020.11.12
揭西县凤江广润兴电线厂	聚氯乙烯绝缘无护套电缆电线	中国质量认证中心	2020.11.12
揭西县棉湖镇亿隆电线厂	聚氯乙烯绝缘聚氯乙烯护套电缆	中国质量认证中心	2020.11.12
揭西县棉湖镇亿隆电线厂	聚氯乙烯绝缘无护套电线电缆	中国质量认证中心	2020.11.12
揭西县德祥电线电缆有限公司	聚氯乙烯绝缘无护套电线电缆	中国质量认证中心	2020.11.13
揭西县德祥电线电缆有限公司	聚氯乙烯绝缘软电缆电线	中国质量认证中心	2020.11.13
揭西县富力电器电缆有限公司	聚氯乙烯绝缘无护套电线电缆	广东质检中诚认证有限公司	2020.11.16
揭西县棉湖环球电器电源线厂	用于冷条件下Ⅰ类设备的2.5安250伏 连接器	中国质量认证中心	2020.11.16
揭西县棉湖环球电器电源线厂	电线组件	中国质量认证中心	2020.11.16
揭西县广亿电线电缆厂	用于冷条件下Ⅰ类设备的10安250伏连接器	中国质量认证中心	2020.11.16

续表110

企业名称	认证项目	认证机构名称	获证日期
科锋宇电缆实业（广东）有限公司	聚氯乙烯绝缘软电缆电线	广东质检中诚认证有限公司	2020.11.20
科锋宇电缆实业（广东）有限公司	聚氯乙烯绝缘软电缆电线	广东质检中诚认证有限公司	2020.11.20
揭西县广亿电线电缆厂	Ⅰ类设备用10安250伏插头连接器	中国质量认证中心	2020.11.24
揭西县棉湖胜发五金电器厂	聚氯乙烯绝缘无护套电线电缆	中国质量认证中心	2020.12.3
揭西县凤江广润兴电线厂	聚氯乙烯绝缘软电缆电线	中国质量认证中心	2020.12.3
揭西县棉湖金盛锦泰电线电缆厂	聚氯乙烯绝缘无护套电线电缆	中国质量认证中心	2020.12.4
揭西县棉湖金盛锦泰电线电缆厂	聚氯乙烯绝缘软电缆电线	中国质量认证中心	2020.12.4
揭西县新韵电子电器有限公司	电子琴	中国质量认证中心	2020.12.7
佛山市金顺泰电线电缆有限公司揭西分公司	聚氯乙烯绝缘屏蔽电线	中国质量认证中心	2020.12.8
佛山市金顺泰电线电缆有限公司揭西分公司	聚氯乙烯绝缘软电缆电线	中国质量认证中心	2020.12.8
佛山市金顺泰电线电缆有限公司揭西分公司	聚氯乙烯绝缘聚氯乙烯护套电缆	中国质量认证中心	2020.12.8
佛山市金顺泰电线电缆有限公司揭西分公司	聚氯乙烯绝缘无护套电线电缆	中国质量认证中心	2020.12.8
广东华能达电器有限公司	电吹风	中国质量认证中心	2020.12.8
广东华能达电器有限公司	电吹风	中国质量认证中心	2020.12.8
广东祥达丽电线电缆有限公司	聚氯乙烯绝缘软电缆电线	中国质量认证中心	2020.12.15
广东祥达丽电线电缆有限公司	聚氯乙烯绝缘无护套电线电缆	中国质量认证中心	2020.12.15
揭西县家家知电器有限公司	延长线插座	威凯认证检测有限公司	2020.12.16
科锋宇电缆实业（广东）有限公司	聚氯乙烯绝缘聚氯乙烯护套电缆	广东质检中诚认证有限公司	2020.12.18
科锋宇电缆实业（广东）有限公司	聚氯乙烯绝缘聚氯乙烯护套电缆	广东质检中诚认证有限公司	2020.12.18
广东德源亨电缆实业有限公司	聚氯乙烯绝缘聚氯乙烯护套电缆；	中国质量认证中心	2020.12.22
广东足芯电缆实业有限公司	通用橡套软电缆电线	中国质量认证中心	2020.12.25
广东兴网线缆实业有限公司	聚氯乙烯绝缘软电缆电线	中国质量认证中心	2020.12.28
广东同享电缆实业有限公司	聚氯乙烯绝缘无护套电线电缆	广东质检中诚认证有限公司	2020.12.29
广东同享电缆实业有限公司	聚氯乙烯绝缘聚氯乙烯护套电缆	广东质检中诚认证有限公司	2020.12.29
广东同享电缆实业有限公司	聚氯乙烯绝缘软电缆电线	广东质检中诚认证有限公司	2020.12.29
揭西县棉湖锦生塑料加工厂	电线组件	中国质量认证中心	2020.12.30
揭西县京溪园立诚电器厂	延长线插座	威凯认证检测有限公司	2020.12.30

（县市场监督管理局）

进驻揭西县政务服务中心单位一览表

表111

小一门单位名称	窗口联系电话	小一门单位名称	窗口联系电话
税务局	5589039	卫生健康局	5232647
市场监督管理局	5232600	交通运输局	5232623
公安局	5232644	自然资源局	5232640
教育局	5232638	揭阳市公共资源交易中心揭西分中心	5232612
民政局	5232620		

大一门单位名称	单位联系电话	大一门单位名称	单位联系电话
发改局	5584377	财政局	5582617
城管执法局	5512765	水利局	5529611
气象局	5596002	应急管理局	5584366
消防救援大队	5536635	统战部	5584530
县政府办（人防办、金融办）	5581641	统计局	5583466
文广旅体局	5514332	档案馆	5586292
农业农村局	5583411	供电局	5598028
林业局	5582089	自来水公司	5512219
工信科技局	5584511	住建局	5584522
烟草专卖局	5584410	市生态环境保护局揭西分局	5232313
县委编办	5582099		

（县政数局）

揭西县便民服务中心一览表

表 112

名称	地点	联系电话
揭西县政务服务中心	县城环城东路原东山中学内	5537999
河婆街道公共服务中心	河婆街道办事处内	5513204
棉湖镇公共服务中心	棉湖镇镇政府内	5255512
坪上镇公共服务中心	坪上镇镇政府内	5631631
塔头镇公共服务中心	塔头镇镇政府内	5821286
东园镇公共服务中心	东园镇镇政府内	5383468
五经富镇公共服务中心	五经富镇镇政府旁	5862249
南山镇公共服务中心	南山镇镇政府内	5793550
良田乡公共服务中心	良田乡乡政府内	5661113
凤江镇公共服务中心	凤江镇镇政府内	5351859
灰寨镇公共服务中心	灰寨镇镇政府内	5761251
京溪园镇公共服务中心	京溪园镇镇政府内	5853026
金和镇公共服务中心	金和镇镇政府内	5723000
大溪镇公共服务中心	大溪镇镇政府内	5811113
上砂镇公共服务中心	上砂镇镇政府旁	5681288
五云镇公共服务中心	五云镇镇政府内	5652863
龙潭镇公共服务中心	龙潭镇镇政府内	5323705
钱坑镇公共服务中心	钱坑镇镇政府内	5891112

（县政数局）

主题索引
SUBJECT INDEX

说 明

一、本索引采用主题分析方法，款目按汉语拼音字母（同音字按声调）顺序排列。

二、文中类目题，分目题用黑体字标明，其余用宋体字排印。表格在其款目注明“表”。

三、索引款目后的数字表示内容所在的页码，数字后英文字母（a、b、c）表示栏别（即版面的1、2、3栏）。

四、同一主题的内容在文中多处出现的，在其款目后用不同的页码标明。

五、本索引对《图片专辑》等不作内容主题分析。

A

B

C

D

H

J

K

L

M

N

T

Z